UTB

UTB 2270

W0385909

Eine Arbeitsgemeinschaft der Verlage

Beltz Verlag Weinheim · Basel
Böhlau Verlag Köln · Weimar · Wien
Wilhelm Fink Verlag München
A. Francke Verlag Tübingen und Basel
Haupt Verlag Bern · Stuttgart · Wien
Lucius & Lucius Verlagsgesellschaft Stuttgart
Mohr Siebeck Tübingen
C. F. Müller Verlag Heidelberg
Ernst Reinhardt Verlag München und Basel
Ferdinand Schöningh Verlag Paderborn · München · Wien · Zürich
Eugen Ulmer Verlag Stuttgart
UVK Verlagsgesellschaft Konstanz
Vandenhoeck & Ruprecht Göttingen
vdf Hochschulverlag AG an der ETH Zürich
Verlag Barbara Budrich Opladen · Farmington Hills
Verlag Recht und Wirtschaft Frankfurt am Main
WUV Facultas Wien

Ernst-Wolfgang Böckenförde

Geschichte der Rechts- und Staatsphilosophie

Antike und Mittelalter

2., überarbeitete und erweiterte Auflage

Mohr Siebeck

Ernst-Wolfgang Böckenförde: Geboren 1930; Studium der Rechtswissenschaft und Geschichte in Münster und München; 1956 Promotion (Dr. jur.); 1961 Promotion (Dr. phil.); 1964 Habilitation; seit 1964 o. Professor für Öffentliches Recht, Rechts- und Verfassungsgeschichte und Rechtsphilosophie an den Universitäten Heidelberg, Bielefeld, Freiburg; 1995 Emeritierung; 1983–96 Richter des Bundesverfassungsgerichts.

ISBN 978-3-8252-2270-3 (UTB Band 2270)

Die Deutsche Bibliothek verzeichnet diese Publikation in der Deutschen Nationalbibliographie; detaillierte bibliographische Daten sind im Internet über *http://dnb.d-nb.de* abrufbar.

1. Auflage 2002
2. Auflage 2006 (überarbeitet und erweitert)

© 2006 Mohr Siebeck Tübingen.

Das Werk einschließlich aller seiner Teile ist urheberrechtlich geschützt. Jede Verwertung außerhalb der engen Grenzen des Urheberrechtsgesetzes ist ohne Zustimmung des Verlags unzulässig und strafbar. Das gilt insbesondere für Vervielfältigungen, Übersetzungen, Mikroverfilmungen und die Einspeicherung und Verarbeitung in elektronischen Systemen.

Einbandgestaltung: Atelier Reichert, Stuttgart.
Satz: niemeyers satz, Tübingen.
Druck: Hubert & Co., Göttingen

All denen, die noch oder wieder
an Grundlagenwissen interessiert sind

Vorwort zur ersten Auflage

Es mag ein Wagnis sein, eine „Geschichte der Rechts- und Staatsphilosophie" vorzulegen, deren Absicht es ist, einerseits wissenschaftlich fundierte Kenntnisse zu vermitteln, zugleich aber ein lebendiges Interesse an bedeutenden Autoren und den Fragen der Rechts- und Staatsphilosophie zu wecken und zu eigenem Nachdenken darüber anzuregen. Scheint doch heute im Studium – über die Fakultäten hinweg – eine pragmatische Zweckausrichtung vorherrschend zu sein, die auf den schnellen Erwerb examensrelevanten Detailwissens ausgerichtet ist, ohne sich, was eigentlich den Reiz eines wissenschaftlichen Studiums ausmacht, in intellektueller Neugier auf das Abenteuer des Geistes einzulassen. Ich habe Zweifel, ob solche Skepsis wirklich berechtigt ist. Die Vorlesung Geschichte der Rechts- und Staatsphilosophie, die ich in Freiburg – eine von Erik Wolf begründete Tradition im Wechsel mit Herrn Kollegen Hollerbach fortführend – wiederholt gehalten habe, fand nicht vor leeren Hörsälen, sondern vor interessierten Studentinnen und Studenten statt. Sie hatte über Fakultätsgrenzen hinweg eine erfreuliche Resonanz. Freilich bedarf es, soll ein solches Interesse, wenn es geweckt ist, nicht schnell wieder verebben, geeigneter Darstellungen und Lehrbücher, die fundiertes Wissen und Hinführung zur Reflexion gleichermaßen vermitteln und eben dadurch geistig-anregende Kraft entfalten. Dies zu erreichen, setzt sich die hier vorgelegte Darstellung zum Ziel.

Ein solches Unternehmen, wird es in Angriff genommen, greift notwendig in mehrere Wissensgebiete aus, ist seiner Natur nach interdisziplinär, und darin liegt das reale Wagnis des Buches. Darf sich jemand, der nur in einer Wissenschaft voll zu Hause ist, angesichts der Ausdifferenzierung und eines weltweiten Diskurses der Wissenschaften so etwas noch zutrauen? Nun, ich habe mir es, ohne zugleich auch Historiker, Philosoph oder Theologe vom Fach zu sein, zugetraut; den damit verbundenen Mut zur Lücke bitte ich mir zu konzedieren. Dies konnte ich freilich nur, weil mich über Jahre hinweg interessierte und interdisziplinär engagierte junge Mitarbeiter tatkräftig unterstützt haben: Detlef v. Daniels M.A., die Gerichts- bzw. Rechtsreferendare Johannes Liebrecht und Marc Lindner, Dr. phil. Dirk Lüddecke, Ass. Dr. phil. Dirk Otto und cand. phil. Christoph Sauer. Jeder von ihnen hat auf seine Weise, sei es durch Vorarbeit, Recherche, anregende Kritik,

Kontrolle von Übersetzungen und bibliographischen Angaben, Mitlesen von Druckfahnen, zur Entstehung, Gestaltwerdung und Verbesserung des Buches nachhaltig beigetragen, ganz besonders aber und mit nimmermüdem Einsatz Johannes Liebrecht. Die Arbeit an dem Buch war so auch ein beständiger Diskurs. Allen gebührt mein aufrichtiger und ganz herzlicher Dank. Nicht unerwähnt bleiben darf auch die nicht hoch genug einzuschätzende Leistung von Frau Martina Griesbaum, meiner früheren Sekretärin. Mit nie endender Geduld hat sie alle Manuskripte in ihren verschiedenen Fassungen in den PC geschrieben. Auch ihr gilt mein aufrichtiger und ganz herzlicher Dank. Meine Kollegen Jochen Martin, Freiburg, Rainer Specht, Mannheim, und Bernhard Schlink, Berlin, haben Teile des Manuskripts kritisch gegengelesen. Dafür und für die dadurch erhaltenen Anregungen danke ich Ihnen herzlich.

Aufrichtig zu danken habe ich auch dem Rektorat der Albert-Ludwigs-Universität in Freiburg, sowie dem Rektor, Magnifizenz Jäger. Auch nach meiner Emeritierung und dem Ende des Karlsruher Richteramts sind mir mehrere Jahre Räume und eine gewisse Ausstattung belassen worden, um die wissenschaftliche Arbeit, die während der Karlsruher Zeit liegenbleiben mußte, nachholen zu können. Ebenso gilt mein besonderer Dank der Gerda-Henkel-Stiftung in Düsseldorf für die großzügige Gewährung finanzieller Unterstützung.

Schließlich und vor allem aber habe ich meiner lieben Frau für Ermutigung und Unterstützung zu danken. Wiewohl sie nach den auch für sie anstrengenden Jahren des Karlsruher Richteramts, die mit vielem Verzicht verbunden waren, ein Anrecht darauf hatte, das gemeinsame Leben zu bestimmen, hat sie für die Arbeit an diesem Buch mir nicht nur den notwendigen Freiraum gegeben, sondern mich auch wiederholt darin bestärkt, das Projekt, als sich manche Schwierigkeiten einstellten, beharrlich zu Ende zu führen.

Das Manuskript wurde Ende 2001 abgeschlossen. Ungeachtet der erwähnten Hilfen, die mir zuteil geworden sind, trage ich für Inhalt und Gestalt dieses Buches, auch für seine Mängel und Fehler, selbst die volle Verantwortung. Für Hinweise zur Verbesserung bin ich jederzeit dankbar.

Freiburg, im Februar 2002 — Ernst-Wolfgang Böckenförde

Vorwort zur zweiten Auflage

Das im Jahr 2002 zuerst erschienene Buch hat bei Studierenden und in Fachkreisen eine unerwartet positive Aufnahme gefunden; das Wagnis, das für mich in der Anlage des Buches und deren Durchführung lag, scheint sich also gelohnt zu haben. Die hier vorgelegte zweite Auflage sucht neben der Einarbeitung neuer Literatur Anregungen und kritische Einwände zu berücksichtigen und eigene neue Erkenntnisse aufzunehmen. Ergänzende und verdeutlichende Ausführungen finden sich insbesondere zu den vorsokratischen Dichtern und Philosophen (Hesiod, Anaximander), zu Platons Gerechtigkeitsbegriff, zum Ursprung des Gedankens der Würde des Menschen in der Stoa, bei Cicero und im Christentum, zur Zwei-Reiche-Lehre Augustins und der Diskussion um die *lex naturalis* bei Thomas von Aquin. Neu hinzugekommen ist der Abschnitt über Marsilius von Padua; er soll eine von der Kritik bei aller Anerkennung notwendiger Auswahl mit Recht bemängelte Lücke schließen. Auch Marsilius gehört ja mit seinen Gedanken, sieht man genauer hin, entgegen einer bislang vorherrschenden Interpretation durchaus in den Rahmen der christlichen Rechts- und Staatsphilosophie, wenngleich in einer unvermuteten eigenständigen Variante, die sich den herrschenden Positionen der Zeit weithin entgegenstellte.

Auch diesmal habe ich vielfach zu danken. Kollegen und Rezensenten, insb. Hasso Hofmann und Dietmar v. d. Pfordten, verdanke ich wichtige Anregungen und Hinweise für die Überarbeitung. Hasso Hofmann hat darüber hinaus, ebenso wie Dr. Dirk Lüddecke, den neuen Paragraphen über Marsilius von Padua kritisch gegengelesen. Assessor Marc Lindner hat mit gewohnter Zuverlässigkeit neue, auch bislang übersehene Literatur ausfindig gemacht und alle Seitenhinweise in Text und Registern neu bestimmt; er und Assessor Johannes Liebrecht haben zudem den bisherigen Text sehr genau auf Fehler und Unebenheiten durchgesehen. Frau Martina Griesbaum hat auch diesmal alle Arbeiten am PC bereitwillig und mit großer Sorgfalt erledigt. Nicht zuletzt aber hat mich meine liebe Frau mit Anteilnahme und Geduld unterstützt. Ihnen allen sei dafür ganz herzlicher Dank gesagt.

Für finanzielle Unterstützung habe ich erneut der Gerda-Henkel-Stiftung in Düsseldorf zu danken.

So möge das Buch aufs Neue hinausgehen und weitere Freunde gewinnen. Die Widmung der Erstauflage gilt auch jetzt.

Au/Freiburg, im August 2006 Ernst-Wolfgang Böckenförde

Inhaltsverzeichnis

2. Teil
Christliche Rechts- und Staatsphilosophie bis zum Ausgang des Mittelalters

§1 Einleitung

Eine Geschichte der Rechts- und Staatsphilosophie zu schreiben, ist heutzutage nicht ohne Risiko. Kann für eine Darstellung dieser Art noch hinreichend Interesse und Aufnahmebereitschaft bei den Lesern erwartet werden? Steht sie nicht vielmehr quer zur Tendenz unserer Zeit, die sich auch an den Universitäten ausbreitet, vor allem effektives und anwendbares Wissen zu vermitteln und zu erlernen? Auch wenn Letzteres durchaus so sein mag, möchte dieses Buch das darin liegende Risiko eingehen. Denn der Autor ist davon überzeugt, daß effektives und anwendbares Wissen, so wichtig es in der gegenwärtigen Gesellschaft ist, ohne eine Beschäftigung mit den Grundlagen dieses Wissens und einer entsprechenden Reflexion von seinem Wurzelboden abgelöst wird, daß es damit die Fähigkeit zu schöpferisch-kritischem Weiterdenken, auch zu Innovationen verliert und in seinen immanenten Methoden und Techniken eingeschlossen bleibt. Das trifft zumal für die Rechtswissenschaft und die auf den Staat und die politische Ordnung bezogenen Wissenschaften zu. Solcher Austrocknung des Wissens gilt es entgegenzutreten. Dieses Buch macht deshalb den Versuch, Fundamente des Wissens ins Gespräch zu bringen und Wissen zugleich mit Bildung zu verbinden. Um dies näher zu verdeutlichen, sollen in dieser Einleitung drei Fragen gestellt und beantwortet werden: An wen wendet sich und was will das Buch (I.)? Wovon handelt das Buch, wie kann sein Gegenstand verstanden werden (II.)? Auf welche Weise handelt das Buch von seinem Gegenstand (III.)?

I.

Die nachfolgende Darstellung wendet sich nicht allein, aber in erster Linie an Studierende – Juristen, Politikwissenschaftler, Philosophen und Historiker, auch Theologen –, daneben an alle diejenigen, die an Fragen der Rechts- und Staatsphilosophie interessiert sind. Sie will nicht nach Art eines Handbuchs eine Fülle von Spezialwissen über einzelne Epochen und Personen mitteilen (der Autor ist selbst kein Philosophiehistoriker und Spezialist) – dies kann heute bei Bedarf schnell abgefragt werden. Ihr Ziel ist vielmehr, mit dem *Nachdenken* über Recht und politische Ordnung und seinen geistigen und geschichtlichen Grundlagen bekannt zu machen, wie es in Europa von der Antike an formuliert und zur Geltung gebracht worden ist. Das bedeutet, daß die Darstellung einerseits ein historisches, andererseits ein philosophisches Erkenntnisinteresse verfolgt. Das historische Interesse ist darauf gerichtet, das jeweilige Nachdenken über Recht und politische Ordnung in seinen historischen Kontext hineinzustellen, also nach seinen Voraussetzungen, seinem politisch-sozialen und geistesgeschichtlichen Hintergrund zu fragen und auf die historisch-politische Konstellation zu blicken, aus der heraus und in die hinein es formuliert wurde. Das philosophische Interesse sucht den sachlich-philosophischen Gehalt dieses Denkens zu ergründen. Es fragt nach der Bedeutung der Aussagen im Blick darauf, was denn Recht und politische Ordnung eigentlich, ihrem Grunde nach sind, worin sie ihre Grundlage und Rechtfertigung, ihre Aufgabe und ihren Sinn finden.

Um der Darstellung zu folgen, ist es nicht erforderlich, ein besonderes Vorwissen mitzubringen; spezielle historische und philosophische Kenntnisse werden nicht vorausgesetzt. Erwartet wird aber ein reges geistiges Interesse für die Fragen, die das Buch behandelt. Dazu gehört auch die Bereitschaft, sich in zunächst fremdartig erscheinende Gedankengänge hineinzuversetzen und sich auch auf zuweilen recht abstrakte Überlegungen einzulassen; erst auf diesem Weg gelangt man über schnellfertige Überblicke, die an der Oberfläche bleiben und kein wirkliches Wissen vermitteln, hinaus. Die darin liegende Anstrengung des Begriffs und die Konzentration, die sie erfordert, kann und soll nicht erspart werden, sie erst erschließt ein tieferes Verständnis und ein Begreifen der Dinge.

Eine Überforderung der Leser wird dies gleichwohl nicht bedeuten. Leser, für die die Materie des Buches völlig neu ist, können außerdem zunächst über die – wie hier – in einem kleineren Schriftgrad gesetzten Absätze des Textes hinweglesen; der Normaltext ist aus sich heraus verständlich und schließt aneinander an. Die engzeiligen Abschnitte enthalten teils weitere Erläuterungen, teils ergänzende Überlegungen, die der Vertiefung dienen. Diese können auch erst bei einem zweiten Durchgang berücksichtigt werden.

II.

Das Buch handelt, wie der Titel sagt, von der Geschichte der Rechts- und Staatsphilosophie. Das mag unproblematisch erscheinen, ist es aber nicht so ganz.

1. Schon daß hier eine *Geschichte* dargestellt werden soll, führt an ein Problem heran. Denn es geht bei solcher Geschichte nicht um die Aufdeckung bestimmter historischer Ereignisse und Handlungszusammenhänge, die beschrieben, miteinander verknüpft und gedeutet werden, auch nicht um eine

Geschichte, wie Recht und Staat sich entwickelt haben, sondern eben um eine Geschichte des *Nachdenkens* über Recht und Staat. Was aber kann im Hinblick auf dieses Nachdenken sinnvollerweise unter „Geschichte" verstanden werden? Ist es nur die chronologische Aneinanderreihung je für sich stehender Gedanken, die untereinander beziehungslos sind? Allein das kann es wohl schwerlich sein. Oder handelt es sich um eine Abfolge von Gedanken, die untereinander einen Zusammenhang, ja sogar eine Kontinuität oder eine Entwicklung aufweisen? Aber wieso kann es bei solchem Nachdenken über Recht und Staat nicht Einbrüche, auch ganz neue Ansätze geben, in Antwort auf neue Herausforderungen und geistig-politische Konstellationen, die vorher Gedachtes und Gesagtes radikal in Frage stellen? Und können wir sicher sein, daß die bei diesem Nachdenken verwendeten Begriffe, in Sonderheit die von Recht und Staat, im Verlauf der Zeit mit dem nämlichen Bedeutungsgehalt gebraucht wurden?

Diese Fragen und Bemerkungen sind nicht als Auftakt zu geschichtsphilosophischen Überlegungen gedacht, denn solche Überlegungen gehören nicht zum Thema dieses Buches. Sie zeigen aber, welche vielfältigen Möglichkeiten bestehen, geschichtliche Phänomene zu interpretieren, und wie sehr es darauf ankommt, in diesem Bereich Vorab-Festlegungen zu vermeiden und für einen Wandel von Begriffsverständnissen offen zu sein. Das läßt sich anhand der beiden Zentralbegriffe dieses Buches, nämlich ‚Recht' und ‚Staat', noch weiter verdeutlichen.

2. Denn was für eine Realität ist es, die mit dem Begriff ‚Recht' bezeichnet wird? Recht, wie wir es kennen und erleben, ist ein geistiges Sinngebilde, das einen normativen Anspruch ausdrückt, der auf ein bestimmtes Verhalten oder Unterlassen gerichtet ist. Es erscheint insofern als geistige Wirklichkeit und ist als solche präsent. Zugleich wirkt es, indem sein normativer Anspruch anerkannt und umgesetzt wird, als effektive Ordnungsmacht, eine das Verhalten der Menschen bestimmende und steuernde Kraft. Als geistige Wirklichkeit nun ist das Recht in dem, was es ist und ausmacht, natürlich nicht unabhängig davon, als was es gedacht und gewußt wird. Das Denken über und das Bewußtsein von Recht, das unter den Menschen einer Gesellschaft verbreitet ist, bleibt nicht ohne Einfluß auf seinen Gegenstand, das Recht selbst, es bestimmt diesen mit. Art und Charakter des Rechts, seine Wirkung und geistig-soziale Kraft, werden davon geprägt.

Es wirkt sich zum Beispiel auf Art und Charakter des Rechts aus, ob und welche Grenzen im Bewußtsein von Recht für die bewußte Gestaltung von Recht gezogen sind. Im archaischen Griechenland, im frühen Rom oder auch im europäischen Mittelalter existierten noch sehr lange verbindliche mündliche Rechtstraditionen, häufig gestützt durch (jeweils sehr unterschiedliche) religiöse Überzeugungen und Praktiken. Ein so begriffenes Recht ist in anderer Weise im Bewußtsein lebendig als das Recht, das durch die von einer Volksversammlung getroffene Entscheidung entsteht, oder das Recht, das auf einer Willensentscheidung eines vom Volk gewählten parlamentarischen Gesetzgebers beruht. Wenn heute in den modernen demokratischen Staaten Recht zunehmend als Instrument zur Steuerung sozialer Prozesse begriffen wird, ist dies also keine zeitlose Eigenschaft des Rechts. Je nachdem sind aber auch die Wirkungsart und die gestaltende Kraft des Rechts, sind seine Veränderbarkeit wie die Möglichkeit seiner Instrumentalisierung als Machtmittel verschieden.

Was wird hieran deutlich? Das Recht ist nicht irgend etwas gedanklich Abstraktes, dem wirklichen Leben der Menschen Enthobenes, es ist selbst ein Moment menschlicher Lebenswelt und Kultur. Die Lebensauffassung der Menschen, die Antwort auf die Frage nach Lebenssinn und Lebensziel, die in einer Zeit und in einer Gesellschaft maßgebend sind, ja die jeweilige Kultur insgesamt, wirken auf das Recht ein. Sie bestimmen mit, als was Recht gewußt wird, was es vermag und wozu es dienlich ist.

3. Wie sieht es in dieser Hinsicht mit dem Begriff ‚Staat' aus? Die Bezeichnung und der Begriff Staat werden in der heutigen wissenschaftlichen Diskussion in einem zweifachen, inhaltlich unterschiedenen Sinn gebraucht. Zum einen wird ‚Staat' als universaler, epocheübergreifender, in seinem Geltungsanspruch weder räumlich noch zeitlich begrenzter Allgemeinbegriff verstanden, zum andern aber, und insbesondere seit der Mitte des vergangenen Jahrhunderts, als ein konkreter, an Zeitepochen gebundener Begriff. Als solcher bezeichnet er eine im Europa des späten Mittelalters und der frühen Neuzeit sich ausbildende politische Ordnungsform und Machtkonfiguration.[1] Vor allem in Deutschland hat sich seit dem 19. Jh. eingebürgert, den Staatsbegriff im Sinne einer transhistorisch-universalen Kategorie zu verwenden.[2] Danach bezeichnet Staat jedwede Form politischer Ordnung, und deren wesentliche Attribute und Leistungen sind unabhängig von Raum und Zeit zu bestimmen, auch wenn Strukturmerkmale, Organisationselemente u. ä. sich im Laufe der Geschichte ändern können. Dementsprechend wurde und wird bis heute ganz unbefangen vom ‚antiken Staat', dem ‚Staat des Mittelalters', dem ‚Staat der Inkas' gesprochen und werden so unterschiedliche politische Ordnungsbegriffe wie *polis, politeia, res publica, imperium* generalisierend mit ‚Staat' eingedeutscht, ebenso wie generalisierend der Fachbegriff ‚Staatsphilosophie' – angefangen von Platon bis hin zu Kant und Hegel – gebraucht wird.

---

1 Epochemachend für diese Sicht *C. Schmitt*, Staat als konkreter, an eine geschichtliche Epoche gebundener Begriff (1941), in: *ders.*, Verfassungsrechtliche Aufsätze. Materialien zu einer Verfassungslehre, Berlin [5]1985, S. 375–385; *O. Brunner*, Land und Herrschaft, Baden b. Wien 1939 ([5]1965), S. 146 ff.

2 *H. Münkler*, Art. Staat I, in: HistWBPhil Bd. 10, Sp. 1 ff. m. zahlr. Nachw.

Denkt man an die geschichtliche Entstehung des Begriffes Staat, ist eine solche Verwendung des Staatsbegriffs eher unhistorisch und es entstehen daraus zahlreiche Mißverständnisse.[3] Unausgesprochen werden nämlich, ist von Staat die Rede, Strukturmerkmale und Organisationselemente mit zugrundegelegt oder assoziiert, die für die konkret erfahrene politische Ordnungsform Staat, d.h. den Staat der europäischen Neuzeit, bestimmend sind. Dazu gehören etwa Territorialität der Ordnung (Gebietsherrschaft), Gewaltmonopol, Zentralisierung und organisatorisch-hierarchische Durchbildung der Herrschaftsbefugnis, Souveränität als Verfügungsmacht über den Rechtszustand, aktenmäßig arbeitende Verwaltung, Institutionalisierung von Ämtern durch genau umgrenzte Aufgabenbereiche und die Trennung von Amt und Person. Solche Organisations- und Strukturmerkmale sind aber in den politischen Ordnungen der Antike und des Mittelalters allenfalls nur zum Teil oder gar nicht vorhanden. Das haben für die mittelalterliche Welt bereits vor mehr als 60 Jahren die bahnbrechenden Untersuchungen Otto Brunners[4] deutlich gemacht, welche die Theorie vom ‚Staat des Mittelalters' vollends zum Einsturz gebracht haben. Für die Antike lehnt inzwischen ein so namhafter Historiker wie Christian Meier die Übertragung des Staatsbegriffs auf antike politische Ordnungsformen ausdrücklich ab,[5] während Jochen Bleicken und Karl-Wilhelm Welwei ihn in ihren Darstellungen der athenischen Demokratie und der griechischen Polis unauffällig vermeiden oder nur sehr sparsam verwenden.[6]

Hiernach ist es angezeigt, den Begriff Staat – auch und gerade in der nachfolgenden Darstellung – nicht länger als universalen, transhistorischen Allgemeinbegriff zu verwenden, dessen Aussagekraft, geht man methodisch korrekt vor, ohnehin sehr begrenzt bleiben muß.[7] Er wird vielmehr begriffsgeschicht-

---

[3] Ausführlich hierzu jetzt *K. Roth*, Genealogie des Staates, S. 18–32. Daß ich, wie Roth (S. 18 Anm. 4) meint, in jüngeren Publikationen eine epochenungebundene Fassung des Staatsbegriffs unterstützt habe, kann ich nicht sehen. Zutreffend bemerkt *J. Isensee*, Art. Staat, in: Staatslexikon, hrsg. v. d. Görresgesellschaft, Bd. 5, ^{7}1985, Sp. 134: „Von Anfang an bezieht sich das Wort ‚Staat' auf spezifisch neuzeitliche Sachverhalte; es folgt der Entwicklung des modernen Staates und nimmt seine Strukturen auf." Siehe auch *W. Reinhard*, Geschichte der Staatsgewalt, München 1999.

[4] *O. Brunner*, Land und Herrschaft, 1939. Wie *O. G. Oexle*, Rechtsgeschichte und Geschichtswissenschaft, in: *D. Simon* (Hg.), Akten des 26. Dt. Rechtshistorikertages, Frankfurt 1987, S. 88 formuliert hat, handelte es sich um einen „Durchbruch". Bibliographische Hinweise zum Gang der Diskussion bei *H. Krüger*, Staatslehre, Stuttgart ^{2}1966, S. 2f.

[5] Siehe *Chr. Meier*, Athen. Ein Neubeginn der Weltgeschichte, dtv-Ausgabe, München 1995, S. 703; ebenso *H. Ottmann* (Lit.), Bd. 1,1, S. 8–10.

[6] So die zutreffende Feststellung in dem Beitrag von *U. Walter*, Der Begriff des Staates in der griechischen und römischen Geschichte, in: Althistorisches Kolloquium aus Anlaß des 70. Geburtstags von Jochen Bleicken, Stuttgart 1998, S. 14, Anm. 16.

[7] Hierauf weist *W. Conze*, Art. Staat und Souveränität, in: *W. Conze/R. Koselleck* (Hg.), Geschichtliche Grundbegriffe, Bd. 6, Stuttgart 1990, S. 5–6 mit Nachdruck hin.

lich im Sinne des konkreten, an Zeitepochen gebundenen Begriffs Staat (Staat der europäischen Neuzeit) zugrundegelegt. Weder die griechische Polis noch das römische Imperium noch die politischen Herrschaftsgebilde des Mittelalters waren in diesem Sinn ein Staat. Dann sollte man aber auch, statt vom ‚Staat' bei Platon, bei Aristoteles, bei Augustinus oder Thomas von Aquin zu sprechen, auf den – weiter gefaßten – Begriff der politischen Ordnung zurückgreifen. Er ist aus sich heraus ein allgemeiner Begriff; ‚Staat' hingegen meint nicht politische Ordnung schlechthin, sondern eine der möglichen Institutionen, die politische Ordnung herbeiführen und gewährleisten.

Die Bezeichnung „Geschichte der Rechts- und Staatsphilosophie" wird demgemäß hier nur als eingeführte Abbreviatur verwendet. Sie trägt als diese Abbreviatur noch das Kleid der Gleichsetzung von Staat und politischer Ordnung an sich. Präzise, aber dann umständlicher müßte sie lauten: Geschichte der Philosophie von Recht und politischer Ordnung. – Im Sinne einer trennscharfen begriffsgeschichtlichen Fragestellung könnte es nun ebenso naheliegen, auch den Rechtsbegriff anhand seines Entstehungsprozesses zu betrachten. Allerdings tritt Recht weitaus früher in Erscheinung als Begriff und Struktur des Staates; seine Vor- und Frühform bildet sich schon in Kulturschichten aus, die mit den hier zu behandelnden philosophischen Denkrichtungen kaum in Berührung stehen. Deshalb kann die Entstehung des Rechts als eigene Ordnungsart hier außer Betracht bleiben. Im Auge behalten werden sollen jedoch, zumindest in Umrissen, die jeweiligen Veränderungen der historischen Formen des Rechts.

III.

In welcher Weise soll nun der soeben näher umschriebene Gegenstand, die Geschichte der Rechts- und Staatsphilosophie, behandelt werden? Hier stellt sich die Frage nach Aufbau und Methode. Das Ziel ist, das philosophische Nachdenken über Recht und politische Ordnung, wie es in verschiedenen Zeitepochen unserer Geschichte stattgefunden hat, nachzuzeichnen, in seinem Inhalt zu erklären und auf seine Grundpositionen rückzuführen. Dadurch sollen Kenntnisse und ein Einblick vermittelt werden, der mehr ist als ein bloßer Überblick, der vielmehr zum eigenen Nachdenken über Grund, Aufgabe und Sinn von Recht und politischer Ordnung in Stand setzt und anleitet. Damit dies erreicht werden kann, sind allerdings Auswahl und Konzentration in mehrfacher Hinsicht und eine bestimmte Vorgehensweise nötig.

1. In zeitlicher Hinsicht legt sich eine Konzentration auf Zeitepochen nahe. Für deren Bildung können freilich kaum die Einschnitte der politischen Geschichte maßgeblich sein, sondern allein Einschnitte im philosophischen Nachdenken über Recht und politische Ordnung selber. Zur leichteren Orientierung sei schon hier ein Überblick über solche Epochen vorangestellt; natür-

lich kann und darf er nicht dazu dienen, die Interpretation von Autoren und Konzepten allein an diesem Epochenrahmen auszurichten. Grob gesehen, lassen sich vier Epochen unterscheiden, die – bei aller Verschiedenheit und Originalität der einzelnen Autoren und Konzepte – in sich jeweils typische Gemeinsamkeiten aufweisen.

Die *antike Rechts- und Staatsphilosophie* hat als Voraussetzung und Bezugsrahmen zum einen die Erfassung der Welt als einen die Menschen umgebenden Kosmos, in den sie einbezogen sind und der nicht von außen geschaffen ist, sondern in sich und aus sich wirkt; zum anderen die weittragende Bedeutung von religiösem Kultus, verbunden mit Götterglauben. Die politisch-soziale Grundkonstellation wird zunächst durch die Poliswelt, später – in stoischer und römischer Zeit – durch Großreiche und das römische Imperium gebildet.

Die *christliche Rechts- und Staatsphilosophie* bis zum Ausgang des Mittelalters wird getragen und inspiriert von dem christlich-transzendenten Gottesglauben und dem daraus folgenden Verhältnis zur Welt. Diese sind lebensbestimmende Macht und fragloser Bezugsrahmen des Denkens. Auf dieser Grundlage zeigt sich freilich eine intensive geistig-philosophische Diskussion und Bewegung. Sie kommt zustande zum einen in der Aufnahme und Auseinandersetzung mit dem antiken philosophischen Denken, ebenso aber durch die Herausforderungen, die von den unterschiedlichen politisch-sozialen Grundkonstellationen ausgehen, wie dem zerfallenden römischen Imperium, der herrschaftspluralen, sakral eingebundenen, in sich jedoch weithin unbefriedeten politischen Welt des frühen und hohen Mittelalters sowie der seit dem späten Mittelalter aufkommenden Ordnung der politisch-sozialen Welt in und durch Staaten, die nicht zuletzt durch die Entdeckung und nachfolgende Eroberung Amerikas einen nachhaltigen Antrieb erhielt.

Zur Epoche der *Rechts- und Staatsphilosophie im Zeitalter des Vernunftrechts* kommt es nach einer Übergangszeit, in der die Rechts- und Staatsphilosophie weiterhin von christlichen Voraussetzungen ausgeht, die nicht aufgegeben werden, zugleich aber in neue Fragestellungen und Ordnungskonzepte ausgreift, die durch den Zerfall der religiös-politischen Einheitswelt des Mittelalters und das Entstehen von Souveränitätsansprüche geltendmachenden Territorialstaaten hervorgerufen werden. Diese Epoche wird einerseits bestimmt durch die Erfahrungen der sich anderthalb Jahrhunderte hinziehenden religiös-politischen Auseinandersetzung der konfessionellen Bürgerkriege in Europa, welche die Entstehung und Konsolidierung moderner Staatlichkeit und die Umbildung des Rechts in Legalität fördern. Andererseits vollzieht diese Epoche einen weittragenden methodischen und sachlichen Einschnitt: Das menschliche Denken über Recht und Staat wird in spezifischer Weise autonom, löst sich von einer genuin christlichen Durchformung ab, indem die Vernunft sich sozusagen auf sich selbst stellt, und sucht seinen systematischen Ausgangs- und Bezugspunkt – Ergebnisse christlichen Denkens säkularisierend – im einzelnen Menschen, dem auf sich gestellten Individuum, seinen Rechten und elementaren Bedürfnissen. Dies bedeutet einen nachhaltigen Paradigmenwechsel.

Die *Rechts- und Staatsphilosophie im Zeichen und nach der Französischen Revolution* hat als gemeinsamen, sie bestimmenden Rahmen die sozialen und politischen Ordnungsideen der Französischen Revolution samt deren geistigen Grundlagen im Denken der Aufklärung. Teils bringt sie diese Ideen mit hervor, reflektiert sie und ihre Grundlagen, teils entwickelt sie ihre durchaus unterschiedlichen, zum Teil gegensätzlichen Positionen in – affirmativer oder kritischer – Auseinandersetzung mit diesen Ideen und insbesondere auch den Folgewirkungen, die von deren Realisierung ausgehen und bislang unbekannte neue Herausforderungen an Recht und Staat stellen.

2. Bezogen auf die einzelnen Epochen kann es nicht darum gehen, umfassend über alles zu informieren, was im Blick auf Recht und politische Ordnung philosophisch reflektiert und gesagt worden ist. Die Darstellung kann und will, wie erwähnt, kein Handbuch ersetzen, sondern einen von hinreichender Information und Reflexion getragenen Einblick in den Gang und Gehalt des philosophischen Denkens über Recht und politische Ordnung geben, der den Leser nicht zuletzt zu eigener Reflexion anregt. Für die notwendige Auswahl bietet sich deshalb eine Orientierung vorwiegend an herausragenden Denkern und deren Konzepten an. Eine solche Auswahl und Begrenzung ist freilich immer mit Risiken verbunden, und sie unterliegt dem Einwand einer – vielfach anzweifelbaren – Vorauswahl, die den Gang der Geschichte auf eine Abfolge „großer Gestalten“ reduziere und alles, was dazwischen liegt, für bedeutungslos erkläre.[8] Einem solchen Einwand kann und muß durch die Art der Auswahl und das Hineinstellen der behandelten Autoren in die geistigen Strömungen ihrer Zeitepoche ein Stück weit entgegengewirkt werden, ganz ausräumen läßt er sich nicht. Aber die Auswahl an sich ist für eine Darstellung, wie sie hier beabsichtigt ist, unvermeidlich; sie ist der Preis dafür, auf begrenztem Raum mit den wesentlichen und fortwirkenden Gedanken und Konzepten zur Rechts- und Staatsphilosophie nicht nur im Vorbeigehen kurz bekannt zu machen, sondern sich auf sie wirklich einzulassen und so ein fundiertes, wenn auch im einzelnen nicht vollständiges Gesamtbild zu vermitteln.

Die Darstellung, wie sie hier unternommen wird, ist ferner, wie bereits erwähnt, darauf ausgerichtet, zugleich eine historische und philosophische zu sein. Sie sucht daher einem doppelten Anspruch gerecht zu werden, was ebenfalls nicht ohne Probleme ist. Als historische Darstellung geht es ihr darum, die Denker und ihre Konzepte in ihren geistesgeschichtlichen und historisch-politischen Zusammenhang hineinzustellen. Insofern folgt sie der historischen Methode und Betrachtung. Es werden Ausschnitte aus dem Gang und Fortgang des Denkens in der Zeit beschrieben und es wird gefragt, inwieweit diese

[8] Das Problem, inwieweit Selektionen notwendig, berechtigt oder abzulehnen sind, gehört zu den wiederkehrenden Streitfragen der Ideengeschichtsschreibung. Es muß, abstrakt gesehen, letztlich ungelöst bleiben und kann nur in der konkreten Ausführung mehr oder weniger glaubhaft bewältigt werden.

aus den Umständen der Zeit hervorgewachsen und als Antworten auf Herausforderungen der Zeit zu verstehen sind. Als philosophische Darstellung stellt sie die philosophisch-theoretische Frage nach dem sachlichen Gehalt der dargestellten Gedanken und Konzepte, nach deren Beitrag zu dem, was im Hinblick auf den Gegenstand als wahr und richtig erscheinen könnte: Sind darin bleibende, vielleicht unverlierbare Erkenntnisse und Reflexionen über Recht und politische Ordnung enthalten, indem standhaltende Antworten auf grundsätzliche, stetig präsente Probleme gegeben werden? Werden also Einsichten gewonnen, die zwar in ihrer Entstehung geschichtlich veranlaßt und erklärbar sind, in ihrer Bedeutung und sachlichen Tragweite aber darüber hinausgehen, womöglich dauernden Bestand haben? Historische und philosophische Fragestellung stehen so nebeneinander und sollen im Blick auf die selben Texte zur Anwendung gebracht werden.[9] Jedes Denken läßt sich ja auf seine mögliche Wahrheit und ebenso auf seine Geschichtlichkeit befragen. Nur kann die Antwort auf eine historische Frage nicht die Reflexion auf eine mögliche philosophische Wahrheit, und auf eine philosophische Frage nicht die nähere Kennzeichnung einer geschichtlichen Erscheinung sein. Beides muß unterschieden und je selbständig behandelt werden.

Bei einem solchen Miteinander von historischer und philosophischer Betrachtung muß man sich allerdings von vornherein mancher Klippen und Schwierigkeiten bewußt sein. Es ist ja keineswegs ausgemacht, ob die Rezeption von Gedanken linear verläuft, wie weit nicht die Aufnahme und das Forttragen von Begriffen auch mit deren inhaltlicher Veränderung verbunden sein kann und oftmals ist, und wie überhaupt das Verhältnis von Gesellschaftsgeschichte und Philosophiegeschichte zu bestimmen ist. Das Einwirken des Sozialen in die Philosophie wie auch die Rückwirkung der Philosophie – durch die Wirksamkeit ihrer Gedanken – in die Wirklichkeit sind zwar wechselseitige „Wirkungsnetze“, aber keineswegs solche, die durch die Epochen hindurch mit sich identisch sein müssen; sie können sich durchaus verschieden gestalten. Dies kann jedoch in diese Darstellung nicht mit einbezogen werden.

Nicht zuletzt ist dieses Buch kein Lexikon, es ist ein *Lesebuch*, das jeden Interessierten immer wieder auch an Originaltexte heranführen und ihn mit deren Gehalt bekannt machen möchte. Das kann und soll eine Begegnung mit den darin enthaltenen Gedanken in Gang bringen. Die vom Autor vorgetragene Erklärung und Deutung soll zur selbständigen, womöglich anders gerichteten Interpretation und zur Auseinandersetzung anregen, vielleicht sogar herausfordern und erst darin eine Art Lehrbuch sein. Geht man diesen Weg,

---

[9] Für ein konsequentes Auseinanderhalten beider Fragestellungen *L. Strauß*, Naturrecht und Geschichte, 1952, S. 10–36.

bleibt die Beschäftigung mit der Geschichte der Rechts- und Staatsphilosophie nicht bei einem Ereignis- und Gedankenwissen, einem bloßen Kundigsein stehen, sie wird dann zum geistigen Gespräch, das schon Gedachtes erinnert und vergegenwärtigt, in seinem Gehalt und seinem Zusammenhang begreift. Dadurch aber wird sie selbst eine – und zwar sehr fruchtbare – Form der systematischen Beschäftigung mit der Rechts- und Staatsphilosophie und ihren grundlegenden, über die Zeitläufte hinweg aktuellen Themen.[10]

---

[10] Siehe dazu die „Systematische Aufschlüsselung" hinter dem Personen- und Sachregister (S. 497)

1. Teil

Die antike Rechts- und Staatsphilosophie

§ 2 Wirklichkeit und Entwicklung der griechischen Polis

Die großen Werke der antiken Rechts- und Staatsphilosophie entstehen zunächst vor dem Hintergrund der griechischen Poliswelt, später vor dem Hintergrund der mediterranen Großreiche und des römischen Imperiums. Die Fragestellungen und der Horizont für das Nachdenken über Recht und politische Ordnung werden dadurch mitbestimmt. Dieses Nachdenken ist ferner eingebunden in ein Weltverständnis, das einerseits vom Kosmosdenken, andererseits von der Vorstellung der Macht der Götter bestimmt wird. Beide Faktoren relativieren sich allerdings im Fortgang der Zeit. Ungeachtet dieser Prägungen und Einbindungen gelangen die Werke der antiken Rechts- und Staatsphilosophie zu Reflexionen und Einsichten, die in ihrer Bedeutung über zeitbezogene und -gebundene Erkenntnisse weit hinausgehen. Das begründet ihre nachhaltige Einwirkung auf das philosophische Denken späterer Zeiten bis in unsere Gegenwart hinein und macht nach wie vor den „klassischen" Charakter dieser Werke aus.

Die griechische Rechts- und Staatsphilosophie, der wir uns zunächst zuwenden, steht in enger Beziehung zum geistig-politischen Leben der Polis. Sie ist öffentliche Diskussions- und Dialogphilosophie, nicht Buchphilosophie in klösterlicher oder universitärer Abgeschiedenheit. Sie wird bewegt von der Frage nach dem Zustand und Sinn der Polis, ihrer Einrichtungen und des Lebens in ihr angesichts um sich greifender Veränderungen oder Infragestellungen. Will man ihre Ausgangspunkte, Reflexionen und Aussagen richtig begreifen und beurteilen, ist es notwendig, sich einen Einblick in die Wirklichkeit und Entwicklung der griechischen Polis, insbesondere vor und während der Herausbildung dieser Philosophie, zu verschaffen. Dies soll hier in einer einführenden Darstellung zunächst geschehen.

I. Anfängliche Struktur der griechischen Polis

Es ist heute anerkannt, daß die Polis als Ordnungsform des Zusammenlebens nicht bis in die griechische Frühzeit zurückreicht. Ihre Anfänge lassen sich – bei sehr lückenhafter und interpretationsbedürftiger Quellenlage – im 9. bis 8. Jh. v. Chr. erkennen. Zunächst lebten die Griechen, als Seefahrer und im Zuge der dorischen Wanderungen in das kleinasiatische und griechische Siedlungsgebiet gekommen, in einem lockeren Geflecht von nachbarschaftlichen Gemeinden und Kleinherrschaften, die sich um einige mächtige oder erstarkende Heerführer und Adlige gruppierten.[1] Erst allmählich und mit zunächst sehr schwacher institutioneller Organisation kam es zur Herausbildung von Polisgemeinschaften.

1. Als soziale Grundeinheit für das Zusammenleben fungierte, auf der Grundlage von Landbesitz, das Haus (*oikos*). In ihm übte der Hausherr eine durch Sitte und religiös fundierte Scham (*aidos*) begrenzte Bestimmungsgewalt über seine Frau, die Kinder und, soweit vorhanden, Abhängige und Sklaven aus; sie ist mit der weitaus umfassenderen *patria potestas* des römischen Hausvaters nur bedingt vergleichbar.[2]

Unterschiede bestanden zwischen dem bäuerlichen und dem adligen *oikos*. Der bäuerliche *oikos* war in einem engeren Sinn familial, ihm gehörten neben Frau und Kindern nur fallweise und oftmals nur kurzzeitig abhängige Hilfskräfte an; der Landbesitz war begrenzt und verminderte sich öfters durch Erbteilung. Man war nicht autark, vielmehr zur Bewältigung der Lebensrisiken und der Sicherung vor äußeren Gefahren stark auf nachbarschaftliche Hilfe und dörfliches Zusammenwirken angewiesen, wollte man sich nicht dem Schutz eines mächtigeren adligen Herrn und der damit gegebenen Abhängigkeit unterstellen.

Der adlige *oikos* war demgegenüber durch größeren Landbesitz, dadurch vermittelten Reichtum und größere Selbständigkeit gekennzeichnet. Er umfaßte regelmäßig abhängige Hilfskräfte (Dienerschaft und Sklaven), auch Gefolgsleute (*hetairoi*), die sich in den Dienst des Hausherrn stellten, ihm bei seinen Unternehmungen und im Kampf unterstützten. Der adlige Hausherr war so in weit höherem Maße autark und suchte seine Sicherheit vermittels seiner Gefolgsleute eher selbst. Allerdings war seine Stellung auch instabil, weil stark von Erfolg und Ansehen abhängig und er mit anderen adligen Hausherrn in Konkurrenz um Macht und Ansehen stand.[3]

---

[1] *K.-W. Welwei*, Die griechische Polis, S. 28–34.

[2] Die Bestimmungsgewalt des griechischen Hausvaters war nicht lebenslänglich, die erwachsenen Söhne waren selbständig und die Übergabe des Hauses erfolgte vielfach schon zu Lebzeiten. Auch war, anders als in Rom, nicht allein der Hausvater vermögensfähig, ebensowenig hatte er eine Verfügungsgewalt über Leben und Tod. Siehe *H. J. Wolff*, Art. Recht I, Sp. 2522 f.

[3] Zum adligen *oikos*, seiner Struktur und seiner Funktion für die Aristokraten siehe *M. Stahl*, Aristokraten und Tyrannen, S. 81–91, 96 ff.

2. Zur Entstehung von Poleis oberhalb der „Häuser“ und dörflichen Siedlungs- und Wehrgemeinschaften kam es durch freiwilliges oder machtmäßig erzwungenes Zusammenwirken mehrerer solcher dörflichen Gemeinschaften, das sich mit der Ausbildung politisch handlungsfähiger Institutionen verband. Das war ein eher langwieriger Prozeß.[4] Er wurde befördert durch eine seit dem 8. Jh. v.Chr. sich ausbreitende Dynamik der wirtschaftlich-sozialen, militärischen und bevölkerungsmäßigen Entwicklung. Diese Dynamik brachte nicht allein stärkere soziale Differenzierung mit sich, das Anwachsen von Handel und Wirtschaft und ein Streben der seekriegsgeübten und kampfesfreudigen Griechen nach Ausdehnung und Selbstbehauptung, sondern ebenso und dadurch bedingt vermehrte Ordnungs- und Schlichtungsaufgaben. Das machte die Bildung übergreifender (wenn auch verhältnismäßig kleinräumiger) politisch handlungsfähiger Einheiten erforderlich, die sich freilich oftmals schwierig gestaltete; nicht zuletzt widerstrebten die Adligen der Einbeziehung in eine solche Polis, sofern sie nicht in ihr selbst maßgeblich die Herrschaft ausüben konnten.

a) Eine Eigenart der Poleis bestand darin, daß sie nicht – wie die modernen Staaten – als Gebietsherrschaften entstanden, sondern den Charakter von Personengemeinschaften hatten. Die bäuerlichen und adligen Hausherrn, sie und nur sie, bildeten die Polis, nicht etwa alle Einwohner. Diese Hausherren waren es, die auf der *agora*, dem zentralen Kult- und Versammlungsort, zusammenkamen, einesteils um die vielen Feste zu begehen, die zum Leben einer Polis gehörten, anderenteils um sich über gemeinsame Nöte, Aufgaben und Unternehmungen auszutauschen, ggf. darüber zu beratschlagen. Schnell gewannen die Angesehenen und Reichen (*aristoi*), die erfolgreichen Anführer bisheriger, insbesondere militärischer Unternehmungen, Einfluß und Macht, so daß sich über der genossenschaftlichen Grundstruktur eine eigene Schicht der einflußreichen Wenigen abhob, nicht zuletzt solcher Adligen, die sich in die Polis begeben hatten.[5] Sie erscheinen als die Agierenden, in diesem Sinn Herrschenden, auch wenn für die Aufgaben der Polis eine relativ breite Beteiligung und Lastentragung der Bürger (*politai*) bestand. Der Einfluß der Bürger war dabei eher akklamatorischer Art, solange die Versammlung auf der *agora* eine beredende Zusammenkunft, aber noch nicht ein demokratisches Beschlußorgan war.

---

[4] Siehe hierzu *K.-W. Welwei*, Polis und Archē, S. 90–95.

[5] Der griechische Adel darf nicht mit der Vorstellung von einem nach Geburts- oder Geblütsrecht sich abschließenden ‚Stand' gleichgesetzt werden, wie sie für den Adel in Kontinentaleuropa seit dem späteren Mittelalter zutreffend ist. Wenn in der Literatur von Adel gesprochen wird – im Griechischen fehlt eine entsprechende Standesbezeichnung – bezeichnet das die führende Schicht im archaischen Griechenland. Grundlegend zur Eigenart des griechischen Adels in archaischer und klassischer Zeit *E. Stein-Hölkeskamp*, Adelskultur, zusammenfassend S. 231 ff.

b) Institutionen und Ämter bildeten sich in den Poleis erst allmählich und nur unter Überwindung von Widerständen heraus. In der Polis Athen, die darin wegen ihrer Größe und Führungsposition eine Sonderstellung einnahm, entstanden beispielsweise das Amt der *archonten*, welches sich später nach Funktion weiter differenzierte (*polemarchoi*, später Strategen für Heerwesen und Kriegsführung; *basileis* für Kultangelegenheiten; *thesmothetai* für Rechtsweisungen), der Adelsrat (*areopag*) als Kontroll- und Aufsichtsorgan, meist aus den vornehmen Familien beschickt oder von ihnen besetzt, und schließlich – im Laufe der Entwicklung – die Volksversammlung (*ekklesia*), die allerdings erst relativ spät wirkliche Beschlußrechte erhielt (s. unten IV).[6] Auch Rechtsprechung und Gerichtswesen entstanden erst allmählich und mit anderen Funktionen, als wir sie heute kennen. Richterliche Entscheidungen hatten eher den Charakter von Schlichtungssprüchen, Gerichte waren eher Schiedsorgane; beide dienten dazu, die Auswirkungen von Blutrache und Selbsthilfe einzudämmen und im Interesse der Friedenssicherung Vergleiche und Streitbeilegung entweder zu ermöglichen oder selbst herbeizuführen. In die Bestimmungsgewalt der Hausherren und das Leben im *oikos* konnten sie erst relativ spät und auch dann nur begrenzt eingreifen.

c) Wichtig ist es, sich die innere Gliederung der Polis vor Augen zu führen. Auf der einen Seite stehen die grundbesitzenden Freien, die allein Angehörige der Polis sind, auf der anderen Seite die Unfreien und solche, die zwar nicht persönlich abhängig sind, aber keinen Anteil an der Polisgemeinschaft haben, wie die sich ansiedelnden Fremden (*Metöken*) und die Bewohner eroberter Gebiete.[7] Innerhalb der Freien grenzen sich die Adligen und Bevorrechtigten von den übrigen Landbesitzern ab, ohne daß freilich eine strenge Abschottung besteht; sie wirken in engeren Kreisen und den gemeinsamen Kultveranstaltungen zusammen. Frauen und Kinder der Freien treten in der Polis nicht besonders in Erscheinung, selbst die heranwachsenden Söhne erst, wenn sie – meist mit 18 Jahren – selbständig werden.

Unfreie (Sklaven) gehören mit zum Erscheinungsbild der Polis. Es ist fraglich, inwieweit erst deren Vorhandensein den (freien) Bürgern die aktive Teilnahme am Leben der Polis ermöglichte. Die verbreitete Auffassung, die griechische Demokratie habe die Sklaverei zur ökonomisch notwendigen Voraussetzung gehabt, ist vermutlich einzuschränken.[8] Gleichwohl beruhte die Selbstbestimmung der griechischen *politai* in weitem Umfang auf dem

---

[6] Allgemeiner Überblick über die Polis Athen hinaus bei *V. Ehrenberg*, Staat der Griechen, S. 63–90.

[7] Eroberte Gebiete wies in erheblichem Umfang die Polis Sparta auf. Die Bevölkerung dieser Gebiete hatte, soweit sie nicht auswanderte, einen minderberechtigten Status und war abhängig an die Scholle gebunden (sog. *Heloten*).

[8] Siehe dazu jüngst *W. Ameling*, Landwirtschaft und Sklaverei im klassischen Attika, S. 281–315.

Vorhandensein von Sklaven, insofern diese sie von eigener Land- und Handarbeit freistellten und dadurch ihre aktive Betätigung in der Polis, die tatsächliche Wahrnehmung ihrer Freiheit als politische Freiheit ermöglichten.[9]

Über die Zahl der Sklaven, insbesondere im Verhältnis zur Anzahl der Freien, fehlen unmittelbare Zeugnisse. Schätzungen im Rückschlußverfahren kommen für Athen, das im Verhältnis zu anderen Poleis über viele Sklaven verfügte, im 5. Jh. auf eine Zahl von möglicherweise 80 000 bis 120 000 Sklaven gegenüber etwa 40 000 bis 50 000 Bürgern (ohne Frauen und Kinder) und 25 000 bis 35 000 fest ansässigen Fremden.[10] Wichtige Gründe für die Sklaverei waren das antike Kriegsrecht und die Schuldknechtschaft, die allerdings für Athen durch die Gesetzgebung Solons aufgehoben wurde (unten IV 2a). Kriegsgegner, die dem Sieger in die Hände fielen, konnten getötet oder als Sklaven mitgenommen und verwendet werden; letzteres galt auch für Frauen und Kinder. Wer aufgenommene Schulden nicht begleichen konnte, geriet bei seinem Gläubiger in Schuldknechtschaft und wurde dadurch zu seinem Sklaven. Auch Freie konnten so zu Sklaven werden. Sklaven hatten keine eigene Rechtspersönlichkeit, standen im Eigentum des Herrn; sie konnten von ihm in jeder Weise eingesetzt, auch verkauft, zur Arbeit vermietet u. ä. werden.[11] Das ermöglichte Sklavenhandel, den Ankauf von Sklaven aus anderen Poleis, insbesondere auch den Erwerb von Fremden als Sklaven. Der Sklavenbedarf war im Athen der klassischen Zeit aus wirtschaftlichen Gründen beträchtlich.[12] Die tatsächliche Stellung und Behandlung der Sklaven war unterschiedlich, teilweise durch Sitte und Ethos gemildert; sie stellte sich für Haussklaven anders dar als für (ausgebeutete) Produktionssklaven in Bergwerken und Großbetrieben, wieder anders für gehobene Dienst- und Verwaltungssklaven. Sklaven wurden auch in den athenischen Landstreitkräften und im Flottendienst verwandt, verbunden mit (nachträglicher) Freilassung wegen der geleisteten besonderen Dienste.[13] Auch allgemein bildete sich später eine Freilassung von Sklaven aus, freigelassene Sklaven erhielten aber in der Regel – anders als in Rom – nicht das Bürgerrecht.

---

[9] Pointiert wird die bislang vorherrschende Auffassung von *W. Jäger*, Paideia, Bd. 2 (Lit.), S. 104 formuliert: „Der griechische Begriff des Freien … beruht auf der Voraussetzung der Sklaverei als feststehender Einrichtung, ja als Grundlage der Freiheit des bürgerlichen Teils der Bevölkerung."

[10] *J. Bleicken*, Die athenische Demokratie, S. 54–55; *V. Ehrenberg*, Staat der Griechen, S. 37 ff.; *K.-W. Welwei*, Die griechische Polis, S. 220 f.; siehe ferner *E. M. Wood*, Peasant citizen, S. 42 ff.

[11] Zur Rechtsstellung der Sklaven in Athen eingehend *H. Klees*, Herren und Sklaven, S. 37–55.

[12] Siehe *K.-W. Welwei*, Die griechische Polis, S. 220 f.; *H. Klees*, Herren und Sklaven, S. 3 ff.

[13] Allgemein zur Sklaverei im antiken Griechenland *M. L. Finley*, Sklaverei; *J. Vogt*, Sklaverei und Humanität; *E. M. Wood*, Peasant citizen. Zu den Sklaven im Kriegsdienst *K.-W. Welwei*, Unfreie, S. 8–64, 65–104.

II. Die Polis als religiös-politische Gemeinschaftsordnung

Man kann dic Institutionen der antiken Welt nicht verstehen, ohne die Glaubensvorstellungen der Menschen zu kennen.[14] Das gilt für die griechische Polis und ihre Ordnung, und es gilt auch für die Philosophie, die sich im Rahmen und in der Auseinandersetzung mit der Polis und ihrer Ordnung entwickelt.

1. Die Trennung von politischer Ordnung und religiöser Ordnung, wie sie uns heute geläufig ist, war in der frühen Polis wie überhaupt in der Antike unbekannt. Zu dieser Polis gehört der Poliskult, die Verehrung der Götter der Polis. Die Polis wie auch die *phratrien* und die Häuser entstehen und bestehen gerade auch als Kultgemeinschaften. Die Religion in der Form des Kultes der Götter bildet das Ferment der Polis und hat geistig prägende Kraft. Andersherum formuliert: *oikos* und Polis sind ihrerseits zugleich Bausteine der religiösen Weltorientierung und eigene kultische Räume. Religion und Verehrung der Götter zeigen sich so als selbstverständliche Gemeinsamkeit.[15]

In der frühen Polis sind alle Lebensvorgänge religiös-kultisch begleitet, die des Hauses ebenso wie die der Polis, auch der Kampf der Heere, der als Kampf im Schutz und mit Hilfe der Götter, auch als Streit der Götter miteinander erscheint.[16] Die Vorstellung individueller „Religionsfreiheit" gegenüber der Religion und dem Kult der Polis ist nicht vorhanden. Wer den Göttern der Polis die geschuldete Ehrerbietung verweigert, begeht Verrat an der Ordnung der Polis selbst.

Lange Zeit besteht auch keine Differenz zwischen dem geistig-kulturellen Leben und der Religion. Dichtung und Kultur entfalten sich nicht in Distanzierung oder Absetzung von der Religion und religiösem Kult, sondern auf ihrer Grundlage. Die griechischen Tragödien und Spiele, die enge Verbindung von Kult und Sport (Olympia), auch die entstehende Geschichtsschreibung (Herodot, Thukydides) legen davon Zeugnis ab. Allerdings kommt es in der klassischen Zeit, bei den Sophisten und auch in der großen Philosophie, zu einer Entzweiung dieser Einheit, wie sie für die frühe Polis kennzeichnend war. Religion und religiöse Einbindung werden zum Teil ‚aufklärerisch' in Zweifel gezogen und in Frage gestellt, werden dadurch schrittweise zu bloßer Tradition. Auch als solche behalten sie indes noch viel von ihrer Formkraft, wie nicht zuletzt der Prozeß des Sokrates (Anklage wegen Blasphemie) zeigt.

---

[14] *N. D. Fustel de Coulanges*, Antiker Staat, S. 21.

[15] Siehe im einzelnen *J. Bleicken*, Die athenische Demokratie, S. 141 ff., *V. Ehrenberg*, Staat der Griechen, S. 17–21, 90–94 und *Chr. Sourvinou-Inwood*, Polis-Religion, S. 295–324, auch zum Folgenden.

[16] *N. D. Fustel de Coulanges*, Antiker Staat, S. 223.

2. Um ihre Bedeutung richtig einzuschätzen, muß man wissen, daß die griechische Religion eine *welt-immanente* Religion ist, nicht eine welt-transzendente wie das Christentum.[17] Die griechischen Götter leben nicht im Jenseits wie der christliche Gott, sie gehören zum „Diesseits", zum Kosmos der Welt. Sie haben die Welt nicht erschaffen, sondern sind ihr Teil; es gibt keine ‚göttliche Offenbarung' als Grundlage der religiösen Identität. Die Götter sind menschen-ähnlich und sie sind zahlreich. In ihnen gewinnt eine mythische Deutung der im Menschen vermuteten geistig-seelischen Kräfte Gestalt, auch des menschlichen Daseins und Schicksals sowie der Mächte der umgebenden Natur. Es wird eine Vielzahl von Göttern nebeneinander, teilweise auch in abhängiger Beziehung zueinander vorgestellt. Nicht nur im einzelnen Haus, auch an zahlreichen natürlichen Örtlichkeiten, wie Quellen, Grotten, Hainen und Bergen, ja in jeder Polis werden eigene Götter verehrt, die aber zugleich eingebettet sind in eine Art religiösen Netzwerks zwischen den Poleis.

Sieht man auf die griechischen Epen, werden die Götter in zunehmendem Maß vergeistigt und auch personalisiert. Als Zentrum dieser Götterwelt bildet sich ein Kanon höherer Götter heraus, die olympischen Götter; ihnen wird über die einzelnen Poleis hinaus in der griechischen Kulturwelt insgesamt Verehrung entgegengebracht. Die Heiligtümer Delphi und Olympia mit ihren Göttern werden religiöse Zentren der gesamten griechischen Welt und gewinnen dadurch – Olympia nicht zuletzt durch die kultische Bedeutung der sportlichen Wettkämpfe – panhellenische Autorität.[18]

3. Das religiös-kultische und geistig-kulturelle Leben in der Polis ist *öffentlich*, integrierender Teil des Gemeinschaftslebens. Die Feste zu Ehren der Götter bestimmen den Rhythmus des Lebens der Polis, der Kalender entsteht aus der Abfolge dieser Feste. Nicht um Veranstaltungen privater Kreise in der Polis handelt es sich, sondern um Veranstaltungen der Polis selbst; sie ist deren Austragungs- und Entfaltungsort. Überall zeigt sich auch die enge Verbindung von Sakralem und Politischem: Die ersten Gebäude der Polis-Stadt sind Tempel, die Versammlung der Bürger beginnt mit einer Kulthandlung, mit den öffentlichen Ämtern sind immer auch Kultaufgaben und -handlungen verbunden, der sakrale Eid findet breite Verwendung, die Kriegszüge beginnen mit der Anrufung der Götter und der Erflehung ihres Schutzes.

[17] Kurz zusammenfassend *H. Ottmann* (Lit.), Bd. 1,1, S. 14f.

[18] Zur kultischen Rolle und Überhöhung des Sports siehe *Chr. Sourvinou-Inwood*, Polis-Religion, S. 298f.

4. Mit alledem wird deutlich, daß die Einbindung der Menschen in die Polis eine umfassende war.[19] Die heutige Unterscheidung von Staat und Gesellschaft läßt sich auf sie nicht übertragen. Die Polis greift auf den individuellen Sozial- und Weltbezug durch, die Bürger (Hausherren) und ihre heranwachsenden Söhne werden als Glieder der Polis voll erfaßt. Eine davon abgetrennte individuelle Freiheitssphäre, die eine persönlich-private Freistellung von der Polis verbürgt, gibt es nicht. Insgesamt betrachtet ist die Polis nicht nur politische Gemeinschaft und Rechtsgemeinschaft, sondern zugleich auch Kult-, Kunst-, Fest- und Erziehungsgemeinschaft. Sie läßt sich mit dem Begriff des „Staates", bei dessen Verwendung sich stets Assoziationen zur politischen Ordnungsform des neuzeitlichen Staates samt dessen charakteristischen Merkmalen einstellen, nicht angemessen beschreiben.[20]

III. Die Polis und ihre Nomoi

Ein zentrales Thema der griechischen Rechtsphilosophie ist die Frage nach den *nomoi*, den *nomoi* (in) der Polis und – später – dem *nomos* der Welt. Vor welchem Hintergrund und auf welcher Grundlage wird diese Frage gestellt? Läßt sie sich einfach als Frage nach dem „Gesetz" oder weitergreifend nach dem „Recht" verstehen? Schon die Übersetzung von *nomos* mit „Gesetz" ist mit Grund umstritten, zumal wenn damit, wie zumeist, der heutige Begriff des Gesetzes verbunden wird. Ebenso ist ein Problem, seit wann und inwieweit in der Polis-Wirklichkeit eine Vorstellung von Recht als eigener normativer Größe, unterschieden von Religion, Sitte, Moral, vorhanden war. Welche

---

[19] Entgegengesetzte Auffassung für die Polis Athen bei *M. H. Hansen*, Athen. Demokratie, S. 62 ff.

[20] Dies wird freilich von vielen Fachhistorikern bestritten. Trotz der grundsätzlichen Bedenken, die *Chr. Meier* für die Antike geäußert hat (Res publica amissa, ^{2}1980, S. XXII ff.), wird in der Althistorie längerer Tradition folgend weiterhin überwiegend die Begrifflichkeit ‚antiker Staat', ‚Staat der Athener', ‚Verstaatlichung der Polis' u. ä. verwendet, mittlerweile mit versuchter methodischer Rechtfertigung (einerseits eher traditionell *M. H. Hansen*, Athenische Demokratie, S. 55–64; anderseits *U. Walter*, Begriff des Staates, S. 9–26). Auch wenn jeder Historiker die eigene Sprachlichkeit wählen mag, bleibt die Verwendung des Staatsbegriffs im Sinne einer universalen transhistorischen Kategorie, abgesehen von deren dann sehr geringem Aussagegehalt, letztlich eine ungeschichtliche Redeweise, da das Wort Staat sich von Anfang an auf spezifisch neuzeitliche Sachverhalte bezieht, der Entwicklung des modernen Staates folgt und seine Strukturen aufnimmt. Die Althistorie verhält sich gegenüber der begriffsgeschichtlich-hermeneutischen Diskussion, die für die mittelalterliche Verfassungsgeschichte seit O. Brunner mit großem Erkenntnisgewinn geführt worden ist (vgl. *O. Brunner*, Land und Herrschaft, Brunn/Wien/München ^{2}1942, S. X–XXIII, 124–185; *C. Schmitt*, Staat als ein epochegebundener

rechtsbezogenen Begriffe und Realitäten, welche Art von Rechtswesen hatten die griechischen Denker und Philosophen, die nach den *nomoi* fragten, eigentlich vor Augen, um daran ihre Gedanken und Reflexionen anzuknüpfen?

1. In den griechischen Poleis sind einzelne Gesetze, die als solche festgelegt und aufgeschrieben werden, erst gegen Ende des 7. Jh. v. Chr. aufweisbar, wie etwa Drakons Gesetze in Athen.[21] Das steht im Zusammenhang mit der Verschriftlichung der auf die Ordnung der Polis bezogenen Normen. Aber schon vorher gab es bei den Griechen ein „nomologisches Wissen"[22] und eine darauf bezogene Praxis, aus denen heraus sich eine – wenn auch vielleicht nicht besonders gefestigte – Ordnung der Polis wie auch des Zusammenlebens im *oikos* und zwischen den Häusern herstellte. Wissen wie Praxis erhielten durch Religion und Tradition inhaltliche Prägung und verbindliche Kraft. Doch ist fraglich, ob sich für diese frühe Zeit wirklich von umfassenden Lebensregeln und Ordnungselementen sprechen läßt, in denen religiöse Überlieferung, Ethos und Sitte sowie das, was wir heute als Recht verstehen, ungeschieden ineinanderlagen und sich eine weitergreifende Legitimationsfrage, etwa unter dem Gesichtspunkt der Gerechtigkeit, nicht stellte.[23] In der rückblickenden Geschichtsschreibung und Philosophie des 5. und 4. Jh. v. Chr. wurden diese frühen Lebensregeln und Ordnungselemente, was immer ihr tatsächlicher Charakter gewesen sein mag, als erhabene und aus sich gültige *nomoi* aufgefaßt und den nur gesetzten *nomoi* späterer Zeit gegenübergestellt.[24] Das hat, auch in der Literatur, bei der Rede von den *nomoi* und der Diskussion des Nomosbegriffs zu einer Mehrdeutigkeit, wenn nicht gar zu einer Äquivokation geführt.

Begriff, S. 375–385; zum methodengeschichtlichen Kontext *E.-W. Böckenförde*, Verfassungsgeschichtliche Forschung, S. II–X), noch weithin verschlossen. Einen vermittelnden Ansatz, der Staatlichkeit und staatliche Ordnung von bestimmten Funktionen her definiert und damit zu einer Begrenzung der Universalisierbarkeit anhand bestimmter Kriterien gelangt, auf dieser Grundlage allerdings die griechische Polis, zumal die Polis Athen, als Staat qualifizieren zu können meint, vertreten neuerdings *W. Schuller*, Die Polis als Staat, S. 106–128, *M. Stahl*, Aristokraten und Tyrannen, S. 140–144 und *U. Walter*, Begriff des Staates, S. 9 ff. Vgl. auch *W. Gawantka*, Die sogenannte Polis, Stuttgart 1985 und *H. Ottmann* (Lit.), Bd. 1,1, S. 8.

21 Vgl. *H.-J. Gehrke*, Nomosbegriff, S. 15.

22 *K.-J. Hölkeskamp*, Tempel, S. 154; *ders.*, Gesetzgeber, S. 277 f.

23 Vgl. hierzu *K. Latte*, Rechtsgedanke im alten Griechentum, S. 63–76.

24 Wichtige Überblicke über die Vielfalt der Bedeutungen und Konnotationen, in denen die Bezeichnung *Nomos* in der griechischen Antike, und hier insbesondere in philosophischen Äußerungen von den Vorsokratikern bis hin zur griechischen Stoa gebraucht wird, geben *V. Ehrenberg*, Rechtsidee, S. 114–125 und *A. Dihle*, Begriff des Nomos, S. 117–134; vgl. jüngst auch *H. Seubert*, Polis und Nomos, S. 34–40.

Diese archaischen *nomoi* lassen sich nach Auffassung von H. J. Wolff nicht als Gewohnheits*recht* qualifizieren.[25] Steuernde Kraft sollen sie, auch und gerade soweit sie sich in Rechtssprüchen und -weisungen niederschlugen, aus dem Glauben gehabt haben, „daß das, was gilt, darum gilt, weil es von höherer Autorität so gewollt ist und gewährleistet wird",[26] d.h. aus der Verankerung im religiösen und mythischen Bereich. Auf dieser Grundlage habe es durchaus rechtserhebliche Institutionen und Verfahrensweisen gegeben, so den *oikos* mit der Einrichtung von Ehe und geregelter Nachfolge in Hausherrschaft und Hausgut; auch eine Art Eigentumsbegriff mit der Zuordnung beweglicher Güter, einschl. von Sklaven und Tieren, sowie abgegrenzter Stücke Landes zu bestimmten Personen oder Gruppen; in gewissem Umfang friedlichen Güteraustausch; ein Zusammenleben in organisierten Gruppen mit der Austragung innerer Streitigkeiten in prozessualen Formen; schließlich Rechtsweisungen (*themistes*) der Herrscher, denen eine göttliche Vollmacht zur Rechtsfindung zugesprochen wurde. Was hingegen fehlte, seien präzise materielle Rechtsbegriffe gewesen und überhaupt das Denken in übergreifenden Rechtsprinzipien.

2. Eine andere Art von *nomoi* bilden diejenigen, die in den Poleis als schriftliche Satzungen ergehen. Sie wurden in älterer Zeit nicht als *nomoi*, sondern – wie auch von Solon selbst – als *thesmoi* bezeichnet, die in Athen mit der Aufzeichnung solcher Texte betrauten Amtsträger hießen Thesmotheten (oben I 2b, S. 16).[27] Erst im 5. Jh. v. Chr. bürgerte sich hierfür die Bezeichnung *nomoi* und Nomotheten ein.[28] Diese *nomoi* verdankten sich zumeist Situationen des Streits und ausbrechender Konflikte innerhalb der Polis. Das geschah zu einer Zeit, als die Polis bereits einzelne Amtsträger kannte und als die Polis-Gemeinschaft selbst aktiv handelnd auftrat. Dem entsprechen die Gegenstände dieser *nomoi*. Sie betreffen vornehmlich Pflichten und Kontrolle der Amtsträger, auch Verfahrensregeln bei der Aufstellung von *nomoi* und für die Rechtsprechung, ferner die Gestaltung und Änderung der Organisation („Verfassung") der Polisgemeinschaft, d.h. der aktiven Teilnahme an der Polis, wie Rechte und Inpflichtnahme der Bürger (*polites*), Befugnisse der Volksversammlung; daneben auch, aber nicht als Hauptgegenstand, Fragen des materiellen Rechts und der Strafbarkeit.[29] Die Polisordnung wird je nach Anlaß ein Stück weit selbst gestaltet und auch neu geordnet, die einzelnen

---

[25] Vgl. *H. J. Wolff*, Entstehung des Rechtsbegriffs, S. 565 f.; *ders.*, Normenkontrolle und Gesetzesbegriff, S. 70. Skeptisch hierzu und für das Recht seit unvordenklichen Zeiten als eine Ordnung für sich, von bloßer Gewohnheit und Sitte deutlich geschieden, *F. Gschnitzer*, Terminologie, S. 10.

[26] *H. J. Wolff*, Entstehung des Rechtsbegriffs, S. 565.

[27] *H. Seubert*, Polis und Nomos, S. 72 ff.

[28] *A. Dihle*, Begriff des Nomos, S. 118.

[29] Vgl. *H.-J. Gehrke*, Nomosbegriff, S. 15–17; *K.-J. Hölkeskamp*, Gesetzgeber, S. 273 f.

nomoi haben das Ziel, eine normative Wirkung nach vorn, in die Zukunft hinein zu entfalten.

Die normative Wirkung dieser ‚gesetzten' *nomoi* konnte nicht einfach vorausgesetzt werden, sie mußte erst entstehen. Ein Weg dazu war die Verschriftlichung der *nomoi* und ihre Anbringung an der Tempelmauer, dem Kultzentrum der Polis. Die *nomoi* waren so in die religiöse Ordnung einbezogen, sie wurden unter den Schutz der Götter gestellt, um ihre Verbindlichkeit zu sichern und sie insbesondere beliebiger Verfügbarkeit durch diejenigen, an die sie sich richteten, zu entziehen.[30] Mit der Machtsteigerung der Volksversammlung im Bereich der Rechtssetzung, die der Ausweitung der politischen Berechtigung im Übergang zur Demokratie folgte, kommt es seit dem 5. Jh. v. Chr. in Athen zu einem mehr formal-legalistischen Verständnis der *nomoi*. Über die *nomoi* wird abgestimmt, sie erscheinen als bindende Übereinkünfte der Bürger unter sich, der Nomosbegriff verengt sich auf die von der dazu befugten Autorität erlassene Anordnung/Satzung. Spätestens jetzt zeigt er keinen relevanten Bezug mehr zu Gerechtigkeitsvorstellungen oder Billigkeitsgedanken. Die ordnende Kraft der Gesetze liegt statt in der Bereitstellung materiellen Rechts im festgelegten Verfahren der Herbeiführung verbindlicher Entscheidungen bei unmittelbarer Beteiligung einer Vielzahl von Menschen, das heißt der Bürger der Polis.[31]

3. Inhaltlich gesehen waren die in der Polis geltenden *nomoi* vielfältig und zahlreich; sie enthielten stets konkrete Regelungen, die aber untereinander kaum koordiniert waren. Jeder *nomos* reagierte auf ein bestimmtes, einzelnes Ordnungsbedürfnis. Und es gab nur einzelne *nomoi* mit einzelnen Ordnungsprinzipien, was fehlte, war eine begriffliche Verbindung aller *nomoi* zu einem zusammenhängenden Regelsystem, mithin eine Rechts*ordnung*. Die griechische Antike kennt bezeichnenderweise keinen Terminus, der den Begriff „Recht" schlechthin, verstanden als das geltende objektive Recht, zum Ausdruck bringt.[32] Solches „Recht", als vorgegebener genereller Handlungsrahmen, der die Einheit der Polis oder zwischen den Poleis vermittelt, existierte nicht. In der Volksversammlung und vor den Richtern berief man sich stets punktuell auf einzelne *nomoi*, auch ein Rechtsverstoß war nur gegen gerade einen bestimmten, konkreten *nomos* denkbar. Vor allem: Es gab kein professionelles Wissen vom Recht, keine Jurisprudenz, die etwa die Behandlung der einzelnen *nomoi* vereinheitlicht, ihre tragenden Prinzipien herausgearbeitet, Analogieschlüsse o. ä. gewonnen hätte. Das klassische Griechenland – dies darf man nicht übersehen – kannte Dichter, Philosophen und insbesondere Rhetoren; es kannte aber, anders als die Römer, keine Juristen.

---

30 *K.-J. Hölkeskamp*, Tempel, S. 141–143; *ders.*, Gesetzgeber, S. 268 ff., 278 ff.

31 Vgl. zusammenfassend *W. Bock*, Das Gesetz, S. 42–46.

32 *J. Triantaphyllopoulos*, Rechtsdenken, S. 3 mit S. 42–54; *H. J. Wolff*, Entstehung des Rechtsbegriffs, S. 561 f.

Das hing nicht zuletzt mit der eigentümlichen Form von Rechtsfindung und Rechtsprechung zusammen, die in klassischer Zeit vor allem in Athen herrschte. Sie war *demokratisch* ausgerichtet, kannte aber kaum Instrumentarien, um materiell gerechte Entscheidungen zu erreichen. Der Ort für rechtliche Argumentation war die öffentliche Diskussion in der Volksversammlung (*ekklesia*) oder vor den zahlreichen Richtern. Diese waren durch das Los bestimmte Bürger über 30 Jahre, ohne Ausbildung oder Rechtserfahrung, die in großen Gremien (normalerweise 201 bis 401 Richter) tagten. Über Rechtssachen, die anstanden, wurde nach dem Vortrag der Parteien ohne vorherige Beratung durch Abstimmung über die Anträge und ohne Begründung entschieden. So kam es wesentlich auf Rhetorik im Sinne eines geschulten Parteiplädoyers an, um einen Antrag zu verfechten und öffentlich Zustimmung für ihn zu erheischen. Solche rhetorische Kunst entwickelte sich in Athen zur Meisterschaft. Sie bediente sich der Ausbeutung der *nomoi*, suchte nicht objektive Aufhellung des Sachverhalts oder Vertiefung rechtlicher Probleme, sondern den Augenblickserfolg im gerade anhängigen Streit.[33] Es ist überaus unsicher, ob überhaupt die Suche nach materieller Wahrheit und ein Wille zur Objektivität in der gerichtlichen Praxis eine anerkannte Rolle spielten. Dies sollte man, sofern griechische Philosophen von Recht und Richter sprechen, nicht aus dem Blick verlieren.

IV. Vom politischen Denken zur attischen Demokratie

Für das antike Griechenland ist es charakteristisch, daß in ihm ein spezifisch *politisches Denken* aufkommt. Es befaßt sich mit der Ordnung des Zusammenlebens in der immer wieder von inneren Kämpfen (*staseis*) bedrohten Polis, mit den Beziehungen zwischen den – nicht selten einander feindlichen und sich bekriegenden – Poleis, und nicht zuletzt mit der Abwehr fremder Mächte. Dieses Denken war es, das die eigengeartete Form politischer Ordnung, die bei den Griechen zur Entstehung kam, mit hervorbrachte. Sie fand in einer ihrer Poleis, in Athen, zu einer Gestalt, die von der späteren theoretischen Reflexion als Demokratie bezeichnet wurde. Dies geschah in einer umgebenden Welt, die von sakral-despotischen Großreichen (Perser, Hethiter, Ägypter) mit Gott-Königen als unumschränkten Herrschern geprägt war, mithin aus einer eher insularen Existenz heraus. Doch war gerade diese insulare Stellung der Rahmen und auch der Boden für die Reflexion über Recht und politische Ordnung, die wir der griechischen Rechts- und Polisphilosophie verdanken.

---

[33] *H. J. Wolff*, Entstehung des Rechtsbegriffs, S. 558.

1. Nach wie vor beschäftigt die Historiker, welche Umstände das politische Denken bei den Griechen hervorgerufen haben.[34] War es eine besondere Anlage des griechischen Menschen, war es die Prägung des öffentlichen Raums durch den *oikos* und seine Eigenständigkeit, war es die stets prekäre, vielfach konfliktbestimmte Existenzform der Polis, war es die Eigenart der griechischen Religion, die durch eine Vielfalt von Göttern und das Fehlen theokratisch-zentralistischer Herrschaftsansprüche eines einzigen Gottes gekennzeichnet war? Dem braucht hier nicht näher nachgegangen zu werden. Denn jedenfalls bildet sich seit dem Ende des 7. Jh. ein eigenes, auf das Zusammenleben der Menschen und dessen Ordnung, insbesondere auf die Polis und ihre Institutionen und Agenden bezogenes Denken heraus. Dieses Denken löste das öffentliche Handeln aus der Eingebundenheit in die bloße Realisierung als gegenwärtiges Sein vorgestellter religiös-kultischer Bräuche und die Repräsentation einer mythischen Ordnung der Welt; es entdeckte das eigenständige Handeln-Können im Sinne von Wahl und Entscheidung und damit auch das Miteinander-Handeln und -Reden als Moment der Politik.[35] Zur Voraussetzung hatte es das Aufkommen eines historischen Bewußtseins, das Vergangenheit und Gegenwart über die Kategorie der Zeit zu verbinden wußte, mithin die Polisgemeinschaft nicht nur als Gemeinschaft der jetzt Lebenden, sondern als etwas Gewordenes begreift, das in die Vergangenheit zurückreicht.[36] Auf dieser Grundlage richtete dieses Denken seinen Blick auf gestaltendes und eher dynamisches Verhalten, das für bestimmte Probleme nach einer Lösung sucht, und wirkte so als ein Stück „Aufklärung". Daraus ergab sich eine eigene Form der Reflexion über das politisch-soziale Zusammenleben. Sie fand ihren Schwerpunkt in der öffentlichen Debatte, in der Versammlung und Diskussion von Bürgern auf der *agora*. Befördernd auf dieses Denken wirkte die ausgreifende Kolonisationsbewegung, d.h. die Gründung von Tochter-Städten bestehender Poleis im weiten ägäisch-mittelmeerischen Raum; sie stellte erneut die Aufgabe des Aufbaus von Ordnungen und der Institutionalisierung von Beziehungen. Aktivität im politischen Raum und darauf bezogenes politisches Denken wurde auf diese Weise eine Grundlage der sich entfaltenden griechischen Kultur, wurden zum zentralen Prinzip beim Erfassen und in der Auseinandersetzung mit der sozialen Welt. Und dies gewann Bedeutung über die einzelne Polis hinweg. Dem Orakel von Delphi als ratgebender, an die Religion rückgebundener Instanz wuchs dabei eine – durchaus auch politische – panhellenische Integrationsrolle zu.[37]

---

34 Vgl. vor allem *Chr. Meier*, Entstehung des Politischen, S. 70–90; *P. Spahn*, Individualisierung und politisches Bewußtsein, S. 343 ff.

35 *H. Ottmann* (Lit.), Bd. 1,1, S. 12–14.

36 *P. Steinmetz*, Erwachen des geschichtlichen Bewußtseins, S. 58 f., 77 f.

37 *Chr. Meier*, Entstehung des Politischen, S. 73 f. (‚dritte Position').

2. Das politische Denken der Griechen führte weder überall, noch führte es zielgerichtet zu der politischen Struktur, die später als Demokratie bezeichnet wurde. Zur Ausbildung einer solchen Struktur im vollen Sinn kam es nur in der Polis Athen, die für die griechischen Poleis keineswegs typisch war. Diese Entwicklung war auch nicht das Ergebnis einer gerade darauf gerichteten kontinuierlichen Politik, sie ergab sich eher als Nebenfolge aus den allgemeinen politischen Entwicklungen und Auseinandersetzungen, die in Athen oder von Athen ausgehend stattfanden. Die griechische Polisphilosophie hatte später freilich gerade diese Verhältnisse in der Polis Attika vor Augen, auch im Auf und Ab ihrer Entwicklung und der rückblickenden Deutung. Daran knüpfte sie ihre Reflexion. Einige Eckpunkte der Entwicklung sollen deshalb genauer skizziert werden.

a) Für die Polis Athen ergab sich aus den Reformen Solons (594/93 v. Chr.). eine deutlichere Verfaßtheit. Diese Reformen dienten der Überwindung von Gegensätzen in der Polis, die aus der Machtkonkurrenz der Adligen untereinander und der zunehmenden Verarmung und wirtschaftlichen Abhängigkeit der kleineren Bauern bis hin zu Schuldknechtschaft und Sklaverei entstanden waren. Solon stellte sich die Frage nach einem Ausgleich (nicht einer Beseitigung) der Gegensätze in einer guten Ordnung der Polis (*eunomia*).

Er war selbst Adliger, gehörte mithin zur Oberschicht. Zum *archonten* bestellt, verfügte er eine allgemeine Schuldentilgung (*seisachtheia*), befreite dadurch die Bauern von drückender wirtschaftlicher Abhängigkeit und Schuldsklaverei, verbot das Sich-Verschulden „auf den Leib", d. h. in die Schuldknechtschaft, und ließ Athener, die als Schuldsklaven in andere Poleis gelangt waren, soweit wie möglich zurückkaufen. Damit wurde das Recht jedes Bürgers – allerdings nur des Bürgers, nicht auch des Fremden – auf seine persönliche Freiheit unverrückbar festgelegt.[38] Es gab fortan in Athen nurmehr Kriegs- und Kaufsklaven. Allerdings ließ Solon die Unterschiede in der aktiven politischen Beteiligung, die von der Vormacht der Adligen herrührten, im wesentlichen bestehen. Die Bürger wurden nach ihrem Vermögen in vier Schätzungsklassen eingeteilt, für die sich unterschiedliche Pflichten und Rechte ergaben.[39] Die Ämter in der Polis, auch die Beteiligung am Rat der Vierhundert (später: Fünfhundert), blieben den oberen Schätzungsklassen vorbehalten, so daß die zahlreichen Kleinbauern, Handwerker und Lohnarbeiter, die *Theten* der vierten Schätzungsklasse, nur den Zugang zur Volksversammlung und zum Volksgericht hatten. Die Vormachtstellung der adligen Oberschicht bestand fort, wenngleich nun nicht mehr primär aufgrund von Kämpfertum, Ansehen und Tradition, sondern aufgrund ihres Reichtums und damit offen auch für andere.

---

[38] *U. Walter*, An der Polis teilhaben, S. 192–200.

[39] Zu den Kriterien der Schätzungsklassen, die auch mit der Organisation des Heeresdienstes in Zusammenhang standen, siehe *K.-W. Welwei*, Die griechische Polis, S. 159.

b) In der weiteren Entwicklung kam es wiederholt zur Errichtung einer *tyrannis*, d.h. der Herrschaft eines oder weniger Einzelner. Sie konnte sich allerdings nie dauerhaft konsolidieren, blieb vielmehr jeweils eine zeitlich begrenzte Erscheinung.[40] Mit der heutigen Vorstellung von Tyrannei darf sie nicht gleichgesetzt werden. Sie hatte keinen totalitären Charakter, tendierte freilich nicht selten zu Willkür, ohne jedoch bloße Willkürherrschaft zu sein. In der späteren Geschichtsschreibung aus klassischer und demokratischer Zeit, auch in der Polisphilosophie, wurde sie freilich eher zum negativen Gegenmodell demokratischer Polisordnung stilisiert.

Alleinherrscher in der Polis zu werden, war einerseits für den Adligen Vollendung seiner *aristie*, des Strebens nach Macht und Ruhm, weshalb Tyrannen auch keineswegs verfemt waren. Zugleich war der Tyrann aber auch der größte Feind vieler Adliger, weil seine Herrschaft nur gesichert werden konnte, wenn er potentielle Rivalen ausschaltete (Verbannung, Konfiskation), und dazu brauchte er Unterstützung innerhalb der Polis, mußte Anhänger und Zustimmung gewinnen.[41] „Die Tyrannis ist zwar also einerseits die äußerste Steigerung adliger Macht, bewirkt aber anderseits die Entmachtung vieler Adliger, die Befreiung von Bauern aus wirtschaftlich-sozialen Bindungen und eine Politisierung der Macht."[42] Die durch sie in Gang gesetzten institutionellen Veränderungen, teils durch die *tyrannis* selbst hervorgebracht, teils als Sicherung gegen die Wiederkehr einer beseitigten *tyrannis* geschaffen, befestigten so vielfach die Polis als Handlungsrahmen und politisch-organisatorische Einheit und bewirkten eine eher ‚demokratisierende' Tendenz.[43]

c) Eine tiefgreifende Änderung für die Polis Athen brachte die *Reform des Kleisthenes* (508/07 v.Chr.). Er gliederte die Untereinheiten der Polis neu und schuf damit die Grundlagen für eine einheitliche Bürgerschaft; dadurch erhielt die *isonomia*, verstanden als Ordnung der Gleichheit, eine stärkere Wirkungskraft. Wie stets in der Entwicklung der griechischen Poleis waren dabei militärische Ziele mit im Spiel, hier die Neuorganisation des Aufgebots für Heer und Flotte.[44]

Kleisthenes schuf für die Aufstellung der militärischen Formationen und die Entsendung von Bürgern in die Behörden, insbesondere den Rat der Fünfhundert, 10 *phylen* (Stämme) als organisatorisch-funktionale Einheiten. Die *phylen* wurden aus je drei *trittyen* (geographischen Bezirken) gebildet, die jeweils einem anderen landschaftlichen Bereich (Stadtgebiet, Binnenland, Küstengebiet) zugehörten.

---

[40] Geraffter Überblick bei *H. Ottmann* (Lit.), Bd. 1,1, S. 70–79.

[41] Nähere Hinweise hierzu: *M. Stahl*, Aristokraten, S. 104f., 133ff. und – am Beispiel des Peisiotratos – *E. Stein-Hölkeskamp*, Adelskultur, S. 139–153.

[42] *J. Martin*, Entstehung der Sophistik, S. 155.

[43] *M. Stahl*, Aristokraten, S. 188f. spricht von der demokratischen Ordnung als Erbin der Tyrannis. Zur Tyrannis insgesamt vgl. den Überblick bei *A. Demandt*, Antike Staatsformen, S. 167–189.

[44] Zu den Reformen des Kleisthenes im einzelnen siehe *J. Bleicken*, Die athenische Demokratie, S. 155–160; *K.-W. Welwei*, Die griechische Polis, S. 157–165.

Damit waren für die militärische und politische Aktivierung der Bürger in jeder *phyle* reiche Grundbesitzer (Adlige) aus der Stadt, Mittel- und Kleinbauern aus dem Binnenland sowie Handwerker/Seefahrer/Kaufleute aus dem Küstengebiet in einer lokal-funktionalen Einheit zusammengefaßt. Damit wurde einer Segmentierung nach Interessengruppen, auch bei der Wahrnehmung der Beteiligungsrechte, entgegengewirkt. Einen Unterbau zu *phylen* und *trittyen* bildeten die zahlreichen *demen*, heutigen lokalen Gemeinden vergleichbar. Sie waren die maßgebende Einheit für Aufgaben der (Selbst-)Verwaltung, der Kultfeiern und für die Aufnahme in die Bürgerlisten (womit die Militärpflicht und das Recht der Teilnahme an der Volksversammlung verbunden war). Die *demen* waren als Personengemeinschaften organisiert, ihre Grundlage waren Siedlungsgemeinschaften und Dörfer; sie wirkten als lokaler Integrationsrahmen.

d) Im 5. Jh. kam es zu einem Schub in Richtung auf die Gleichheit aller Bürger und die Ausweitung der aktiven politischen Beteiligung. Er ergab sich als Konsequenz außenpolitischer Konstellationen, veranlaßt nicht zuletzt durch Kriegsgeschehnisse.[45] Athen mußte sich, wie Sparta und andere griechische Poleis, gegen die Perser behaupten, was siegreich gelang (Seeschlacht bei Salamis, 480 v. Chr.), und strebte nach Machtentfaltung und Vorherrschaft im ägäischen Raum (attischer Seebund). Das erforderte einerseits wiederholt große militärische Anstrengungen, brachte anderseits der Polis als solcher Ansehen und Ruhm und stärkte sie als politische Handlungseinheit. Auch die unbemittelten Bürger (*Theten*, vgl. oben a), die zum Wehrdienst mit (eigenem) Pferd oder Waffenrüstung nicht in der Lage waren, wurden nun als Rudermannschaften in der neu erbauten Flotte herangezogen. Als Teilnehmer an den aktiven Pflichten forderten sie, dem Gedanken einer gleichheitlichen Ordnung (*isonomia*) gemäß, nach einem pathetisch gefeierten Sieg auch die Teilhabe an den aktiven politischen Rechten. Die daraus entstehende politische Bewegung und Auseinandersetzung fand u. a. in der *Reform des Ephialtes* (462 v. Chr.) einen Niederschlag; sie wurde von *Perikles* weiter befestigt.

Der Kern der Reform lag zum einen in der Beschränkung der Aufsichts- und Kontrollbefugnisse des vornehmlich von Adligen besetzten *areopags*, die nun an die Volksversammlung (*ekklesia*) übertragen wurden, zum anderen in der Ausdehnung der aktiven politischen Beteiligung der *theten*. Die Volksversammlung stieg zum zentralen Machtorgan auf, für die Vergabe der Ämter gewann, um die Gleichheit voll zu verwirklichen, das Losverfahren an Gewicht, die Ämterrotation wurde ausgebaut. Die Adligen verschwanden damit freilich noch nicht von der politischen Bühne. Besitz, Anhängerschaft, Ansehen verschafften ihnen nach wie vor Einfluß; bei Ämtern, die nicht durch Los vergeben wurden, konnten sie ihre bevorzugte Eignung ausspielen und darum kämpfen. Aber sie regierten nicht mehr aus eigenem

---

[45] Nähere Darlegung bei *J. Martin*, Von Kleisthenes zu Ephialthes, S. 160–213; *J. Bleicken*, Wann begann die athenische Demokratie?, S. 337–364. Teilweise kritisch hierzu *D. Lotze*, Zwischen Kleistenes und Ephialtes, S. 89–98.

Recht, waren vielmehr auf Zustimmung in der Volksversammlung – auch im Blick auf die Konkurrenz untereinander – verwiesen, mußten ihr Handeln und ihre Ziele begründen und sich dafür rechtfertigen, waren möglicherweise auch politischen Strafverfahren oder der zeitweisen Verbannung ausgesetzt.

Die in dieser Weise gestaltete Ordnung der Polis wurde erst Jahrzehnte nach ihrer Institutionalisierung als *demokratia* begriffen, dann nämlich, als sich die Bürgerschaft bereits weitgehend vom Adelseinfluß emanzipiert hatte und ihre neue kollektive Identität im *Demoskult* und attischer Machtsymbolik (Akropolisbau u.ä.) überhöhte. Die Idee der Demokratie gewann auf diese Weise ideologisches Eigengewicht und erschien für mehr als 150 Jahre – ungeachtet mehrerer Einbrüche, Umstürze und Krisen – einerseits als normatives Ordnungsideal, dem die Polis weiterhin entsprechen müsse, während sie andererseits als Herrschaft der Minderqualifizierten bekämpft und in ihrer Legitimität bestritten wurde.

3. Was sich in dieser Weise an „attischer Demokratie" herausbildete,[46] ist durch eine besondere Eigenart gekennzeichnet; gegenüber der Demokratie im Sinne des heutigen Demokratiebegriffs bestehen nicht unerhebliche Unterschiede.[47]

Diese *demokratia* war eine Herrschaft und Selbstregierung männlicher Bürger, die nur einen Teil der erwachsenen Einwohner umfaßten. Die Realisierung ihrer politischen Selbstregierung war von dem Vorhandensein von Sklaven nicht abhängig, wurde dadurch aber nicht unerheblich gefördert; zudem beruhte sie auf der rechtlichen und politischen Unmündigkeit der Frauen – beides übrigens Gegebenheiten, die in vergleichbarer Weise auch die Demokratie in den USA jedenfalls bis 1865 bestimmten. Die Entstehung dieser *demokratia* war verknüpft mit dem Erfolg Athens als hegemonialer Seemacht, nur mit ihr und ihretwegen konnte sie zustandekommen; sie hatte nicht nur nebenher, sondern unmittelbar eine kriegerisch-imperiale Komponente.[48] Und mehr als einmal suchte der attische Demos seine Ordnung anderen Poleis aufzuoktroyieren.

Der Begriff der Freiheit, der in der *demokratia* bewußt und als solcher artikuliert wurde, war ein politischer Begriff, von vornherein dem Bürgersein zu- und untergeordnet. Er entstand einerseits als Gegenbegriff zur Sklaverei, zugleich aber als politischer Wertbegriff, um die Gemeinschaftsform der gleichheitlich organisierten Polis zu charakterisieren, die es unternahm, sich gegen das autoritär-despotische persische Großreich zu behaupten. Die Freiheit, von der man sprach, um die man kämpfte und in der man sich vom Sklaven unterschied, war zunächst immer die

---

[46] Eindrucksvolle Schilderung der Organisationsform und Funktionsweise dieser attischen Demokratie bei *K.-W. Welwei*, Polis und Arché, S. 97–104.

[47] Siehe hierzu *J. Bleicken*, Die athenische Demokratie, S. 424 ff. und einerseits *F. Gschnitzer*, Fremdartigkeit, S. 46–54, anderseits *M. Stahl*, Aristokraten, S. 229–243; ferner *H. Ottmann* (Lit.), Bd. 1,1, S. 110.

[48] Siehe hierzu *F. Gschnitzer*, Fremdartigkeit, S. 418–426.

Freiheit der Polis selbst: ihre Entfaltung, Unabhängigkeit und Handlungsfähigkeit. Freiheit der Bürger war es, daran teilzuhaben, nicht aber davon unabhängig zu sein.[49]

Die Wahl spielte keine überragende Rolle, die Besetzung der Ämter erfolgte je länger je mehr über das Losverfahren, verbunden mit einer sich verstärkenden Ämterrotation. Repräsentation hatte in ihr, wenn überhaupt, so nur im Rat der Fünfhundert einen Platz, alles vollzog sich bis weit in das 4. Jh. hinein in Unmittelbarkeit und im öffentlichen Disput. Gerade in Athen kam dem mündlichen Austausch eine einzigartige Bedeutung zu. Die Meinungsbildung in der Volksversammlung war deshalb vorstrukturiert durch die dominante Rolle der Rhetorik. Deren sprachlich geformte Überredungskraft entschied weithin über den politischen Erfolg. Für die überwiegend politisch ungebildete Bürgerschaft waren Rhetoren als Ratgeber und als Lehrer unverzichtbar. Dies erklärt die besondere Rolle der Sophisten (unten § 3).

V. Krise der Demokratie und Verfassungsdiskussion

1. Die soeben dargestellte „Demokratisierung" der politischen Ordnung Athens im 5. Jh. v. Chr. führte freilich nicht zu einer allgemeinen Befriedung der Verhältnisse. Die Ausweitung der aktiven politischen Beteiligung blieb als solche und in ihren Konsequenzen (Diätenzahlung, verstärkte Rotation u. ä.) umstritten; sie vermochte auch nicht, die weiter bestehenden sozialen Gegensätze zu relativieren. Solange allerdings Athen außenpolitische Vormachtstellung und kriegerischer Erfolg beschieden waren und sich dadurch Ruhm, Ehre und Reichtum gewinnen ließen, solange insbesondere Perikles mit rhetorischem Geschick und durch politischen Erfolg breite Zustimmung in der Volksversammlung fand, hielten sich Spannungen, Intrigenkämpfe und Machtauseinandersetzungen in Grenzen. Als sich jedoch die Einbrüche in der Machtstellung zeigten, die der Peloponnesische Krieg (431–404 v. Chr.) mit sich brachte (insbesondere das Scheitern des sizilianischen Abenteuers unter Alkibiades [415–413 v. Chr.], das mit riesigen Verlusten an Menschen und des größten Teils der Kriegsflotte verbunden war), traten die Gegensätze und Parteikämpfe wieder deutlich hervor. Das politische Leben in Athen war keineswegs konsolidiert, es bewegte sich im Widerstreit, und innerhalb der Bürgerschaft kam es zu einer starken Polarisierung. In den sich ausweitenden Parteikämpfen standen Befürworter einer Oligarchie und der Demokratie gegeneinander. 411/10 v. Chr. kam es zu einer starken Einschränkung des Kreises der Aktivbürger auf die „Herrschaft der 5 000" (Ausschluß der *theten*) und zur

---

[49] Entwicklung und Ausformung des griechischen Freiheitsbegriffs sind jetzt grundlegend dargelegt von *K. M. Raaflaub*, Entdeckung der Freiheit, zusammenfassend S. 317–326.

oligarchischen Machtkonzentration beim Rat der Vierhundert, die freilich alsbald scheiterte. Die Verhältnisse wechselten von einem Extrem ins andere.[50] Wenige Jahre später, nach einer vernichtenden Niederlage gegen Sparta, entstand 404 v. Chr. die tyrannische „Herrschaft der Dreißig". Sie rief bürgerkriegsartige Zustände hervor, so daß man ein Jahr später wieder in gemäßigtere Demokratieverhältnisse zurückkehrte. Die strukturellen Schwächen der politischen Ordnung waren damit freilich noch nicht beseitigt, sie wirkten fort. Das zeigte alsbald der Prozeß gegen Sokrates (399 v. Chr.), aber auch die weitere Entwicklung der Polis Athen. Sie bewegte sich zwischen Mäßigung der Demokratie durch Verteilung der Zuständigkeiten sowie strenger Verfahrensregelung für die Gesetzgebung und der Stabilisierung des strikten Gleichheitspostulats (demokratische Unmittelbarkeit, Losverfahren, kurze Amtsdauer) hin und her.[51] Hinzu traten die Rivalität und die Machtkämpfe der griechischen Poleis untereinander, durch die sie sich gegenseitig schwächten und der Machtausdehnung des Perserreiches Vorschub leisteten.

2. Dieses Auf und Ab der politischen Entwicklung Athens trieb die Dynamik der öffentlichen Auseinandersetzung voran und gab dem politischen Denken neue Anstöße.[52] Zur Zeit des Peloponnesischen Krieges wurden Euripides und Aristophanes seine maßgeblichen Vertreter, vorwiegend unter politisch-moralischem Aspekt, Herodot und Thukydides leisteten als frühe Geschichtsschreiber einen wichtigen Beitrag zur Aufhellung und kritischen Beurteilung der gegebenen Verhältnisse. Die zeitgenössischen Tragödien behandelten vielfach die Spannung zwischen Autonomie-Ansprüchen einzelner und den Ansprüchen der Polis, verstärkt wurde auch die Frage nach der anzustrebenden Ordnung der Polis gestellt. So kam es zu einer Art Verfassungsdiskussion. Diese blieb zunächst den traditionellen Kategorien sozialer, moralischer und politischer Polarisierung verhaftet und entwickelte dementsprechend eine Verfassungsantinomie von Oligarchie und Demokratie, die im wesentlichen auf den Umfang und die Auswirkungen der politischen Beteiligung bezogen war. Der politisch-institutionelle Bereich wurde primär unter dem Aspekt der Machtverteilung und Machtsicherung betrachtet, dies aber mit deutlich personenbezogenen, moralisch-qualitativen, kaum hingegen mit institutionellen Argumenten. Erst allmählich und unter dem Eindruck der Krise wurde die

[50] So wurden im Jahr 406 v. Chr. sechs siegreiche Feldherren (Strategen) der Arginusenschlacht von der Volksversammlung wegen der angesichts stürmischer See versäumten Bergung der Schiffbrüchigen en bloc zum Tode verurteilt und hingerichtet.

[51] Die Institutionen der athenischen Demokratie im 4. Jh. werden eingehend behandelt von *M. H. Hansen*, Athenische Demokratie, S. 55–334 (zum Verfahren der Gesetzgebung insbes. S. 172 ff., zur Stabilität der Gesetze S. 181 ff.)

[52] Siehe im einzelnen *K. A. Raaflaub*, Krise der Polis, S. 1–60.

Suche nach integrativen Lösungen möglich. Thukydides interpretiert die Auseinandersetzungen in der Polis als mit allen Mitteln ausgefochtene, selbstsüchtige Machtkämpfe, die man um des Bestandes der Polis willen aufgeben müsse. Der Sophist Antiphon, und nicht nur er, trägt das Konzept der *homonoia*, der bürgerlichen Eintracht, bezogen auf die Polis vor. Es weist auf notwendige Übereinstimmungen und dazu erforderliche Maßnahmen hin, die zu einem gemeinsamen Handeln freier Menschen führen.[53] Als solches wird den fortwährenden *staseis* in der Polis entgegengestellt.

Gegenüber den Exzessen radikaler Demokratie kommt die Forderung nach einer ‚gemäßigten' Demokratie auf – teilweise unter Berufung auf eine idealisierte ‚Verfassung der Väter'. So empfiehlt der Sophist Thrasymachos in einer theoretischen Schrift die *patrios politeia*, die Ordnung der Väter, insbesondere die *patrioi nomoi* Solons und Kleisthenes', die es wieder aufzunehmen und zu erneuern gelte. Einen Schritt ins Institutionelle bringt der Gedanke der *Mischverfassung*:[54] Die Extreme der vollen Beteiligung (radikale Demokratie) und der engen Oligarchie sollen verlassen werden zugunsten einer Stärkung der für die Polis wichtigen Mittelschicht, von der am ehesten ein Gemeinsinn, das Eintreten für die Belange der Polis anstelle der Durchsetzung der eigenen Interessen, zu erwarten sei.

So entwickelt sich schon zur Zeit der Sophisten und auch in ihrem Kreis eine Diskussion um die Verfassung der Polis. Die sich dabei vollziehende *Öffnung des Politischen* führt zu strukturellen und vergleichenden Betrachtungen, zur ersten uns bekannten politischen Theoriebildung. Platon und Aristoteles, die großen Polis-Philosophen, die – wie Platon – die Umbrüche und – wie Aristoteles – die Probleme der Polisordnung vor Augen hatten, knüpfen später an diese Theoriebildung an und heben sie auf hohes Niveau. Der Durchgang durch die politische Aktivierung der Vielen, die sogenannte Demokratisierung der Polis, erscheint so als die Voraussetzung für das Bewußtwerden und die Reflexion, das Begreifen von bleibend aktuellen Fragen, die das griechische Denken sich selbst und der Nachwelt vorgelegt hat.

---

53 *A. Moulakis*, Homonoia, S. 27–30.

54 Siehe hierzu *W. Nippel*, Mischverfassungstheorie, S. 42–62, 98 ff.

§ 3 Vorsokratiker, Sophisten und Sokrates

Die großen, heute als repräsentativ geltenden Rechts- und politischen Philosophen Griechenlands lehrten und wirkten im 4. Jh. v. Chr. Sie hatten die eben dargelegten Wirren und Probleme der athenischen Demokratie vor Augen und wurden eben dadurch zur Entwicklung und Klärung ihres Konzepts für eine richtige Ordnung der Polis *(politeia)* veranlaßt. Ein Nachdenken über das Recht in seinen je verschiedenen griechischen Entsprechungen (*nomoi, thesmos, dike*) und über die gute Ordnung (*eunomia*) hat es jedoch schon im archaischen Griechenland (8. bis 6. Jh. v. Chr.) gegeben. Bereits die Sophisten, die ihre Lehren im 5. Jh., dem ersten Jahrhundert der athenischen Demokratie, entwickelten, konnten so an eine alte Tradition anknüpfen oder sich mit ihr auseinandersetzen. Im Blick darauf spricht man, zeitlich und sachlich auseinander liegende Denker zusammenfassend, von den „Vorsokratikern". Sie können hier nicht insgesamt behandelt, doch soll auf einige von ihnen ein einführender Blick geworfen werden.

I. Die Vorsokratiker

Die ältesten Zeugnisse des Nachdenkens über Recht und politische Ordnung, die uns von den Vorsokratikern überliefert sind, stammen von Dichtern, erst danach von philosophischen Denkern. Was von beiden über Recht und gute Ordnung der Polis ausgesagt wird, entspringt noch nicht theoretischer Reflexion, es zeigt vielmehr Anschauungen und Einsichten, die im Zusammenhang mit der Deutung der umgebenden Welt entstehen. Es werden einzelne, je unterschiedliche Aspekte von Recht in Blick genommen, bei denen sich jedoch bereits einige Kernpunkte rechtsphilosophischen Denkens erkennen lassen.

1. Bei dem Dichter *Hesiod* (etwa zwischen 740 und 670 v. Chr.) treten uns die Gedanken zum Recht und zur Ordnung des Zusammenlebens der Menschen in mythologischer Form entgegen. Es sind mythische Gestalten, in denen sich Probleme des Rechts und rechtlicher Ordnung verkörpern und in dichterischer Form bildhaft zur Sprache gebracht werden, dem begrifflichen Denken noch vorausliegend, aber doch mit Ausrichtung auf eine eher rationale

Betrachtung.[1] Wie Homer geht auch Hesiod für die Deutung des Rechts von der Rechtsgottheit Themis, einer der Gattinnen des Zeus aus. Aber in den Vordergrund tritt nun Dike, eine der drei Horen Dike, Eunomia und Eirene, die Themis dem Zeus gebiert. Sie betreuen die Werke der sterblichen Menschen. Dike bringt Recht in der Form einzelner Rechtsweisungen göttlichen Ursprungs vom Olymp auf die Erde, ihr Symbolzeichen ist der Richterstab.[2] Werden diese Weisungen geachtet, entsteht daraus Eunomia, die gute Ordnung, und als deren Frucht Eirene, der Zustand des Friedens.[3] Ihren Auftrag, Recht unter den Menschen zu verkünden, es zu hüten und zu erhalten, muß sie freilich in oft mühevollen Kämpfen drei Widersacherinnen abringen: Eris, dem bösen, auf Herabsetzung zielenden Streit; Bia, der Gewalt, die dem Recht entgegentritt; Hybris, dem Hochmut, meist gepaart mit Maßlosigkeit, der die Grenzen überschreitet und Recht in Unrecht verwandelt.[4]

Welche Aussage wird hier über das Recht gemacht? Die Aussage ist, daß Recht nicht einfach da ist, es hat den Charakter eines Anrechts und Anspruchs auf das dem Menschen Zukommende und dessen Zuteilung.[5] Zwar rührt es von den Göttern her, doch muß es, um wirklich zu werden, errungen, geschützt, im Handeln der Menschen angenommen und dabei rechtsfeindlichen Haltungen und Kräften wie der Habgier, Gewaltbereitschaft und Maßlosigkeit entgegengestellt werden. Hesiod führt damit einen Angriff gegen das adlige Durchsetzungsethos, das primär auf Gewinnung und Wahrung von Ehre abstellt. Demgegenüber bringt er den Gedanken von Recht und Gerechtigkeit zur Geltung, wobei er stark auf orientalische Weisheitslehren zurückgreift.[6] Hesiod hatte selbst Unrecht erfahren. Sein Bruder Perses hatte ihn bei der Erbteilung übervorteilt und im nachfolgenden Prozeß den Richter bestochen. Um nun Recht zur Geltung zu bringen, ermahnt Hesiod seinen Bruder und insbesondere die Richter-Könige (Basileis), sich an das Recht zu halten, wenn sie Streite entscheiden:

> „Du aber, Perses, höre das Recht und werde nicht schuldig durch Frevel ... Recht nämlich siegt zu guter Letzt über Willkür, und nur ein Tor wird durch Schaden erst weise." (Hesiod, Erga, 212 u. 216 f.)

---

[1] Siehe *A. Verdroß*, Hesiod, S. 23 f.; *W. Nestle*, Mythos, S. 44 ff.

[2] *H. Seubert*, Polis und Nomos, S. 64.

[3] *A. Verdroß*, Hesiod, S. 26; *W. Nestle*, Mythos, S. 47.

[4] *A. Verdroß*, Rechtsphilosophie (Lit.), S. 3. Für den weiteren Zusammenhang, auch die mythischen Bilder, vgl. *H. Fränkel*, Dichtung, S. 125–137.

[5] *E. Wolf*, Rechtsdenken, S. 133 f.

[6] Siehe *E. Flaig*, Ehre gegen Gerechtigkeit, S. 114–116; dort S. 114, Anm. 45 Hinweise zu dem offenkundigen Einwirken orientalischer Weisheitslehren auf Hesiod.

> „Auch ihr, Könige, wollt dieses Recht wohl bedenken! Nahe nämlich, inmitten der Menschen, sind die Unsterblichen und achten auf alle, die vor dem Auge der Götter nicht scheuen und einander mit krummen ... Bescheiden mißhandeln." (Erga, 248–250)

Recht wird zu dieser Zeit vor allem in einzelnen Rechtssprüchen greifbar, nicht in festgelegten Normen. Konkrete Gestalt erhält es erst in und aus der Entscheidung von Streitigkeiten. Auf solche Rechtssprüche und Rechtsweisungen bezieht sich Dike.[7] Hesiod verurteilt deshalb gerade die „krummen Bescheide", d.h. die ungerechten Rechtssprüche durch (bestechliche) Basileis, die sich nicht an Dike orientieren.[8] Was ist die Folge solcher „krummen Bescheide"? Die Wächter des Zeus und sein alles gewahrendes Auge bemerken dies; Dike, die Vermittlerin des Rechts zu den Menschen, wird fortgejagt zu Zeus und erwirkt seinen strafenden Eingriff. Der bringt Unheil über die Stadt, aus der Dike verjagt wurde.[9] Will sagen: Rechtsansprüche, im Göttlichen gegründet, können nicht straflos, d.h. ohne schädliche Folgen für die Menschen und ihr Zusammenleben, beiseite gelassen oder mißachtet werden; sie zeigen sich, in mythischen Bildern gefaßt, als fordernde, religiös fundierte geistige Macht und in ihrer friedensstiftenden Funktion.

Gibt es nun einen Maßstab, nach welchem die Rechtssprüche zu fällen sind, oder bleiben sie in der Sache unergründlich? Hesiod sieht eine Ordnung, und er gebraucht dafür – soweit ersichtlich zum ersten Mal – den Begriff *nomos*. Für ihn ist *nomos* nicht ein festgelegtes, irgendwie beschlossenes (politisches) Gesetz, sondern eine – ungeschriebene – Ordnung, die eigentümliche Art, in bestimmten Lebenszusammenhängen zu handeln.[10] Diese Ordnung ist aber keine einheitliche für die Natur und die Menschen. Unter den Tieren herrscht Bia, die naturgesetzliche Ordnung der Gewalt des Stärkeren, so daß das größere Tier das kleinere verspeist; der Mensch aber kann nach göttlicher Ordnung Dike walten lassen.[11]

> „Diesen Nomos setzte nämlich Kronion den Menschen, den Fischen, allem Getier und fliegenden Vögeln: daß Tiere zwar einander auffressen, weil bei ihnen kein Recht herrscht, während er den Menschen Recht (Dike) verlieh, das höchste Gut unter allen." (Erga, 275–279)

Hesiod geht hier davon aus – und dies ist bedeutsam –, daß im Kosmos kein einheitlicher *nomos* besteht; die Weltordnung ist vielmehr in die Ordnung der

---

7 *K. Latte*, Rechtsgedanke im archaischen Griechentum, S. 65.
8 Siehe *Hesiod*, Erga, Verse 218 ff.
9 Vgl. ebd., 219–225, 248–272.
10 *H. Seubert*, Polis und Nomos, S. 74.
11 *H. Erbse*, Rechtsgedanken Hesiods, S. 14 f.

unvernünftigen Natur und die Ordnung für die Menschen „gegabelt"[12]. Der Anspruch, den Dike ausdrückt, steht der Gewalt des Stärkeren entgegen, er erhebt sich über Naturgesetzlichkeit. Er ist der Weg, das Walten naturhafter Kräfte zu bändigen, eine Ordnung üblichen Verhaltens zwischen den Menschen aufzurichten, die zu Frieden, Einheit und Wohlfahrt führt. Im Zeitkontext ist das zugleich gegen eine das Recht des Stärkeren handhabende Adelswelt gesprochen. Nicht umsonst erscheint das Verhältnis von Dike, Eunomia und Eirene als ein geschwisterliches; sie alle haben Themis zur Mutter und Zeus zum Vater.[13] Wird Dike geschätzt, die Rechtsweisung beachtet, stellen sich eine gute Ordnung (Eunomia) und Friede im Zusammenleben der Menschen gewissermaßen nebenher und zugleich ein, als ihre Folgewirkung und Frucht:

> „Die aber Fremden und Heimischen rechten Bescheid geben und keinen Finger breit vom Recht abweichen, denen gedeiht die Stadt, es blüht in ihr die Gemeinde, Friede herrscht im Land, der die Jugend nährt, und der weitblickende Zeus verschont sie von leidvollem Krieg. Auch folgen weder Hunger noch Unheil gerechten Männern, sondern sie genießen die Früchte vollbrachter Feldarbeit bei frohen Festen." (Erga, 224–230)

Auf diese Weise benennt Hesiod die Bausteine einer sinnvollen Ordnung des Gemeinwesens: der Anspruch auf Recht, verschwistert mit Frieden und guter Ordnung, wobei, deutet man die Verse richtig, das erste (Dike) die beiden letzteren mit hervorbringt und erhält. Demgegenüber tritt Politik als eigener Faktor bei Hesiod nicht ins Blickfeld. Das mag auch damit zusammenhängen, daß er eine Ordnung des bäuerlichen Lebens vorstellt. Das Problem ist für ihn die Beziehung dieser bäuerlichen Welt zur Adelswelt, und zwar über das Richten (‚gerade' Urteile), während die Adelswelt als solche, die durch Ansehen, Ruhm (Reichtum) und Kampf geprägt wird, ihn nicht weiter beschäftigt.

2. Auch *Solon* (um 640 bis 559 v. Chr.), Archon und schiedsrichterlicher Gesetzgeber Athens (594 v. Chr.) legte in dichterischer Form (Elegien) Vorstellungen von Recht und Gerechtigkeit dar. Er suchte damit die Bürger Athens für die notwendigen Reformen zu gewinnen, mit denen er die Polis aus einer schweren Krise herauszuführen trachtete (oben § 2 IV 2a, S. 26). Sein Symbol-Wort für Recht ist Dike, nicht mehr Themis,[14] hinzu tritt der Bezug des Rechts zur *eunomia*, der guten Ordnung des Ganzen. Dike bezeichnet Rechtsansprüche, die durch Ausgleich und Zuteilung auf Harmonie und Frieden

---

12 *A. Verdroß*, Hesiod, S. 28.

13 *W. Nestle*, Mythos, S. 47; allgemein zur Bedeutung von Eunomia und Eirene in der griechischen Mythologie *E. Wolf*, Rechtsdenken, S. 64 f.

14 *E. Wolf*, Rechtsdenken, S. 192.

ausgerichtet sind, und zwar ebenso im Bereich der Ökonomie (Ordnung des *oikos*), auf die Solon sich vorwiegend bezieht, wie auch im Bereich der Politik. Welche Vorstellung von Ordnung steht dahinter? Das Meer, sagt Solon, ist „am gerechtesten“, von Dike erfüllt, solange es von den Winden nicht aufgerührt wird, seine Oberfläche erscheint dann als geradeste und ungekrümmte.[15] Es wird auf einen in sich gefügten Zustand der Wohlverteiltheit abgestellt; dieser ist nicht ohne innere Bewegung, aber er wird durch äußere Einwirkungen nicht beeinträchtigt, der Gesundheit vergleichbar. Dike teilt ihn in verschiedener Weise zu, wacht auch über sein Werden und seine Erhaltung; er bezieht sich, anders als bei Hesiod, auch auf den politischen Bereich.[16]

Allerdings ist Solon bewußt, daß dieser Zustand im Zusammenleben der Menschen nicht ein selbstgesetzlicher ist, der sich gewissermaßen mit Notwendigkeit selbst zur Geltung bringt. Die Ansprüche des Rechts müssen angesichts immer wiederkehrender Störungen, die von der Hybris der Menschen in Form der Herrschsucht, Habsucht und Geltungssucht ausgehen, ständig wiederhergestellt, d.h. verteidigt und gesichert werden. Wegen der Unvollkommenheit und historischen Bedingtheit dieses Zustandes bedarf es auch stetig seiner Veränderung, um die *eunomia*, eine Wohlgeordnetheit des Lebens der Polis, zu erreichen oder zu erhalten. Wie bei Hesiod ist auch für Solon Eunomia eine Schwester der Dike, aber ihr Rang ist ein höherer als bei Hesiod: Sie ist nicht erst Folge und Frucht von Recht und Gerechtigkeit, sondern die Gesamtordnung, auf die Recht und Gerechtigkeit bezogen sein müssen. Das Leben in der Polis muß im Sinne eines Zustands des Gleichgewichts und Ausgleichs der sozialen Kräfte geordnet sein, damit sich in ihr die Ansprüche des Rechts entfalten; die Dimension der allgemeinen guten Ordnung als Teil und auch Bedingung der Ansprüche des Rechts tritt hervor.

Damit wird bei Solon eine Differenz bewußt, die mögliche Differenz zwischen dem, was in den Rechtssprüchen nach hergebrachtem Recht, die Dike zugehören, sich vollzieht, und dem, was der guten Ordnung der Polis dient. Die Krise der Polis, aus der Solons Reformwerk herausführen sollte, bot dazu hinreichend Anlaß. Um den inneren Frieden wieder herzustellen, mußten die Verhältnisse in der Polis grundlegend umgestaltet werden, die Schuldknechtschaft – ein bislang anerkanntes Rechtsinstitut – aufgehoben, die legal in die Sklaverei verkauften Athener zurückgeholt (auf Kosten von Abgaben der Reichen), die aktive Beteiligung an der Polis neu geregelt werden. Es mußte das rechte Maß hierfür gesucht werden, im Sinne einer umfassenden, auf die Wohlgeordnetheit im ganzen wie zwischen den einzelnen bezogene Dike.[17]

[15] *Solon*, Dichtungen, Sämtliche Fragmente, fr. 11, S. 42.
[16] Siehe auch V. Ehrenberg, Rechtsidee, S. 83–85.
[17] Siehe dazu insgesamt *E. Wolf*, Maß und Gerechtigkeit, S. 146ff.

„Ansehn so viel als ihm zukommt, gewährte ich willig dem Volke, nahm seiner Würde nichts weg, fügte auch nichts ihr hinzu. Wiederum duldet' ich's nicht, daß die reichen und mächtigen Herrn mehr besäßen als rechtens ihnen gebührt. So bewehrte mit starkem Schild ich beide Parteien, daß nicht mit unrechter Macht einer den andren bedrückt." (Latacz, fr. 7; West, fr. 5)

Auf diesem Weg entstehen neue und andere Ansprüche des Rechts. Um sie durchzusetzen, den alten entgegenzustellen, bedarf es auch äußerer Macht. Bia (Gewalt) ist nun nicht mehr, wie bei Hesiod, Dike strikt entgegengesetzt. Sie verhilft ihr, wird sie für sie eingesetzt, gerade zur Wirklichkeit. Die politische Dimension der Rechte, die Gestaltung von Rechten als politischer, die Ordnung der Polis bestimmender Vorgang – bei Hesiod noch unbekannt – wird von Solon gesehen und bejaht. Das zeigt sich deutlich in der Art, wie er sein Gesetzeswerk beschreibt und rechtfertigt:

„Aus Sklaverei, in die sie Willkür oder Recht gezwungen, führt' ich viele nach Athen zurück ins gottgeschenkte Vaterland; und andere auch, die vor dem Schuldzwang fliehend in der Fremde rings umirrten, schon der att'schen Sprache Klang entwöhnt; auch denen, die daheim der Knechtschaft hartes Joch ertrugen, zitternd vor der Willkür mächt'ger Herrn, gab Freiheit ich zurück. Kraft des Gesetzes schuf das alles ich, verbindend Macht mit strengem Recht." (Latacz, fr. 8; West, fr. 36)

Auch die geschichtliche Gebundenheit und Veränderbarkeit von Ansprüchen an das Recht scheint bei Solon auf. Rechte entstehen nämlich, stehen in der Zeit und haben ihr Werden; ein bestimmtes, konkretes Recht kann auch vergehen, weil es Dike und Eunomia nicht mehr entspricht, aus dem rechten Maß herausfällt. Andererseits ist bei Solon, mythischer Tradition folgend, die Vorstellung von dem sich selbst rächenden Rechten, wenn es mißachtet wird, lebendig.[18] Aber die Wirksamkeit dieses Vergeltungsprinzips wird nicht mehr als Strafe der Götter, wie bei Hesiod, aufgewiesen, sondern eher rational, an den schädlichen Folgen:[19] Not, Strafe, Zwietracht, die *stasis* in der Polis bleiben nicht aus.

„Nicht einmal bewahren sie für sich die heiligen Fundamente der Dike, die, auch wenn sie schweigt, trotzdem Vergangenes und Künftiges weiß und zur gegebenen Zeit sicherlich rächend auftritt. Deshalb kommt sogleich für die ganze Polis unvermeidliches Unheil; in üble Sklaverei gelangt aber schnell die Polis, die *stasis*, schlafenden Bürgerkrieg entfacht." (Latacz, fr. 2, 14–19; West, fr. 4)

---

[18] *Solon*, Elegie an die Musen, *Lactacz*, fr. 1, 25–32 (*M. L. West*, fr. 13).

[19] *W. Jaeger*, Eunomia, S. 81.

3. Welches sind die in den ältesten überlieferten Texten griechischer *Philosophie* vorfindlichen Aussagen zum Recht und dem Rechten, zu Dike? Diese Aussagen stehen in engem Zusammenhang mit dem Bemühen, die Natur und das Geschehen in ihr nicht mehr in mythischen Bildern zu deuten, sondern eher rational zu erkennen, auf ihren Grund zurückzuführen und dies begrifflich zu fassen. Der Blick war auf die Wahrnehmung des Bleibenden, Gesetzlichen, wie auch des Gegensätzlichen, des Werdens und Vergehens gerichtet. Darin hat die griechische Philosophie schon früh Bedeutendes geleistet, wie die berühmten Lehrsätze von Pythagoras und Euklid ausweisen. Diese Suche nach Gesetzlichkeiten, Gegensätzen und Kausalverknüpfungen im Naturgeschehen trägt einerseits dazu bei, das Rechte nicht mehr primär im Sinne von (subjektiven) Anrechten zu sehen, wie es bei Hesiod und Solon der Fall war, sondern als objektive, von subjektiver Einschätzung unabhängige Gegebenheit und in seiner Gesetzlichkeit hervorzukehren. Andererseits werden Vorstellungen kausaler Verknüpfungen, etwa von Unrecht und Strafe, die sich mit dem mythisch geprägten Bild von Dike verbanden, auf die Erklärung des Naturgeschehens übertragen. Darin zeigen sich neue und andere Aspekte in der Erfassung des Rechts als bei den Dichtern.

All diese Versuche, Recht in dem, was es ist und darstellt, zu ergründen, sind nicht von einem selbstsicheren Erkenntnisoptimismus getragen, als ob es ein Leichtes wäre, über das Recht Gewisses zu erkennen und zur Aussage zu bringen. Bei diesen frühen Philosophen ist durchaus ein Stück Skepsis vernehmbar, inwieweit man sich durch Erkenntnis des Wahren und Richtigen wirklich sicher werden könne. So heißt es bei Xenophanes (550–470 v. Chr.) etwa:

> „Niemals lebte ein Mensch noch wird ein solcher je leben, der von den Göttern und allem, wovon ich rede, Gewisses wüßte; und spräche sogar das Vollkommenste jemand darüber, weiß er es selbst doch nicht; nur Raten ist alles und Meinung."[20]

a) Ein viel diskutierter, im Blick auf eine darin enthaltene Vorstellung vom Recht allerdings sehr interpretationsbedürftiger Text ist das berühmte Fragment von *Anaximander* (etwa 610 bis 545 v. Chr.). Von Anaximander wird berichtet, er habe das *apeiron*, das Unergründliche und Unbegrenzte als *archē* im Sinne des alles umfassenden und steuernden Prinzips der Ordnung der Dinge gedeutet, aus denen alles entsteht und in das alles zurückgeht.[21]

---

[20] *H. Diels/W. Kranz*, B 21, fr. 34 (Übersetzung Nestle).
[21] Vgl. *W. Jäger*, Theologie der Naturphilosophen, S. 60–72.

> „Anfang und Ursprung der seienden Dinge ist das Apeiron (das grenzenlos Unbestimmbare). Woraus aber das Werden ist den seienden Dingen, in das hinein geschieht auch ihr Vergehen nach der Schuldigkeit; denn sie zahlen einander gerechte Strafe und Buße für ihre Ungerechtigkeit nach der Zeit Anordnung."[22]

Der Text, übrigens die älteste in Prosaform gefaßte überlieferte philosophische Reflexion, erschließt sich, wenn man ihn zunächst als naturphilosophische Aussage mit auch theologischem Bezug liest.[23] Es geht in ihm darum, das beobachtbare Werden und Vergehen in der Natur, die Verwandlung der im Entstehen und Vergehen sich wechselseitig verdrängenden, seinerzeit substantiell verstandenen Elemente und Aggregatzustände der unbelebten Natur (wie Festes und Flüssiges, Kaltes und Warmes)[24] zu erklären und als Ausdruck eines ordnenden Prinzips zu begreifen. Alles was existiert nimmt Raum ein, den es anderen wegnimmt, doch wird ihm der nach der Ordnung der Zeit wieder entzogen, so daß sich ein Ausgleich herstellt.

Indem nun diese Grundvorgänge in der Natur mit den Begriffen von Unrecht- und Rechttun beschrieben und gedeutet werden, geschieht etwas Doppeltes: Recht wird in seinem Inhalt in bestimmter Weise vorgestellt und erkannt, und das Naturgeschehen insgesamt erscheint weniger als Ausdruck willkürlicher und unbegreifbarer Mächte, denen die Menschen ausgeliefert sind, sondern als etwas Gesteuertes und Geordnetes, das von einem Unergründlichen und Unbegrenzten ausgeht (welches dann als Göttliches, das an die Stelle der Vielheit von Göttern tritt, vorgestellt wird[25]) – der Kosmosgedanke tritt hervor.

Fragt man danach, wie nun das Recht hier gesehen und erfaßt wird, so zeigt sich eine prozeßhafte, dabei objektivierte und eher reziproke, auf einen Ausgleich und die Sanktion von Unrecht gerichtete Vorstellung von Recht. Recht wird einerseits vom Prozeß, dem Streit um das eigene Recht und der Zuteilung her gedacht. Der Ausgleich im und durch den (gerichtlichen) Prozeß ist es, der Recht bewirkt und darstellt; dem, der sich zuviel genommen

---

22 *H. Diels/W. Kranz*, 12 B1 (Übers. Diels). Der Text wird recht unterschiedlich übersetzt. *W. Jäger*, Theologie der Naturphilosophen, S. 82, formuliert: „Woraus aber den seienden Dingen ihr Ursprung sei, dahinein mußten sie auch wieder gehen nach der Schicksalsfügung, denn sie mußten einander Buße und Strafe zahlen für ihre Ungerechtigkeit nach dem Richterspruch der Zeit." Bei *R. Spaemann*, Moralische Grundbegriffe, S. 96, heißt es in gedrängter Zusammenfassung: „Woraus die Dinge entstehen, dahinein vergehen sie auch, nach der Ordnung der Zeit; denn sie zahlen einander Buße für das Unrecht."

23 Zur – sehr unterschiedlichen – Interpretation siehe *W. C. Guthrie*, Greek Philosophy, Bd. 1, S. 76 f.; *W. Jäger*, Theologie der Naturphilosophen, S. 60–72, 82–87; *W. H. Pleger*, Vorsokratiker, S. 61–66; *C.-F. Geyer*, Vorsokratiker, S. 56–62; *H. Fränkel*, Dichtung, S. 300–306; *H. Ottmann* (Lit.), Bd. 1,1, S. 160 f.

24 *W. Röd*, Weg der Philosophie (Lit.), S. 43.

25 Vgl. *W. Jäger*, Theologie der Naturphilosophen, S. 72, 78 f.

hat, wird dies wieder entzogen oder er wird mit Sanktionen belegt. Aber dies vollzieht sich nach einem festen Maßstab, einer Art objektiver Gesetzlichkeit, nicht mehr durch schlichtende Befriedung subjektiver Interessen und Rechtsansprüche unterschiedlich nach sozialer Stellung des Geschädigten, wie in homerischer Zeit. Recht gewinnt den Charakter der Gegenseitigkeit, dem ein Gleichheitsmoment innewohnt, verfolgt ein Ausgleichs- und Vergeltungsprinzip, das sich im Fortgang der Zeit letztlich von selbst herstellt. In dieser Weise ist es selbst in die kosmische Natur eingefangen, nicht davon getrennt, zeigt sich als in der Wirklichkeit selbst liegende und wirkende Norm, im *apeiron* fundiert;[26] es stellt eine gleiche Verteilung der Macht, wie unter den Elementen so im sozialen Zusammenleben her und gewährleistet sie.[27]

b) Auch für *Heraklit* (um 540 bis 480 v. Chr.) verbindet sich Dike mit strenger Gegenseitigkeit, wird Recht im Sinne eines objektiven Prinzips verstanden, das ohne Ansehen der Person und ohne Rücksicht auf subjektive Erwartungen verfolgt wird und seine Wirklichkeit findet. Dem scheint allerdings ein grundlegender Satz Heraklits zu widersprechen:

> „Es ist aber notwendig zu wissen, daß der Krieg etwas Allgemeines und Recht Streit ist und daß alles sich im Streit vollzieht und auch so gehandhabt wird." (DK 22 B 80)

Recht als Zwist und Kampf der Gegensätze, Streit als Element der Verwirklichung von Recht, wie stimmt das damit überein? Es hat durchaus einen Rückhalt. Von Homer war ein prozedurales Verständnis von Recht überkommen, demzufolge Recht aus dem Disput der Parteien, aus gegenseitiger Auseinandersetzung und deren Beendigung durch Befriedung im Rechtsspruch oder schlichtenden Kompromiß hervorgeht. Darin erscheint nicht Willkür, sondern eine Wechselseitigkeit, eine Art reziproker Gesetzlichkeit, die im Streit sich herstellt, vergleichbar dem Kampf der einzelnen Dinge untereinander in der sichtbaren Welt: Alles Seiende kommt im Streit zum Leben und grenzt sich so gegenüber anderem Seienden ab und behauptet sich.[28]

Von daher zeigt sich im Streit, insofern er Recht hervorbringt, auch eine Harmonie und Gemeinsamkeit; er ist von einem Maß getragen, aus dem heraus er sich bestimmt. Gegensätze werden so als in sich bewegte Einheit gedacht. Streit ist die vordergründige physische Erscheinung, hinter ihr oder durch sie hindurch zeigt sich eine zunächst verborgene Harmonie, die sich aus

---

26 In diesem Sinn *W. Jäger*, Theologie der Naturphilosophen, S. 84–86. Für das *apeiron* nicht als Grund und Ursprung für Gesetzlichkeit und Norm, sondern als die Bühne, auf der sich das Entstehen und Vergehen unaufhörlich abspielt, *C.-F. Geyer*, Vorsokratiker, S. 61.

27 Siehe auch *Chr. Wagner*, Rechtsdenken, S. 222–224.

28 Zu Heraklits Erfassung der Welt und auch des Rechts in Gegensätzen und aus Gegensätzen heraus siehe *H. Fränkel*, Dichtung, S. 426–432.

Gegensätzen bildet, eine gegenstrebige Fügung.[29] Diese Harmonie wird gestiftet vom weltumspannenden Logos, der allem Seienden gemeinsam ist nach Art einer kosmischen göttlichen Ordnung, eines göttlichen *nomos*.[30] Diesen zu erkennen und ihm zu folgen, ist den Menschen nicht verschlossen, wird am ehesten jedoch von den Besten erreicht. Man kann fragen, wieweit hier schon Gedanken der Stoa (unten § 6) aufleuchten.

> „Es ist notwendig, daß die, die mit Einsicht sprechen, sich mit dem, was allen gemeinsam ist, stärken, so wie es eine Polis mit dem Nomos macht, und noch viel stärker. Alle menschlichen *nomoi* werden nämlich durch den einen göttlichen ernährt. Seine Herrschaftsgewalt erstreckt sich, soweit er will, und er ist für alles ausreichend und übertrifft alles."(DK 22 B 14)

Heraklit unterscheidet hier den göttlichen *nomos* – die göttliche Ordnung des Kosmos (in gegenstrebiger Fügung) – und die menschlichen *nomoi*, die in der Polis geschaffen werden. Sie sollen sich durch den göttlichen *nomos* nähren, d.h. an ihm orientieren. Heraklit lebte zur Zeit der Reformen des Kleisthenes (oben § 2 IV 2c, S. 27f.) und hatte die politischen Gesetze in den Poleis womöglich vor Augen. So gesehen erhält auch der Satz: „Es ist notwendig, daß das Volk für seinen *nomos* genauso wie für die Stadtmauer kämpft" (DK 22 B 44) seinen konkreten Sinn. Gemeint ist mit *nomos* nicht mehr ein ungeschriebenes Herkommen, sondern das politische Gesetz, wie es die Ordnung der Polis und das Leben in der Polis bestimmt. Um diesen *nomos* soll die Bürgerschaft kämpfen wie für ihre Stadtmauer; er geht aus dem Streit hervor, aber er stiftet die Einheit der Polis und verbindet so die Bürgerschaft wie die Vernunft die Redenden.

Heraklit selbst vertrat dabei für die Ordnung der Polis aristokratische Positionen. Er war zwar ein Kritiker auch des Adels, vor allem aber der auf politische Gleichheit abzielenden Demokratisierung in seiner Polis. Das wurde aus seinem Logosdenken legitimiert, entsprach jedoch ebenso seiner adligen Herkunft:

> „Einer ist mir Zehntausende wert, sollte er der Beste sein." „Nomos bedeutet, sich auch dem Rat eines einzelnen zu fügen." „Die meisten sind schlecht, wenige aber nur gut." (DK 22 B 49, 33, 104)

c) Für die *Pythagoreer*, eine Schule, die sich um Pythagoras (um 570 bis nach 510 v. Chr.) bildete, ist die harmonische Ordnung der Natur, von der sie ausgehen, in bestimmten Zahlenverhältnissen begründet. Die Zahl bestimmt das

---

[29] Siehe *H. Fränkel*, S. 429, ferner die eingehende Interpretation der „basic statements" Heraklits bei *W. K. C. Guthrie*, Greek Philosophy, Bd. 1, S. 435–458.

[30] Siehe *H. Diels/W. Kranz*, 22 B, fr. 1 und 2, 54, 112, 116, 123; zur Interpretation *H. Fränkel*, Dichtung, S. 425 (Logos ist die „coincidentia oppositorum, der Zusammenfall der Gegensätze mit einander.").

Maß der Dinge, ist deren formendes Prinzip. Das erweist sich für die Pythagoreer an den Zahlenrelationen der geometrischen Figuren und ebenso am Abstand der musikalischen Töne. Diesen Ordnungsgedanken übertragen die Pythagoreer von der äußeren Natur auf das Gemeinschaftsleben der Polis. Die Harmonie der Seinswelt, deren Urgrund die Zahl ist und deren dingliche Erscheinungen sich in Zahlenproportionen ausdrücken lassen, galt es auch in der Polis zu verwirklichen.[31] Anarchie, in der adeligen Propaganda der Zeit gerne mit Demokratie gleichgesetzt, ist danach das größte Übel. Deshalb bedarf es einer strengen Gliederung und Regulierung des Lebens der Polis, in das sich jeder an der ihm zugewiesenen Stelle einzufügen hat, auch einer umfassenden Erziehung und eines auf Selbstprüfung aufgebauten Überwachungssystems – Platons *Politeia* wird in manchem vorweggenommen.

Die Zuordnung zu Zahlen und Zahlenrelationen gilt bei den Pythagoreern auch für moralische Qualitäten, insbesondere die Gerechtigkeit. Sie wird von ihnen eigens benannt und reflektiert. Gerechtigkeit besteht in dem gleichmal Gleichen oder in der Quadratzahl, weil sie Gleiches mit Gleichem vergilt.[32] So werden die Quadratzahlen 4 und 9 die Zahlen für Gerechtigkeit. Solche Zahlensymbolik blieb nicht bei bloßer Spekulation. Sie wurde der Ausgangspunkt für die später entfaltete Unterscheidung von ausgleichender und austeilender Gerechtigkeit, die sich gerade in der unterschiedlichen Zahlenrelation von arithmetischer und geometrischer Gleichheit (1 zu 1; 2 zu 4 zu 8) ausdrückt.

4. Wie lassen sich die hier dargelegten Aspekte der Erfassung von Recht und guter Polisordnung bei den Vorsokratikern, an die die Sophisten bei ihren eigenen, zumeist kritischen Fragen anknüpfen konnten, zusammenfassen? Bei den Dichtern wird Recht mit dem mythisch bestimmten Bild von Dike gedeutet, hat mithin einen ‚göttlichen', vor-positiven Bezug. Die Vorstellung vom Recht ist, wie es der Erfahrung entsprach, auf den *Rechtsstreit* bezogen, sie wird wesentlich vom Streit um das Recht, von den Rechtssprüchen und Entscheidungen, die Recht zusprechen, bestimmt. Auch wird Recht nicht als objektives Recht, als Inbegriff geltender rechtlicher Normen im Sinne einer Rechtsordnung gesehen, sondern als Anrecht und Anspruch auf eigenes (subjektives) Recht, dessen Verwirklichung Frieden und Einheit schafft. Bei Solon kommt der politische Bezug dieses Rechts zur Sprache, seine Gestaltbarkeit und die Bezogenheit auf die gute Ordnung der Polis. Der Aspekt der Philosophen ist ein anderer. Sie erfassen, von der Wahrnehmung der Gesetze in der

---

31 Eingehende Erklärung der pythagorischen Weltsicht bei *W. K. C. Guthrie*, Greek Philosophy, Bd. 1, S. 215–305.

32 *A. Verdroß*, Rechtsphilosophie (Lit.), S. 9.

Natur ausgehend, am Recht das Moment der Gesetzlichkeit, der allgemeinen, in sich gefügten, sich gewissermaßen nach bestimmten Maßstäben selbst herstellenden Ordnung. Das schließt allerdings das Element des Streits keineswegs aus, durch den hindurch bzw. aus dem heraus sich diese Ordnung zur Geltung bringt. Gerechtigkeit als eigene Größe wird erst von den Pythagoreern in Betracht gezogen und nach mathematischen Relationen zu bestimmen versucht. Sie tritt sonst nicht eigens hervor. Insbesondere bei den Dichtern, wie auch bei Anaximander und Heraklit, wird Recht nicht mit Gerechtigkeit zusammengedacht und werden beide nicht als ineinander verwoben angesehen.

II. Die Sophisten

Die Diskussion um die Fragen nach den *nomoi* und der (richtigen) Ordnung der Polis wurde im 5. Jh. v. Chr. von den Sophisten geführt. Diese verstanden sich keineswegs als Fortsetzer oder gar Schüler der Dichter und frühen Philosophen. Was sie erstrebten und verbreiteten, war vielmehr eine politische Bildungslehre im umfassenden Sinn. Gerade diese führte sie indes zu Fragestellungen philosophischer Art, die sich ebenso auf den Grund und die Ordnung der Polis wie auf den Grund und Charakter der geltenden *nomoi* und ihr Verhältnis zum Recht bezogen. Dadurch war die Begegnung und Auseinandersetzung mit den Gedanken der Dichter und frühen Philosophen vorgezeichnet, auch wenn die Sophisten primär ein praktisches Denken verfolgten.

1. *Voraussetzungen, Anknüpfungspunkte und Lebensform der Sophisten:* Das Wirken der Sophisten konnte sich erst auf der Grundlage bestimmter politischer Voraussetzungen entfalten. Diese Voraussetzungen lagen in der Änderung der politischen Ordnung in den griechischen Poleis, nicht zuletzt der Polis Athen seit dem Ausgang des 6. und im 5. Jh. v. Chr., sowie in der besonderen politischen und wirtschaftlichen Machtentfaltung Athens im 5. Jh. v. Chr. Es kam zur Neuorganisation und einer weitreichenden Ausdehnung der aktiven politischen Beteiligungsrechte in der Polis (oben § 2 IV, S. 24 ff.). Athen, wo alle Sophisten lehrten, auch wenn sie zumeist nicht aus Athen stammten, errang durch die siegreich beendeten Perserkriege eine politische Vormachtstellung im griechischen Raum, expandierte wirtschaftlich und gelangte zu Wohlstand; Handel und Reisen erweiterten den geographischen Horizont und intensivierten den Kontakt zu fremden Kulturen. Alles dies brachte auch eine geistig-kulturelle Blüte hervor (Bau von Theatern, der Akropolis u. a. m.), mit der sich der siegreiche attische Demos überhöhte und selbst kultivierte.

a) Mit der Erweiterung und Verstärkung der Rechte der Volksversammlung (oben § 2 IV 2d, S. 28) verloren die Verhaltensmuster der Adelswelt ihre Maßgeblichkeit. Die vielberufene *arete*, die Fähigkeit zu regieren und eine Führungsrolle in der Polis zu übernehmen, ergab sich nicht mehr wie von selbst aus adliger Herkunft und Lebensform oder adligem Besitz, sie mußte von der Volksversammlung durch Wahl oder durch Zustimmung in der Sache anerkannt werden. Auch wurde sie nicht schon durch adlige Bildung und Geübtheit im Kampf vermittelt, es bedurfte dazu der Kundigkeit und Erfahrung im Blick auf die weit ausgreifenden politischen Geschäfte. So ging es um eine *neue*, anders geartete *aretē* für das politische Führungspersonal, die durch politische Bildung und Erziehung vermittelt wurde. Zu diesem Führungspersonal konnten unter den Bedingungen politischer Gleichheit auch Adlige gehören, und sie taten es vielfach auch.

b) Die Träger dieser auf die Polis bezogenen Bildungsbewegung wurden die Sophisten. Ihre Lehren waren nicht auf allgemeine Volksbildung ausgerichtet, sondern auf die Heranbildung politischer Führer. Diesen sollte die Fähigkeit zur Leitung der Polis durch Einsicht in die menschlichen Dinge vermittelt werden.

Der Schritt Athens in die „große Politik", d. h. die Abkehr von der Selbstgenügsamkeit der Autarkie und der Ausgriff in aktiv-gestaltende Außenpolitik, bewirkten ebenso wie die wirtschaftliche Machtentfaltung eine qualitative Veränderung politischen Handelns. Politik hatte sich nun in hohem Maß auf rationale Einschätzung und Abwägung zu gründen. Dazu bedurfte sie einer entsprechenden Wissensgrundlage. Auch die Politik nach innen war davon nicht ausgenommen. Das ohnehin anstehende Fraglichwerden bislang selbstverständlicher religiöser Traditionen und darauf beruhender Einbindungen des Handelns wurde dadurch befördert. Rationales Fragen, die Skepsis gegenüber bloßer Autorität, vielleicht sogar ein Stück Säkularisierung brachten sich zur Geltung.

Die starke Stellung der Volksversammlung und ihre Befugnis, alle wesentlichen Entscheidungen zu treffen, führten dazu, daß Rhetorik zu einem bedeutsamen Bestandteil der Politik wurde. Die *politai* in der Versammlung mußten durch Rede für eine Sache oder für eine Person gewonnen werden. Redekunst und Überzeugungskraft in der Volksversammlung wurden ein notwendiges Element politischer Führung und Ausweis von Führungsfähigkeit. Daraus ergab sich der spezifische Charakter der politischen Bildung und Erziehung, welche die Sophisten vermittelten. Sie erstreckte sich einerseits auf den Unterricht im enzyklopädischen Wissensstoff, bezogen auf Politik, Regierungskunst und Recht, andererseits auf die Vermittlung formaler Geistesbildung durch das, was später Logik und Grammatik genannt wurde, und insbesondere durch Rhetorik – alle Sophisten waren Rhetoren und hatten Rhetorik fest in ihrem Lehrprogramm.

c) Inhaltlich knüpften die Sophisten zum einen an die Erziehungstradition der Dichter, zum andern an das Denken der ionischen Naturphilosophen an. *Protagoras*, einer der führenden Sophisten, spricht davon, daß die sophistische Kunst eine sehr alte sei,

> „daß aber diejenigen unter den Alten, welche sie ausübten, ... einen Vorwand genommen und sie versteckt haben, einige hinter der Poesie, wie Homer, Hesiod und Simonides, andere hinter Mysterien und Orakelsprüchen, wie Orpheus und Musaios, ja einige ... bedienten sich dazu sogar der Kunst der Leibesübungen." (Platon, Prot. 316d)

Die Kontinuität, die hier geltend gemacht wird, sollte die Sophisten gegenüber der Kritik, die an ihnen geübt wurde, verteidigen. Was die Alten in der Form epischer Dichtung und religiöser Weisheitssprüche taten, nämlich Belehrung und Erziehung, unternehmen die Sophisten durch Rede und Unterricht, und sie tun es auf rationalem Boden. So gesehen erscheint dann etwa Homer durchaus als Fundgrube menschlichen Wissens und kluger Lebensregeln.

Die Sophisten beziehen sich auch auf die archaische Naturphilosophie, aber das geschieht nicht ohne deren Veränderung.[33] War die Frage nach der Natur, etwa bei Anaximander, Heraklit und anderen auf den Kosmos, das Weltganze bezogen, so bezieht sie sich jetzt auf die Natur des Menschen. Der Mensch tritt in den Mittelpunkt der Betrachtung. Und an die Stelle der eher spekulativen Methode der Naturphilosophen (deutlich bei Pythagoras) tritt eine empirisch-induktive Methode. Sie verzichtet auf die Erreichung letzter Wahrheit und Gewißheit, auf die Frage nach dem einheitlichen Prinzip des Kosmos. Ziel der Sophisten ist nicht eine philosophische Theorie oder die Hinführung zum philosophischen Leben, es ist Wissensvermittlung im Blick auf praktische Verwertbarkeit bei der Lebensbewältigung. Indem die Frage nach der Natur nun zur Frage nach der Natur des Menschen wird, erhält auch die Vorstellung der *paideia* (Bildung und Erziehung) eine weitergreifende Bedeutung. *Paideia* wird auf die Natur des Menschen, das Menschsein als solches rückbezogen. Geistigkeit, Erkenntnis- und Bildungsfähigkeit erscheinen als zur Natur des Menschen gehörig. Das führt zu der weiteren Frage hin, woraus denn diese Eigenschaften und Fähigkeiten gespeist werden und woraufhin sie sich ausrichten.

d) Die Sophisten lebten in Athen als Wanderlehrer. Sie hatten keinen festen Ort in der Polis, etwa in der Schule, und ermangelten einer eigentlich bürgergemäßen Lebensform; ihre Existenz war eine – insofern durchaus modern – spezifisch intellektuelle Existenz. Sie zogen in den Städten Großgriechenlands umher, waren in Athen Fremde, weshalb ihnen auch das aktive Bürgerrecht fehlte (Sokrates war der erste Athener, der als ‚Sophist' auftrat). Ihren Unterricht erteilten sie – und das unterschied sie von den frühen Dichtern – gegen Geld. Hörer waren im Normalfall junge Adlige oder andere Reiche, die das Geld aufbringen konnten. Die Sophisten trugen so indirekt zur Befestigung der Einflußpositionen des Adels bei. Sie betätigten sich auch als Redenschrei-

---

33 *W. Nestle*, Mythos, S. 262; vgl. auch *P. Weber-Schäfer* (Lit.), Teil 1, S. 154 f.

ber für diejenigen (meist adligen) Bürger, die in der Volksversammlung auftraten, um für ein von ihnen vertretenes politisches Projekt oder für ihre Person zu werben. Diese Existenzform der Sophisten erklärt es, daß sie den Athenern eher suspekt waren. Sie waren nicht Mitglieder der Polis, standen nicht in der Gemeinschaftsbindung, sondern kamen von außen; sie lehrten, was sie nicht selbst aktiv in die Politik einbringen durften, und sie taten es gegen Geld.

e) Von den Reden und Texten der Sophisten sind kaum Originale überliefert. Unsere Kenntnis stammt allermeist aus der Wiedergabe durch Dritte, insbesondere durch Platon, der in seinen Dialogen Sophisten auftreten läßt. Platon war aber ein erbitterter Gegner der Sophisten, weshalb keine Gewähr besteht, daß deren ursprüngliche Aussagen nicht einseitig oder verzerrt wiedergegeben sind. So muß man versuchen, (wiedergegebene) Aussage und (deren) Interpretation zu unterscheiden.

2. *Die sophistische Lehre als technē:* Die Sophisten bezeichneten ihre Lehren selbst nicht als Wissenschaft oder Philosophie. Sie wollten ihren Hörern eine *technē* vermitteln, eine erlernte Fertigkeit und Fähigkeit, und zwar eine solche zu politischem Handeln: die politische *technē*.

Was ist damit gemeint? *Technē* ist einerseits mehr als eine instrumentelle Technik, andererseits nicht gleichbedeutend mit *aretē*. Die *aretē* meint eine habituelle, gewissermaßen zur „zweiten Natur" gewordene Fähigkeit zu bestimmtem Handeln. Die Aneignung und Praktizierung einer *technē* kann womöglich zur *aretē* hinführen, ist sie aber nicht schon von sich aus. Die politische *technē* bezieht sich nun auf die Fähigkeit, in der und für die Polis handeln zu können. Dazu gehört zum einen ein grundlegendes Wissen, nämlich die Einsicht in das, was die Polis bestimmt und zusammenhält: ihre (geo-)politische Lage, die Möglichkeiten und Grenzen ihrer Politik nach außen und innen, ihre Traditionen, Institutionen und ihr Recht; zum anderen auch die Fähigkeit, in der Polis (und d.h. insbesondere in der Volksversammlung) zu agieren, Anhänger zu gewinnen und Zustimmung zu finden. Von den Spezialfertigkeiten der einzelnen Berufe, der *technē* etwa des Handwerkers, Baumeisters, Seefahrers unterscheidet sie sich dadurch, daß sie die *allgemeine* Bildung und Fertigkeit vermittelt, nämlich diejenige der aktiven Bürger (*politai*), welche die Angelegenheiten der Polis verhandeln und bestimmen. Sie stellt eine Art universaler Könnerschaft dar, die auf Verwirklichung drängt,[34] und vermittelt die Bildung und Erziehung des Bürgers als Bürger.

Für die so konzipierte *technē* erhielt die Frage, in welchem Verhältnis die Natur der Menschen zum bewußten erzieherischen Einfluß im Werden des Menschen steht, besondere Bedeutung. Die Sophisten gingen von der Bildungsfähigkeit und Erziehbarkeit der Menschen aus. Es seien nicht von Natur einige zum Herrschen, andere zum Dienen geboren, vielmehr könne die poli-

[34] Diese Kennzeichnung verwendet *Th. Buchheim*, Sophistik, S. 108 ff.

tische *aretē* durch Lehre und Übung vermittelt und erworben werden. Die Sophisten knüpfen hier an die Natur als dem Menschlich-Subjektiven an. Diese Natur, auf Erziehung und Bildung angelegt, ist gestaltbar und kann geformt werden. Über das Lernen und die Übung des Erlernten wird das Gelernte habituell angeeignet und damit zur Fähigkeit und Fertigkeit der nunmehr durch Bildung geformten Natur.

Ein solcher Rückgriff auf die (individuelle) Natur des Menschen, seine Vernunft und Lernfähigkeit mußte gegenüber den Kategorien und Orientierungsmustern der Adelswelt als Sprengkraft wirken. Die Maßgeblichkeit und legitimierende Kraft der vom Adel innegehabten und für sich reklamierten *aretē* für die Herrschaft und Führung in der Polis schmolzen bei einem solchen Schritt zur Rationalität dahin. Darüber hinaus enthielt die Hervorkehrung der menschlichen Natur und ihrer Bildungsfähigkeit zugleich ein Moment der Gleichheit; sie war zwar für (neue) Differenzierung offen, je nach der durch politische Bildung und Erziehung vermittelten Befähigung, dies aber auf einer gemeinsamen, die Menschen generell und nicht nur einen Teil von ihnen umfassenden Grundlage. Was Sophisten hiermit unternahmen, war eine grundlegende und fortwirkende Tat, in der man – auch bei Skepsis gegenüber dem Gebrauch moderner Begriffe zur Charakterisierung früherer Zeiten – ein Stück „griechischer Aufklärung" sehen kann. Entscheidend war zunächst weniger, wie die Natur des Menschen inhaltlich bestimmt wurde, ob primär körperlich-physisch, geistig-ethisch oder nach der medizinischen Naturbetrachtung, entscheidend war, daß diese Argumentations*ebene* gewonnen wurde, die zugleich die Entmächtigung religiös-mythischer Einbindungen vorantrieb. Sie entfaltete starke Kraft. Schon in der zweiten Generation der Sophisten traten auch Aristokraten wie etwa Kritias als radikale Sophisten auf und suchten im Gewande sophistischer Argumentation ihre aristokratische Position zu begründen und zu verteidigen.

3. *Grundposition der Sophisten:* Die Grundposition der Sophisten – sowohl in ihrer Hinwendung zur Natur als der konkret-subjektiven Natur des Menschen, wie auch in ihrer zumeist kritischen Position gegenüber überlieferten Ordnungsmustern und religiös-mythischer Einbindung – kommt am deutlichsten in dem *homo-mensura*-Satz des Protagoras zum Ausdruck:

> „Aller Dinge Maß ist der Mensch, der seienden, daß (wie) sie sind, der nicht seienden, daß (wie) sie nicht sind." (DK 80 B 1; Übers. DK)

Über die richtige Interpretation dieses Satzes ist viel gestritten worden.[35] Viel spricht dafür, daß er weniger als erkenntnistheoretischer Satz gemeint ist, der

---

[35] Über die Hauptrichtungen der Interpretation siehe des Näheren *W. H. Pleger*, Vorsokratiker, S. 141–145; vgl. *Th. Buchheim*, Sophistik, S. 43–56.

einen radikalen Skeptizismus formuliert, vielmehr eher praxisorientiert auf die Beziehung der Dinge zum Menschen im Blick auf die Maximen menschlichen Handelns abstellt.[36] Denn es wird nicht von den Dingen gesprochen, die außerhalb der Wahrnehmung existieren, sondern von *chremata*, d.h. von den Dingen in der Beziehung zum Menschen, ihrer Nützlichkeit, Verwertbarkeit u.ä., also von bestimmten Sachverhalten und Eigenschaften. So gesehen, müßte der Satz richtigerweise lauten: „Der Mensch ist das Maß der nützlichen Dinge, derer die (es) sind, daß sie (es) sind, derer die (es) nicht sind, daß sie (es) nicht sind."[37] Er bringt einen Anthropozentrismus zum Ausdruck und hat dabei eine auf den *einzelnen* Menschen, nicht den Menschen an sich bezogene Komponente. Auch vertritt der Satz das Haftenbleiben der Wahrnehmung an den Erscheinungen, hinter die man nicht auf ein Sein als ein eigentlich Wirkliches zurückgehen kann; dieses bleibt verborgen. Diese Grundposition gewinnt Bedeutung in verschiedener Richtung:

a) Für die Erkenntnis und für die Frage nach dem Guten und Gerechten wirkt sie in Richtung auf einen Subjektivismus. Als Erkenntnis erscheint das, was wahrgenommen wird, und zwar so, wie es die Menschen *individuell* wahrnehmen, der eine so, der andere anders. In Platons Dialog *Theaitet* heißt es dazu, Protagoras interpretierend:

> „Also scheint mir, wer etwas erkennt, dasjenige wahrzunehmen, was er erkennt; und wie es mir jetzt erscheint, ist Erkenntnis nichts anderes als Wahrnehmung ... wie ein jedes Ding mir erscheint, ein solches ist es auch mir, und wie es dir erscheint, ein solches ist es wiederum dir. Ein Mensch aber bist Du sowohl als ich." (Theaitet, 151e–152a; Übers. Schleiermacher)

Dies gilt auch im Hinblick auf das Rechte und Gute. Beides wird nur als Vorstellung gesehen. Unter Verweis auf die vorfindlichen, sehr unterschiedlichen *nomoi* in den einzelnen Poleis – sie machen die Erscheinungen aus – wird der in der Dichtung überlieferte Begriff des *nomos* als einheitliche, in sich gefügte Ordnung in Frage gestellt.

> „... Gerechtes und Ungerechtes, Heiliges und Unheiliges, was wohl jede Polis als solches erachtet und sich als Gesetz gibt, das ist es auch für jede Polis in Wahrheit; und in diesen Angelegenheiten ist weder ein Privatmann weiser als ein anderer noch eine Polis weiser als eine andere." (Theaitet, 172a)

---

36 *J. Martin*, Sophistik, S. 151; *P. Weber-Schäfer* (Lit.), Teil 1, S. 157; vgl. auch *A. Graeser*, Philosophie der Antike 2, S. 22–25.

37 *K. F. Hoffmann*, Recht im Denken der Sophistik, S. 28 mit eingehender, auch philosophischer Begründung; *W. Nestle*, Mythos, S. 271 hält folgende Übersetzung für angemessen: „Aller Geltungen (Qualitäten) Maß ist der Mensch, derer, die bestehen dafür, daß sie bestehen, und derer, die nicht bestehen, dafür, daß sie nicht bestehen."

So geht die Auffassung der Sophisten zum Gerechten und Ungerechten dahin, „daß nichts davon von Natur aus ein ihm eigenes Wesen besitzt, sondern das, was gemeinsam beschlossen wurde, daß dies wahr wird für die Zeit, in der es Geltung hat und solange es Geltung hat.“[38]

Wie ist das zu interpretieren? Spricht sich darin reiner Subjektivismus oder Relativismus aus, oder lassen sich diese Aussagen auch dahin verstehen, daß zwar nicht alles relativ ist, aber die praktische Wirksamkeit des Guten und Gerechten davon abhängig ist, daß es Eingang ins (individuelle) Bewußtsein findet, darin als solches gewußt und festgehalten wird? Anlaß zu dieser Frage gibt eine Verteidigungsrede für die Position des Protagoras, in der Sokrates dem Protagoras folgende Aussage in den Mund legt:

> „Denn ich behaupte zwar ..., daß ein jeder von uns das Maß dessen sei, was ist und was nicht, daß aber dennoch der eine unendlich viel besser sei als der andere, eben deshalb, weil dem einen dieses ist und erscheint, dem andern etwas anderes. Und weit entfernt bin ich zu behaupten, daß es keine Weisheit und keinen Weisen gebe; sondern eben den nenne ich gerade weise, welcher, wenn unter uns Übles ist und erscheint, die Umwandlung bewirken kann, so daß ihm Gutes erscheine und sei.“ (Theaitet, 166d) – Wie der Arzt durch Arzneien, bewirke der Sophist dies durch Reden; nicht in der Weise, daß bei jemandem etwas anderes erzeugt werde, als was in ihm ist, aber es sei möglich, eine schlechtere Beschaffenheit der Seele, die etwas ihr Verwandtes vorstellt, in eine bessere umzuwandeln, die dann bewirkt, „daß er anderes und solche Erscheinungen vorstelle, welche einige aus Unkunde das Wahre nennen, ich aber nenne nur einiges besser als anderes, wahrer hingegen nenne ich nichts.“ (ebd. 167a–b; Übers. Schleiermacher)

Die Lehre des Besseren erscheint danach möglich, was voraussetzt, daß es Besseres und Schlechteres gibt und daß beides nicht nur subjektiv voneinander unterschieden werden kann. Anderseits ist das Bessere jeweils auf den einzelnen Betroffenen bezogen, auf das, was für ihn (subjektiv) positivere Folgen hat. Und jedenfalls gilt es nicht vorab; der Weg, daß es das Bessere wird, ist die (lehrende) Vermittlung ins Bewußtsein, so daß es dem einzelnen als das für ihn Bessere erscheint; erst als Folge ergibt sich dann seine Geltung. Man sieht, die philosophische Wahrheitsfrage drängt sich – als zentrales Problem – noch gar nicht auf. Die sophistischen Lehrer werden als Weise akzeptiert, ohne daß eine Veranlassung gesehen wird, die Frage nach dem Grund und Kriterium ihrer Weisheit zu stellen. Das bleibt, genau gesehen, eine vor-kritische Position, die zu weiterer Infragestellung drängt. Es zeigt sich ein unaufgelöster Widerspruch zwischen dem Festhalten an bestimmten ethisch-politischen Forderungen und der fehlenden Möglichkeit, diese Positionen von dem eigenen Ausgangspunkt, daß nämlich Wirklichkeitsaussagen nur auf das Erschei-

---

[38] *Platon*, Theaitet, 167c.

nende bezogen sind, theoretisch hinreichend zu begründen. In diese Lücke springt die sophistische Rhetorik und erlangt ihre Bedeutung. Sie hat es mit Plausibilität, mit Überredung in pragmatischer Absicht, nicht mit theoretischer Wahrheitserkenntnis zu tun. Sie will nicht Meinung (*doxa*) zugunsten von Wahrheit abbauen, sondern an die Stelle einer Meinung eine andere setzen, von der behauptet wird, sie sei die bessere.[39]

b) Was folgt daraus für die inhaltliche Frage nach der richtigen Ordnung der Polis und dem Maßstab für Recht und Unrecht? Der Rückgriff der Sophisten auf den einzelnen Menschen und seine Natur führt zunächst zu einer Unbestimmtheit und Mehrdeutigkeit. Der Mensch und seine Natur konnten so aufgefaßt werden, wie die Tradition und ältere Dichtung ihn zeigten: eingebunden in Gemeinschaften, insbesondere in die Polisgemeinschaft, und ihnen untergeordnet; eingefügt in den umgreifenden Natur-Kosmos als dessen Teil. Ebenso konnte der Mensch als selbständiges und selbsthandelndes Individuum bestimmt werden, das eben darin seine „Natur" hat; das führte dann zu einer Wendung gerade gegen eine umfassende Einfügung in die Gemeinschaft, hin zu einer Selbstbezogenheit des Individuums. Daraus ergab sich eine Distanz gegenüber der Gemeinschaft innerhalb derselben.

Gemeinschaftsgebundenheit und Individualismus erschienen so gleichermaßen als Möglichkeiten der menschlichen Natur. Die Sophisten tendierten überwiegend zur individualistischen, auf die Selbständigkeit des Individuums bezogenen Variante. Für beide Varianten ergab sich aber die Notwendigkeit einer Begründung. Und die rhetorische Rationalität der Sophisten, die im Sinne der besseren Meinung argumentierte, konnte für die eine wie für die andere eingesetzt werden, die ‚aristokratischen' Sophisten haben das für sich genutzt. Doch galt deren Position nun nicht mehr unbefragt, sie unterlag dem Anspruch, sich als die bessere zu erweisen.

c) Die Grundposition der Sophisten stellt schließlich die religiös-mythische Geltung der bestehenden Ordnung und der überlieferten *nomoi* in Frage. Die Grundlagen des Zusammenlebens geraten unter Erklärungs- und Begründungsnotwendigkeit, religiös-mythische Unbefragtheit trägt sie nicht mehr – das erwähnte Moment griechischer „Aufklärung". Das schließt in gewissem Umfang Religionskritik mit ein. Gleichwohl ist fraglich, wie weit hieraus schon auf einen Agnostizismus oder gar Atheismus der Sophisten oder eine *fundamentale* Religionskritik geschlossen werden kann. Der vielzitierte Satz des Protagoras lautet:

> „Über die Götter allerdings habe ich keine Möglichkeit zu wissen, weder daß sie sind, noch daß sie nicht sind, noch, wie sie etwa an Gestalt sind …" (DK 80 B 4)

---

[39] Ich folge hier *J. Martin*, Sophistik, S. 151–153.

Der Satz muß damals als eine Erschütterung der Religion gewirkt haben. Sieht man jedoch genauer hin, leugnet er die Existenz der Götter nicht, verweist die Frage vielmehr in den Bereich des Glaubens statt des Wissens. In einer Zeit, die von einer religiös-mythischen Weltsicht bestimmt war und die Unterscheidung von Wissen und Glauben noch nicht ausgebildet hatte, kann das jedoch kaum beruhigend gewesen sein. Gleichwohl ist der Satz nicht Ausdruck eines Atheismus, sondern allenfalls eines (skeptischen) Agnostizismus.[40] Die Götter und ihre Verehrung werden als etwas Vor-Rationales, dem Wissen nicht Zugängliches qualifiziert, das unter den Menschen allgemein verbreitet ist. Wie es aber mit den Göttern selbst, ihrer Existenz und ihrem Wesen bestellt ist, wird auf sich beruhen gelassen.[41] Auf die Qualifizierung der Religion als eine „Erfindung“ läßt sich allenfalls bei Kritias, dem radikalsten Religionskritiker, schließen; sein Mythos von der Erfindung der Religion enthält freilich – und dieses nicht von ungefähr – eine Apologie ihres praktischen Nutzens.[42]

4. *Die Auffassung zu Grund, Ziel und richtiger Ordnung der Polis:* Welche Auffassung hatten die Sophisten über Aufgabe und richtige Ordnung der Polis? Sie war nicht einheitlich. Die Sophisten stellen die Polis und ihre Ordnung nicht als Ganzes in Frage, sie bewegen sich ungeachtet oftmals kritischer Positionen innerhalb der Polis, ja sie nehmen in der demokratisierten Polis Athen (oben § 2 IV 2, S. 26 ff.) die wichtige Erziehungsaufgabe wahr, Bürger und die charismatischen Führer der Polis heranzubilden. Die Frage nach Aufgabe und richtiger Ordnung der neu gestalteten Polis beantworten sie jedoch verschieden. Und sie tun dies, obwohl ihnen der Ausgangspunkt, die Perspektive vom Einzelmenschen und seiner Natur her, weithin gemeinsam ist. Die Unterschiede zeigen sich in der Auffassung darüber, was denn den Einzelnen zuträglich, ihrer Natur angemessen sei. Mit J. Martin[43] lassen sich etwa folgende Positionen unterscheiden: (a) Die neue Form der Polis, d. h. die voll-

---

[40] Die Literatur nimmt überwiegend einen Agnostizismus an und verneint den Atheismus: *W. Nestle*, Mythos, S. 278; *W. K. C. Guthrie*, Greek Philosophy, Bd. 3, S. 234 f.; *K.-M. Dietz*, Protagoras, S. 138 ff.; *W. Burkert*, Griechische Religion, S. 465 sieht mit Protagoras den Atheismus als Möglichkeit dastehen, ohne daß er aber direkt angesprochen werde. Ob gegen Protagoras ein Asebie-Prozeß (Anklage wegen Leugnung der Götter) angestrengt wurde, ist unsicher und eher unwahrscheinlich. Die Überlieferung davon datiert erst ab etwa 300 v. Chr., hingegen berichtet Platon, der sich mit Protagoras und seinen Lehren eingehend befaßt, nichts von einem solchen Prozeß, nennt übrigens Protagoras auch nicht im Zusammenhang mit den Atheisten, vgl. *K.-M. Dietz*, Protagoras, S. 133.

[41] So *W. Nestle*, Mythos, S. 280.

[42] Vgl. *P. Weber-Schäfer* (Lit.), Teil 1, S. 158; *J. Bleicken*, Athenische Demokratie, S. 386, *W. Burkert*, Griechische Religion, S. 465.

[43] *J. Martin*, Sophistik, S. 160 f.

zogenen sozialen Veränderungen und die Beteiligung aller Bürger an politischen Entscheidungen samt der damit auferlegten Bindungen, wird angenommen und – sei es aus Überzeugung oder als Notwendigkeit – bejaht. (b) Gegenüber der veränderten Polis greift Resignation Platz mit der Folge eines Rückzugs auf den *oikos*. Nur soweit es sich nicht vermeiden läßt, wird der Anspruch der Polis, wie er sich in ihren *nomoi* niederschlägt, erfüllt. (c) Die neue Polisform wird benutzt, um die alte Führungsrolle des Adels unter neuen Bedingungen durchzusetzen. Der Machtanspruch des adeligen Einzelnen wird gegenüber der nun geschaffenen Polisordnung reflektiert und formuliert.

a) Hauptvertreter der ersten Richtung – Bejahung der Polis – ist *Protagoras*, daneben auch der sog. *Anonymus Jamblichi*.[44] Einen vollendeten Ausdruck findet diese Richtung im Gründungsmythos des Protagoras, bei dem es um eine Rechtfertigung der Polis in ihrem ‚demokratischen' Zustand geht. Dieser Mythos enthält drei Abschnitte: Der erste handelt von der Entstehung und Ausrüstung der Tiere; der zweite von der Entstehung des Menschen und dem Problem, wie er, der widrigen Umwelt nicht instinktsicher angepaßt, zum Überleben befähigt werden kann; der dritte davon, auf welcher Grundlage sich das Zusammenleben der Menschen in einer Polisgemeinschaft entfalten kann. Prometheus stiehlt für die Menschen, da sie nackt, unbeschuht, ohne natürliche Waffen sind, das Feuer und die Befähigung zu Handwerk, Kunst und Technik, damit sie ihre Unangepaßtheit an die Natur überwinden können. Auf dieser Grundlage leben die Menschen zuerst zerstreut, dann, um sich gegen Angriffe der Tiere zu sichern, zusammen in Städten/Siedlungen, geraten aber dort aneinander und zerstreiten sich, weil ihnen die *politike technē* bzw. *politike aretē* (politische Befähigung/Tugend) fehlt.

„In der Furcht um unser Geschlecht, daß es nämlich völlig untergehen könnte, sendet Zeus nun den Hermes aus, zu den Menschen *aidos* (Scham) und *dike* (Recht) zu bringen, damit sie als Vermittler der Freundschaft zu Ordnungskräften und Gesetzesbanden der Poleis würden. Es fragt also Hermes den Zeus, auf welche Weise er *dike* und *aidos* den Menschen geben solle: ‚... soll ich sie auf alle verteilen?' ‚Auf alle, sagt Zeus, und alle sollen daran teilhaben. Es könnten nämlich keine Poleis entstehen, wenn nur wenige daran teilhätten, wie es bei

---

44 Protagoras stammte aus Abdera. Sein Geburtsdatum wird mit 486/85 v.Chr. angenommen, sein Todesjahr mit 420 v.Chr. Protagoras genoß hohes Ansehen, seit er zum ersten Mal nach Athen kam (zwischen 450 und 445). Er ist mit zahlreichen Schriften hervorgetreten. Im Jahr 443 erhielt er den Auftrag, für die panhellenische Stadtgründung Thurioi eine Verfassung auszuarbeiten. Perikles soll den Umgang mit ihm gesucht und tagelang mit ihm diskutiert haben. Vgl. im einzelnen *A. Graeser*, Philosophie der Antike, S. 20f., zum angeblichen Asebie-Prozeß oben Fn. 29. Über den Anonymus Jamblichi ist nichts weiter bekannt; seine Schrift stammt aus der Zeit des Peloponnesischen Krieges und wurde in einem Werk des Neuplatonikers Jamblichos entdeckt, vgl. *W. K. C. Guthrie*, Greek Philosophy, Bd. 3, S. 314f.

anderen Fähigkeiten der Fall ist. Und als einen *nomos* von meiner Seite setze fest, daß man den, der nicht fähig ist, an *aidos* und *dike* teilzuhaben, umbringe wie einen Krebsschaden der Polis." (Platon, Protagoras, 322e–d)

Und Protagoras fährt fort: „... und deswegen glauben alle anderen und auch die Athener, daß, wann immer über baumeisterliche Kompetenz verhandelt wird ..., wenigen die Teilnahme an der Beratung zusteht ... Wann immer sie aber an eine Beratung in bezug auf politische Kompetenz gehen werden, die völlig mit Hilfe von Gerechtigkeit und Besonnenheit bewerkstelligt wird, ertragen sie begreiflicherweise einen jeden, weil es ja jedem zukommt, an dieser Kompetenz teilzuhaben, andernfalls könnten Poleis nicht existieren." (Platon, Protagoras, 322d–323a)[45]

Was besagt dieser Gründungsmythos? Die Polis entsteht aus der Unangepaßtheit der Menschen an die Naturbedingungen und aus ihrer Schutzlosigkeit. Ihre Lebensbewältigung, ermöglicht durch ihre geistigen Gaben, drängt zur Vergesellschaftung und Arbeitsteilung. Doch reicht dies nicht aus, zum Schutz und zur Sicherheit bedarf es der Bildung einer politischen Gemeinschaft, eben der Polis. Sie kann aber ihre Aufgabe, Ordnung und Frieden im Zusammenleben der Menschen zu bewirken, nur auf der Grundlage von *aidos* und *dike* (Achtung, Respekt und Rechtsbewußtsein) erfüllen. Diese sind durch göttliche Gabe allen Menschen der Polis von Natur als potentielle Fähigkeit (Begabung) zugeteilt, nicht spezifiziert und begrenzt auf bestimmte Geschlechter oder Gruppen. Diese Fähigkeit bedarf aber der Ausbildung und Aktualisierung im Blick auf das konkrete Handeln in der Polis; insofern sind *aidos* und *dike* nicht schon von Natur gegeben, sondern lern- und lehrbar, sie werden durch die Unterweisung in der politischen *technē*, welche die Sophisten betreiben, vermittelt.[46] Der Mythos fungiert als legitimierende Grundlage für eine ‚demokratische', auf breiter politischer Beteiligung beruhende Verfaßtheit der Polis und sucht die Ordnung der Polis als durch (politische) Gesetze geprägt neu zu begründen.[47]

---

[45] Bei *Anonymos Jamblichi* findet sich folgende Herleitung der Polisordnung: „Weil nämlich die Menschen von Natur her unfähig waren, allein zu leben, kamen sie zusammen, indem sie der Notwendigkeit nachgaben, ... miteinander zusammenzuleben ohne gesetzliche Ordnung, das war nicht möglich (ein noch größerer Schaden nämlich wäre entstanden als eben dieses Leben allein); aufgrund dieser Notwendigkeiten nun herrschen der *nomos* und *dike* über die Menschen und vergehen wohl nie; von Natur aus sind sie nämlich stark verwurzelt." (DK 89, 6,1) Ein Rückgriff auf die Götter findet hier nicht statt, Erklärung und Begründung der Polis erfolgen abstrakt aus Notwendigkeiten der menschlichen Natur.

[46] In diesem Sinn *K. F. Hofmann*, Recht im Denken der Sophistik, S. 59ff.

[47] Siehe *A. Dihle*, Gesetz, Gerechtigkeit und Billigkeit, S. 25; für eine eher rationalnutzenbestimmte Deutung *K. Döring*, Sokrates, S. 109–115; für verfassungsindifferent hält den Mythos *K. F. Hoffmann*, Recht im Denken der Sophistik, S. 64 .

Die Polis selbst erscheint als Einrichtung, die ihren Grund in der Bedürftigkeit der Menschen hat. Sie ist keine Vereinigung um höherer und umfassenderer Ziele willen, etwa des gemeinschaftlichen guten Lebens, des gemeinsamen Kultes oder gemeinsamer Eroberungen; ihr Bezugspunkt ist (lediglich) die Lebensmöglichkeit der einzelnen in einer allgemeinen, Frieden und Eintracht gewährleistenden Ordnung. Das bedeutet durchaus eine Distanzierung von der Polis als umfassender, die einzelnen ganz in sich einbeziehender Lebensmacht; sie wird reduziert. Auch werden die *nomoi* der Polis als politische, von der Volksversammlung beschlossene anerkannt und gerechtfertigt: Sie sind Ausdruck der Gemeinsamkeit der Bürger und haben ihren Grund darin, werden aber von der in der Tradition überkommenen Ordnungsgestalt der *nomoi* nicht völlig abgelöst. Die Rückbeziehung von *aidos* und *dike*, die allen Menschen der Begabung nach von Natur zugeteilt sind, auf eine Gabe des Zeus, hält eine meta-positive Verankerung fest.

Dieser Rückbezug wird gerne als bloß symbolische Einkleidung oder als ein „Deus-ex-machina-Schluß" erklärt.[48] Aber ist das notwendig und richtig? Auch der Götter-Satz des Protagoras leugnet ja die Existenz der Götter nicht (oben 3c) und die Erklärung von *aidos* und *dike* als Fähigkeiten der menschlichen Natur muß nicht ausschließen, darin zugleich eine Teilhabe der Menschen an Göttlichem zu sehen.[49] Ebensowenig zwingt die von Protagoras selbst gebrauchte Kennzeichnung als Märchen dazu. Es war im 5. Jh. v. Chr. gerade üblich, einen Mythos als „Märchen" zu bezeichnen und zu qualifizieren. Seit der Aufklärung unterliegen Mythos-Märchen dem strengen Verdikt, etwas Irreales und nur Erdachtes zu sein. Sie dienten im Ursprung dazu, Lebenslehren oder auch einen Wahrheitskern durch Einkleidung in eine Erzählung oder Geschichte so zu fassen, daß sie für einen allgemeinen Adressatenkreis in verständlicher Form mitteilbar und so überlieferungsfähig wurden.

b) Repräsentativ für die Richtung, die sich in Resignation gegenüber der Polis auf den *oikos* und ein un-politisches Leben dort zurückzieht, ist ein Text des *Antiphon*. Er bringt zugleich die Umdeutung des Nomosbegriffs in eine Willensentscheidung (dazu näher unten 5) zum Ausdruck.

> „Gerechtigkeit bedeutet, die Regeln der Polis, in der man Bürger ist, nicht zu verletzen. Ein Mensch also dürfte wohl aus dem Umgang mit der Gerechtigkeit am meisten Vorteil für sich ziehen, wenn er vor Zeugen zwar die Gesetze für

---

48 In dieser Richtung *W. Nestle*, Mythos, S. 287; *W. K. C. Guthrie*, Griechische Philosophen, S. 56 m. Anm. 1; *ders.*, Greek Philosophy, Bd. 3, S. 72 f.; *M. Dreher*, Sophistik und Polisentwicklung, S. 14–17.

49 In der Argumentationsstruktur wäre es übrigens eine Parallele zur Auffassung der mittelalterlichen Philosophen, daß die natürliche sittliche Vernunft (*naturalis ratio*) als eine Gegebenheit der menschlichen Natur dieser von Gott eingeschaffen sei und eine *participatio* am göttlichen ewigen Gesetz begründe, siehe unten § 10 (Thomas von Aquin) und § 11 (Duns Scotus) sowie § 13 (spanische Spätscholastik).

> wichtig erachtete, allein aber ohne Zeugen die Regeln der Natur; die Regeln der Gesetze nämlich sind willkürliches Beiwerk, die der Natur aber notwendig; und die Regeln der Gesetze sind durch bloße Vereinbarungen erzielt. Wer also die Regeln verletzt, wenn er von denen, die die Vereinbarungen treffen, unbemerkt bleiben sollte, wird sowohl von Schande als auch von Strafe verschont. Wer nicht unbemerkt bleibt, jedoch nicht. Wenn aber einer gegen seine Kräfte gewaltsam natürlich angeborene Regeln verletzt, hat er weder einen geringeren Schaden, wenn er von allen Menschen unbemerkt bleiben sollte, noch einen größeren Schaden, wenn ihn alle bemerken sollten. Denn nicht durch Meinung kommt er zum Schaden, sondern durch Wahrheit." (DK 87 B 44, Coll. 1 u. 2)

Das Verhältnis des einzelnen zur Polis und ihren Gesetzen wird hier als ein opportunistisch-pragmatisches geschildert. Es erscheint als reines Kosten-Nutzen-Verhältnis, das von einem selbstbezogenen Blick auf die eigene Natur dirigiert wird. Gesetzliche Ordnung wird als die Natur einschränkend verstanden, wird ihr zur Fessel; was ihr nützt, bedeutet Freiheit und auch Wahrheit.[50] Der Text läßt indes nicht erkennen, ob er sich als kritische Beschreibung versteht, getragen von dem Bemühen, wieder feste Grundlagen der Ordnung in der Natur zu finden, oder als programmatischer Text, der auf Verhaltensmaximen abstellt, die sich nahelegen.[51]

c) Die dritte Richtung vertritt eine eher individualistisch-machtbezogene Variante der Polisbegründung. Die Polis erscheint als bloße Zweckvereinigung zu wechselseitigem, individuellem Nutzen und zur Beherrschung der Natur. Sie wird verfügbar für die Selbstentfaltung und Machtsteigerung der einzelnen, insofern sie die Stärkeren und Besseren sind. Für *Gorgias* und *Kallikles* gehört es zum Recht der Stärkeren und Besseren, zu herrschen und sich die Schwächeren unterzuordnen, auch die Gesetze nach dem zu geben, was ihnen nützlich ist. So kann die Position des Adels verteidigt werden. Die Polis wird zum Instrument, zum Raum der Entfaltung für eine Vorrangstellung, die sich aus der „besseren" Natur legitimiert. Die anzustrebende Form der Polis ist deshalb auch nicht die Beteiligung aller, sondern die Herrschaft eines oder einiger weniger. Indem diese das ihnen Nützliche verfolgen, bewirken sie freilich in der Folge auch das Wohl der ihnen Untergebenen, da ja ihre eigene Macht in der Macht und im Gedeihen der Polis liegt. *Thrasymachos* gebraucht für die Ordnung der Polis das Bild von Hirt und Schafen. Gegen die Auffassung des Sokrates, daß die Hirten primär das Gute ihrer Schafe bedenken, macht er geltend, daß sie, wenn sie die Schafe fett machen und pflegen, ihren Vorteil im Sinn haben, wie auch die Herrscher, die wirklich regieren, „bei Tag und Nacht an nichts anderes als die Verwirk-

---

[50] Siehe *H. Diels/W. Kranz*, Vorsokratiker, 87 B 44, Coll. 4.

[51] Siehe die detaillierte Interpretation bei *K. F. Hoffmann*, Recht im Denken der Sophistik, S. 186–208.

lichung ihres Vorteils denken".[52] Hier wird das Tyrannisideal der späten Sophistik sichtbar. Es verbindet sich mit der Theorie vom naturbegründeten Recht des Stärkeren/Besseren – als solche sehen sich die Adligen, über die anderen zu herrschen und ihnen zu befehlen. Kallikles und Kritias sind Hauptvertreter dieser Position.[53]

Eine Gruppierung der verschiedenen Positionen nach politischen Gesichtspunkten nimmt H. Ottmann vor.[54] Er unterscheidet die sophistische Rechte, die sophistische Linke und die sophistische Mitte. Zur Rechten zählt er vor allem Thrasymachos (als Zyniker der Macht), Kallikles (als Anhänger eines Naturrechts des Stärkeren) und Kritias; zur Linken gehören diejenigen, die aus dem Gegensatz von *nomos* und *physis* auf die natürliche Gleichheit der Menschen schließen, wie Antiphon und Hippias; die Position der Mitte wird von Protagoras und Gorgias gebildet. Diese Gruppierung ist jedoch stark von Aktualisierungen in die Gegenwart hinein bestimmt und läßt den historisch-philosophischen Kontext zu sehr zurücktreten.

5. *Rechtsdenken der Sophisten:* Was die Sophisten über das Recht dachten und lehrten, zeigte sich in ihrer Auseinandersetzung mit den *nomoi*. Diese Auseinandersetzung erhielt dadurch besondere Bedeutung, daß die Rede von den *nomoi* zur Zeit der Sophisten verschiedene Bedeutungsgehalte umfaßte. In der Überlieferung, die zum Teil in der Dichtung der Zeit fortgetragen wurde, erschienen sie als von Sitten und Bräuchen bestimmte, von den Göttern legitimierte Lebensregeln, teils geschrieben, überwiegend ungeschrieben (oben § 2 III 1, S. 21 f.). Als Teil des umgebenden Kosmos wurden sie nicht in Frage gestellt. In der Erfahrungswelt des 5. Jh. v. Chr. hatte sich demgegenüber ein anderer Begriff der *nomoi* herausgebildet: In der zahlreichen und wechselnden Gesetzgebung der einzelnen Poleis zeigten sich die *nomoi* als Ausdruck politischer Machtentscheidungen in der Volksversammlung. So wurde die Frage unvermeidlich – auch im Blick auf die Bildungsaufgabe der Sophisten und die Verhandlungen in der Volksversammlung – was denn die *nomoi* eigentlich seien. Konnten sie weiterhin als feste, traditionsbestimmte Regeln mit auch religiöser Verankerung und Geltungskraft bestimmt werden; waren

---

52 Vgl. *Platon*, Politeia, 343 b-c.

53 Der Sophist Kallikles stammte aus altem Adelsgeschlecht, war ein Onkel mütterlicherseits von Platon. Ob sich mit der Figur Kallikles in den Dialogen Platons diese historische Person verbindet, ist unsicher, siehe dazu *K. F. Hoffmann*, Recht im Denken der Sophistik, S. 111 f. Kritias war ein Schüler des Sophisten Gorgias und gehörte zeitweise zum Kreis um Sokrates. Seine Persönlichkeit war schillernd. Bekannt geworden ist sein Satyrspiel Sisyphos, in dem er eigene Auffassungen niederlegte. Gegner einer demokratischen Ordnung der Polis, war Kritias aktiv an der tyrannischen ‚Herrschaft der Dreißig' 404/403 v. Chr. beteiligt und wurde nach deren Ende getötet, vgl. *A. Graeser*, Philosophie der Antike, S. 61, und *W. Nestle*, Mythos, S. 400–420.

54 *H. Ottmann* (Lit.), Bd. 1,1, S. 216–230.

sie bloße Satzungen, mehr oder weniger willkürlich festgesetzt, Akte politischer Herrschaftsausübung? Und enthielten sie nach wie vor das Rechte (*dikaion*) in sich oder mußte man sich ihnen gegenüber allererst auf dieses Rechte berufen, und was war dann das Maß für dieses Rechte?

Auch wenn die Sophisten die philosophische Wahrheitsfrage nicht stellten, waren sie doch der Auffassung, daß es für die Poleis bessere und schlechtere Zustände und für die Menschen bessere und schlechtere Handlungen gebe (oben 3a). Dann aber konnte es auch bessere und schlechtere *nomoi* geben. Was aber sollte das Kriterium dafür sein? Vom Ausgangspunkt der Sophisten, dem Rückbezug auf die Natur des Einzelmenschen, wurde die Frage nach dem Zuträglichen und Zukommenden für den *einzelnen* Menschen, was seiner Natur angemessen ist, entscheidend. *Nomos* und *physis* wurden nicht generell, sondern konkret-individuell einander gegenübergestellt und in ein Verhältnis gesetzt. Dies war der gemeinsame Boden. Das Zukommende, der Natur Angemessene wurde jedoch sehr unterschiedlich bestimmt: Es konnte das Erringen und Ausüben politischer Macht sein; das der unterschiedlichen individuellen Natur Gemäße; das für die gemeinschaftliche Ordnung der Polis Zuträgliche, an dem auch der einzelne Anteil hat. Demgemäß unterscheiden sich die Positionen im Rechtsdenken der Sophisten.

a) *Protagoras* kommt von seinem nur an den Erscheinungen orientierten Erkenntnisstandpunkt (oben 3a) und seiner Wahrnehmung der konkreten Gesetzgebung in den Poleis zu einer Relativierung der *nomoi*. Die Gesetze sind für ihn Ausdruck dessen, was in der Polis für gut und gerecht *gehalten* wird, was der Volksversammlung gut und gerecht *erscheint*.

> „Denn was also einer jeden Polis gerecht und edel erscheint, das ist es für sie auch, solange sie dies als *nomos* festsetzt." Und gute und weise Redner bewirken, „daß den Poleis anstatt des Schlechten das Heilsame gerecht zu sein scheint." (Platon, Theaithet, 167c)

Dieser relativistisch klingende Ansatz führt Protagoras jedoch nicht zu einer Art Rechtspositivismus, wie es vielleicht scheinen könnte. Die *nomoi*, die die Volksversammlung beschließt, sind, wie sich aus dem Gründungsmythos des Protagoras (oben 4a) ergibt, auch rückgebunden an *aidos* und *dike*. Das Wissen um das Rechte und um das Anständige, Gesittete sind ein den Menschen gemeinsames, ihnen allen zugeteiltes Gut und Wissen, ein Teil ihrer Natur. Dies kann – und soll – in der Polis durch Erziehung und Bildung der Bürger aktualisiert werden. Dann aber haben die *nomoi* ihren Grund nicht allein im politischen Akt ihrer Festsetzung, sondern auch in einem Rechtsethos, das in den Bürgern lebendig ist. Sie werden auf dieser Grundlage gefunden und in Beratschlagung und Abstimmung festgelegt. *Nomos* und *physis*, Gesetz und (einzelmenschliche) Natur werden unterschieden, aber nicht einander entgegengesetzt. Das auf der Beteiligung aller Bürger beruhende Gesetzgebungsverfahren erhält eine Legitimation, indem es über das Wissen der Bürger von *aidos* und *dike* auf den überlieferten Bedeutungsgehalt der *nomoi* vermittelt wird.[55] Gesetztheit und politische Bedingtheit der *nomoi* bleiben nicht isoliert, sie werden nicht allein aus sich selbst legitimiert; die intendierte vor-positive Rückbindung kann sich freilich – je nach den Gegebenheiten in der Polis – zum bloßen Postulat verflüchtigen.

b) Demgegenüber werden die *nomoi* von Kallikles und Thrasymachos als bloße Satzung oder Konvention, je willentliche Festlegung im Interesse der Regierenden qualifiziert. Beide tun das in verschiedenen Varianten. Für Kallikles sind die *nomoi* ein Werk der Vielen, und das heißt der Schwachen, um die Starken zu binden – Anknüpfungspunkt ist für ihn die Gesetzgebung in ‚demokratisierten' Poleis. Für Thrasymachos sind sie ein Werk der jeweils Regierenden als der Stärkeren, die das ihnen Zuträgliche und Nützliche festlegen – Anknüpfungspunkt können hier alle Polis-Formen, insbesondere auch die Tyrannis sein.

So sagt Kallikles: „... die, welche die *nomoi* festsetzen, sind die schwachen Menschen und die Masse. Im Hinblick auf sich selbst und das, was ihnen nützt, setzen sie die *nomoi* fest, loben das Lobenswerte und tadeln das Tadelnswerte. Um die stärkeren unter den Menschen und die, die fähig sind, mehr zu haben, einzuschüchtern, damit diese nicht mehr als sie selbst haben, sagen sie, daß es schimpflich und ungerecht sei, mehr zu haben (als andere)." (Platon, Gorgias, 483b-c)

Und in Platons *Politeia* erklärt Thrasymachos: „Die *nomoi* gibt aber jede Herrschaft im Hinblick auf das, was ihr nützlich ist, die Demokratie demokratische *nomoi*, die Tyrannis tyrannische und die anderen ebenso. Bei der Gesetzgebung aber erklären sie, daß dies den Herrschenden das Gerechte ist, das ihnen Nützliche nämlich ... Dies nun ist das, wovon ich behaupte, daß es in allen Poleis das Gerechte ist, der Nutzen der etablierten Herrschaft nämlich." (Platon, Politeia, 338e)

Die Argumentation ist eine kritisch auflösende, gegen die geltenden *nomoi* gerichtete. Kallikles wie Thrasymachos gehen zunächst von der überkommenen *nomos*-Vorstellung aus, daß die *nomoi* das Rechte verkörpern, und entlarven dann die geltenden *nomoi* als Mittel partikulärer Interessendurchsetzung und Nützlichkeit. Diese büßen damit ihre innere Autorität ein, sie werden angreifbar und angegriffen. Ihnen gegenüber wird das der Natur Gemäße als das Gerechte geltend gemacht. *Nomos* und *physis* treten auseinander und in Gegensatz, zugleich treffen aristokratisches und demokratisch-gleichheitliches Weltbild aufeinander. Für Kallikles – und ähnlich für Gorgias – hat der Stär-

[55] Vgl. hierzu auch *A. Dihle*, Begriff des Nomos, S. 122f.

kere als der Bessere/Edlere gemäß seiner Natur ein höheres Recht, ein Herrschaftsrecht gegenüber dem von Natur Schwächeren/Schlechteren:[56]

„Die Natur selbst aber … beweist dagegen, daß es gerecht ist, daß der Edlere mehr habe als der Schlechtere und der Tüchtigere als der Untüchtige. Sie zeigt vielfältig … daß das Recht so bestimmt ist, daß der Bessere über den Schlechteren herrsche und mehr habe. Denn nach welchem Recht führte Xerxes Krieg gegen Hellas, oder dessen Vater gegen die Skythen? Und tausend anderes der Art könnte man anführen. Also tun sie dies der Natur gemäß, und beim Zeus, auch dem Gesetz gemäß, nämlich dem der Natur; aber freilich nicht nach dem, welches wir selbst willkürlich machen, die wir die Besten und Kräftigsten unter uns gleich von Jugend an … knechtisch einzwängen, indem wir ihnen immer vorsagen, alle müssen gleich haben und dies sei eben das Schöne und Gerechte." (Platon, Gorgias, 483d–e; Übers. Schleiermacher)

Hier wird eine auf Gegebenheiten der menschlichen Natur bezogene Argumentation vorgetragen. Es wird nicht allein auf Nützlichkeit, auf Behauptung einer Machtposition abgestellt, sondern eine naturgegebene, qualitative Ungleichheit der Menschen als legitimierender Grund für die Ungleichheit des Rechts geltend gemacht. Politisch gesehen schlüpft die Adelsopposition in Rhetorik und baut ihre Position auf. Für Gorgias erscheint es als natürliche Notwendigkeit,

„daß das Stärkere nicht durch das Schwächere behindert, sondern das Schwächere durch das Stärkere beherrscht und geführt wird, daß das Stärkere vorangeht und das Schwächere folgt." (DK 82 B 11, 6)

Die Berufung auf das Recht der Natur konnte freilich ebenso im Sinne einer Gleichheitsargumentation verwendet werden. Beispiele dafür sind Hippias und Antiphon. Sie beziehen sich auf die Gleichheitsmomente in der individuellen Natur der Menschen. Hippias geht davon aus,

„daß wir Verwandte und Befreundete und Mitbürger von Natur sind, nicht durch das Gesetz, denn das Ähnliche ist dem Ähnlichen von Natur verwandt, das Gesetz aber, welches ein Tyrann der Menschen ist, erzwingt vieles gegen die Natur." (Platon, Protagoras, 337d; Übers. Schleiermacher)

Noch deutlicher macht Antiphon – unter Rückgriff auf die biologische Natur – die Gleichheit der Menschen geltend. Er tut dies im historisch-politischen Kontext mit besonderer Brisanz, denn er wählt nicht Griechen untereinander, sondern Griechen und Barbaren als Vergleichspaar.

---

[56] Eine thesenartige Zusammenfassung der Position des Kallikles gibt *K. F. Hoffmann*, Recht im Denken der Sophistik, S. 142f.

„Die von vornehmen Vätern abstammen, achten und verehren wir, die dagegen nicht aus vornehmen Hause sind, achten und verehren wir nicht. Hierbei verhalten wir uns zueinander wie Barbaren, denn von Natur sind wir alle in allen Beziehungen gleich geschaffen, Barbaren wie Hellenen. Das läßt eine Betrachtung der allen Menschen von Natur notwendigen Dinge erkennen ... in allen diesen Dingen ist weder ein Barbar von uns geschieden noch ein Hellene. Atmen wir doch alle insgesamt durch Mund und Nase in die Luft aus ..." (DK 87 B 44 B Coll. 1 u. 2)

c) Was ist nach alledem der Ertrag, den die sophistische Unterscheidung und auch Entgegensetzung von *nomos* und *physis* für die Frage nach dem Recht und seinem Grund bringt?

Der Naturbegriff, mit dem die Sophisten argumentieren, ist noch ein sehr offener. Zwar ist er aus einer naturphilosophischen Kosmos-Harmonie herausgenommen, bleibt aber im übrigen unbestimmt und variabel. Bezugspunkt für die Argumentation aus der Natur kann ebenso die physisch-körperliche Natur sein, orientiert an der biologischen Natur oder der Vorstellung von Gesundheit in der beginnenden Medizin, wie auch die geistig-physische Befähigung, d.h. die insofern zur Stärke oder Schwäche aktualisierte Natur, oder schließlich bloß eine gemeinsame Auffassung von der menschlichen Natur. Die nähere philosophische Durchdringung steht noch aus. Deutlich aber zeigt sich eine gewisse Vorbereitung für spätere Positionen von Platon und Aristoteles.

Kann man sagen, daß die Sophisten zum ersten Mal die Unterscheidung und Gegenüberstellung von Gesetz und Recht der Natur sowie dem tatsächlich praktizierten Recht bewußt gemacht haben und so den Beginn der die gesamte abendländische Rechtsphilosophie prägenden Naturrechtsdiskussion darstellen? Darüber läßt sich (mit Fug) streiten. Jedenfalls aber haben die Sophisten die von Dichtern und frühen Philosophen vertretene und überlieferte Ineinssetzung von *nomoi* und dem Rechten (*dike*) aufgebrochen und die mögliche Differenz zwischen beiden hervorgekehrt; sie haben die in der Polis geltenden *nomoi* aus dem Status unbefragt geltender Normen herausgefällt und damit unabweisbar die Legitimationsfrage an die tatsächlich geltenden Gesetze gestellt. Indem sie sich dabei immer wieder auf den einzelnen Menschen und seine Natur bezogen, haben sie zum einen eine neue Argumentations*ebene* nicht nur postuliert, sondern auch aufgebaut, zum anderen – nicht zuletzt durch die Verschiedenheit ihrer Ansichten – diejenigen Fragen offengelegt, die auf dieser Ebene zum Gegenstand der Debatte über eine angemessene Ordnung des Zusammenlebens durch das Recht gemacht werden können und müssen.

Ob diese neue Ebene der Diskussion, der Rückgriff auf die einzelmenschliche Natur, für das Recht zugleich seine Entgöttlichung und Profanisierung bedeutete, wird unterschiedlich beurteilt. Die Auffassung Werner Jaegers, die göttliche Grundlage sei damit nicht verlassen worden, vielmehr sei die Natur der Inbegriff des Göttlichen geworden,[57] wird heute überwiegend und mit gutem Grund nicht mehr geteilt. Andererseits gilt es, die Eigenart der griechischen Religion zu berücksichtigen, die keinen dogmatischen Charakter hatte und aus sich für viele Vermittlungen in das Meta-Positive hinein, das als das Göttliche vorgestellt wurde, offen war. Das trifft auch im Blick auf *dike* zu, den Begriff für das Rechte und Gerechte. Unfraglich aber ist, daß sich diese Reflexionen, und ein Gleiches gilt später für die Aussagen von Platon und Aristoteles (§§ 4 und 5), als vielleicht öffentliche, aber doch *philosophische* Gespräche zu keinem Zeitpunkt in die aktuelle Wirklichkeit der attischen Rechts-Praxis übersetzen und diese prägen konnten; dem griechischen Recht standen hierfür, wie gezeigt, keine Mittel zur Verfügung.[58]

III. Sokrates

1. Sokrates kann von den Sophisten nicht getrennt werden. Er wirkte zunächst als Sophist und trat im Kreise der Sophisten auf. Was die Lehren der Sophisten angeht, war er einerseits deren Vollender, zugleich aber auch ihr Überwinder. Er führte die Bildungs- und Erziehungsaufgabe der Sophisten fort, gab ihr aber einen anderen Gehalt, indem er zur philosophischen Vertiefung der Lehren weiterschritt und damit deren primär rhetorischen Gehalt überwand.

a) Sokrates lebte und wirkte von 469 bis 399 v. Chr. in Athen. Er war Bürger Athens, Sohn eines Steinmetzen und einer Hebamme, von Beruf Bildhauer. Immer wieder streifte er, umgeben von einer Schar lernbegieriger Schüler, meist junger Adliger, wie u. a. Alkibiades, Xenophon und Platon, durch die Straßen und über den Marktplatz Athens. Dabei verwickelte er auch die Mitbürger in ausgiebige Gespräche, in deren Verlauf er philosophische Tiefen ansteuerte und seine Zuhörer wie sich selbst mit dem Bewußtsein der Unwissenheit zurückließ. Von seinen Schülern nahm Sokrates – anders als die Sophisten – kein Geld und lebte demzufolge in bescheidenen Verhältnissen. Als Bürger Athens nahm er als Hoplit (Fußkämpfer in eigener Rüstung) an drei Feldzügen im Peloponnesischen Krieg teil, der für Athen mit katastrophalen Niederlagen endete. Sokrates Wirken fiel, insbesondere im letzten Jahrzehnt, in politisch unruhige Zeiten.[59] Es wechselten, veranlaßt durch die Niederlagen im Peloponnesischen Krieg, oligarchische und ‚demokratische' Regime miteinander ab, 404/03 kam es zur berüchtigten „Herrschaft der Dreißig" (oben § 2 V 1, S. 30). In den politischen Auseinandersetzungen nahm Sokrates nicht für eine der sich bekämpfenden Seiten Stellung, wurde allerdings wegen seiner vorwiegend adligen Schüler dem aristokratischen Lager zugerechnet.

---

[57] *W. Jaeger*, Paideia (Lit.), Bd. 1, S. 408.

[58] Vgl. oben § 2 III 3 (S. 24) sowie *H. J. Wolff*, Normenkontrolle, S. 79 f.

[59] *R. Zoepffel*, Sokrates in Athen, S. 20–37.

Im Jahr 399 wurde er vor Gericht der *asebie* (Verachtung der Götter und Verführung der Jugend) angeklagt und zum Tode verurteilt. Das war nach den Modalitäten des Strafprozesses und der Urteilsfindung durch mehrere hundert, durch das Los ausgewählte Bürger als ‚Richter' (sofortige Abstimmung nach den Plädoyers der Parteien ohne Beratung und Bedenkzeit und ohne Begründungspflicht, oben § 2 III 3, S. 24) formal korrekt, ob es inhaltlich ein Fehlurteil oder im Hinblick auf die Verteidigung des öffentlichen Kults und der Verehrung der Götter als maßgeblicher Homogenitätsgrundlage der Polisordnung gerechtfertigt war, ist umstritten.[60] Die Möglichkeit zur Flucht schlug Sokrates aus und trank den Schierlingsbecher.

Was die Auffassungen und Lehren des Sokrates angeht, sind von ihm keinerlei Originalschriften erhalten (wenn er denn selbst überhaupt etwas geschrieben hat). Unsere Quellen sind die Berichte über Sokrates beim Dichter Aristophanes, seinem Schüler und Freund Xenophon, in den Dialogen Platons und bei Aristoteles. Sie zeigen nicht unbedingt einen einheitlichen Sokrates. Es ist auch fraglich, inwieweit sie überhaupt den historischen Sokrates „korrekt" wiedergeben wollten oder Sokrates – wegen des hohen Ansehens, das er durch die Art seines Todes genoß – zu einer Figur stilisierten, in die auch eigene Auffassungen hineingelegt wurden. Insofern kann der literarisch-philosophische Sokrates, der hier zu behandeln ist, nicht unbedingt mit dem historischen Sokrates gleichgesetzt werden.[61]

b) Sokrates und die Sophisten hatten einen gemeinsamen geistigen Boden: die Abwendung von Kosmologie und Naturphilosophie hin zu den einzelnen Menschen, die Lehrtätigkeit mit dem Ziel von Erziehung und Bildung, die rationale Basis der Argumentation und eine gewisse Skepsis gegenüber dem ‚sicheren' Wissen. Aber Sokrates ging darüber hinaus; er macht sich vom sophistischen Prinzip der Überredung frei zugunsten rationaler Überprüfung. An die Stelle schneller Übereinstimmung aufgrund von Plausibilität tritt bei ihm der Appell an Vernunft und Einsicht, die Frage nach tieferem und genauerem, eben philosophischem Wissen. Beschreitet man diesen Weg, führt das zugleich zur Infragestellung von Relativismus und Subjektivismus. Sokrates bedient sich dabei der Methode der „Hebung des Wissens" (sog. Hebammenkunst oder Maieutik). Sie bringt den Dialogpartner dahin, sich Rechenschaft

---

60 Zum Verfahren *J. E. Stone*, Prozeß, S. 215 ff.; Stone ist der Meinung, daß Sokrates die Verurteilung durch die Art wie er sich vor den Geschworenen verteidigte, gesucht habe; ferner *R. Zoepffel*, Sokrates in Athen, S. 38–47. Die Auffassungen über die Berechtigung des Urteils gehen sehr auseinander. Kein Geringerer als *Hegel*, Geschichte der Philosophie I, S. 496 ff., 508–512 hielt die Verurteilung für unausweichlich. Aus der auch die rechtlichen Aspekte aufgreifenden Literatur siehe einerseits *M. Alsberg*, Prozeß des Sokrates, S. 29, andererseits *M. Breitbach*, Prozeß des Sokrates, S. 325–331, 336, letzterer mit bemerkenswerten Parallelen im Blick auf eine Selbstverteidigung der Wertgrundlagen der Demokratie.

61 Zum Problem des historischen Sokrates siehe die verschiedenen Beiträge im Sammelband von *A. Patzer* (Hg.), Der historische Sokrates; ferner *O. Gigon*, Sokrates, Abschnitt I: Die Gestalt des Sokrates als Problem; *G. Figal*, Sokrates, S. 16 ff.; *H. Ottmann* (Lit.), Bd. 1,1, S. 235–239.

über zentrale, zumeist ethische Begriffe zu geben, die täglich gebraucht werden, dabei zunächst ein Nichtwissen einzugestehen, dann aber – im weiteren Dialog unter Beiseitelassen des vordergründigen Scheinwissens – ein tieferes, bislang verborgenes (inneres) Wissen ins Bewußtsein zu heben, das auf das eigenlich Wesentliche zielt. So wird von einzelnen Beispielen vorangeschritten zu allgemeinen Begriffen, die ihnen zugrundeliegen.

Wie die Sophisten hält Sokrates die *aretē*, bürgerliche Tüchtigkeit und Fertigkeit, für lehrbar. Aber der Begriff der *aretē* wird von ihm über eine habituell gewordene äußere Fertigkeit, über anwendbares Wissen und rhetorisch argumentative Geschicklichkeit hinaus nach innen gewendet; er richtet sich auf die innere Haltung und Einstellung, die eine vernunftorientierte Lebensführung einzuüben und habituell anzueignen versucht, und dies in der Orientierung an Lebensregeln, die nach Vernunftgründen überprüfbar sind.[62] Sokrates macht auf diese Weise ethisch-moralisches Handeln als solches bewußt und unterstellt es der Reflexion. Das sittliche Handeln entspringt dem Innern des Individuums, aus der Bereitschaft zu Einkehr und Umkehr (*metanoia*), weg von bloß äußerer Adaption hin zum Handeln aus Einsicht in das Gute und Gerechte. Sokrates geht hierbei von einem ethischen Fundament im einzelnen Menschen, einer Art innerem Kompaß in seiner Vernunft aus. Freiheit wird so als ethisches Problem sichtbar, als Vollzug des Handelns aus sittlicher Einsicht, sie existiert nicht mehr nur als politischer Begriff (oben § 2 IV 3, S. 29). Sokrates legt zugrunde, daß das Wissen des Guten, das durch lehrenden Dialog vermittelbar oder (aus bisheriger Verborgenheit) hebbar sei, das gute Handeln zur notwendigen Folge habe. Wer über entsprechendes Wissen verfüge, handle notwendig auch moralisch richtig, weil er nicht sich selbst, seine Seele, durch Schlecht- oder Ungerechthandeln schädigen wolle.

Sokrates selbst hat sich auf sein *daimonion* berufen, eine warnende Stimme in seinem Innern, die sich bei wichtigen Lebensentscheidungen melde und für ihn göttlichen Ursprung hat; ihr müsse er folgen.[63] Man kann hier – mit H. G. Gadamer[64] – von einem „berühmten Vorläufer des Gewissens“ sprechen, der inneren Stimme im Menschen, deren Grund im Vor-Rationalen bleibt, die aber nicht ohne rationalen Gehalt ist. Dieses *daimonion* meldet sich nicht Tag für Tag, sondern eher in Situationen von besonderer Konfliktträchtigkeit und mit dem Ziel, vor einem Entschluß oder einer Handlung zu *warnen*, davon abzuhalten – darin unserer Idee des Gewissens ähnlich, das ebensowenig tägliches Handeln dirigiert, sondern gerade im Konfliktfall in Erscheinung tritt.

---

62 Siehe *E. Martens*, Sokrates, S. 134.
63 *Platon*, Apologie, 31c–e, 37e–38a.
64 *H. G. Gadamer*, Sokrates, S. 101.

Durch die Berufung auf sein *daimonion* geriet Sokrates notwendig in eine Konfliktposition zum öffentlichen Kult der Götter, der in der Polis galt und im Blick auf die religiös-politische Gemeinschaftsordnung der Polis (oben § 2 II, S. 18 ff.) eine Grundlage ihrer Homogenität war. Ihm stellte er das *daimonion* als seinen inneren Kompaß gegenüber und nahm für ihn im Namen des Gottes in Delphi (Apoll) Vorrang in Anspruch. Damit stellte er die Maßgeblichkeit des öffentlichen Kultes der Götter und deren lebensbestimmende Macht in Frage, machte demgegenüber eine Eigenständigkeit und Autonomie des sittlichen Urteils geltend und verstieß damit in den Augen derjenigen Bürger, die nach den gerade überwundenen bürgerkriegsartigen Wirren um die Einheit der Polis besorgt waren, gegen das Fundament der Polisordnung.[65]

2. Bei dieser Grundlage seines Denkens hat für Sokrates die Frage nach dem Rechten und Gerechten ihren tragenden Bezugspunkt nicht mehr in der Frage nach dem Charakter der *nomoi*, wie es für die sophistische Bewegung kennzeichnend war. Entsprechend seiner Lehre vom ethisch-sittlichen Handeln stellt er die Frage nach dem Recht- und gerecht Handeln selbständig und unabhängig davon, löst sich hierfür von der auf den Nomosbegriff ausgerichteten Denktradition. Diese Frage wird zusammengefaßt im Dialog Kriton behandelt, wo es darum geht, ob Sokrates nach dem ungerechten Todesurteil sich dessen Vollstreckung durch die Flucht entziehen soll.

a) Sokrates geht davon aus, daß die Frage nach dem Gerechten die Beurteilungsgrundlage für das rechte und richtige Handeln ist. Solches Handeln läßt sich als das Gerechte hier und jetzt durch Argumentieren mit Gründen und Gegengründen herausfinden, und zwar unabhängig von der Meinung der Vielen darüber. Es wird nicht mehr danach bestimmt, was den meisten oder auch der Polis als gerecht erscheint, sondern danach, was (in einem objektiven Sinn) gerecht ist. So sagt Sokrates zu Kriton:

> „Also keineswegs ... haben wir das so sehr zu bedenken, was die Leute sagen werden von uns, sondern was der eine, der sich auf Gerechtes und Ungerechtes versteht, und die Wahrheit selbst. So daß du schon hierin die Sache nicht richtig einleitest, wenn du vorträgst, wir müßten auf die Meinung der Leute vom Gerechten, Schönen und Guten und dem Gegenteil Bedacht nehmen ... Also ... müssen wir dieses erwägen, ob es gerecht ist, daß ich versuche, von hier fortzugehen, ohne daß die Athener mich fortlassen, oder nicht gerecht. Und wenn es sich als gerecht zeigt, wollen wir es tun, wo nicht, es unterlassen.“ (Platon, Kriton, 48a, c; Übers. Schleiermacher)

---

[65] Siehe *Platon*, Apologia, 21a–24b; zur Interpretation *G. Figal*, Sokrates, S. 33–38 und *E. Orthbrandt*, Geschichte, S. 141, ferner jüngst *M. Breitbach*, Prozeß des Sokrates, S. 335–331.

Sokrates fordert Kriton auf, dies gemeinschaftlich mit ihm durchzugehen, Entgegnungen vorzubringen, oder aber, wenn er keine mehr hat, von seinem Ansinnen, Sokrates möge fliehen, abzulassen.[66] Was besagt das? Das Gerechte wird gefunden in einem argumentativ-diskursiven Prozeß und es erscheint als in sich stehend Richtiges, der Ordnung Angemessenes, das auch keineswegs abhängig ist vom Recht-Tun des anderen. Denn auf gar keine Weise, sagt Sokrates, darf man vorsätzlich Unrecht tun; auch wenn einem Unrecht widerfahren ist, ist die Vergeltung nicht statthaft:

> „Also auch nicht der, dem Unrecht geschehen ist, darf wieder Unrecht tun, wie die meisten glauben, wenn man doch auf keine Weise Unrecht tun darf?" (Platon, Kriton, 49b; Übers. Schleiermacher)

Unrecht erleiden ist eher zu ertragen als Unrecht tun[67] – eine für das Adelsethos provozierende These. Was ist der Grund dafür? Unrecht, das man erleidet, bleibt äußerlich, fügt der Seele keinen Schaden zu, hingegen Unrecht, das man tut, beschädigt einen selbst, verletzt die eigene Seele. Man verläßt das Gut-Leben um des bloßen Lebens willen.

b) Das Rechte und Gerechte tritt nun den *nomoi* nicht entgegen, wie bei vielen Sophisten, es tritt ihnen *gegenüber*. Auch darin liegt eine Weiterführung und Überwindung sophistischer Gedanken. Das Recht der Natur und das darin liegende Gerechte werden nicht gegen die (willkürlichen) *nomoi* ausgespielt, auch werden die *nomoi* nicht mit dem Gerechten gleichgesetzt, vielmehr erscheint die Achtung der *nomoi* als das Recht- und gerecht-Handeln *ihnen* gegenüber, und dies unabhängig davon, wie gerecht sie selbst sind. Die Befolgung der Gesetze erscheint um der gemeinschaftlichen Ordnung und ihres Bestandes willen gerade als Forderung des Gerechten. Sokrates läßt die *nomoi*, die von ihm als selbständige Größe und ordnende Instanz gedacht werden, deshalb folgende Frage an den Bürger formulieren:

> „Sage mir Sokrates, was zu tun hast du im Sinn? Nicht wahr, durch diese Tat, an die du dich machst, beabsichtigst du, die *nomoi* zugrunde zu richten und die gesamte Polis, soweit es an dir liegt? Oder scheint es dir möglich zu sein, daß eben jene Polis existiert und nicht zerstört ist, in der etwa die gefällten Gerichtsurteile keine Geltungskraft besitzen, sondern von Privatpersonen unwirksam gemacht und zugrunde gerichtet werden?" (Platon, Kriton, 50a–b)

c) Die Verwirklichung des Gerechten ist eine Sache der Tugend, des stetigen Handelns und der Haltung des einzelnen, die aus seinem inneren Wissen und Erkennen herauswächst. Diese Art der Verwirklichung macht die Tugend der Gerechtigkeit aus, die nun als diese reflektiert wird. Sokrates suchte sie in sei-

---

66 *Platon*, Kriton, 48e.
67 *Platon*, Gorgias, 469b–c; *ders.*, Kriton, 47e.

nem Leben zu realisieren und berief sich auch vor seinen Richtern darauf, etwa, daß er 406 v. Chr. als einziger im Rat der 500 gegen die den Gesetzen widersprechende Verurteilung der Heerführer stimmte[68], die versäumt hatten, Schiffbrüchige zu retten, und es ablehnte, unter der Herrschaft der Dreißig einen unschuldigen Bürger zwecks Hinrichtung zu verhaften.[69]

3. Die Auffassungen, die Sokrates von der Polis und ihrer Ordnung hatte, sind nicht ausdrücklich überliefert. Sie lassen sich aber aus Äußerungen erschließen, die ihm in platonischen Dialogen, vor allem im Dialog Kriton, zugeschrieben werden.

a) Sokrates nimmt die Frage der Sophisten nach dem Verhältnis des einzelnen zur Polisgemeinschaft auf und widerlegt den selbstbezogenen Individualismus des Tyrannenideals, wie es in der zweiten Sophistengeneration, insbesondere bei Thrasymachos, aufgetreten war. Das Streben, Macht in der Polis zu haben und beliebig tun zu können, was einem gut dünkt, kann nicht zu einem tragbaren Ergebnis führen, denn es zerstört sowohl das Zusammenleben in der Polis wie auch den Tyrannen selbst, weil er den Halt an der Gerechtigkeit, der Gesundheit der Seele, verliert.[70] Und ebensowenig läßt sich das Regieren, wie im Hirtenbild des Thrasymachos (oben II 4c), als eigennütziges, auf den eigenen Vorteil bedachtes Lenken und Verwerten der Schafe verstehen. Sokrates wendet das Bild vielmehr um, interpretiert es im Sinne der Sorge für das Beste der Schafe, ihr Gemeinwohl. Das ist eine wichtige Wendung. Herrschaft wird statt an Ruhm und Machtinteresse an Fremdnützigkeit orientiert, eine erste Formulierung des Amtsgedankens als Grund und Wesen von Herrschaft, die weit in die europäische Geschichte hineinwirkt.

> Sokrates zu Thrasymachos: „... meinst du, er mäste – eben als Hirt – die Schafe nicht in ihrem Interesse, sondern für einen guten Schmaus, wie ein Feinschmekker, der an einem Mahl teilnehmen will, oder auch wegen des Verkaufsgewinnes, wie ein Erwerbsmann, nicht wie ein Hirt. Die Hirtenkunst hat doch nur die eine Aufgabe, für das ihr anvertraute Gut fürs beste zu sorgen ... Und so müßten wir doch wohl dahin uns einigen, daß jedes Amt als solches das Beste für nichts anderes als für das Beherrschte und Betreute bedenke." (Platon, Politeia, 345c–d; Übers. Vretzka)

b) Allerdings ist dieser Aussage bei aller Ausrichtung auf Fremdnützigkeit und das Wohl der Regierten durchaus ein autoritativer Zug eigen. Die Polisgemeinschaft erscheint nicht als Vereinigung mündiger Bürger, die einen der

---

[68] Siehe dazu oben § 2 V 1 (S. 30 Anm. 39).
[69] *Platon*, Apologie, 32 b–d.
[70] *Platon*, Gorgias, 469e–471d.

ihren mit der Regierung beauftragen, sondern als vom – überlegenen – Hirten geleitete Herde. Das entspricht der Auffassung vom Charakter der Polis, die Sokrates hatte. Sie wird verstanden als die einzelnen umgreifende Ordnung, die mächtiger und höher steht als der einzelne, eine noch un-entzweite Gemeinschaftsordnung, in die der einzelne einbezogen ist. Sokrates setzt das Verhältnis des einzelnen zur Polis mit dem eines Kindes zu seinen Eltern in Parallele. Wie diesen kommt auch der Polis und ihren *nomoi* eine Art Erzeuger- und Erzieherrolle zu. So läßt Sokrates die *nomoi* der Polis zu ihm sagen:

> „Haben nicht wir zuallererst dich hervorgebracht, und nahm sich dein Vater nicht durch uns deine Mutter zur Frau und zeugte dich? ... Du wirfst also eben diesen *nomoi* aus unseren Reihen, die die Eheschließungen betreffen, etwas vor ... Aber auch den *nomoi* zur Ernährung des Neugeborenen und zu dessen Erziehung, mit der du erzogen wurdest? Oder haben diejenigen *nomoi* von uns, die solche Dinge regeln, nicht zweckmäßige Anordnungen getroffen, dadurch daß sie deinem Vater auftrugen, dich musisch und gymnastisch zu erziehen? ... Nachdem du aber geboren, aufgezogen und erzogen worden bist, glaubst du da etwa sagen zu können, daß du nicht sowohl unser Sprößling als auch unser Sklave warst, du selbst und auch deine Vorfahren?" (Platon, Kriton, 50d–e)

Das Verhältnis zur Polis und ihren *nomoi* ist so durch eine *Asymmetrie* gekennzeichnet.[71] Der einzelne begegnet ihnen nicht auf gleicher Ebene und er darf, wie gegenüber den Eltern, nicht Gleiches mit Gleichem vergelten, Gewalt nicht mit Gewalt beantworten.[72] Die *nomoi* der Polis erscheinen als tragende und prägende Kraft für den einzelnen, denen er sich mit verdankt. Sokrates akzeptiert einerseits den politischen Begriff der *nomoi* (oben § 2 III 2, S. 22 f.); er definiert sie als das „was die Bürger vereinbart und niedergeschrieben haben, was zu tun und was zu meiden ist".[73] So gesehen müssen sie nicht notwendig auch das Gerechte zum Inhalt haben. Anderseits kommt ihnen, weil sie gemeinsam von den Bürgern der Polis beschlossen sind und die Ordnung der Polis gestalten und prägen, die den einzelnen umfängt, eine besondere Autorität zu. So gebietet es das Recht-Handeln den *nomoi* gegenüber, ihnen Folge zu leisten. Aber es gilt auch nur gegenüber den *nomoi*, nicht auch im Blick auf Entscheidungen oder Befehle von Amtsträgern oder Behörden, welche die *nomoi* verletzen.[74]

---

71 Ebenso *H. Ottmann* (Lit.), Bd. 1,1, S. 250 f.

72 *Platon*, Kriton, 50e–51a. Ins einzelne gehende Interpretation bei *P. Unruh*, Pflicht zum Rechtsgehorsam, S. 123–131 und jüngst *H. Seubert*, Polis und Nomos, S. 172–175.

73 *Xenophon*, Erinnerungen an Sokrates, hrsg. von *P. Jaerich*, München 1962, IV, 4, 13.

74 Diesen Grund führt Sokrates auch an, warum er als Mitglied des Rates der Fünfhundert gegen die Verurteilung der Feldherren stimmte und den Auftrag zur Verhaftung des Leon aus Salamis nicht befolgte, vgl. *Platon*, Apologie, 32b–d und oben § 2 V 1, S. 30. Diese Beispiele lassen sich daher nicht für eine Begrenzung der Gehorsamspflicht

Für die Haltung gegenüber den *nomoi* gibt Sokrates noch eine zweite Begründung. Er beruft sich darauf, daß nach den Gesetzen Athens jeder Bürger das Recht hatte, die Polis zu verlassen und auszuwandern. Bleibt er nun in Kenntnis der *nomoi* in der Stadt, schließt er mit ihnen ipso facto einen Vertrag, gelobt sich ihnen an. Und eine solche Angelobung hat keinen ungerechten Inhalt und ist deshalb zu erfüllen.[75] Das klingt nach neuzeitlichen Vertragstheorien. Aber was Sokrates hier zugrundelegt, ist kein Staatsgründungsvertrag der zunächst als einzeln gedachten Individuen, wie etwa bei Hobbes oder Locke; es ist auch nur insofern ein vertragstheoretisches Konzept, als auf eine Gegenseitigkeitsbeziehung abgehoben wird, nämlich auf die von Schutz und Gehorsam. Wer den Schutz der *nomoi* und der von ihnen verbürgten Ordnung in Anspruch nimmt, hat sich – solange er es tut – auch ihren Geboten und Verboten zu fügen.

c) Noch etwas ist an Sokrates' Auffassung über die Eigenart der Polisordnung bemerkenswert: sein Eintreten für die Endgültigkeit einmal entschiedener Prozesse. Sokrates verteidigt diese Endgültigkeit auch dann, wenn die Entscheidung selbst Unrecht enthält. Eine Polis muß in Zerrüttung geraten, in welcher „die gefällten Gerichtsurteile keine Geltungskraft besitzen",[76] und deshalb ist es gerecht, es bei diesen Rechtssachen zu belassen und die Folgen auf sich zu nehmen.[77] Hierin liegt zunächst ein Plädoyer für den Gedanken der Rechtskraft. Doch wird darüber hinaus auch formuliert, daß jede politische Einheit, die sich als Entscheidungsordnung begründen will, stets – bei Normerlaß wie bei Richterabstimmung – zu verbindlichen Beschlüssen gelangen muß. Ein Infragestellen dieser Verbindlichkeit, etwa durch eine nicht vom Ostrakismus[78] legitimierte, sondern selbstbestimmte Flucht, würde in der

---

gegenüber den *nomoi* anführen, sondern nur für das Gebot, sich am Unrecht-Tun *gegen* die *nomoi* nicht zu beteiligen und entsprechenden Anordnungen der Behörden durch Nichtbefolgung zu widerstehen, ungeachtet der Gefahren, die deswegen drohen können. Hier gilt dann wieder die Maxime, eher Unrecht zu leiden als Unrecht zu tun (*Platon*, Gorgias, 469b–e). Das Problem des Verhaltens gegenüber ungerechten *nomoi* wird von Sokrates an diesen Stellen nicht thematisiert, auch nicht durch die Hinnahme seiner ungerechten Verurteilung. Möglicherweise war diese Verurteilung selbst ein (neuer) *nomos*, insbesondere aber ging es bei ihr nicht um eine Entscheidung im heutigen Sinn, in der Recht ausgelegt und ohne Ansehen der Person angewendet wird, sondern um die Abstimmung von mehreren hundert Laien als Richtern über die Anwendung eines Gesetzes, und zwar ohne Beratung und Begründung, vgl. oben § 2 III 3, S. 24; Willkür als Folge ist in ein derartiges Rechtswesen eingebaut.

[75] *Platon*, Kriton, 51d–e; zur Interpretation *P. Unruh*, Pflicht zum Rechtsgehorsam, S. 138–142, 148–152 und *H. Seubert*, Polis und Nomos, S. 177f.

[76] *Platon*, Kriton, 50b, ein ausführlicheres Zitat oben 2b im Text.

[77] Ebd., 51b–52d.

[78] Ostrakismus war eine Verbannungsstrafe. Ein vom Ostrakismus Betroffener mußte für 10 Jahre Athen verlassen, ohne jedoch sein Bürgerrecht und sein Vermögen zu verlieren.

Tat die Polis – wie jede politische Gemeinschaft – als Entscheidungsordnung auflösen. Sokrates spricht hier bereits früh ein Problem an und ordnet es im Kern vor, das später in der neuzeitlichen Staatsphilosophie des 17. Jh. zur vollen Entfaltung kommt.

d) Versucht man Sokrates' Äußerungen zur Polis und ihrer Ordnung zusammenzufassen, lesen sie sich weithin so, als ob Athen noch eine Polis der alten Art wäre, nicht so aufgewühlt, durch fragwürdige Kriegsunternehmungen, innere Parteikämpfe und Mißbrauch von Macht in eine Krise gebracht, wie es sich im und seit dem Peloponnesischen Krieg darstellte. Dieser krisenhaften Wirklichkeit wollte Sokrates (oder Platon durch Sokrates) die Polisordnung gegenüberstellen, wie sie sein muß, wenn die Polis ihrer Aufgabe und Bedeutung gerecht werden soll, die sie für die einzelnen Menschen und ihr Zusammenleben hat. Wie müssen dann ihre *nomoi* beschaffen sein und welche Achtung ist ihnen entgegenzubringen? Aber dies ist nun nicht mehr der Niederschlag einer ursprünglich-natürlichen Bindung, eines ungebrochenen Stehens in der Polis. Der Versuch, diese Bindung wiederherzustellen, erwächst aus der zu Ende gedachten sophistischen Vernunft, die über eine nur praktische Denkweise hinausweist. Sokrates setzt sich in ein Reflexionsverhältnis zur Polis, und er argumentiert – wie bei der Frage nach dem Gerechten – von innen nach außen.[79]

[79] Ein Vorgehen, das sich ebenso bei Platon zeigt, siehe *Platon*, Politeia, 443c–d.

§ 4 Platon

Mit Platon, dem Schüler des Sokrates, nähern wir uns einer der einflußreichsten Gestalten der Philosophie wie auch der Rechts- und Staatsphilosophie. Er gehört zu den weltweit bekannten und diskutierten Philosophen, und es ist nicht zuletzt seine politische Philosophie, sein Fragen nach der Gerechtigkeit, der guten Ordnung der Polis und nach den *nomoi*, die ihm diesen Rang verschafft haben. Dabei ist die Interpretation und Beurteilung seiner Lehren äußerst umstritten. Platon erscheint einerseits als derjenige, der die substantielle Sittlichkeit in ihrer idealen Schönheit und Wahrheit dargestellt hat,[1] anderseits wird er den Feinden der offenen Gesellschaft zugerechnet und als ein Wegbereiter des Totalitarismus verantwortlich gemacht.[2] Die zahlreichen Kontroversen in der Deutung seines Werks erschweren es, ein eindeutiges und insbesondere sicheres Urteil zu gewinnen. Das gilt es auch bei dem, was im Folgenden dargelegt wird, zu berücksichtigen: Ein Anspruch auf alleinige Richtigkeit verbindet sich damit nicht.

I. Lebensweg und Fragestellung

Der Weg von Sokrates zu Platon scheint nicht weit zu sein, hat doch gerade Platon die Lehren des Sokrates in seinen Dialogen übermittelt und bekannt gemacht. Aber die Unterschiede sind schon im Ausgangspunkt beträchtlich. Platon steht in einem anderen Verhältnis zur Polis als Sokrates. Er hat seinen geistig-existentiellen Standort nicht mehr in der Weise innerhalb der Polis wie es bei Sokrates der Fall war. Sein geistiges Bemühen um die Polis, ihre gute Ordnung und das Leben des Menschen in ihr entspringt nicht tätiger Teilnahme am Geschick der Polis. Platon macht den Versuch einer Erneuerung der Polis von außen, aus einer Position der Reflexion, und er tut dies als erster

[1] *G. W. F. Hegel*, Philosophie des Rechts, § 185 Anm.

[2] So insbesondere *K. R. Popper*, Die offene Gesellschaft, Bd. 1; eingehende Kritik hierzu bei *D. Frede*, Platon, S. 74–107.

auf der Grundlage einer umfassenden philosophischen Theorie und Deutung der Welt. Diese muß deshalb mit in Blick genommen werden.

1. Platon (427–347 v.Chr.) entstammte einem athenischen Adelsgeschlecht. In seiner Jugend erlebte er sowohl den äußeren Machtverlust und die inneren Parteikämpfe in der attischen Polis wie auch eine schrankenlose Machtausübung der Volksversammlung und die an Gewaltakten reichen Machtwechsel zwischen (adliger) Oligarchie und Demokratie 411/10 und 404/03 v.Chr. (oben §2 V 1, S. 30). Sein politisches Denken wurde so früh von der Zerrissenheit der Polis und dem Kampf um die Vorherrschaft zwischen Oligarchen und Demokraten geprägt.

Nach Herkunft und Bildung war Platon zur Teilnahme an den politischen Geschäften berufen. Er versagte sich jedoch dem Ansinnen, bei der tyrannischen Herrschaft der Dreißig 404/03 v.Chr., zu denen auch zwei seiner Verwandten (Kritias und Charmides) gehörten, mitzuwirken. Dies ist in seinem sogenannten Siebenten Brief[3] berichtet. Der Prozeß und die Verurteilung seines Lehrers Sokrates im Jahre 399 v.Chr. – ergangen in der wiederhergestellten ‚demokratischen' Ordnung – hielten ihn dann von aktiver politischer Tätigkeit in Athen ab.

Seit 407 v.Chr., seinem 20. Lebensjahr, war Platon Schüler des Sokrates. Er stand sehr unter seinem Einfluß, verehrte ihn und erklärte ihn „fast unbedenklich für den gerechtesten aller damals Lebenden"[4]. Nach Militärdienst im Korinthischen Krieg (394 v.Chr.) unternahm er mehrere Reisen und wurde nach Sizilien an den Hof des Tyrannen Dionysios I. in Syrakus berufen (388/87 v.Chr.). Sein Versuch, dort als politischer Ratgeber und für Reformen zu wirken, scheiterte; Dionysios soll ihn sogar haben festnehmen und in die Sklaverei verkaufen lassen, aus welcher er dann durch den reichen Cyrenaer Annikeris, der ihn auslöste, befreit worden sei. Auch seine späteren Aufenthalte in Sizilien bei Dionysios II. (366/65 und 361/60 v.Chr.) blieben politisch erfolglos.[5]

Nach seinem ersten Sizilienaufenthalt gründete Platon etwa 387 v.Chr. in Athen die sogenannte *Akademie*. Sie war wohl auch als Gegengewicht zu der Schule des Isokrates gedacht (Gründung um 390 v.Chr.), die der rhetorisch-sophistischen Tradition nahestand. Platon verfolgte mit der Akademie das Ziel, einem festen Kreis junger Menschen durch mehrjährigen Unterricht eine

---

[3] Die Authentizität des Siebenten Briefes, d.h. die Autorschaft Platons selbst, wird seit langem bezweifelt, aber heute überwiegend angenommen. Schon *E. Hoffmann* hielt 1922 in seinem Anhang zu *E. Zeller*, Philosophie der Griechen, Teil 2, 1, S. 1056 „seine Echtheit ... durch Interpretation erwiesen", vgl. aber auch *K. Trampedach*, Platon, S. 255–277.

[4] Siebenter Brief, 324e.

[5] Allgemein zu Platons Leben siehe *W. K. C. Guthrie*, Greek Philosophy, Bd. 4, S. 8–32; zur möglichen Gefangennahme Platons, seinen Verkauf in die Sklaverei und der Auslösung daraus siehe *A. Verdroß-Droßberg*, Grundlinien (Lit.), S. 74, und *H. Görgemanns*, Platon, S. 27.

auf Wissen und Philosophie gegründete Bildung zu vermitteln. Die Akademie war offen für alle, nicht nur die Athener; sie war eine private, nicht institutionell in der Polis verankerte Schule. Ihre Arbeit vollzog sich ohne Beteiligung am politischen Geschehen in Athen und den damit verbundenen politischen Parteinahmen. Sie suchte junge Leute zu befähigen, ihr Leben auf der Grundlage platonischer Philosophie zu führen. Wie weit sie auch zu praktisch-politischer Reformtätigkeit im Sinne einer Erneuerung der Polis heranbildete, ist umstritten.[6]

2. Wovon wird Platons politische Philosophie zentral bewegt? Es ist immer wieder die Frage nach der richtigen Ordnung der Polis. Platon hatte den äußeren Machtverlust Athens, die fehlende innere Einheit, die Parteikämpfe und das Unrecht-Handeln gerade auch der ‚demokratisierten' Polis vor Augen; er sah das Versagen der Adelsfraktion, die nach oligarchischer Macht drängte, und ebenso das Versagen der Anhänger ausufernder Entscheidungsmacht der Volksversammlung. Die Sophisten hatten für ihn durch ihre Infragestellung und Kritik, durch ihren durchgehenden Relativismus im Hinblick auf das Gute und Gerechte zum Verfall der ursprünglichen Ordnungsidee der Polis beigetragen; ihre vorwiegend auf Rhetorik und *technē*-Wissen gegründete Bildung und Erziehung erscheint ihm untauglich für einen Weg aus der Krise der Polis. Was er erstrebt, ist eine aus Vernunftgründen zu entwickelnde neue Integration der Polis. Es geht um ein Erneuerungsprogramm auf der Grundlage einer philosophisch fundierten Ethik, um einen Neubau der Polis von innen, von der Einstellung und dem Handeln der einzelnen her.

Darin erweist sich Platon als Schüler des Sokrates, der dessen die Sophistik überwindenden Ansatz fortführt und weiter ausbaut. Er läßt nicht nur den verehrten Lehrer in nahezu allen seinen Dialogen als maßgeblichen Dialogpartner auftreten, er übernimmt auch allermeist dessen dialektisch-hinterfragende Methode. Entscheidend ist die Gewinnung von Einsicht in den Grund und das Wesen der Dinge, über die Aktualisierung von Fertigkeiten und die Könnerschaft hinaus, die die *technē* vermittelt. Darin liegt ein Appell an Vernunft und voranschreitendes philosophisches Denken. Solch vernünftiges, philosophisches Denken gelangt für Platon auf der Grundlage von Wissen über die Aneignung umfassender Weisheit und mit Hilfe der Dialektik letztendlich zur Erkenntnis der Ideen und einer Schau der Idee des Guten. Und nur

---

[6] Zur Entstehung, Lage und dem Unterricht an der Akademie siehe *H. Görgemanns*, Platon, S. 27–31; eine detaillierte Schilderung über die politischen Aktivitäten der Schüler der Akademie gibt *K. Trampedach*, Platon, S. 21–144, mit dem Ergebnis, daß die Akademie nicht für praktisch-politische Tätigkeit ausbildete und die Aktivitäten der Platonschüler sich nicht aus ihrer Mitgliedschaft in der Akademie ableiten lassen.

ein derart zur Erkenntnis gelangter Philosoph ist nach Platon befähigt, die Probleme der Polis zu lösen. Das ist nicht gleichbedeutend mit dem heutigen Verständnis von „Philosoph" oder „Philosophie", sondern es meint, daß nur aus echter Weisheit, d.h. aus der Einsicht in den Grund und das Wesen der Dinge und darauf gegründeter Erfahrung, „alles das sich erkennen lasse, was in bezug auf die öffentlichen Angelegenheiten sowie die aller einzelnen das Recht erheische"[7]. Deshalb hat für Platon auch im Rahmen der auf die Ordnung der Polis bezogenen Philosophie die Orientierung über das Sein und die Welt, über Möglichkeiten und Stufen des Erkennens, über die Ideen und ihre Wahrheit grundlegende Bedeutung. Seine politische Philosophie ist eingebettet in umfassende philosophische Fragestellungen, die teils ihren Rahmen, teils ihr Fundament bilden.

3. Die Texte Platons sind immer wieder neuen Interpretationsversuchen ausgesetzt, denn sie bergen zahlreiche Interpretationsschwierigkeiten. Grund dafür ist nicht zuletzt die offene Dialogform, die Platon bewußt als Stilmittel eingesetzt hat, und ihre auch künstlerisch-ästhetische Ausgestaltung mit zuweilen ironischem Einschlag. Dahinter steht die von Platon oftmals geäußerte Schriftkritik; die Starrheit der fixierten Sprache erscheint ihm eher als Hemmnis philosophischer Erkenntnis. Solche Erkenntnis ist vielmehr auf das Hin und Her des gegenseitigen geistigen Austauschs im sich entfaltenden Gespräch verwiesen, das den Raum für geistiges Suchen und intuitive Einsicht offenhält. Die Dialogform mit ihrer fiktiven Mündlichkeit ist so als Vermittlungsversuch zwischen fixierter Sprache und lebendigem Gespräch zu verstehen.[8] Das gilt es bei der Interpretation der Dialogtexte zu berücksichtigen; sie sind gerade nicht als wissenschaftlich-systematische Texte konzipiert. Einzelne Textstellen dürfen nicht isoliert – ohne Kenntnis von Kontext und platonischer Methode – betrachtet und auch nicht immer „wörtlich" gelesen werden. Deutungen, die über die nicht stets so gemeinte Wörtlichkeit des geschriebenen Dialogs hinausführen, können oftmals die treffenderen sein.

II. Erkenntnis- und Ideenlehre

Platons Philosophie ist geleitet von der Frage nach dem Wahren und Gültigen, dem, was eigentlich ist und Bestand hat. Dies ist das wirkliche Sein. Es drückt sich aus in Ideen (*idea, eidos*). Der Begriff Idee, wie er in Platons Texten gebraucht wird und auf den unser Idee-Begriff zurückgeht, meint soviel wie Bild, Aussehen, Form: etwas Allgemeines, das unabhängig von Einzeldingen

---

[7] *Platon*, Siebenter Brief, 326a.

[8] Zur Dialogform bei Platon siehe *E. Zeller*, Philosophie der Griechen, Teil 2, 1. S. 569ff; *D. Otto*, Staatsmodell, S. 177ff.

und Sinneswahrnehmungen als eigene Realität vorhanden ist.[9] Diese Ideen sind die Grundlage der wirklichen Welt. Für diese Welt und ihre Erkenntnis kommt ihnen eine ontologische und eine erkenntnistheoretische (epistemologische), für das Handeln in der Welt eine ethisch-normative (axiologische) Bedeutung zu. Werden die Ideen erkannt, was allerdings nur in einem stufenweisen Prozeß möglich ist, bedeutet dies Einsicht in die Wahrheit und befähigt zum richtigen Handeln.

1. Die *ontologische* Bedeutung der Ideen liegt darin, daß sie das eigentliche Sein zeigen, die wahre, unveränderliche Realität im Unterschied zu den Einzeldingen, die bloße Abbildungen und Nachahmungen der Ideen sind und dem Werden und Vergehen, dem Wandel und der Veränderung unterliegen. Die Ideen werden durch die Erkenntnis des Verstandes nicht erst geschaffen – als Produkte unseres Denkens –, sondern liegen dieser Erkenntnis voraus. Sie sind geistige Wesenheiten und Kräfte, welche die sinnliche Welt überragen, sich in dieser Welt aber als Vorbilder und Urbilder auswirken, die Dinge der sinnlichen Welt in ihren Eigenschaften gewissermaßen tragen.[10] Als Voraussetzungen allen Wandels sind sie selbst dem Wandel entzogen. Die untergehende Sonne wie auch ein Kleid können rot sein, und zwar stark, mittel oder nur blaßrot, der Begriff der Röte bleibt davon unberührt und verändert sich nicht.

Platon denkt bei den Ideen vor allem an inhaltliche Urbegriffe, wie das Wahre, Gleiche, Große, Schöne und Gerechte, aber sekundär auch an eher formale Gattungs- und Erkenntnisbegriffe (wie Identität, Einheit, Verschiedenheit) sowie an die Relationsbegriffe der Mathematik. Wie aber kommt es zur Annahme des An-sich-Seins, der realen geistigen Existenz solcher Ideen, unabhängig von aller Erfahrung und ihr vorausliegend? Im Dialog Phaidon wird es am Beispiel des Gleichen und der Gleichheit erläutert:

> „Kommen nicht die gleichen Steine und die nämlichen Hölzer mitunter dem einen gleich vor, dem anderen wieder nicht? – Allerdings. – Wie nun? Hast du jemals das Gleiche an sich für ungleich gehalten? Oder die Gleichheit für Ungleichheit? – Niemals, Sokrates. – Also ist die Gleichheit der sinnlichen Dinge nicht dasselbe wie die Gleichheit an sich. – Durchaus nicht, nach meiner Meinung, Sokrates. – Aber aus dem Gleichen der ersteren Art, das doch verschieden

[9] Eine anschauliche und klare, auch ohne philosophische Vorbildung verständliche Einführung in Platons Ideenlehre gibt *H. Görgemanns*, Platon, S. 87–106; auch die im Folgenden behandelten drei Bedeutungen der Ideen – Görgemanns spricht von Funktionen – werden dort dargestellt.

[10] So die zutreffende Kennzeichnung bei *A. Verdroß-Droßberg*, Grundlinien (Lit.), S. 86f.

ist von dem Gleichen der letzteren Art, hast du dir gleichwohl die Vorstellung des letzteren gebildet und sie so gewonnen? – Du hast durchaus recht. – … Wir sind doch wohl über folgendes einig: Wenn jemand etwas sieht und dabei auf den Gedanken kommt, daß das, was er eben sieht, einem anderen Seienden ähnlich ist, aber hinter ihm zurücksteht und ihm nicht völlig gleich zu sein vermag, sondern minderwertig ist, so muß notwendig der, der diesen Gedanken faßt, schon von früher her dasjenige kennen, dem es nach seiner Behauptung ähnlich ist, ohne es doch völlig zu erreichen. – Notwendig. – Wie nun? Geht es nicht auch uns so mit dem vielen Gleichen und dem Gleichen an sich? Oder nicht? – Durchaus so. – Wir müssen also notwendigerweise das Gleiche schon vor der Zeit gekannt haben, wo wir die gleichen Dinge zum ersten Mal mit den Augen sahen und den Gedanken faßten, daß zwar alles dies danach strebt, so zu sein wie das Gleiche an sich, aber doch dahinter zurückbleibt. – Allerdings." (Phaidon 74b–75a; Übers. Apelt)

Was wird gesagt? Das Vergleichen bezieht die Gegenstände, die verglichen werden, notwendig auf einen vorausgesetzten Begriff (die Idee) der Gleichheit. Allgemeiner gefaßt: Der Prozeß der Abstraktion und Beurteilung, ob Dinge schön, gleich seien oder ob etwas gerecht sei, kann nicht begonnen werden, ohne schon um Schönheit, Gleichheit, Gerechtigkeit an sich zu wissen. Dieses ‚an sich' ist bereits da, dem Geist zu eigen (später sagt man ‚a priori'), wird nicht erst durch Wahrnehmung oder Erfahrung erworben. Und es bleibt unveränderlich. „Mögen die der Wahrnehmung sich darbietenden Gegenstände noch so sehr wechseln und ihre Eigenschaften noch so oft wandeln – die Eigenschaften selbst, die sie tragen, müssen allem Wechsel entzogen sein."[11]

2. Neben die ontologische tritt die *erkenntnistheoretische* (epistemologische) Bedeutung der Ideen. Was Ideen sind, was Schönheit, Gleichheit, Gerechtigkeit in ihrem Wesen ausmacht, kann vom menschlichen Geist erkannt werden. Diese Erkenntnis ist jedoch nicht einfach da und verfügbar, sie erwächst nicht aus einem unmittelbaren Schauen oder Erleben, sondern sie kommt in einem stufenweisen Lernprozeß, einem Voranschreiten durch Bildung und Einsicht zustande, der durch einen Eros zur Wahrheit getragen und vorangebracht wird. Der Aufstieg zur Erkenntnis erfolgt, wie Platon in der *Politeia* sagt, von bloßen Voraussetzungen, die man macht, dem ‚Hypothetischen', hin zum Voraussetzungslosen, dem Seienden an sich. Er durchläuft dabei die Stufen: vermuten – meinen – nachdenken – erkennen.[12] In diesem Erkenntnisprozeß hat auch die Dialektik – das Hervortreten und die Auflösung von Gegensätzen – ihren Platz.

---

[11] *H. Welzel* (Lit), S. 22.

[12] Politeia, 511e.

Dabei ist die Sinneswahrnehmung nur Anstoß, nicht auch Quelle der stufenweisen Erkenntnis. Denn diese vollzieht sich im und durch das Denken, losgelöst von empirischer Beobachtung und Wahrnehmung. Platon sieht die Erkenntnis als Vorgang des *Wiedererinnerns* von eigentlich schon Bekanntem, das der Seele als ein Wissen inhärent, aber zunächst verborgen (verschüttet) ist; es muß angeregt, hervorgeholt werden, damit es nicht im Dunkeln bleibt (sog. Anamnesis-Lehre).[13] Der Geist schafft also die Ideen und die in ihnen enthaltene Wahrheit nicht, sie sind nicht ein Produkt des Denkens, vielmehr werden sie durch das Wiedererinnern nur ins Bewußtsein gebracht, der Erkenntnisinhalt ist schon fertig, sozusagen prae-existent. Platon bezieht damit eine klare Position gegen die Erkenntnislehre der Sophisten, insbesondere des Protagoras, für den Erkenntnis in der je subjektiven Wahrnehmung und Vorstellung bestand (oben § 3 II 3a, S. 49 f.); zugleich entwickelt er Sokrates' Methode der Entbindung des Wissens (Maieutik, oben § 3 III 1b, S. 63) weiter und führt sie auf ihren sachlichen Grund zurück: Die ideale Wirklichkeit (die Ideen) ist die eigentliche Realität, die materielle Welt erscheint als bloßes Abbild, als veränderliches Werden und Vergehen, eine Zwischenstufe zwischen sicherem Sein und Nichtsein.

3. Die *ethisch-normative* (axiologische) Bedeutung der Ideen zeigt sich darin, daß ihnen aus sich heraus ein Aufforderungs- und Sollenscharakter für das menschliche Urteilen und Handeln eigen ist; sie sind nicht nur Urbilder von materialem Gehalt, wie etwa die Ideen des Schönen, Gerechten und Guten, sie verkörpern auch Ideale und Normen. Als geistige Kräfte sollen sie die Polis und in ihr die Menschen aus der Zerrissenheit heraus zu Einheit und Frieden hinlenken. Und indem sie jenseits der Erfahrungswelt als geistige Wesenheiten (in sich) existieren, werden die Ideen nicht dadurch desavouiert, daß ihre Realisierungen in der wahrnehmbaren Welt unterschiedlich und variabel sind, d.h. das Schöne oder Gerechte hier und dort anders gesehen und auch nur zum Teil verwirklicht wird. Das sinnlich Wahrnehmbare ist ja ohnehin nur ein mehr oder minder gelungenes Abbild, ein „Schatten" der Idee. Aber es bleibt die Aufgabe der Annäherung, des Voranschreitens zur Idee und ihrer Realisierung hin, die als normativer Maßstab unverrückbar ist. Alle Dinge streben nämlich danach, vollkommen zu sein, d.h. volles Abbild der Idee zu werden.

Ihren Höhepunkt und ihre letzte Verankerung finden die normativen Ideen – wie sämtliche Ideen – in der Idee des Guten. Sie ist der höchste Erkenntnisgegenstand, gewissermaßen die Idee der Ideen; als diese wird sie nicht mehr eigentlich rational-diskursiv erkannt, sondern am Ende des Erkenntnisweges erschaut; sie umfaßt das „Göttliche" oder auch „Gott" im platonischen Ver-

---

13 Vgl. *A. Graeser*, Philosophie der Antike 2, S. 163 ff.

ständnis (das mit dem der christlichen Offenbarungsreligion nicht gleichgesetzt werden darf). Platon verdeutlicht das am sogenannten Sonnengleichnis. Es zeigt, wie die Sonne dem Sichtbaren nicht nur die Fähigkeit gibt, gesehen zu werden, und dem Auge die Möglichkeit, zu sehen, sondern wie sie ebenso Werden, Wachstum und Nahrung spendet, ohne aber selbst dem Werden unterworfen zu sein:

> „Also wird den Objekten der Erkenntnis vom Guten nicht nur die Erkennbarkeit gegeben, sondern sie erhalten auch Existenz und Wesen von ihm, das nun nicht selbst ein Seiendes ist, sondern über das Sein an Erhabenheit und Kraft hinausragt." (Pol. 509b; Übers. Vretska)[14]

Die Idee des Guten kann so als die Quelle jeder Sinnhaftigkeit und in dieser Hinsicht als die göttliche Ursache der Welt umschrieben werden.[15] Sie führt zur Transzendenz hin. Mit Platons Worten: „Was dem Erkennbaren die Wahrheit mitteilt und dem Erkennenden die Kraft zum Erkennen gibt, ist die Idee des Guten." (Pol. 508e)

4. Platons Ideenlehre findet insgesamt im sog. *Höhlengleichnis* – übrigens der wohl bekannteste Mythos der Philosophiegeschichte – einen prägnanten Ausdruck. In ihm werden das Sein der Ideen, das Verhältnis der Ideen zur sinnlichen Welt und das Aufruhen der Schichten des Seins aufeinander greifbar verdeutlicht, ebenso auch der Erkenntnisvorgang als Hinführung von der Welt des Scheins und der Bilder zur Welt des Seins, und schließlich der Bildungsgang der Philosophen hinauf zur Erkenntnis der Ideen und dann hinab zum Wirken in der Polis.[16]

In einer Höhle sitzen gefesselte Menschen, die nur in eine Richtung, zur Höhlenwand hin, schauen können, das Licht des Feuers hinter ihrem Rücken aber nicht sehen. Sie nehmen nie etwas anderes wahr als bewegte Schattenbilder an einer Wand, die sie für die Wirklichkeit halten. Das Schattenspiel wird erzeugt durch das Feuer hinter ihrem Rücken; es wirft Schatten von Gegenständen – plastische Figuren von Menschen, Tieren, hergestellten Dingen, die von wirklichen Menschen vorbeigetragen werden, so daß die Schatten sich bewegen. Um nun einem Menschen die *Wirklichkeit* klarzumachen, muß man ihn von seinen Fesseln lösen und umkehren, seine Blickrichtung ändern (Bildung und Erziehung). Er löst sich nur ungern von seinen bisherigen Gewohnheiten, das Neue schockiert ihn zunächst. Er muß weitergehen zum Ausgang der Höhle, ein mühsamer Weg. Wenn er ins Freie

---

[14] Zum Sonnengleichnis und seiner Bedeutung für die Veranschaulichung der Ideen und des Erkenntnisprozesses zu ihnen hin siehe *H. Görgemanns*, Platon, S. 91f.

[15] Vgl. *H. Görgemanns*, Platon, S. 103, und *K. Vretska*, Platon, S. 578.

[16] Politeia, 514a–518b. Die nachfolgende Schilderung in Anlehnung an *H. Görgemanns*, Platon, S. 92f.

kommt, blendet das Licht ihn, und statt die Dinge selbst anzuschauen, hält er sich erst an Schatten und Spiegelbilder. Aber dann hebt er die Augen zu den Dingen selbst, erst denen auf der Erde, dann den Sternen, zuletzt der Sonne. Da findet er die Realitäten (die Ideen), von denen es in der Höhle nur sinnentleerte Kopien gab. Der Mensch aber, der jetzt im Anblick des wahren Seins seine neue Heimat gefunden hat, ist verpflichtet, zu seinen in der Höhle gebliebenen Mitmenschen zurückzukehren, um ihnen aus seiner neuen Kenntnis der Wirklichkeit heraus zu helfen, sie anzuleiten und, wenn er schon nicht alle befreien kann, sie zu einer richtigen Einstellung gegenüber den Schattenspielen zu bringen.

III. Gerechtigkeitslehre

In seiner politischen Philosophie richtet Platon sein Augenmerk von Anfang an auf die Idee der Gerechtigkeit und – im Zusammenhang damit – den Charakter der *nomoi*. Die *nomoi* werden von der (richtigen) Ordnung der Polis her gesehen und entwickelt, die ihrerseits eine Frage nach deren Gerechtigkeit ist. Die Frage nach der Gerechtigkeit ist mithin zentral. Ihr sind die Dialoge Kriton und Gorgias, vor allem aber Platons Hauptwerk, die *Politeia*, gewidmet. Und die *Politeia* ist – entgegen ihrem Titel – insgesamt ein Dialog über die Gerechtigkeit, die Gerechtigkeit im einzelnen Menschen und in der Polis; erst und gerade als Aufweis der Gerechtigkeit der Polis wird die Polis-Philosophie als Frage nach der idealen, vernunftbestimmten Polisordnung entfaltet (dazu unten IV).

Mit seiner Gerechtigkeitslehre knüpft Platon an Sokrates an. Wie bei Sokrates ist ihr Ausgangspunkt die Kritik an der Auflösung eines inhaltlichen Begriffs des Rechten und Gerechten in divergierende, teilweise eines ethischen Gehalts überhaupt entbehrende Vorstellungen durch die Sophisten, wie auch an deren Entgegensetzung von *nomos* und *physis*.[17] Dies führt zu der Frage, was denn das Rechte und Gerechte eigentlich sei, worin es seinen Grund habe und in welcher Beziehung es zur menschlichen Natur stehe. Und Platon spricht in diesem Zusammenhang ausdrücklich von Gerechtigkeit (*dikaiosyne*), nicht nur von Recht und Gerechtem (*dikaion*). Gerechtigkeit wird zum grundlegenden Prinzip für das Leben der Menschen und die Ordnung der Polis. Als solches wird es dem verbreiteten adligen Ehrbegriff und der Ehrwahrung, die nach Gerechtigkeit nicht viel fragte, entgegengesetzt.[18]

[17] Diese Kritik wird vor allem dargeboten im Dialog Gorgias und im ersten Buch der Politeia, in dem der Sophist Thrasymachos auftritt und seine Lehre vorträgt.

[18] Siehe dazu *E. Flaig*, Ehre gegen Gerechtigkeit, S. 137.

1. Was ist nun der Inhalt dieser Gerechtigkeit, nach der Platon so entschieden fragt? Gerechtigkeit meint die angemessene Zuordnung verschiedener Kräfte, einen Zustand der Wohlgeordnetheit, der Verschiedenes zur Einheit führt und darin erhält. Das ist ihre Idee. Gerechtigkeit erscheint damit als eine *relationale Harmonie*. Ihr Anwendungsfeld ist sowohl der einzelne Mensch wie die Ordnung der Polis.

Es ist müßig, sich darüber aufzuhalten, ob hierbei die Polis-Gerechtigkeit der eigentliche Bezugspunkt ist und Gerechtigkeit beim Einzelmenschen von dorther bestimmt wird, oder ob umgekehrt die Gerechtigkeit beim einzelnen das Maßgebende ist und die Polisgerechtigkeit bloß entsprechend gebildet wird. Platon läßt die Darlegung der Gerechtigkeit bei der Polis beginnen, weil sie hier, an einem größeren Gebilde, mit größeren Buchstaben geschrieben und so leichter zu erkennen sei.[19] Dabei geht es nicht um Vorbild und Übertragung, sondern um ein Verhältnis der Analogie; der nämliche Gegenstand, die Gerechtigkeit, kann an verschiedenen Sachobjekten erfaßt und erkannt werden.[20]

a) Beim *Einzelmenschen* besteht Gerechtigkeit in der Wohlgeordnetheit seiner Seelenkräfte, d.h. der angemessenen Zuordnung der drei Seelenteile Vernunft (*logistikon*), Mutvolles (*thymoeides*) und sinnliches Begehren (*epithymetikon*). Jeder dieser Seelenteile hat das zu tun, was ihm seiner Art nach als Aufgabe zukommt, was mithin das Seinige ist, und hat dabei zu bleiben.[21] Der Vernunft korrespondieren die Weisheit und das Herrschen, dem Mutbegehren die Tapferkeit und Wachheit in der Abwehr äußerer Gefahren, dem sinnlichen Begehren die Besonnenheit (*sophrosyne*) und die Sorge um die materiellen Grundbedürfnisse. Gerechtigkeit bedeutet nun, daß die drei Seelenteile und die ihnen korrespondierenden Verhaltensweisen und Fertigkeiten nicht in Streit und gegenseitiger Beeinträchtigung, sondern in Harmonie und Freundschaft, in einer ausgewogenen Balance zusammenleben und -wirken.

> „Also kommt der Vernunft das Herrschen zu, da sie weise ist und die Obsorge über die ganze Seele hat, dem mutvollen Teil aber, ihr gehorsam und Helfer zu sein ... Und diese beiden, so aufgezogen und wahrhaft in ihrer eigenen Sache gebildet und unterrichtet, müssen das Begehrende beherrschen, den größten Teil der Seele in jedem und den von Natur unersättlichsten." (Pol. 441e–442a; Übers. Vretska)

(1) Gerechtigkeit erscheint hiernach als die harmonische Integration der drei Seelenkräfte im Menschen und ihrer Betätigungsweisen. Sie bezieht sich

---

[19] Vgl. Politeia, 368d–369a; eine nähere Deutung dieses methodischen Vorgehens bei *W. Kersting*, Platons ‚Staat', S. 76–78, siehe aber auch ebendort S. 160.

[20] *K. Vretska*, Platon, S. 501f. (Anm. 30 zu Buch II); *H. Seubert*, Polis und Nomos, S. 176–178. Politeia, 368e: „Gerechtigkeit, sagen wir, ist Eigenschaft eines einzelnen Menschen, ist aber auch irgendwie Eigenschaft einer ganzen Polis."

[21] Politeia, 441d.

primär auf den Menschen selbst, seine innere Einheit, nicht auf das soziale Beziehungsfeld zwischen den Menschen. Dieses Beziehungsfeld wird davon zwar berührt, weil das Tun des Seinigen, das Verhalten gemäß der richtigen Ordnung der Seelenkräfte, natürlich auch soziale Auswirkungen hat, aber es bildet zunächst nicht den eigentlichen Gegenstand der Gerechtigkeit. Die Gerechtigkeit ist, wie Platon sagt, eine Gerechtigkeit *im* einzelnen,

> „sie bezieht sich nicht auf die äußeren Auswirkungen des Menschen, sondern auf seine innere Haltung, auf sein Selbst und sein Wesen; ein solcher Mensch läßt keinen der Seelenteile Unangemessenes verrichten noch sich in die Aufgaben anderer vielgeschäftig einmischen; sondern er baut in Wahrheit sein Haus vortrefflich, herrscht über sich in Ordnung und Freundschaft zu sich selbst und stimmt die drei Seelenteile ab wie die Hauptsaiten der Lyra ..." (Pol. 443d; Übers. Vretska)

Eine zwischenmenschliche, ins Soziale und Politische führende Reichweite ergibt sich erst mittelbar durch Übertragung des Gedankens der Nichteinmischung in die Aufgaben anderer. Der in seinen Seelenkräften harmonisch Ausgeglichene bleibt auch in der Gemeinschaft der Polis bei dem Seinigen, d.h. bei dem, was ihm nach seiner überkommenen und ausgebildeten Fähigkeit als Aufgabe in der Polis zukommt; er strebt nicht, die Besonnenheit vergessend, ‚vielgeschäftig' darüber hinaus.[22] Dieses Seinige bestimmt sich nicht allein von ihm, sondern zugleich von der Ordnung der Polis her und ist so eine Frage von deren Gerechtigkeit (näher unten IV); diese steht neben der Gerechtigkeit des Einzelmenschen, beansprucht und erfaßt den einzelnen als Glied und Teil der Polis.[23]

(2) Eine besondere Bedeutung erhält diese Definition der Gerechtigkeit dadurch, daß sie notwendig mit Freiheit, und zwar der Freiheit des handelnden Subjekts verbunden ist. Denn eine Gerechtigkeit dieser Art kann nicht objek-

---

[22] W. *Schweidler*, Der gute Staat (Lit.), S. 28f. sieht darin das politische Selbstverständnis des Menschen, das zu entfalten der Grundgedanke von Platons Politeia sei. In dieser Richtung sind auch die Passagen Politeia 433d und 434a zu verstehen und zu interpretieren:

> „Oder macht am meisten dies die Polis zu einer guten, wenn es sowohl im Kind als auch in der Frau, sowohl im Sklaven als auch im Freien und auch im Handwerker, sowohl im Herrschenden als auch im Beherrschten verwurzelt ist, daß jeder für seine Person das Seinige tut und sich nicht vielgeschäftig in fremde Angelegenheiten einmischt?"

> „Wenn aber freilich, wie ich denke, einer, der von Natur aus ein Handwerker oder irgendein anderer Erwerbstätiger ist, nun entweder durch Reichtum, eine Anhängerschaft, Stärke oder durch etwas anderes dieser Art übermütig geworden, versucht, in den Kriegerstand zu gelangen, oder einer der Krieger in den Stand der Beratenden und Wächter, obwohl er es nicht wert ist, ... oder wenn ein und derselbe versucht, dies alles zugleich zu erledigen, dann denke ich, daß eine solche Umgestaltung der Dinge und geschäftige Kompetenzanmaßung für die Polis ein Verderben sind."

[23] Siehe dazu W. *Kersting*, Platons ‚Staat', S. 156–158.

tiv zugeteilt oder auferlegt werden, sie ist ein Handlungsvollzug im Menschen, in welchem der handelnde Mensch Subjekt seiner selbst ist. Der Mensch ist nicht von Natur in sich eins, wird es aufgrund eines von ihm ergriffenen und thematisierten Selbstvollzugs. Was in der traditionalen Ordnung als Ethos fest vorgegeben ist, wird nun in die Subjektivität des einzelnen als Freiheit hereingeholt und umgeformt zur Ethik als normative Anforderung an das Handeln.[24] Der Ansatz des Sokrates zum inwendig geleiteten ethischen Handeln (oben §3 III 1b, S. 63) wird vertieft und im Menschen als Subjekt seiner selbst begründet, die Gerechtigkeit erscheint als willensgetragene Tugend.

b) Für die *Polisordnung* wird die Gerechtigkeit parallel zu derjenigen im Einzelmenschen bestimmt; es geht für Platon – veranschaulicht am Makrokosmos der Polis – um die nämliche Idee der Gerechtigkeit. Sie besteht für die Polisordnung im ausgewogenen Verhältnis der Grundfunktionen der Polis zueinander. Dieses zeigt sich in der arbeitsteiligen Wahrnehmung je besonderer Aufgaben durch die dafür geeigneten und dazu bestimmten Menschen (-gruppen), und in der durch vernünftige Einsicht und Leitung bewirkten relationalen Harmonie zwischen diesen Kräften. Die Gerechtigkeit ist hierin tragender Grund und inneres Gerüst einer vernünftigen Polisordnung.

> „Unter allen Eigenschaften der Polis, von denen wir Besonnenheit, Tapferkeit und Einsicht behandelt haben, bleibt noch eine übrig, jene nämlich, die erst allen anderen die Kraft gab, sich zu entwickeln und hiernach unverändert zu bleiben, solange sie selbst in ihnen ist." (Pol. 433b; Übers. Vretska)

Worauf beruht nun die Wohlgeordnetheit und Harmonie der Polis? Sie beruht darauf, daß alle Glieder der Polis gemäß dem ‚Ihrigen', das sie beitragen können, an der Polis beteiligt sind. Daraus ergeben sich für die einzelnen Stände verschiedene Aufgaben und Funktionen. Die Leitung der Polis, welche die harmonische, auf Zusammenwirken und Einheit zielende Ordnung hervorruft und über sie wacht, liegt bei den besonders Vernunftbegabten, die zu vernunftgemäßer Einsicht und Weisheit ausgebildet und erzogen worden sind und sich dem ungeteilten Dienst an der Polis verschreiben (im einzelnen unten IV 1). Freilich wird die Gerechtigkeit der Polis dabei als Idee, im Sinne einer idealen Vernunftordnung der Polis gesehen und entfaltet; wieweit für die konkreten Poleis in der realen Welt die Möglichkeit besteht, ihr Abbild oder nur ein Schatten davon zu sein, bleibt offen.

---

24 *G. Rohrmoser*, Platons politische Philosophie, S. 1125–1127. Hier ergibt sich die Frage, ob nicht bei Platon mehr an moderner (transzendentaler) Freiheit und Autonomie vorgedacht ist, als es der herrschenden Platon-Interpretation entspricht.

2. Inwieweit greift die so entwickelte Idee der Gerechtigkeit auf die menschliche Natur zurück, hat sie darin ihren Grund oder ist sie davon abgelöst? Für Platon ist es nicht schwer, die sophistische Frage nach dem ‚Recht der Natur' aufzunehmen und zu beantworten. Die Gerechtigkeit, verstanden als das ausgewogene Beieinandersein der Seelenkräfte, ist auch die wahre *physis* der Seele, entspricht gerade deren Natur. Der Begriff *physis* wird hierbei von Platon auch normativ gefaßt, ist nicht allein an einem Empirisch-Faktischen orientiert, das normativ entleert ist. Sein und Sein-Sollendes sind in ihm verknüpft, nicht getrennt. Das ist weniger neuartig als es zunächst scheinen mag. Es hat seine Parallele im Begriff der Gesundheit, wie ihn schon die damalige Medizin gebrauchte: Erscheint Gesundheit als der normale, unproblematische Zustand einer *physis*, so ist damit nicht die je tatsächliche, sondern eine Befindlichkeit gemeint, bei der die verschiedenen Teile und Funktionen des körperlichen Organismus nicht konfligieren und einander bekämpfen, vielmehr harmonisch, je in der eigenen Aufgabe, zusammenwirken.[25] Ein solcher Zustand ist gut und anzustreben; er muß indes hergestellt und erhalten werden durch entsprechendes Handeln, ist nicht ein für allemal da.

> „... werden die Ordnungsmaßregeln für den Körper in dem Namen Gesund zusammengefaßt, woraus sich dann die Gesundheit in ihm entwickelt und die sonstige Tüchtigkeit des Körpers. ... Für die Ordnungs- und Gestaltungsmaßregeln der Seele aber gelten die Bezeichnungen Gesetzlichkeit und Gesetz, zufolge deren die Menschen gesetzlich und wohlgesittet werden. Eben darin aber besteht die Gerechtigkeit und Besonnenheit." (Gorgias, 504c–d; Übers. Apelt)

Das Gerechte ist somit das für die Seele Gesunde; es muß erstrebt werden, weil es das einzig der Natur der Seele Gemäße ist.[26] Allerdings macht Platon nicht die Unterscheidung zwischen genereller und individueller *physis*, wie sie in der Medizin gebräuchlich ist. Ein Körper von schwächlicher Konstitution hat medizinisch eine andere Normalität als einer von starker Konstitution. Platon hat demgegenüber einen generellen Begriff der *physis* (Natur) und ihrer Gesundheit im Auge, dieser ist und gilt – eben als Idee – allgemein.

Die Gerechtigkeit ist schließlich für Platon auch darin der Gesundheit in der Natur vergleichbar, daß sie ihr Ziel in sich selbst hat. Sie ist nicht ein Mittel, das weiteren Zwecken dient, seinen Sinn aus einem Nutzen oder den Vorteilen erhält, die es verschafft – auch insofern wendet er sich gegen die Sophisten. Gerechtigkeit ist vielmehr ein Gut in sich und um ihrer selbst willen zu erstreben; sie bewirkt als solche für den Menschen innere Zufrie-

---

[25] Vgl. Gorgias, 504b–d.
[26] W. *Jaeger*, Paideia, Bd. 2 (Lit.), S. 49.

denheit und die *eudaimonia*, das vollkommene Leben.[27] Zwar gehen von der Gerechtigkeit Folgewirkungen aus, die von Nutzen sind, wie etwa Eintracht und friedliches Miteinander im Zusammenleben der Menschen, aber diese Folgen, auch wenn sie mit in Betracht gezogen werden, sind nicht das die Gerechtigkeit erst legitimierende Um-willen. Der Hintergrund für diese Auffassung ist natürlich, daß die Gerechtigkeit ihren Grund und ihr Licht von der Idee des Guten hat, die als letzte Quelle sinnhafter Ordnung und einer sittlichen Welt ganz in sich selbst steht (oben II 3).

3. Gehen wir vom heutigen Verständnis der Gerechtigkeit aus, ist Platons Begriff durchaus ungewohnt und erscheint im Hinblick auf den sachlichen Bereich, auf den sich die Gerechtigkeit erstreckt, eigentümlich eingeschränkt. Nicht die Ordnung der sozialen Beziehungen der Menschen untereinander, nicht die gerechte Verteilung der Güter im Verhältnis der politischen Gemeinschaft zu den einzelnen ist erstes und eigentliches Thema der Gerechtigkeit, sondern die harmonische Ordnung der Seelenkräfte im einzelnen, die das Eins-sein mit sich selbst bewirkt, und die richtige – vernunftbestimmte – Ordnung der Polis in sich, die ihre Einheit und Eintracht begründet. H.G. Gadamer sieht darin eine Umdeutung der Gerechtigkeit, die ebenso kühn wie geistreich sei.[28] In der Tat zieht Platon im ersten Buch der Politeia die in der Tradition überkommene Auffassung der Gerechtigkeit, einem jeden sei das rückzuerstatten, was man ihm schulde, in Zweifel und wendet sich von ihr ab, bevor er die eigene Erörterung der Gerechtigkeit beginnt.[29] Sein Ansatz für die Bestimmung der Gerechtigkeit ist nicht das soziale Beziehungsfeld *zwischen* Menschen, sondern die Erreichung des harmonischen Ausgleichs *im* Menschen zwischen seinen Seelenkräften. Dieser ist nicht in erster Linie durch das Recht und durch Gesetze herzustellen, sondern durch Erziehung, auf die Platon denn auch entscheidenden Wert legt. Für die Gerechtigkeit der Polis geht es um die harmonische Ordnung der Polis in sich, als zur Einheit verbundene Gemeinschaft verschiedener Menschen. Hierbei kommt die Polis selbst

---

[27] Zusammenfassend vgl. Politeia, 577c–588a; vorher schon Politeia, 358b. Vgl auch *A. Graeser*, Philosophie der Antike, S. 177.

[28] *H. G. Gadamer*, Platons Denken in Utopien, S. 451f.; ferner *K. Vretska*, Platon, S. 537; *H. Flashar*, Platonischer Staat, S. 30f.; *H. Ottmann* (Lit.), Bd. 1,2, S. 37. Gadamer führt die Umdeutung darauf zurück, daß Platon die Vielgeschäftigkeit, die das Eindringen partikularer Interessen in die Politik bewirke, als Grundübel der attischen Demokratie ansah und sie anprangern wollte. Vielgeschäftigkeit besteht für Platon indessen primär in einer ungeordneten Kompetenzanmaßung, in dem jeder sich für alles zuständig hält und sich dementsprechend in alles einmischt; dem stellt er als Gerechtigkeit die ausgewogene innere Ordnung der Seelenkräfte im Menschen gegenüber, die in der Polis wiederkehrt, indem jeder das Seinige tut und dabei verbleibt, siehe Politeia, 434a–b.

[29] Siehe Politeia, 331c–332c.

als das eigentliche Subjekt in Blick, die einzelnen Menschen erscheinen ganz als Glieder der Polis mit den verschiedenen Aufgaben, die ihnen nach der ständischen Gliederung der Polis und ihren in diese eingebetteten natürlichen Anlagen zukommen. Indem sie das Ihrige tun und dabei bleiben, keine Vielgeschäftigkeit betreiben, tragen sie – analog zu den Seelenkräften beim Einzelmenschen – die Ordnung der Polis und bewirken deren Gerechtigkeit. Die vorausgesetzte ständische Ordnung erfährt eine Legitimation.

> „Wenn aber ein Mann, der seiner Anlage nach Handwerker oder Erwerbsmann ist, emporgekommen ist durch Reichtum oder Parteien, durch Körperkraft oder durch sonst etwas, und versucht, in den Stand der Krieger einzudringen, oder ein Krieger in den Stand der Berater und Wächter, ohne es wert zu sein; wenn also diese ihre Werkzeuge und Stellungen miteinander vertauschen oder ein einziger versucht, alles zugleich zu machen, dann glaube ich, und nehme es auch von dir an, wird ein solcher Umschwung, eine solche Vielgestaltigkeit zum Untergang des Staates führen ... Dies wäre also die Ungerechtigkeit. Umgekehrt aber wollen wir sagen: Wenn der Erwerbsmann, der Gehilfe und der Wächter, jeder das Seine in der Polis macht, dann ist es als das Gegenteil davon die Gerechtigkeit und macht die Polis gerecht." (434a–c; Übers. Vretska, dabei „Staat" durch polis ersetzt)

Der Text definiert nicht nur die Ungerechtigkeit, nämlich als Vielgeschäftigkeit, die nicht bei dem verbleibt, was für den Einzelnen das Seine ist, sondern darüber hinausstrebt; er zeigt zugleich, daß für die Gerechtigkeit der Polisordnung, wie Platon sie entfaltet, die einzelnen in ihrem rechtlichen Verhältnis zueinander, aber auch in ihrer Subjektstellung gegenüber der Polisgemeinschaft – neben ihrer Stellung und Aufgabe als Glieder der Polis – sehr stark zurücktreten. Zwar erwähnt Platon auch die Rechtsprechung als Aufgabe der Polis und beschreibt ihr Ziel dahin, daß bei der Schlichtung von Rechtssachen dem einzelnen das Seinige nicht genommen und ihm Fremdes nicht zugeteilt (auferlegt) werden soll. Aber diese Heranziehung dient an dieser Stelle nur dazu, zu bekräftigen, daß die Gerechtigkeit – bezogen auf die Polis – eben darin besteht, daß jeder sein Eigenes hat und tut;[30] die Schlichtung von Rechtssachen der Bürger untereinander erscheint nicht als der konstituierende Faktor einer gerechten Ordnung der Polis. Um es an der von Aristoteles entwickelten Unterscheidung innerhalb des Gerechtigkeitsbegriffs zu verdeutlichen: Der Bereich der *iustitia commutativa*, welche die Austauschbeziehungen zwischen den einzelnen ordnet, und der Bereich der *iustitia distributiva*,

---

[30] Politeia, 433e–434a. *K. Vretska*, Platon, S. 533 N. 34 sieht hier einen Rückgriff auf den Ausgangspunkt der Gerechtigkeitsdiskussion in dem die alte Gerechtigkeit ironisch in Frage stellenden Spruch des Simonides (331e), welche nun in die Wirklichkeit der neuen Polis aufgenommen wird.

welche die Zuteilung von Rechten und Pflichten an die einzelnen als selbständige Rechtssubjekte, die der Polis gegenüberstehen, zum Gegenstand hat, werden nicht negiert, haben aber keine tragende Bedeutung für die Gerechtigkeit der Polisordnung[31]; eingehend verhandelt wird hingegen die allgemeine oder Gesetzesgerechtigkeit, welche die gute Ordnung der politischen Gemeinschaft im ganzen und, davon abgeleitet, Aufgaben und Funktionen der einzelnen für die Gemeinschaft zum Inhalt hat.

IV. Polisphilosophie

Platons Frage nach der richtigen Ordnung der Polis ist, wie eingangs dargelegt (oben I 1), veranlaßt durch die von ihm selbst erfahrene und beobachtete politische Krise der Polis Athen. Sie zielt auf Herstellung und Erhaltung der Einheit der Polis.[32] Sie wird jedoch von ihm nicht als politische, sondern als philosophische Frage aufgenommen und behandelt. Dies geschieht in einem zweifachen Durchgang: zunächst in seinem Hauptwerk, der *Politeia*, sodann in dem Alterswerk, den *Nomoi*. In der *Politeia* ist der Leitfaden die Erkenntnis der Gerechtigkeit, vorangetrieben am Fall der Errichtung und Gestaltung einer gedachten Polisordnung. Aus der Einsicht in den Grund, die Aufgaben und die Ordnungsprobleme einer Polisgemeinschaft wird eine Polisordnung „an sich" entwickelt, die Idee ihrer vernünftigen, in sich gefügten Ordnung. Im zweiten Durchgang, den Nomoi, ist die Zielsetzung bescheidener. Die Ideal-Vorstellung der Polisordnung wird ein Stück weit zurückgenommen, um wirklichkeitsnäher zu sein und eher eine Realisierungschance zu haben. Doch fehlt auch hier der paradigmatische Charakter nicht.

1. *Die Polisordnung der Politeia:* In der *Politeia* entwickelt Platon die Ordnung der Polis in einem dialogischen Gespräch über die verschiedenen Stufen einer Polisgründung. Anhand dieser Stufen verdeutlicht er einerseits die verschiedenen Funktionen, die der Polisgemeinschaft zukommen, andererseits die aufeinander bezogenen unterschiedlichen Ordnungsgestalten der Polis, die schließlich die vollendete Polisordnung herbeiführen.

---

31 Allerdings finden sich in den *Nomoi*, Platons Spätwerk, Erörterungen über familienrechtliche, kauf- und handelsrechtliche Gesetze u.ä., vgl. Nomoi, Buch 11, 913a–932d; aber sie werden nicht als Ausdruck eigener Gerechtigkeitsbereiche gesehen und von dort her regiert, sondern aus der Perspektive der guten und gerechten Ordnung der Polis als solcher, die auch in den Nomoi darin besteht, die einzelnen zu einem Leben nach der Tugend in der Polis und für die Polis zu führen, vgl. Nomoi, Buch 1, 625c–626b, 630e–632d.

32 Zur Entwicklung der politischen Philosophie Platons siehe auch die Bemerkungen bei *K. Roth*, Genealogie des Staates, S. 122–129.

a) Die Polis hat ihren Grund in der Bedürftigkeit der Menschen, der Bedürftigkeit nach dem materiellen wie kulturellen Leben und auch nach dem vollendeten Leben; dies alles können die einzelnen nicht je für sich, sondern nur in Gemeinschaft erreichen.[33] Platon nimmt also – aller Polemik gegen den ‚totalitären' Platon zum Trotz – den Ausgang beim einzelnen Menschen und seiner Vollendung. Die Polis hat ihr Um-willen weder in kollektiven noch in transpersonalen Gütern, etwa der Pflege oder Ausbreitung einer religiösen Wahrheit, sie hat und gewinnt dieses Um-willen vom Einzelmenschen her und ohne mythisch-göttliche Vorbestimmtheit. Allerdings ist sie nicht auf dasjenige beschränkt, was wir heute existentielle Daseinsvorsorge nennen, den Bereich der materiellen und äußeren Bedürfnisnatur. Auch die geistig-kulturelle und die ethisch-sittliche Entfaltung der einzelnen wird erst durch die Polis ermöglicht und besorgt. Im Gespräch über die Gründung der Polis tritt zur „Stadt der Notwendigkeit", welche die Befriedigung der Elementarbedürfnisse ermöglicht, in typologischer Aufeinanderfolge zunächst die „üppige Stadt", die einen weiteren Grad an Zivilisation, gesteigerte Bedürfnisse, aber auch Musik, Dichtkunst und Spiele entwickelt und mit anwachsender Bevölkerung nach Ausdehnung des Territoriums strebt, sodann die „gereinigte Stadt", die die Fehler der üppigen Stadt durch Erziehung und Bildung sowie eine vernunftgeleitete Regierung der Polis insgesamt ausgleichen kann.[34]

Ein Lebens- und Ordnungselement dieser Polisvorstellung ist die Arbeitsteilung. Sie gilt nicht nur für die elementare Lebensbewältigung, also den Bereich der Befriedigung der äußeren Bedürfnisse,[35] sondern durchgehend für alle Stufen der Polis und ihrer Aufgaben.[36] Grundlage sind die Unterschiede in natürlicher Veranlagung und erworbenen Fähigkeiten der Menschen – auch hier geht Platon von den einzelnen Menschen aus, macht allerdings die anthropologische Voraussetzung, daß es unterschiedliche Typen von Menschen gibt mit entsprechenden Anlagen und Befähigungen, vergleichbar den hierarchisch gestuften Teilen der Seele.[37] Das erlaubt eine Gliederung der Polisgemeinschaft nach funktionsbestimmten hierarchischen „Ständen", die aber gleichwohl die einzelnen zu dem je Ihrigen kommen läßt.

b) Demgemäß bestimmt sich die Gliederung der Polis nicht nach dem Geschlechterprinzip oder Familienbindungen, auch keineswegs geburtsständisch, sondern nach den in der Polis zu realisierenden Grundfunktionen. Kraft

---

[33] Dies ist der sachliche Gehalt des Gründungsmythos der Polis, der in der Politeia, 369–382 dargeboten wird.

[34] Siehe *H. Flashar*, Platonischer Staat als Utopie, S. 27–30 und die dort gegebenen Hinweise, ferner *H. Ottmann* (Lit.), Bd. 1,2, S. 33–41.

[35] Vgl. Politeia, 369e–372c.

[36] Siehe Politeia, 372e–374c; 427d–434e.

[37] Vgl. *A. Graeser*, Philosophie der Antike 2, S. 184f.

der angenommenen Entsprechung zu den einzelnen Seelenkräften stehen diese Grundfunktionen zueinander in einer hierarchischen Bezogenheit. Im einzelnen sieht das folgendermaßen aus: Damit die Polisordnung in sich gerecht ist, muß die Leitung der Polis nach Vernunft und Einsicht erfolgen, die Sicherung nach außen – Selbstbehauptung im Kampf – durch eigens dazu Befähigte und Ausgebildete, die Sorge für die materiellen Lebensbedürfnisse sowie für Kunst, Spiele und Kultur schließlich durch die zahlreich dafür Tätigen je nach ihrem Können. Diese Aufgaben und Funktionen stehen nicht in Konflikt miteinander, sie ergänzen sich; unter der Vorrangstellung von Vernunft und Einsicht in der Hand der Regierung können sie die ausgeglichene Harmonie der Polisordnung hervorbringen. Wohin nun die einzelnen in dieser Ordnung gehören, richtet sich nach ihrer Naturanlage; diese ist zwischen den einzelnen Menschen unterschiedlich, und sie kann es auch schon innerhalb der Familie bei den eigenen Sprößlingen sein. Der Bürger wird nicht durch Vererbung oder Gewalt, sondern aufgrund seiner (potentiellen und aktualisierten) Fähigkeiten in einen „Stand“ eingeordnet. Daraus ergibt sich dann zwar Ungleichheit, aber diese hat die allgemeine Gleichheit in der Zugehörigkeit zur Polis zur Grundlage. Platons Deutung des Metall-Mythos verdeutlicht diese Struktur:

> „Ihr alle in der Polis seid Brüder, so erzählen wir ihnen im Märchen (*mythos*). Gott aber, der Schöpfer, hat euch, die zu Herrschern berufen sind, Gold bei eurer Erschaffung beigemischt, weshalb ihr auch die geehrtesten seid. Den Helfern gab er Silber bei, Eisen und Kupfer den Bauern und Handwerkern. Weil ihr alle verwandt seid, erzeugt ihr zumeist Kinder nach eurer Art; manchmal nur wird aus einem goldenen Vater ein silberner Sproß entstehen und aus einem silbernen ein goldener und ähnlich bei den anderen. Den Herrschern befiehlt Gott vor allem ... nichts so scharf zu bewachen wie ihre Kinder, welcher Stoff ihren Seelen beigemischt ist. Wenn ihr Sproß Erz oder Eisen mitgemischt erhalten hat, dann dürfen sie sich in keiner Weise erbarmen, sondern müssen ihm die seiner Natur zukommende Stellung geben ...“ (Pol. 415a–c; Übers. Vretska)

Die Gerechtigkeit der Polisordnung liegt so zunächst einmal im Ausschluß aller Unbeteiligtheit an der Polisgemeinschaft. Jeder, der der Polis zugehört, hat einen spezifischen Anteil am Polisgeschehen, und dieser Anteil bestimmt sich nicht nach Privilegien oder Reichtum, sondern nach seiner Naturanlage und seinen ausgebildeten Fähigkeiten. Berücksichtigt man die zugrundegelegte Prämisse, daß insofern eine Ungleichheit unter Menschen besteht und sie auch innerhalb von Familien entstehen kann, herrscht nicht ein willkürliches, vielmehr ein streng sachbezogenes Prinzip. Die Ausgeglichenheit, die zur Gerechtigkeit gehört, zeigt sich darin, daß jeder in der Weise beteiligt ist, daß er das, was er vermag (das „Seinige“), zum Polisleben beiträgt und dabei bleibt, und daß Über- und Unterordnung sich nicht aus Vererbung und Tradition, sondern allein aus Aufgabe und Funktion ergeben. Allerdings – dies darf nicht übersehen werden – ist der einzelne voll in die Polisordnung einbezogen und für die Vielen ist das Beteiligtsein ein nur passives, die Leistung von Arbeit und Diensten. Der Gedanke einer polisfreien Individualsphäre tritt nirgends hervor. Und die Regierungsweise der Polis ist autokratisch; sie folgt übergeordneter Einsicht, nicht willentlicher Zustimmung.

c) Grundlegend für die Polisordnung ist schließlich, daß die Polis wesentlich eine *Erziehungsgemeinschaft* ist. Wenn es für die gerechte Polisordnung notwendig ist, daß Vernunfterkenntnis und Einsicht die Regierung der Polis bestimmen, diese aber nicht unmittelbar vorhanden, sondern in einem dialektischen Lernprozeß erst zu erwerben sind, so bedarf es dazu der – längeren – Erziehung und Ausbildung. Gleiches gilt, wenn auch mit gewisser Abschwächung, für die Sicherung der Polis nach außen durch Kriegsstrategie und kämpferische Verteidigung; diese erfordert nicht bloß Mut, sondern ebenso von Einsicht getragene Besonnenheit und Tapferkeit.

> „Weisheitsliebend offenbar und mutig, schnell und stark wird seiner Natur nach uns der sein, von dem zu erwarten steht, daß er ein edler und guter Wächter der Polis wird. – Ohne jeglichen Zweifel. – Dieser mag also so sein. Auf welche Weise aber werden uns Menschen dieses Schlages aufgezogen und erzogen werden?" (Pol. 376c)

Das intensive Erziehungssystem, das Platon in der *Politeia* entwickelt,[38] bezieht sich hiernach primär auf die Klasse der „Wächter" (Krieger) und die aus ihnen zu entnehmenden Herrscher, nicht auf Bauern, Handwerker und Handelsleute.[39] Sie sollen in die Lage gebracht werden, die allgemeinen, vom Privatinteresse gelösten Aufgaben, die ihnen in der Polis obliegen, unverfälscht wahrzunehmen. Dementsprechend umfassend und verpflichtend ist das Erziehungsprogramm. Es erstreckt sich nicht allein auf Elementarwissen sowie Gymnastik, Musik und Dichtkunst, wie in Athen damals üblich, sondern auch auf gehobenes Wissen und Philosophie. Damit verbindet sich die sogenannte Dichterkritik, in der sich Platon gegen die Eignung sowohl der älteren wie der aufgekommenen ‚freien', von Polistradition und Mythos emanzipierten Dichtkunst für den Unterricht wendet. Das ist ebensowenig verwunderlich wie die Forderung nach einer Aufsicht über die pädagogischen Lehren, damit nicht falsche Orientierungen und Einstellungen sich ausbreiten. Geht es Platon in dieser Erziehung doch um die Vermittlung begründeten Wissens und

---

[38] Siehe im einzelnen *W. C. K. Guthrie*, Greek Philosophy, Bd. 4, S. 449–460, 521–527.

[39] Vgl. Politeia, 377a–378b, *W. Kersting*, Platons ‚Staat', S. 95 geht davon aus, daß in der Trias von Hirt (Regent), Wachhund (Wächter) und Herde mit deren je speziellen Aufgaben Platons Urgleichnis des Politischen begegne.

philosophischer Einsicht, die Um-wendung zur Vernunft, die Ausrichtung auf das Richtige und Wahre.

Das so konzipierte Erziehungsprogramm ist nicht nur für Männer gedacht, auch Frauen können und sollen nach Platon daran teilhaben[40] – eine damals gewiß revolutionäre Idee. Im Blick auf den Stufengang der Erkenntnis umfaßt es eine lange Zeit, für die aus dem Kreis der Wächter zu entnehmenden Führer, die Regierenden, etwa bis zum 50. Lebensjahr. Und es ergreift auch die *Lebensführung*. Der existentielle „Kommunismus" und das kollektive Leben der Wächter und Führer, wie sie Platon empfiehlt, vor allem deren näher geschilderte Erscheinungsformen (wie u.a. Frauengemeinschaft, Ausschluß von Familienbeziehungen, Eigentumslosigkeit, strenge Eugenik) müssen Anstoß erregen und erscheinen heute als eine Form totalitärer Inpflichtnahme durch die politische Gemeinschaft. Platon hat sie freilich nicht durchweg selbst erfunden, sondern zum Teil dem entnommen, was in einigen Poleis, nicht zuletzt in Sparta, als Praxis institutionalisiert war.[41]

Welchen Sinn kann dieser Gedanke für eine ideale Polisordnung überhaupt haben, wenn man einmal von der – womöglich ironischen – Übersteigerung bei Platon absieht? Es kann der folgende sein:[42] Wächter und Führer, denen die Wahrnehmung der Polisangelegenheiten anvertraut wird, sollen ganz für ihre öffentliche Funktion leben, losgelöst von familiär-privaten Bindungen und jeglichen partikularen Interessen; sie sollen nur Amtsträger sein und ihr Leben in den Dienst der Polis stellen, weil allein so dasjenige, was der Polisgemeinschaft als ganzer und ihrer vernunftgemäßen Ordnung dient, gesehen und verwirklicht werden kann. Deshalb dürfen auch die Philosophen, wenn sie zu höchster Einsicht in die menschlichen und göttlichen Dinge gelangt sind, nicht bei solch sie beglückender Versenkung in die Erkenntnis verbleiben; sie sind verpflichtet, wieder hinabzusteigen zum Handeln für die Polis.[43] Herrschaft auszuüben ist nicht das Privileg, sondern die Pflicht der durch Einsicht und Erfahrung kenntnisreich und weise Gewordenen. Nur so kann,

---

40 Politeia, 451e, 455d–e: „Wenn wir also den Frauen dieselben Aufgaben stellen wie den Männern, müssen wir sie auch genauso erziehen." (451e) „Es gibt also keinen öffentlichen Beruf, der nur für eine Frau oder nur für einen Mann geeignet wäre, sondern die Anlagen sind in beiden Geschlechtern gleich verteilt und die Frau hat, nach ihrer Anlage, an allen Berufen Anteil, ebenso der Mann, überall ist die Frau aber schwächer als der Mann." (455d–e; Übers. Vretzka)

Zur rechtlichen und sozialen Stellung der Frau im klassischen Griechenland, die dazu eine große Diskrepanz aufwies, siehe *R. Zoepffel*, Mann und Frau, S. 443 ff. und *W. Schuller*, Frauen in der griechischen Geschichte, 1985.

41 Vgl. dazu *K. Vretska*, Platon, Einleitung S. 70; *D. Otto*, Utopisches Staatsmodell, S. 227 ff., 234 ff.

42 Siehe dazu die eingehende Interpretation dieser Anforderungen an die Lebensform der Wächter bei O. *Gigon*, Gegenwärtigkeit, S. 373–419.

43 Vgl. Politeia, 519c–520d.

meint Platon, für eine vernunftgemäße Ordnung der Polis bei allem, was einer solchen Ordnung widerstreitet, eine Chance bestehen. Das scheint der Sinn des oft kritisierten oder belächelten Ausspruchs über die Notwendigkeit von Philosophen als Herrscher zu sein:

> „Wenn nicht ... entweder die Philosophen in den Poleis als Könige herrschen oder die Könige, wie man sie nun so nennt, und Machthaber wahrhaftig und hinreichend philosophieren, und wenn nicht dies in eins zusammenfällt, politische Macht nämlich und Philosophie, ... dann gibt es kein Ende der Übel, mein Glaukon, für die Poleis." (Pol. 473c–d)

d) Platon war sich bewußt, daß die von ihm entwickelte Polisordnung ein *Ideal* formulierte und begründete, nicht eine realisierbare Polisordnung im Hier und Jetzt seiner Zeit. Sie wird als ideale und gerechte Polisordnung der zerbrochenen Welt, das heißt den auseinanderstrebenden Kräften und Interessenkämpfen in den Poleis seiner Zeit gegenübergestellt und soll die Dringlichkeit von Veränderungen deutlich machen. Auch sollte sie ein Paradigma aufstellen, an dem sich menschliches Handeln als Norm und Vorbild orientieren konnte. Eben dies scheint gemeint zu sein, wenn Platon gegen Ende der *Politeia* auf die Frage, wo denn der Philosoph seine politische Tätigkeit ausüben werde, die Existenz der idealen Polis in den Himmel verweist:

> „In seiner eigentlichen Polis wird er wahrlich in besonderer Weise tätig sein, allerdings vermutlich nicht in seiner konkreten Vaterstadt, wenn ihm nicht das Schicksal zu Hilfe käme. – Ich verstehe ... du meinst, in der Polis, deren Gründung wir soeben erörtert haben und die auf unseren Worten beruht, denn auf Erden gibt es sie, so glaube ich nirgends. –
> Aber ... im Himmel ist vermutlich ein Paradigma aufgestellt für den, der sehen will und als Sehender dann auch sich selbst neu verankern will. Es macht aber keinen Unterschied, ob sie irgendwo ist oder sein wird. Denn er dürfte sich wohl allein um die Angelegenheiten dieser Polis kümmern, niemals aber um die einer anderen." (Pol. 592a–b)[44]

e) Indem Platon die ideale Polisordnung als Paradigma aufzeigt, hat er zugleich die Grundlage für eine Kritik der bestehenden Polisverfassungen gelegt. Auf diese Kritik kommt es ihm wesentlich an. Die Defizite der bestehenden Polisverfassung weist er nun anhand der idealen Ordnung in einer Typologie der Polisformen auf. Diese Typologie verläuft in einer theoretisch-historisch

---

[44] Ob die Polisordnung der Politeia deswegen als Utopie gekennzeichnet werden kann, ist in der Literatur viel diskutiert und umstritten. Gegen eine Utopie und für einen Auftrag und ein normatives Paradigma *W. K. C. Guthrie*, Greek Philosophy, Bd. 4, S. 483–486; *K. Vretska*, Platon, S. 69 f.; *O. Gigon*, Platon, S. 208. Dafür, auf der Grundlage des von ihm entwickelten Utopiebegriffs, mit eingehender Begründung *D. Otto*, Staatsmodell, S. 158 ff.

konzipierten Verfallslinie.[45] Platon legt hierbei wiederum die Analogie zwischen der Ordnung der Polis und der Ordnung der Seelenkräfte im einzelnen Menschen zugrunde. Die Verfallsformen der Polis ergeben sich daraus, daß nicht mehr die ausgewogene Balance und Harmonie der verschiedenen Kräfte in der Polis unter Führung der Vernunft herrscht (Gerechtigkeit), vielmehr einzelne Kräfte sich verselbständigen, grenzenlos ausbreiten und sich die Polis unterwerfen.[46]

Stellt sich die gerechte Polisordnung als *Aristokratie* dar, indem die Besten, durch lange Erziehung zur höchsten Vernunfteinsicht Befähigten zur Herrschaft gelangen und die Polis dieser Einsicht gemäß gestalten, so ist die erste der schlechten Verfassungsformen die *Timokratie*. In ihr wird das Verlangen nach Ehre beherrschend und nach Tapferkeit, diese aber nicht mehr gezügelt und eingebunden durch Besonnenheit, sondern auf sich selbst gestellt als oberster Wert. Die Krieger haben das Sagen und prägen die Einrichtungen der Polis, unterwerfen die übrigen Bürger ihrem Regiment – Sparta steht als Beispiel im Hintergrund.

In der *Oligarchie* wird die dritte Seelenkraft in der Form des Erwerbs- und Besitzstrebens herrschend.

> „Was für ein Verfassungssystem nennst du aber Oligarchie? – Die Verfassung, die sich durch Vermögensschätzung konstituiert, in der nämlich die Reichen herrschen, der Arme aber von der Herrschaft ausgeschlossen ist." (Pol. 550c–d)

Der Fehler dieser Verfassung ist, daß die Vermögensgrenze Macht und Einfluß bestimmt, nicht Fähigkeit und Tüchtigkeit; eine solche Polis ist notgedrungen nicht eine Einheit, sondern fällt in zwei auseinander, „... eine Polis der Armen und eine der Reichen, wobei sie beide auf demselben Boden wohnen und sich ständig heimlich gegenseitig bedrohen." (Pol. 551 d)

Die *Demokratie* entsteht aus den inneren Gegensätzen der Oligarchie, „... immer wenn die Armen siegreich sind und aus den Reihen der Gegenpartei die einen hinrichten, die anderen aber verbannen"; sie besteht darin, daß alle übrigen nach gleichem Recht an Verfassung und Ämtern teilnehmen und die Ämter möglichst nach dem Lose verteilt werden.[47] Auch in ihr herrscht die dritte Seelenkraft ungehemmt in der Form des Sich-Auslebens und des vielgeschäftigen Einmischens, weil man sich überall für kompetent hält. Für Platon ist sie eine Form anarchischer Freiheit, die der Beliebigkeit offensteht.

---

[45] Vgl. Politeia, 544a–545c. Platon orientiert sich dabei an den Geschichtsschreibern des 5. Jh., wie Thykydides und Herodot, die verschiedene Stadien und Formen der Polisentwicklung und deren Verfall beschrieben hatten, vgl. oben § 2 V 2, S. 31.

[46] Kurze Darstellung der Verfallslinie und Verfallstypologie bei *W. K. C. Guthrie*, Greek Philosophy, Bd. 4, S. 537–547; ausführlicher *W. Kersting*, Platons ‚Staat', S. 263–285.

[47] Siehe Politeia, 557a.

> „Ist es folglich nicht so, daß die Bürger am Anfang frei sind, die Polis übervoll an Freiheit und Redefreiheit wird und einem jeden in ihr erlaubt ist zu tun, was er will?“ (Pol. 557b)

Diese Freiheit ist es, die die Ordnung weitgehend aufhebt, die Ausrichtung auf das Vernunftgemäße und die Inpflichtnahme der Bürger für die Polis untergräbt. Sie führt zu einem Leben, gottvoll für den Augenblick, aber jenseits der Tugend und der Geltung von Sitten und Gesetz.

> „Daß aber kein Zwang ... besteht, in einer solchen Polis Herrschaftsaufgaben wahrzunehmen, wärest du auch noch so geeignet, Herrschaft auszuüben, andererseits nicht einmal ein Zwang, sich der Herrschaft unterzuordnen, sofern du nicht willst, noch in den Krieg zu ziehen, wenn es die anderen tun, und ebenso nicht den Frieden einzuhalten, auch wenn es die anderen tun, sofern du nämlich kein Verlangen nach Frieden hast, ... – ist nun eine solche Lebensweise für den Augenblick nicht göttergleich und angenehm? ... Diese Vorzüge eben ... und andere ihnen verwandte dürfte die Demokratie haben und sie dürfte, wie es scheint, eine angenehme, herrschaftsfreie und bunte Verfassung sein, die eine gewisse Gleichheit gleichmäßig auf Gleiche und Ungleiche verteilt.“ (Pol. 557e–558c)

Die *Tyrannis* als die letzte und schlimmste der schlechten Verfassungsformen sieht Platon aus der Demokratie heraus entstehen, wenn und weil diese ein unersättliches Streben – ohne Maß und Grenze – nach ihrem höchsten Gut, der Freiheit, verfolgt. Das Übermaß der Freiheit schlägt bei der Polis wie beim einzelnen in ein Übermaß von Knechtschaft um, indem die Kecksten und Lautesten mit maßlosen Forderungen in der Volksversammlung den meisten Anklang finden, sich dabei selbst bereichern und zur höchsten Macht verhelfen lassen.[48] Der etablierte Tyrann schmeichelt zuerst den Vielen, verfolgt die möglichen Gegner, beginnt Kriege, um seine Position zu festigen, unterdrückt das Volk zum eigenen Vorteil – immer unsicher über den Fortbestand seiner Macht – und sucht dabei seine Gelüste nach Macht, Größe und Genuß voll auszuleben.[49] Platon zeichnet ein offensichtlich von konkreten Erfahrungen bestimmtes Bild des *circulus vitiosus*, in dem eine Tyrannis, geleitet vom Streben nach Machtsteigerung und ungezügelter Freiheit für den Tyrannen, sich befindet.

f) Die verschiedenen Formen der Polisverfassung sieht Platon letztlich getragen von bestimmten Charakterzügen der Menschen, die die Polis bilden – die Polisformen sind für ihn nur die Außenform ihrer Menschen, und die Entartungen der Polisordnung spiegeln die Entartung – die nicht erreichte harmonische Ordnung – in den Einzelseelen.[50] In diesem Sinn fragt er nach

---

48 Vgl. Politeia, 556b, 564–565b.

49 Eindrucksvolle und lebensnahe Schilderung Politeia, 556a–559c.

50 *W. K. C. Guthrie*, Greek Philosophy, Bd. 4, S. 535 f.; *K. Vretska*, Platon, S. 596 (Anm. 1 zu Buch VIII); *W. Kersting*, Platons ‚Staat‘, S. 78.

dem Charakter des oligarchischen, demokratischen und tyrannischen *Menschen*, dessen spezielle Veranlagung und Neigung erst eine Grundlage für die entsprechende Verfassungsform abgibt, sie sozusagen ermöglicht und trägt. Der Tyrann selbst erscheint als der in sich unglücklichste Mensch, Gefangener seines Machtstrebens, seiner unerfüllten Leidenschaften und seiner Ängste.[51] Platon liefert hiermit offenkundig einen frühen Beitrag zu einer Anthropologie der Verfassungsformen. Allerdings weisen die unterschiedlichen Charaktertypen für ihn auch zurück auf Fehler in der Erziehung, die Verantwortung dafür tragen kann, wenn die anzustrebende ausgeglichene Harmonie der Seelenkräfte – der aristokratische Mensch – nicht erreicht wird und unbeherrschte Charakterzüge sich freien Lauf verschaffen.

2. *Die Polisordnung der Nomoi:* In den *Nomoi*[52] bietet Platon den Entwurf einer Polisordnung, die eine zweitbeste Lösung des Problems darstellt. Die Idee-Vorstellung der Polis, wie er sie in der *Politeia* begründet hat, wird nicht revidiert, sie bleibt das Urbild einer Polis und die „erste Verfassung“[53]. Im Sinne eines Brückenschlags zur Wirklichkeit setzen die *Nomoi* jedoch bescheidener an, sie wollen angesichts der Erfahrung mit der wirklichen Welt ein realitätsnäheres Konzept entwickeln. Die Polisordnung, die vorgestellt wird, erscheint als Vorgang vielfältigen eidetischen Bewegens und Bewegtwerdens; er geht von den *nomoi* aus und ist auf die Einheit tugendhaften Lebens gerichtet – eine Anleitung für philosophische Gesetzgebung.[54] Gleichwohl wird der Charakter als Paradigma auch bei dieser zweitbesten Verfassung nicht ganz aufgegeben; auch die *Nomoi* verstehen sich nicht als ein direkt umzusetzendes politisches Reformprogramm.[55]

Die Polisordnung der *Nomoi* erscheint wie die der *Politeia* als volle Gemeinschaftsordnung. Die einzelnen werden wie dort als Glieder und Teil der Polis gesehen, die deren Leben umfassend bestimmt, nicht als der Polis gegenüberstehende ‚freie‘ Individuen. Aber die Zielrichtung ändert sich, und die Wege der näheren Ausgestaltung sind andere.

---

51 Vgl. Politeia, 578–580a.

52 Die Nomoi sind Platons Spätwerk, noch von ihm selbst in seinen letzten Lebensjahren geschrieben, aber erst nach seinem Tod (347 v. Chr.) von einem seiner Schüler herausgegeben.

53 Vgl. Nomoi, 739e: „Der Staat aber, dessen Gründung wir jetzt in Angriff nehmen, dürfte wohl, wenn er verwirklicht würde, der Unsterblichkeit am nächsten kommen und in zweitbester Weise eine Einheit bilden.“ (Übers. Schöpsdau)

54 Interpretationsansatz in diesem Sinn bei *H. Seufert*, Polis und Nomos, S. 470–638.

55 Platon erwähnt an der angeführten Stelle ausdrücklich eine dritte Polis, die dann auch wirklich umgesetzt werden soll, vgl. Nomoi, 739e. Gemeint ist dabei wohl die Kreterkolonie aus der Rede des Kleinias am Ende des 3. Buches, vgl. Nomoi, 702c–d.

a) Formell geht es auch in den *Nomoi* um ein Gespräch über die Gründung und Einrichtung einer Polis. Die Fragerichtung zielt jedoch nicht mehr primär darauf, wie die Gerechtigkeit der Polis an sich beschaffen sei, sondern wie eine Polis praktisch eingerichtet werden solle. Es wird an die verschiedenen Stufen und Ausprägungen der Polisordnung in der Geschichte erinnert und den Ursachen für deren Aufstieg und Verfall nachgegangen. Als neues Ziel wird u. a. eine „mittlere" Ordnung angestrebt, die die Extreme von bloßer Einheit, wie im Perserreich des Xerxes, und ungemessener Freiheit, wie in der attischen Demokratie, vermeidet. Auch der Kriegszweck der Polis – in Sparta und im kampfesbereiten Athen fraglos anerkannt, in der *Politeia* nicht eigens hervorgekehrt, aber auch nicht negiert – wird zurückgenommen auf bloße Verteidigungsbereitschaft. Das Jahr wird weithin gefüllt durch das Leben in Festen und kultischen Spielen, und die Erziehung ist hauptsächlich auf diese gerichtet. Hieran zeigt sich erneut ein Schritt zur „zweitbesten Verfassung", denn für Platon rangierten Feste und Spiele als die nächst angemessene menschliche Tätigkeit nach Vernunfterkenntnis und philosophischer Einsicht.

b) Für die nähere Ausgestaltung der Polisordnung wird die strenge Unterscheidung von Ständen oder Klassen, auch der Kommunismus und die Frauengemeinschaft als Lebensform der Wächter, aufgegeben. An die Stelle der durch vollkommene philosophisch-ethische Erziehung wissenden Führer und Wächter treten nun zunächst die *nomoi*.[56] Sie erscheinen als haltende und formende Kraft für die Menschen in der Polis und die Polis insgesamt. Zielte die Ordnung der *Politeia* eher darauf ab, durch vollkommene Erziehung die *nomoi* mehr oder weniger überflüssig zu machen, weil sich dann die Ordnungen des Lebens und Zusammenlebens gewissermaßen von selbst verstehen, so werden die *nomoi* jetzt der hauptsächlich regulierende und prägende Faktor im Leben der Polis und für ihre Ordnung. Als maßgebliche Erziehungskräfte werden sie in ihrer Aufstellung und Abfassung dem erzieherischen Prinzip unterworfen. Platon war zu der Einsicht gekommen, daß kein Mensch von Natur mit einer solchen Fähigkeit begabt ist, nicht nur das den Menschen Zuträgliche bei Einrichtung einer Polis zu erkennen, sondern auch, wenn er es erkannt hat, allen Versuchungen zum Trotz die Kraft und den Willen aufzubringen, das Beste stets zu vollbringen.[57] So sind die Gesetze notwendig für die Menschen, daß sie danach leben, und für die Herrscher, daß sie einer Verantwortung unterworfen sind und nicht unumschränkt herrschen – eine Sicherung gegen den immer naheliegenden Mißbrauch der Macht.

---

[56] Vgl. Nomoi 691a–701b; zusammenfassende Darstellung bei *K. Schilling*, Soziale Ideen (Lit.), S. 146–147.

[57] Vgl. Nomoi, 875a–b.

> „Ich sehe nämlich, daß für eine solche Polis, in der der *nomos* eben (von etwas anderem) beherrscht und machtlos ist, der Untergang schon vorbereitet ist. Für eine Polis, in der es aber einen Herrn für die Herrscher gibt und die Herrscher Sklaven des *nomos* sind, glaube ich zu erkennen, daß eine gesicherte Existenz und all die großen Güter entstehen werden, die die Götter jemals Poleis gegeben haben." (Nomoi, 715d)

Gegenstand und Umfang der *nomoi* sind weitgreifend. Platon entwickelt hier in Aufnahme und Verarbeitung des in Griechenland praktizierten Rechts sozusagen ein ganzes ‚Gesetzbuch'. Aber die *nomoi* sind nicht etwas, das – etwa von der Volksversammlung – beliebig festgelegt werden kann, sie sind für ihn etwas Vorgegebenes, das auf Tugend und gutes Leben hin orientiert. Die *nomoi* zu geben, bedeutet so, sie zu finden, nicht einfach sie zu erlassen, und sie, wie der Maler ein Gemälde, stets zu verbessern. Dies zu tun ist Sache erfahrener und erprobter Männer, der *Nomotheten*, die die Stelle des Philosophenherrschers der *Politeia* vertreten.[58]

Worauf haben die *nomoi* sich zu richten? Sie sollen den Menschen, wie es heißt, alle Güter verschaffen, die menschlichen, wie Gesundheit, Schönheit, Kraft und Beweglichkeit des Körpers und einen nicht blinden Reichtum, und die göttlichen, wie die Tugenden der Weisheit, Besonnenheit, Gerechtigkeit und Tapferkeit.[59] Sie sind mithin umfassende, auf nahezu alle Bereiche sich erstreckende Lebens- und Verhaltensregeln, ausgerichtet an dem Ziel einer guten Ordnung. Eine Besonderheit ist auch der Stil der *nomoi*. Sie erhalten umfängliche Proömien, Vorworte, die nicht selbst Teil der *nomoi* sind, aber über Sinn und Ziel der Vorschriften belehren und so – unabhängig von Zwang und Sanktion – durch ihr ‚weicheres Garn' ein lernbereites Zuhören vorbereiten, das den Willen wohlwollend für die Tugend stimmt[60] – ein Fortleben des Erziehungsideals in der zweitbesten Polis. Im Hintergrund dieser Ordnungsidee steht die These des Sokrates, daß Wissen zu Tugend führt und niemand freiwillig, ohne falsches Wissen, Schlechtes tut.[61]

Insgesamt sollen die *nomoi* so als Integrations- und Steuerungsinstrumente für die Polis wirken. Sie erstrecken sich auch auf die Ordnung der Ämter, d.h. den Bereich der Verfassung. Wichtig ist dabei, daß die *nomoi* nicht frei schwebend bleiben, vielmehr Einrichtungen zur Stärkung der Gesetze und ihrer Befolgung geschaffen werden, wie die Gesetzeswächter und der „nächtliche Rat" als oberstes Aufsichts- und Kontrollgremium. In ihm wirken die zehn ältesten Gesetzeswächter und besonders ausgezeichnete Männer, auch durch

---

58 Siehe dazu Nomoi, 769a–771a.

59 Vgl. Nomoi, 631b–632c. Siehe auch *K.-J. Hölkeskamp*, Gesetzgeber, S. 35 ff.

60 Vgl. im einzelnen Nomoi, 718e^{5}–723^{b}, 734a; *H. Ottmann* (Lit.), Bd. 1,2, S. 82 f. und *H. Seubert*, Polis und Nomos, S. 503–513 (505 f.).

61 Vgl. *W. K. C. Guthrie*, Greek Philosophy, Bd. 5, S. 376 ff.

Reisen erfahren Gewordene als beratschlagendes Organ für die Erhaltung und Verbesserung der *nomoi* und damit als Hüter der Tugend – gewissermaßen der Anker der gesamten Polis.[62]

c) Den Schlußstein der Polisordnung bildet, anders als wohl in der *Politeia*, die Religion und der religiöse Kult. Platon verteidigt die Existenz der Götter und ihre Bedeutung für die Polis gegen die Infragestellung durch die Sophisten. Sie sind nicht nur vorhanden, sie sind auch der Grund von allem, kümmern sich um alles und sind nicht bestechlich. Vergehen gegen die Götter, Behinderung der öffentlichen Verehrung der Götter sind deshalb zu bestrafen; Platon begründet und verteidigt die Asebiegesetze. Die Kultausübung stellt den Rückhalt der Polisordnung dar, eine Stütze auch für die Geltungskraft der *Nomoi*.[63] Liegt darin, gegenüber der philosophisch argumentierenden *Politeia*, ein Rückgriff auf die Religion und religiösen Kult als vor-rationaler Halt der Polisordnung, oder eher nur eine Lehre zur Befriedung der Menschen, die an ihren Vorstellungen von den Göttern festhalten wollen? Die Frage ist schwerlich eindeutig zu entscheiden. Doch bestehen Bedenken, Platon hier die Position eines Machiavellisten zu unterstellen, der die Religion lediglich politisch instrumentalisiert und sich ihrer als ‚Opium des Volkes' bedient.[64] Gleichwohl, Schutzreden für das Dasein der Götter wegen deren gesellschaftstragender Funktion als Ferment der Polis (Platon tritt für solche Schutzreden ein) zeigen eine selbstverständliche Indienstnahme der Religion als politischer Religion an. Auch dies ist ein Kennzeichen der ‚zweitbesten' Polisordnung.

V. Zusammenfassende Würdigung

Was hat dazu geführt, daß Platon nach wie vor – und das heißt nahezu 2500 Jahre – zu den Klassikern der Rechtsphilosophie und der politischen Philosophie zählt? Zunächst wohl dies, daß er das Problem der Gerechtigkeit und der richtigen Ordnung der Polis erstmals auf breiter philosophischer Grundlage, von der Frage nach dem eigentlich und wahrhaft Seienden und Sein-Sollenden her, erörtert hat. Seine Lehre von der Gerechtigkeit und der richtigen Ordnung der Polis hat ihr philosophisches Fundament in seiner

---

62 Siehe Nomoi, 951d–952d, 961a–c; zur Bedeutung des nächtlichen Rats im Ordnungskonzept der Nomoi siehe *W. K. C. Guthrie*, Greek Philosophy, Bd. 5, S. 368–375; *W. Burkert*, Griechische Religion, S. 489–495.

63 Vgl. Nomoi, 885c–907b; *H. Ottmann* (Lit.), Bd. 1,2, S. 96–98.

64 Für eine echte religiöse Fundierung *E. Zeller*, Philosophie der Griechen, Bd. 2,1, S. 954f.; ähnlich *K. Schilling*, Soziale Ideen (Lit.), S. 147f. Für eine Anerkennung und Stabilisierung der politischen Funktion der Religion *W. Burkert*, Griechische Religion, S. 489ff.

Ideenlehre, die, wie sich zeigte, eine mehrfache Bedeutung hat. Auch wenn etliche seiner Positionen nach wie vor heftig umstritten sind, ist er so zu einem der großen Anreger der Rechts- und Staatsphilosophie geworden. Die Wirkung seiner Gedanken über zwei Jahrtausende kann schwerlich überschätzt werden, und sie reicht bis in die Gegenwart hinein.

Platons fortwirkende Leistung war, daß er die Frage nach dem Rechten und Gerechten als Frage nach der Gerechtigkeit stellte und die Gerechtigkeit – anders als viele Sophisten – nicht subjektiv und orientiert an Nutzen oder Schaden bestimmte, sondern objektiv, als bleibende Idee. Als ihr Inhalt erscheint eine ausgeglichene relationale Harmonie verschiedener Kräfte, bezogen auf eine vernunftbestimmte, in sich gefügte Ordnung, in der jeder Teil das Seinige tut und dabei bleibt. Diese Gerechtigkeit ist menschenbezogen, auf den einzelnen Menschen in sich – die ausgewogene Ordnung seiner Seelenkräfte, und auf die Polisordnung in sich – als ausgewogene Ordnung einer politischen Gemeinschaft von Menschen. Bei der letzteren ist die ständische Gliederung vorgegeben; die Ungleichheit der Menschen nach Naturanlage und Befähigung, nicht ihre Gleichheit steht im Vordergrund. Anlage und erworbene Befähigung bestimmen Aufgabe und Funktion und danach die Stellung der Menschen in der Polis.

Es fordert uns heute heraus, daß Platon den einzelnen Menschen ganz auf die Polis bezogen sieht; erst in ihr und durch sie findet er – nicht zuletzt in der Erziehung – seine Entfaltung und Bestimmung. Er ist Glied und Teil der Polis, ist in sie voll eingefügt. Die ideale, gerechte Polis ist ihrerseits umfassende Gemeinschaft, eine Lebenstotalität. Der moderne Freiheitsgedanke ist ihr fremd, Freiheit besteht nicht in der Freiheit von oder gegenüber der Polis, sondern im Anteil, der Beteiligung an der Polis gemäß eigener Anlage und Befähigung. Sich dergestalt zu beteiligen, ist nicht eine dem Einzelnen offenstehende ‚Freiheit', sondern Pflicht, Bedingung der vernünftigen Ordnung der Polis. Für diese vernünftige Ordnung, die zugleich den immer drohenden Mißbrauch von Macht abwehren soll, setzt Platon zunächst – in der *Politeia* – auf die umfassende Erziehung der Menschen, daß sie aus Einsicht und dem Handeln aus Einsicht zur Gerechtigkeit in sich und von dort zur Gerechtigkeit in der Polis gelangen, indem sie je das Ihre tun und dabei bleiben. In der ‚zweitbesten Polis' der *Nomoi* tritt demgegenüber die Bedeutung der Gesetze als verhaltenssteuernde Kraft für die politische Ordnung der Polis stärker hervor. Beiden gemeinsam ist indes der Charakter der Polis als nicht lediglich äußere Erhaltungsordnung, die den öffentlichen Frieden unter den Menschen sicherstellt, sondern als auch sittliches Gemeinwesen, das die Menschen zum vollkommenen Leben in der Tugend führt. Denn solches Leben ist für Platon notwendig ein Leben in der Polisgemeinschaft und – bei den gehobenen Funktionen – ganz für die Polisgemeinschaft. Der einzelne ist, um eine Formulierung Max Müllers aufzugreifen, „nur frei positiv in bezug auf diese

Gemeinschaft: wenn er sich in ihr und sie sich in ihm erfüllt ... Die Freiheit des einzelnen ist durchaus vereinbar mit der stärksten Hineinbindung ins Ganze der Gemeinschaft in der Bestimmung aller Erziehungs- und Lebensformen durch diese".[65]

Nun ist diese Polisordnung in der Tat das Gegenbild einer „offenen Gesellschaft", die vom Primat individuell-autonomer Freiheit ausgeht und die Gemeinschaftsordnung nur als Einrichtung zur Gewährleistung dieser als vorausliegend gedachten Freiheit versteht. Darin hat K. R. Popper recht. Auch enthält sie eine Absage an die Demokratie, insofern diese auf der politischen Gleichheit und Gleichberechtigung aller Bürger (und Bügerinnen) aufbaut. Aber sie ist deshalb nicht totalitär im Sinne ideologisch getragener Willkürherrschaft, die auf das Innere und die Gesinnung der Menschen zugreift; Platon selbst hat die Tyrannei am schärfsten kritisiert.[66] Die Differenz liegt vielmehr darin, daß Platons Polisphilosophie ganz vom Gedanken der umfassenden Gemeinschaftsbindung der einzelnen ausgeht, den er gegen sophistische Kritik hochhält und erneuert. Das Übermaß an Freiheit und Beliebigkeit einzelner, das er in der attischen Demokratie praktiziert sah, führt für ihn zum Zerfall jeder vernünftigen Polisordnung. Und das Prinzip der Besonderheit des einzelnen Subjekts, verstanden als das Recht der subjektiven Freiheit auch in Distanz und Freiheit gegenüber der Gemeinschaft, das bei Sokrates kurz aufleuchtet, ist für ihn keine wesenhafte, in seiner Natur angelegte Bestimmung des Menschen.[67] Die platonische Republik hat, wie Hegel sagt, „dies Wesentliche, daß das Prinzip der Einzelnheit unterdrückt ist."[68]

---

[65] *M. Müller*, Art. Freiheit, Staatslexikon der Görres-Gesellschaft, Freiburg ^{6}1959, Bd. 3, Sp. 538.

[66] Siehe dazu *D. Frege*, Platon, S. 102 ff.; *W. Schweidler*, Der gute Staat (Lit.), S. 31ff.

[67] Vgl. *G. W. F. Hegel*, Philosophie des Rechts, § 185 Anm., § 124.

[68] *G. W. F. Hegel*, Geschichte der Philosophie, Bd. 2, S. 293.

§ 5 Aristoteles

Aristoteles war Schüler Platons und weilte etwa 20 Jahre an dessen Akademie. Seine Aussagen zu Recht und Gerechtigkeit wie auch zu Charakter und Ordnung der Polis, ja seine ganze Philosophie heben sich jedoch deutlich von seinem Lehrer Platon ab. Platon und Aristoteles stehen so mehr neben- als nacheinander. Gerade die Differenz ihrer Denkweisen ist geeignet, bis heute stets von neuem Anstöße für die philosophische Frage nach dem Recht und der guten politischen Ordnung zu vermitteln.

I. Lebensweg, Zeitsituation, Methode

1. Aristoteles, 384 v. Chr. in Stageira geboren,[1] entstammte einer Arztfamilie. Sein Vater war Leibarzt des makedonischen Königs Amyntas, des Großvaters Alexanders des Großen. Vom 17. bis zum 38. Lebensjahr weilte Aristoteles zunächst als Lernender, dann auch als Lehrender an der Akademie Platons in Athen. Als niedergelassener Fremder (Metöke) hatte er in Athen kein Bürgerrecht, war mithin von allen politischen Rechten ausgeschlossen. Gleichwohl blieb er von wechselnden politischen Konstellationen nicht unberührt. So verließ er nach Platons Tod (347 v. Chr.) Athen für zwölf Jahre, womöglich wegen einer in Athen sich ausbreitenden antimakedonischen Stimmung, die ihn als makedonischen Agenten verdächtigte. Etwa von 343–340 v. Chr. lebte er am Hofe Philipps II. von Makedonien als Erzieher von dessen Sohn Alexander und kehrte nach der Thronbesteigung Alexanders 335 v. Chr. nach Athen zurück. Er entfaltete dort am Lykeion, einer allgemein zugänglichen Lehr- und Forschungsanstalt, eine intensive Tätigkeit. Das Lykeion war nicht primär auf die Erziehung politischer Führer, sondern auf die allgemeine Vermittlung von Wissen und Bildung ausgerichtet. Von unmittelbarer politischer

---

[1] Zu Leben und Persönlichkeit des Aristoteles eingehend *I. Düring*, Aristoteles, S. 1–21; *W. K. C. Guthrie*, Greek Philosophy, Bd. 6, S. 18–45; *W. Jaeger*, Aristoteles, S. 9–22 (zur Akademie Platons als Lernort des Aristoteles), S. 105–124 (nach dem Weggang aus Athen), S. 331–345 (Wirken und Leben in Athen nach der Rückkehr dorthin); ferner *O. Höffe*, Aristoteles, S. 13–21.

Tätigkeit hielt Aristoteles sich fern – darin Platon vergleichbar, in Ermangelung des Bürgerrechts fehlte ihm dazu auch die Voraussetzung. Gleichwohl war Aristoteles kein unpolitischer und dem praktischen Leben abgewandter Gelehrter. Seine Schriften beschäftigten sich maßgeblich auch mit den Fragen politischer Ordnung in ihrem theoretischen und praktischen Bezug und den Fragen des ethischen Handelns. Überdies übte er nicht ohne Grund seine Erziehertätigkeit am makedonischen Königshof aus. Gelegentlich hat er auch Vermittlungsaufgaben zwischen Makedonien und den griechischen Poleis übernommen. Die antimakedonische Reaktion in Athen nach dem Tod Alexanders 323 v. Chr. veranlaßte Aristoteles schließlich zum zweiten Mal, Athen zu verlassen. Auf das Schicksal des Sokrates anspielend, soll er gesagt haben, er werde es nicht gestatten, daß sich die Athener ein zweites Mal gegen die Philosophie versündigen.[2] Er starb ein Jahr später im Alter von 62 Jahren.

2. Die politische Gegenwart, in der Aristoteles lebte, war nicht mehr jene, die Platon erlebt und vor Augen hatte, als er die *Politeia* schrieb. Die attische Demokratie hatte nach der großen Krise des ausgehenden 5. Jh. einige institutionelle und prozedurale Reformen durchgeführt, die sie in ein ruhigeres Fahrwasser lenkten. Die Zuständigkeitsfülle der Volksversammlung wurde ein Stück weit begrenzt, die Aufgaben der Geschworenengerichte erweitert, ihnen insbesondere Kontrollaufgaben gegenüber den anderen politischen Organen übertragen. Vor allem wurde für die Gesetzgebung ein mehrstufiges, ordnendes Verfahren festgelegt, wobei der Erlaß von Gesetzen im Unterschied zu Dekreten (*psephismata*), wenn er für notwendig befunden wurde, an (durch Los ausgewählte) *thesmothetai* übertragen wurde. Auch die Einrichtung der Normenkontrolle, die in einem gerichtsförmigen Verfahren einerseits auf die Aufhebung von Gesetzen und Dekreten, zugleich aber auch auf deren Sicherung zielte, wurde verstärkt.[3] In diesem Umfang fand der Gedanke der *Nomothesie*, der Gesetzesherrschaft anstelle wechselnder Herrschaft sich befehdender Parteien, welche die Gesetzgebung jeweils für sich instrumentalisierten, zunehmend Anhänger und setzte sich durch. Er verdrängte das Volk nicht aus der Mitte der politischen Ordnung, nahm ihm auch nicht die Verfahrensherrschaft über die Gesetzgebung, trug aber der aus Erfahrung gewonnenen Einsicht Rechnung, daß in einer politischen Ordnung, in der die Vielen entscheiden, das Gesetzgebungsverfahren in einem abgesicherten organisatorischen Rahmen zu erfolgen hat.[4] Aristoteles lebte mithin in einer Epoche relativer Stabilisierung der attischen Demokratie durch geordnete, gewalt-teilende Verfahren. Andererseits wurde

[2] *O. Höffe*, Aristoteles, S. 21; siehe ferner *W. Jaeger*, Aristoteles, S. 340 f.

[3] Eingehende – in der Sache nicht unbestrittene – Schilderung dieser Vorgänge bei *M. H. Hansen*, Athenische Demokratie, S. 128 ff. (Volksversammlung), S. 172 ff. (Gesetzgebungsverfahren), S. 181 (Normenkontrolle). Zur Normenkontrolle auch *H. J. Wolff*, Normenkontrolle, S. 4–44 und *J. Bleiken*, Einheit der athenischen Demokratie, S. 264 f. Zum Forschungsstand über die politischen und gesellschaftlichen Verhältnisse im 4. Jh. v. Chr. siehe *W. Eder*, Athenische Demokratie, S. 14–28.

[4] Siehe *J. Bleicken*, Einheit der athenischen Demokratie, S. 269 ff., 279 f.

das Gleichheitsgebot der attischen Demokratie, das sich in demokratischer Unmittelbarkeit, Auswahl im Losverfahren und kurzfristiger Ämterrotation niederschlug, ebenso stabilisiert. Das politische Engagement der athenischen Bürger und ihre Bereitschaft, die durch die zahlreichen Kriege sich steigernden finanziellen und persönlichen Lasten für die Polis zu tragen, ließen merklich nach. Im Bereich des Heeres kam es zu einer erheblichen Zunahme des Söldnerwesens, und dies mehr als Ersatz denn als Ergänzung für das dem demokratischen Gedanken entsprechende Milizsystem. Auch die Verwaltung der Finanzen wurde schwierig; seit 352 v. Chr. war sie bei einigen wenigen Amtsträgern konzentriert, die dadurch große Machtfülle gewannen. Die Gegensätze zwischen Arm und Reich und die daraus entstehenden Spannungen ebbten nicht ab, sondern nahmen zu.

3. Aristoteles war, betrachtet man seine weitgefächerten Fragestellungen und seine Werke, ein Universalgelehrter; er erstrebte und besaß ein enzyklopädisches Wissen. Die von ihm bekannten Schriften erstreckten sich auf den gesamten Bereich der seinerzeit umfassend verstandenen Philosophie. Sie betreffen Logik und Metaphysik, Ethik und Politik ebenso wie Psychologie und Physiologie, Poetik und Rhetorik, Naturgeschichte, Chemie, Astronomie, Mechanik und Mathematik. Anders als bei den Sophisten und Sokrates ist nicht mehr eine Erziehungslehre und der Erwerb der politischen *technē* das Grundanliegen, sondern allgemeine wissenschaftliche Erkenntnis. Die philosophischen Fragen nach der menschlichen Natur, nach Vernunft und Erkennen, nach dem Seienden und dem Sein stellen sich unabhängig vom Zusammenhang mit dem Leben und Handeln in der Polis. Das bedeutet nicht, daß die dabei gewonnenen Erkenntnisse nicht auch Aussagen über die auf die Polis bezogene Natur des Menschen, über die Polis und ihr Recht sowie das ethisch-politische Handeln umgreifen, aber der Bezugspunkt ist ein anderer. Aristoteles kennt zwei Formen der Glückseligkeit als Vollendung des menschlichen Lebens: das vollkommene Leben (*eudaimonia*) in der Polis und das Leben und Handeln in philosophischer Erkenntnis (*theoria*), als ein Schauen und Begreifen des Wahren und Richtigen, das nicht um weiterer Ziele oder in praktisch-politischer Absicht, sondern um seiner selbst willen erstrebt wird; dies ist für Aristoteles eine göttliche Möglichkeit im Menschen als Form des Bei-sich-selbst-Seins.[5] Wird sie erreicht, transzendiert sie die ursprünglich notwendige Eingebundenheit in die Polisgemeinschaft, sie setzt allerdings voraus, daß diese Eingebundenheit hinreichend gelebt worden ist, überhöht also nicht eine Art Einsiedlerexistenz.[6]

---

[5] NE X, 6–9; Politik, VII, 2 u. 3. Zur Interpretation und Verhältnisbestimmung siehe *W. Kullmann*, Theoretische und politische Lebensform, S. 258 ff., 261–275 und *W. Kersting*, Aristoteles: Nikomachische Ethik, S. 67–70.

[6] Siehe dazu *P. Weber-Schäfer* (Lit.), Bd. 2, S. 46–47; *A. Verdroß-Drossberg*, Grundlinien (Lit.), S. 128.

Von Platon, der sein Denken nachhaltig geprägt hat, unterscheidet sich Aristoteles durch seine Hinwendung zu Beobachtung und Erfahrung sowie durch die Bedeutung, die er ihnen für die philosophische Erkenntnis beimißt. Für ihn sind das induktive Vorgehen, der Einbau von Beobachtung und Erfahrung, ferner die Auslegung der umgebenden Wirklichkeit auf diesem Wege, um damit deren ideellen Gehalt oder ihre Defizite zu erkennen, tragende Momente seiner philosophischen Methode. An einer Stelle der Nikomachischen Ethik, in der Aristoteles über seelische Zustände spricht, erläutert er sie wie folgt:

> „Dabei sind ... die gängigen Ansichten zugrunde zu legen und zunächst die strittigen Punkte zu klären, um so womöglich den Wahrheitsgehalt aller Anschauungen über diese seelischen Gegebenheiten sichtbar zu machen oder wenn nicht, dann wenigstens den der meisten und entscheidendsten. Wenn es nämlich gelingt, die strittigen Dinge zu klären und dann die plausiblen Meinungen übrig bleiben, so wäre ein ausreichender Nachweis gelungen.“ (NE VII, 1; 1145b, 2–7; Übers. Dirlmeier)

Danach kommt es generell auf dreierlei an: Man muß (1) die Phänomene sichern (*tilthenai ta phainomena*), das heißt hier die Meinungen sammeln und sichten, (2) die Schwierigkeiten durcharbeiten (*diaporésai*), also etwa Widersprüche auflösen und Unhaltbares fallen lassen, und (3) den Wahrheitsgehalt der glaubhaften Ansichten (*endoxa*), zumindest der meisten und wichtigsten, deutlich machen (*deiknynai*).[7] Für Aristoteles liegt darin nicht eine Absage an die Ideen als reale geistige Wesenheiten. Aber sie bestehen nicht vor den Dingen und außerhalb ihrer, wie bei Platon (oben § 4 II 1, S. 75), haben Existenz vielmehr in und an den Dingen und sind daher aus der gegebenen Wirklichkeit erhebbar. Das zeigt sich in seiner gleich zu behandelnden Erkenntnis- und Seinslehre (unten II) und bildet die Grundlage seiner teleologischen Metaphysik.

4. Entgegen dem Anschein ist die Quellenlage bei Aristoteles schwierig.[8] Von seinem Gesamtwerk sind höchstens 20 bis 25 % erhalten geblieben. Von den von ihm zur Veröffentlichung bestimmten Schriften, darunter auch etliche Dialoge, ist keine einzige mehr überliefert; von den 158 von ihm und seinen Schülern gesammelten Verfassungen griechischer Poleis blieb nur die der Athener. Die erhaltenen (und heute gedruckten) Texte haben im wesentlichen Vorlesungshefte und Notizen zur Grundlage, die zum Teil von Redaktoren überarbeitet wurden. Daraus erklärt sich,

---

[7] Eine nähere Erläuterung dieser Methode geben *A. Graeser*, Philosophie der Antike, S. 207 ff., und *O. Höffe*, Aristoteles, S. 90–99.

[8] Vgl. *A. Graeser*, Philosophie der Antike, S. 204 ff., und *I. Düring*, Aristoteles, S. 32–48.

daß die Texte zuweilen mühsam zu lesen sind, Einschübe und Exkurse aufweisen, nicht überall von Widersprüchen frei sind, ganz im Gegensatz zur Geschliffenheit und stilistischen Eleganz der platonischen Dialoge. Die Überlieferungsgeschichte der Werke des Aristoteles, ihre Tradierung in der späten Antike, ihr anschließendes Vergessenwerden und die Wiederentdeckung im europäischen Raum über den Kontakt mit den Arabern im 12. Jh. stellt ein eigenes Problem dar; es kann hier nicht behandelt werden.[9]

II. Erkenntnis- und Seinslehre

1. Fragen wir nach der Erkenntnislehre des Aristoteles, so liegt deren Ausgangspunkt, seiner philosophischen Methode gemäß, im Erkennen der einzelnen Gegenstände; erst aus dieser Erkenntnis und durch sie kann ein Allgemeines erfahren und erkannt werden.

Der Erkenntnisprozeß beginnt mit der Wahrnehmung und dem Zusammentragen der Phänomene. Das kann sich auf Sinnendinge (Tatsachen) beziehen, die sinnlich wahrgenommen werden können, aber auch auf Meinungen oder Lehraussagen, die als solche aufgenommen und gesichtet werden. In einem stufenweisen Fortschritt kommt es dann zur Erkenntnis einer Form (Idee, Wahrheit); diese ist und bleibt in die Sinnlichkeit der Körperwelt oder in die Gestalt der Meinung/Aussage eingebettet, aber sie kann durch produktiv-erkennende Tätigkeit des Geistes (*nous*) herausgeschält und herausgehoben werden. Die verschiedenen Erkenntnisstufen, die hierbei wirksam sind, lassen sich in folgender Weise veranschaulichen: Wahrnehmung und Beobachtung führen zunächst zur Bildung sinnlich-allgemeiner Vorstellungen, wie Vogel, Pferd, Tiger; in der nächsten Stufe bildet sich daraus eine gedanklich-allgemeine Vorstellung: Tier; die produktive Tätigkeit des *nous* schält aus der allgemeinen Vorstellung, sei sie eine sinnlich-allgemeine oder eine gedanklich-allgemeine, ein ideelles, begrifflich faßbares Wesen heraus, die Idee des Tieres; sie kommt in der Vernunft zu aktuellem Bewußtsein.

Hieran zeigt sich der Unterschied zur Erkenntnistheorie Platons. Zwar geht auch Platon von der Wahrnehmung aus, aber sie ist nur Anstoß, nicht Weg und Stufe der Erkenntnis. Die Erkenntnis selbst vollzieht sich für ihn im reinen Denken, losgelöst von Beobachtung und Erfahrung, ist ein Vorgang des Wiedererinnerns von der Seele bereits Bekanntem, das zunächst verschüttet ist (oben § 4 II 2, S. 76 f.).

Der Prozeß der Erkenntnis, der auf diese Weise zustandekommt, zeigt sich als ein Vorgang zunehmender Abstraktion. Er bleibt jedoch nicht in einem bloß logisch-psychischen Prozeß stehen, gelangt vielmehr zur Erkenntnis der

[9] Hinweise hierzu bei O. *Höffe*, Aristoteles, S. 264–287.

idee-geformten Struktur des Seienden, die von Aristoteles als gegeben vorausgesetzt wird. Und es handelt sich bei den so erkannten Ideen nicht um erst durch den Verstand im nachhinein erzeugte (subjektive) Vorstellungen, vielmehr wird das vorhandene Seiende in seinem idee-geformten Sein herausgehoben und erkannt. Darin liegt die Verwandtschaft zu Platon. Die erkennende Vernunft ist eine *vernehmende* Vernunft, die das vorhandene Seiende in seinem Wesen faßt, nicht eine autonom setzende und aus gesetzten obersten Prämissen konstruierende Vernunft, die aus sich eine Welt erst erbaut.

2. Was die Ideen- und Seinslehre angeht, unterscheidet sich Aristoteles nicht nur von Platon, er geht auch erheblich über ihn hinaus. Platon konzentrierte sich vor allem auf das unveränderlich Seiende, das in den Allgemeinbegriffen (Ideen) faßbar wird, Aristoteles hingegen richtet sein Augenmerk auf die Prozesse, welche die umgebende Welt bestimmen, und die in ihnen zutage tretenden näheren Qualitäten des Seins. Auf dieser Grundlage entwickelt er die Lehre von den *Gestaltprinzipien des Seins*. Diese Prinzipien vermögen das Entstehen und Vergehen, die Bewegung und Veränderung, die wir in der uns umgebenden Lebenswelt wahrnehmen, zu erklären und begrifflich zu fassen. Sie sind aus Beobachtung und Erfahrung gewonnen: Die Vorgänge der Bewegung, worunter Aristoteles nicht nur die Ortsveränderung, sondern alle Arten von Bewegung versteht, auch das Werden und Vergehen, die Aktualisierung potentieller Möglichkeiten, wie sie bei Pflanzen, Tieren und in der menschlichen Lebenswelt auszumachen sind, werden auf ihre Aufbauprinzipien, das ihnen Zugrundeliegende, befragt und dahingehend analysiert. Auf diese Weise hebt Aristoteles mehrere Merkmale des Seins hervor, die auf kategoriale, an den Dingen auffindbare Beziehungen zurückgeführt werden. Es sind dies die Beziehungen von Materie (Stoff) und Form, Akt und Potenz, Bewegung und Veränderung, Gerichtetheit und Telos.[10] Was ist damit konkret gemeint?

– *Materie (Stoff)–Form:* Gegenüber der Materie, dem Stoff, erscheint die Form als das Bestimmende und Gestaltverleihende. Das Material, etwa Holz, wird durch einen Bauplan, die formgebende Idee beispielsweise eines Tisches, zu einem Produkt (Werk) gestaltet, das ein bestimmtes Wesen, nämlich das eines Tisches, aufweist. Die formgebende Idee ist dem einzelnen Tisch immanent, tritt freilich in einer bestimmten, individuellen Realisierung auf, die auch anders sein könnte. Der so beschaffene konkrete Gegenstand erscheint als untrennbare Einheit von Stoff

[10] Darstellung dieser Seite der Erkenntnis- und Seinslehre des Aristoteles bei *W. K. C. Guthrie*, Greek Philosophy, Bd. 6, S. 223–233; *J. Hirschberger*, Geschichte, Bd. 1 (Lit.), S. 185–208; *J. Barnes*, Aristoteles, S. 83–91; *A. Graeser*, Antike Philosophie, S. 232–235; *O. Höffe*, Aristoteles, S. 104–109, 112–115.

und Form. „Die Welt ist nicht mehr in der Idee (Platon), sondern die Idee ist in der Welt.“[11]

– *Akt–Potenz:* Die formgebende Idee ist nicht sofort in ihrer endgültigen Gestalt dem Stoff immanent, sondern zunächst nur der Möglichkeit nach, also potentiell. Sie aktualisiert sich im Werden und Wachsen, gewinnt dadurch erst ihre volle Wirklichkeit und Gestalt. Das Werden bezeichnet den Übergang von der Möglichkeit zur ganzen Wirklichkeit der Form; das So-Sein (die Idee) aktualisiert sich im Dasein, der konkreten Existenz. Schon der Sprößling (eines Baumes) ist seiner Potentialität nach ein voll ausgewachsener Baum, seine Gestalt realisiert sich im Prozeß des Werdens und Wachsens. Ebenso sind der Embryo oder das neugeborene Kind der in ihnen bereits enthaltenen Möglichkeit nach, die nurmehr der Entfaltung bedarf, ein voller, zum Vernunfthandeln fähiger Mensch (Mann oder Frau), wenngleich dies erst mit dem Erwachsenwerden aktual wird.

– *Bewegung–Veränderung:* Das Sein ist ein bewegtes Sein. Aristoteles erkennt die Dynamik alles Lebendigen als ontisches Prinzip. Der Gegensatz zwischen einem statischen (stets sich gleichbleibenden) Sein und immer wieder auftretender Veränderung wird überbrückt, um die umgebende Wirklichkeit voll zu erfassen. Die Vermittlung zwischen den Extremen der Statik und einem radikalen Sich-im-Fließen-Befinden geschieht durch den Begriff der *Bewegung*. Es nützt gar nichts, sagt Aristoteles, wenn wir ewige Wesenheiten annehmen wie die Ideen, wenn nicht auch eine innewohnende Kraft da ist, von der Bewegung und Veränderung ausgeht.[12] Alles lebendige Sein: Pflanzen, Tiere, Menschen, existiert in Bewegung und Bewegtheit, verändert sich, ohne dabei sich selbst zu verlieren; auch die physikalische Welt ist, wie wir heute wissen, eine in hohem Maß bewegte und durch Bewegung getragene.

Die so erkannte Bewegung des Seins bringt die Frage nach dem Grund dieser Bewegung, ihrem Prinzip hervor. Woher stammt dieses Prinzip und was ist sein Grund? Aristoteles führt die Bewegung auf den „unbewegten Beweger“ zurück, da Bewegung selbst nicht der Grund der Bewegung sein kann. Der unbewegte Beweger, später als Gott apostrophiert, steht der Bewegtheit des Seins *gegenüber*, ist nicht dessen Teil und geht nicht in ihm auf. Die antike Vorstellung von der Immanenz des Kosmos ist damit, wie auch schon in Platons Idee des Guten (oben § 4 II 3, S. 77 f.) aufgesprengt.

– *Gerichtetheit–telos:* Die Bewegung des Seins ist nicht eine zufällige und willkürliche, sondern eine zielgerichtete, eine Bewegung woraufhin. Sie ist gerichtet auf die Verwirklichung der Form (Idee) im konkreten Dasein, die Realisierung des ihr innewohnenden *telos*. Die Bewegung des Fohlens – in seinem Wachsen und Werden – ist darauf gerichtet, ein ausgewachsenes Pferd zu werden, die des Kindes, ein erwach-

---

[11] Das Wortspiel findet sich bei *J. Hirschberger*, Geschichte, Bd. 1 (Lit.), in der Gegenüberstellung der Überschriften zum Kapitel Platon (S. 72) und Aristoteles (S. 135); vgl. auch dortselbst S. 194.

[12] Vgl. Metaphysik, 1071b, 12–20.

sener Mensch, die des in Angriff genommenen Bauwerks, ein Haus, eine Kunsthalle oder eine Fabrik zu werden. Die Realisierung des *telos* ist so das Prinzip, das allem Werden und aller Bewegung zugrunde liegt; Geschehen ist auf die Aktualisierung des *telos* angelegt. In diesem Sinn kann von der Gerichtetheit (*entelechia*) des Seins gesprochen werden.

– Die *Natur* nun eines Gegenstandes, das, was sein Wesen ausmacht, zeigt sich, wenn die formgebende Idee im konkreten Dasein vollendeten Ausdruck gefunden hat, das *telos* voll erreicht ist. Natur ist für Aristoteles ein *Vollendungsbegriff*, er meint nicht das unabdingbar Notwendige, ohne das etwas überhaupt nicht sein kann, sondern die volle Realisierung der Form, die in ihm als essentieller Kern angelegt ist:

> „Denn der Zustand, welchen jedes Einzelne erreicht, wenn seine Entwicklung zum Abschluß gelangt ist, nennen wir die Natur jedes Einzelnen, wie etwa des Menschen, des Pferdes, des Hauses." (Pol. I, 2; 1252b, 32–34; Übers. Gigon)

Im Naturbegriff sind die verschiedenen Merkmale des Seins eingefangen und aufgehoben. Dieser Sachverhalt läßt sich wie folgt formulieren: „Idee (Wesenheit), Form, Wirkursache, Zweck und ‚Natur' bilden im aristotelischen System eine Einheit."[13]

3. Diese Erkenntnis- und Seinslehre des Aristoteles bleibt nun nicht abstrakt bei sich, sie hat greifbare Auswirkungen auf die Erörterung der Fragen nach dem Grund und Wesen von Recht und politischer Ordnung. Sie ist die Grundlage dafür, daß Aristoteles in den Erörterungen hierzu eher induktiv vorgeht und topisch-problemorientiert argumentiert, um die richtigen Lösungen zu finden.[14] Dabei werden die antithetischen Entgegensetzungen von faktisch–vernünftig, empirisch–normativ, Sein und Sollen ein Stück weit unterlaufen.[15] Das zeigt sich in mehrfacher Hinsicht:

– Gelangt die Erkenntnis von der Sinneswahrnehmung und dem Sammeln und Sichten von Meinungen zu allgemeinen Vorstellungen und dann weiter zu Wesensbegriffen, so ist für die Erkenntnis des Wesens von Recht und politischer Ordnung vorgezeichnet, von der auffindbaren Wirklichkeit des Rechts und der Polisordnung und deren Auslegung auszugehen. Was Recht und Polisordnung in ihrem Wesen ausmacht, läßt sich durch die Herausarbeitung des *telos*, auf das hin diese Wirklichkeit angelegt ist, ermitteln, in Anknüpfung an schon Bestehendes, das mehr ist als bloß Faktisches. Es bedarf nicht der Deduktion aus einer davon losgelösten Idee oder einem abstrakten normativen Prinzip; Normen und Normalität stehen in einem Zusammenhang. Auch die Auffassung der Bürger (*endoxa*), die sie von Recht und politischer Ordnung haben, gewinnt dafür Bedeutung.[16]

---

[13] *H. Welzel* (Lit.), S. 29.

[14] Zur Bedeutung der Topik für Aristoteles und seine politische Philosophie siehe *W. Hennis*, Politik und praktische Philosophie, S. 89–96.

[15] *H. Ottmann* (Lit.), Bd. 1,2, S. 137f.

[16] Vgl. *J. Ritter*, ‚Naturrecht', S. 171.

– Wenn die Idee stets als Formprinzip in den Dingen präsent ist, so ist auch die konkrete Wirklichkeit von Recht und Polis nicht einfach ideen-los, nicht der Abfall von einer ihr gegenüberstehenden An-sich-Idee, an die sie nur anzugleichen ist. Vielmehr hat diese Wirklichkeit ihrer Anlage nach die Idee und damit eine Vernunft in sich, man kann und muß sie durch Auslegung und Rückführung auf ihren Kern herausbringen und erkennen; die Praxis des gelebten Lebens ist keineswegs von allen guten Geistern verlassen. Das schließt freilich Kritik am Maßstab eines gelingenden und guten Lebens nicht aus, der wahre Kern in der Wirklichkeit kann gerade dadurch freigelegt werden.[17]

– Wird die ‚Natur' eines Dinges als ein Zustand der Vollendung begriffen, als aktualisierte Form im konkreten Dasein, so liegt die Natur eines Gegenstandes nicht dem positiven Gegebenen als abstraktes Bauprinzip voraus, sondern entfaltet sich im konkret Gegebenen und als dieses. Natur ist das in der Existenz Aktualisierte, auf das *telos* hin Ausgeformte und Realisierte. Das hat Bedeutung auch für das von Natur Rechte und das der Natur der Polis Gemäße. Und aufgrund des Bewegungsprinzips gibt es unterschiedliche Stufen dieser Aktualisierung. Natur ist nicht, weil wesenhaft, statisch und unveränderlich, sondern etwas (auch) Bewegtes, das im Rahmen des *telos* und auf es hin veränderlich ist und unterschiedliche Gestalten annehmen kann, wie es eben auch vollendete und unfertige, (noch) nicht voll realisierte Natur gibt.

Diese Voraussetzungen muß man im Blick haben, will man die Gerechtigkeits- und Polislehre des Aristoteles richtig verstehen und würdigen.

III. Rechtsphilosophie und Gerechtigkeitslehre

1. *Recht und ‚von Natur Rechtes' bei Aristoteles:* Nicht wenige sehen die Bedeutung der Rechtsphilosophie des Aristoteles darin, daß sie erstmals den Gedanken eines dem positiven Recht vorausliegenden Naturrechts begründet und damit dem abendländischen Rechtsdenken für annähernd 2000 Jahre die Richtung gewiesen habe. Mit dem ‚Naturrecht' bei Aristoteles hat es jedoch seine besondere Bewandtnis, wie die neuere Forschung inzwischen herausgearbeitet hat.[18] Inhalt und Form des Naturrechts, wie Aristoteles es erklärt und begründet, unterscheiden sich deutlich von dem, was heute und seit Beginn der Neuzeit, ja zum Teil schon während des Mittelalters, als Naturrecht begründet und diskutiert wird.

---

[17] Vgl. *H. Ottmann* (Lit.), Bd. 1,2, S. 136–138. Für einen eminent wirklichkeitskritischen Ansatz der politischen Philosophie des Aristoteles demgegenüber *A. Kamp*, Politische Philosophie, S. 120 ff.

[18] Vgl. *J. Ritter*, ‚Naturrecht' bei Aristoteles, passim; *A. Verdroß*, Aristotelische Naturrechtslehre, S. 527–537; *G. Bien*, Grundlegung, S. 201–207; *R. Maurer*, Platons ‚Staat', S. 129–132.

a) Begriff und Wesen des Rechts erschließen sich für Aristoteles, seinem methodischen Ansatz gemäß, vom gegebenen Recht der Polis her. Dieses wird auf seinen Grund, die in ihm erscheinende Idee, zurückgeführt und in seiner Idee-Geformtheit aufgewiesen. Im ersten Buch der Politik bestimmt Aristoteles das Recht als die Ordnung der Polisgemeinschaft:

> „Die Gerechtigkeit bezieht sich auf die Polis. Denn das Recht ist die Ordnung der Polisgemeinschaft. Die Gerechtigkeit aber entscheidet über das, was rechtmäßig ist." (Pol. I, 2; 1253a, 37–38)[19]

Das Recht (*dikaion*) ist das, was in der Polis und als Polisordnung erscheint, es kann nur in bezug auf die konkrete Polis verwirklicht werden. Recht liegt so nicht der Polisordnung voraus, so daß es diese allererst aus sich hervorbringt, sondern es besteht als die Ordnung der Polis. Dabei ist Polisordnung nicht im Sinne eines abstrakten Begriffs zu verstehen, der lediglich den Inbegriff einer wie immer gearteten politischen Ordnung meint, sondern als die konkrete entfaltete Polisordnung der Zeit (oben I, 2). Wie Aristoteles die Polis sieht, ist ihr ein bestimmtes *telos* eigen; sie ist in bestimmter Weise und in bestimmten Institutionen verfaßt, insbesondere als Herrschafts- und Gemeinschaftsordnung von Freien und Gleichen.[20] Recht (und das Gerechte) als Ordnungsform des Zusammenlebens besteht gerade und nur in einer solchen Gemeinschaft von Freien und Gleichen und zwischen ihnen; sein gegenständlicher Bereich wird dadurch bestimmt und begrenzt. Innerhalb des Hauses, etwa zwischen Mann und Frau, Vater und Kindern und Herrn und Sklaven, gibt es Recht nur in einem uneigentlichen, übertragenen Sinn (siehe auch unten IV 1c).

> „Dieses ist das verbindende Element, wo immer sich Menschen zu gemeinsamer Lebensform mit dem Ziel der Autarkie zusammengeschlossen haben, und zwar freie und gleiche Menschen ... Überall, wo dies ... nicht gegeben ist, da ist kein verbindendes Polis-Recht, wenngleich allerdings eine gewisse Spielart des Rechts, Recht im übertragenen Sinn. Denn Recht ist da, wo die Beziehungen von Mensch zu Mensch durch das Gesetz geordnet sind. ..." (NE V 10; 1134a, 26–30; Übers. Dirlmeier)

---

[19] Pol. I, 2, 1253a 37–38. Subjekt dieses Satzes ist, entgegen der problematischen Übersetzung von Rolfes, die Gerechtigkeit. Von ihr wird gesagt, daß es sie nicht ohne Bezug auf das konkrete Recht gibt. Das konkrete Recht aber ist polis-bezogen, Recht der Polis, weshalb auch die Gerechtigkeit polis-bezogen ist. Rolfes übersetzt: „Denn das Recht ist nichts anderes als die in der Polis herrschende Ordnung und eben dieses Recht ist es auch, das über das Gerechte entscheidet." (Aristoteles, Politik, neu übers. von *E. Rolfes*, Philosophische Bibliothek, Bd. 7, Buch I, Kap. 2 a.E.) Hiermit wird das Verhältnis umgekehrt, so daß der Eindruck entsteht, das tatsächlich geltende Recht der Polis entscheide über das Gerechte.

[20] Siehe Pol. I, 7, 1255b 17–19.

Aristoteles schränkt mithin Recht im eigentlichen Sinn auf den Bereich der Polis ein, nimmt die Ordnung des Hauses (*oikos*) davon aus.[21] Wenn er aber das Recht nur als spezifische Ordnung einer örtlich und nach Mitgliedern näher bestimmten Gemeinschaft faßt, wie ist es dann in seinem Wesen bestimmt? Es ist von Aristoteles nicht als zeitenthobenes ‚Recht an sich' verstanden, das vor und unabhängig von der Polis als ideell gültig existiert, sondern als aktualisiertes, in der entfalteten Polis als deren Ordnung konkret ausgeformtes und praktiziertes Recht.

b) Dieses Polis-Recht in seiner konkreten Gestalt scheint für Aristoteles nun gleichwohl teils aus Naturrecht, teils aus festgelegtem, auf Satzung beruhendem Recht zu bestehen. Der Schlüsselsatz, der zu vielen und kontroversen Interpretationen Anlaß gegeben hat, lautet:

> „Das Polisrecht ist teils Natur-, teils Gesetzesrecht. Das Naturrecht hat überall dieselbe Kraft der Geltung und ist unabhängig von Zustimmung oder Nicht-Zustimmung (der Menschen). Beim Gesetzesrecht ist es ursprünglich ohne Bedeutung, ob es so oder anders geregelt wird, wenn es aber festgelegt ist, dann ist es verbindlich, zum Beispiel daß das Lösegeld für einen Gefangenen eine Mine betragen soll." (NE V 10; 1134b, 18–22; Übers. Dirlmeier)

Der Satz wirkt auf den ersten Blick wie ein Ausdruck klassisch-naturrechtlichen Denkens im Sinne der Gegenüberstellung von vorausliegendem, universell geltendem Naturrecht und gesetztem positiven Recht. Er ist es indes nicht. Die Gründe dafür liegen im Bezug zum Polisrecht, im Naturbegriff des Aristoteles und seiner politischen Anthropologie.

(1) Die Polis und das Polisrecht sind deshalb ‚von Natur', weil in der verfaßten, in Ordnungen ausgeformten Polis der Freie sein aktuales Menschsein hat, seine Natur ihre Wirklichkeit und Vollendung findet. Dahinter steht die Auffassung, daß der Mensch, wie alles Existierende, eine natürliche Zweckbestimmung (*entelechia*) hat (oben II 2 a.E.). Sie ist darauf gerichtet, alle Anlagen und Fähigkeiten seines Charakters und seines Geistes zu einem guten Leben (*eudaimonia*) zu entfalten. Der Mensch ist nicht ein Einzelwesen, auch nicht nur ein soziales Wesen, das der Gemeinsamkeit der Familie (des Hauses) und – zur arbeitsteiligen äußeren Lebensbewältigung – der Dorfschaften bedarf, sondern ein auf die Polis hingeordnetes Wesen – *zoon politikon*. Der Mensch, der für Aristoteles durch die Teilhabe an allen Seinsbereichen ausgezeichnet ist, dem biologisch-vegetativen ebenso wie dem emotionalen und dem geistig-vernunftmäßigen, kommt erst und gerade in der Polis als Gemein-

---

21 Wenn *J. Ritter*, ‚Naturrecht', S. 159 sagt: „‚Recht' ist für Aristoteles immer in der Vielfältigkeit dessen gegeben, was in der Polis wie im ‚Haus' Sitte, Brauch und Gewohnheit ist", so ist gegenüber der Bezugnahme auf das Haus, den *oikos*, gerade ein Vorbehalt zu machen: in ihm ist gerade kein volles, sondern allenfalls, wie Aristoteles selbst sagt, ein analoges Recht gegeben, vgl. auch unten 2c.

schaft autarker Lebensbewältigung zu seinem eigentlichen Ziel, das Selbstzweck und ein Gut in sich ist. Folglich ist auch das der Natur gemäße Rechte nicht abgelöst von der Polis, ihr vorausliegend, sondern gerade das mit der Polis gegebene Recht, das ihrer konkreten, ethisch-institutionellen Verfaßtheit zugrunde liegt. Das natürlich Gerechte (*physei dikaion*) lebt *in* der bestehenden Ordnung, wenngleich es nicht bloße Funktion dieser Ordnung ist.[22]

(2) Das von Natur Rechte wird weiter dadurch bestimmt, daß Aristoteles sich hierfür auf die konkret-aktualisierte Natur der Menschen bezieht. Auch dies entspricht der Methode topisch-problemorientierter Argumentation; sie eröffnet ein weites Feld für differenzierte Begründungen, die auf die konkrete Lebenswelt und ihre herrschaftlichen Ordnungen bezogen sind, führt aber letztendlich auch zur Rechtfertigung des ‚Sklaven von Natur'.

Auf die Sklaven kommt Aristoteles im Zusammenhang mit der Behandlung des Hauses (*oikos*) zu sprechen. Das Haus erscheint nach den damaligen Gegebenheiten als eine Einheit, die aus dem Hausherrn, Frau und Kindern sowie den Sklaven besteht. Der Sklave hat die Funktion eines lebendigen Werkzeugs, das die für die Erreichung des Zwecks des Hauses notwendigen Verrichtungen nach dem Befehl des Herrn ausführt und sich darin erschöpft.[23] Hinsichtlich der Sklaverei stellt sich somit die Frage:

> „Besitzt jemand tatsächlich von Natur die beschriebenen Eigenschaften oder nicht? Und ist es für irgendjemand vorteilhafter und gerecht, als Sklave zu dienen oder nicht, sondern ist jede Sklaverei wider die Natur?" (Pol. I, 5, 1254 a 17–19; Übers. Schütrumpf)

Der entscheidende Grund für Sklaven von Natur ergibt sich für Aristoteles daraus, daß er vom Vorhandensein solcher Unterschiede zwischen den Menschen ausgeht, die dem Verhältnis von Seele zu Körper oder Mensch zu Tier ähneln können, ohne daß Aristoteles freilich das Menschsein der Sklaven infragestellt.[24] Dann ist es für den einen angemessen und besser zu herrschen und für den anderen, beherrscht zu werden.

> „Diejenigen, die voneinander so weit unterschieden sind wie Seele und Körper, Mensch und Tier – und (einige Menschen) sind tatsächlich in dieser Weise voneinander unterschieden, wenn ihre Leistung der Gebrauch des Körpers ist und dies als das Beste von ihnen (zu gewinnen) ist – diese sind von Natur Sklaven. Für sie ist es vorteilhafter, dieser Herrschaft zu unterstehen, wie das auch

---

[22] In diesem Sinn auch *H. Coing*, Rechtsphilosophie (Lit.), S. 16.

[23] Vgl. Pol. I, 3 u. 4, 1253b 3–12 und 22–1254a 8. Erläuterung und Interpretation im einzelnen bei *P. Pellegrin*, Hausverwaltung, S. 37–57.

[24] *D. Papadis*, Sklaven von Natur, S. 346 f.; *E. Voegelin*, Ordnung und Geschichte, S. 82 sucht dies durch die lakonische Feststellung zu relativieren, die Vorstellung des Sklaven von Natur leugne nicht die Gleichheit der menschlichen Natur, sondern sei der Versuch einer empirischen Differenzierung von Charaktertypen im Rahmen der gemeinsamen und gleichen Natur.

> bei den eben genannten der Fall war. Denn von Natur ist derjenige Sklave, der imstande ist, einem anderen zu gehören – deswegen gehört er ja auch einem anderen – und der in dem Maße an der Vernunft Anteil hat, daß er sie vernimmt, aber sie nicht (als ein leitendes Vermögen) besitzt ..." (Pol. I, 5, 1254 b 16–23; Übers. Schütrumpf)

Aristoteles stellt somit ganz auf die konkret-aktualisierte Natur im einzelnen Menschen ab. Er argumentiert nicht von einer allgemeinen Wesensnatur des Menschen ausgehend, sondern andersherum:[25] Die Daseinsform des Sklaven entspricht dem *telos* seiner konkret-aktualisierten Natur, die durch das Fehlen der Fähigkeit zum selbstbestimmten, vernunftgetragenen Lebensvollzug gekennzeichnet ist. Deshalb ist er lebendiges Werkzeug und von Natur nicht rechtsfähig in der Polis. Er ist in seinem aktualen Menschsein ‚zum Sklaven geboren', wie andere nach Anlage, Habitus und Fertigkeit ‚von Natur' Schreiner oder Bäcker sind.[26] Das führt dann zu dem Schluß:

> „Für einige gilt, daß sie von Natur entweder frei oder Sklaven sind, und für diese ist es vorteilhaft und gerecht, als Sklaven zu dienen." (Pol. I, 5, 1255 a 2–4; Übers. Schütrumpf)

Es ist nur folgerichtig, daß Aristoteles im weiteren zwischen Sklaven von Natur und Sklaverei aufgrund des Gesetzes unterscheidet. Denn es gibt auch Sklaven, die ihrer (konkret aktualisierten) Natur nach an sich frei sein müssen. Als Grund verweist Aristoteles auf das Übereinkommen, wonach Kriegsgefangene Eigentum des Siegers seien und die Frage der Naturausstattung dabei keine Rolle spielt. Das entsprach damals geltendem Recht. Solche Sklaverei beruht nur auf Gesetz und Gewalt, ist für etliche wider die Natur und deshalb ungerecht.[27] Von daher läßt sich Aristoteles im Hinblick auf die zu seiner Zeit tatsächlich bestehende Sklaverei nicht nur affirmativ, sondern auch kritisch lesen. Denn neben den Kriegssklaven erfüllten auch nicht wenige der tatsächlich vorhandenen Sklaven die Merkmale eines ‚Sklaven von Natur', nämlich zum selbstbestimmten, vernunftgetragenen Lebensvollzug unfähig zu sein, nicht. Das galt etwa im Blick auf die durch Schuldknechtschaft begründete

---

[25] Dies wird von H. Ottmann offenbar anders gesehen; es hat bei ihm eine längere, insgesamt wenig überzeugende Auseinandersetzung mit dem „Sklaven von Natur" zur Folge, vgl. H. Ottmann (Lit.), Bd. 1,2, S. 179–183.

[26] Aristoteles greift darüber hinaus auch auf die Unterschiede in Körperwuchs und Körpergestalt zurück, die die einen zur Beschaffung des Notwendigen, die anderen zur politischen Tätigkeit geeignet erscheinen lassen, vgl. Pol. I, 5, 1254b, 26–36.

[27] Siehe Pol. I, 6, 1255a 3–1255b 15. Die Versklavung der Besiegten war im antiken Griechenland anerkanntes Siegerrecht und mildere Alternative zur häufig vollzogenen Abschlachtung der Besiegten (vgl. oben § 2 I 2c, S. 17 und die zahlreichen Nachweise bei *E. Schütrumpf*, Aristoteles, Politik, Buch 1, S. 274). Es fällt auf, daß Aristoteles die Versklavung aus Schuldknechtschaft nicht erwähnt; diese war zwar für Athener Bürger durch die Gesetzgebung Solons abgeschafft (oben § 2 IV 2a, S. 26), bestand aber in anderen Poleis fort mit der Folge, daß dort aus Schuldknechtschaft entstandene Sklaven verkauft werden und so auch nach Athen gelangen konnten.

Sklaverei, die zwar für Bürger Athens durch Solons Gesetzgebung abgeschafft war (oben § 2 IV 2a, S. 26), in anderen Poleis aber fortbestand, und dies mit der Folge, daß dort über Schuldknechtschaft entstandene Sklaven verkauft werden und so auch nach Athen gelangen konnten. Zahlreiche solcher Sklaven waren nach den Kriterien des Aristoteles keine ‚Sklaven von Natur', daher, konnte nicht ein Gegenbeweis geführt werden, unberechtigte Sklaven und freizulassen.[28]

(3) Wenn sich aber das von Natur Rechte aus der Bezogenheit auf die konkret-aktualisierte Natur ergibt, ist es weder überzeitlich-allgemein noch statisch-unveränderlich. Indirekt gegen die Sophisten gewendet, betont Aristoteles, daß es manches gibt, das der Veränderung unterworfen ist, aber gleichwohl von Natur gilt.

> „Bei den Göttern allerdings mag das (die Veränderlichkeit) wohl ausgeschlossen sein; bei uns aber gibt es wohl auch manches, was von Natur gilt, aber das alles ist der Veränderung unterworfen – und dennoch besteht die Scheidung: ‚von Natur' – ‚nicht von Natur'." (NE V, 10; 1134b, 28–30; Übers. Dirlmeier)

Aristoteles beruft sich zur Erläuterung auf eher vordergründige Beispiele, etwa daß die rechte Hand (als die Wurfhand) von Natur stärker sei als die linke, dennoch durch Training beide Hände gleich stark werden können, oder daß Rechtsformen, die von Natur sind, auch wenn sie durch ihren fortwährenden Gebrauch eine Veränderung erfahren, doch solche bleiben.[29] Von seiner Seinslehre (oben II 2) her zeigt sich hierfür indes ein tieferer Grund: Das von Natur Rechte wird nicht vom Bewegt-Veränderlichen der Natur abgetrennt, sondern ist in diesem und als dieses gegenwärtig. Das bedeutet, daß eine Veränderung in der aktualen Natur, etwa des Sklaven, dazu führt, daß es für ihn naturgemäß ist, zum Freien zu werden und sein Verbleiben in der Sklaverei dann allenfalls gesetzlich begründet, aber naturwidrig ist: Das von Natur Rechte ist nicht auf die aktuale Natur begrenzt, sondern potentiell auf deren Vollendung angelegt und darauf gerichtet, die je aktuale Wirklichkeit auch über sich hinaus zu führen.

---

28 Siehe hierzu *D. Papadis*, Sklaven von Natur, S. 362 ff., ferner die Bemerkungen von *K.-W. Welwei*, Ius naturale, S. 88 f.

29 NE V, 10, 1134b, 32–34. Deutlicher kommt der Gedanke in den Magna Moralia zum Ausdruck, worauf *F. Dirlmeier*, Aristoteles, Nikomachische Ethik, S. 420 hinweist. Dort heißt es (M.M. I, 33, 1194b 30–1195a7): „Die Formen des Rechts sind teils von Natur, teils durch Satzung festgelegt. Diese Annahme soll aber nicht sagen, daß es da niemals Veränderungen gebe. Denn selbst die Naturdinge haben teil an Veränderung ... Und nicht weil die Leute eine Veränderung durchmachen, ist deswegen das Moment des ‚von Natur' nicht (mehr) gegeben. Sondern wenn aufs Ganze gesehen und auf die längere Zeit hin, so die linke Hand linke und die rechte Hand rechte bleibt, dann ist dies ‚von Natur'. Dasselbe gilt von den Rechtsformen, die von Natur sind. Es ist nicht so, daß es deshalb, weil die Rechtsformen durch unseren Gebrauch eine Änderung erfahren, kein Naturrecht gibt, sondern es gibt ein solches. Denn das was, aufs Ganze gesehen, bleibt, das ist offenbar Naturrecht."

Der vieldiskutierte Satz des Aristoteles, das Naturrecht habe überall dieselbe Kraft der Geltung,[30] steht dem nicht entgegen. Er fügt sich vielmehr diesem Konzept des Natur-Richtigen durchaus ein: Das, was – jeweils – von Natur ist, gilt aus sich heraus, eben kraft der Natur und des Natur-Telos, nicht erst aus Festsetzung oder Vereinbarung. Und es kann nicht, ohne Umschlag ins Naturwidrige, beliebig verändert oder beseitigt werden.[31]

c) Was ist nach alledem der Ertrag der Rechtserklärung und Rechtsbegründung, die sich bei Aristoteles findet? Er läßt sich wohl wie folgt zusammenfassen und kritisch würdigen:

(1) Das Recht, das aktual als Polis-Recht vorfindlich ist, wird nicht als solches von vornherein kritisch in Frage gestellt (Ist es überhaupt Recht und nicht Ausdruck von Macht und Gewalt?). Es wird in seiner Gegebenheit aufgenommen und auf seinen Grund hin ausgelegt und befragt. Dabei erweist sich, daß im Recht der Polis das von Natur Rechte enthalten ist: für die Freien, weil das Recht der Polis ein Recht zwischen Freien ist, für die Sklaven, weil ihnen von Natur der Status des Freien fehlt. Dem liegt ein nicht prinzipiell kritisches Verhältnis zur umgebenden Lebenswelt zugrunde, das von der Erkenntnis- und Seinslehre getragen wird. Die Frage, ob ein von Natur Rechtes überhaupt, und zumal auf dem Weg kritisch-wissenschaftlicher Erkenntnis begründbar ist, wird nicht gestellt.[32]

(2) Die Eigenart des aristotelischen Naturbegriffs, seine Bezogenheit sowohl auf die konkret aktualisierte Natur als auch auf das Naturtelos im Sinn eines möglichen Vollendungszustandes, hat einerseits eine Tendenz, die je konkrete Lebensordnung und bestehenden Institutionen als vernünftig und vernunftgemäß zu erklären und sie damit auch zu legitimieren – die Darlegungen zum Aufbau und zur Ordnung des *oikos*[33] und zum ‚Sklaven von Natur' sind der deutlichste Beweis dafür. Zugleich weist der Telosgedanke im Naturbegriff aber darüber hinaus. In ihm ist nämlich auch angelegt, nach dem

---

[31] NE V, 10, 1134b, 18.

[32] Eine teilweise in andere Richtung gehende Interpretation bei *H. Ottmann* (Lit.), Bd. 1,2, S. 152–154 und *W. Schweidler*, Der gute Staat (Lit.), S. 63–68.

[33] Deshalb geht die Kritik von *H. Welzel* (Lit.), S. 30f., der teleologische Naturbegriff des Aristoteles sei eine Funktion des Wertbegriffs und man gerate in den Zirkel, „das, was man sich wünscht oder für gut hält, für das ‚Naturgemäße' zu erklären und dann hinterher das Gute aus diesem Naturgemäßen herauszuholen", insofern fehl, als sie sich auf den Denkansatz des Aristoteles gar nicht einläßt, ihn vielmehr von einer nachkantischen Erkenntnisposition aus ins Abseits der Zirkularität stellt.

[34] Die Behandlung des *oikos* beginnt mit der Feststellung, daß sich das Haus aus Freien und Sklaven zusammensetze und daß es die Aufgabe sei, die drei im *oikos* gegebenen Verhältnisse von Herr und Sklave (Herrenverhältnis), Gatte und Gattin (eheliches Verhältnis) und Vater und Kindern (väterliches Verhältnis) zu untersuchen und zu fragen, was jedes sei und wie es sein solle (Pol. I, 3, 1253b, 4–10). Die (herrschaftlich-despotische) Struktur des *oikos* ist damit als Gegebenheit vorausgesetzt und außer Frage gestellt.

telos des Menschen – als Vernunftwesen – im *telos* des Sklaven zu fragen. Tut man dies, wird der Sklavenstatus sogleich delegitimiert; er kann allenfalls als abzubauender Übergang auf das Ziel des selbstbestimmten Vernunfthandelns hin in Kauf genommen werden. Aristoteles hat selbst diese Frage nicht gestellt, so sehr sie sich an manchen Stellen aus der Sachlogik seiner Darlegungen aufdrängen muß. Warum aber hat er sie nicht gestellt? Wohl auch deshalb, weil für das griechische Denken seiner Zeit gerade der Gegensatz Bürger–Nichtbürger, der politische Status des Freien wichtig war, nicht aber die Frage, warum bestimmte Menschen keine Bürger und keine Freien seien.[35] Gleichwohl liegt diese Frage im Ansatz seines Denkens beschlossen, das insofern aus sich heraus weiterführende Kraft entfaltet.

(3) Ungeachtet der legitimierenden Tendenz für tatsächlich bestehendes Recht kann jedoch Aristoteles' Rechtserklärung und -begründung nicht als eine Legitimation je beliebigen bestehenden Rechts angesehen werden. Denn er argumentiert konkret und in einem bestimmten Umfeld; sein Aufweis der Natur-Entsprechung des Polisrechts bezieht sich stets auf inhaltlich in bestimmter Weise geprägte Institutionen, nicht abstrakt auf ein je mögliches, vom Gesetzgeber der Polis frei schaffbares Recht.

2. *Die Gerechtigkeitslehre:* Neben der Rechtslehre steht die Gerechtigkeitslehre des Aristoteles. Sie geht ebenfalls von einem induktiven und topisch-problemorientierten Ansatz aus. Mit der Lehre des Sokrates (oben § 3 III 2, S. 65 f.) besteht insofern eine Verwandtschaft, als die Frage, an die sie anknüpft, eine echt sokratische ist: Was wird als gerecht bezeichnet, was gilt als gerecht oder ungerecht, welcher Begriff und welches Maß von gerecht und Gerechtigkeit liegen dem zugrunde?

a) Für Aristoteles gehört Gerechtigkeit in den Zusammenhang des guten und richtigen Handelns, das den Menschen zu seinem Ziel, dem in sich gegründeten vollkommenen Leben (*eudaimonia*) als Form des Glücks führt. Sie bezeichnet nicht eine Verstandestugend, als Form und Fähigkeit richtiger theoretischer Erkenntnis (*dianoetische* Tugend), die durch Lehre und Erfahrung vermittelt wird, sondern eine Charaktertugend (ethische Tugend), die man durch Einübung und Gewöhnung des Handelns, auf ein bestimmtes Ziel orientiert, gewinnt.[36] So ist sie eine Grundhaltung,

> „von der her die Menschen die Fähigkeit haben, gerechte Handlungen zu vollziehen, von der aus sie (de facto) gerecht handeln und ein festes Verlangen nach dem Gerechten haben." (NE V, 1, 1129 a, 6–10; Übers. Dirlmeier)

---

35 Siehe dazu *K. M. Raaflaub*, Freiheit, S. 62 ff.

36 NE V, 1, 1103a, 14–25.

Wann aber sind Handlungen „gerechte Handlungen"? Wodurch werden sie bestimmt und worauf erstrecken sie sich? Hierfür knüpft Aristoteles an den Sprachgebrauch, die Bedeutung der Aussage, ein Mensch sei ungerecht, an:

> „Als ungerecht gilt, (A) wer die Gesetze, (B) wer die gleichmäßige Verteilung der Güter, die bürgerliche Gleichheit, mißachtet, und somit gilt offenbar als gerecht, (A) wer Gesetz, und (B) wer bürgerliche Gleichheit achtet. Das Gerechte ist folglich die Achtung vor Gesetz und bürgerlicher Gleichheit." (NE V, 2, 1129a–31b, 1; Übers. Dirlmeier)

Auch fragt er nach dem Gerechten an sich, dem eigentlich Gerechten. Er sieht es wiederum mit der Gleichheit verbunden, und zwar einer Gleichheit unter den Menschen, die sich als Freie und Gleiche zum gemeinsamen Leben in einer auf Autarkie gerichteten, d. h. Polisgemeinschaft zusammengeschlossen haben. Diese Gleichheit besteht in der Erhaltung oder Wiederherstellung einer reziproken Ausgewogenheit des Tuns, Lassens oder Erleidens, die sich in verschiedenen Anwendungsgebieten unterschiedlich ausprägt.[37]

Damit bestimmt Aristoteles die Gerechtigkeit in anderer Weise als Platon. Für Platon ist Inhalt der Gerechtigkeit einerseits die harmonische Zuordnung der Seelenkräfte im Einzelmenschen, andererseits die harmonische Ordnung der Polis – als des großen Menschen – in sich, indem die verschiedenen „Stände" innerhalb der Polis richtig zugeordnet sind und jeder bei dem Seinigen verbleibt (oben § 4 III 1a und b, S. 80 ff.). Für Aristoteles zielt die Gerechtigkeit von vornherein, nicht erst als sekundäre Folge aus der Harmonie der Seelenkräfte, auf den *zwischenmenschlichen* Bereich. Sie ist unmittelbar auf das Verhalten der Bürger zueinander und das Verhalten gegenüber und innerhalb der Polis gerichtet; die Achtung der Gesetze und der Gleichheit in den Beziehungen der Bürger haben es gerade damit zu tun. Gerechtigkeit wird von ihrem Gegenstand her als genuin soziale Tugend zurückgewonnen.

b) Dem entspricht es, daß Aristoteles verschiedene Grundformen des Gerechten nicht nach logischen Kriterien, sondern nach den (sozialen) Beziehungsfeldern zwischen den Menschen unterscheidet. Alles Gemeinsame hat durch das Gerechte erst seinen Bestand, und in jeder Form menschlicher Gemeinschaft findet sich eine für sie spezifische Form des Gerechten.[38] Gerechtigkeit erscheint so zunächst als die allgemeine – gesetzliche – Gerechtigkeit (*iustitia universalis*), sodann die besondere – spezifische – Gerechtigkeit (*iustitia particularis*), letztere in der Form der austeilenden Gerechtigkeit (*dianemetikon dikaion*; *iustitia distributiva*) und der ausgleichenden Gerechtig-

---

[37] Vgl. NE V, 10, 1134a, 25 ff. Dazu *A. Dihle*, Gesetz, Gerechtigkeit und Billigkeit, S. 31 und *F. Ricken*, Gemeinschaft, Tugend, Glück, S. 104.

[38] NE V, 11 – 1159[b], 27 und *F. Ricken*, Gemeinschaft, Tugend, Glück, S. 104.

keit für die Vertrags- und Austauschbeziehungen (*dikaion diorthotikon*; *iustitia commutativa*).[39]

(1) Die allgemeine Gerechtigkeit ist auf die *nomoi* hin orientiert. Diese zu achten und zu befolgen, ist gerecht. Sie umfassen für Aristoteles nicht nur die schriftlich erlassenen Gesetze, sondern auch und gerade die mündlich weitergegebenen, in der sittlichen Konvention begründeten Verhaltensregeln. Sie können nicht nur einzelne soziale Beziehungen, sondern nahezu alle Lebensbereiche betreffen und erfassen deshalb auch ein Verhalten gemäß anderen Tugenden, wie etwa Tapferkeit und Besonnenheit. So erscheint die allgemeine Gerechtigkeit als *universale* Gerechtigkeit und wird gleichbedeutend mit der Tugend schlechthin – in der Bezogenheit auf die Mitbürger.

> „Es heißt uns aber das Gesetz handeln wie ein tapferer Mann, also den Posten in der Stadt nicht verlassen, nicht fliehen, die Waffen nicht wegwerfen; handeln ferner wie ein besonnener Mann, also nicht Ehebruch treiben und das Maß vergessen; und handeln wie ein vornehm-ruhiger Charakter, also den anderen nicht schlagen oder verleumden. Nicht anders verhält sich das Gesetz im Hinblick auf die sonstigen Formen von Trefflichkeit und Minderwertigkeit." (NE 5 V, 3, 1129 b, 19–25; Übers. Dirlmeier)

Diese Umschreibung ist gebunden an Aristoteles' Sicht der Polisordnung als umfassende Gemeinschaftsordnung, die – oberhalb des *oikos* – alle Lebensbereiche umfaßt. Auf diese Weise wird für die Polis das gute Leben – die Glückseligkeit und ihre Teile – hervorgebracht und gewahrt. Das Gerechte wird konkret von den *nomoi* her bestimmt, nicht umgekehrt; sie sind – implizit – als das Gerechte der Polis vorausgesetzt.

(2) Die besondere – spezifische – Gerechtigkeit (*iustitia particularis*) bringt – in verschiedener Ausprägung – das für die Gerechtigkeit wesentliche *Gleichheitsmoment* zur Geltung. Aristoteles fragt nach dem Maß der Gerechtigkeit und sieht es, wie bei den anderen Tugenden, in einer nicht formalen sondern inhaltlichen Mitte zwischen zwei Extremen (sog. *Mesotes*-Lehre): die Mitte etwa zwischen einem zu viel und zu wenig, zwischen Geiz und Verschwendung, Tollkühnheit und Feigheit.[40] Die Mitte der Gerechtigkeit liegt in der Gleichheit – Gleichheit der Zuteilung, Gleichheit der Wiedervergeltung, Gleichheit im Austausch; sie grenzt sich einerseits von Schädigung, andererseits von Bevorzugung ab. Und eine solche Gleichheitsrelation setzt immer

---

[39] Vgl. NE V, 7, 1131b, 27 – austeilende Gerechtigkeit; NE V, 8, 1132b, 24–25 – ausgleichende Gerechtigkeit. Die lateinischen Bezeichnungen werden deshalb verwendet, weil sie in der späteren Aristoteles-Rezeption bis in die Neuzeit und die Gegenwart hinein die allein gängigen und gebräuchlichen Begriffe geworden sind. Überblick über Einteilung und Arten der Gerechtigkeit auch bei *H. Ottmann* (Lit.), Bd. 1,2, S. 149–152.

[40] Siehe *W. Kersting*, Aristoteles: Nikomachische Ethik, S. 54–60.

mehrere Personen, zumindest zwei, und mehrere Dinge voraus. Von daher begründet sich wiederum der notwendig soziale, nicht nur innermenschliche Charakter der Gerechtigkeit.

Die *zuteilende* Gerechtigkeit hat es mit der Verteilung gemeinsamer Güter, d.h. von öffentlichen Ehren, Anerkennungen und Einflußpositionen, auch von Leistungen und Lasten an die Bürger zu tun. Es ist das Beziehungsfeld der Polisgemeinschaft zu ihren einzelnen Mitgliedern, modern gesprochen wäre es der Bereich des öffentlichen Rechts. Für dieses gilt das Gleichheitsmaß der proportionalen oder geometrischen Gleichheit. Das Proportionale ist hier das Mittlere und mithin das Gerechte.[41] Nicht jedem wird das nämliche zugeteilt, sondern unterschiedlich nach Leistung, Würdigkeit oder Bedürftigkeit, jedoch gleich in der Proportionalität.[42] Diese Gleichheit ist verletzt, wenn Gleiche ungleiche Anteile oder Ungleiche gleiche Anteile zugeteilt erhalten[43] – eine frühe Formulierung des heutigen Gleichheitssatzes.[44] Insofern ist der Maßstab klar. Aber die Kriterien, nach denen die Proportionalität jeweils bestimmt werden soll, werfen Probleme auf und verweisen auf die universale Gerechtigkeit zurück. Aristoteles hat dies selbst gesehen:

> „Denn das Gerechte bei den Verteilungen muß nach einer bestimmten Angemessenheit in Erscheinung treten; darin stimmen alle überein. Aber gerade unter dieser Angemessenheit verstehen nicht alle dasselbe: Die Vertreter des demokratischen Prinzips meinen die Freiheit, die des oligarchischen den Reichtum oder den Geburtsadel und die Aristokraten den hohen Manneswert." (NE V, 6, 1131 a, 25–29; Übers. Dirlmeier)

Die Kriterien der Proportionalität sind also nicht gleichbleibend; sie stehen in Beziehung zur jeweiligenVerfassungs- und Regierungsform, liegen dieser nicht voraus, sondern werden umgekehrt von deren Ordnungsstruktur gewissermaßen vorgegeben. Hieran zeigt sich wiederum das nicht gleichheitlich-abstrakte, sondern auf konkrete Wirklichkeiten bezogene Denken des Aristoteles.

Die *ausgleichende* Gerechtigkeit dagegen betrifft die Vertrags-, Verletzungs- und Austauschverhältnisse zwischen den Bürgern als Personen, die einander selbständig, ohne Abhängigkeits- oder Herrschaftsbeziehung

---

41 Vgl. NE V, 7, 1131b 10–11.

42 In mathematischer Relation ausgedrückt: A:B = C:D, deshalb A+C:B+D = A:B. Die Verbindung von A mit C, B mit D ist das Gerechte im Sinne der *iustitia distributiva*.

43 NE V, 6, 1131a, 22–24.

44 So interpretiert das Bundesverfassungsgericht den Gleichheitssatz des Art. 3 I GG als das Gebot, „Gleiches gleich und Ungleiches seiner Eigenart entsprechend verschieden zu behandeln" (BVerfGE 3,58 [135]); er verbietet, „daß wesentlich Gleiches ungleich, nicht dagegen, daß wesentlich Ungleiches entsprechend der bestehenden Ungleichheit ungleich behandelt wird" (BVerfGE 1,14 [52]); seitdem ständige Rechtsprechung.

gegenüberstehen, wie insbes. die Bereiche des Vertrags- und Deliktrechts. Ihre Erscheinungsformen sind die Vertragsgerechtigkeit (*iustitia commutativa*) und die Wiedererstattungs-(Ausgleichs-)Gerechtigkeit (*iustitia vindicativa*). Aristoteles spricht von freiwillig und unfreiwillig eingegangenen Ausgleichsbeziehungen und meint damit Verträge auf der einen, Delikte (unerlaubte Handlungen) und Straftaten auf der anderen Seite. Für beide ist das angemessene Gleichheitsmaß die strenge arithmetische Gleichheit, eine genaue Entsprechung von Leistung und Gegenleistung, von zugefügtem Schaden und Wiedergutmachtung. Es ist die Mitte zwischen zu viel und zu wenig, zwischen Gewinn und Verlust.[45] Vornehmlich in diesem Bereich ist bei einem Streit der Weg zum Richter der Weg zum Recht. Der Richter soll, wie Aristoteles sagt, gleichsam verkörpertes Recht, beseelte Gerechtigkeit sein, er stellt die Gleichheit zwischen den Parteien wieder her.[46]

(3) Zur Gerechtigkeit gehört für Aristoteles auch die *epieikeia* – Billigkeit. Sie weicht zwar in gewisser Weise von dem streng Gerechten und Gesetzmäßigen ab, aber sie tut dies, um die Mitte des Gerechten zu sichern, und ist darum ein besseres Gerechtes. Ihre Notwendigkeit ergibt sich daraus, daß die *nomoi* regelmäßig allgemein gefaßt sind, daher nicht alle Einzelfälle in ihrer Besonderheit berücksichtigen und Lücken enthalten. Daraus entstehen Fehlerquellen für die Erreichung des wirklich Gerechten. Sie sind durch Ergänzung oder Berichtigung auszuräumen.[47] Aristoteles formuliert hier ein Grundproblem der Anwendung eines Gesetzes im Blick auf konkrete Fälle.

> „Wenn nun das Gesetz eine allgemeine Bestimmung trifft und in diesem Umkreis ein Fall vorkommt, der durch die allgemeine Bestimmung nicht erfaßt wird, so ist es ganz in Ordnung, an der Stelle, wo uns der Gesetzgeber im Stiche läßt und durch seine vereinfachende Bestimmung einen Fehler verursacht hat, das Versäumnis im Sinne des Gesetzgebers selbst zu berichtigen: so wie er selbst

---

[45] Siehe NE V, 7, 1132a, 1–18. Aristoteles entwickelt in diesem Zusammenhang eine – höchst moderne – Geldtheorie (NE V, 8, 1131a, 19 bis 1131b, 28): Damit Tausch unter Herstellung und Wahrung der Gleichheit möglich ist, bedarf es der Vergleichbarkeit zwischen Sachen und Waren. Diese Vergleichbarkeit wird durch das Geld hergestellt, nicht aus seiner Substanz heraus (etwa Gold), sondern kraft einer Vereinbarung. Indem alles am Geld gemessen wird, werden die Dinge anhand eines Maßes vergleichbar und wird eine Gleichheit im Austausch herstellbar. Geld wird zugleich Vertreter für ein Bedürfnis, es ist Bürge dafür, daß, wenn ein Bedürfnis entsteht, ein Austausch möglich sein wird. Karl Marx hat übrigens diese Geldtheorie mit hohem Lob versehen.

[46] Vgl. NE V, 7, 1132a, 20–25. Wie weit in dieser Beschreibung angesichts der Wirklichkeit der Gerichtsverfahren in Athen zugleich ein indirekter Appell liegt, muß offenbleiben. Die Beschreibung entsprach der Wirklichkeit jedenfalls nicht, vgl. *G. Thür*, Athenische Geschworenengerichte, S. 325 ff.

[47] Vgl. NE V, 14, 1137b, 10–17.

die Bestimmung getroffen hätte, wenn er im Lande gewesen wäre, und wie er sie, wäre ihm der Fall bewußt geworden, in sein Gesetz aufgenommen hätte." (NE V, 14, 1137b, 20–25; Übers. Dirlmeier)[48]

c) Es wird leicht übersehen, daß es Gerechtigkeit im vollen Sinne für Aristoteles nur zwischen Bürgern und innerhalb der Polisgemeinschaft gibt. Die Beziehungen innerhalb des *oikos,* wiewohl ebenfalls Sozialbeziehungen, sind davon ausgenommen, hier gibt es Gerechtigkeit nur in einem analogen, abgeschwächten Sinn. Denn die Gerechtigkeit hat ebenso wie das Recht (oben 1a) ihren eigentlichen Ort nach Aristoteles nur dort, wo das Gesetz von Natur seinen Platz hat, wo die Menschen am Herrschen und Sich-Unterordnen gleichen Anteil haben, sich als Freie und Gleiche begegnen.[49] Wer in gewisser Weise Teil eines anderen ist und ihm gehört, wie Kinder und Sklaven in der Beziehung zum Vater oder Herrn, in abgeschwächter Form auch die Frau in ihrem Verhältnis zum Mann, steht nicht in einer vollen, sondern nur in einer reduzierten Rechts- und Gerechtigkeitsbeziehung: Recht und Gerechtigkeit sind (noch) nicht auf den Menschen und menschheitlich, sondern eben auf die Freien und Gleichen, die für sich Selbständigen, orientiert.

[48] Die vielerorts und breit diskutierte Frage, ob der Verfasser des Schweizer Zivilgesetzbuchs von 1910, Eugen Huber, sich bei der Formulierung des berühmten Art. 1 Abs. 2 dieses Gesetzbuchs („Kann dem Gesetz keine Vorschrift entnommen werden, so soll der Richter nach Gewohnheitsrecht und, wo ein solches fehlt, nach der Regel entscheiden, die er als Gesetzgeber aufstellen würde") an Aristoteles orientiert habe, ist wenn nicht anachronistisch, so jedenfalls historisch unscharf. Es geht im Text des Aristoteles nicht um die Lückenfüllung einer systematisch angelegten Rechtsordnung – eine solche Rechtsordnung gab es im antiken Griechenland nicht –, vielmehr steht Aristoteles die Anwendung einzelner *nomoi* durch eine mehrhundertköpfige Richterversammlung (oben I 1 und § 2 III 3, S. 23 f.) vor Augen, wobei die *nomoi* kraft Autorität des Gesetzgebers als unantastbar galten, aber dennoch unklar sein konnten und auf ihren Inhalt befragt werden mußten. Ein Vergleich mit der Lückenlosigkeitsdebatte am Ende des 19. Jh. übergeht daher die grundlegenden Unterschiede und klammert sich an Wortlautparallelen. Tatsächlich handelt es sich bei der *epieikeia* des Aristoteles um die Auslegung eines einzelnen, eher zu weit gefaßten Gesetzes nach der Intention des Gesetzgebers, wobei Aristoteles sich auf den historischen Gesetzgeber beruft, wohingegen das Schweizer Zivilgesetzbuch eine juristische Methode der Lückenfüllung im Rahmen einer systematischen Rechtsordnung anstrebt, vgl. treffend *J. Triantaphyllopoulos*, Rechtsdenken, S. 18 f. u. S. 34. Ungeachtet dessen lag Aristoteles mit seiner *epieikeia*-These womöglich neben der damaligen Realität und beschrieb, darin vorausdenkend, einen Idealzustand richterlichen Denkens. Denn Billigkeit hatte im geltenden griechischen Recht der Zeit keinen erfaßten Ort.

[49] Vgl. NE V, 10, 1134b, 12–15.

IV. Polisphilosophie

Auch wenn Aristoteles über Art und Charakter der Polis und die beste Ordnung (Verfassung) der Polis nachdenkt – seine ‚Politik'[50] ist diesem Thema gewidmet –, richtet sich seine Fragestellung nicht abstrakt auf die Idee einer idealen Polisordnung, sondern konkret auf die vorfindlichen Poleis seiner Zeit. Diese Polisgemeinschaften sucht er auf ihren Grund zurückzuführen, fragt nach ihrem *telos*, analysiert ihre verschiedenen Erscheinungsformen und erörtert das Problem ihrer besten Einrichtung. Dabei verbindet sich Polisphilosophie mit empirisch-pragmatisch orientierter politischer Wissenschaft.

1. *Art und Charakter der Polis:* Aristoteles sieht Art und Charakter der Polis dadurch bestimmt, daß die Polis eine in der menschlichen Natur begründete Gemeinschaft ist (a), daß sie sich als zusammengesetzte, auf andere Gemeinschaften und die Bürger gegründete Einheit darstellt (b), daß ihr ein bestimmtes Ziel (*telos*) zu eigen ist und sie den Charakter einer umfassenden Gemeinschaftsordnung hat (c).

a) Inwiefern ist die Polis „naturbegründet"? Erst in der Polis kommt, wie wir gesehen haben, der Freie in seinem Menschsein und kommen die der Polis eingeordneten Gemeinschaften zur vollen Entfaltung und Wirklichkeit. Die Polis besteht um der Aktualisierung dessen willen, was das *telos*, die Zielrichtung der menschlichen Natur hinsichtlich eines vollendeten und guten Lebens ausmacht; in ihr erreicht für den Freien das Sosein des Menschen seine konkrete Gestalt im Dasein. Das ist der Sinn des vielzitierten Satzes,

> „daß die Polis in die von Natur aus bestehenden Dinge einzureihen ist und daß der Mensch von Natur ein auf die Polis bezogenes Lebewesen (*zoōn politikon*) ist" (Pol. I, 2, 1153a 1–2).

Die Argumente, die Aristoteles hierfür anführt, sind ein genetisches und ein systematisches. Bei Platon erscheint die Polis als erste und umfassende Bedingung für ein geordnetes Zusammenleben, zu der sich die Individuen – primär aus Gründen der Arbeitsteilung – zusammenschließen (oben § 4 IV 1a, S. 87). Für Aristoteles hingegen baut sich die Polis auf anderen Gemeinschaften, dem Haus (*oikos*) und den Dorfschaften auf, die aus biologischen Gegebenheiten

---

[50] Die Politik des Aristoteles ist nicht als einheitliches Werk entstanden wie Platons Politeia; sie ist, soweit bekannt, aus verschiedenen Vorlesungsheften von Schülern bzw. Redaktoren zusammengestellt. Sie weist daher keinen systematisch-konzipierten Gedankengang auf, stellt vielmehr ein Neben- und Nacheinander verschiedener, sich teilweise überschneidender Lehrstücke dar, siehe des Näheren *E. Schütrumpf*, Politik, Buch I, S.37–67. Gleichwohl ist das Werk für das abendländische Denken zu einem Grundbuch und Klassiker der Staatsphilosophie, Verfassungslehre und politischen Wissenschaft geworden.

(Geschlechterdifferenz, Nachkommenschaft) und zur Befriedigung von Bedürfnissen, die über den Tag hinausreichen, entstehen. Sie selbst bildet dann die Vollendung des gemeinschaftlichen Lebens, weil erst in ihr die eigentümlichen Anlagen und Fähigkeiten der Menschen (wie Sprache, Vernunfterkenntnis, die Wahrnehmung von Gutem und Schlechtem, Gerechtem und Ungerechtem) volle Entfaltung erlangen in Richtung auf ein gutes, sich selbst genügendes Leben. Natur und das Natürliche werden auch hier von ihrem Ziel, dem Vollendungszustand her gesehen.

> „Die vollkommene Gemeinschaft mehrerer Dörfer ist die Polis; sie hat bereits den höchsten Grad der vollen Autarkie erlangt, wie man zu sagen pflegt, entstanden um des Lebens willen, bestehend um des guten Lebens willen. Aus diesem Grund existiert jede Polis von Natur aus, wenn bereits auch die ersten Gemeinschaften existieren. Denn eben sie, die Polis ist *telos* jener Gemeinschaften. Die Natur aber ist Telos (Erfüllung und Ziel).“ (Pol. I, 2, 1252 b, 27–31)

b) Aristoteles sieht die Polis also nicht als Einheit in sich, sondern als Vielheit, ein Zusammengesetztes aus Häusern, Geschlechtern, Dorfschaften. Ihre Einheit besteht darin, daß sie selbständige Teile zur Einheit eines Ganzen verbindet, indem sie diese Teile als Teile des Ganzen bewahrt, zugleich aber in die eigene Ordnung und deren *telos* einbezieht.[51]

> „Es ist jedoch klar, daß es eine Polis nicht mehr geben wird, wenn sie in ihrer Entwicklung immer mehr so fortschreitet und allzusehr zu einer Einheit wird. Denn die Polis ist in bezug auf ihre Natur irgendwie eine vielfältige Ansammlung von einzelnen. Wenn sie sich also allzusehr zu einer Einheit entwickelt, wird aus der Polis eine Hausgemeinschaft, aus der Hausgemeinschaft aber wird ein einzelner Mensch.“ (Pol. II, 2, 1261 a, 17–20)

Aristoteles wendet sich damit kritisch gegen Platons Polisidee. Kern dieser Kritik ist, daß Platon nicht eine Einheit in Vielheit, sondern die größtmögliche Einheit zum Ziel der Polis erhebt, damit aber aus der Polis ein Haus (*oikos*) mit einer entsprechenden hierarchischen Einheitsstruktur mache, wenn nicht gar einen großen Menschen, der eine einzige Einheit ist. Aristoteles verwirft nicht nur die Frauengemeinschaft wie den Eigentumskommunismus, den Platon für die Wächter postuliert, sondern ebenso die Ordnung der Polis nach Art eines *oikos* und die Herrschaftsfunktion der Philosophen in der Polis.[52]

c) Die Polis ist auch insofern eine Vielheit und ein Zusammengesetztes, als sie eine Gemeinschaft nur von *Bürgern* und eine Gemeinschaftsordnung nur für Bürger ist. Denn sie ist nicht auf Individuen, nicht auf die Einwohner

---

51 Nähere Darlegung bei *H. Ottmann* (Lit.), Bd. 1,2, S. 173–175; siehe auch *P. Koslowski*, Ökonomie und Politik, S. 35.

52 Dargelegt in Pol. II, 1–5, 1261a, 25–1264b, 25. Siehe dazu *G. Bien*, Grundlegung, S. 303–313 und *R. Maurer*, Platons ‚Staat‘, S. 149–154; *H. Flashar*, Aristoteles, S. 347f.

gegründet, sondern auf die Bürger, und das heißt konkret die Hausväter und die selbständig gewordenen Söhne. Der Bürgerbegriff ist bei Aristoteles ein Statusbegriff, unterschieden vom Einwohner und bloßen (Polis-)Angehörigen als Nicht-Bürgern: Bürger ist derjenige, der Anteil am politischen Regiment, d.h. am Gericht und der Herrschaft hat, der dazu erfahren und in der Bürgertugend geübt ist.[53] Banausen (Gewerbsleute), Frauen und Kinder, Sklaven erst recht gehören nicht dazu:

> „Der Bürger aber ist nicht Bürger aufgrund der Tatsache, daß er irgendwo wohnt (denn sowohl die Metöken als auch die Sklaven haben gemeinschaftlichen Anteil am Wohnort) ... Ein Bürger schlechthin wird aber durch nichts anderes besser definiert als durch die Teilhabe an Rechtsprechung und Herrschaft." (Pol. III, 1, 1275a, 7–8, 22–23)

> „Die beste Polis wird aber keinen einfachen Handwerker zum Bürger machen. Wenn allerdings auch ein solcher Bürger wird, dann muß jedoch gesagt werden, daß die Bürgertugend, von der wir gesprochen haben, nicht jedem Bürger zukommt, nicht einmal allein jedem Freien, sondern eben nur denen, welche von den grundnotwendigen Arbeiten entbunden sind. Die einen, welche solches an grundnotwendigen Arbeiten für einen einzigen verrichten, sind Sklaven, die anderen, welche als Gemeine grundnotwendige Arbeiten verrichten, sind einfache Handwerker und Lohnarbeiter." (Pol. III, 5, 1278a, 8–12)

Zu diesem Bürgerstatus gehört mithin auch, daß man vom Erwerb des notwendigen Lebensunterhalts weithin befreit ist, andere, nicht zuletzt Sklaven, für sich arbeiten läßt und sich ganz den Angelegenheiten der Polis, auf der *agora* oder im Heeresdienst, widmet und widmen kann.[54] Bürgersein ist daran gebunden, daß man zu den Selbständigen gehört, die als Freie und Gleiche die Gemeinschaft der Polis bilden und am Regieren und Regiertwerden gleichen Anteil haben. Man darf diese spezifische Eigenart der Bürgergleichheit und -freiheit, ihren Bezug auf eine bestimmte Klasse der im Bereich der Polis lebenden Menschen nicht übersehen, wenn vom Bürgerbegriff des Aristoteles gesprochen wird. Die Polis insgesamt erweist sich auch insoweit als ein Gefüge von Herrschaftsinstitutionen.

d) Das *telos* der Polis, ihr eigentliches Um-willen, ist für Aristoteles das gute Leben, die *eudaimonia.* Sie geht über Lebenssicherung und Befriedigung äußerer Bedürfnisse weit hinaus. Zwar ist die Polis um des äußeren Lebens

---

[53] Näher hierzu, auch mit Blick auf das Bürger-Sein als eine Vollendungsform menschlich-politischen Daseins, *E. Kamp*, Politische Philosophie des Aristoteles, S. 173–180.

[54] Nach *H. Flashar*, Aristoteles, S. 346, stand diese Beschreibung des Bürgerstatus in Widerspruch zur gesellschaftlichen Wirklichkeit der Zeit, die in den Poleis eine relativ breite Schicht von (freien) Bürgern kannte, die für ihren Lebensunterhalt selbst arbeiteten.

und seiner Sicherung willen entstanden, aber sie besteht um des guten, vollendeten Lebens willen; das ist ihr Ziel. Darin, aber auch erst darin genügt sie sich selbst, ist nicht mehr Mittel zu einem weiteren Zweck. Die Polis erhält damit ethisch-sittlichen Charakter, ist ein (auch) ethisches Gemeinwesen; das ethisch gute Leben als Leben gemäß der Tugend ist ein Gemeinschaftsgut und -ziel.

> „Es ist nun klar, daß die Polis keine Gemeinschaft des Ortes ist, weder der Vermeidung gegenseitigen Unrechts noch des Güteraustauschs wegen. Vielmehr müssen diese Dinge zwar notwendigerweise vorhanden sein, wenn es überhaupt eine Polis geben wird, aber auch wenn diese Dinge alle zusammen vorhanden sind, existiert nicht deshalb bereits eine Polis. Eine Polis ist sowohl für die Häuser als auch die Geschlechter die Gemeinschaft um einer vollkommenen und autarken Lebensweise willen." (Pol. III, 9, 1280b, 29–34)

Dieses Gemeinschaftsziel ist allerdings, wie der Text zeigt, nicht ein von den Bürgern abgelöstes, für das sie als Mittel eingesetzt werden, sondern mit deren eigenem Ziel identisch; die Glückseligkeit des einzelnen wie der Polis ist dieselbe.[55] Denn Ziel der Polis ist gerade, das vollendete Leben der einzelnen Bürger, das aus sich heraus ein Leben in der Polisgemeinschaft ist, zu ermöglichen.

Es entspricht diesem *telos*, daß die Polisgemeinschaft eine *umfassende* Gemeinschaft ist. Sie beschränkt sich nicht, wie etwa der moderne Staat, auf die Sorge für die äußeren Lebensbedürfnisse, den Bereich der sogenannten Bedürfnisnatur, umgreift vielmehr auch das geistige, ethische, künstlerische, religiöse Leben, kurz alle Bereiche, in und an denen sich ein vollendetes gutes Leben als gemeinsames Leben der einzelnen entfaltet. Deshalb spielt die Erziehung der Bürger eine wichtige Rolle. Sie gewinnt Gestalt in der Bildung der Jugend wie durch die zahlreichen, weite Bereiche der Lebensführung betreffenden *nomoi*. Der Abstand zu Platon erscheint insoweit nur als ein gradueller, nicht als ein prinzipieller.[56]

Das Bild der guten Polis, das Aristoteles hier zeichnet, ist einerseits auf den historischen Bestand der Polis bezogen, anderseits aber auch auf eine Musterpolis dieser Art. Die historische Polis war Wehr-, Rechts-, Schutz- geistige und Kultgemeinschaft in einem (oben § 2 II 4, S. 20). Diese Sozialform wurde vor und während der Zeit des Aristoteles in Frage gestellt; sie wird nun von ihm als in

[55] Vgl. Pol. VII, 1–2, 1323b, 39–1324a, 6.

[56] Das zeigt sich an den eingehenden Erörterungen über die Erziehung, die sich auf Unterricht und Gewöhnung in allen Tugenden, nicht zuletzt durch die Anordnungen des Gesetzgebers beziehen (Pol. VII, 14), sowie den Empfehlungen für gesetzliche Vorschriften über das Alter und die durch entsprechende Erziehung herbeizuführende Leibesbeschaffenheit der Ehewerber, das Verhalten der Frauen während der Schwangerschaft, die Aussetzung verkrüppelter Kinder, die Abtreibung zuviel erzeugter Kinder, die Strafe für Ehebruch u.a.m. (Pol. VII, 16).

der menschlichen Natur angelegt und ihrer Vollendung dienend von neuem begründet.

Als in dieser Weise umfassende Gemeinschaft ist die Polis von ihrem *telos* her eine sich selbst genügende Gemeinschaft. Kommt sie an ihr Ziel, ist auch die gerichtete Bewegung des sozialen und politischen menschlichen Seins an ihrem Ziel. Sie enthält in sich dann alle Bedingungen menschlicher Lebensbewältigung und eines vollen menschlichen Seinkönnens (allerdings nur für die Bürger), zu dem auch Friede und Muße und damit die Möglichkeit, sich mit *theoria* zu beschäftigen, gehören. Deshalb erscheint sie als (potentiell) „vollkommene Gemeinschaft“ – *societas perfecta*,[57] wenngleich sie in der Realität immer erst in Bewegung daraufhin ist.[58] Diese Eigenschaft als *societas perfecta* wird allerdings nicht zur Einbruchsstelle für transpersonale Kollektivgüter oder -zwecke; der vollkommene Charakter bleibt immer bezogen auf die einzelmenschlichen Lebenszwecke, in denen die Polis ihr *telos* hat.

2. *Verfassung und Regierungsform der Polis:* Eingehend behandelt Aristoteles die Frage der Verfassung und der Regierungsformen der Polis. Er verfügte dafür über reiches Material in den Verfassungen vieler Poleis, die er gesammelt hatte, und er konnte die Diskussion aufnehmen, die seit der Wende vom 5. zum 4. Jh. v.Chr. über die Formen der Verfassung der Polis geführt worden war (oben §2 V 2, S. 31f.). Leitvorstellung ist für ihn die Suche nach der besten Verfassung, dies aber wiederum nicht im Sinne einer abstrakten Idealverfassung, sondern im Sinne der unter den gegebenen Bedingungen bestmöglichen Verfassung.

a) Wenn Aristoteles von der Verfassung der Polis spricht, ist dieser Begriff auf die Ordnung der Regierung der Polis bezogen, d.h. der Ausübung der Herrschaftsgewalt in ihr.

> „Verfassung ist aber eine Ordnung der Polis hinsichtlich der Herrschaftsämter und am meisten des allen übergeordneten Herrschaftsamtes. Entscheidend ist nämlich die Polisregierung. Die Verfassung ist aber Polisregierung.“ (Pol. III 6, 1278b, 9–12)

---

[57] Pol. I, 2, 1252b, 27. Die Wirkungsgeschichte der Qualifizierung der Polis als *societas perfecta*, so der lateinische Begriff, ist enorm. Auf den Staat übertragen, bestimmte sie nachhaltig die Staatstheorie, insbesondere auch die katholische Staatslehre; letztere ging bis in die Gegenwart davon aus, Staat und Kirche je als *societas perfecta* zu verstehen mit entsprechenden Folgerungen für staatliche wie kirchliche Entscheidungs- und Bestimmungsgewalt, vgl. hierzu *E.-W. Böckenförde*, Staat – Gesellschaft – Kirche, S. 117–127.

[58] *I. Düring*, Aristoteles, S. 478, nimmt für die Wunschpolis des Aristoteles einen statischen Charakter an, weil die Gesellschaft darin eine in sich gefügte, sozusagen vollendete ist. Das bezieht sich aber nur auf die Wunschpolis gedanklicher Art, die in Politik Buch VII behandelt wird, nicht auf die reale bestmögliche Polis, von der die Bücher IV–VI handeln.

Die Regierung erscheint als das herrschende Element, das Formgebende der Polis. Deshalb gibt sie das Kriterium ab für die nähere Qualifikation, die Verfassungsform der Polis. Dieser Verfassungsbegriff unterscheidet sich also von dem heutigen, und in ihm spiegelt sich die Struktur der Polis. Nicht das Verhältnis Polis–Bürger (Staat–Einzelner) ist Inhalt und Teil der Verfassung, der Bürger ist ganz Glied der Polis, bewegt sich nicht zum Teil in einer ‚vorpolitischen' Freiheitssphäre; auch nicht das Verhältnis der Polis zum *oikos* oder zu den Dorfschaften. Diese sind Grundlage und Teile der Polis, sie baut sich auf ihnen auf, aber sie sind nicht Teile der Polis-Regierung.

b) Aristoteles entwickelt eine Einteilung und Unterscheidung der Regierungs- oder Verfassungsformen, die an die schon länger geführte Verfassungsdiskussion und an Platon (oben § 4 IV 1e, S. 91 ff.) anknüpft.[49] Sie ist für die Lehre von den Staatsformen bis in die Gegenwart grundlegend geworden. Sie geht von einer doppelten Unterscheidung aus. Die Verfassungsformen werden zum einen nach der äußeren Organisationsform unterschieden, d. h. danach, ob ein Einzelner, Wenige oder die Bürger insgesamt die Regierung innehaben, zum andern danach, zu welchem Zweck (*telos*) die Regierung ausgeübt wird. Zielt die Regierung auf das gemeine Beste, die Realisierung des *telos* der Polis als Gemeinschaft der Bürger, oder zielt sie auf den eigenen Vorteil der Regierenden? Je nachdem handelt es sich um eine gute, das *telos* und damit das Gerechte verwirklichende, oder um eine schlechte, entartete Verfassungsform.

> „Es ist gewiß nun klar, daß die Verfassungen, welche sich am gemeinschaftlich Nützlichen orientieren, gemäß dem schlechterdings Gerechten, wie es sich nun einmal fügt, die richtigen sind; diejenigen aber, welche sich allein am Eigeninteresse der Herrschenden orientieren, sind alle Verfehlungen und Entartungen der richtigen Verfassungen. Sie sind nämlich despotische. Die Polis ist aber eine Gemeinschaft der Freien." (Pol. III, 6, 1279a, 17–22)

Diese Unterscheidung hat nicht nur beschreibenden Charakter, sie enthält auch ein Kritikmoment. Beurteilungsmaßstab ist ja das ‚schlechterdings Gerechte', das Maß der rechten Mitte (oben III 2b) für die Ordnung der Polis. Die Ausweisung des *telos* der ‚guten' Verfassungsformen bedeutet so zugleich die Aufforderung und den Appell an die jeweils Regierenden, dieses *telos* zu aktualisieren, die Kennzeichnung als entartete Form zugleich das ethische Verdikt über eine bestimmte Regierungsweise.

Die beiden Reihen der Verfassungsformen, die sich daraus ergeben, lauten: Königtum, Aristokratie und Politie als ‚gute', Tyrannis, Oligarchie und Demokratie als entartete Verfassungsformen. Es mag heute verwundern, daß die Demokratie in die Reihe der entarteten Verfassungsformen verwiesen wird.

---

59 Geraffter Überblick bei *H. Ottmann* (Lit.), Bd. 1,2, S. 196–207.

Die Begründung, die Aristoteles gibt, stellt darauf ab, daß sie, wie die anderen Entartungsformen auch, die richtige Mitte in der Ausübung der Herrschaft verfehlt, weil sie ihrer Struktur nach dem Nutzen der Armen dient wie die Oligarchie dem Nutzen der Reichen, nicht aber dem gemeinen Besten.[60]

c) Schließlich erörtert Aristoteles die Frage nach der besten Verfassung. Sie stellt sich für ihn als die Frage nach der *relativ* besten Verfassung. Das ist in zweifacher Richtung von Bedeutung. Zum einen wendet er sich gegen den Entwurf einer Ideal-Polis, wie sie in Platons *Politeia* vorgestellt wird. Welches die beste Verfassung ist, kann nicht „im Hinblick auf eine Verfassung, die sich aus einem Wunsch ergibt", entschieden werden, hat vielmehr eine Verfassung zum Maßstab zu nehmen, „deren Umsetzung wohl die meisten Poleis bewerkstelligen können".[61] Das Beste, so entspricht es seinem methodischen Ansatz, ist das im Wirklichen Mögliche, nicht etwas jenseits dessen, das konkret nicht erreichbar wäre. Zum andern, sagt er, soll man den Ausgangspunkt bei den gegebenen Verfassungen nehmen, auch wenn sie vielfach entartete Verfassungen seien. Denn diese gilt es, nach dem Maß des Möglichen zu verändern und zu verbessern; das richtet sich dagegen, abstrakt neue Verfassungen zu entwerfen. Es ist der Weg der ‚kleinen Schritte', darauf gerichtet, im Gegebenen das *telos* der Polis zu aktualisieren, und es ist der Weg institutioneller Reformen anstelle bloßer ethisch-moralischer Appelle.

> „Es ist aber notwendig, daß eine solche Ordnung eingeführt wird, hinsichtlich derer man überzeugt werden und in der Lage sein wird, sie leicht ausgehend von den bestehenden Verhältnissen zu ändern, wobei es ja kein geringeres Werk ist, eine Verfassung wieder aufzurichten als eine neue überhaupt erst einzurichten." (Pol. IV, 1, 1289a, 1–5)

Von diesem Ausgangspunkt werden die gegebenen Verfassungen in ihren Spielarten, in ihren Stärken und Schwächen, die sich aus ihren Bauprinzipien und ihren konkreten Bedingungen ergeben, näher analysiert; auch die entarteten Formen werden dabei mit einbezogen. Es ist ein frühes Beispiel politikwissenschaftlicher Realanalyse, geleitet von einem Impetus zu verbessernder Reform. Auf der Grundlage dieser Analyse empfiehlt Aristoteles als die beste Verfassung eine *gemischte* Verfassung. Sie stellt ein Mittleres zwischen verschiedenen Extremen und damit die sachgerechte Mitte dar, sichert

---

[60] Vgl. Pol. III, 7, 1279b, 6–10; nach *E. Schütrumpf*, Aristoteles, Politik II, S. 468 f., war die Zuordnung der Demokratie zu den entarteten Polisformen seiner Zeit nicht allgemein, sondern wurde von Aristoteles besonders und unter dem Gesichtspunkt der Verbindung sozialer Interessenlagen mit dem Qualifikationsmerkmal Eigennutz getroffen. *E. Kamp*, Politische Philosophie des Aristoteles, S. 269 ff., meint, daß die Demokratie für Aristoteles wegen ihres formalen Freiheits- und Gleichheitsbegriffs das politisch Gerechte verfehle und deshalb nur eine Entartungsform der Polis sein könne.

[61] Pol. IV, 11, 1295a, 25–30; vgl. auch IV, 1, 1288b, 36–38.

auch am ehesten vor einem Umschlag in die Entartung. Sie zielt darauf ab, das *telos* der Polis, die wahre *politie* zu erreichen. Wie schon bei der Gerechtigkeit, tritt auch hier die *Mesotes*-Lehre tragend hervor, und Aristoteles betont das ausdrücklich.[62]

Was aber ist die Eigentümlichkeit der gemischten Verfassung? Aristoteles sieht sie nicht primär in der Mischung formaler Organisationsprinzipien, die sich wechselseitig beschränken und ergänzen, sondern in einer *institutionellen* Vorkehrung: der Stärke und Herrschaft des mittleren Besitzes. Dies ist sozusagen der – institutionelle – *nomos* der Polis, der sich in der ursprünglichen Landteilung und einer fortschreitenden Ordnung der Besitzverteilung realisiert. Daß Aristoteles der Besitzverteilung eine so hohe Bedeutung beimißt, mag historisch mit der emphatischen Rückbesinnung auf Solon als den vermeintlichen Demokratiegründer und dessen Reformen (oben § 2 IV 2a, S. 26) zusammenhängen, die im Athen des 4. Jh. v. Chr. verbreitet war.[63] In der Sache bringt er dafür eigenständige und beachtenswerte Gesichtspunkte hervor. Der mittlere Besitz, so sein Argument, gehorcht am leichtesten der Vernunft, während dies dem übermäßig Schönen, Starken oder Reichen, auch dem Mann von edler Geburt ebenso schwer fällt wie dem übermäßig Armen, Schwachen oder Verachteten. Die ersteren haben weder Neigung noch Einsicht, anderen zu gehorchen, weil sie es von Jugend auf nicht gelernt haben, während die letzteren allzu unterwürfig sind; so können die einen nicht herrschen und nur in sklavischer Weise gehorchen, die andern nicht einer Herrschaft gehorchen, sondern nur in despotischer Weise selbst herrschen. Dann aber gibt es nur eine Polis von Herren und Knechten, nicht von Freien, die im Herrschen und Gehorchen einander gleich sind.[64]

Diese Argumentation unterscheidet sich prinzipiell von derjenigen, die in der heutigen Staatslehre und Politikwissenschaft zur gemischten Staatsform üblich ist; sie steht, auch wenn die Zielsetzung eine grundsätzlich andere ist, in der konstitutiven Einbeziehung der ökonomischen Faktoren in die Verfassungsdiskussion näher bei Karl Marx, als mancher es vielleicht wahrhaben möchte. Sein und Bewußtsein werden in enger Beziehung zueinander gesehen. Die Auswirkungen dieser institutionellen Grundlage als tragende Kraft einer gemischten Verfassung beschreibt Aristoteles wie folgt:

---

[62] Vgl. Pol. IV, 11, 1295a, 30–35.

[63] Die gerechte Güterverteilung als ‚Verfassungsfrage' war in frühen, durch Landbesitz strukturierten Gesellschaften vielfach bewußt. Für Israel sah das Gesetz vor, daß in jedem 49. Jahr (Jubeljahr) die ursprünglich bestehende Landverteilung wieder herzustellen sei, zwischenzeitliche Besitzübertragungen also vorläufig und im Jubeljahr wieder rückzuerstatten waren. Nur für Wohnhäuser in einer ummauerten Stadt galt davon eine Ausnahme (Leviticus 25, 9–31). Siehe *E. Otto*, Gerechtigkeit und Erbarmen, S. 86–88. Allgemein zum Problem *C. Schmitt*, Nehmen – Teilen – Weiden, S. 489 ff.

[64] Siehe Pol. IV, 11, 1295b, 1–22.

„Deshalb besteht das größte Glück darin, daß die, welche die Herrschaftsaufgaben in der Polis wahrnehmen, ein mittleres und ausreichendes Vermögen besitzen, weil dort, wo die einen übermäßig viele Güter erworben haben, die anderen aber überhaupt nichts, entweder eine extreme Demokratie oder eine ungemäßigte Oligarchie oder eben eine Tyrannis aufgrund dieser beiden maßlosen Herrschaftsformen entsteht. Denn sowohl aus der übermütigsten Demokratie als auch aus der Oligarchie entwickelt sich die Tyrannis, aus den mittleren Ordnungen und denen, die ihnen nahestehen, aber in weit geringerem Maße." (Pol. IV, 11, 1295b, 40–1296a, 5)

V. Zusammenfassende Würdigung

Wie Platon entwickelt auch Aristoteles seine Rechtsphilosophie und Polislehre auf der Grundlage einer philosophischen Seins- und Erkenntnislehre. Diese ist dadurch geprägt, daß die Ideen, das Geistig-Wesensmäßige, in den Dingen der gegebenen Wirklichkeit selbst enthalten und durch ein vernunftgetragenes Erkennen auffindbar sind. Das befähigt Aristoteles zu umfassenden Interpretationen der umgebenden Welt, der Natur im weitesten Sinn. Sie wird in ihren zahlreichen Formen und Gestalten als von bestimmten Bewegungsrichtungen und -prinzipien getragene, teleologisch strukturierte Wirklichkeit wahrgenommen und auf die in ihr zugrundeliegende Vernünftigkeit befragt. Daraus erwächst die Anthropologie des Aristoteles, seine Lehre vom Menschen als Vernunftwesen und gemeinschaftsbildendem Wesen, ebenso wie seine Auffassung von Naturrechten, die Entfaltung der Gerechtigkeit als sozialer Verhaltenstugend und die Frage nach Natur und Aufgabe der Polisgemeinschaft. Aristoteles weist so den Weg zu wirklichkeitsnaher, auf Lebenspraxis hin orientierter philosophischer Reflexion; dabei werden die Bereiche von Politik und Ethik nicht getrennt, sondern im Begriff der *eudaimonia*, des vollkommenen Lebens, zusammengehalten.

Allerdings liegt in seinem philosophischen Ansatz die Tendenz, die umgebende Lebenswelt nicht nur auf ihren Grund zurückzuführen, sondern in ihren Strukturen eher zu legitimieren als zu kritisieren. Die Philosophie des Aristoteles ist letztlich keine kritische, sondern eher auf Zustimmung zur umgebenden Lebenswelt angelegt. Besonders deutlich zeigt sich das in der Theorie vom ‚Sklaven von Natur'. Allerdings darf dies nicht nur einseitig gesehen werden. Zwar akzeptiert sie die bestehende Sklaverei ein Stück weit und legitimiert sie. Aber die Spannung, wenn nicht gar der Widerspruch zur eigenen Anthropologie (der Mensch – und damit jeder Mensch – als Vernunftwesen) ist nicht zu übersehen, und die Kriterien für den ‚Sklaven von Natur' suchen dem in gewisser Weise Rechnung zu tragen, indem sie keine Unverrückbarkeit festlegen und gegen die tatsächlich bestehende Sklaverei der Zeit zum Teil kritisch gewendet werden können. Es trifft daher nur bedingt zu, wenn

J. Bleicken bemerkt, daß die große Philosophie des 4. Jh., insbesondere Aristoteles „für den Sklaven nicht nur nichts geleistet, sondern dadurch, daß sie die Sklaverei in angeborenen, qualitativen Unterschieden der Sklaven zu den Freien begründet sah, eher noch zur Verfestigung der bestehenden Verhältnisse beigetragen" hat.[65] Allerdings hat die Theorie vom ‚Sklaven von Natur' innerhalb der Wirkungsgeschichte des Aristoteles nachhaltige Bedeutung erlangt, nicht zuletzt für das Verhältnis der spanischen Eroberer zur indianischen Bevölkerung Amerikas im 16. Jh. Vor allem hier hat sie eine späte und schadensreiche Rolle gespielt.[66]

Wie bei Platon ist auch bei Aristoteles die Freiheit des einzelnen nicht als vorausliegende Freiheit, im Sinne des Prinzips der modernen Subjektivität, entfaltet. Der einzelne wird als Glied der Gemeinschaft gesehen, er findet im Leben innerhalb der Gemeinschaft sein Ziel, sei es in der Gemeinschaft des *oikos*, wie Frau, Kinder und Sklaven, sei es in der Polisgemeinschaft, wie die Bürger. Zwar begründet Aristoteles die (gute) Polisordnung als eine solche von Freien und Gleichen, die sich im Herrschen und Beherrschtwerden abwechseln, und konzipiert damit das Modell einer allgemeinen gleichheitlichen Ordnung, innerhalb derer den Mitgliedern der Polis eine weitgehende Autonomie zukommt. Aber das alles gilt nur für die Bürger. Nur auf sie bezogen und begrenzt wird ein Konzept von Recht, von Freiheit und Ordnung, von Teilhabe an Herrschaft und Herrschaftsunterworfenheit vorgestellt, das aus sich und in sich als ‚naturgemäß' begründet erscheint, deshalb als Vorbild und Orientierung dienen konnte und auch so gewirkt hat. Es wird aber nicht allgemein auf alle Menschen ausgedehnt, bleibt insofern historisch bedingt und partikular-elitär.[67]

---

65 *J. Bleicken*, Athenische Demokratie, S. 91.

66 Siehe unten § 14 III 1 u. 2, S. 366 ff. In der berühmten Diskussion über die Rechte der Indios zwischen dem spanischen Kronjuristen Juan Ginés de Sepúlveda und dem Dominikaner Bartolomé de Las Casas vor dem spanischen Kronrat in Anwesenheit Karls V. (1550/51) vertrat Sepúlveda unter Hinweis auf die Autorität des Aristoteles die These, daß die Indianer ‚Sklaven von Natur' seien, vgl. *L. Hanke*, Aristotle and the American Indians, London 1959; siehe insgesamt *R. Blackburn*, New World Slavery, S. 34 ff.

67 Hinweise zur äußeren Wirkungsgeschichte von Aristoteles bei *H. Ottmann* (Lit.), Bd. 1,2, S. 215 ff.

§ 6 Die Stoa

I. Allgemeiner Charakter, Zeitsituation, Fragestellung

1. Mit dem Namen „Stoa“ wird eine bestimmte Richtung der Philosophie bezeichnet, die sich in Griechenland seit dem Jahr 300 v. Chr. herausbildete. Sie gewann in der Zeit des Hellenismus (3.–1. Jh. v. Chr.) wie auch im Römischen Reich weite Verbreitung und übte nachhaltigen Einfluß aus; auch später, insbesondere in der europäischen Neuzeit, hat sie mit ihren Lehren weitergewirkt. Die Bezeichnung Stoa leitet sich von der bemalten Säulenhalle (*stoa poikile*) gegenüber der Akropolis her, einem öffentlichen Gebäude im damaligen Athen, in dem Zenon, der Gründer der Schule, zuerst seine Vorlesungen hielt. Die Stoa steht jedoch nicht bloß örtlich, sondern auch zeitlich und inhaltlich in engem Zusammenhang mit der eben behandelten griechischen Philosophie; als sie begann, waren gerade 46 Jahre seit dem Tod Platons und 22 Jahre seit dem des Aristoteles vergangen.

Als Philosophenschule war die Stoa über vier Jahrhunderte wirksam. Innerhalb ihrer lassen sich drei sog. philosophische Generationen unterscheiden.[1] Die *Gründungsgeneration* (ältere Stoa) beginnt mit *Zenon* von Kition auf Zypern (ca. 332–262 v. Chr.).[2] Selbst nicht Grieche, studierte er in Athen bei den Kynikern und gründete dann um 300 v. Chr. eine eigene Philosophenschule, die sich von der hedonistischen Schule des Epikur absetzte und sich als Gegengewicht zu ihr verstand. Zu seinen Hörern und Anhängern gehörte der makedonische Kronprinz Antigonos; dessen späteres Angebot, an seinem Hof als Berater tätig zu sein, schlug Zenon aber aus.[3] Nach seinem Tod wurde er von den Athenern – wohl wegen der Ernsthaftigkeit seines Philosophierens und seiner bescheidenen Lebensweise – hoch geehrt.[4] Nachfolger Zenons war *Kleanthos* aus dem kleinasiatischen Assos (ca. 310–232 v. Chr.), ein getreuer Interpret der Lehren des Zenon; ihm folgte *Chrysipp* aus Kilikien (ca. 280–205 v. Chr.), der zum ersten großen Systematiker der Stoa wurde und die Lehren der Stoa nachhaltig prägte.

---

1 *P. Steinmetz*, Die Stoa, S. 495 f.

2 Zur Gründungsgeneration der Stoa insgesamt *P. Barth/A. Goedeckemeyer*, Stoa, S. 12–116; *M. Pohlenz*, Stoa, S. 22–30; *M. Froschner*, Ältere Stoa, S. 24–29; zu Zenon *P. Steinmetz*, Die Stoa, S. 518 ff.

3 *M. Pohlenz*, Stoa, S. 24.

4 *M. Forschner*, Ältere Stoa, S. 24 f.

Die *mittlere Generation* (mittlere Stoa) wird außer durch den Arzt *Antipater* vor allem durch *Panaitios* aus Rhodos (ca. 185–110 v.Chr.) und dessen Schüler *Poseidonios* von Apamea in Syrien (ca. 135–50 v.Chr.), der hellenisch-griechischer Abkunft war, repräsentiert.[5] In dieser Zeit breitete sich die Stoa als führende geistige Macht in der griechisch-römischen Welt aus. Panaitios studierte in Athen, lebte dann mehrere Jahre in Rom und fand dort den Übergang in die römische Welt und Kontakte zu deren führenden Kreisen, insbesondere dem jüngeren Scipio Africanus; er begleitete diesen, zu seinem Lehrer werdend, auf dessen Reise durch den Orient, die bis nach Ägypten und Syrien führte.[6] Panaitios vertrat eine weniger dogmatische Grundhaltung, die sich für praktische Fragen vermehrt öffnete, womit er der Schule – nach dem Tod Antipaters (129 v.Chr.) nach Athen zurückkehrend – eine neue Richtung gab. Poseidonios war zu seiner Zeit einer der einflußreichsten Philosophen der griechisch-römischen Welt. Er lehrte ständig in Rhodos, wo er, mit dem Bürgerrecht ausgezeichnet, zeitweise auch das höchste politische Amt versah. Cicero gehörte 77 v.Chr. zu seinen Hörern und der Feldherr Pompeius suchte ihn während seines Feldzugs gegen die Piraten (67 v.Chr.) in Rhodos auf, um seine Vorlesung zu hören; er wiederholte den Besuch nach seinem Sieg im Krieg gegen Mithridates (62 v.Chr.).[7]

Die *jüngere Generation* umfaßt die Vertreter der stoischen Philosophie in der mittleren Kaiserzeit. Man kann bei ihr von einer römischen Stoa sprechen. Zu ihr gehören vor allem der in Corduba (heute Córdoba/Spanien) geborene *Seneca* (ca. 4 v.Chr. – 65 n.Chr.), mehrfach Inhaber politischer Ämter und Erzieher Kaiser Neros, der dann von diesem zum Selbstmord gedrängt wurde; weiter *Epiktet* (55–138 n.Chr.), ein phrygischer Sklave, der freigelassen wurde, bis 94 n.Chr. als Lehrer in Rom weilte, anschließend durch Kaiser Domitian aus Italien verbannt wurde; schließlich *Marc Aurel* (121–180 n.Chr.), (Adoptiv-)Kaiser von 161 bis 180, seit seiner Jugend in stoischer Philosophie erzogen, persönlich und auch als Herrscher weithin danach lebend, Prototyp des ‚idealen' Herrschers als Philosoph auf dem Kaiserthron.[8] Mit ihm erreichte die Stoa politisch den Höhepunkt ihrer Wirksamkeit, diese ging mit ihm aber auch zu Ende.

2. Die Zeitepoche, in der die Philosophie der Stoa sich ausbildete und entfaltete, fiel mit dem Niedergang und Ende der griechischen Poleis als für sich selbständiger, weithin eigenbestimmter politischer Einheiten zusammen. Als maßgebliche Herrschaftsform etablierten sich nun die antiken Großreiche. Das geschah zunächst in den Nachfolgemonarchien des Alexanderreichs, später dann in dem die damalige bekannte Welt umfassenden Römerreich. Diese grundlegende Veränderung des politischen und sozio-kulturellen Umfeldes

---

[5] Nähere Angaben zu Leben und Werk bei *P. Steinmetz*, Die Stoa, S. 646f. (Panaitios), S. 670ff. (Poseidonios).

[6] Siehe *M. Pohlenz*, Stoa, S. 192f. und *P. Barth/A. Goedeckemeyer*, Stoa, S. 127f.

[7] *J. G. Kidd*, Poseidonios, S. 61f.; *P. Steinmetz*, Die Stoa, S. 671f.

[8] Näheres zur Biographie und den Lehren der Vertreter der jüngeren Stoa bei *P. Barth/A. Goedeckemeyer*, Die Stoa, S. 160–245.

bildete den Hintergrund für die Fragestellungen der Stoa im Hinblick auf Recht und politische Ordnung.

a) *Alexander der Große*, seiner Herrschaftsgrundlage nach König von Makedonien, der militärischen Vormacht Griechenlands, verfügte über eine starke hegemoniale Stellung gegenüber Athen und anderen griechischen Poleis. Durch den Sieg über das Perserreich und anschließende Eroberungszüge errichtete er ein Großreich, das sich über das vordere Asien bis nach Indien erstreckte.[9] Nach seinem frühen Tod (323 v.Chr.) kam es zur Bildung von vier Teilreichen in der Hand von Generälen Alexanders. Diese versuchten, um ihre Herrschaft zu sichern, eine Dynastie zu gründen. Diese sogenannte Diadochenherrschaft hatte ihre eigentliche Machtgrundlage im Heerwesen, wurde von dorther politisch geprägt (wandernde Heerlager als Wirtschaftsfaktor und Versorgungsaufgabe; Beute- und Versklavungsrecht bei Kriegszügen); zugleich nahm sie aber die Tradition des orientalischen Großkönigtums in Anspruch, um dadurch bei den beherrschten Völkern Anerkennung zu finden; sie suchte durch Hinwendung zur Mythologie (Stammbäume; göttliche Abkunft der Dynastie) sowie die Berufung auf das Recht des überragenden Führers eine eigene Legitimität zu begründen.

b) Daraus ergab sich eine besonders geartete Herrschaftsstruktur und -organisation. Sie bestand in der Verbindung von despotischer Militärherrschaft, orientalischem Großkönigtum und Herrscherkult mit einer Vielzahl nicht mehr politisch, wohl aber verwaltungsmäßig und geistig-kulturell mehr oder weniger autonom bleibender Städte, lokaler Herrschaftsträger und Völkerschaften.[10] In den Diadochen-Reichen existierten drei Kategorien von ‚Untertanen': einheimische Dynasten (Satrapen), die in loser Abhängigkeit standen; Poleis und neu gegründete Städte, die ohne politische Autonomie, aber sonst relativ selbständig waren; schließlich Völkerschaften, die der unmittelbaren Aufsicht der königlichen Statthalter unterstellt waren. Die Städte waren dabei wichtig als Steuerquellen und Militärstützpunkte, im übrigen konnten sie, ihres Charakters als selbständige politische Einheiten beraubt, relativ frei und äußerlich befriedet, ihre Lebensformen und Rechtsanschauungen forttragen.

Diese Großreiche waren demnach nicht als umfassende Gemeinschaft nach Art der Polisordnung, sondern lediglich als Wirtschafts- und Verwaltungseinheit mit militärischer Bestimmungsgewalt organisiert und konnten angesichts ihrer räumlichen Ausdehnung und Heterogenität wohl auch nur so organisiert sein. Allerdings bedurften sie komplementär dazu eines darüber hinausgehenden, die Einheit verbürgenden Integrationsmittels. Dies bestand in der Erhebung der Könige oder der Dynastie zu göttlichen Ehren (Herrschermythos) und der Ausbildung eines Herrscherkults. Der göttergleiche Herrscher wurde als Beschirmer des Rechts vorgestellt, das in weitem Umfang noch kultisch fundiert war, seine Gebote sollten dadurch besondere, die äußere Macht von innen her stärkende Verbindlichkeit erhalten.

---

[9] Siehe dazu den Überblick bei *H.-J. Gehrke*, Hellenismus, S. 26–30.

[10] Zur Veranschaulichung vgl. *H.-J. Gehrke*, Hellenismus, S. 46–70; zur Lage der griechischen Polis siehe auch *H. Bengtson*, Griechische Geschichte, S. 332 ff.

c) Als Rom seine Herrschaft über das italische Gebiet hinaus auf die gesamte Mittelmeerwelt ausdehnte – das geschah vornehmlich im 2. Jh. v. Chr. – trat es an die Stelle der hellenistischen Großreiche. Die Herrschaftsorganisation änderte sich dadurch nicht grundlegend. Rom errichtete keine zentral gelenkte, einheitliche Verwaltung – das wäre mit seiner ganz auf die Stadt (*urbs*) bezogenen Herrschaftsstruktur und der magistral-aristokratischen Regierungsform, nach der die entscheidenden politischen Befugnisse in der Hand der aus der Senatsaristokratie sich rekrutierenden hohen Magistrate lagen, eingebunden in die Autorität des Senats, nicht vereinbar gewesen.[11] Vielmehr übte es seine ‚Weltherrschaft' entweder indirekt durch militärisch-politische Bündnisverträge mit formell selbständig bleibenden Herrschaftsträgern aus, die sich aber seiner Macht und seinem politischen Einfluß beugten und fortschreitend in Abhängigkeit gerieten, oder es schuf, wie überwiegend, eigene Provinzen. In diesen bestanden die ehemals selbständigen Städte, Stämme und Königreiche als – in ihrer Abhängigkeit ungleiche – Verwaltungsträger fort, während die militärisch-politischen und finanziellen Herrschaftsinteressen Roms durch einen Statthalter wahrgenommen wurden. Der Statthalter regierte mangels eigenen bürokratischen Apparats die Provinz nicht eigentlich, erst recht verwaltete er sie nicht, sondern herrschte über sie – gestützt auf Soldatenmacht – nach Art eines Vizekönigs. Lange Zeit verfolgte Rom also bei seinem Herrschaftsausbau keine offensive Unterwerfungs-, sondern eher eine defensive Sicherheitsstrategie; jenseits der militärisch-politischen Machtpräsenz, wozu auch der Unterhalt der Legionen gehörte, und der Ausübung von Rechtsprechung ließ man den ‚befriedeten Gebieten' in beträchtlichem Umfang freie Hand.

3. Eine so nachhaltige Veränderung der politischen Welt, in der man lebte, blieb nicht ohne Auswirkung auf die Philosophie der Stoa. Tragender Bezugspunkt war nun nicht mehr die griechische Poliswelt, vielmehr richtete sie ihr Augenmerk auf die sich ankündigende und dann Gestalt gewinnende Kosmopolis, die großräumig und immer mehr als Einheit geordnete politische Welt. Eine Orientierung auf das Allgemeine und Universale war in der griechischen Philosophie selbst schon angelegt, die Frage nach den allgemeinen Prinzipien des Erkennens, den Beziehungen und Gesetzmäßigkeiten in der Natur, in der Mathematik und Musik hatte sie von früh an beschäftigt (oben § 3 I 3, S. 39 ff.). Für die Fragen nach Recht und politischer Ordnung erhielt diese Orientierung nun einen neuen Anstoß durch die Auflösung der Polis als selbsttragender autarker, das ganze Leben umfassender politischer Gemeinschaft.[12] Eine Welt von ungeahnten Ausmaßen tat sich gegenüber der Enge der Polis auf, es winkten lockende Möglichkeiten und Aufgaben. Gebildete Griechen zählten in den hellenisch beherrschten Großreichen zur führenden

---

[11] Siehe *J. Bleicken*, Verfassung der römischen Republik, S. 243–265; *E. Meyer*, Römischer Staat, S. 205.

[12] *M. Pohlenz*, Stoa, S. 16–18.

Schicht, lebten oftmals an den Höfen, reisten umher, trugen ihre Bildung und Kultur in diese Welt hinaus. So war man in eine neue, den bisherigen Rahmen sprengende Welt hineingestellt. In ihr galt es sich einzurichten, sie zu interpretieren, nach ihrem Sinn zu fragen. Es verwundert nicht, daß die Erziehung für die Polis oder eine politisch-philosophische Reformlehre als prägende Fragestellung der Philosophie nunmehr zurücktraten; Philosophie diente jetzt eher der Suche nach Orientierung und Selbstvergewisserung. Sie wird *medicina mentis*, Anleitung zur Lebenskunst und zur geistigen und ethischen Lebensbewältigung.

Damit verbindet sich eine stärkere Hinwendung zur Innerlichkeit, zum Sich-selbst-Genügen des einzelnen als Individuum. Sokrates' Bewußtmachen des Inwendigen, der inneren Haltung und Einstellung als Grund und Ausgang sittlichen Handelns (oben § 3 III 1b, S. 63 f.) wird von der Stoa aufgenommen und weiter entfaltet. Von Platon und Aristoteles ist es die Ausrichtung auf theoretische Erkenntnis, das Erfassen und geistige Durchdringen der Welt, was die Stoiker inspiriert und anleitet. Kontemplatives Erkennen, das Sich-Einfügen in die Gegebenheiten gewinnt für das Leben und Handeln des ‚Weisen', dem die Stoa nachsinnt, tragende Bedeutung. Doch ist die Stoa keineswegs grundsätzlich a-politisch; die Wahrnehmung der Pflichten für die Gemeinschaft und das Ganze, auch in der Übernahme politischer Ämter, macht für sie einen Teil der Lebenslehre und Daseinsdeutung aus (unten IV 2).

Zieht man diese Ausgangspunkte in Betracht, ist es nicht verwunderlich, daß die Philosophie der Stoa gegenüber den Positionen von Aristoteles andere und neue Wege geht. Denn es liegt nicht fern, den Kosmos als eine einzige Polis zu begreifen, die von der einen natürlichen Vernunft regiert wird, an der alle Menschen Anteil haben (unten III.). Und an die Stelle der Gemeinschaftsgebundenheit in einer konkreten Polis kann eine allgemeine, auf das Individuum selbst bezogene Sozialdimension treten (IV, 1), an die Stelle naturbegründeter Ungleichheit eine Tendenz zur Gleichheit der Menschen (III, 2b), an die Stelle der Vielfalt selbständiger politischer Ordnungen die Einordnung in einen Universalismus weltumspannender Reiche.[13]

4. Die *Quellenlage* ist für die Texte der älteren und mittleren Stoa äußerst schwierig. Die Originalwerke sind nahezu sämtlich verloren. Rekonstruktionen sind nur über manche Papyri, Fragmente, Zitate oder Stellungnahmen möglich. Sie sind zusammengestellt in der Sammlung Stoicorum Veterum Fragmenta (SVF), Bd. 1–4, 1903–05 (Nachdruck Stuttgart 1978). Von der jüngeren Stoa hingegen gibt es gut erhaltene Texte, wie von Seneca (De beneficiis; Epistulae morales; De clementia), Epiktet (Encheiridion = Handbüchlein der Ethik) und Marc Aurel (Selbstbetrachtungen).

---

[13] Siehe *H. Hofmann*, Das antike Erbe, S. 7.

II. Die Stoa als Logos-Philosophie

Wie kann man die Grundrichtung der stoischen Philosophie kennzeichnen? Sie läßt sich als *logos*-Philosophie beschreiben. *Logos* hat dabei freilich eine mehrfache, sich aufgliedernde Bedeutung.[14] Zum einen meint *logos* das Vermögen der Vernunft zum Erkennen, Denken, Sprechen und Wählen, anknüpfend an die ‚Logik'; zum andern das geistige Ordnungsprinzip, das Natur und Welt, den ganzen Kosmos prägt und vernünftig gestaltet und als die (göttliche) Natur- und Weltvernunft zur Norm für das menschliche Handeln wird. Diese Bedeutungen stehen freilich nicht isoliert nebeneinander, so daß es sich um Äquivokationen handelte; sie sind inhaltlich aufeinander bezogen und verbinden sich zur Einheit einer Weltansicht. Dem entspricht auch der dreiteilige Aufbau der stoischen Philosophie in Logik – Physik – Ethik.

1. *Logos* umfaßt in der ‚Logik' nicht nur die formalen Regeln korrekten Denkens und Argumentierens und den sachhaltigen sprachlichen Ausdruck, um die empirisch wahrgenommenen Objekte, Vorstellungen und Eindrücke zu erfassen und miteinander zu verbinden. Auch eine Erkenntniskraft und Ordnungsfunktion, die auf eine universal geltende Gesetzmäßigkeit und Folgerichtigkeit bezogen ist, gehört zum *logos*.[15] Der *logos* partizipiert bereits im Zusammenhang der ‚Logik' an einer universalen Vernunft, die, göttlichen Ursprungs, den Kosmos durchwaltet, gleichermaßen für Götter und Menschen Geltung hat.

2. Die ‚Physik' der Stoa ist nicht exakte Naturwissenschaft im heutigen Sinn, sie ist, gestützt auf die Beobachtung und Interpretation von Einzelphänomenen, eine Form spekulativer Naturphilosophie.[16] Vom Gegenstand her bezieht sie sich auf die belebte und unbelebte Natur, *physis* im weitesten Sinn, einschließlich der Menschen und Götter. Es geht in der ‚Physik' um die Erkenntnis der Naturordnung im umfassenden Sinn, die als eine Ordnung immanenter Vernunft und Gesetzlichkeit begriffen wird. Die Natur erscheint als eine zusammengesetzte Einheit aus der Materie (*hyle*) und dem alles durchwaltenden *logos* als geistigem Prinzip. Die Materie ist dabei das passive, aus sich unbestimmte Element, der *logos* bildet das allgegenwärtig gestaltende, aktive Element. Beide stehen sich nicht dualistisch gegenüber, vielmehr besteht ein Monismus in Form eines untrennbaren Ineinander. Der *logos* ist also der Materie schon immanent, eine in ihr wirkende Kraft, wie es nicht zuletzt

[14] *M. Froschner*, Stoische Ethik, S. 185 f.
[15] *C.-F. Geyer*, Philosophie der Antike, S. 96–98.
[16] *M. Froschner*, Ältere Stoa, S. 33.

die Naturgesetze als universale Gesetzmäßigkeiten der Natur zeigen. Der *logos* ist Grund und Gesetzmäßigkeit des Geschehens, in ihm sind Zwecke erkennbar, er besitzt eine teleologische Struktur und darin auch ein normatives Element.

Im Hintergrund steht die stoische Lehre vom *logos spermatikos*, der alles begründenden Weltvernunft, die ihre Wurzel in einer letztlich religiös geprägten Kosmologie hat. „Der im Stoff enthaltene *logos* trägt die Konstitutionsfaktoren aller Dinge und die Ursachen alles Weltgeschehens sinnvoll auf ein festes Ziel hin".[17]

3. Die Ethik baut auf der ‚Physik' auf. Im Menschen und seiner Seele zeigt sich der *logos* als vernünftiger, lenkender Teil im Unterschied zu den Trieben. Dieser individuelle *logos* ist ein Abkömmling der göttlichen Weltvernunft, hat Teil am universalen Naturgesetz, das für ihn durch Beobachtung, Erfahrung und vermittels seiner Erkenntniskraft aus der Wirklichkeit von Natur und Welt ableitbar ist. Daraus ergeben sich Normen für das ethisch-moralische Handeln. Deren Leitziel ist – in der Logik und ‚Physik', letztlich in der umfassenden Kosmologie grundgelegt – die Forderung nach einem naturgemäßen Leben im Sinn eines dem *logos*, d.h. der Natur- und Weltvernunft gemäßen Lebens (näher dazu unten III).

An dieser Stelle tritt die Doppelbedeutung, die *logos* für die ethische Argumentation hat, besonders hervor. Sie wirkt auch konstitutiv für die Diskussion um das Naturrecht, die mit der Stoa beginnt und über das Mittelalter bis ins 18. Jh. fortdauert. *Logos* meint hier zum einen das Vermögen der (subjektiven) Vernunft, die umgebende Außenwelt und Wirklichkeit zu erfassen und auszusagen – *logos* als Erkenntniskraft. *Logos* meint zum andern das objektive geistige Prinzip, das die Welt vernunftgemäß gestaltet und den Einzeldingen ihren Platz im Ganzen der Welt zuweist – *logos* als die immanente Vernunft des Seins und der Natur, die Ausdruck der Weltvernunft, des göttlichen *logos* ist. Damit ergibt sich als entscheidende Frage, wie subjektiver *logos* (individuelle Vernunft und Erkenntniskraft) und objektiver *logos* (Vernunftordnung von Natur und Welt) angesichts unterschiedlicher Urteile über das Natur- und Vernunftgemäße aufeinander bezogen sind und sich vermitteln. Gibt es einen Punkt, von dem aus die Übereinstimmung des vom individuellen *logos* als vernünftig und naturgemäß Erkannten mit der (objektiven) Natur- und Vernunftordnung geprüft und beurteilt werden kann? Liegt er innerhalb oder außerhalb des *logos* der erkennenden Vernunft?

---

[17] *C.-F. Geyer*, Philosophie der Antike, S. 98.

III. Positionen der stoischen Rechtsphilosophie

Für die Philosophie der Stoa wurde, wie sich gezeigt hat (oben I 3), die Ausrichtung auf die Welt und ihre Ordnung statt auf die Polis bestimmend. Deshalb rückte für das Recht die Frage nach dem Allgemeinen, dem überall Gleichen, d.h. der Ordnung und den Gesetzen der Welt in den Vordergrund. Dabei waren als Vorlage für die stoische Rechtsphilosophie neben der älteren ionischen Kosmosphilosophie auch Platon und Aristoteles von Bedeutung. Doch war die Anknüpfung an die erstere stärker, sie wurde bestimmender als die Weiterführung der Gedanken von Platon und Aristoteles. Die besondere Leistung der stoischen Rechtsphilosophie, durch die sie das weitere Denken nachhaltig beeinflußt hat, lag hierbei in dreierlei: in einer neuen Bestimmung des Nomosbegriffs, in der ersten Entfaltung der Lehre vom Naturgesetz – beides geschieht auf der Grundlage und in Anwendung des *logos*-Denkens –, und in der Fortentwicklung der Lehre vom ethischen und rechtlichen Handeln.

1. In welcher Weise geschieht die Veränderung des Nomosbegriffs? Sie zeigt sich in mehrfacher Hinsicht.

a) Der Nomosbegriff wird zunächst aus seinem Bezug zur konkreten, räumlich begrenzten Polis gelöst. Das Augenmerk richtet sich nicht mehr auf die verschiedenen Gesetze und Sitten der einzelnen Poleis, ihren Charakter und ihre Gerechtigkeit, sondern wieder, wie schon bei Heraklit (oben § 3 I 3b, S. 41 f.), auf *einen nomos* als *nomos* der Welt. Allgemeinheit und die universale Geltung werden Merkmale des Nomosbegriffs.

> „Der Kosmos ist die Polis im Großen und verfügt über eine einzige Verfassung und einen einzigen *nomos*. Der *logos* der Natur gebietet, was getan werden muß, und verbietet, was nicht getan werden darf. Die Poleis aber, die jeweils selbst an bestimmte Orte gebunden sind, sind der Zahl nach unbegrenzt und verfügen über Verfassungen, die sich voneinander unterscheiden, und über *nomoi*, die nicht dieselben sind. Denn neben den einen Regelungen werden andere festgesetzt, die dazugefunden und hinzugefügt wurden." (Chrysipp, SVF III, 323)

b) *Nomos* bezeichnet demzufolge inhaltlich nicht mehr, von der einzelnen Polis ausgehend, eine Satzung, einen konkreten Beschluß oder eine konkrete Institution; *nomos* wird inhaltlich gleichbedeutend mit dem *logos*, bezieht sich auf das Vernunftgesetz von Welt und Natur. Dadurch gewinnt der Nomosbegriff besondere Autorität und erhebt einen neuen Anspruch: *nomos* wird aus sich – ohne Rücksicht auf Beschluß oder Vereinbarung – Norm und Maßstab. Das wird deutlich, wenn Chrysipp sein Werk über den *nomos* wie folgt eröffnet:

„Der *nomos* ist König aller göttlichen und menschlichen Angelegenheiten; notwendigerweise ist er der Lenker, der Herr und Herrscher über Edles und Schimpfliches, und demgemäß die Richtschnur für das, was gerecht und ungerecht ist, und so auch der, welcher den von Natur aus politischen Lebewesen gebietet, was getan werden muß und verbietet, was nicht getan werden darf." (Chrysipp, SVF III, 314)

Das ist eine Aufnahme des Hymnus an den *nomos basileus* (den *nomos* als König) des griechischen Dichters Pindar (5. Jh. v. Chr.), aber sie erfolgt für einen veränderten Nomosbegriff. Der Grund für die beschworene einzigartige Autorität des *nomos* liegt jetzt darin, daß er als Ausdruck der göttlichen Weltvernunft gesehen wird. Diese göttliche Weltvernunft prägt die belebte und unbelebte Natur, durchwaltet sie und ist ihr als Ordnungsprinzip immanent, von Anfang an und auf Dauer. Sie erscheint als bleibender, unveränderlicher *nomos*, als ein allgemeines im Sinne eines *ewigen* Gesetzes. Der Gedanke der *lex aeterna*, der für die christliche Rechts- und Staatsphilosophie grundlegende Bedeutung erhält, tritt hervor.

„Der allgemeine *nomos,* welcher gerade die wahre Vernunft (*orthos logos*) ist, die alles durchdringt, ist ein und derselbe Zeus, der die Verwaltung der seienden Dinge leitet." (Chrysipp, SVF III, 4)

Der Geltungsanspruch des *nomos* wird hier religiös-kosmologisch begründet. Dabei muß jedoch bedacht werden, daß in der frühen und mittleren Stoa Gott (wie auch Zeus) mit *logos* und der Weltvernunft gleichgesetzt wird. Die griechische Philosophie hing zwar überwiegend einer religiösen Weltsicht an. Was als Ordnung der Natur und des Kosmos beobachtet und erfahren wurde, weckte und bestärkte die Vorstellung, daß es eine Intelligenz und Kraft gebe, höher und vollkommener als die Menschen, die in der Welt waltet.[18] Aber diese göttliche, schöpferische Urkraft ist nichts anderes als der *logos* selbst, das Vernunftprinzip, das dem Kosmos immanent ist. Die Theologie ist insofern Teil und Ausfluß der stoischen Physik (oben II 2), letztlich ein weltumfassender Pantheismus. Auch die späte Stoa wendet sich davon nicht grundsätzlich ab.

c) Erscheint der *nomos* als Vernunft- und Naturgesetz von eigener Würde und normativer Kraft, so steht er mit den Gesetzen, die in einer politischen Gemeinschaft festgelegt werden und gelten, nicht in einer Reihe, sondern ihnen *gegenüber*. Diese Gesetze werden nicht mehr als *nomoi* bezeichnet, sie sind *thesis*, eine Satzung, die nicht der Natur angehört. So wird der Nomosbegriff gegenüber der Kritik der Sophisten (oben § 3 II 5, S. 57 ff.) stark aufgewertet, erhält eine herausgehobene normative Qualität, ähnlich wie bei

---

[18] *M. Pohlenz*, Stoa, S. 94 f.

den Vorsokratikern (oben § 3 I, S. 33 ff.), aber zugleich von den gegebenen Gesetzen scharf getrennt; er wird nun vorausliegende Maßstabsnorm für diese. Darin liegt ein bedeutsamer Schritt, die Wurzel für die folgenreiche Unterscheidung und Verhältnisbestimmung von *lex aeterna – lex naturalis – lex humana*, die vor allem in der christlichen Rechts- und Staatsphilosophie weiter entwickelt wird (unten § 9 III 2, S. 203 ff., § 10 III, S. 233 f.). Normative Qualität aus sich haben danach nur *lex aeterna* bzw. *lex naturalis*; die *lex humana* gewinnt sie nur, wenn sie mit der *lex aeterna* bzw. *lex naturalis* in Einklang steht, sich aus ihr herleitet; nur dann ist sie Recht, verdient den Namen ‚Gesetz'.[19]

2. In welcher Weise werden nun Begriff und Eigenart des Naturgesetzes auf der gegebenen kosmologischen Grundlage näher entfaltet? Kommt es zu einer Präzisierung und einheitlichen Bestimmung des bislang weithin offenen Naturbegriffs und seines Verhältnisses zur Vernunft?

a) Für die Stoa ist das Naturgesetz Teil des ewigen Weltgesetzes (*lex aeterna*), und zwar der Teil, der auf die menschliche Natur bezogen ist. Es ist das Vernunftgesetz der Menschennatur. Als solches bildet es für die individuelle Vernunft, den *logos* des Einzelmenschen, einen ihm gegenüberstehenden Erkenntnisgegenstand. Dieses Subjekt-Objekt-Verhältnis wird jedoch durch die Logosausstattung des Menschen – die Doppelbedeutung von *logos* (oben II 3) wird hier wirksam – in eine Schwebelage gebracht, denn die gegenständliche Naturvernunft (Vernunft der Menschennatur) liegt ja gerade auch in der Vernunftausstattung (Fähigkeit zur Vernunfteinsicht) des einzelnen Menschen selbst. Max Pohlenz beschreibt diesen Zusammenhang wie folgt: Was das Vernunftgesetz „dem Menschen vorschreibt, ist nichts anderes als das, was seiner Natur gemäß ist und was sein eigener *logos* ihn zu tun heißt, wenn er gesund und aufrecht ist. Denn dieser individuelle *logos* ist ja ein Teil des Weltenlogos und von ihm in seinem Wesen nicht verschieden".[20]

Hier tritt der Gedanke der *Teilhabe* hervor. Er hat eine subjektiv-individuelle und objektiv-generelle Seite. Zum einen ist die individuelle Vernunft selbst ein Teil der ewigen Vernunft, und weil sie an ihr teilhat, ist ihr Erkennen selbst Vernunft. Dabei ist vorausgesetzt, daß diese Vernunft, die zunächst nur keimhaft vorhanden ist, sich durch Erziehung und Voranschreiten in der Erkenntnis entfaltet. Nicht jeder von Anfang an, sondern erst der Erfahrene, am vollkommensten der stoisch Weise gelangt zur Einheit von individueller Vernunfterkenntnis und objektivem Naturgesetz; also ist vor allem er zum Gesetzgeber berufen, damit die Übereinstimmung von Naturgesetz und

---

19 Siehe *M. Pohlenz*, Stoa, S. 133.

20 *M. Pohlenz*, Stoa, S. 133; siehe auch *H. Coing*, Rechtsphilosophie (Lit.), S. 20.

menschlichem Gesetz gewahrt bleibt. Zum andern ist auch die individuelle Vernunfterkenntnis nicht ‚frei' und beliebig, sondern, weil sie an der ewigen Vernunft teilhat, gerichtet auf das der menschlichen Natur als vernünftiger Natur Zukommende als das sittlich Gute, in dem der Mensch sein Glück findet. Das stoische Lebensziel der *eudaimonia*, wie es in der kosmologischen Sicht der Welt grundgelegt ist, wirkt als objektive Orientierung der Vernunfterkenntnis: das vernunftgeleitete, Triebe und Leidenschaften nicht unterdrückende, aber beherrschende, sich bewußt in die Weltvernunft einfügende Leben.[21] Diese beiden Seiten des Teilhabegedankens werden miteinander verbunden im Begriff des *orthos logos* bzw. der *recta ratio*; er umfaßt das objektive Vernunftgesetz ebenso wie die subjektive (richtige = gerichtete) Vernunfteinsicht.[22]

b) Das Naturgesetz ist der *logos* der *allgemeinen* Menschennatur, nicht einer konkret aktualisierten Natur wie bei Aristoteles (oben § 5 III 1 b, S. 110 f.). Auch die Stoa vertritt den *telos*-Gedanken: Die Natur strebt auf ein Ziel hin, die Entfaltung ihres immanenten *logos*. Aber dieser *logos* ist nicht der des Bauern, Handwerkers, Sklaven oder Freien, sondern der des Menschen, die Entfaltung der jedem Menschen eigenen Vernunftausstattung. Das Naturgesetz ist deshalb gerade das, was *alle* Menschen bindet und ihnen zukommt, „quod naturalis ratio inter omnes homines constituit", wie es der römische Jurist Gaius in Aufnahme stoischer Gedanken für das *ius gentium* formuliert.[23] Chrysipp sagt deutlich (gegen Aristoteles): Kein Mensch ist Sklave von Natur (SVF III, 352), alle Menschen sind gleichermaßen zur Freiheit berufen. Die Gleichheit der Vernunftnatur wird zum Ansatzpunkt für die rechtliche Gleichheit der Menschen.[24] Das schließt freilich nicht aus, daß jeder Mensch spezifische Gaben (*charismata*) hat, die ihn zu besonderen Aufgaben befähigen.

c) Das Naturgesetz der Stoa kennt keine Differenzierung von ethischem und rechtlichem Bereich. Es gilt unterschiedslos für beide, dient als verbindlicher Maßstab für das ethisch-moralische Handeln des einzelnen ebenso wie für den Gesetzgeber, der Rechtsvorschriften erläßt. Das von Natur Gerechte, das der Naturvernunft – bezogen auf die Artnatur des Menschen – entspricht,

---

21 Siehe *M. Froschner*, Stoische Ethik, S. 214 ff.

22 Siehe *H. Welzel*, Naturrecht (Lit.), S. 45 m. Anm. 35.

23 *Gaius*, Inst. I § 1. Zur Einwirkung stoischer Gedanken auf die Formulierungen des Gaius vgl. *M. Fuhrmann*, Lehrbuch, S. 183 ff.; siehe auch *M. Kaser*, Ius gentium, S. 75 ff.

24 In der antiken Welt blieb dies freilich ein Postulat, eine wirksame Umsetzung im Hinblick auf die Zurückdrängung oder gar Aufhebung der Sklaverei fand nicht statt. Die Sklaverei wurde von den römischen Juristen als Bestandteil des *ius gentium* – des den Völkern gemeinsamen Rechts – angesehen, welches das *ius naturale*, nach dem alle Menschen gleich sind, überdeckte; die stoischen Gedanken wirkten jedoch in Richtung auf eine Mäßigung der Sklaverei und die Förderung der Freilassung von Sklaven. Vgl. *K.-W. Welwei*, Ius naturale, S. 82 f., 89–93.

ist immer nur eines. Das spiegelt die damalige Lebenswirklichkeit, jedenfalls in den Diadochen-Reichen. Ethische, durch Sitten gegebene und rechtliche Lebensdirektiven waren hier noch keine als je eigenständig erfaßte Größen. Die Unterscheidung und Abgrenzung von Recht, Ethik und Moral stellt sich als Problem erst den römischen Juristen, vereinzelt dann auch der christlichen Rechts- und Staatsphilosophie und später – in der europäischen Neuzeit – generell im Blick auf ein bewußt freiheitsbezogenes Rechtsdenken.

3. In der Lehre vom ethischen und rechtlichen Handeln knüpft die Stoa an Sokrates an und wendet sich der Entfaltung der von ihm reflektierten Dimension der Innerlichkeit zu. Das lag für eine Philosophie, die sich als Lebensphilosophie verstand, ohnehin nahe; die Frage nach der Orientierung des Handelns des einzelnen, der nicht mehr im Polisleben aufgeht und auf eine eigene Lebenskultur verwiesen ist, wird für sie ein wesentliches Anliegen.

a) Ethisches und rechtliches Handeln werden von der Stoa als von innen gesteuertes Vernunfthandeln begriffen, ein Handeln aus der Erkenntnis des Natur-Vernünftigen, wie es sich im Blick auf den Menschen, seine Lebensbedürfnisse und sein Lebensgut (*eudaimonia*) darstellt. Auch für die Stoa hat die Tugend, wie bei Sokrates, ihre Grundlage im Wissen. Dieses Wissen schon führt, wenn der *logos* gesund ist, zu entsprechendem Handeln, nicht erst ein danebenstehener oder davon unabhängiger Wille.[25] Wer die Tugend nicht ergreift, ist nicht eigentlich ein Böser, sondern ein Tor, ihm fehlt die rechte Einsicht, eben die ‚Gesundheit des *logos*', er weiß nicht um sein Wesen und seine Bestimmung.[26] Ideal und Vorbild des recht handelnden Menschen ist demnach der Weise, der die volle Erkenntnis und Einsicht gewonnen hat und danach handelt. Die vielen aber, die so weit nicht kommen, bedürfen der gegebenen Gesetze, damit sie die notwendige Orientierung finden.

Mit der stoischen Handlungslehre ist weiter der Gedanke der Selbst-beherrschung verbunden. Was den Menschen gegenüber der Natur auszeichnet, ihn einzigartig macht, ist seine Vernunftbegabung, die Teilhabe am Logos, durch die er Animalisches und Göttliches in sich vereint. Darin wird, auch soweit der Begriff selbst noch nicht auftaucht, seine Würde gesehen; vor allem in der jüngeren Stoa, bei Epiktet und Marc Aurel, tritt dies deutlich hervor.[27] Dem entspricht es, daß die Lebensführung, damit sie den Lebenssinn nicht verfehlt, von der Vernunft gesteuert wird; sie soll Triebe und Leidenschaften nicht verdrängen, aber im Zaum halten und auf ein Ziel lenken, sie mithin be-

---

[25] Später wird das Problem – in entgegengesetzter Richtung – zentral von Augustinus erörtert, siehe *ders.*, De libero arbitrio, und unten § 9 II 2, S. 198 ff.

[26] Vgl. *C.-F. Geyer*, Stoische Philosophie, S. 104; *M. Pohlenz*, Stoa, S. 153 f.

[27] Siehe *M. Polenz*, Die Stoa, S. 123–131; ferner S. 330–333 (Epiktet), 341–345 (Marc Aurel).

herrschen, und so den Menschen davor bewahren, zum Sklaven der Dinge, von Lust, Besitz und Geld zu werden. Denn das macht ihn unfrei und verhindert die Selbstbestimmtheit des Lebens. Diese Selbstbestimmung im Handeln nach Vernunft, und auch der Einfügung in die vernünftige Weltordnung, macht das *kathekon*, das Gesollte aus, das die Einsicht in das Naturgesetz auferlegt.

b) Vor allem in der jüngeren Stoa kommt es zu einer Verinnerlichung des Handlungsbegriffs, und dabei wird auch das Gewissen thematisiert. Was die Handlung ethisch-sittlich qualifiziert, ihre Tugendhaftigkeit ausmacht, ist nicht (erst) die äußere Durchführung und der Erfolg, sondern das Bewußtsein und der Geist, aus dem sie geschieht.[28] Entscheidend wird die Verantwortung vor der inneren urteilenden Instanz, die im Menschen lebt. Die Stoa macht, über das *daimonion* des Sokrates (oben § 3 III 1 b, S. 63 f.) hinausgehend, das Gewissen (*conscientia*) bewußt. Seneca spricht es so aus:

> „Ein geheiligter Geist sitzt in uns, ein Beobachter und Wächter unserer schlechten und guten Taten. Dieser selbst behandelt uns so, wie er seinerseits von uns behandelt worden ist.“[29]

Dieser geweihte Geist erscheint als unbestechlicher Richter, dem wir für jeden unserer Gedanken und für jedes Wort, das über unsere Lippen kommt, Rechenschaft schulden.[30] Diese Betonung und Hervorkehrung des Gewissens war nicht eine originäre Erfindung der Stoa. In der griechischen Literatur und Philosophie kamen Anklänge daran, auch der allgemeine Ausdruck *syneidesis* verschiedentlich vor, und in der römischen Volksethik war so etwas wie die ‚Stimme des Gewissens‘ schon bekannt.[31] Was die jüngere Stoa aber unternimmt und leistet – das *daimonion* des Sokrates hinter sich lassend – ist die Erfassung des Gewissens als philosophischer Begriff und Gegenstand philosophischer Reflexion.

c) Was ist nun Ziel des ethisch-rechtlichen Handelns, das der Vernunfteinsicht folgt und darin die Selbstbestimmung und Tugend realisiert? Das Ziel ist das *Einssein* des Menschen *mit sich selbst*; darin findet er sein Glück und seine Freiheit und dies macht seine Würde aus.[32] Für die Stoa verbindet sich damit eine weitgehende Unabhängigkeit von der äußeren Welt und ihrem Geschehen. Der stoisch Weise steht gewissermaßen in sich, verfügt über eine Selbstgewißheit und Gelassenheit, in der ihn nichts erschüttern kann. Er wird innerlich unangreifbar und hat darin seine höchste Freiheit, selbst wenn er

---

[28] Siehe *H. Reiner*, Ethische Weisheit, S. 346 ff.
[29] *Seneca*, Epistulae morales 41, 2.
[30] *M. Pohlenz*, Stoa, S. 317.
[31] *H. Chadwick*, Gewissen, S. 11 f.; *M. Kähler*, Das Gewissen, S. 139–160.
[32] Im einzelnen *M. Forschner*, Stoische Ethik, S. 212 ff.; *Seneca*, De beneficia IV, 25.

seiner äußeren Freiheit beraubt wird und ihm Unrecht geschieht. Der Freiheitsbegriff erhält eine neue inwendige, auf die innere Freiheit abstellende Dimension. Erhabenheit, aber auch Ergebenheit in ein auferlegtes Schicksal, das Sich-Hineinstellen in das Weltganze, kennzeichnen das *secundum naturam vivere* des stoisch Weisen, der das Idealbild stoischen Lebensvollzugs verkörpert.

Max Pohlenz beschreibt diesen Weisen wie folgt: „Der Weise fühlt sich gebunden an das Gesetz des *logos*, dem er unbedingt zu folgen hat. Aber damit fällt zugleich der äußere Zwang für ihn hinweg. Er ist frei, gleichviel wie seine äußere Lebenslage ist ... Er richtet sein Leben ausschließlich nach seinem eigenen sittlichen Empfinden und Ermessen ein ... In seinem Innern trägt er das einzig wahre Gut, und ist deshalb reich, auch wenn er in Lumpen gehüllt ist."[33]

IV. Politische Philosophie

Nicht nur für das Rechtsdenken, auch für die politische Philosophie der Stoa verändern sich, durch das Aufkommen der antiken Großreiche und den Niedergang der selbständigen Poleis veranlaßt, gegenüber Platon und Aristoteles Fragestellung und Aussagen. Nicht mehr der Sinn und die gute Ordnung der konkreten Polis stehen im Mittelpunkt, sondern die Gemeinschaftsgebundenheit des menschlichen Lebens allgemein. Der Begriff der Polis verwässert sich, wird auf die neuen Reiche, die politische Ordnung der damaligen Welt oder gar auf den Kosmos insgesamt ausgedehnt; er wird zu einem Allgemeinbegriff umgebildet.

1. Auch für die Stoa gehört zur vernünftigen Menschennatur, daß der Mensch ein auf die Gemeinschaft hin angelegtes Wesen ist. Die Gemeinschaftsbezogenheit wird jedoch generalisiert und entpolitisiert; an die Stelle des *zoón politikon* des Aristoteles tritt das *zoōn koinonikon*, ein unspezifisch auf Gemeinschaft bezogenes Wesen. Wesentlich ist nicht die Zugehörigkeit zur Polis, sondern die in der menschlichen Natur beobachtbare *soziale Dimension*: die Selbstliebe, die sich auf die für das eigene Leben wichtigen Güter richtet, zugleich aber in der Liebe zur Nachkommenschaft und der Sorge für sie über sich hinausweist, das Aufeinander-angewiesen-Sein und die wechselseitige Unterstützung der Menschen in engeren und weiteren Kreisen. Die *oikeiosis*, das dem Menschen für sein Dasein Zuträgliche, das er als ihm zugehörig empfindet und wonach er strebt, umgreift Familie, Freundschaft, Kult, die wirtschaftlichen und geistig-kulturellen Lebenskreise, schließlich auch die

[33] *M. Pohlenz*, Stoa, S. 155.

Gemeinschaft der Menschen insgesamt (*societas humana*).[34] Die Lebensform des Menschen wird demnach zwar als gemeinschaftsbezogene, aber nicht als genuin politische, polisbezogene Existenz erfaßt. Die politische Ordnung wird keineswegs abgelehnt, aber soziale, kulturelle und über die Polis hinausgreifende Gemeinschaftsformen oder Gemeinsamkeiten erscheinen ebenso, wenn nicht stärker, als Auslagerungen der Gemeinschaftsnatur des Menschen. So folgt aus der Betrachtung und Erkenntnis der menschlichen Natur und ihrer Vernunft für die Stoa, anders als bei Platon und Aristoteles, kein unmittelbarer Übergang in eine Polisphilosophie.

2. Gleichwohl standen die Stoiker der politischen Ordnung der Großreiche, in denen sie lebten, nicht distanziert oder teilnahmslos gegenüber. Etliche von ihnen, nicht nur Marc Aurel, nahmen politische Ämter wahr und stellten sich in den Dienst des Ganzen. Und oftmals wird der Monarch, der *basileus*, mit der Idee des stoisch Weisen in Verbindung gebracht. Er wird als Idealkönig apostrophiert, der die naturgemäße Vernunft verwirklicht und sich – leidenschaftslos – als wahrer Herrscher erweist, als Hirte, der über die Menschenherde wacht.[35] In einer politischen Ordnung, in der der König formell despotisch herrschte und zu keiner Rechenschaft verpflichtet war, hatte eine solche Charakterisierung – ähnlich wie der Herrscherkult – nicht zuletzt die Funktion eines Appells: Der Herrscher möge sich als (göttergleicher) Weiser erweisen und handeln, als *lex animata*, wie es ins spätantike römische Recht Eingang fand. Die *basileia* (Königsherrschaft) soll, wie es *Antigonos*, der Schüler Zenons und König von Makedonien, sagte, ein „ehrenvoller Knechtsdienst" (*endoxos douleia*) sein. So findet ein Wechselspiel zwischen ethisch-kritischer Anforderung und Legitimierung statt, wenngleich die frühen Stoiker keine Theoretiker oder Verteidiger der Monarchie waren.[36]

Es gehörte für die Stoa allgemein zum *honestum vivere*, dem ehrenhaften, der Naturvernunft folgenden Leben, sich in die politische Ordnung einzufügen, die Gesetze zu achten und die auf einen zukommenden Aufgaben zu erfüllen. Das beinhaltete keinen Aufruf zu politischem Aktivismus oder revolutionärer Umgestaltung, meinte aber auch nicht bloßen Quietismus. Es umfaßte die bewußte Wahrnehmung der Pflichten gegenüber der großen Polis als ein *officium*, und das konnte auch zu einem aktiven Handeln oder Sicheinmischen führen.[37] Etliche der Stoiker haben das getan. Marc Aurel hat

---

34 *R. Müller*, Staatsauffassung, S. 285; *M. Pohlenz*, Stoa, S. 114–116.

35 *K. Rosen*, in: H. Fenske/D. Mertens/W. Reinhard/K. Rosen, Geschichte (Lit.), S. 102 f.

36 *R. Müller*, Staatsauffassung, S. 286–291.

37 So *Cicero*, De officiis III, 25, der an dieser Stelle Auffassungen des Poseidonios (oben I 1) referiert.

sich, wie seine Gesetze und Erlasse ausweisen, im Sinne der *humanitas* besonders der Frauen, Kinder und auch der Sklaven angenommen, die Freilassung der letzteren immer wieder begünstigt und wegen *ignorantia iuris* bei Straftaten Nachsicht walten lassen.[38] Andere, wie etwa Epiktet, haben für ihr von stoischem Geist geleitetes Tun Verbannung in Kauf genommen oder die Aufforderung zur Selbsttötung, wie Seneca. Die stoische Gelassenheit, der innere Gleichmut gegenüber äußerem Erfolg oder Mißerfolg konnten sich dabei gerade als Vorteil erweisen; sie waren geeignet, Standfestigkeit und die Kraft zu einer kontinuierlichen Politik kleiner Schritte zu vermitteln.

> „Wie unbedeutend sind selbst diejenigen politisch Handelnden, die die Geschäfte nach den Regeln der Weltweisheit zu lenken wähnen", heißt es bei Marc Aurel. „Oh Eitelkeit! Was willst Du, Mensch? Tue doch, was gerade jetzt die Natur von dir fordert. Wirke, solange du kannst, und blicke nicht um dich, ob's einer auch erfahren wird. Hoffe auch nicht auf eine platonische politeia, sondern sei zufrieden, wenn es auch nur ein klein wenig vorwärts geht und halte auch einen solchen kleinen Fortschritt nicht für unbedeutend." (Marc Aurel, Selbstbetrachtungen IX, 29)

3. Die Stoa kennt auch ein Werk, das ausdrücklich der politischen Ordnung gewidmet ist, und es sei deshalb kurz erwähnt. Zenon, der Schulgründer, verfaßte eine „Politeia", eine utopische Schrift, die in Anlehnung an Platon ein idealisiertes, aber entpolitisiertes Sparta als utopisches Leitbild vorstellt.[39] Es handelt sich nicht mehr um eine konkrete Polis, auch nicht um ein Weltreich als politische Ordnung, sondern um eine Assoziation (herrschafts)freier Individuen, die nicht Toren, sondern stoisch Weise sind, als solche handeln und untereinander die *homonoia* pflegen, für deren Gemeinschaft aber der Ausdruck Polis beibehalten wird. In diesem ganz und gar entpolitisierten Miteinander braucht es weder Privateigentum noch Geld, keine Gerichte und keine Tempel. Denn der Gott Eros vereint alle in Eintracht, Liebe und Freiheit.[40]

---

[38] *P. Noyen*, Praktiker der Stoa, S. 107–112. Wie weit die unter Marc Aurel stattfindende Verfolgung der Christen von ihm intendiert war oder sich als Folge anderer Maßnahmen oder bestimmter Situationen ergab, ist umstritten, vgl. dazu *M. Sordi*, Die ‚Neuen Verordnungen' Marc Aurels, und *P. Keresztes*, War Marc Aurel ein Christenverfolger?

[39] Beschreibung und nähere Würdigung bei *A. Erskine*, Hellenistic Stoa, S. 9–42; ferner *R. Müller*, Staatsauffassung, S. 280–282; *R. Bichler*, Griechische Staatsutopie, S. 198–200.

[40] Vgl. *R. Müller*, Staatsauffassung, S. 286; *H. Ottmann* (Lit.), Bd. 1,2, S. 302 f.

V. Zusammenfassende Würdigung

In der Geschichte der Rechts- und Staatsphilosophie kommt den Lehren und Positionen der Stoa eine mehrfache Bedeutung zu. Dies gilt zunächst vor dem Hintergrund ihrer eigenen Epoche, doch ebenso für ihre Fortwirkung über die Zeit der Stoa hinaus, die insbesondere Ende des 16. und im 17. Jh. zur Geltung kam. Diese Bedeutung läßt sich wie folgt zusammenfassen:

– Die Veränderung des Nomosbegriffs und seine Verselbständigung gegenüber den geltenden *nomoi* unterwirft die bestehenden Gesetze einer Legitimationsnotwendigkeit außerhalb ihrer selbst, die über die Positionen von Platon und Aristoteles noch erheblich hinausgeht. Diese Gesetze haben ihren Maßstab und ihre Rechtfertigung in keiner Weise mehr in sich, weder aus der Art ihrer Entstehung noch aus einer durch Tradition vermittelten göttlichen Herkunft; ihre Verbindlichkeit, ihr Charakter als Recht hängt allein davon ab, daß sie mit dem vorgeordneten, aus sich geltenden Naturgesetz in Einklang stehen, sich aus ihm herleiten können.

– Das Naturgesetz, dem die Stoiker einen so hohen Rang zuerkennen, und ein darauf sich gründendes Naturrecht sind ihrem Inhalt nach allgemein und für alle geltend, daher strukturell gleichheitlich. Es ist der eine, die Welt durchwaltende und die menschliche Natur generell und überall bestimmende göttliche *logos*, der es konstituiert. Doch ist dieses Naturgesetz zugleich aus sich unbestimmt, daher interpretationsfähig und ausfüllungsbedürftig. Das befördert nicht zuletzt die – in den Positionen der Stoa ohnehin angelegte – Tendenz, das konkret Bestehende als vernünftig, dem Natur- und Vernunftgesetz entsprechend zu erweisen und sich also darin einzufügen. Die Aufsteigerung der Welt-Vernunft-All-Natur zur universalen Norm hat auch eine fatalistische Seite.

– Die stoische Lehre vom ethisch-rechtlichen Handeln führt in ihrer Ausrichtung auf Inwendigkeit und Vergeistigung einerseits zu Gelassenheit und Unabhängigkeit, auch zur Prinzipientreue im Blick auf politisches Handeln, sie stärkt das Ertragen von Unrecht und die Hinnahme des Unabwendbaren; andererseits wirkt sie auf einen politischen Gestaltungswillen und den entschiedenen Kampf gegen das Unrecht nicht antreibend, sondern eher hemmend. Der Gedanke eines Widerstands gegen ungerechte Herrscher kommt nur sehr vereinzelt auf, wie etwa bei Seneca.[41]

– Die in der Lehre der Stoa angelegte Verhältnisbestimmung von *lex naturalis* und *lex humana* (oben III 2) diente in Verbindung mit der Stilisierung des stoisch Weisen als Träger der vollen Vernunfteinsicht dazu, wurde sie ins Politische gewendet, was vielfach geschah, zunächst den Diadochenmonarch,

---

[41] *P. Barth/A. Goedeckemeyer*, Stoa, S. 192; *H. Welzel*, Naturrecht (Lit.), S. 41.

später den Kaiser als (letztlich göttlich inspirierten) universalen Gesetzgeber zu legitimieren und ihm dadurch besondere Autorität zu verleihen. Allerdings lag darin auch die Mahnung an ihn, nach Vernunfteinsicht zu regieren.

Insgesamt gesehen, vermochten die Positionen der Stoa nicht zuletzt eine geistige Grundlage für die römischen Juristen und ihre Arbeit am römischen Recht abzugeben, wie es sich in der Republik und darüber hinaus entwickelte. Sie haben in dieser Weise auch nachhaltig gewirkt; der Einfluß auf die römischen Juristen der Zeit und ihre rechtlichen Begriffsbildungen läßt sich vielfach nachweisen.[42]

---

[42] Im einzelnen dargelegt bei *O. Behrends*, Gesetz und Sprache, S. 135–250; ferner *F. Wieacker*, Römische Rechtsgeschichte, § 39, S. 642 ff.

§ 7 Cicero

Gewiß zeigt sich Cicero in seinen Schriften und Reden als ein Anhänger auch stoischer Gedanken, aber er läßt sich nicht einfach als Vertreter einer „römischen Stoa“ kennzeichnen und darauf begrenzen. Cicero war Römer nach Herkunft, Lebensweg und Ämterlaufbahn, er orientierte sich an mehreren Strömungen der griechischen Philosophie (Platon und die spätere Akademie, Aristoteles und die peripatetische Schule, Stoa) und übermittelte so griechisches Denken in die römische Welt und in die politischen Auseinandersetzungen der späten Republik hinein. Dies geschah indes auf dem Boden der geistigen und politischen Tradition Roms, in der Cicero bewußt stand, und im Blick auf die politischen Probleme und Auseinandersetzungen seiner Zeit. So übernahm Cicero viel von den Griechen und machte es, wie viele Politiker seiner Zeit, in Rom präsent – darin liegt sein oft überbetonter eklektischer Zug –, aber dies wurde von ihm „römisch“ aufbereitet und aktualisiert und erhielt dadurch eine eigene, von griechischem Denken sich unterscheidende Gestalt.

I. Historisch-politisches Umfeld und römisches Recht

1. Die römische Res publica befand sich zur Zeit Ciceros in einer schon länger währenden Krise ihrer Institutionen und überkommenen Lebensform, die schließlich zum Übergang in den Principat und das anschließende Kaisertum führte. Diese Krise beruhte letztlich auf der Ausdehnung der Herrschaft Roms über die italischen Gebiete, über Sizilien, Nordafrika und Spanien, bis hin zu einer Weltherrschaft: Roms politische Ordnung war zunächst als Ordnung einer Stadt entstanden und geriet zunehmend in Widerspruch zu den neuen Gegebenheiten und Herausforderungen, ohne daß eine Reform, die darauf antwortete, erfolgreich ins Werk gesetzt werden konnte. Auch die überkommene Lebensform, wie sie in Ethos, Sitte und Gewohnheiten Ausdruck fand, geriet dadurch in Erosion.

a) Die Verfassung der Republik stellte sich nach dem Austrag der Ständekämpfe seit dem 3./2. Jh. v. Chr. als eine Kombination dar von einerseits den

Aufgaben und Befugnissen der verschiedenen Magistrate, andererseits der Autorität und dem Herrschaftseinfluß des Senats sowie schließlich den Rechten der Volksvertretung.[1] Diese Verfassung ergab sich aus dem Zusammenwirken von rechtlich festgelegten Einrichtungen und Regeln mit eingelebten Verhaltensweisen und tradierten *mores*, wie sich überhaupt ‚Rechtsverfassung' und ‚Sozialverfassung' für diese Zeit nicht streng voneinander abheben und gegenüberstellen lassen.[2]

Die römischen *Magistrate*, d.h. die verschiedenen Ämter wie Quaestor, Aedil, Volkstribun, Praetor, Consul und Censor sowie deren Ordnung, waren eine besondere Leistung rationaler Organisation und auch Begrenzung von Herrschaft. Sie waren mit je eigenen Aufgaben und besonderer Amtsgewalt ausgestattet, wurden ehrenamtlich, zeitlich begrenzt und ohne nachgeordneten Verwaltungsapparat ausgeübt.[3] Der *Senat* setzte sich aus angesehenen und erfahrenen Männern (in der Regel vormalige Magistrate) zusammen. Er war ein Beratungsorgan der Magistrate. Als solches konnte er nachhaltigen politischen Einfluß ausüben, indem er an die Magistrate Anregungen oder Aufforderungen richtete (*senatus consulta*), die für diese wegen der Autorität des Senats kaum übergehbar waren. Die *Volksversammlung* hatte ihre Grundlage im römischen Bürgerrecht und war stets eine Versammlung aller Bürger, Repräsentation war – wie auch in Griechenland – unbekannt. Die Volksversammlung hatte kein Initiativrecht und konnte nur über vom einberufenden Magistrat vorgelegte Anträge oder zugelassene Wahlbewerbungen entscheiden, wodurch der einberufende Magistrat ‚Herr' der Versammlung war. Ihre Zuständigkeit erstreckte sich auf die Wahl der Magistrate, auf die Aburteilung

---

[1] Guter Überblick über die Entwicklung bei *J. Bleicken*, Verfassung der Römischen Republik, S. 85–218.

[2] Dies muß insbesondere gegenüber dem – aus der zeitbedingten Fragesituation des ausgehenden 19. Jh. herrührenden – Versuch Theodor Mommsens festgehalten werden, das römische „Staatsrecht" und die Verfassung der Römischen Republik nach dem Modell der Verfassungsstaaten des 19. Jh. und ihres Staatsrechts zu begreifen und als in sich stehendes Rechtssystem darzustellen, vgl. *Th. Mommsen*, Römisches Staatsrecht, Bd. 1–3, 2, 1871–1886, Nachdruck der 4. Aufl., Tübingen 1952. Dazu *J. Bleicken*, Lex Publica, S. 16–51; *ders.*, Staat und Recht, S. 143–153. Noch weiter gehend *Chr. Meier*, Besprechung Bleicken, in: ZRG RA 95 (1978), S. 378–390.

[3] Für die Ordnung der Ämter galten bemerkenswerte, eine Gewaltenbalance herbeiführende Grundsätze: *Annuität* – jedes Amt (außer beim Censor) dauerte nur ein Jahr; *Kollegialität* – jede Magistratsperson hatte einen oder mehrere Kollegen, sie konnte zwar für sich handeln, aber da ein *Verbietungsrecht* der Kollegen bestand, war jeder Magistrat gehalten, sich mit diesen zu verständigen, wollte er nicht ein Veto riskieren; *Verbietungsrecht* (aber kein Gebietungsrecht) der ranghöheren gegenüber der rangniederen Gewalt und des Volkstribuns gegenüber allen anderen Gewalten, was eine Rangabstufung der Magistrate, jedoch keine positive Weisungshierarchie herbeiführte; *Wahlprinzip* – alle Magistratspersonen wurden von der Volksversammlung gewählt, wobei die Verbote der Kontinuation (unmittelbarer Wechsel in ein anderes Amt), der Iteration (mehrfache Wahl ohne zeitliches Intervall in dasselbe Amt) und der Kumulation (Innehabung mehrerer Ämter zugleich) galten. Vgl. *J. Bleicken*, Verfassung der Römischen Republik, S. 97–105.

schwerer politischer Vergehen und den Beschluß über vorgelegte Gesetzesanträge; die bestehende Ordnung als solche war für sie nicht verfügbar.[4]

Dieses Neben- und hierarchische Miteinander der Magistrate, das Streben nach Ämtern und das Handeln in ihnen gewinnt seine antreibende Kraft durch Begriffe wie *honos*, *officium*, *gratia* und insbesondere *dignitas* (Würde). Der Würdebegriff, der sich hier ausbildet, ist freilich ein anderer als der philosophisch-theologische Würdebegriff, der an (unverlierbare) Eigenschaften und Wesensmerkmale des Menschen anknüpft, er steht in engem Zusammenhang mit dem Wirken in der Res publica. *Dignitas* im römischen Sinn verkörpert ein durch anerkannte Leistungen für die Res publica erworbenes äußeres Ansehen, eine sich darauf gründende Stellung und Geltung in der Gesellschaft.[5] Solche *dignitas* zu erreichen, zu vermehren und über die Zeit der Innehabung von Ämtern hinaus zu bewahren, ist das Streben des in der Öffentlichkeit wirkenden Römers, Ausdruck römischer Lebensform, die das Handeln motiviert und bestimmt. Es gibt verschiedene Grade und Erscheinungsformen der Würde, was später im Begriff der Dignitäten fortlebt; ihr wohnt ein dynamisches Element inne, sie ist steigerungs- und minderungsfähig, und man kann ihrer auch verlustig gehen.[6] *Dignitas* und das Streben nach ihr bildet insgesamt ein wichtiges Ferment für die Ämterordnung, die dadurch in ihrer herrschaftsgliedernden Funktion und der Verknüpfung mit vorrechtlichen sozialen Verhaltensweisen getragen und belebt wird.

Die verschiedenen Institutionen der Res publica, ihr Ineinandergreifen und die zwischen ihnen geltenden Verfahrensregeln lassen zudem erkennen, daß der Nobilität, insbesondere der durch die Innehabung hoher Ämter erlangten Nobilität, die zunehmend neben den alten Geschlechtsadel tritt,[7] ein maßgeblicher Einfluß gesichert wurde. Unterfangen und befestigt wurde diese Nobilitätsherrschaft durch das römische *Clientelwesen*, das sich über Jahrhunderte bis in die späte Republik ausgebaut und erhalten hat.[8] Ursprünglich durch ein personales Schutzverhältnis zwischen einer Person höheren Sozialprestiges und Personen geringeren Prestiges gekennzeichnet, weitete sich die Clientel in späterer Zeit zu einer Massenerscheinung aus; Schutz- und Treueverhältnisse verschiedener Art wurden für das soziale und politische Leben weithin

---

[4] Zum Ganzen vgl. die Darstellung bei *J. Bleicken*, Verfassung der Römischen Republik, S. 97–124.

[5] *V. Pöschl*, Würde – dignitas, I, S. 639; *H. Ottmann* (Lit.), Bd. 2,1, S. 20f.

[6] *W. Dürig*, Dignitas, Sp. 1026/1027.

[7] Über die Frage, wie weit *nobilitas* als Statusbegriff gebraucht wurde, der durch besonderen Lebensstil und bestimmte Verhaltensformen gekennzeichnet ist, oder als Gruppenbezeichnung für den patrizisch-plebjischen Amtsadel, oder auch beides zugleich bezeichnete, siehe *F. Goldmann*, Nobilitas, S. 59ff.

[8] Siehe *J. Bleicken*, Verfassung der Römischen Republik, S. 24–45; *Chr. Meier*, Res publica, S. 24–45.

bestimmend. Die Clienten unterstützten etwa ihren Patron in der Volksversammlung, wenn er sich um Ämter bewarb oder als Magistrat einen bestimmten Gesetzesvorschlag einbrachte; sie waren auch gehalten, Dienste für ihn zu leisten. Der Patron war zur Fürsorge für seine Clienten verpflichtet, unterstützte sie gegebenenfalls vor Gericht und achtete darauf, daß sie nicht ins soziale Abseits fielen. Auch die politischen Kämpfe zwischen den *Nobiles* konnten durch Mobilisierung der jeweiligen Clientel geführt werden.

b) Nun wurden mit der Ausdehnung der Stadtherrschaft Roms zur Weltherrschaft im 2. und 1. Jh. v. Chr. sowohl das Gefüge der Institutionen wie auch die geltenden Verfahrensregeln im Verhältnis zu den veränderten Aufgaben und Ordnungsproblemen zunehmend inkongruent. Ebenso verlor die überkommene ethosgeprägte Sitte, der *mos maiorum*, seine tragend-integrative Kraft, die das aristokratisch geprägte Herrschaftsgefüge leistungsfähig erhalten hatte. Institutionelle Reformen, die notwendig waren, kamen nicht zustande, denn ein schlüssiges Reformkonzept hätte die überkommene traditionale Herrschaft der Aristokratie außer Kraft gesetzt.[9] Beides führte zur Krise der Republik, die den Hintergrund für Ciceros Reden und Schriften sowie seine politik- und rechtsphilosophischen Gedanken bildet.

Das römische Bürgerrecht konnte nur in der Stadt ausgeübt werden. Die Ausdehnung des Bürgerrechts auf alle italischen Bundesgenossen und unterworfene Völker in Italien und darüber hinaus führte so dazu, daß eine Millionenzahl die Rechte eines Bürger hatte und zum Heeresdienst verpflichtet war, aber nur diejenigen, die in der Stadt lebten oder unschwer dort hinkommen konnten *(plebs urbana)*, über die Agenda eines Weltreiches (mit-)bestimmten. Die Statthalter der sich mehrenden Provinzen – die Statthalterschaft wurde zumeist ehemaligen Konsuln oder Praetoren (Prokonsulen und Propraetoren) übertragen – wurden selbstherrlich und bauten mangels einer Kontrolle, die angesichts der Weiträumigkeit nicht durchführbar war, die eigene Machtstellung weiter aus. Sie und die Feldherren waren auch für die Unterbringung und Unterhaltung der Soldaten (Legionen) verantwortlich, die sich zu Berufsarmeen entwickelten, später für die Versorgung der altgedienten Soldaten durch Landzuweisung. Oftmals entstand hier ein militärisches Clientelverhältnis, das zugleich Machtbasis für die eigenen politischen Unternehmungen war. Zunehmende soziale Spannungen traten hinzu.[10]

Die ausgreifende Machtstellung Roms, die darin liegenden Möglichkeiten von Machterwerb, Bereicherung und Verdrängung politischer Rivalen stellten die überkommenen *mores*, die bindenden Lebensformen, in Frage. Von nicht wenigen Zeitgenossen wurde die Krise, in die die Republik geriet, als primär moralische Krise gedeutet, veranlaßt durch *superbia* und *luxuria*. Die Wiederherstellung des *mos maiorum* wurde deshalb auch zum geistig-politischen Programm derjenigen Kräfte, die um die Res publica besorgt waren. Es ging darum, die politische Ordnung

9 Siehe hierzu die Darlegungen bei *Chr. Meier*, Res publica, S. 151–161, 201–205.

10 Überblick bei *J. Bleicken*, Geschichte der Römischen Republik, S. 59–72.

Roms, die ein „Konglomerat von mos und ius, von eingeschliffenen Verhaltensweisen und in unterschiedlicher Form fixierten Regeln" war, neu zu bestimmen.[11] Hierbei leistete der Rückgriff auf die stoische Ethik wichtige Hilfe.

2. Über das römische *Recht*, das Cicero vor Augen stand, bündige Aussagen zu machen, ist nicht leicht. Fest steht, daß es sich nicht nur in seiner Ausgestaltung und den konkreten Inhalten, sondern insbesondere in der allgemeinen Erscheinungsform deutlich von demjenigen der Griechen unterschied, also auch in ganz anderer Weise wahrgenommen wurde. Die Rechtskultur und die Art der Einwirkung des Rechts auf das Leben waren anders. Bei den Römern stehen nicht die *nomoi* als Gestaltungs- und Ordnungsgröße, ihre kultische Bedeutung und Wirkungsmacht, die fortschreitende Demokratisierung der *nomoi* und in der Folge deren Hinterfragung oder Verteidigung im Mittelpunkt. Sondern Recht wird – frühzeitig profanisiert – in den Kategorien *ius* und *lex* greifbar. Beide sind voneinander unterschieden und konkurrieren teilweise miteinander. Auch *mos*, die ethos-getragene Sitte, hat rechtliche Bedeutung. Es entwickelt sich eine eigene Form der Streitentscheidung (*iurisdictio*) und Rechtsfindung sowie vor allen Dingen – fortwirkende Leistung der römischen Juristen – eine eigene regelbildende Rechtsliteratur, welche die Griechen nicht kannten. Um sich diese Neuerungen besser vergegenwärtigen zu können, sei dies kurz dargestellt.

a) Beide Bezeichnungen für Recht, *ius* und *lex,* waren in der römischen Frühzeit durch eine strukturelle Verschiedenheit gekennzeichnet. *Ius* meinte nicht das ‚geltende objektive Recht', sei es eine einzelne Regel oder die Rechtsordnung im ganzen, sondern die als rechtens anerkannten, im Streitfall durch Richterspruch festgestellten privaten Zugriffe und Rechtshandlungen.[12] *Ius* in diesem Sinn hatte als solches keinen göttlichen Ursprung, war schon früh eher profan, wie Wieacker meint;[13] es hatte aber doch einen religiösen Bezug, indem Friedensbruch und Freveltat, die Verletzung des *ius*, die *pax Deorum* als einen Teil der öffentlichen Religion des Gemeinwesens störten.

Demgegenüber bedeutete *lex* eine einseitige, sprachlich artikulierte rechtliche Festsetzung als Akt einer Autorität. Ihr fehlte freilich noch das Moment einer notwendig allgemeinen, auf künftige Anwendung zielenden normativen Regelung. Römische Gesetze dienten stets der Bewältigung konkreter Probleme, auch wenn sie normative Regelungen mit Geboten oder Verboten allgemeiner Art enthielten; oftmals waren sie Beschlüsse, die einen individuellen, in einer speziellen Situation sich erschöpfenden Fall betrafen (Weihung eines Tempels, Ernennung eines Magistrats für einen bestimmten Krieg, Festlegung

---

11 *H. J. Gehrke*, Römischer Mos, S. 606 f., 617.

12 *F. Wieacker*, Ius, S. 46–51; *ders.*, Ius civile und lex publica, S. 360–365.

13 *F. Wieacker*, Römische Rechtsgeschichte, § 13, S. 274.

der Modalitäten eines bestimmten Prozesses).[14] Auch gab es eine *lex* nicht nur als Akt einer öffentlichen Autorität *(lex publica)*, sondern ebenso als einseitige Festsetzung Privater, wie die *lex testamenti* oder *lex contractus*.

Für das Verhältnis von *ius* und *lex* war unsicher und umstritten, wie weit eine *lex* überhaupt in (älteres) *ius* eingreifen und es verändern konnte. In *lex* und *ius* trafen nämlich sporadisches und eher spontanes Gebotsrecht (die *lex*), wenn auch mit Legitimation durch einen Volksbeschluß, und altes, unvordenklich geübtes *ius civile* aufeinander.[15] Eine gewisse Annäherung und Assimilation brachten das sogenannte Zwölftafelgesetz und seine Wirkungsgeschichte,[16] wenngleich noch lange Zeit eine Resistenz dagegen erhalten blieb, daß neues Gesetzesrecht vorgesetzliches *ius* ändern könne. Der Anspruch, daß Willensakte der *plebs* die Kraft haben, generell alle Bürger zu verpflichten, setzte sich erst sehr allmählich durch.

b) Eine weitere eigene Rechtsschicht entstand durch die Rechtsbildung der Praetoren – das sog. *ius honorarium*. Grundlage hierfür waren prozeßleitende Anordnungen des Praetors (das war der für Gerichtsstreitigkeiten zuständige Magistrat) für den einzelnen Fall. Sie formulierten rechtliche Grundsätze und Entscheidungsregeln, nach denen der Fall vorangebracht und entschieden werden konnte; bewährten sie sich, wurden solche Anordnungen zur Regel erhoben und von den Nachfolgern übernommen.[17] Auf diese Weise betrieben die Praetoren Rechtsfortbildung und paßten archaische Rechtsformen an neue Problemlagen an. Sie bezogen sich dabei sowohl auf altes *ius* wie auf *leges*, die so ein Stück weit zusammengeführt wurden, sie entwickelten aber auch eigene rechtliche Grundsätze und *Rechtsformeln (bona fides iudicia)*.

c) Die Handhabung und Fortbildung dieses vielfältigen Rechts in Rom ist nun nicht ablösbar von der Arbeit der römischen Juristen (*iuris consulti*) zu denken, die auch die historischen Grundlagen für die Entwicklung einer *Rechtswissenschaft* legten. Es war erstmals in der antiken Welt, daß sich in Rom ein Juristenstand herausbildete. Sein Ursprung lag bei den *pontifices*; diese waren als Sakralfunktionäre mit der Obhut der aufgezeichneten Kult- und Politik-Überlieferung, nicht zuletzt der Geschäftsrituale und Spruchformeln, sowie der Archivierung der politischen Verträge und der Gesetze betraut. Sie verfügten deshalb über ein Sonderwissen, das sie als Experten

---

14 *J. Bleicken*, Lex Publica, S. 185 ff.; *ders.*, Verfassung der Römischen Republik, S. 127, weist darauf hin, daß der Anteil solcher nichtnormativer Beschlüsse mindestens die Hälfte aller *leges* ausmachte.

15 Vgl. *M. Kaser*, Lex und Ius, S. 527–529.

16 Das Zwölftafelgesetz entstand, um unsicher oder streitig gewordenes *ius* durch Fixierung zu bekräftigen. Es erhob damit den Anspruch, selbst *ius civile* zu schaffen, legte auch Einschränkungen des bisherigen *ius* fest. Kraft der überragenden Autorität, die ihm alsbald zukam, wirkte es selbst als Teil und Grundlage des *ius civile*, das aus ihm entwickelt wurde, vgl. *F. Wieacker*, Römische Rechtsgeschichte, § 13, S. 277.

17 *M. Kaser*, ‚Ius honorarium', S. 3.

und Ratgeber nicht nur in kultischen Angelegenheiten, sondern auch in der Handhabung und Anwendung des in seiner Herkunft stark an Formeln und rituelle Formen gebundenen Rechts auswies.[18] Mit der Profanisierung des Rechts gingen die daraus resultierenden Aufgaben, die sich auch auf die praktische Anwendung des verfügbaren Wissens in der Auslegung der Gesetze und der konkreten Anwendung von Ritualen und Spruchformeln erstreckten, auf profane *pontifices*, d.h. die Juristen, über. Diese Juristen sammelten und verfügten so über besonderes Rechtswissen, berieten deswegen Magistrate wie Private in Rechtssachen durch Gutachten (*consulta*), arbeiteten auch dem Praetor auf Anfrage in ihren Antworten (*responsa*) zu und suchten je länger je mehr, nicht zuletzt unter dem Einfluß griechischen philosophischen Denkens, den Rechtsstoff losgelöst von Rechtsfällen und einzelnen Gesetzen nach allgemeinen Gesichtspunkten zu ordnen sowie in Definitionen und Regeln zu erfassen.[19]

Gerade in dieser Hinsicht waren die Zeit vor Cicero und die Epoche Ciceros folgenreich. Hier läßt sich die Überwindung des am Einzelfall orientierten Denkens ausmachen, bei der etwa die Juristen Quintus Mucius Scaevola und Servius Rufus hervortreten.[20] Spätestens mit ihren Arbeiten trat die republikanische Jurisprudenz in eine weitreichende Rezeption der hellenistischen Wissenschaftslehre ein und begann, dialektische Begriffsauslegung und begründendes Argumentieren zum Motor ihrer spezifischen Rechtslehre zu machen. Juristische Kategorien (*definitiones*) wurden streng voneinander isoliert und verbindende Prinzipien (*regulae*) geformt, um eine gleichmäßige und kunstgerechte Fallbehandlung zu ermöglichen. Dieses Denken entwickelte zunehmend abstrakt-materielle Rechtsstrukturen und führte sogar dazu, daß etwa der Begriff der *aequitas* und des gerechten Ausgleichs (zunächst nur in der philosophischen Ethik beheimatet) vom Recht als außerrechtliche Kategorie erfaßt und für die Fallösung herangezogen werden konnte[21] – eine in der griechischen Rechtsgeschichte (oben § 2 III 3, S. 23f.) nicht anzutreffende Neuheit.[22] Freilich bedurfte es noch eines langen Weges, bis die Juristenliteratur der Kaiserzeit zu einer durchdringenden Systematisierung des Rechtsstoffes gelangte, die gemein-

---

18 *F. Wieacker*, Altrömische Priesterjurisprudenz, S. 352–370; *ders.*, Römische Rechtsgeschichte, § 15 I, S. 310–315.

19 Siehe dazu im einzelnen *F. Wieacker*, Römische Rechtsgeschichte, § 34; § 36; § 38, S. 630–638.

20 Cicero war übrigens, wie Servius Rufus, als Jurist Schüler des Quintus Mucius Scaevola gewesen. Zur Bedeutung der beiden Genannten vgl. die Arbeiten von *O. Behrends*, Die Fraus legis, Göttingen 1982, und *ders.*, Gesetz und Sprache, S. 135–250, die allerdings im einzelnen bestritten sind; ferner *F. Wieacker*, Römische Rechtsgeschichte, S. 596ff., 602ff.

21 *M. Kaser*, Rechtsquellenlehre, S. 38f.

22 Die *epieikeia* des Aristoteles konnte in das griechische Recht nicht als rechtserhebliche Größe einfließen, vgl. *J. Triantaphyllopoulus*, Rechtsdenken, S. 17–23 und oben § 5 III 2b, S. 117 (Anm. 39).

hin in der Zeit der Institutionen des Gaius (2. Jh. n. Chr.) festgemacht wird.[23] Erst dieser Höhepunkt der Begriffskunst römischer Juristen wird dann durch die justinianischen Kodifikationen (*Corpus Juris Civilis*) des 6. Jh. n. Chr. nach Europa tradiert. Die hierin überlieferten, wohl einzigartigen dogmatischen Leistungen in der Erfassung und Bearbeitung des römischen Rechts waren so das Ergebnis einer komplexen und voraussetzungsreichen Wissens- und Sozialkultur. Auf ihnen beruht weitgehend, *was* wir heute als *Recht* und *wie* wir es als Recht verstehen. Der Einfluß gerade dieser Leistungen auf die Bildung politischer, insbesondere auch staatlicher Strukturen im Europa späterer Jahrhunderte kann, wie die Wirkungsgeschichte des römischen Rechts und römisch-rechtlicher Begriffe seit dem hohen Mittelalter erweist, schwerlich überschätzt werden.

d) In der Zeit der späten Republik, Ciceros Gegenwart, waren die eben geschilderten Entwicklungen freilich erst im Gange. *Ius*, *lex* und prätorische Rechtsbildung bildeten hier weder in sich noch zusammen eine systematisch durchformte Rechtsordnung – jedenfalls nicht in der Zeit der Republik. Neben *ius* und *lex* stand ebenso wirksam die ethosgetragene Sitte (*mos*) als ordnende Kraft, die das Zusammenleben formte und trug. Weder *ius* noch die *leges* oder das *ius honorarium* waren (Teil-)Kodifikationen. Sie ließen etliche Bereiche ungeregelt, die im Zusammenleben der Menschen einer Ordnung bedürfen, und sie regulierten insbesondere nicht die Art der Ausübung gegebener Befugnisse und Herrschaftspositionen. So gab es ein weites Feld, das vom *mos* reguliert und getragen wurde, in beträchtlichem Umfang auch sakral begründete Verhaltensanforderungen (*fas*). Wer sich daran nicht hielt, sich gar widersetzte, hatte mit sozialen Sanktionen oder der Ausgrenzung (als Ruchloser gegenüber den Göttern, *nefas*) zu rechnen.

Indem jedoch in der späten Republik diese außerrechtlichen Verhaltenscodices offenbar zunehmend in Erosion gerieten und an Steuerungskraft verloren, erhielten die Fragen nach dem Recht und rechtlicher Regelung in der Zeit Ciceros neue Bedeutung und Dringlichkeit. Auch gewann die Position an Boden, der sich abzeichnenden Krise der überkommenen Ordnung durch vermehrte rechtliche Normierung zu begegnen, um so die bedrohte Ordnung zu stabilisieren. Anknüpfungspunkte bot dafür vor allem die Auseinandersetzung mit der griechischen Bildung und Ethik, deren Denkmodell der Nomothesie – Wiederaufrichtung und Verbesserung der Ordnung durch Gesetzgebungsschübe (oben § 5 I 2, S. 101) – Wirkung ausübte.[24] Verrechtlichung und der Ruf nach stärkerer Herrschaft des Rechts sollten als politisches

---

[23] Gaius faßte das *ius civile* kondensiert in die Form eines antiken systematischen Lehrbuchs und setzte darin die hellenistische Denktradition am bisher weitesten um (vgl. *M. Fuhrmann*, Systemat. Lehrbuch, S. 104 ff., 183 ff.). Dies war freilich für Unterrichtszwecke gedacht; tatsächlich blieb das römische Recht bis zuletzt auch – überaus abstrakt reguliertes – Fallrecht.

[24] *H. J. Gehrke*, Römischer Mos, S. 616 f.; *Chr. Meier*, Res publica, S. 301 ff.

Krisenmanagement eingesetzt werden. Das aber mußte zugleich die Frage hervorrufen, was denn Recht nun eigentlich sei, weshalb und wodurch es die Ordnung stabilisieren könne.

II. Lebensweg und philosophischer Ausgangspunkt

1. Marcus Tullius Cicero (106–43 v. Chr.)[25] entstammte dem ‚Ritterstand' – einer hervorgehobenen Schicht unter den Bürgern, die aber nicht zur Nobilität zählte. Sein Vater war um seine umfassende Ausbildung besorgt, die ihm den Weg in die Ämterlaufbahn und damit zum politischen und sozialen Aufstieg eröffnen sollte. Cicero erhielt in Rom weitgefaßten, auch juristischen und philosophischen Unterricht, u. a. bei dem aus Athen wegen der dortigen Kriegswirren geflohenen Philon von Larissa, dem letzten Leiter der von Platon gegründeten Akademie. Griechische Philosophen, wie insbesondere Chrysipp, Polybios und Poseidonios (oben § 6 I 1, S. 131 f.) wirkten generell nach Rom hinein und prägten das römische Bildungsgut. Nach öffentlicher Tätigkeit als Anwalt und Redner vor Gericht unternahm Cicero eine zweijährige Bildungsreise nach Griechenland und Kleinasien (79–77 v. Chr.). Dort betrieb er eingehende philosophische Studien, u. a. bei dem Stoiker Poseidonios in Rhodos, ohne sich aber einer der konkurrierenden Schulen strikt anzuschließen. Nach Rom zurückgekehrt machte er, mit vorstechenden Geistesgaben ausgestattet und von politischem Ehrgeiz beflügelt, eine ungewöhnliche Ämterkarriere. Jeweils zum frühestmöglichen Zeitpunkt erlangte er die Ämter des Quaestors (75 v. Chr.), Aedils (69 v. Chr.), Praetors (66 v. Chr.) und 63 v. Chr. das höchste erreichbare Amt des Konsuls. Damit war er, da seine Familie nicht bereits zur Nobilität gehörte, als ‚homo novus' in die Nobilität aufgestiegen, im Rom seiner Zeit eine große Seltenheit. Cicero verschrieb sich nun nicht der Opposition gegen die Nobilität und ihr Organ, den Senat, vielmehr orientierte er sich in seinem politischen Denken und Handeln, insbesondere in seinem Eintreten für die Festigung der Res publica, eher an den auf Erhalt und Erneuerung der überkommenden Ordnung gerichteten Vorstellungen der Nobilität.

Hauptereignis seines Konsulats war in Ciceros eigener Wahrnehmung die Aufdeckung und Niederschlagung der Verschwörung des Catalina, deren Anführer kurzerhand – auf der Grundlage einer Erklärung des Ausnahmezustands (*senatus consultum ultimum*) – hingerichtet wurden. Aufgrund von Vorwürfen seiner politischen Gegner wegen der ‚ungesetzlichen' Hinrichtung

---

25 Zum Lebensweg Ciceros, seinem schriftstellerischen und politischen Handeln und politischen Schicksal siehe *M. Fuhrmann*, Cicero und die römische Republik, [3]1991; *K. Ziegler*, Einführung, S. 7–25.

der Catilinarier hielt er sich ein Jahr in der Verbannung auf (58–57 v.Chr.), stand dann in zunehmender Opposition gegen die Aushöhlung der republikanischen Ordnung, wie sie durch das erste Triumvirat (Caesar, Crassus und Pompejus) sowie die anschließende Machtpolitik Caesars betrieben wurde. Im Kampf für den Erhalt der Res publica und ihren Geist warf er sein Wort in Rede und Schrift in die Waagschale; seine großen Reden, auch die politiktheoretischen und philosophischen Schriften entstanden gerade in dieser Zeit (54–45 v.Chr.). Andererseits war Ciceros Haltung durchaus ambivalent. Widersprüchliche Verhaltensweisen und auch ein Auseinanderklaffen von Worten und Taten blieben nicht aus.[26] Er gewann mit seinen Reden und Schriften Einfluß im geistigen Leben und der öffentlichen Diskussion, hatte aber politisch keinen Erfolg. Nach Caesars Ermordung, an der er nicht beteiligt war, hoffte er auf die Rettung der Republik. Er setzte sich für Caesars Neffen Octavian, den späteren Kaiser Augustus ein, und wandte sich entschieden gegen Antonius als den ärgsten Feind der Republik. Als Antonius und Octavian sich im Zweiten Triumvirat (43 v.Chr.) verständigten, geriet er ins Abseits. Auf die Ächtungsliste gesetzt, wurde er von den Schergen dieser Triumvirn ermordet – ein tragisches Ende.

Ciceros Rechts- und politische Philosophie ist hauptsächlich in den beiden Werken *De re publica* und *De legibus*, daneben auch in seiner Schrift *De officiis* enthalten. Das erste ist in den Jahren 54 bis 51 v.Chr. – in unruhiger, die überkommene Ordnung der Res publica erschütternder Zeit – entstanden, wurde sogleich veröffentlicht und viel gelesen; der Text, im Altertum durchaus verbreitet und in wichtigen Passagen bei Augustinus überliefert, ging später verloren und ist nur als Fragment aufgrund eines Fundes im 19. Jh. wieder aufgetaucht.[27] An *De legibus*, als Ergänzung zu *De re publica* gedacht, hat Cicero vermutlich gleichzeitig gearbeitet,[28] das Werk aber nicht vollendet. Wohl auf acht Bücher geplant, bricht es im dritten Buch ab; es ist dann liegengeblieben und nach Ciceros Tod bekanntgeworden.

2. Cicero war, das ist oft betont worden, nicht originärer Philosoph, etwa Platon und Aristoteles vergleichbar. Durch seinen Bildungsgang bedingt, nahm er verschiedene philosophische Strömungen auf, reflektierte über sie und gab sie mehr oder weniger ausgeprägt in seinen Schriften weiter. Er fand die Konkurrenz der philosophischen Schulen vor; das bestimmte ihn aber nicht, sich für eine dieser Schulen zu entscheiden, führte ihn vielmehr zu einer

---

[26] Siehe *M. Fuhrmann*, Cicero, S. 116–127, 186–203; *O. Plasberg*, Cicero, S. 86–94, 144–156.

[27] Siehe *K. Ziegler*, Einführung, S. 32.

[28] Dies ist die Auffassung von *K. M. Girardet*, Ordnung der Welt, S. 1 u. 229. Andere datieren die Abfassung in die Jahre 51–50 v.Chr. Vgl. auch *P. L. Schmidt*, Abfassungszeit, 1969.

eher skeptischen Grundhaltung, wie sie in der neuen Akademie des Philon von Larissa verbreitet war, der er sich zugehörig fühlte.[29] Eine sichere Erkenntnis der Wahrheit – dessen, was ist – zu erreichen, erschien ihm nicht möglich; man müsse sich mit dem Wahrscheinlichen begnügen und ihm nachgehen. Auf dieser Grundlage aber gewinnt die Philosophie für Cicero tragende Bedeutung;[30] sie ermöglicht mit der Frage nach dem Wahr-Scheinlichen, dem Vergleichen und der Reflexion der verschiedenen Auffassungen und Standpunkte voranbringende Erkenntnis und Orientierung, auch wenn darin kein Wissen um letzte Wahrheit zum Ausdruck kommt. Philosophie erhält so zwar eine kognitive und kritische Aufgabe, übernimmt im Sinn der Stoa auch die Aufgabe der *medicina mentis*, Anleitung zur Lebenspraxis zu sein. Aber sie ändert damit ihren Anspruch und ihre Funktion, ist nicht mehr in erster Linie spekulativ, sondern räsonnierend; sie vergleicht die verschiedenen Auffassungen zur Erkenntnis dessen, was ist und was getan werden soll, diskutiert und problematisiert sie, um dann für das danach Wahrscheinliche einzutreten oder sich des eigenen Urteils zu enthalten.[31] Die dialektisch-dialogische Methode, deren Cicero sich öfters, nicht zuletzt auch in *De re publica* und *De legibus* befleißigt, erhält dadurch eine eigene Legitimation. Auch erscheint es nicht prinzipienlos sondern folgerichtig, Auffassungen zu wechseln, von früher Vertretenem abzurücken, wenn durch neue Argumente oder Erfahrungen eine andere Position sich als das (nun eher) Wahrscheinliche darstellt.

Hinzu kommt die für den Römer bestimmende Ausrichtung auf das praktische Leben, die *vita activa*. *Theoria*, Erkenntnis um der Erkenntnis willen, das Streben nach der *vita contemplativa* war nicht das treibende Motiv für die Hinwendung vieler Römer wie auch Ciceros zur Philosophie. Cicero war aktiv Handelnder, nahm Anteil am Leben und den Problemen der römischen Res publica. Getragen vom Bildungswissen seiner Zeit ging es ihm um die Gewinnung von Einsichten, die für das praktische, nicht zuletzt das politische Handeln wegleitend sein konnten, die sich für die Befestigung des Gemeinwesens, die Cicero am Herzen lag, anwenden ließen; in diesem Sinn vertrat er auch eine Einheit von Theorie und Praxis.[32] Auch aus diesem Grund kommt

---

[29] *W. Görler* und *G. Gawlik*, Cicero, § 57 A 1–5, S. 1084–1101; A 7, S. 1118–1125 entfalten diese Grundhaltung als eine philosophische Grundposition Ciceros und treten damit dem verbreiteten Bild vom bloßen Eklektiker Cicero und der opportunitätsgeleiteten Übernahme und Preisgabe unterschiedlicher Positionen durch ihn entgegen. Siehe auch *O. Gigon*, Cicero, S. 240–257.

[30] *H. Fuchs*, Ciceros Hingabe an die Philosophie, S. 316–324.

[31] So die neuere Sichtweise von *W. Görler* und *G. Gawlik*, Cicero, S. 1121 ff., die Ciceros Grundeinstellung wohl am ehesten nahekommt.

[32] Deutlich in der Formulierung des Lebensideals, das den Ruhm hervorragender Männer begründet, vgl. De republ. III, 3, 4–6 und VI, 29 (Scipios Traum). Ferner *R. Müller*, Problem-Theorie-Praxis, S. 102–107.

es bei Cicero zu einer neuen Berührung und Verbindung von Philosophie und Rhetorik.[33] Was sich aus philosophischer Reflexion an Einsichten und Orientierung ergibt, bedarf der Vermittlung in die Res publica hinein, und dies leistet vornehmlich die Rhetorik, die so mit der Philosophie zusammengehört.

III. Recht und Gerechtigkeit

Cicero hat seine rechtsphilosophischen Gedanken ebenso wie seine politische Philosophie angesichts der Krise der römischen Res publica formuliert, und dies in praktisch-politischer Absicht. Beide sollten ein Beitrag zur Überwindung der Krise sein, wollten ein für notwendig erachtetes Reformprogramm für die Res publica begründen und entfalten; die eigene philosophische Überlegung und die Aufnahme philosophischer Einsichten der Griechen dienten als Weg dazu.[34] Für die Grundlegung des Reformprogramms macht sich Cicero dabei eine spezifisch *rechtsphilosophische* Fragestellung zu eigen: Er will sich nicht mit der Beurteilung der Gesetze, des *ius civile*, dem praetorischen Edikt und der Arbeit der *iuris consulti* aufhalten, vielmehr die Frage nach dem Recht insgesamt stellen. Und die Antwort darauf sucht er nicht aus den Gesetzen, vielmehr aus dem Innersten der Philosophie zu gewinnen. Das war für die eher pragmatisch-praktisch orientierten Römer etwas ungewohnt Neues.

> „Wir müssen aber bei dieser Erörterung den ganzen Zusammenhang von universalem Recht und Gesetzen in der Weise umfassen, daß dieses ius civile, wie wir es nennen, in einem kleinen und eng eingegrenzten Bereich zusammengefaßt wird. Die Natur des Rechts (natura iuris) müssen wir erklären und aus der Natur des Menschen (hominis natura) ableiten; des weiteren müssen wir die Gesetze bedenken, mit denen die civitates regiert werden sollen.“ (De leg. I, 5, 17)

Es geht also um die Natur, das Wesen des Rechts. Dies, so formuliert Cicero sein Programm, soll nicht topisch beschreibend aus dem vorfindlichen *ius* und den *leges* begründet werden, indem diese auf ihren Grund zurückgeführt werden (Aristoteles), sondern losgelöst davon über die Philosophie und damit aus der Natur des Menschen. Das soll die Grundlage sein, um die Gesetze zu formulieren, die in den civitates gelten sollen und zu schaffen sind. Die Erkenntnis, was Recht seinem Wesen nach ist, soll den Weg weisen zu Gesetzen,

---

33 Dargelegt in De oratore, I, 45–73; III, 54–125.

34 Das ist heute die überwiegende Auffassung, zuletzt begründet und dargestellt durch *K. M. Girardet*, Ordnung der Welt, S. 5–11, 59f., 164–185; vgl. ferner *G. A. Lehmann*, Politische Reformvorschläge, 1980.

die wirkliches Recht – anstelle festgelegter Willkür – enthalten. In dieser Weise werden – postulatorisch – philosophische Erkenntnis und politisches Reformprogramm, Theorie und Praxis, miteinander verknüpft.[35]

1. Wie sieht nun aber diese – zunächst nur postulierte – Begründung des Rechts aus der Natur des Menschen aus? Cicero greift, was verwundern mag, auf die Lehre der griechischen Stoiker vom obersten oder wahren Gesetz zurück. Dabei überträgt er – ein folgenreicher Schritt – den griechischen Begriff *nomos* durch die Verwendung von *lex* ins Lateinische. Er übernimmt die Bestimmung des Gesetzes als „höchste Vernunft, die fest in der Natur verwurzelt ist, die gebietet, was getan werden muß, und das Gegenteil verbietet", stellt aber zugleich sehr konkret die Verbindung zum Menschen her: „Wenn eben diese Vernunft im Denken des Menschen fest verwurzelt und vervollkommnet ist, ist sie das Gesetz." (De leg. I, 6, 18) – zu ergänzen: als Grund und Ursprung des Rechts. Recht hat so seine Quelle in einem Gesetz, aber dieses ‚Gesetz' ist die Wirkung (*vis*) der menschlichen Natur, der Verstand und die Vernunft des Klugen.[36]

a) Damit ist von der Begründung des Rechts in einem obersten Gesetz als einer Art normativer Gesetzlichkeit, einem gegenständlich und inhaltlich ausgeformten Ordnungsplan, wie sie bei Stoikern verbreitet war (oben § 6 III 1, S. 138 f.) Abstand genommen: Die Vernunft im Menschen selbst, als eine Naturanlage, stellt das Gesetz dar. Und die Kraft dieser natürlichen Vernunft ist für Cicero nicht klein: Sie hat einmal die Fähigkeit zu theoretischer Erkenntnis, der Verknüpfung von Ursachen und Entwicklungen, sie bringt zum andern den Menschen dem Mitmenschen nahe in der Gemeinschaft der Rede und der Lebensgestaltung, und sie hat vor allem die praktische Fähigkeit, wahrzunehmen, was Ordnung ist und das rechte Maß.[37] Überdies sieht Cicero eine Gemeinschaft der menschlichen Vernunft mit der göttlichen Vernunft. Die ganze Natur wird für ihn durch die Kraft und Vernunft der unsterblichen Götter gelenkt.[38] Und daran haben die Menschen Anteil:

> „... dieses vorausschauende, schlaue, vielseitige, scharfsinnige, gedächtnisstarke Lebewesen, voll von Vernunft und Urteilsvermögen, das wir Mensch nennen, ist mit einer geradezu vortrefflichen Beschaffenheit vom höchsten Gott erschaffen

---

[35] Siehe De leg. I, 13, 37: „... du siehst, welchen Verlauf diese Unterredung nimmt: zur Konsolidierung von Res publicae, zur Absicherung von Rechten, zur Heilung von Völkern stoßen all unsere Ausführungen vor. Deshalb scheue ich mich, es soweit kommen zu lassen, daß Prinzipien zugrunde gelegt werden, die nicht gut vorherberechnet und sorgfältig erforscht sind."

[36] Vgl. De leg. I, 6, 19.

[37] Vgl. De off. I, 4, 14.

[38] Vgl. De leg. I, 7, 21.

worden. Als einziges nämlich aus dem Kreis so vieler Gattungen und Gestalten von Lebewesen hat es Anteil an Vernunft und Denkvermögen, während alle übrigen davon ausgeschlossen sind. Was gibt es aber ... Göttlicheres als die Vernunft? Sie wird ja, wenn sie sich entwickelt hat und zur Vollkommenheit gelangt ist, zu Recht Weisheit genannt. Da es also nichts Vorzüglicheres gibt als die Vernunft und sie sowohl im Menschen als auch in Gott ist, gibt es also für den Menschen in der Vernunft eine vorzügliche gemeinschaftliche Verbindung mit Gott. Für welche aber die Vernunft das verbindende Element ist, für die ist es auch die wahre und richtige Vernunft. (De leg. I, 7, 22 f.).

b) Positiv gewendet, zeigt diese Begründung und Herleitung des Rechts zwei Dinge von grundsätzlicher Bedeutung. Zum einen kommt darin eine von Gedanken der Stoa geprägte und zugleich religiös fundierte Vorstellung von der Würde des Menschen zum Ausdruck, die sich von der römischen *dignitas* (siehe oben I a) deutlich abhebt. Sie gründet auf einer *inneren* Würde, die dem Menschen gegenüber allen übrigen Lebewesen durch seine vernunftbegabte Natur zukommt, welche ihn allein befähigt, wahrzunehmen, was Ordnung ist, was schicklich ist und sich gehört in Wort und Tat, und sich entsprechend, das heißt der Würde gemäß, zu verhalten.[39] Diese Würde verleiht dem Menschen seine Herausgehobenheit und seinen Rang im Kosmos und verbindet ihn, und ihn allein, mit dem Göttlichen.

Zum anderen erhält im Zusammenhang hiermit der Gedanke der *participatio* der menschlichen Vernunft am göttlichen *logos*, wie ihn die stoische Philosophie noch vorsichtig und abstrakt formulierte (oben § 6 III 2a, S. 140 f.), eine konkrete Gestalt. Die menschliche Vernunftseele ist göttlicher Abkunft, wie es in Scipios Traum am Ende von *De re publica* dargelegt wird, und Cicero stellt dabei auf Gemeinsamkeit, nicht auf Analogie oder Einprägung ab.[40] Er konkretisiert diesen Gedanken dahin, daß die Natur den Menschen gemeinsame Begriffe gegeben und in ihrem Geist angelegt habe;[41]

---

[39] *Cicero*, De off., I, 4, 14; I, 106–107 und 141. Es ist für Cicero charakteristisch, daß die Würde nicht nur als (ontologische) Gegebenheit erscheint, sondern mit der Verpflichtung zu einem würdegemäßen Verhalten verbunden ist; das durch die Dominanz der Vernunft gegenüber Leidenschaft und Vergnügungssucht bestimmt wird.

[40] Vgl. De republ. VI, 24, 26. Dort heißt es, der Geist (*mens*) eines Menschen, nicht die äußere Gestalt sei der eigentliche Mensch, und wisse deshalb, „daß Du Gott bist, wenn denn der Gott ist, der lebt, empfindet, sich erinnert, voraussieht und den Körper, über den er gesetzt ist, so regiert, leitet und bewegt wie der höchste Gott das Weltall." Dies kann Cicero deshalb so sagen, weil für ihn Gott nicht – wie für das Christentum – ein außerweltlicher personaler Gott ist, der der Welt gegenübersteht und sie als sein Werk geschaffen hat (unten § 8 I, S. 178 f.), sondern in die Welt einbezogen, ihr letztlich immanent ist. Göttliche Vernunft und Natur-Vernunft können so ohne weiteres als gleichbedeutend angesehen und zwischen ihnen kann eine Gemeinsamkeit zugrundegelegt werden.

[41] Vgl. De leg. I, 44 a.E.

„jenes Gesetz, das die Götter dem Menschengeschlecht gegeben haben", sei „die Vernunft und der Verstand des Weisen, der die Befähigung zu Befehl und Abschreckung besitze" (De leg. II 4, 8). Diese anthropologisch-religiöse Fundierung schließt so nicht aus sondern ein, daß die rechte Vernunft im Menschen, die als „Gesetz" Grundlage und Ursprung des Rechts ist, allererst der Ausbildung und Vervollkommnung bedarf, um in dieser Art wirksam zu werden. Der stoisch Weise lebt hier fort, und diese Auffassung hat zugleich aktuelle politische Bedeutung: Bezogen auf die gegebene Situation sind vor allem die in öffentlichen Dingen erfahrenen und gebildeten Männer als Weise zur Gestaltung des Rechts berufen – und damit nicht zuletzt Cicero selbst.[42]

2. Ist Recht so ein in der Natur-Vernunft des Menschen begründetes und daraus hervorgehendes, in diesem Sinn eigentliches Natur-Recht, muß sich das Verhältnis zum wirklich geltenden *ius* und den *leges* anders darstellen als in der stoischen Beziehungsreihe von *lex naturalis* (*lex aeterna*) und *lex humana*. Cicero selbst spricht nicht von *lex naturalis*, sondern von der *summa* oder *vera lex*, er entwickelt und vertritt nicht ein Naturrecht als Inbegriff grundlegender ethisch-rechtlicher Normen, das dem bestehenden Recht gegenübersteht, so daß beide dann in ein Verhältnis der Über- und Unterordnung zu setzen sind und das letztere sich aus dem ersteren herleiten muß. Wonach er fragt und was er philosophisch zu bestimmen sucht, ist nicht ein Naturrecht in diesem Sinn, sondern wann das kodifizierte Recht wirkliches Recht ist, die Natur des Rechts hat.[43] Es hat sie insoweit, als es der Natur-Vernunft des (weisen) Menschen entspringt, die unabhängig von Entscheidungen eines Gesetzgebers Geltung beansprucht. Die *leges* und das *ius civile* der römischen Res publica sind Recht, wenn sie diesem philosophisch bestimmten Begriff des Rechts entsprechen, andernfalls gehören sie nicht zum Recht. Recht ist so immer Natur-Recht, das durch die Natur-Vernunft bestimmte Recht. Nur wenn Gesetze und *ius civile* dieses Recht enthalten, es in ihren konkreten Regelungen zum Ausdruck bringen, haben sie Anteil am Recht und sind sie Recht.

> „Vollends töricht ist es aber, zu meinen, all das sei gerecht, was in den Einrichtungen oder Gesetzen der Völker festgesetzt ist … Es gibt nämlich ein allgemeines Recht, an das die Gemeinschaft der Menschen völlig gebunden ist und das ein allgemeines Gesetz zum Urheber hat. Und dieses Gesetz ist die wahre und

[42] Siehe dazu *K. M. Girardet*, Ordnung der Welt, S. 97–110 („Cicero als Nomothet").

[43] Das ist gegenüber anderen, Cicero stoisch verstehenden Interpretationen von *K. M. Girardet*, Ordnung der Welt, S. 65–75 überzeugend herausgearbeitet. Ebenso, in Anschluß an Girardet, *W. Görler* und *G. Gawlik*, Cicero, S. 1036.

richtige Vernunft bei Befehl und Verbot. Wer dieses Gesetz nicht beachtet, der ist ungerecht, gleichgültig, ob es irgendwo oder nirgendwo geschrieben steht." (De leg. I, 15, 42)

3. Eng ist für Cicero die Beziehung von Gerechtigkeit und Recht in dem von ihm entwickelten Sinn. Er setzt sich, wie der eben angeführte Text zeigt, deutlich von der überkommenen griechischen Auffassung ab, daß die Gerechtigkeit in der Achtung und Ehrfurcht vor den (festgelegten) Gesetzen und Einrichtungen der Völker bestehe; ebenso wendet er sich entschieden gegen das Nutzenkalkül einiger Sophisten im Blick auf die Gerechtigkeit und die Auffassung, Gerechtigkeit sei eine Forderung der Schwachen (oben §3 II 5b, S. 59f.).[44] Gerechtigkeit hat ihren Bezugspunkt in dem von Natur Rechten; sie schreibt vor, „alle zu schonen, um das Menschengeschlecht besorgt zu sein, jedem das Seine zurückzugeben, Sakrales, Öffentliches und Fremdes nicht zu berühren" (De republ. III, 15, 24).[45] So gibt es überhaupt keine Gerechtigkeit, wenn sie nicht von Natur aus besteht oder wenn sie im Interesse des Nutzens aufgehoben werden kann. Recht, das der Natur-Vernunft entspringt, und Gerechtigkeit berühren sich, gemeinsam stehen sie gegen einen Positivismus des geltenden Rechts:

„Wenn also allein durch Beschlüsse von Völkern, durch Verordnungen führender Männer, durch Urteile von Richtern Recht begründet würde, wäre es recht, Straßenraub zu betreiben, recht, Ehebruch zu begehen, recht, gefälschte Testamente unterzuschieben, wenn solches nur durch Bestimmungen und Beschlüsse gebilligt würde. Wenn nun aber die Urteile und Beschlüsse der Toren so große Macht besitzen, daß durch ihre Abstimmungen die Natur der Dinge völlig verkehrt werden kann, warum beschließen sie dann nicht, daß das, was übel und verderbenbringend ist, für gut und heilbringend gehalten werden soll?" (De leg. I, 16, 43)

Die Absage an jeden Positivismus des Rechts, aber auch das postulatorische Element dieser Absage, könnten schärfer nicht sein. Cicero hat sie ebenso in *De re publica* formuliert, in einem Text, der seine Rechtsphilosophie knapp zusammenfaßt:

---

44 Cicero läßt diese Auffassungen der Gerechtigkeit im 3. Buch von De re publica, einem Dialog über die Notwendigkeit der Gerechtigkeit als Grundlage jeder *res publica*, in der Rede des Philius vortragen (und dann durch die Rede des Laelius widerlegen), vgl. De republ. III, 9, 13 bis 15, 25.

45 In De off. I, 7, 20 erscheint als erste Aufgabe der Gerechtigkeit, daß niemand einem anderen schadet, es sei denn er ist durch eine Unrechtstat herausgefordert, sodann, daß die gemeinschaftlichen Güter als gemeinschaftliche und private als jeweils eigene gebraucht werden.

„Das wahre Gesetz (*vera lex*) ist die richtige Vernunft, die mit der Natur im Einklang, durch alle ergossen, beständig und ewig ist, die durch Gebot zur Pflichterfüllung ruft, durch Verbot von Unredlichkeit abschreckt ... Diesem Gesetz etwas von seiner Gültigkeit zu nehmen, ist Frevel, und es darf ihm nichts abgedungen werden, noch kann es ganz außer Kraft gesetzt werden, noch auch können wir durch den Senat oder durch das Volk von diesem Gesetz gelöst werden ... Das Gesetz wird nicht anders sein in Rom, anders in Athen, anders jetzt, anders später, sondern alle Völker wird zu aller Zeit das eine Gesetz, ewig und unveränderlich, binden, und ein Gott wird gleichsam der gemeinsame Meister und Beherrscher aller sein. Er ist der Erfinder dieses Gesetzes, sein Schöpfer und Walter. Wer ihm nicht gehorcht, wird vor sich selber fliehen ..." (De republ. III, 22, 32; Übers. K. Ziegler)

4. Die von ihm gegebene Begründung dessen, was Recht seiner Natur nach ist, dient Cicero im Zusammenhang seiner Darlegung als Grundlage und Voraussetzung für sein politisches Reformprogramm; das erklärt auch ihren stark postulatorischen Charakter. Das Reformprogramm soll, von der Natur des Rechts ausgehend, die Gesetze formulieren, die geschaffen werden sollen, damit in der Res publica (wieder) Recht gilt und geübt wird. Daraus ergibt sich die Darstellung und Prüfung einzelner Gesetze für das Sakralrecht und das politische Recht, die Cicero im zweiten und dritten Buch von *De legibus* vornimmt. Cicero entfaltet hier ein nomothetisches Programm, dazu bestimmt, das Wahre und Rechte, das ewig ist, hier und jetzt in Gesetzen und Rechtsbestimmungen zu verwirklichen. Er will Gesetze vorschlagen, die – wegen ihres Rechtsgehalts – eigentlich niemals abgeschafft werden können.[46] Cicero präzisiert dies: Auch das gemeinsame Wohl der Bürger, ihr Leben in Ruhe und Glück, die Erhaltung der *civitates* werden als Sinn und Zweck der Gesetze mit eingebracht – eben dies entspricht der richtigen Vernunft im Gebieten und Verbieten. Das Ergebnis ist gleichwohl – angesichts der politischen Intention Ciceros nicht verwunderlich –, daß der *mos maiorum*, die überlieferten Sitten und Ordnungen im Sakralrecht und im politischen Recht,[47] die in der Krise der Republik gerade beiseite gestellt oder aufgegeben wurden, in weitem Umfang als dem eigentlichen *ius*, also dem von Natur Rechten, entsprechend erscheinen. Die Würdigung des Vergangenen, philosophisch unterbaut, dient einem politischen Zweck.

[46] Vgl. De leg. II, 6, 14.

[47] Siehe dazu *W. Blösel*, Mos maiorum, S. 46–59, 68–85.

IV. Philosophie der politischen Ordnung

1. Anders als die Stoiker, anders auch als Platon – wie er ihn versteht – beabsichtigt Cicero nicht den Entwurf einer idealen politischen Ordnung; seine Gedanken und Überlegungen zielen vielmehr auf den philosophischen Nachweis, daß die alte republikanische römische Verfassung, für deren sie erneuernde Erhaltung er eintritt, den Kriterien einer optimalen Regierungsform, und das heißt für Cicero: einer gerechten Verfassung, entspreche.[48] Um des philosophischen Nachweises willen setzt er die Frage nach der politischen Ordnung, insoweit an Platon anknüpfend, als Frage nach der und deren Gerechtigkeit an. Gerechtigkeit ist Grundlage und Formprinzip auch für die politische Ordnung, diese kann ohne Gerechtigkeit nicht sein. Was aber macht ihre Gerechtigkeit aus? Hierfür greift Cicero – wie bei der Begründung des Rechts – auf die Natur-Vernunft, das von Natur Rechte für die Res publica und ihre Ordnung, zurück.[49] Er verharrt bei seinem rechtsphilosophischen Ansatz und begründet die politische Ordnung und ihre Form von Recht und Gerechtigkeit her, nicht umgekehrt.

a) In seiner berühmt gewordenen Definition bezeichnet Cicero die *Res publica* als eine Sache des Volkes; sie wird damit abgegrenzt von einer Sache des Herrschers und einer Sache der einzelnen. Das gibt, an Vorbilder anknüpfend und sie mit römischer Tradition vermittelnd, einen legitimatorischen Rahmen vor.[50] Dieser verstärkt sich durch die nähere Bestimmung dessen, was ein Volk ausmacht:

> „Es ist also … die Res publica die Sache des Volkes; ein Volk aber ist nicht jede irgendwie zusammengebrachte Vereinigung von Menschen, sondern die Vereinigung einer Menschenmenge, verbunden durch die Anerkennung des Rechts und die Gemeinsamkeit des Nutzens.“ (De republ. I, 25, 39)[51]

Diese Definition begreift die Res publica als ein Gemeinwesen, in seinem Um-willen ausgerichtet auf das Volk als eine gegliederte Einheit, und zwar

---

48 Siehe etwa De republ. I, 46, 70 in Verbindung mit II, 3, 5 f.

49 Das 3. Buch von De re publica ist ganz als Dialog um Gerechtigkeit und ihre Notwendigkeit für Bestand und Ordnung der Res publica angelegt; ebenso wird im 1. Buch die Frage nach der Regierungsform als Frage nach der von Natur richtigen und besten, d. h. gerechten Regierungsform diskutiert.

50 Über Vorbilder und die Eigenständigkeit der Definition der Res publica wird in der Literatur viel diskutiert, vgl. aus neuerer Zeit *M. Schofield*, Cicero's Definition, S. 66–77, der Eigenständigkeit und den normativ-legitimatorischen Aspekt betont; *R. Stark*, Ciceros Staatsdefinition, S. 338 ff., der die Anlehnung an Aristoteles hervorhebt. Vgl. auch *K. Rosen*, in: H. Fenske/D. Mertens/W. Reinhard/K. Rosen (Lit.), S. 123 sowie *H. Ottmann* (Lit.), Bd. 2,1, S. 100 f.

51 „Est igitur … res publica res populi, populus autem non omnis hominum coetus quoquo modo congregatus, sed coetus multitudinis iuris consensu et utilitatis communione sociatus.“

unabhängig von ihrer aristokratischen oder demokratischen Ausgestaltung und dieser vorausliegend. Was dieses Gemeinwesen trägt und lebendig erhält, ist ebenso die Verwirklichung des gemeinsamen Nutzens wie die Anerkennung und Verwirklichung des Rechts. Diese Aussage muß wiederum vor dem Hintergrund des von Cicero entwickelten Begriffs des Rechts gesehen werden. Gemeint ist mit *consensus iuris* eine Übereinstimmung in der Anerkennung von Recht im Sinne des von Natur Rechten, durch die das Volk als politische Gemeinschaft geprägt und von einer bloßen Menge oder Masse abgehoben wird. So gesehen, enthält die Definition der Res publica normative und legitimatorische Momente in sich, die deren Art und Charakter (ihre Gerechtigkeit) näher bestimmen; keineswegs ist jede empirische politische Ordnung auch schon eine Res publica.[52]

b) Hervorbringender Grund der politischen Ordnung ist auch bei Cicero die auf Gemeinschaft ausgerichtete Veranlagung der Menschen als anthropologische Grundgegebenheit. In ihr fließen Notwendigkeit und Neigung zusammen. Jedoch ist der erste Grund des Zusammenschlusses der Menschen (*prima causa coeundi*) nicht so sehr ihre Bedürftigkeit und Schwäche (*imbecillitas*) als vielmehr die in ihrer Natur liegende Geselligkeit.[53] Diese Anlage führt zu Gemeinschaften in verschiedener Form und Organisation und bringt schließlich die Res publica hervor. Cicero übernimmt hier das genetische Modell des Aristoteles.

> „Diese Vereinigungen also, deren Bildung sich aus dem Grund vollzog, den ich dargelegt habe, legten an einem sicheren Ort einen Siedlungsplatz fest, um feste Behausungen zu schaffen. Nachdem sie diesen Siedlungsplatz ausgehend von den günstigen Örtlichkeiten und durch eigenhändige Arbeit eingehegt hatten, nannten sie einen Häuserplatz dieser Art – geprägt von Heiligtümern und öffentlichen Plätzen – eine befestigte Siedlung oder eine Stadt. Jedes Volk also, das eine solche Vereinigung einer Menschenmenge ist, wie ich es dargelegt habe, jede civitas, welche der geordnete Zustand eines Volkes ist, mithin jede res publica, die, wie ich gesagt habe, Sache des Volkes ist, muß durch eine gewisse richtungsweisende Autorität regiert werden, damit sie Bestand hat." (De republ. I, 26, 41).

Jede Gemeinschaft, insbesondere die politische Gemeinschaft, bedarf so einer lenkenden Autorität, die ihre Ordnung gestaltet und erhält. Dafür ergeben sich aus der Natur-Vernunft, dem Recht der Natur, bestimmte Grundsätze

---

[52] Cicero läßt deutlich erkennen, daß eine politische Gemeinschaft, die ganz in der Gewalt eines Tyrannen, einer Clique oder der Menge ist, nicht nur eine schlechte Regierungsform hat, sondern überhaupt keine Res publica ist, weil es dann an dem Band der Anerkennung des Rechts und der Verbundenheit der Gemeinschaft im gemeinsamen Nutzens fehlt, das erst ein Volk ausmacht, vgl. De republ. III, 31, 43 bis 33, 95.

[53] Vgl. De republ. I, 25, 39.

und Einrichtungen. Nichts ist für Cicero dem Recht der Natur und den natürlichen Gegebenheiten so eng verbunden wie das Bestehen von Herrschaftsgewalt (*imperium*). Ohne sie kann weder ein Haus, noch eine *civitas*, noch ein Volk, noch das ganze Menschengeschlecht bestehen.[54] Und für die Ordnung der Res publica muß nach Natur und Vernunft eine Führungsgewalt – der Römer Cicero sieht sie in den Magistraten – bestehen, die das Richtige, Nützliche und mit den Gesetzen Übereinstimmende vorschreibt, und ebenso ein Gefüge miteinander verknüpfter Institutionen.[55] Die von ihr ausgehende, lenkende Leitung, das *consilium*, muß sich als erstes immer auf die Ursache beziehen, welche die Gemeinschaft des Volkes hervorgebracht hat, also den gemeinsamen Nutzen und den *consensus iuris*, der in der Gesellschaft bindende Kraft besitzt.[56] Auf dieser Grundlage entwickelt Cicero tragende Gesetze und Einrichtungen für eine Ordnung der Res publica, die der Natur-Vernunft entspricht.[57] Die alten römischen Einrichtungen und Gesetze erfüllen für ihn im wesentlichen den erhobenen Anspruch, weshalb die notwendige Reform die Befestigung oder Wiederherstellung der überlieferten Ordnung (*mos maiorum*) zum Inhalt haben muß.

2. Cicero beschäftigt sich sehr eingehend mit der Frage nach der besten Verfassung für die Res publica. Sie ist sozusagen der Ausgangspunkt für seine politische Philosophie. Im Zusammenhang damit behandelt er die unterschiedlichen Regierungsformen. Das Material dafür entnimmt er – an die Erörterungen bei Platon und Aristoteles ebenso wie an die Historien des Polybios anknüpfend[58] –, zum einen den Beispielen Griechenlands, zum andern und überwiegend der politischen Entwicklung Roms und der Krisenlage der Res publica in seiner Gegenwart.

a) Was die Einteilung der Regierungsformen angeht, führt Cicero deren Dreiteilung, die Aristoteles vorgenommen hatte (oben § 5 IV 2, S. 125 f.), fort und entwickelt sie weiter.[59] Wie bei Aristoteles erscheint die Dreiteilung als gedoppelte: die Normalformen und deren Entartung stehen einander gegenüber. Aber das Kriterium der Entartung wird anders bestimmt.

Die Normalform ergibt sich danach, wer die umfassende Macht innehat; dementsprechend werden Königtum, Optimatenherrschaft und Volks-

---

[54] Vgl. De leg. III, 1, 3.

[55] Vgl. De leg. III, 1, 2.

[56] De republ. I, 25, 41: „id autem consilium primum semper ad eam causam referendum est quae causa genuit civitatem.“ Vgl. auch *M. Schofield*, Cicero's Definition, S. 77 f.

[57] De leg. III, 3, 6 ff.

[58] Allgemein zur Anknüpfung Ciceros an Platon und seiner Auseinandersetzung mit ihm, siehe *V. Pöschl*, Römischer Staat, S. 108–132; zur Anknüpfung an Aristoteles *D. Frede*, Peripatetic Influence, S. 77 ff.

[59] Vgl. *H. Ottmann* (Lit.), Bd. 2,1, S. 101–103.

herrschaft unterschieden.[60] Diese Einteilung ist formal bestimmt, sie unterscheidet nicht nach der Art oder dem Prinzip der Regierung, konstituiert also nicht verschiedene Gattungen politischer Ordnung; der Charakter der jeweiligen politischen Ordnung als Gemeinwesen des Volkes – *res populi* – ist hier, bei den Darlegungen im I. Buch – anders als später im III. Buch[61] – als Rahmen vorausgesetzt. Cicero wägt dann die Vor- und Nachteile der einzelnen Formen ab: In den Monarchien sind alle übrigen allzu unbeteiligt an Rechtspflege und Regierung, in der Optimatenherrschaft kann die Menge kaum einen Anteil an der (politischen) Freiheit haben, in der Volksherrschaft ist die Gleichberechtigung aller (*aequabilitas*) in sich unbillig, weil sie keine Abstufungen der Würde (*dignitas*) kennt.[62] Keine dieser Formen als reine Form ist ideal, aber jede ist, wenn auch mit Abstufungen, erträglich, wenn sie nur „an jenem Band festhält, das die Menschen zuerst miteinander zu einer Res publica verbunden hat" (De republ. I, 26, 42), d.h. die gemeinsame Auffassung und Anerkennung des Rechts und die Ausrichtung auf den gemeinsamen Nutzen. Dieses ist ja für das Bestehen einer Res publica überhaupt konstitutiv.

Der Übergang zu den Entartungsformen ergibt sich aus den spezifischen Gefahren, die jeder Regierungsform innewohnen und durch die Anfälligkeit der Regierenden ausgelöst werden. Macht trägt eben die Gefahr zum Machtmißbrauch in sich und verkehrt dann die Zielausrichtung der Regierungsform. Cicero knüpft dafür eher lose an Platons Verfallsgenealogie der Polisformen, stärker an Polybios an. Aus der Beobachtung und Erfahrung der Verhältnisse in Rom gespeist, entwickelt er eine Theorie des Kreislaufs der Veränderungen und Wandlungen: Eine Normalform, etwa das Königtum, führt durch ihre Entartung den Wechsel des Machtinhabers, also etwa eine Volksherrschaft herauf, die durch ihre Entartung eine Tyrannis herbeiführt, welche dann – erneuter Wechsel des Machtinhabers – in eine Optimaten- oder wiederum eine Königsherrschaft übergeht.[63] Diese Theorie des Kreislaufs diagnostiziert die fortdauernden Gefährdungen, die aus jeder ‚reinen', auf nur ein Machtzuordnungsprinzip gestellten Regierungsform hervorgehen. Sie kann deshalb nicht bei sich stehen bleiben, wirft vielmehr wie von selbst die Frage nach einer vierten Regierungsform auf, die durch eine Kombination der drei ‚reinen Formen' deren je spezifische Gefährdungen vermeidet.

---

[60] Die Volksherrschaft, also die Demokratie, nennt Cicero *civitas popularis*, womit der Unterschied zur Res publica als *res populi* deutlich wird. Die *civitas popularis* ist eine Organisationsform der *res populi*, nicht damit gleichbedeutend.

[61] Siehe Anm. 47 und die dort angeführten Belegstellen.

[62] De republ. I, 27, 43.

[63] Vgl. De republ. I, 29, 45.

b) Damit steht Cicero vor der Frage nach der *besten Regierungsform* oder Verfassung. Diese liegt für ihn in einer „gemischten“ Verfassung aus den drei Regierungsformen. Zwar gebühre unter den reinen Regierungsformen an sich dem Königtum ein Vorzug, aber die „gleichmäßig gemischte“ Regierungsform erscheint dennoch, nicht zuletzt in der Anwendung auf die politische Ordnung Roms, als die beste. Der Grund liegt – Ciceros über die Jahrhunderte fortwirkende Erkenntnis – in der Notwendigkeit einer *ausgeglichenen Verteilung von Recht, Pflicht und Leistung* im politischen Gemeinwesen. Nur dann kann dieses Beständigkeit und eine Form auf Dauer haben. Diese Notwendigkeit ergibt sich aus der Einsicht in die innere Logik des politischen Geschehens:

> „Dies nämlich, was ich anfangs sagte, behaltet fest im Gedächtnis: Wenn es in der Civitas nicht diese ausgeglichene Gegenseitigkeit von Recht, Pflicht und Leistung (*munus*) gibt, so daß genug Macht bei den Magistraten liegt, genug Autorität beim Rat der führenden Männer und genug Freiheit beim Volk, kann dieser stabile Zustand der Res publica nicht aufrechterhalten werden.“ (De republ. II, 33, 57)

Eben diese ausgeglichene Verteilung von Recht, Pflicht und Leistung sieht Cicero in einer Kombination und Verschränkung der drei Regierungsformen zu einer gemischten Verfassung gegeben: Sie begründet einerseits unterschiedliche Macht- und Teilhabepositionen, die sie zugleich auch balanciert, andererseits verpflichtet sie durch Teilhabe zur Verantwortung.

> „Die Meinung geht nämlich dahin, daß es in der Res publica etwas Übergeordnetes und Königliches gibt, daß es ferner etwas anderes gibt, was führenden Männern in ihrer einflußreichen Stellung zuerkannt und verliehen ist, und daß es schließlich Dinge gibt, die dem Urteil und dem Willen der Menge der Menschen vorbehalten sind. Diese Verfassungsordnung beinhaltet erstens ein gewisses Gleichgewicht der Herrschaftsverhältnisse, das freie Männer für eine längere Zeit nicht entbehren können, zweitens Stetigkeit, weil ja jene ursprünglichen Verfassungsformen sich leicht in ihr Gegenteil verkehren, so daß aus dem König ein Gewaltherr wird, aus den Optimaten ein oligarchischer Klüngel, aus dem Volk ein anarchischer und zügelloser Haufen, und außerdem ja auch, weil die Verfassungsformen selbst sich oft zu neuen Verfassungsformen verändern. Dies geschieht in eben der kombinierten und nach dem Maßgedanken gemischten Verfassungsordnung gewöhnlich nicht, es sei denn durch große Vergehen der führenden Männer.“ (De republ. I, 45, 69)

Allerdings sieht Cicero, daß auch eine solche gemischte Verfassung nur ein relatives Optimum darstellt; große Vergehen können auch bei ihr zu Unruhen und Zerfall führen. Doch liegt das in der Eigenart politischer Problemlösungen, die immer nur relativ optimale sein können. Es hat den Anschein, daß Cicero bei der gemischten Verfassung nur die politische Ebene der Machtorganisation und Machtverteilung ins Auge faßt. Aber auch bei ihm findet indirekt ein Durchgriff auf die Sozialstruktur statt. Nur liegt diese für ihn nicht in ökonomisch unterschiedenen Gruppen wie bei Aristoteles (oben § 5 IV 2c, S. 127f.), sondern in vertikalen, hierarchisch geordneten Gruppen, wie der *familia* und der *clientel*. Auf diese greift sein Modell der gemischten Verfassung zurück.

Was er als Theorie der gemischten Verfassung entwickelt, sieht Cicero an der Verfassung Roms bestätigt. Diese Verfassung hat sich, so interpretiert er deren geschichtliche Entwicklung, zu eben einer solchen gemischten Verfassung entwickelt, stellt sich also in ihren tragenden Institutionen, deren Balancierung und Verknüpfung, als eine Verwirklichung der besten Regierungsform dar.[64] Cicero lobt die Weisheit der Vorfahren, ihre Klugheit und ihre Zucht, die im praktisch-politischen Handeln das bereits verwirklicht habe, was der philosophischen Einsicht entspreche; Platon, Aristoteles und Theophrast werden als Legitimationsinstanz berufen.[65] Deshalb macht er in seinen Schriften und Reden verschiedene konkrete Reformvorschläge, um aufgetretenen Mißständen und der Krisenlage der Res publica zu begegnen. Die für ihn noch intakte Substanz der bestehenden Ordnung soll durch Änderungen im Detail – einen grundlegenden Wandel hält er nicht für notwendig – erneuert werden.[66]

3. Schließlich finden sich bei Cicero auch Ansätze einer über die Res publica hinausgreifenden, universal konzipierten Reichslehre. Das ist nicht verwunderlich. Sowohl das Erbe der Stoiker, deren Denken stark auf die eine Weltordnung, den Kosmos und sein Ordnungsgesetz ausgerichtet war, wie auch Ciceros eigener rechtsphilosophischer Denkansatz, der von einem einheitlichen und gemeinsamen Recht für die Menschen (oben III 1) ausgeht, wirken in diese Richtung. Nicht zuletzt war es die bestehende Weltherrschaft Roms, die Cicero dazu brachte, die Idee des Imperiums in seine politische Theorie einzubeziehen.

a) Wie Aristoteles legt Cicero eine stufenförmig gegliederte Hierarchie des Gemeinschaftslebens zugrunde. Dieses entwickelt sich von engeren zu weitergreifenden Gemeinschaften, schließt aber nicht mit der Polis ab. Die am weitesten ausgreifende Verbindung ist die *societas generis humanis*, die Gemeinschaft aller Menschen untereinander. Ihr Band ist die den Menschen – im Unterschied zu allen anderen Lebewesen – gemeinsame Vernunft und ihr Sprachvermögen; Denk- und Sprachvermögen versöhnen und verbinden die Menschen durch ihr Lehren und Lernen, durch Gespräche mit- und gegenein-

---

64 Kritisch hierzu *H. Ottmann* (Lit.), Bd. 2,1, S. 104.

65 Vgl. De leg. III, 6, 14.

66 Dazu näher *J. Kroymann*, Res publica restituenda, S. 255–266.

ander wie auch durch ihr Urteilen in einem natürlichen Gemeinschaftsgeist.[67] Diese Verbindung soll indes nicht nur Sprach- und Kommunikationsgemeinschaft sein, sondern auch eine Art Ordnung haben: „In ihr ist der gemeinschaftliche Umgang mit allem, was die Natur zum gemeinsamen Nutzen der Menschen hervorgebracht hat, zu bewahren." (De off. I, 16, 51) Darin liegt ein Ansatzpunkt für eine weltweite Ordnung der Nutzung und auch Teilung der natürlichen Ressourcen. Und diese universale Gemeinsamkeit hat auch Rückwirkungen auf die engeren Gemeinschaften, hebt insbesondere eine strikte Abgeschlossenheit der einzelnen *civitates* auf. Cicero gibt damit Prinzipien einer übergreifenden internationalen Ordnung vor, ohne aber in die Utopie eines ‚Weltstaates' auszubrechen:

> „Diejenigen, die aber sagen, man müsse auf die eigenen Mitbürger Rücksicht nehmen, nicht aber auf Ausländer, zerstören dadurch die gemeinschaftliche Bindung aller Angehörigen des menschlichen Geschlechts zueinander. Durch Beseitigung dieser Bindung werden zugleich Wohltätigkeit, Großzügigkeit, Redlichkeit und Gerechtigkeit von Grund auf beseitigt. Die, die solches beseitigen, müssen sogar den unsterblichen Göttern gegenüber als Frevler beurteilt werden." (De off. III, 6, 28)

b) Innerhalb dieser universalen Gemeinsamkeit besteht eine Reihe aufeinander aufbauender und sich stufenförmig hervorbringender engerer Gemeinschaften: die erste und engste ist die von Mann und Frau, mit Kindern sich zur Familie erweiternd; dann die des Hauses, in dem aller Besitz gemeinsam ist; aus den Häusern bildet sich in Geschlechterfolge und Verwandtschaft die Siedlungsgemeinschaft, diese wird zur Keimzelle der politischen Gemeinschaften, in denen die Bürger vieles gemeinsam haben, wie Denkmäler der Vorfahren, Heiligtümer, Grabmäler, den Markt, engere Gemeinschaften des Gebens und Nehmens, gemeinsame Gewohnheiten und Lebensformen.[68] Cicero sieht hier die Res publica – analog zur griechischen Polis – als eine umfassende, wenn auch nicht sich abschließende Gemeinschaft und Lebensform. Ihr kommt in der Reihe der Gemeinschaften eine herausragende Bedeutung zu.

> „Aber wenn man dies mit aller Vernunft und Denkkraft betrachtet und erhellt, ist von allen gemeinschaftlichen Bindungen keine bedeutender, keine inniger als die, die ein jeder von uns mit der Res publica hat. In inniger Beziehung zu uns stehen die Eltern, stehen die Kinder, die Verwandten und Vertrauten, aber das eine Vaterland umfaßt alle von Zuneigung getragenen Beziehungen aller zueinander." (De off. I, 17, 57)

[67] De off. I, 16, 50.
[68] Vgl. De off. I, 17.

Hier zeigt sich Ciceros römischer Patriotismus, die Grundhaltung und das Selbstbewußtsein der Bürger einer Stadt, die sich zur Weltherrschaft berufen fühlt. Das *imperium*, das sie innehat, soll nach Auffassung Ciceros in der Weise ausgeübt werden, daß sie die befriedeten Völkerschaften und Städte nicht schlechthin unterwirft, sondern ihre vor-politische Eigenständigkeit im Rahmen der Einordnung in die römische Herrschaft bestehen läßt.[69]

V. Zusammenfassende Würdigung

Ciceros Werk und Wirken zu beurteilen, ist nicht einfach. Man wird unterscheiden müssen zwischen Cicero als Philosoph von Recht und Res publica und Cicero als römischem Magistrat und Politiker, auch wenn beides in einem Zusammenhang steht. Cicero war ebenso Politiker, der nach Ämtern und politischem Einfluß strebte, wie philosophisch gebildeter Redner und Schriftsteller. Er stellte die Philosophie in den Dienst der Reform und Erhaltung der römischen Res publica angesichts deren um sich greifender, schwer lösbar erscheinender Krise. Um eine feste und überzeugungsfähige Grundlage für seinen politischen Reformimpetus zu gewinnen, war und wurde für ihn die Frage nach der Natur des Rechts und der richtigen, gerechten Verfassung zu einer philosophischen Frage und Aufgabe. Er suchte sie mit den Mitteln und Wegen der Philosophie zu lösen und hatte dabei stets sein einer eher aristokratischen Ordnung der Res publica verpflichtetes Reformziel vor Augen.

Was Cicero dabei an Einsichten und Erkenntnissen über die Grundlage des Rechts und die Bedingungen einer tragfähigen, gerechten politischen Ordnung selbst gewann oder – von anderen übernommen – weiter übermittelte, wirkte nicht nur in seiner Zeit; bis heute gehört Cicero insoweit zu den „Klassikern", dem Rechtsphilosophie und Staatstheorie wichtige Bausteine verdanken. Die Begründung von Recht und Verfassung in erfahrener, dem Weisen eigener Natur-Vernunft sollte beiden ein festes Fundament geben; sie war freilich auch für politische Anschauungen und Optionen offen und entwertete den Status des gegebenen Rechts und seine Ordnungsfunktion. Ungelöst bleibt auch die Frage, ob Ciceros Vorstellungen, die er philosophisch zu begründen oder abzusichern suchte, eine adäquate Antwort auf die politische Krise waren, in der sich die römische Republik zu seiner Zeit befand, d.h. ob sie ernstzunehmende Ansatzpunkte für eine politische Umsetzung boten. Manches spricht dafür, daß Cicero in seinen Konzepten und Sichtweisen, die er, weil sie

[69] *K. M. Girardet*, Ordnung der Welt, S. 156ff.

von einem ‚Weisen' kamen, gerne verabsolutierte, einer in ihren Grundlagen erschütterten Ordnung anhing, die so nicht mehr zu erhalten war,[70] die er aber ideologisch überhöhte. Dann hatte aber auch er seinen Anteil an der Katastrophe der Republik.[71]

---

[70] Siehe *J. Bleicken*, Untergang der römischen Republik, S. 6–23 (100–117).

[71] Siehe hierzu statt anderer *U. Gotter*, Der Diktator, S. 247–255, und *H.-J. Gehrke*, Anhang, S. 634 f.

2. Teil

Christliche Rechts- und Staatsphilosophie bis zum Ausgang des Mittelalters

§ 8 Voraussetzungen und Fragestellungen der christlichen Rechts- und Staatsphilosophie

Von der ausgehenden Antike bis in die Reformationszeit hinein war im entstehenden Abendland die formgebende Kraft für die Fragen nach Inhalt, Aufgabe und Legitimation von Recht und politischer Ordnung die christliche Rechts- und Staatsphilosophie. Deren Grundlage und Ausgangspunkt war der christliche Glaube als Offenbarungsreligion. Dessen Botschaft und Gehalt, mit Jesus von Nazareth in die Geschichte eingetreten, konnte freilich nicht unabhängig von den geistigen Strömungen der Zeit formuliert werden, sondern in sie und ihre Denkhorizonte hinein und in Auseinandersetzung mit diesen. Die christliche Offenbarung enthielt gegenüber der griechisch-römischen Antike neue Begriffe von Gott, Welt und Natur, eine neue Aussage über den Menschen, eine neue Lehre über seine Bestimmung und das Ziel seines Daseins. Dies bedeutete gegenüber antiken Vorstellungen eine nicht nur marginale, sondern substantielle Änderung. Gleichwohl läßt sich eine weitgehende Kontinuität der gebrauchten Formeln und Bezeichnungen feststellen. Diese wurden einerseits in ihrem sachlich-begrifflichen Gehalt mehr oder weniger weitgehend umgebildet, andererseits wirkten sie auch von sich aus auf die gedankliche Fassung der christlichen Glaubensinhalte ein. So fand ein begrifflicher Amalgamierungsprozeß statt; er weist heute darauf hin, daß im philosophischen Denken der Zeit eine gewisse Aufnahmebereitschaft für die neuen Inhalte vorhanden gewesen sein muß.

Wie das Christentum in der Frühzeit und den ersten Jahrhunderten seiner Existenz die eigenen Glaubenslehren klärte und formulierte, kann und braucht hier nicht nachgezeichnet zu werden. Es war dies natürlich kein einmaliger Akt, sondern ein längerer Prozeß, der nicht zuletzt durch das Auftreten erheblicher theologischer Streitfragen vorangebracht wurde.[1] In der Auseinandersetzung um solche Streitfragen und mit den daraus auch hervorgehenden Abspaltungen kam es fortschreitend zur Klärung und eindeutigen Formulierung der Grundlagen und Inhalte des Glaubens, die in Beschlüssen mehrerer Konzile festgelegt wurden. Einen gewissen Abschluß fand dieser Prozeß mit dem nicaeo-konstatinopolotanischen Glaubens-

---

[1] Dieser Prozeß macht den Inhalt der sog. Patristik aus, dazu auch unten § 9 III 1, S. 201 ff.

bekenntnis (326/381 n. Chr.).[2] Ihm kommt für den Inhalt und die Wirkungsgeschichte des Christentums entscheidende Bedeutung zu. Es wird dem nun vorangestellten Überblick über die christlichen Begriffe von Welt, Natur, Gott, dem Menschen und seiner Bestimmung, die für das Verständnis der christlichen Rechts- und Staatsphilosophie von wesentlicher Bedeutung sind, zugrunde gelegt.

I. Die neuen Begriffe von Welt, Natur und Gott

1. Für das Christentum sind Welt und Natur, anders als für die Stoa und auch das ältere griechische Denken, nicht mehr einfach da-seiend und ewig.[3] Sie erscheinen als eine Schöpfung Gottes, ein von ihm aus dem Nichts hervorgebrachtes Werk, haben einen Anfang und – am Ende der Tage – ein Ende. Welt und Natur werden nicht mehr einfachhin als den Menschen umfangende Kräfte und Mächte, als nicht weiter erklärbarer Grund alles Seienden verstanden, dem ein schicksalhaft wirkendes Gesetz (*logos*) immanent ist; sie erhalten vielmehr und haben deshalb eine Gestalt, eine vom Schöpfergott bewirkte Ordnung, die in ihm – seiner Vernunft, seinem Willen oder Wesen[4] – seinen Ursprung hat.

Die Folge daraus ist eine Entheiligung der Welt und eine Entmythologisierung der Natur. Der Welten-Logos, das Gesetz des Kosmos und der Natur sind nicht *selbst* göttlich, nicht aus sich geltend und unangreifbar. Welt und Natur *versachlichen* sich vielmehr, weil geschaffen für bestimmte Zwecke. Der Mensch tritt der Natur also gegenüber, ist nicht ihr Teil oder mit ihr eins; die Natur erhält in gewisser Weise Objektcharakter, wird für den Menschen verfügbar, verfügbar auch als Material für seine Lebenszwecke.[5] Ihr Charakter als unantastbar Umgreifendes, als Wohnstatt einer Vielzahl von (Natur-)Göttern geht verloren.

2. Auch der Gottesbegriff der christlichen Offenbarung unterscheidet sich in mehrfacher Hinsicht von den Gottes- und Göttlichkeitsvorstellungen der griechischen und römischen Religion wie auch der zeitgenössischen Philosophie.

---

[2] Dieses Glaubensbekenntnis wurde auf den Konzilien von Nicaea (326 n. Chr.) und Konstantinopel (381 n. Chr.) festgelegt, dazu *K. S. Frank*, Geschichte, S. 248–260; es gilt seither als Grundformulierung des christlichen Glaubens.

[3] Vgl. *R. Guardini*, Ende der Neuzeit, S. 15–22.

[4] Die Frage, ob die Ordnung von Natur und Welt letzlich in Gottes Geist (*ratio*), in Gottes Willen (*voluntas*) oder in seinem Wesen gründet, ist in der christlichen Theologie immer wieder – mit unterschiedlichen Ergebnissen – diskutiert worden. Auch für die philosophische Begründung des Rechts hatte dies weitreichende Auswirkungen, näher hierzu in den §§ 9–13.

[5] Im Schöpfungsbericht Gen. 1, 28 heißt es: „Gott segnete sie und Gott sprach zu ihnen: Seid fruchtbar und vermehret euch, bevölkert die Erde, unterwerft sie euch und herrscht über die Fische des Meeres, über die Vögel des Himmels und über alle Tiere, die sich auf dem Land regen." Vgl. auch *W. Reinhard*, Variante von Religion, S. 232.

a) Der Gott der christlichen Offenbarung ist nicht mehr welt-immanent, sondern welt-transzendent. Er ist nicht ein Mythos-Symbol für Naturkräfte, menschliche Geisteskräfte oder das (Lebens-)Prinzip der Welt im ganzen. Auch gibt es nicht eine Mehrzahl von Göttern, sondern nur einen Gott, und ebensowenig „das Göttliche" als etwas Numinos-Unfaßbares. Der christliche Gott ist, ungeachtet der Lehre von der Dreifaltigkeit, monotheistisch – das ist das unverlierbare Erbe der alt-testamentlich-jüdischen Gottesvorstellung. Und er steht der Welt *gegenüber*, als ihr Schöpfer und Erhalter; er selbst ist der Welt unbedürftig, genügt sich selbst.

Der christliche Gott ist ferner ein persönlicher Gott, nicht lediglich eine Ehrfurcht ausdrückende Bezeichnung für die höchste Idee oder das *summum bonum*. Ebenso ist er handelnder Gott, ein liebender und verzeihender Gott, aber auch ein richtender und verwerfender Gott, wie das Alte Testament vielfach zeigt. Zum christlichen Gottesbegriff gehört daher ganz zentral das Moment göttlichen Willens und die konkrete, in die Geschichte hineinwirkende göttliche Tat[6] – der Abstand zur Vorstellung des „unbewegten Bewegers" ist groß.

b) Aus diesem Gottesbild folgt, daß die Beziehung des Menschen zu Gott eine solche ist, die die Welt transzendiert. Gott existiert ja außerhalb von Natur und Welt, sein Ort ist im „Jenseits", nicht im „Diesseits", sein göttliches Reich ist nicht von dieser Welt.[7] Die mythische Bindung an eine alles umfangende Welt zerreißt.[8] Für den Menschen, weil und soweit er Gott verbunden ist, entsteht vielmehr ein existentieller Abstand zur Welt; er wird über sie hinausgehoben, hat in ihr nicht mehr den eigentlichen Ort seiner Existenz. Er lebt, christlich gesehen, zwar in der Welt, er ist aber nicht von der Welt.

II. Status und Bestimmung des Menschen

Darüber hinaus hat diese gewandelte Gottesvorstellung noch weitergehende Folgen für das Bild vom Menschen, das durch sie hervorgerufen wird.

1. In der griechisch-stoischen Philosophie war, wie wir gesehen hatten, die Vernunftausstattung des Menschen sein hervorstechendes, ihn von allen sonstigen Lebewesen unterscheidendes Merkmal und begründete seine Verbindung zum Göttlichen. Cicero sah darin die innere Würde des Menschen, die

---

6 Die höchste, in die Geschichte hineinwirkende Tat des christlichen Gottes ist seine Selbstoffenbarung durch die Menschwerdung seines Sohnes Jesus Christus.

7 Siehe dazu Lukas 9, 23–25; aus den Abschiedsreden Jesu die Stellen Joh. 15, 19 und 17, 9–16; aus den Paulusbriefen 1 Kor. 7, 31 ff.

8 *R. Guardini*, Ende der Neuzeit, S. 22.

seinen einzigartigen Rang im Kosmos bestimmt (oben § 7 III 1b, S. 162f.). Die christliche Offenbarung geht in dem, was sie für den Menschen bestimmend und sein Wesen ausmachend ansieht, darüber weit hinaus. Der Mensch ist zwar auch ein Vernunftwesen – *animal rationale* –, aber wesentlich bestimmt wird er durch seine Eigenschaft als Geschöpf und Ebenbild Gottes.[9] Ihm ist – als Gottes Ebenbild und Gleichnis erschaffen – die unsterbliche Seele eingehaucht, und über das zeitliche Leben hinaus ist er berufen zum ewigen Heil, das in der Auferstehung der Toten und der Anschauung Gottes sein Ziel hat. Dadurch erhält der Mensch einen unverlierbaren Status. Sein Dasein als Geschöpf und Ebenbild Gottes ist ein Dasein um seiner selbst willen. Es kann nicht länger in einer irdischen Gemeinschaftsexistenz aufgehen, wie etwa in der Stellung als Mitglied und Teil einer Polis oder Res publica. Solche Bindungen werden relativiert und transzendiert. Der Einzelne ist in seiner Individualität unmittelbar zu Gott, und darin ist er unantastbar. Dies begründet seine unverlierbare Würde, philosophisch gesprochen seine unangreifbare Subjektstellung.

Hegel bemerkt – zu Recht – in seiner Rechtsphilosophie, das Prinzip der selbständigen, in sich unendlichen Persönlichkeit des Einzelnen, der subjektiven Freiheit sei innerlich erst mit der christlichen Religion aufgegangen; Platon habe es noch nicht begriffen und mit ihm umgehen können.[10] Für Hegel ist die christliche Religion deshalb die „Religion der Freiheit".[11]

Dieser unangreifbare Status, der dem Menschen zukommt, gilt für *alle* Menschen, nicht nur für bestimmte Menschen oder die Angehörigen eines besonderen Volkes Gottes. Die christliche Religion ist von Anfang an in ihrem Kern *universal* orientiert, begreift alle Menschen ein, erscheint nicht mehr als (neue) Polis-Religion, als Beziehung Gottes zu einer bestimmten, genauer umgrenzten kultischen Gemeinschaft. Vielmehr besteht eine Gleichheit aller Menschen in ihrem seinsmäßigen Status und der zugehörigen Würde, diese umgreift „alles, was Menschenantlitz trägt". Die Menschenwürde als innere Würde des Menschen, abgehoben von der römischen *dignitas*, erhält gegenüber ihrer Formulierung in der Stoa und bei Cicero eine neue, sie vertiefende, aber auch inhaltlich umprägende Begründung. Maßgebend wird eine spezifische offenbarungstheologische Verknüpfung. Zur Erhabenheit der Würde des Menschen als *imago Dei* gehört nämlich als Kehrseite der Sündenfall und die darin sich zeigende Sündhaftigkeit des Menschen, durch die er seine gott-

---

9 Schöpfungsbericht Gen. 1, 26 u. 27: „Dann sprach Gott: Laßt uns Menschen machen als unser Abbild, uns ähnlich … Gott schuf also den Menschen als sein Abbild; als Abbild Gottes schuf er ihn. Als Mann und Frau schuf er sie." Siehe auch *W. Reinhard*, Variante von Religion, S. 232f.

10 *G. W. F. Hegel*, Philosophie des Rechts, § 185 Anm., S. 265f.

11 *G. W. F. Hegel*, Philosophie der Religion, Bd. 2, S. 207f.; *ders.*, Philosophie der Geschichte, S. 427f.

geschaffene Würde negiert und sich von ihr weit entfernt hat und fortan auf die Erlösung durch Jesus Christus angewiesen ist, um sie wiederherzustellen.[12] Würde, *dignitas*, ist frühchristlich einerseits etwas von Gott Verliehenes, anderseits aber nicht etwas Unverlierbares, ontologisch unangreifbar Vorgegebenes. Nach dem Absturz durch den Sündenfall, bei dem sie nahezu verloren ging, bedarf sie einer Wiederherstellung oder Erneuerung, wie sie durch die Menschwerdung und Erlösungstat Jesu Christi bewirkt worden ist.[13]

2. Wie sich bereits hieran zeigt, gehört zur menschlichen Existenz zentral der Zusammenhang von Sünde und Erlösung. Menschliche Existenz ist gekennzeichnet durch Sünde und Sündhaftigkeit, ein Aufbegehren gegen Gott und seine Gebote, das seinen Ursprung im Sündenfall im Paradies hat. Die Sünde erscheint als Schuld (und Schuldigwerden) des Menschen gegenüber Gott. Die frühere Vorstellung der Tragik, im antiken Denken und Lebensgefühl vielfach ausgeprägt, verliert dabei ihren Ort. Denn Schuldigwerden ist nicht Folge eines unaufhebbaren Verstricktseins, das über den Menschen hereinbricht, sondern Folge eigenen Tuns, das seine Grundlage in der Möglichkeit hat, so oder anders zu handeln, das Gute oder das Böse zu wählen, und das zu verantworten ist. Mit Schuld und Schuldigwerden, Sünde und Sündhaftigkeit verbindet sich der Ruf zur Besinnung und Umkehr, zur *metanoia*.[14]

Als Sünder ist der Mensch jedoch nicht verloren, er wird aufgefangen und gerettet durch die Gnade und Barmherzigkeit Gottes, fundamental durch die Erlösungstat Jesu Christi. Sie hat ein für allemal die verlorene Gerechtigkeit im Verhältnis des Menschen zu Gott dem Grunde nach wieder hergestellt und in der Menschwerdung Christi den Menschen wunderbar erneuert. Zur christlichen Existenz gehört somit das Moment der Vergebung, der Buße und des neuen Anfangs, der Rechtfertigung durch Gottes Gnade. Doch bleibt das Problem, *in welcher Weise* die menschliche Natur durch den Sündenfall versehrt ist und welche Folgen das auch für die Ordnung des Zusammenlebens der Menschen hat. Ist diese Versehrtheit nur eine Schwäche der Natur – *intentio corrupta* – oder ist es eine grundlegende Verderbtheit – *natura corrupta*?

---

[12] *P. Kondylis*, Würde II, S. 645.

[13] Siehe *V. Pöschl*, Würde I, S. 644f. In der katholischen Meßliturgie fand bis zur Liturgiereform Papst Pauls VI. dieser Zusammenhang im Offertoriumsgebet einen sinnvollen Ausdruck: „Deus qui humanae substantiae dignitatem mirabiliter condidisti et mirabilius reformasti ...“ Die mittelalterliche Theologie, insbesondere Bernhard von Clairvaux hat, um die Würde des Menschen doch auch als unverlierbar zu qualifizieren, zwischen dem *imago*- und dem *similitudo*-Verhältnis unterschieden: ersteres ist unverwüstlich, während letzeres durch den Sündenfall verloren ging, vgl. *P. Kondylis*, Würde II, S. 647f. Die Philosophie der Aufklärung suchte später den zweifachen Aspekt der theologischen Anthropologie zu eliminieren, indem der Mensch (säkular) in die ontologisch und normativ aufgewertete Natur eingeordnet wurde, *P. Kondylis*, Würde VI, S. 665.

[14] Siehe etwa Apostelgeschichte 2, 38; 3, 19; 8, 22.

Dieses Problem hat die christliche Theologie immer wieder beschäftigt; es wurden verschiedene Erklärungen gefunden, in der Reformationszeit wurde daraus eine zentrale Frage (kontrovers-)theologischer Auseinandersetzungen. Bedeutung hatte es zum einen für die Möglichkeit und Eigenart eines Naturrechts; hier liegt auch der Ursprung näherer theologischer Bestimmungen der menschlichen Natur, die in einem heilsgeschichtlichen Zusammenhang stehen und sich auf die Frage nach dem Naturrecht auswirken.[15] Zum andern wirkte es nachhaltig auf die Frage nach dem Sinn politischer Ordnung ein, nicht zuletzt hinsichtlich ihrer Begründung als Zwangsgewalt (Obrigkeit), um der Macht des Bösen zu wehren, weltlichen Frieden und äußere Gerechtigkeit zu wahren.[16]

3. Für das Verhältnis des Menschen zur äußeren Natur wird nach alledem entscheidend, daß der Mensch von der übrigen Schöpfung nicht nur in dieser oder jener Hinsicht und auch nicht nur durch seine Vernunftausstattung unterschieden ist. Durch seine Gottebenbildlichkeit ist er über alles Lebendige noch einmal substantiell hinausgehoben. Ihm kommt von daher gegenüber der Natur eine Herren-Stellung zu. Die Natur dient ihm, ist ihm anvertraut zur Bebauung und Nutzung, zur Verwendung für seine Zwecke: „Bevölkert die Erde, unterwerft sie euch“.[17] Das Verhältnis zur umgebenden Natur erhält auf dieser Grundlage Züge einer Subjekt-Objekt-Beziehung; die Eingebundenheit in ein umfangendes, göttlich durchwirktes Welt- und Naturganzes, von dem der einzelne Mensch nur ein Teil ist, entfällt. Natur nähert sich im Verhältnis zum Menschen einer ‚Sache‘, und die kann ‚Besitz‘ des Menschen werden, auch Material für seine Selbstentfaltung. Diese Akzentuierung wird allerdings von einer umfassenden Ordo-Vorstellung begleitet, an die sie rückgebunden bleibt. Dieser Ordo-Gedanke versteht Gottes Schöpfung insgesamt als gegliedertes, in sich gestuftes Ganzes, in dem das Niedere dem jeweils Höheren zu dienen hat, ihm untergeordnet ist, und sich so eine von Gott ausgehende und auf ihn hinführende Einheit herstellt. Sie hat ebenso eine kosmologisch-religiöse wie eine ontologische Dimension. Vor allem im christlichen Denken des Mittelalters wird solcher Ordo-Gedanke weiter entfaltet.[18]

---

[15] Es handelt sich dabei um die Begriffsreihe: *natura integra – natura lapsa – natura elevata*. In dieser Reihe bezeichnet *natura integra* die ursprüngliche, unversehrte Natur vor dem Sündenfall, *natura lapsa* die durch und nach dem Sündenfall versehrte, sog. gefallene Natur, *natura elevata* die durch die Erlösung und Gottes Gnade wieder „erhobene“, aufgerichtete Natur.

[16] Dazu im einzelnen *W. Stürner*, Peccatum, passim.

[17] Gen. 1, 28, siehe oben Fn. 5.

[18] Siehe *H. Krings*, Ordo, Hamburg ^{2}1982; *G. Gässler*, Ordo-Gedanke, St. Augustin 1994.

III. Christliche Heilslehre und Reich-Gottes-Idee

Ein weiterer Teil des neuen religiösen Weltbildes wird für die Veränderungen im Denken über Recht und politische Ordnung noch bedeutsamer. Zur christlichen Offenbarung gehört eine Heilslehre. Sie enthält eine Sinngebung und Zielbestimmung für die menschliche Existenz; von daher ist sie geeignet, die *medicina-mentis*-Funktion, die in der Stoa noch bei der Philosophie gelegen hat, zu übernehmen. Aus dieser Heilslehre ergibt sich ein mehrfacher Perspektivenwandel im Blick auf den Sinn des Lebens und das Zusammenleben der Menschen.

1. Ihre tragende Vorstellung erhält die christliche Heilslehre aus der Reich-Gottes-Idee. Insbesondere den frühen Christen erscheint die wirkliche Welt nicht als von einer göttlichen Naturvernunft durchwirkter Kosmos, eine Vernunft-Welt wie in der Stoa, sondern primär als ein Bereich von Unfrieden, Leiden, Gewalt und Bedrohung – Folge und Frucht der Sünde. Zwar war im Anfang der Logos, und alles was geworden ist, ist durch ihn geschaffen worden (Joh. 1, 1–3); aber durch die Sünde ist die von ihm geschaffene Ordnung in dieser Welt gestört. Das Reich Gottes als Reich seiner ungetrübten Herrschaft ist zwar verheißen, aber es ist nicht von dieser Welt (Joh. 18, 36); es steht in gewisser Weise der irdischen Welt gegenüber, wenngleich es durch die Erlösungstat Jesu Christi auch bereits in ihr angebrochen ist. Nur in ihm, dem Reich Gottes, wird die Negativität der irdischen Welt aufgehoben.[19]

a) Der Ursprung der Reich-Gottes-Idee liegt in der jüdischen Reich-Gottes-Vorstellung. Diese geht von einer (metaphorischen) Herrschaft Jahwes über seine Untertanen nach Art eines Königs aus. In dieser Königsherrschaft erweist Jahwe sich als Herrscher nicht nur über Israel, das Bundesvolk, sondern über die Völker insgesamt und als Weltenrichter. Die geschichtlichen Feinde besiegend, hebt er die vielen Reiche schließlich in *ein* Reich – sein Reich – auf, das freilich noch zu erwarten und Gegenstand der Hoffnung ist.[20] Durch Jesus wurden diese Vorstellungen aufgenommen, zugleich aber verändert. Jesus betonte und steigerte die Transzendenz des Reiches Gottes, seinen religiösen Heils- und seinen eschatologischen Charakter.[21] Er wandte sich gegen ein irdisches Messiasreich, dessen Errichtung die Jünger – jüdischer Tradition folgend – von ihm erwarteten. Das Reich Gottes als ein Reich des Friedens und ein Reich verwirklichter Gerechtigkeit ist nach ihm willentlich

---

19 *K. Schilling*, Soziale Ideen (Lit.), S. 184, spricht pointiert vom Reich Gottes als der „umgekehrten wirklichen Welt in Gedanken".

20 Vgl. *R. Schnackenburg*, Gottes Herrschaft, S. 1–22; *N. Lohfink*, Das Jüdische am Christentum, S. 90–99; *M. Arndt*, Reich Gottes, Sp. 510–513.

21 Nähere Darlegung bei *R. Schnackenburg*, Gottes Herrschaft, S. 49–69.

nicht herbeizuführen: nicht durch soziale Revolution (wie es in der Reformationszeit von den Wiedertäufern erstrebt wurde und noch bei Karl Marx nachwirkte), nicht als Ergebnis vernünftig-philosophischer Erziehung (Platon), und es erwächst auch nicht aus der Einhaltung von Riten und Kulten im Sinne formaler Gesetzesgläubigkeit (Pharisäer). Es komme, im Gegenteil, als Ereignis „vom Himmel", von Gott her. So ist es nicht durch ein darauf gerichtetes aktives Tun der Menschen herstellbar, wohl aber von den Menschen *erwartbar*. Der Beitrag der Menschen liegt darin, durch ihre Umkehr (*metanoia*) für dieses Kommen bereit zu sein, indem sie ihr Denken und Leben an der fordernden Botschaft Jesu ausrichten.[22] In solcher Umkehr und einem aus ihr hervorgehenden Wirken geschieht der *Anbruch* des Reiches Gottes in dieser Welt, nie aber schon seine Verwirklichung oder Vollendung.

b) Auch die inhaltliche Vorstellung vom Reich Gottes geht bei Jesus über die Gerechtigkeitsidee, wie sie im Alten Testament hervortrat, hinaus. Die Gerechtigkeit des Reiches Gottes besteht nicht primär im Prinzip gleichwertiger Vergeltung, in der Belohnung der guten und Bestrafung der bösen Taten, wiewohl dies als solches nicht verurteilt wird. Die Vergeltungs-Gerechtigkeit ist vielmehr durch die Gnade Gottes und durch die Erlösungstat Jesu Christi überhöht; in der Vorstellung der Herrschaft des erhöhten Herrn, der Christus-Herrschaft, wird sie in eine neue Gerechtigkeit des universalen Friedens und liebevollen Miteinanders hinaufgehoben.[23] Sie verbindet sich hier mit dem Glauben an die Transzendenz, den sich erst im Jenseits vollendenden Charakter des Reiches Gottes.

2. Diese Inhalte ihrer Offenbarung und Heilslehre führten die frühen Christen notwendigerweise in eine Auseinandersetzung mit der umgebenden geistigen und politischen Lebenswelt hinein. Wie konnten sie als Christen sich in dieser Welt zurechtfinden und ihren eigenen Standort bestimmen, wie sollten sie sich in ihr und ihr gegenüber verhalten, welchen Sinn und welche Form konnte das zeitliche Leben eines Christen überhaupt haben? Solche Fragen drängten sich besonders auf, als die eschatologische Naherwartung, d.h. das Hoffen auf die baldige Wiederkehr Christi und damit das Ende der Zeit, enttäuscht wurde. So entwickelte sich eine Reihe von Annahmen zur irdischen Welt und ihrer Ordnung, die zusammenfassend als „Sozialidee vom Reich Gottes"[24] bezeichnet werden können. Sie stimmen in ihren Inhalten freilich nicht alle überein. Doch formten sie, gerade in ihrer Spannung zueinander, die damalige wie spä-

---

[22] Zum Inhalt der *metanoia* siehe *R. Schnackenburg*, Gottes Herrschaft, S. 70f.

[23] Das Gleichnis von den Arbeitern im Weinberg (Mt. 20, 1–16) und die Darstellung des neuen Himmels und der neuen Erde in der Offenbarung des Johannes (1–5) zeigen sie an.

[24] *K. Schilling*, Soziale Ideen (Lit.), S. 188ff.

tere Auseinandersetzung um das geistliche, politische, soziale Ordnungsbild der Christen und lassen sich in den Gedanken und Positionen der christlichen Rechts- und Staatsphilosophie wiederfinden. Die wichtigsten von ihnen seien deshalb hier benannt.[25]

a) Das nicht diesseitige, in seiner Vollendung jenseitige Reich Gottes „in den Himmeln" wird als öffentliche und totale Gemeinschaft der im Glauben und vor Gott selbständigen Christen aufgefaßt. Indem die Polisidee (oben § 2 II, S. 18 ff.) auf dieses Reich bezogen wird, trägt es Züge einer himmlischen Polis. Diese Polis erst ist die ‚wahre Polis', getragen von der Einheit im Glauben, der vollen Gemeinschaft untereinander und mit Gott; in ihr im Angesicht Gottes zu leben, ist höchste Erfüllung des menschlichen Daseins, ist das (neue) metaphysische Glück. Nicht die irdische Welt und ihre politischen Ordnungen, diese himmlische Polis ist der eigentliche Existenzort des gläubigen Menschen, der Boden, in dem er letztlich wurzelt.[26]

b) Demgegenüber hat die diesseitige politische Ordnung in der Welt den Charakter einer eher eigennützigen Friedens- und Wirtschaftsordnung. Sie ist gegenüber dem Reich Gottes etwas Vorläufiges. In modernen Begriffen gesprochen hat sie nicht den Status einer vollen Gemeinschaft, die den einzelnen als Person voll ergreift, sondern einer bloßen Gesellschaft, d.h. einer Vereinigung und Einrichtung für bestimmte Zwecke. In ihr geht es um die Ausübung von Macht zur Erhaltung der Ordnung unter den Menschen.

Man kann fragen, inwieweit in dieser Vorstellung nicht zuletzt der Charakter des damaligen römischen Reiches als einer von Rom ausgeübten despotisch-militärischen Verwaltung reflektiert wird, unter deren befriedendem Dach sich wirtschaftliches und kulturelles Leben, sofern es sich an den Kaiserkult hielt, relativ frei entfalten konnte (oben § 6 I 2c, S. 134).

Diese weltlich-politische Ordnung ist eine Gegebenheit der von Gott bereiteten Welt, in ihren Beamten und Soldaten erscheint sie als Obrigkeit von Gott (Römer 13,1). Die Christen fügen sich ihr loyal ein, solange sie nicht im Kaiserkult, der ihr als religiöses Ferment dient, göttliche Verehrung für den Kaiser und damit die Verleugnung des einen Gottes verlangt.[27] Eine solche Haltung gegenüber der Obrigkeit ist Ausdruck eines inneren Vorbehalts: die weltlich-politische Ordnung ist nicht mehr die tragend-umfangende Ordnung für die Menschen, nicht mehr die letztliche Bindung des Menschen, nicht mehr der Ort des eigentlichen Daseins.[28]

---

25 Siehe auch den Überblick bei *K. Roth*, Genalogie des Staates, S. 271–281: Die Jesusbewegung im Römischen Reich.

26 Vgl. *H. Schlier*, Beurteilung des Staates, S. 3–5.

27 Dokumente hierzu aus der frühen Christenheit in *R. Klein* (Hg.), Das frühe Christentum, Bd. 1, S. 195–209; die biblische Grundlage im Gleichnis vom Zinsgroschen (Mt. 12, 17).

28 *H. Schlier*, Beurteilung des Staates, S. 5.

c) Als Verhaltensprinzip der Christen in der Welt gilt für sie eine universal verstandene Nächstenliebe. Sie ist nicht nur untereinander zu üben, sich gegen Fremde abgrenzend, sondern generell, auch in die Welt hinein. Wird sie verwirklicht, ist dies ein Zeichen für das Leben auf das Reich Gottes hin, man macht sich bereit für seine Ankunft. Solche Nächstenliebe erleichtert für alle die Last des Daseins in der irdischen Pilgerschaft und begründet eine neue Art religiös vertiefter Freundschaft unter den Menschen.

Dieses Verhaltensprinzip universaler Nächstenliebe verfolgt keinen politischen, sondern eher einen privaten und gesellschaftlichen Impetus. Es ist auf das persönliche und wirtschaftliche Leben, auf die Tätigkeit im Beruf, in besonderer Weise auf das Miteinander in der christlichen Gemeinde bezogen.[29] Hier entfaltete es in der frühen Christenheit eine erstaunliche Wirksamkeit.[30] Mit dem eschatologischen Reich Gottes besteht insofern eine Verbindung, als dieses dadurch im Herzen der Menschen vorbereitet wird und anbricht, wenn auch nicht seine irdische Vorwegnahme oder Erfüllung findet: Die Zeit bis zur erwarteten, aber sich hinauszögernden Wiederkunft Christi soll in praktizierter Nächstenliebe überbrückt werden. Das Liebesgebot bleibt so ohne sozialrevolutionären Impuls.

d) Mit dem Ausbleiben der eschatologischen Naherwartung und der Ausbreitung des christlichen Glaubens zu einer Religion von Volksmassen, wie sie im 3. und 4. Jh. nach Christus stattfindet, kommt es schließlich zum Ausbau und zur Verfestigung der christlichen Kirche, einem für die Entwicklung der Rechts- und Staatsphilosophie folgenreichen Vorgang. Die Kirche entfaltet sich als eigene, universal ausgerichtete Institution, die sich auf ein bestimmtes Glaubensbekenntnis verpflichtet, durch eine theologische Dogmatik ausweist und nach außen abgrenzt. Sie bildet Ämter aus, und diese Ämter bestimmen sich zunehmend, auch in ihrer Rangordnung, nach geistlichen Kriterien (Priester-, Bischofsamt).[31] Im weiteren Fortgang entsteht daraus ein eigengearteter geistlich-weltlicher Herrschaftsverband, dessen stark machtbezogene Organisation und dessen Rechtsformen später entscheidenden Einfluß sowohl auf die politische Theorie wie auf das in die Neuzeit hineinführende Rechtsdenken ausüben.

---

[29] Vgl. *K. Baus*, Von der Urgemeinde, S. 350–355; *K. S. Frank*, Geschichte der alten Kirche, S. 131–136, 384–390.

[30] Siehe *J.-M. Salamito*, Christianisierung und Neuordnung des gesellschaftlichen Lebens, S. 785 ff., 795–798.

[31] Vgl. *K. Baus*, Von der Urgemeinde, S. 388–403; *E. Dassmann*, Kirchengeschichte I, S. 227 ff. Im Begriff des *ministerium* wird der römische Amtsgedanke aufgenommen, zugleich aber verstärkt und in seinem Dienstcharakter von innen her angereichert. In der theologisch fundierten politischen Philosophie des Mittelalters zeigen sich weitreichende Fortwirkungen, vgl. § 10 V (Thomas von Aquin), § 13 II–IV (Spanische Spätscholastik) und § 14 V (Luther).

Wie ist diese Kirche, auch unter dem Blickpunkt der christlichen Heilslehre und der Reich-Gottes-Idee, einzuordnen? Ihr Lebensprinzip ist ja ein geistliches, der christliche Glaube. Aber sie ist nicht jenseitig, sondern diesseitig, existiert und lebt in der irdischen Welt, dies aber nicht als Zweckvereinigung, sondern als echte und volle Gemeinschaft. Denn der christliche Glaube erfaßt den Menschen insgesamt mit Geist und Herz, nicht nur partiell, und dies muß sich ausprägen in einer Institution, die sich auf diesen Glauben gründet. Wiewohl insoweit ‚geistlich' in dem, was sie eigentlich ausmacht (*Corpus Christi mysticum*), bedarf die Kirche als diesseitige Gemeinschaft von Menschen, will sie in die Zeit hinein Bestand haben und wirksam werden, allerdings der äußeren Organisation, auch für ihre geistlichen Lebensvollzüge, und diese ist verbunden mit Machtstrukturen und Herrschaftsmitteln. Die Herrschaftsmittel sind zwar zunächst geistlich angelegte (Ausschluß von Sakramenten, Exkommunikation, interne Kirchenstrafen),[32] aber es entsteht eine Tendenz auch zu weltlichen, mit äußerem Zwang verbundenen Sanktionen, und dies zumal in einer Zeit, für die man von einer Trennung von ‚religiösem' und ‚gesellschaftlichem' Leben ohnehin nicht sprechen kann.

Wird die Kirche so eine eigene organisierte Gemeinschaft innerhalb und zugleich neben der politischen Gemeinschaft, stellt sich alsbald die Frage nach ihrem Verhältnis zu dieser. Welches Verhältnis ist hier angemessen, das der Einordnung, der Überordnung oder der Unterordnung? Schon mit der Anerkennung der christlichen Religion als Reichsreligion durch Kaiser Theodosius d. Gr. im Jahre 380 n. Chr.[33] ergibt sich eine Neigung, die volle Gemeinschaftsbasis, die der Kirche auf der Grundlage des christlichen Glaubens eigen ist – durchaus im Gegensatz zu dem eben unter b) Ausgeführten – auch der weltlichen politischen Ordnung zu unterlegen und diese von der Religion durchformen und dadurch in ihrem Inhalt verändern zu lassen.

IV. Fragestellungen der christlichen Rechts- und Staatsphilosophie

Indem nun die inhaltlichen Aussagen der christlichen Offenbarung (oben I. und II.) wie auch die Annahmen zur irdischen Welt und ihrer Ordnung, die wir als „Sozialidee vom Reich Gottes" zusammengefaßt haben (III.), in das

---

[32] Vgl. die zusammenfassende Darstellung bei *K. Baus,* Von der Urgemeinde, S. 360 ff., 380 ff.

[33] Die Entwicklung zu dieser Anerkennung wurde in Gang gesetzt durch das berühmte Toleranzedikt Kaiser Constantins im Jahre 313 n.Chr., das die wiederholten Verfolgungsmaßnahmen gegen die Christen beendete.

mittelalterliche Philosophieren über Recht und politische Ordnung eingingen, ließen sie, wie nicht anders zu erwarten, neue leitende Fragestellungen entstehen. Dabei erwies sich das wechselseitige, eher spannungsvolle Verhältnis zwischen etlichen Grundannahmen der christlichen Religion als dynamische Kraft für die grundlegenden Veränderungen, die von ihr ausgelöst wurden. Insbesondere die folgenden Themenfelder erlangen Bedeutung.

1. Grundlegend wird zunächst die Frage nach *dem Status der weltlichen politischen Gemeinschaft,* nach dem Umfang und der Begrenzung ihrer Aufgaben. Sie stellt sich für die christliche Rechts- und Staatsphilosophie nicht immanent aus der politischen Ordnung selbst heraus, sondern vom Blickpunkt der christlichen Offenbarung und des geistlich-kirchlichen Bereichs her. Es ist ein gegenüber der politischen Ordnung transzendenter Blickpunkt: Die politische Ordnung wird von einem anderen Ufer aus beleuchtet, von dort her befragt und beurteilt. Damit wird sie einem theologischen Anspruch unterstellt. Insofern gibt es eine – wie immer geartete – politische Theologie, die an die Stelle politischer Religion tritt.[34]

2. Ebenso grundlegend erweist sich die Frage nach dem *Verhältnis von Kirche und weltlicher politischer Gemeinschaft.* Sie ist für ein Nachdenken über die politische Ordnung auf der Grundlage des christlichen Glaubens konstitutiv und wird mit der Ausbildung der Kirche als eigener Institution und Organisation unvermeidlich. Sie ist keineswegs gleichbedeutend mit der Frage nach dem Status der weltlich-politischen Gemeinschaft als solcher, bringt vielmehr zu dieser ein neues und eigenständiges Element hinzu. Und es kommt hier nicht zu einer einheitlichen Antwort, verschiedene Positionen stehen teils nebeneinander, teils lösen sie sich ab: die Nebenordnung von weltlich-politischer Herrschaft und Kirche im Sinne der (gelasianischen) Zwei-Schwerter-Lehre; die religiös-politische Einheitswelt des reichskirchlichen Weltganzen des früheren Mittelalters, die im Investiturstreit grundlegend auseinandertritt;[35] kirchliche Suprematie gegenüber der politischen Ordnung wie um-

---

[34] Zur Unterscheidung der verschiedenen Formen politischer Theologie siehe *E.-W. Böckenförde*, Politische Theorie und politische Theologie, S. 146 ff. Hier handelt es sich um *institutionelle* politische Theologie als den Inbegriff der Aussagen der christlichen Offenbarung über den Status, die Legitimation, Aufgabe und Struktur der politischen Ordnung sowie ihres Verhältnisses zur Religion. Zur Unterscheidung und Abgrenzung von der politischen Religion, bei der die religiösen Inhalte funktional nach politischen Bedürfnissen und Interessen bestimmt werden, etwa zur Überhöhung und ‚Vergöttlichung' caesaristischer Einherrschaft, siehe *P. Koslowski*, Politischer Monotheismus, S. 31 f.

[35] Siehe *E. Rosenstock-Huessy*, Europäische Revolutionen, S. 115 ff., 131 ff.; *A. Mirgeler*, Abendländisches Christentum, S. 109 ff.

gekehrt die mehr oder minder starke Beherrschung der Kirche durch die politische Ordnung (sog. ‚Staatskirchentum'). Hinzu tritt die heilsgeschichtliche Dimension: Wird nicht durch die christliche Offenbarung ein ganz bestimmter Gang der Geschichte erkennbar, und welche Funktion kommt darin der Kirche und der weltlichen politischen Gemeinschaft zu?

3. Unvermeidlich wird natürlich die *Auseinandersetzung mit dem Natur-, Logos- und Gottesbegriff*, wie er von der griechischen Philosophie entfaltet und im hellenistisch-römischen Denken aufgenommen worden war. Inwieweit besteht hier eine Übereinstimmung, ein Unterschied oder ein Widerspruch zu den Aussagen der christlichen Offenbarung über Gott, Welt, Natur und Mensch? Können diese Begriffe aufgenommen werden? Läßt sich mit ihnen das ausdrücken, was die christliche Offenbarung sagt, kann es auf diese Begriffe hin vermittelt oder müssen sie umgebildet, inhaltlich neu bestimmt, vielleicht sogar durch andere ersetzt werden?

4. Verbunden ist damit auch die Frage nach den *Folgewirkungen*, die sich aus den Aussagen der christlichen Offenbarung über das Wesen und die Bestimmung des Menschen *für das Recht* ergeben. Was ist hiernach Aufgabe und Funktion des Rechts? Ist die Anerkennung der Subjektstellung jedes Menschen kraft seiner Gottebenbildlichkeit unerläßlich? So wird, anders als bei den Griechen, für die die statusmäßige Verschiedenheit und Ungleichheit der Menschen als Teil der natürlichen Ordnung den Ausgangspunkt bildete, die rechtliche Gleichheit der Menschen der Ausgangspunkt, so daß solche Verschiedenheit und rechtliche Ungleichheit einer Begründung bedürfen. Wie weit können dann aber bestehende rechtliche Ungleichheiten und Abhängigkeiten gerecht sein (etwa die zwischen Herren und Sklaven)? Hat anderseits die von Gott geschaffene Welt nicht ein durchgehendes hierarchisches Ordnungsprinzip der Seinsstufen, und dies auch im Miteinander der Menschen, dem sich der Einzelne einzufügen hat? Besteht hierbei auch für das Recht ein Unterschied zwischen Getauften und Ungetauften, und wie weit reicht er? Schließlich: Welche Folgen ergeben sich aus der Sündhaftigkeit des Menschen für das Recht sowohl wie für den Charakter der politischen Odrnung? Muß diese Ordnung nicht über eine zupackende Zwangsgewalt verfügen, um dem Bösen zu wehren? Hat sie die Aufgabe, die Sünde auch als solche zu bestrafen, um die Menschen zum Heil zu führen oder dies dem Gericht und der Vergebung Gottes zu überlassen? Kann angesichts der Sündhaftigkeit der Menschen die menschliche Natur überhaupt noch Grundlage sein für das, was Recht ist und als Recht gelten soll? Wenn aber die Vernunftnatur des Menschen weiterhin als Maßstab und Orientierungspunkt dienen soll, muß sie dann nicht von der empirischen Natur gelöst und normativ bestimmt werden? Doch wie weit reicht insoweit die Erkenntniskraft der „natürlichen Vernunft"?

Diese Fragen vertiefen und erweitern sich natürlich im Laufe der Jahrhunderte, sie lassen aber bereits Grundprobleme erkennen, die auch die moderne Rechts- und Staatsphilosophie (noch) beschäftigen.

V. Die christliche Rechts- und Staatsphilosophie als theologisch fundierte Buch- und Textphilosophie

Die Antworten auf diese Fragen werden nur selten vor dem Hintergrund praktischer Rechtserfahrung gesucht. Das christliche Rechts- und Staatsdenken geht bis in das Hoch- ja Spätmittelalter nicht von Juristen aus; diese sind in der mittelalterlichen Wirklichkeit des weltlich-ungelehrten Rechts, zumal nördlich der Alpen, kaum aufzufinden. Die Autoren sind vielmehr ausnahmslos Theologen, die freilich auch philosophisch gebildet sind. Das bestimmt Fragestellung und Blickrichtung. Sie stehen nicht im politischen Leben, sind nicht Richter, Herrschaft Ausübende oder gar Gesetzgeber. Ihre Behandlung rechts- und staatsphilosophischer Fragen geschieht zumeist im Rahmen theologisch konzipierter Werke, fällt dort mit an. Sie erfolgt somit stets auf der Grundlage einer theologisch fundierten Deutung des menschlichen Daseins. Fragestellungen, die wir spezifisch rechtliche nennen würden, sind deshalb eher selten, doch kommen sie vor. Generell wird das Recht vom Blickpunkt der ethisch-moralischen Ordnung her und als deren Teil betrachtet.

Die christliche Rechts- und Staatsphilosophie ist aber darüber hinaus in spezifischer Weise eine *Buch- und Text*philosophie. Sie ist nicht auf den öffentlichen Diskurs im geistig-politischen Leben einer Polis bezogen, wie in Griechenland oder später ähnlich in Rom. Dazu fehlte es, nach dem Ende des römischen Reiches und dem weitgehenden Wegfall antiker Stadtkultur, auch an den äußeren Voraussetzungen. Die stammesherrschaftliche, auch später die feudale Ordnung kannten lange Zeit nicht eine öffentliche Zivilisation in der Weise, wie sie im antiken Stadtleben bestanden hatte. Christliche Rechts- und Staatsphilosophie entsteht vielfach in klösterlicher Abgeschiedenheit, seit dem hohen Mittelalter auch an den theologischen Fakultäten der Universitäten, und sie ist ausgerichtet auf die Unterweisung von Mönchen, (Priester-)Studenten oder Beichtvätern. So ist sie in erster Linie an Texten orientiert, vor allem denen der Heiligen Schrift, daneben an den Texten und einzelnen Sentenzen der Kirchenlehrer, die es zu interpretieren, im Hinblick auf neue Fragestellungen zu aktualisieren und harmonisierend zu integrieren gilt, sowie an den überlieferten oder wiederentdeckten Texten antiker Philosophen. Hinzu treten päpstliche und kaiserliche Erlasse sowie (päpstliche) Dekretalen, die zum sich ausbildenden kirchlichen (kanonischen) Recht gehören und Geltung beanspruchen. Demgegenüber ist die Prägung durch das politische und soziale Umfeld und die zeitgenössischen herrschaftlichen Konstellationen zunächst gering.

Das ändert sich allerdings mit den Auseinandersetzungen zwischen Kaisertum und Papsttum, die in Europa seit dem 12. Jh. stetig zunehmen. Noch bei Thomas v. Aquin hinterläßt zwar Aristoteles wesentlich stärkere Spuren als die Auseinandersetzungen Kaiser Friedrichs II. mit den Päpsten (§ 10 I), aber schon bei Wilhelm v. Ockham, der die kaiserliche Position im Kampf mit dem Papst zu stärken sucht, sieht es anders aus (§ 12). Und erst recht gilt dies, wie wir sehen werden, für die spanischen Spätscholastiker (§ 13) oder Martin Luther (§ 14). Sie haben konkrete Ordnungsprobleme vor Augen, die sich aus den Umbrüchen ihrer Gegenwart ergeben: zum einen der Eroberung der ‚neuen Welt' durch Spanier und Portugiesen, zum andern der Situation der Glaubensspaltung und den dadurch ausgelösten kirchlich-politischen Bewegungen. Von einer Text- und Buchphilosophie läßt sich bei diesen Autoren gewiß nicht mehr sprechen – wir geraten mit ihnen freilich auch schon an die Schwelle zur Neuzeit.

§ 9 Augustinus

Kaum jemand hat für das christliche Denken in Theologie und Philosophie eine solche Bedeutung gewonnen wie der Bischof und Kirchenlehrer Augustinus. Was er, der in den langen Jahren seines Bischofsamts als Lehrer, Prediger und Autor von Büchern unermüdlich tätig war, an theologischen Lehren entfaltete und von der antiken Philosophie weitergab, wurde für das frühe Mittelalter und darüber hinaus eine autoritative Quelle für das christliche Geistesleben und Bildungsgut. Augustinus war ein, vielleicht *der* Vermittler antiken Denkens und antiker Philosophie in die christliche Welt hinein. Allerdings übermittelte er diese Philosophie nicht enzyklopädisch, nahm vielmehr von ihr im wesentlichen nur das auf und trug es weiter, was sich von seiner Art der Wahrheitssuche und seinen theologischen Fragestellungen her nahelegte und dafür wichtig war. Und er verband dies mit seiner Interpretation, Deutung und auch Kritik. Augustinus wurde darin zugleich der Wortführer in der Auseinandersetzung des Christentums mit der späten Antike, insbesondere dem römischen politischen Selbstbewußtsein und dem Kaiserkult.

I. Lebensweg, Zeitsituation, Fragestellung

1. Augustinus lebte von 354–430 n. Chr.[1] Er wurde geboren in Thagaste, einer kleinen numidischen Stadt (heute: Souk Akras) im östlichen Algerien. Sein Vater war Heide, seine Mutter Christin, er selbst wurde, wie damals üblich, nicht schon als Kind getauft. Da sein Vater nicht vermögend war, erhielt er eine Ausbildung nur als Rhetor, nicht auch als Philosoph, kam aber so doch mit der antiken Bildung und Kultur in enge Berührung. Er versah alsbald Lehrämter in Rhetorik, zunächst in Karthago (374 n. Chr.), danach kurze Zeit in Rom (383 n. Chr.) und dann in der damaligen kaiserlichen Residenzstadt Mailand (384 n. Chr.). Dem christlichen Glauben der Mutter stand er, in sei-

[1] Einen Überblick über die biographischen Daten und die Stationen des Lebensweges geben *W. L. Gombocz*, Philosophie der ausgehenden Antike, S. 275–285, und *H. Maier*, Augustin, S. 94–96. Ausführliche Biographie: *P. Brown*, Augustinus von Hippo, 1973.

nen frühen Jahren eher philosophischer Skepsis zugetan, ablehnend gegenüber; zudem hatte er sich den Manichäern, einer Sekte persischen Ursprungs, die mit vielen christlichen Elementen durchsetzt war, angeschlossen und lebte eher freizügig.[2] In Mailand traf er auf den dortigen Bischof Ambrosius, einen hochgebildeten Priester, mitreißenden Prediger und politisch einflußreichen hohen Beamten. Dieser hinterließ einen tiefen Eindruck bei ihm. Auch die Begegnung mit der Philosophie Plotins und anderen Neuplatonikern trieb seine Wahrheitssuche voran. So kam es zu dem von Augustinus selbst geschilderten Bekehrungserlebnis.[3] Daraufhin von Ambrosius im Jahr 387 n. Chr. getauft, lebte er eine Zeitlang in einer von ihm begründeten Laien-Klostergemeinschaft, wurde 390/91 zum Priester geweiht und 397 n. Chr. Bischof von Hippo in Nordafrika. Mehr als 30 Jahre leitete er seine Diözese und wirkte in Wort, Schrift und Tat als Führer der Kirche in Nordafrika – und weit darüber hinaus.

2. Augustinus lebte in einer unruhigen Epoche. Politisch, sozial und kulturell war die spätantike Welt seiner Jahre von vielerlei Auseinandersetzungen geprägt und verunsichert. Die noch bestehende Ordnungsform, das um den Mittelmeerraum zentrierte römische Reich, schien sich allmählich aufzulösen und politische ebenso wie mentale Umbrüche kündigten sich an.

a) Das spätrömische Reich war in seiner Funktion als fester politischer Ordnungsrahmen, der die *pax romana* vermittelte, bereits erkennbar geschwächt. Dazu trugen Entwicklungen im Innern und Einwirkungen von außen bei. In der Ausdehnung, die es mittlerweile gewonnen hatte,[4] war das Imperium Romanum ohnehin nur schwer zu regieren und zusammenzuhalten. Die Kaiser suchten ihre Herrschaftsgewalt durch Konzentration ihrer Befugnisse und zunehmende Inanspruchnahme einer eigenen, nur mehr ihnen zukommenden Rechtsetzungsmacht weiter zu stärken. Vor allem seit Constantin d. Gr. (306–337) kam es zu zahlreichen, nicht selten von Einzelentscheidungen ausgehenden kaiserlichen Gesetzen (*leges generales, rescripta*) als Ausdruck absolutistisch-autoritärer Regierungsweise.[5] Ihre Vielzahl und Heterogenität drängte, um überhaupt eine Übersichtlichkeit herzustellen,

---

[2] Zur Jugendzeit und zum Bildungsgang Augustins ausführlich *P. Brown*, Augustinus, S. 15–61, zum Manichäismus S. 39–51.

[3] Confessiones VIII, 12; deutscher Text: *A. Augustinus*, Bekenntnisse, S. 214 f. Zur näheren Interpretation siehe *K. Flasch*, Augustinus, S. 41–52.

[4] Das Imperium Romanum erstreckte sich im 3. und 4. Jh. n.Chr. von Britannien im Norden, dem heutigen Frankreich und Spanien/Portugal im Westen, über Nordafrika, Libyen, Ägypten im Süden, Arabien (heute Israel, Libanon, Teile von Syrien) im Südosten, Cappadocien (heute wesentliche Teile der Türkei) im Osten, weiter nördlich die wesentlichen Gebiete des heutigen Bulgariens und ehemaligen Jugoslawiens bis entlang von Donau und Rhein nach Süd- und Westdeutschland.

[5] Siehe dazu *F. Wieacker*, Recht und Gesellschaft, S. 43 ff., 54 ff. sowie *D. Liebs*, Römisches Recht, S. 76–86.

zu einer umfassenden Sammlung, die schließlich mit dem Codex Theodosianus (438) zustande kam.

Anderseits hatten Reformen in Verwaltung und Heer, dic unter Diocletian (284–305) und Constantin d.Gr. energisch in Angriff genommen wurden, nur begrenzte Wirkung. Sie vermochten gegen die Großen in den Provinzen, gegen verbreitete Korruption und selbstherrliche Vernachlässigung der Amtsaufgaben durch Provinzstatthalter und Magistrate nicht entscheidend anzukommen.[6] Das Reich wurde vor und während der Zeit Augustins mehrfach geteilt, endgültig 395 n.Chr. in einen westlichen und östlichen Teil mit je eigenem Kaiser. Auch bedurfte es mehrerer Unterkaiser (*caesares*), um das militärische Kommando und die Sicherung der Grenzen einigermaßen effektiv zu gestalten; in Verbindung mit dem faktischen Anerkennungs- und Erhebungsrecht des Kaisers durch das Heer (Soldatenkaiser) entstanden daraus nicht selten (bewaffnete) Rivalitäten und Nachfolgekämpfe. Die Abneigung gegen Wehrdienst und die (wachsende) Steuerlast zur Unterhaltung der Truppen nahm zu; einerseits suchte man diese Lasten auf die Schwächeren abzuschieben, um in Besitz und Wohlleben nicht beeinträchtigt zu werden, andererseits gerieten oder begaben sich viele Ärmere in Abhängigkeit (Kolonen; *patrocinium*), um dieser Lasten ledig zu werden. Die römische *virtus* und die Orientierungskraft der *romanitas* verblaßten, man lebte in einer Spätphase überkommener Ordnung und Kultur.

Von außen drängten, verstärkt seit dem 4. Jh., die Germanenstämme in die Provinzen des Reichs. Sie konnten nur begrenzt abgewehrt, freilich für eine bestimmte Zeit in der Form der *hospitalitas*[7] in das Gefüge des Reiches einbezogen und dabei auch zum Soldatendienst verwendet werden, gewannen aber in Teilen des Reichs neben Einfluß auch die Oberhand.[8] Nachfolgende Wanderzüge neuer Stämme bewirkten eine Destabilisierung der bestehenden Ordnung, und durch das Auftreten und Einströmen der ‚Barbaren' verlor die eingelebte Kultur ihre Fraglosigkeit. Als 387 n.Chr. das römische Heer bei Adrianopel von Ostgoten und Hunnen vernichtend geschlagen wurde und 410 n.Chr. die Goten unter Aalerich sogar Rom besetzten und plünderten (Rom befand sich damit zum ersten Mal seit 387 v.Chr. [!] wieder in feindlicher Hand), bedeutete dies für das römische Imperium weit mehr als nur den Verlust des Kriegsglücks; es wurde von den führenden Schichten weithin als beginnender Todesstoß empfunden.

---

6 Vgl. die Schilderung bei *J. Martin*, Spätantike, S. 29–33, 84–91, sowie *A. Demandt*, Spätantike, S. 212–255, 256–276, auch zum Folgenden.

7 *Hospitalitas* bedeutete ursprünglich gemäß einem Gesetz des Kaiser Honorius von 398 n.Chr., daß in jeder Stadt, die Truppen aufnehmen mußte, die Hausbesitzer ihr Anwesen in drei Teile teilen, deren ersten sie behalten, deren zweiten sie abtreten und deren dritten sie wieder selbst behalten durften, vgl. *A. Demandt*, Spätantike, S. 264–265. Daß diese *hospitalitas* bei der Aufnahme bzw. dem Eindringen von Germanenstämmen in Form der Landteilung angewandt worden ist, wurde bislang allgemein angenommen, ist aber in der neueren Forschung umstritten, vgl. die Hinweise bei *J. Martin*, Spätantike, S. 164f.

8 Vgl. *J. Martin*, Spätantike, S. 34–39; *A. Demandt*, Spätantike, S. 262f.

b) Vollständig wird das Bild erst, wenn man die geistige und religiöse Situation mit einbezieht, wie sie sich seit der Anerkennung des Christentums durch Kaiser Constantin d.Gr. entwickelte.[9] Die christliche Religion war nun nicht nur gleichberechtigt, sie konnte sich ungehindert weiter ausbreiten und wurde von den Kaisern, die überwiegend christliche Kaiser waren, geschützt, schließlich von Theodosius d.Gr. 391 n.Chr. sogar zur (einzigen) offiziellen Religion des Reiches erklärt. Wie vordem die Christen, wurden nun die Heiden verfolgt, ihre Kulte verboten, die Kultstätten geschlossen oder zerstört, Bücher verbrannt, Übertretungen der Religionsgesetze mit harten Strafen bedroht.[10] Die Kaiser nahmen die religiösen Funktionen, die sie vorher im Blick auf die heidnischen Kulte innehatten (*pontifex maximus*),[11] nun für und auch innerhalb der Kirche wahr (Einberufung von Konzilien, Schlichtung theologisch-dogmatischer Streitigkeiten). Das wurde von der Kirche durchaus hingenommen, vereinzelt auch besonders legitimiert. Und an innerkirchlich-theologischen Auseinandersetzungen und Streitigkeiten fehlte es das ganze vierte und noch in das fünfte Jahrhundert n.Chr. hinein nicht.[12]

Mit alledem war freilich das Heidentum noch keineswegs verschwunden. Offiziell geächtet, lebte der Götterglaube gesellschaftlich, nicht zuletzt in gebildeten und senatorischen Kreisen, noch fort und war auch dort verbreitet, wo er öffentlich nicht bekundet werden konnte. Als Rom in die Hände Aalerichs fiel, erschien dies vielfach als Strafe der Götter für die Abwendung von ihnen; was lag näher, als den Christen die Verantwortung für diesen Niedergang zuzuschreiben.

3. Angesichts der Biographie Augustins und der Zeitumstände seines Wirkens ist es kaum verwunderlich, daß seine zahlreichen und vielfältigen Schriften – weit über hundert an der Zahl – nicht ein einheitliches, in sich geschlossenes theologisch-philosophisches Werk darstellen.[13] Augustinus durchlebte sehr unterschiedliche Phasen. War er in seiner Frühzeit vom antiken Bildungsgut geformt und eher skeptischen Auffassungen zugewandt, suchte er nach seiner Bekehrung den gewonnenen christlichen Glauben für sich und andere reflektierend zu entfalten, die Wahrheit dieses Glaubens philosophisch zu durchdringen und mit antikem Bildungsgut teils zu vermitteln, teils ihm gegenüber zu verteidigen. Nicht wenige seiner Schriften sind gerade davon geprägt.

---

[9] Siehe *K. S. Frank*, Geschichte der alten Kirche, S. 205–217; *A. Demandt*, Spätantike, S. 413–430, 437–455; *J. Lortz*, Geschichte der Kirche, S. 105–122.

[10] Zusammenfassende Darstellung: *A. Demandt*, Spätantike, S. 416–418.

[11] Dies war eine Mittlerfunktion zwischen der menschlichen und göttlichen Welt, vgl. *A. Demandt*, Spätantike, S. 224 f.

[12] Hingewiesen sei auf den Donatistenstreit, die Lehren des Pelagius über die Verdienbarkeit des ewigen Heils und die Auseinandersetzung mit den Arianern um die gottmenschliche Natur Christi, siehe dazu *K. S. Frank*, Geschichte der alten Kirche, S. 243–260, 267–272, 285–294; *E. Dassmann*, Kirchengeschichte, S. 118–135.

[13] Dies wird in der neueren Augustinusliteratur von K. Flasch deutlich herausgestellt; er unternimmt es, die Lehren und Auffassungen Augustins zu den verschiedenen Perioden seiner geistig-religiösen Entwicklung in Beziehung zu setzen.

Ebenso ging es ihm um die Rechtfertigung und Festigung der christlichen Lehre, wenn er sich, zuweilen kämpferisch, mit abweichenden Auffassungen auseinandersetzte. Seine eigenen theologischen und philosophischen Positionen blieben hiervon nicht unberührt, sie waren unterschiedlich, standen zueinander auch in Widerspruch; frühere Auffassungen ließ er später teilweise fallen, veränderte sie inhaltlich und entwickelte andere, eher entgegenstehende Positionen. Sein Hauptwerk *De civitate dei*, ein großer, primär geschichtstheologischer Wurf, nahm er 412 n. Chr., nach der Eroberung Roms durch Aalerich, in Angriff. In ihm war es u. a. sein Bestreben, den Christen im niedergehenden römischen Reich – in Abwehr der Anwürfe des heidnischen Roms gegen sie – eine Bedeutung ihres Daseins, ein eigenes Selbstbewußtsein und Geschichtsbild und einen davon bestimmten Standort in und zu diesem römischen Reich zu vermitteln.

Was Augustinus bei alledem antrieb, war die nicht zuletzt aus einem Zwiespalt seines Denkens heraus[14] vorangetriebene Suche nach der Wahrheit und die stete Auseinandersetzung mit den geistigen Strömungen seiner Zeit – innerhalb und außerhalb der sich formierenden Kirche. Er trat hierbei nicht als zurückgezogener, der Gelehrsamkeit obliegender Theologe und Philosoph auf, sondern als geistiger Kämpfer, der auf Wirkung bedacht war und seine rhetorisch-polemischen Fähigkeiten nutzte – Einseitigkeiten und Überzeichnungen, die sich in seinen Schriften nicht selten finden, haben darin eine Erklärung.

II. Theologisch-philosophische Grundposition

Als Anhänger philosophischer Skepsis, der er zunächst war, ging Augustinus nicht von transzendenten Wahrheiten aus, hielt sich vielmehr an die unmittelbar einsichtigen Bewußtseinsgegebenheiten; der Zweifel nahm für ihn eine so zentrale Rolle ein, daß man sich geradezu an Descartes erinnert fühlt. So fand er, wie er selbst schrieb, die Gewißheit zu sein und zu leben im stets sich erneuernden Zweifel, weil eben dieses Zweifeln selbst nicht mehr bezweifelt werden könne.[15] Nach seiner Bekehrung, als er im Glauben Gott als die

14 Näher dazu *K. Flasch*, Augustin, S. 415–426.

15 De libero arbitrio II, 3,7: „Ich frage dich deshalb zuerst, um vom Selbstverständlichsten her zu beginnen, ob du selbst bist. Oder ob du vielleicht fürchtest, daß du dich in dieser Frage täuschst. Wenn du freilich nicht einmal wärest, könntest du dich auch gar nicht täuschen ... Da es also selbstverständlich ist, daß du bist, und dir umgekehrt dies auch nicht selbstverständlich wäre, wenn du nicht lebtest, ist auch dies klar, daß du lebst. Begreifst du, daß beide Dinge sicherste Wahrheiten sind? – Ich begreife es ganz und gar. – Also ist auch dieses dritte selbstverständlich, daß du es nämlich begreifst." Ferner, De civ. dei XI, 26: „Wenn ich mich täusche, bin ich." (Si enim fallor, sum).

Quelle der Wahrheit gefunden hatte, änderte sich dieser Zugang zur Philosophie; nun wird der Glaube für ihn Führer zum Wissen – er trägt und ermöglicht philosophische Erkenntnis, die sich – glaubensgegründet – als Wissen von der Wahrheit ausformt.[16] Das ist der Sinn seines „credo ut intelligam". Augustins Denken wird so zu einer engen Verbindung, wenn nicht gar Einheit von Theologie und Philosophie geführt. Er wendet sich, über die Neuplatoniker vermittelt, Platons Lehre vom eigenen und beständigen geistig-jenseitigen Sein der Ideen zu. Und diese Lehre eröffnet ihm, anders als das immanente Kosmosdenken der Stoiker, einen Zugang zur theologisch-philosophischen Wahrheit: Mit ihr kann das, was von Gott geschaffen, was Ausfluß seines Logos ist, philosophisch begriffen werden. Das intelligible jenseitige Sein der Ideen wird mit Gott und Gottes Willen verbunden; es erscheint nicht mehr als ein Reich, das in sich steht und seinen Wert in sich trägt, wie bei den Neuplatonikern, sondern es hat und erhält von Gott her sein Leben.[17] Auf diese Weise wird antike Vernunfttradition einerseits aufgenommen, aber durch ihre Verbindung mit dem christlichen Gottesbegriff, zu dem das Willensmoment hinzugehört, zugleich grundsätzlich umgedeutet. Für die weitere Entwicklung christlicher Philosophie wurde dies von grundlegender Bedeutung.

1. So sind für Augustinus die Ideen real existierend, auch ewig und unveränderlich, sozusagen „erste Formen und Begriffe der Dinge".[18] Aber sie sind nicht selbst etwas Göttliches, sondern werden als von Gott geschaffen in den göttlichen Geist einbezogen. Denn Gott blickte nicht auf außerhalb seines Geistes liegende Vorbilder, als er die Dinge schuf, vielmehr waren die Ideen im göttlichen Geist enthalten;[19] das ist die Konsequenz der christlichen Vorstellung vom Schöpfergott. Auch ihre Ewigkeit und Unveränderlichkeit haben die Ideen aus ihrer Zugehörigkeit zum göttlichen Geist; sie leben aus der produktiven, sie hervorbringenden und erhaltenden Intelligenz Gottes. Ebenso erhält das Moment des göttlichen Willens, der für Augustinus der erste Grund der Schöpfung und der Liebe Gottes zu den Menschen ist, so einen Ort.

Wie aber sind die so gesehenen Ideen dem Geist und der Erkenntnis der Menschen zugänglich? Sie zeigen sich nach Augustinus durch eine Erleuchtung von Gott her, die dem menschlichen Geist eingestrahlt ist – nicht als eine übernatürliche Offenbarung, sondern im Sinne einer dem Menschen gnaden-

---

16 Siehe *W. L. Gombocz*, Philosophie der ausgehenden Antike, S. 289–291; *H. Maier*, Augustin, S. 98 f.

17 Siehe *J. Ritter*, Mundus intelligibilis, S. 36 f.; *M. Pohlenz*, Stoa, S. 450 f.

18 *H. Welzel* (Lit.), S. 52.

19 Vgl. De diversis quaestionibus 83, qu. 46: de ideis, und dazu *H. Welzel* (Lit.), S. 52.

haft gegebenen (Erkenntnis-)Gabe, die auf Gott und das Licht des göttlichen Logos zurückgeht. Man spricht hier von der sog. Illuminationstheorie.[20] In ihr sind sowohl Gedanken Platons: die Ideenerkenntnis als Wiedererinnerung und die Ausstrahlungskraft der Idee des Guten, die einer Sonne gleich alle Wahrheiten bescheint und für das erkennende Auge des Menschen erhellt (oben § 4 II 1 u. 2, S. 75 ff.), als auch die Lehre Ciceros vom Anteil der menschlichen Naturvernunft an der göttlichen Vernunft (oben § 7 III 1, S. 161 f.) aufgenommen; sie werden mit Aussagen der Bibel über das Licht, das von Gott ausgeht und die Welt erleuchtet, verknüpft und so theologisch übergriffen. Damit wird – für christliches Denken unerläßlich – die stoische Vorstellung einer aus sich selbst agierenden Vernunft verlassen, zugleich aber die Erkenntnisfähigkeit und -kraft der menschlichen Vernunft aufrechterhalten und theologisch-anthropologisch begründet.

2. Vor allem jedoch tritt bei Augustinus, indem er das christliche Gottes- und Menschenbild zum Ausgangspunkt seines Denkens nimmt, die besondere Bedeutung des Willens hervor. Dies war für das antike Denken nicht von vergleichbarer Relevanz. Ist Gott ein Gott der Liebe, so ist er primär nicht von seiner Vernunft, sondern von seinem Willen her zu begreifen. Und sein Wille ist, als göttlicher Wille, in sich selbst Ursache, ein Anfang aus sich, er folgt nicht einem vorerkannten Guten nach. Auch der tiefste Grund der Beziehung zur Kreatur ist Gottes Liebeswille, der den Menschen gnadenhaft trägt und erhält.[21] Das schließt keineswegs aus, bestätigt vielmehr, daß in Gott gut ist, was er will, und Gott nur Gutes will; doch ist das Bezugsverhältnis von Wille und Vernunft zugunsten des Willens verschoben.

Entsprechend sieht Augustinus auch im Menschen den Willen als die primäre, bewegende Kraft. Erst durch den Willen wird die Erkenntnis eines Objektes ermöglicht, indem er die Aufmerksamkeit des Geistes in bestimmte Richtung lenkt.[22] In seiner Schöpfungstheologie begründet, ist für Augustins Sicht des Menschen die Seele zentral. Die von Gott geschaffene Seele ist das, was den Menschen definiert. Ihre Regungen sind über Affekte hinaus Regungen des Willens, und auch ihr Streben auf das letzte Ziel hin, die Glückseligkeit, ist ein willentliches, ein solches der Sehnsucht und Liebe.[23] Die Glückseligkeit, die sie erstrebt, erscheint nicht etwa als höchstes Erkennen, sondern als die Erfüllung der Liebe im Einswerden des Willens mit seinem Ziel, das Genießen (*frui*) dieses Guts um seiner selbst willen. Was aber kann

---

[20] Zur Deutung dieser Illuminationstheorie vgl. *J. Hirschberger* (Lit.), Bd. 1, S. 351 ff.

[21] Vgl. *F. Flückiger*, Geschichte, S. 385; auch *M. Pohlenz*, Stoa, S. 451.

[22] Siehe *M. Pohlenz*, Stoa, S. 457 f.

[23] Vgl. *J. Hirschberger* (Lit.), Bd. 1, S. 369–371; *W. L. Gombocz*, Philosophie der ausgehenden Antike, S. 313 f.

dieses Gut sein, das die Seele erstrebt und nach dem sie verlangt? Es ist das Einssein mit Gott: „unruhig ist unser Herz, bis es ruht in Dir".[24] Auch die anderen Güter sind wichtig und gut, aber nicht aus sich selbst, sondern als Mittel zum Zweck; sie werden um ihres Nutzens willen, als Mittel und Stufen zu diesem Endzweck erstrebt.[25]

Allerdings ist die Seele und ihr Wollen nicht einer Beliebigkeit ausgesetzt. Die Gesetze des Guten sind ihr vielmehr ins Herz geschrieben, so daß sie vom Ansatz her über eine natürlich-sittliche Erkenntnis verfügt. Das findet seine Grundlage in der bekannten Aussage des Römerbriefs (2, 14f.),[26] die mit der stoischen Denkweise, diese freilich schöpfungstheologisch rückbindend, parallel läuft, sie vielleicht sogar übernommen hat.[27] Daraus ergibt sich eine eingepflanzte Orientierung für den Willen und die verschiedenen Lieben, denen die Seele nachgeht. Die Urliebe, von der alles Lieben lebt, liegt indes in Gott. Damit entsteht eine Brücke zwischen den beiden Sätzen Augustins: „Liebe und tue, was du willst",[28] und: „Liebt, aber achtet darauf, was ihr liebt".[29]

Es liegt auf der Hand, daß dieser theologisch-philosophische Ausgangspunkt, der in Augustins christlichem Denken begründet ist, Konsequenzen auch für die Rechtsbegründung hat. Wird diese nämlich weiterhin, wie schon bei Platon, Aristoteles und Cicero, meta-positiv gesucht – und wie sollte sie von einem christlichen Denker anders gesucht werden –, dann können Naturgesetz und Naturrecht nun nicht mehr allein und ‚rein' in einer Welt- oder Naturvernunft grundgelegt werden, auch wenn diese als göttlich gekennzeichnet wird; hierauf soll gleich näher eingegangen werden (unten III 2).

3. Für den Ansatz augustinischen Denkens hat schließlich die Frage nach Ursprung und Charakter des Bösen, christlich gesehen der Sünde, und dessen Auswirkung auf den Status und das Handeln der Menschen besondere Bedeutung. Das Böse, das in der Welt und auch bei den Menschen greifbar vorhanden ist, kann nicht auf Gott als seinen Schöpfer zurückgeführt werden, es läßt

---

[24] Confessiones I, 1: „iniquietum est cor nostrum donec requiescat in te."

[25] Siehe *H. Maier*, Augustin, S. 100; *J. Hirschberger* (Lit.), Bd. 1, S. 371f., *W. L. Gombocz*, Philosophie der ausgehenden Antike, S. 313f.

[26] „Wenn Heiden, die das Gesetz nicht haben, von Natur aus das tun, was im Gesetz gefordert ist, so sind sie, die das Gesetz nicht haben, sich selbst Gesetz. Sie zeigen damit, daß ihnen die Forderung des Gesetzes ins Herz geschrieben ist; ihr Gewissen legt Zeugnis davon ab, ihre Gedanken klagen sich gegenseitig an und verteidigen sich." (Einheitsübers. d. Neuen Jerusalemer Bibel)

[27] Für eine Übernahme stoischer Denkweise durch Paulus spricht sich ausdrücklich *H. Reiner*, Naturrechtslehre, S. 550 mit Fn. 35, aus; vgl. ferner *P. Barth/A. Goedeckemeyer*, S. 268f.; gegen eine auf Naturrecht bezogene Interpretation dieser Stelle *F. Flückiger*, Geschichte, S. 295–297.

[28] Dilige et quod vis fac.

[29] Vgl. hierzu auch *J. Hirschberger* (Lit.), Bd. 1, S. 370.

sich für Augustinus aber auch nicht – wie in der Gnosis – als eigenständiges Prinzip deuten, das neben der von Gott geschaffenen Welt existiert. Philosophisch betrachtet, hat es überhaupt kein eigenes Sein, ist vielmehr nur ein Defizit an Sein, eine *privatio boni*.[30] Es entsteht aus einem Abfallen: dem Abfall eines Teils der Engel von ihrer Gottesliebe zur Selbsterhebung und dem entsprechenden Abfall der Menschen, symbolhaft gefaßt in der Sünde der Stammeltern Adam und Eva im Paradies. Das Böse hat mithin seinen Ursprung in einer Willensentscheidung des Menschen – Augustinus setzt hierbei die psychologische Willensfreiheit voraus.[31] Seine Wurzeln liegen in der *concupiscentia* (Begehrlichkeit) und *superbia* (Stolz) des Menschen. Diese Sündigkeit hat seine Natur verändert, hat sie eine *natura lapsa* werden lassen. Das hat wichtige Folgewirkungen über den Bereich der Theologie hinaus. Denn der Gedanke der immanenten Selbstvervollkommnung des Menschen, etwa durch fortschreitende Bildung und Erziehung (stoisches Ideal des Weisen) ist damit in Abrede gestellt. Der Mensch ist dann, theologisch gesehen, angewiesen auf die vorausgehende göttliche Gnade, die erst den Willen zum Guten in ihm (wieder) schafft, und diese Gnade kann Gott in Freiheit zuteilen an die von ihm ‚Auserwählten'. Weltlich betrachtet, bedürfen die Menschen allerdings als Folge der Sünde der *disciplina*, Ermahnung und Zucht, ggf. der Strafe,[32] leben sie unter Herrschaft und Unterordnung, Gesetz und Gericht, Krieg und Bedrohung.[33]

An diese Lehre Augustins, die sich auch bei ihm selbst erst entwickelte, nicht von vornherein vorhanden war, knüpfte sich der Streit zwischen ihm und Pelagius bzw. den Pelagianern um das Verhältnis von göttlicher Gnadenwahl (Prädestination) und menschlichem Tun im Blick auf die Erlangung des Heils und die Freiheit des menschlichen Willens.[34] Dieser theologische Streit wurde zu Augustins Zeit ungeachtet etlicher Lehrverurteilungen nicht definitiv ausgetragen: Er wirkte in die Geschichte des Christentums weiter hinein und erlangte Jahrhunderte später, in der Reformationszeit, große Bedeutung in den Lehren Luthers und Calvins. Vereinfacht gesagt, betraf er folgende Frage: Kann einerseits der Mensch durch eigenes (gutes) Tun sich Gottes Gnade ‚verdienen', womit er aber Gottes Freiheit der Gnadenwahl zu binden vermöchte? Oder bedarf der (sündige) Mensch der göttlichen Gnade schon zuvor, um überhaupt Gutes wollen zu können? Wenn Gott dann die Gnade nach seiner Wahl und aus freiem Willen gibt, sein freier Wille aber seinen Grund in

---

30 Siehe *H. Maier*, Augustin, S. 97; *F. Flückiger*, Geschichte, S. 381 f.

31 Vgl. *M. Pohlenz*, Stoa, S. 459 ff., auch zum Folgenden; *W. L. Gombocz*, Philosophie der ausgehenden Antike, S. 307 f.

32 Siehe *P. Brown*, Augustinus, S. 205–209, auch im Blick auf das praktische Verhalten Augustins.

33 Vgl. *W. Stürner*, Peccatum, S. 75–77, 83 f.

34 Problematisierend *K. Flasch*, Augustin, S. 187–191; *W. L. Gombocz*, Philosophie der ausgehenden Antike, S. 305–309.

sich selbst hat, wie wird der Mensch dann anderseits vor einem allmächtigen Willkürgott bewahrt, dessen Unergründlichkeit er einfachhin ausgeliefert ist?[35]

III. Rechtsphilosophie

So sehr Augustins rechtsphilosophische Begriffe über Jahrhunderte hin weiterwirkten, hat er sich doch mit dem Recht, seinem Inhalt und seinem Grund, nicht in einem eigenen Werk beschäftigt. Seine Gedanken dazu fallen im Rahmen anderer Erörterungen mit an und stehen in deren Kontext. Dieser Kontext wird zum einen durch sein philosophisch-theologisches Fragen nach der von Gott unmittelbar und in seiner Schöpfung, der Natur, gegebenen Ordnung gebildet, zum anderen durch die ihn umgebende wirkliche Welt und deren in vielem nur bruchstückhafte politische Ordnung. Augustinus nimmt etliche Elemente der antik-stoischen Naturrechtslehre auf, verwendet insbesondere die von dieser gebrauchten Begriffe. Aber er verbindet sie mit seinem christlich geprägten theologisch-philosophischen Denken, verleiht ihnen von daher einen neuen Inhalt und schreitet auf dieser Grundlage zu weiteren Einsichten fort.

1. Dieser Weg, den er beschritt, war nicht ein Vorstoß in ein noch unbeackertes Neuland. Augustinus hatte die Schriften der älteren Kirchenväter vor Augen, der gelehrten Autoren des frühen Christentums, die in den zahlreich verstreuten Gemeinden und Bildungsstätten, sei es in Karthago, Rom, an der alexandrinischen Katechetenschule, in Syrien oder andernorts wirkten, und deren Auffassungen sich zu autoritativen Lehren entwickelten (sog. Patristik, zu der auch Augustinus selbst gezählt wird).[36] Schon unter ihnen gab es Auseinandersetzungen darüber, ob und inwieweit das überlieferte vorchristliche Naturrechtsdenken mit der christlichen Gedankenwelt und der Auslegung der Hl. Schrift vereinbar sei.[37] Für die Betrachtung der rechtsphilosophischen Konzepte Augustins müssen daher die Aussagen der frühen Patristik zu Naturrecht und Naturgesetz, wenigstens in ihrer Zusammenfassung, heran-

---

[35] Dieser Konsequenz entgeht Augustinus in seiner Gnadenlehre, wie er sie 397 n.Chr. in seiner Schrift De diversis quaestionibus ad Simplicianum darlegt, kaum, vgl. *K. Flasch* (Hg.), Logik des Schreckens, S. 240–297.

[36] Überblick zur Patristik bei *K. S. Frank*, Geschichte der alten Kirche, S. 399–447 und *H. R. Drobner*, Lehrbuch der Patrologie, 1994.

[37] Zu dieser Fragestellung äußern sich übrigens nicht vor allem die frühen griechischsprachigen Kirchenväter des östlichen Mittelmeerraums, sondern verstärkt erst die lateinisch schreibenden Autoren, die auch mit der Denkweise des römischen Rechts vertraut waren, vgl. *K. S. Frank*, Geschichte der alten Kirche, S. 172.

gezogen werden;[38] sie bilden den Horizont, in den Augustinus seine Thesen hineinstellt.

a) Indem die Welt als Schöpfung Gottes begriffen wurde, führte schon die frühe Diskussion um den Naturbegriff zu einer wichtigen Differenzierung, nämlich der Unterscheidung von schaffender Natur (*natura naturans*) und geschaffener Natur (*natura naturata*). Die menschliche Natur wie auch die Welt insgesamt erschien nun bestimmbar nur in Bezugnahme auf den Schöpfergott, als eine von ihm hervorgebrachte und ausgeformte Natur. Das monistische Denken der Stoa, das im Logosbegriff Gott und Mensch als wesensgleich begriff (oben § 6 II 2; III 1 b, S. 136 f., 138 f.; § 7 III 1, S. 161 f.), wurde damit verlassen.

b) Dem entsprechend wurde zum Orientierungspunkt für das von Natur Rechte und Gerechte nunmehr die Natur als *gottgeschaffene* Natur. Die frühen Kirchenväter kennen nur *eine* Natur, die später in der Scholastik hervortretende Unterscheidung von Natur und Übernatur, von natürlichem und übernatürlichem Bereich war ihnen unbekannt.[39] Durch Jesus Christus und seine Erlösungstat ist die Natur nicht überwunden, auch nicht überhöht, sondern gerade vollendet oder – gegenüber ihrer Beschädigung durch den Sündenfall – wiederhergestellt worden. Das heißt, in den Naturbegriff wurde, bezogen auf die menschliche Natur, die volle, auch theologische Bestimmung des Menschen (seine Berufung zum ewigen Heil) hineingenommen. Entsprechendes hatte dann für die Gerechtigkeit zu gelten: Auch sie zielt auf das Angemessene und Geschuldete nicht allein im Blick auf das irdische, sondern auch das ewige Leben.

c) Überwiegend gingen die frühen Kirchenväter vom Vorhandensein eines natürlichen Gesetzes aus, das von Gott in die Herzen der Menschen eingepflanzt und ihrer ethisch-sittlichen Erkenntnis im Wege ‚natürlicher Vorstellung' zugänglich sei.[40] Als Begründung diente immer wieder die Paulusstelle im Römerbrief (2, 14 f.) und die Präsenz der Goldenen Regel (Matthäus 7, 12),[41] die gerade als eine Form natürlich-sittlicher Erkenntnis erscheint. Tertullian vertrat das Bestehen ‚natürlicher Tafeln', die den Menschen gegenwärtig seien; sie seien durch das mosaische Gesetz der zehn Gebote und die Worte Jesu zwar bekräftigt und evtl. erweitert, mit neuer Autorität versehen, nicht aber erst geschaffen worden.[42] Allerdings ergab sich für die frühen

---

38 Für die Positionen einzelner Autoren siehe *O. Schilling*, Naturrecht und Staat, S. 49–172; *F. Flückiger*, Geschichte, S. 299–347. Zu Flückiger ist jedoch stets – korrigierend – *H. Reiner*, Naturrecht, S. 531–556 heranzuziehen.

39 *F. Flückiger*, Geschichte, S. 320 f., 332 f.

40 *H. Reiner*, Naturrecht, S. 544 ff., in eingehender kritischer Auseinandersetzung mit entgegenstehenden Auffassungen Flückigers.

41 „Alles, was ihr also von anderen erwartet, das tut auch ihnen! Darin besteht das Gesetz und die Propheten." (Einheitsübers. der Neuen Jerusalemer Bibel)

42 Siehe die Nachweise bei *H. Reiner*, Naturrecht, für Justin (S. 544 ff.), Irenäus von

Kirchenväter ein stets wiederkehrendes Problem aus dem Status des Menschen nach dem Sündenfall. Wie weit hat er Auswirkungen auf die Erkennbarkeit dieses ‚natürlichen‘ Gesetzes? Überwiegend nahm man eine mehr oder weniger weit gehende Schwächung, nicht aber eine grundlegende Verdorbenheit der Natur an.[43] Die volle Erkenntnis des natürlichen Gesetzes erscheint freilich erst durch das Licht, das von der Offenbarung ausgeht, möglich; dieses Licht ist durch die Menschwerdung und Erlösungstat Christi in vollster Klarheit hervorgetreten.

d) Die Auseinandersetzung um den Sündenfall und seine Folgewirkungen führte zu einer weiteren Differenzierung des Naturrechts, der Unterscheidung von primärem Naturrecht und sekundärem Naturrecht. Das primäre Naturrecht bezieht sich auf den Zustand vor dem Sündenfall, sein Bezugspunkt ist die integre Natur, der paradiesische Naturstand, in dem auch die *lex naturalis* ihren eigentlichen Ort hat; das sekundäre Naturrecht meint dann das Naturrecht nach dem Sündenfall, Bezugspunkt ist also die geschwächte oder verderbte Natur.[44] Die praktische Bedeutung dieser Unterscheidung zeigte sich sogleich im Blick auf die Begründung von Eigentum oder auch der Notwendigkeit einer politischen Ordnung mit eigener Gebotsautorität und Durchsetzungsmacht. Der sündlosen Natur des Urzustandes wurde der Gemeinbesitz zugeordnet, nicht das Privateigentum, das erst als Folge der Sünde seine Rechtfertigung erfährt. Und die politische Ordnung wurde überwiegend schon in ihrem Charakter als Gebotsautorität, als Herrschaft von Menschen über Menschen, mithin generell als Folge der Sünde gesehen und begründet, zu der dann auch die Ausstattung mit Zwangs- und Strafgewalt gehört.[45]

2. An diese Vorstellungen der frühen Kirchenväter lehnen sich Augustins rechtsphilosophische Aussagen an und führen sie weiter. Und wie für diese spielt auch für ihn die Auseinandersetzung mit den Gedanken der Stoa und insbesondere Ciceros dabei eine bedeutende Rolle – diese waren schließlich Bildungsgut der spätantiken Welt. Augustinus nimmt die von der Stoa und

---

Lyon (S. 546–548), Tertullian (S. 548–550). Bei Tertullian heißt es in Adversus Judaeos II, 7: „Grundsätzlich behaupte ich, daß es bereits vor dem Gesetz des Mose, das auf steinernen Tafeln niedergeschrieben war, ein Gesetz gegeben hat, das nicht niedergeschrieben war und das auf natürliche Weise erkannt und von den Vätern beachtet wurde. Denn wie konnte Noah als ein Gerechter erscheinen, wenn ihm nicht schon die Existenz der Gerechtigkeit des natürlichen Gesetzes vorausging?“

[43] Zu den diesbezüglichen Positionen von Tertullian und Origines, auch später von Johannes Chrysostomus vgl. die Darlegungen bei W. *Stürner*, Peccatum, S. 44 f., 50 f., 54 f.

[44] A. *Verdross*, Rechtsphilosophie (Lit.), S. 60 f.; abweichende Interpretation bei F. *Flückiger*, Geschichte, S. 286 ff.

[45] Im einzelnen siehe W. *Stürner*, Peccatum, S. 38–66.

Cicero gebrauchten Begriffe *lex aeterna*, *lex naturalis* und *lex humana* auf, sie werden, auch in ihrem wechselseitigen Verhältnis, zu Kernbegriffen seiner Rechtsphilosophie. Aber indem er sie in die christliche Weltsicht einbezieht und von dort her begreift, verändern sie notwendigerweise ihre Bedeutung und ihre Beziehung zueinander.

a) Diese Interpretation zeigt sich in besonderer Weise an seiner Definition des Begriffs der *lex aeterna*. Sie lautet bei Augustinus:

> „Lex vero aeterna est ratio divina vel voluntas Dei ordinem naturalem conservari iubens, perturbari vetans."[46]

Hier ist gleich ein Mehrfaches ausgesagt. Die *lex aeterna* wird als Vernunft oder Wille Gottes, und zwar des persönlichen Gottes, bezeichnet, und sie wird von ihrem Inhalt, nämlich dem Gebot, die natürliche Ordnung zu erhalten und nicht zu zerstören, deutlich unterschieden. Die *lex aeterna* ist damit nicht, wie in der Stoa, die Natur- oder Kosmosordnung selbst, sie wird auf den persönlichen Gedanken und Willen Gottes, nach dem er die ganze Welt lenkt, zurückgeführt. Das entspricht dem christlichen Schöpfungsgedanken: Denn Gottes Gedanke und Wille ist die Ordnung schaffende Kraft (*ordo ordinans*), die Naturordnung ist sein Werk, die von ihm inhaltlich geprägte Ordnung (*ordo ordinatus*). *Lex aeterna* und *lex naturalis* fallen folglich nicht zusammen und sind nicht mehr, wie im Monismus der Stoa, wesensgleich.

Was nun der Inhalt der *lex aeterna* ist, läßt sich, hält man sich an die gerade genannte Definition, erst auf dem Umweg über die Ordnung der Schöpfung gewinnen. Es ist ja gerade das Gebot der *lex aeterna*, diese Ordnung als eine gottgeschaffene Ordnung zu erhalten. Darauf zielen ihre *incommutabiles regulae*.[47] Was die göttliche Vernunft oder den göttlichen Willen als ewiges Gesetz dann des Näheren ausmacht, findet seinen Niederschlag im *ordo naturalis*.

In dieser Zuweisung, welche die Naturordnung mit dem sie hervorbringenden Göttlichen einerseits verbindet, zugleich aber begrifflich davon abschichtet, liegt – Augustinus selbst wohl nicht bewußt – ein Ansatzpunkt für die später in der Spätscholastik (unten § 14 I 1, S. 339f.) vorangetriebene relative Verselbständigung der natürlichen Ordnung gegenüber Offenbarung und Theologie. Augustinus stand solchen Gedanken fern. Aber als in die Natur hineingelegte Ordnung, die als solche

---

[46] Contra Faustum XXII, 27: „Das ewige Gesetz aber ist die göttliche Vernunft oder der Wille Gottes, der gebietet, die natürliche Ordnung zu erhalten, und verbietet, sie durcheinander zu bringen." In der Schrift De libero arbitrio I, 6, 15 spricht Augustinus davon, daß jenes Gesetz, das als höchste Vernunft bezeichnet wird („illa lex, quae summa ratio nominatur"), ewig und unwandelbar ist: „hanc aeternam esse atque incommutabilem legem".

[47] Von „incommutabiles regulae" der *lex aeterna* spricht Augustinus beispielsweise in De vera religione XXXI, 58, siehe das Zitat unten bei Fn. 58.

Bestand hat, kann sie durchaus als ein Werk angesehen werden, das in sich steht und als solches erkennbar ist.

Unausgetragen bleibt hingegen das Verhältnis der Vernunft Gottes zum Willen Gottes. Augustinus hatte der stoischen *lex-aeterna*-Formel den Bezug auf den Willen Gottes eingefügt, sie damit auch verändert, um sie christlich tragfähig zu machen.[48] Aber er löst das Nebeneinander nicht in einen Vorrang auf („*vel*"). In seinem christlichen Gottesbegriff sind vielmehr beide Möglichkeiten angelegt. Augustins Definition wird so gerade in ihrer Unentschiedenheit zum Bezugspunkt einer Denkbewegung, welche das ganze Mittelalter hindurch die christliche Theologie und Rechtsphilosophie beschäftigen wird und die großen Kontroversen zwischen den Schulen der Dominikaner und Franziskaner heraufführt, den Gegensatz von vernunftmäßiger und voluntaristischer Rechtsbegründung.[49]

b) Der nächste Begriff, die *lex naturalis*, steht in engem Zusammenhang mit der *lex aeterna*. Sie wird von Augustinus als die – gottgeschaffene – Ordnung der Natur gesehen und erfaßt; sie erscheint als die im *ordo naturalis* der Schöpfung wirksame Gesetzlichkeit,[50] und sie ist bezogen auf die ursprüngliche Natur, nicht die gefallene Natur, der die Vollkommenheit des Urzustands fehlt.[51] Für Augustinus hat die natürliche Ordnung den Charakter einer sich in hierarchischen Stufen aufbauenden und darstellenden Ordnung.[52] Sie ist als Niederschlag der *lex aeterna* eine Ordnung des Ganzen, in dem das Niedere dem Höheren, das Zeitliche dem Ewigen dient und das Gesetz des Stirb und Werde sich ereignet. Ihre Gesetzlichkeit ist unterschiedlich und prägt sich unterschiedlich aus in den verschiedenen Bereichen der Natur; als *lex naturae* in der außermenschlichen Natur, als *lex naturalis* für die Menschen. Jede Wesenheit, jede von Gott geschaffene *natura* hat ihre eigenen *leges*, eine eigene Gesetzlichkeit, insgesamt formen sie sich zum stufenförmig gegliederten *ordo naturalis*. Das gilt auch für den Menschen als von Gott durch die Ausstattung mit Seele und Vernunft privilegiertes Wesen der Natur. Seiner Natur entsprechen bestimmte Verhaltensweisen, eine Art ethischer Gesetzlichkeit, die das Recht- und Gerechthandeln normativ bestimmt.

---

48 *O. Schilling*, Naturrecht und Staat, S. 174f.

49 *H. Welzel* (Lit.), S. 55f. Andere Sicht neuestens bei *W. Kluxen*, Lex naturalis, S. 18 (siehe auch unten § 11 I, 2, S. 274ff. u. IV 1, S. 284f.).

50 Dies ist jetzt gegen ältere Auffassungen dargelegt von *K. M. Girardet*, Naturrecht, S. 283ff.

51 So *F. Flückiger*, Geschichte, S. 382f.

52 Siehe *G. F. Gässler*, Ordo-Gedanke, S. 36–39, 48–56. In Enn. in Ps. 144,13 heißt es: „Deus ordinavit et fecit omnia ... et gradibus quibusdam ordinavit creaturam a terra usque ad coelum, a visibilius ad invisibilia, a mortalibus ad immortalia. Ista contextio creaturae, ista ordinatissima pulchritudo, ab imis ad summa consedens, a summis ad ima descendens ... tota laudat Deum."

Diese Gesetzlichkeit ist dem Menschen ins Herz und die Vernunft eingeschrieben,[53] Augustinus spricht von der *lex naturalis* als Abbild des Siegelrings (*lex aeterna*), das dem Wachs (dem Herz und der Vernunft der Menschen) eingedrückt ist.[54] Daran zeigt sich die Verbindung von *lex aeterna* und *lex naturalis*.[55] Augustinus findet den Kern dieser Gesetzlichkeit, wie viele der älteren Kirchenväter, in der Goldenen Regel, die nicht nur, aber auch biblisch fundiert ist.[56] In ihr manifestiert sich nach ihm eine dem Menschen als vernunftbegabtem Wesen allgemeine ethisch-sittliche Grundeinsicht, die auch in das Recht hinübergreift. Die *lex naturalis* erscheint dann, so läßt sich sagen, als ein dem Menschen in Herz und Verstand gelegter ‚imprägnierter' (subjektiver) Habitus der Gerechtigkeit, eine *lex intima*, durch die Gott im Gewissen zum Menschen redet und vermöge der er – nach dem Sündenfall dabei der Gnade Gottes bedürftig – auch schöpferisch zu erkennen vermag, was hier und heute, in konkreten Konstellationen, ‚von Natur' recht ist.

c) Die *lex humana* schließlich, das menschliche Gesetz, stellt Augustinus, was seine Beurteilung als gerecht, richtig, wahr angeht, zunächst in enge Beziehung zur *lex aeterna*, erst über diese zur *lex naturalis*.[57] Das mag damit zusammenhängen, daß er die *lex humana* im Sinne eines konkret festgelegten und auch veränderbaren Gesetzes begreift. Die *lex aeterna* als Gedanke/Idee der Ordnung der Welt enthält *incommutabiles regulas* im Blick auf die Herstellung und Wahrung von Gerechtigkeit und einer gerechten Ordnung. Daran muß sich das menschliche Gesetz orientieren, es muß damit übereinstimmen, nur dann ist es selbst gerecht und als solches legitimiert. Aber es handelt sich dabei, das ist wichtig, nicht um einen einfachen Ableitungszusammenhang oder eine ‚Anwendung' der *lex aeterna*, sondern um ein *Legitimationsverhältnis* zwischen verschiedenen, einander hierarchisch zugeordneten Normebenen. Das menschliche Gesetz hat für Augustinus dynamischen und beweglichen Charakter, es ist im präzisen Sinn eine *lex temporalis*, wie Augustinus es stets kennzeichnet: Es wird erlassen und gilt für eine gewisse Zeit und im Blick auf gegebene Verhältnisse. Augustinus kannte die zahlreichen Kaisergesetze des späten römischen Reichs (oben I 2a), und das hat auf seine Begriffsbildung eingewirkt. Er beschreibt die Gesetzesregeln nicht als unveränderlich, vielmehr sind sie für Änderungen offen; zwar nicht für beliebige, aber für solche, die angesichts veränderter Gegebenheiten die unveränderlichen Gerechtigkeitsregeln der *lex aeterna* neu und anders zur Wirkung bringen.

---

[53] De diversis quaestionis 53,2: „transscripta est naturalis lex in animam rationalem."

[54] *A. Verdross*, Rechtsphilosophie (Lit.), S. 63.

[55] *O. Schilling*, Naturrecht und Staat, S. 175 f.

[56] Näher hierzu *K. M. Girardet*, Naturrecht S. 287 ff.

[57] *K. M. Girardet*, Naturrecht, S. 280.

„Conditor tamen legum temporalium ... illam ipsam consulit aeternam de qua nulli animae iudicare datum est, ut secundum eius incommutabiles regulas quid sit pro tempore iubendum vetandumque discernat."[58]

Der Gesetzgeber der *lex humana* berät sich also mit dem ihm vorgegebenen, von ihm nicht zu beurteilenden ewigen Gesetz, damit er gemäß dessen unveränderlichen Regeln (präziser vielleicht: Prinzipien) dasjenige festlegt, was, um ihren Gehalt zu realisieren, für eine Zeit und in einer bestimmten Lage anzuordnen und zu verbieten ist. Damit zieht er nicht nur Folgerungen, er trifft Entscheidungen.[59] Doch fragt sich, wie sich dies Beratschlagen darstellen kann. Für Augustinus vollzieht es sich über das Herz und die Vernunft des Menschen. In sie ist die Kenntnis der *lex aeterna* eingeprägt, eine Einprägung, wie Augustinus sagt,[60] die wir Gott verdanken und die sich als die *lex naturalis* zeigt. Sie eröffnet die Möglichkeit, die *incommutabiles regulas* der *lex aeterna*, die in ihr liegende Idee-Vernunft gerechter Ordnung zu erkennen und auf sie hin im Hier und Heute Folgerungen zu ziehen und Entscheidungen zu treffen.

Augustinus führt als Beispiel das Recht des Volkes an, politische Ämter durch Wahl zu besetzen, und bezieht sich auf zwei unterschiedliche Gesetze, von denen das eine diese Wahl vorsieht, das andere sie ausschließt. Für einen populus, der *bene moderatus* und ein sehr sorgfältiger Wächter des gemeinen Nutzens ist, sei es gerecht, daß er durch Gesetzeserlaß das Wahlrecht erhält oder besitzt, für ein korruptes und heruntergekommenes Volk hingegen sei es gerecht, ihm ein solches Recht durch das Gesetz zu entziehen. Und er fährt fort: „Nennen wir demnach ein solches Gesetz ein zeitliches (*temporalem*), das, wenn es auch gerecht sein mag, dennoch je nach den Zeitumständen mit Recht (*iuste*) geändert werden kann." (De libero arbitrio I, 14).

Augustinus kommt so zu wichtigen Einsichten für das geltende Recht und seine Eigenständigkeit. Er erkennt zunächst das Konkretisierungsproblem, d.h. daß aus zugrundeliegenden unveränderlichen Prinzipien je nach Zeit und Lage unterschiedliche Gebote und Verbote gewonnen werden können, ja gegebenenfalls müssen; sodann – in Abweichung von Cicero (oben § 7 III, S. 160 ff.) – die potentielle Dynamik auch und gerade des gerechten Gesetzes, eben weil es zeitbezogen und -bedingt ist; schließlich die Gerechtigkeits-

---

[58] De vera religione XXXI, 58: „Der Urheber zeitlich-irdischer Gesetze jedoch ... zieht jenes ewige Gesetz zu Rate, über dessen Gültigkeit zu urteilen keiner Seele gegeben ist, um nach dessen unwandelbaren Regeln zu entscheiden, was den Zeitumständen entsprechend geboten und verboten werden muß." Das hier hervortretende Gesetzesbild der Spätantike war folgenreich, es wirkte über Isidor v. Sevilla in das Hochmittelalter hinein, vgl. *St. Gagnér*, Ideengeschichte, S. 209 f., und unten § 10 IV 1 b, S. 245 ff.

[59] Siehe dazu, unter Anführung weiterer Belegstellen, *H. A. Deane*, Political and social ideas, S. 89–92.

[60] De libero arbitrio I, 6, 15; er sucht hier die „aeternae legis notionem, quae impressa nobis est" zu erklären.

bindung der Gesetze vermöge ihrer notwendigen Legitimation aus der Umsetzung der *lex aeterna*. Doch zeigt Augustinus hier zugleich einen pragmatischen Realismus. Er akzeptiert für das geltende Gesetz auch die bloße Annäherung an die *lex aeterna*, die hinter einer vollen Realisierung durchaus zurückbleibt, und damit im Ansatz die Differenz von ethisch-moralischem Gebot und gegebenem Recht. Er läßt die Auffassung gelten,

> „daß dieses Gesetz, das zum Regieren von civitates erlassen wird, vieles gestattet und unbestraft läßt, was dann dennoch durch die göttliche Vorsehung geahndet wird, und zwar zu Recht. Und weil jenes Gesetz nicht alles regelt, darf deshalb nicht schon das, was es regelt, mißbilligt werden." (De libero arbitrio I, 5, 13)[61]

d) Um so mehr erstaunt, daß Augustinus die durch Kaisergesetze angeordnete Verfolgung Andersgläubiger (der Donatisten und Manichäer ebenso wie der Heiden) nach anfänglichem Zögern verteidigt und gutgeheißen hat. Von der Überzeugung, daß der Mensch nur in Freiheit und nicht durch Zwang zum wahren Glauben gelangen kann, die er zunächst mit etlichen der frühen Kirchenväter geteilt hatte,[62] ist Augustinus etwa seit 400 n. Chr. abgerückt. Wie weit dafür die Heftigkeit der Auseinandersetzung mit den Donatisten gerade in Nordafrika und deren durch Druck und Zwang bewirkte zahlreiche Rückkehr in die katholische Kirche, mithin pragmatisch-opportunistische Gründe ursächlich waren, mag dahinstehen; die Argumente, die Augustinus für seine nunmehr vertretene Intoleranz anführt, weisen in der Abkehr von der toleranzoffenen Interpretation des Gleichnisses vom Unkraut und Weizen (Mt. 13, 24–30) eher auf eine grundsätzliche, auch theologisch fundierte Position hin.[63] Recht von Freiheit her zu denken, als einen geschützten Bereich autonomer Wahl und Entscheidung, war Augustinus wie nahezu allen Theologen ohnehin fremd; Recht wird als Gesetz, ein sich ergebendes oder auferlegtes Gebot gesehen und begriffen. Gesetze, die den Abfall vom (wahren) Glauben unterbinden, welche die Menschen dahin drängen oder auch zwingen, ihn (wieder) anzunehmen, wo er sie doch zu ihrem Heil führt, beurteilt Augustinus allein von ihrem Ziel her, das den Menschen ein hohes Gut bringe.

---

[61] Die Formulierung wird in dieser dialogisch angelegten Schrift als Argument (nicht als Lehrsatz) verwendet und bezieht sich auf die Ausübung des Notwehrrechts, bei der auch ein nicht bloß auf Unrechtsabwehr gerichteter *animus* vorhanden sein kann; ein solcher könne somit nurmehr von der *lex aeterna* erfaßt und sanktioniert werden. Thomas v. Aquin wird sich hierauf beziehen, um zu begründen, daß die *lex humana* „deficit ad lege aeterna", vgl. unten § 10 IV 1b, S. 245.

[62] Siehe dazu *J. Lecler*, Religionsfreiheit, S. 116–119 (zu Augustinus), S. 95–97 (zu Tertullian und Lactanz). Augustinus hat diese Auffassung insb. in Contra epistolam Manicheaei 2 und 3 vertreten (PL 42, 174 f.).

[63] Siehe *P. Brown*, St. Augustin's Attitude, S. 110–116. Zu Augustins Interpretation des Gleichnisses vom Unkraut und Weizen vgl. *K. Schreiner*, „Tolerantia", S. 344 f.

Und die angeführten Belege aus dem Alten Testament, daß Gott den Abfall des Volkes von ihm bestraft, es sein Wille ist, daß alle ihm anhängen, sind zahlreich; die Menschen müssen, in ihrem freien Willen schwach, dazu angehalten, ja dahin gebracht werden, dem zu folgen, was ihrem Heil dient.[64]

> „Es kommt nicht darauf an, ob jemand überhaupt gezwungen wird, sondern wozu er gezwungen wird, mag es gut oder böse sein. Nicht als ob jemand gegen seinen Willen gut sein könne, sondern aus Furcht vor dem, was er nicht erleiden will, gibt er entweder die ihm im Wege stehende Bitterkeit des Gemütes auf oder sieht sich gezwungen, die Wahrheit zu erkennen, indem er aus Furcht den früher behaupteten Irrtum abweist und die Wahrheit sucht, die er nicht kannte, und so freiwillig annimmt, wozu er sich früher nicht verstehen wollte."[65]

Hinzu tritt das *compelle intrare* aus dem Gleichnis vom Gastmahl (Lk 14, 23), das Augustinus nun sehr dezidiert auslegt und dabei den äußeren Zwang rechtfertigt.

> „Wenn deshalb die Kirche kraft der Gewalt, die ihr Gott zu gegebener Zeit übertragen hat, mit Hilfe der religiösen und gläubigen Könige jene in ihren Schoß einzutreten zwingt, die sie auf den Wegen und an den Hecken findet, das heißt unter den Schismen und Häresien, so sollen sich jene nicht beklagen, daß man sie gezwungen hat, sondern sollen schauen, wohin man sie treibt."[66]

Einen Einwand aus der *lex aeterna*, der göttlichen Ordnung der Welt, mit der die *leges temporales* in Übereinstimmung stehen müssen, formuliert Augustinus nicht. Für ihn gehört zu dieser Ordnung, nicht zuletzt in heilsgeschichtlich-theologischer Betrachtung, daß alle, denen es bestimmt ist, auch zu ihrem Heil gebracht werden, zur Einheit der dazu berufenen Menschen mit und unter Gott. Die Autorität, die Augustinus als Kirchenlehrer in den folgenden Jahrhunderten genoß, bewirkte, daß diese Auffassungen, kontextgelöst und als Sentenzen genommen, während des Mittelalters und darüber hinaus immer wieder zur Begründung von Intoleranz und zur Legitimation eines Rückgriffs auf die kaiserlichen Verfolgungsgesetze herangezogen wurden.[67]

---

64 Vgl. *P. Brown*, St. Augustin's Attitude, S. 114f.

65 Epist. 93, 5, 16 (PL 33,321), Übers. *A. Hoffmann* (Bibliothek der Kirchenväter, Bd. 9).

66 Epist. 185, 24 (PL 33,804), angeführt bei *J. Lecler*, Religionsfreiheit, S. 123; siehe ferner Epist. 93, 2, 5 (PL 33,323).

67 Diese Verfolgungsgesetze stammten teilweise erst aus späterer Zeit, insbesondere die Verhängung einer Todesstrafe wurde erst seit 435 n.Chr. vorgesehen. Die material- und gedankenreiche Studie von *K. Schreiner*, „Tolerantia", stellt zur Wirkungsgeschichte Augustins nahezu allein auf dessen Äußerungen ab, die eine Toleranz und das Absehen von Zwangsmaßnahmen gegenüber Irrgläubigen und Häretikern befürworten oder hinnehmbar erkennen lassen, nicht hingegen auf die dezidierten gegenteiligen Äußerungen des späten Augustinus.

IV. Die politische Ordnung

Noch weniger als in seiner Rechtsphilosophie sind Augustins Aussagen zur politischen Ordnung der Niederschlag eines geschlossenen theologisch-philosophischen Werkes. In seinem Haupt- und Spätwerk *De civitate dei*, an dem er jedenfalls von 412/413 bis 426/27 n. Chr. gearbeitet hat,[68] verfolgte Augustinus mehrere Zielsetzungen: Zum einen die Verteidigung der Christen gegenüber Angriffen aus dem noch lebendigen heidnischen Rom nach der Eroberung und Plünderung Roms durch die Westgoten. Verbreitete Stimmen aus den römischen Oberschichten warfen den Christen vor, das über Jahrhunderte allmächtige Rom habe erst durch den Abfall der Christen vom (heidnischen) Götterglauben und Götterkult den Schutz der Götter verloren und sei so in seine Niederlage hineingefallen. Hierauf antwortet Augustinus mit einer kritischen Analyse dieser heidnischen Religion, aber auch des wahren Charakters der politischen Ordnung Roms. Er nimmt dem heidnischen Gottkaisertum, das sich seit Augustus ausgebildet hatte, jeglichen Nimbus und sucht unter Hinweis auf die Kritik am Verfall Roms aus den eigenen Reihen, insbesondere bei Sallust und Cicero, den Nachweis zu erbringen, daß der Niedergang Roms, der Verfall der Ordnung und der Sitten, schon längst in heidnischer Zeit eingetreten sei, ohne daß die Götter dagegen etwas unternommen hätten.[69] Zum andern ist sein Ziel in *De civitate dei* eine theologisch begründete Deutung der menschlichen Existenz und der Geschichte unter heilsgeschichtlichem Aspekt. Er will den Christen eine Deutung ihres Daseins geben und der Kirche ein geschichtlich-politisches Selbstbewußtsein vermitteln, von dem aus der Sinn und die Eigenart der zeitigen politischen Ordnung, in der sie leben und sich zurechtzufinden haben, näher bestimmt und verstanden werden kann. Die Argumentation ist so primär eine theologisch-heilsgeschichtliche, die freilich Konsequenzen für den Status der politischen Ordnung und das Verhalten der Christen in ihr hat. Ergänzend tritt eine Art naturrechtlicher Argumentation hinzu, um die heilsgeschichtlich-theologisch gewonnenen Ergebnisse auch vom Ansatzpunkt der Vernunft her zu unterfangen; beide Argumentationsweisen stehen teils nebeneinander, teils greifen sie ineinander.[70]

---

[68] Vgl. *Ch. Horn*, Augustinus, De civ. dei, Einleitung, S. 6.

[69] Siehe etwa De civ. dei, II, 18 und 21.

[70] Der Titel des Werkes gibt manche Rätsel auf; er ist im Anschluß an Psalm 86,3 gewählt und soll danach das bezeichnen, was man heute ‚Gemeinschaft der Heiligen' nennen würde, vgl. *P. Brown*, Anschauungen Augustins, S. 180.

1. Der Einstieg in die heilsgeschichtlich-theologische Argumentation erfolgt in der Weise, daß Augustinus zunächst dem römischen Reich den Charakter einer wahren Polis beziehungsweise Res publica abspricht. Unter Bezugnahme auf Ciceros bekannte Definition (oben § 7 IV 1a, S. 166) hält er dem römischen Reich vor, es sei gar nicht eine *res populi*, die Sache eines Volkes, weil ein Volk als eine Vereinigung von Menschen, die durch gemeinsame Anerkennung des Rechts und mithin der Gerechtigkeit verbunden ist, in ihm gar nicht existiere; denn das römische Reich verweigere die volle Gerechtigkeit, weil es durch seinen Götterglauben die Menschen dem wahren Gott entziehe, ihnen also gar nicht das Ihrige, auf das sie Anspruch hätten, gebe (De civ. dei XIX, 21).[71] Für Augustinus gehört es zur Natur des Menschen, auf Gott, seinen Schöpfer und Herrn, ausgerichtet, ihm Ehrerbietung schuldig zu sein und nach dem Einssein mit ihm zu streben.

Wenn aber so weder ein Volk noch eine Volkssache im römischen Reich vorhanden ist, es deshalb auch kein wirkliches politisches Gemeinwesen darstellt, wie läßt sich dann die Situation und der Status der Christen in diesem Reich begreifen? Um dies zu erklären, verwendet Augustinus nun einen anderen Volksbegriff, der den Schlüssel abgibt für das Verständnis und die Erklärung des Geschehens in der Welt und ihrer Geschichte – weit über das römische Reich hinaus. Unter Volk kann man auch – sagt er – eine Menge vernünftiger Wesen verstehen, die durch einträchtiges Streben nach Dingen, die sie lieben, zusammengehalten werden.[72] In diesem Sinn bilden die Christen, die Jesus und seine Botschaft lieben, in der Hinneigung zu ihm und seinem himmlischen Reich vereint sind und ihr Leben daraufhin führen, ein eigenes Volk über die Nationen hinweg, das in der Kirche verbundene Volk Gottes. Ihm gegenüber stehen alle diejenigen Menschen und gefallenen Engel, die durch die gemeinsame Liebe zum Genuß der irdischen Dinge verbunden sind und die Erde als ihr einziges und wahres Reich ansehen. Die einen bilden das

---

[71] Dort heißt es: „Wenn eine res publica Sache des Volkes ist, ein Volk aber nicht existiert, wenn es nicht durch ein übereinstimmendes Rechtsbewußtsein verbunden ist, Recht aber nicht existiert, wo es keine Gerechtigkeit gibt, kann man daraus ohne jeglichen Zweifel zusammenfassend folgern, daß es eine res publica nicht gibt, wo es keine Gerechtigkeit gibt. Nun ist aber Gerechtigkeit gerade die Tugend, die jedem das Seine zuteilt. Was für eine Art menschlicher Gerechtigkeit ist das aber, die den Menschen selbst dem wahren Gott entzieht und ihn unreinen Geistern unterwirft? Ist das etwa jedem das Seine zuteilen?"

[72] De civ. dei, XIX, 24: „Populus est coetus multitudinis rationalis, rerum quas diligit concordi ratione sociatus." *E. Gilson*, Metamorphosen, S. 51 ff., sieht gerade in dieser Veränderung des Volksbegriffs den Ansatzpunkt für die Bildung der Begriffe von Weltreich und Gottesreich, *civitas terrena* und *civitas dei*, deren Gehalt und Gegenüberstellung es erlaubt, das geschichtlich-politische Geschehen vor einem theologisch-metaphysischen Hintergrund transparent zu machen.

Gottesreich, die *civitas dei*, die anderen das Weltreich, die *civitas terrena* oder *diaboli*. Das geschichtlich-politische Geschehen in der Welt erscheint vor diesem Hintergrund als Auseinandersetzung und Kampf der beiden *civitates*. Durch diese Blickrichtung wird es, in dem, was eigentlich geschieht, transparent (a), und dies wiederum wirkt sich auf die Bestimmung von Status und Aufgabe der politischen Ordnung aus (b).

a) Die Begriffe *civitas dei* und *civitas terrena* bezeichnen für Augustinus im theologisch-heilsgeschichtlichen Kontext[73] so nicht konkrete, soziologisch faßbare Körperschaften (etwa die Kirche als Organisation oder das römische Reich), sondern geistig-religiös geprägte Willensstrebungen,[74] die von den zwei unterschiedlichen Lieben bestimmt werden.[75] Sie bilden mit den ihnen anhängenden Menschen (geistige) Bürgerschaften (*civitates*), die von den entsprechenden Willensstrebungen geformt und auch beherrscht werden.[76]

Die *civitas dei* ist nach Ursprung und Ziel auf das unsichtbare, jenseitige und endgültige Gottesreich gerichtet; sie ist die Gemeinschaft der Geister und Menschen, die von der Liebe zu Gott und Demut (*humilitas*) Gott gegenüber geprägt sind, die Ehre Gottes und das Leben mit Gott in Eintracht und Glückseligkeit suchen. Die *civitas terrena* hingegen hat die *superbia*, die Abkehr der Seele von der Gottesliebe und dem Gehorsam Gott gegenüber zur Grundlage, sie hat deshalb kein gemeinsames Ziel, jeder sucht hier die Selbstliebe (*amor sui*) und sein eigenes Interesse, strebt nach Macht, Ehre und Pomp, und untereinander liegen die Glieder im Streit.[77] Ihr geistiger Fürst und Regent ist Luzifer, der abgefallene Engel (*civitas diaboli*). Die Vorstellungen, die Augustinus damit verbindet, kommen in einem Werk, das zeitlich vor *De civitate dei* liegt, deutlich zum Ausdruck:

> „Zwei civitates, die eine die der Sünder, die andere die der Heiligen, werden seit Beginn des menschlichen Geschlechts bis zum Ende der Welt durch die Zeit geführt; nun vermischt in ihren Körpern, aber getrennt durch ihre Willenshaltungen sollen sie am Tag des Gerichts aber auch in bezug auf den Körper

---

[73] Augustinus gebraucht diese Begriffe zuweilen in unterschiedlicher Bedeutung, doch braucht darauf hier nicht näher eingegangen zu werden.

[74] Diese Kennzeichnung bei *E. Gilson*, Metamorphosen, S. 63 (im französischen Original: volontés). *K. Flasch*, Augustinus, S. 384 spricht von „Willensrichtungen". Vgl. auch *K. Löwith*, Weltgeschichte und Heilsgeschehen, S. 146.

[75] De civ. dei, XIV, 28,1: „Es schufen also zwei Liebeshaltungen zwei civitates, die Liebe zu sich selbst bis hin zur Verachtung Gottes die irdische civitas, die Liebe zu Gott bis hin zur Verachtung seiner selbst aber die himmlische civitas."

[76] *U. Duchrow*, Christenheit, S. 245, schlägt deshalb als Übersetzung Herrschaftsverband vor; mit diesem Begriff werden allerdings schnell (hier falsche) politisch-organisatorische Assoziationen verbunden.

[77] Vgl. De civ. dei, XIV, 28; zur Interpretation siehe auch *U. Duchrow*, Christenheit, S. 252–256.

getrennt werden. Alle Menschen nämlich, die den Stolz und die zeitlich-irdische Herrschaft lieben in eitler Aufgeblasenheit und mit hochmütigem Prunk, und alle Geister, die solches lieben und in der Unterwerfung der Menschen ihren eigenen Ruhm suchen, sind in einer Gemeinschaft fest zusammen gefesselt. Und wenn sie auch oft gegeneinander um diese Dinge kämpfen, werden sie dennoch durch das gleiche Gewicht der Begierde in denselben Abgrund gerissen und sind miteinander verbunden in der Ähnlichkeit der Sitten und Verdienste. Und andererseits gehören alle Seelen und alle Geister zu einer Gemeinschaft, die demütig Gottes Ruhm suchen, nicht ihren eigenen, und ihm in Frömmigkeit nachfolgen."[78]

Im Gang und den Ereignissen der irdischen Geschichte sind für Augustinus die beiden geistigen Reiche freilich unkenntlich vermischt (*perplexae*), auch wenn er – mal mehr, mal weniger deutlich –, konkrete Repräsentanten und einen geschichtlichen Ort für die eine oder andere ausmacht.[79] Sie sind erfahrbar als Wirkzusammenhänge, aber nicht nach Institutionen oder Personen äußerlich abgrenzbar. Das geschichtliche Geschehen wird vom Gegensatz und dem daraus resultierenden Kampf beider Reiche geprägt; dieser Kampf scheint durch das geschichtliche Geschehen hindurch. Doch auch im einzelnen Menschen kann sich der Kampf abspielen, als Kampf um seine Seele und deren Zugehörigkeit zur einen oder anderen *civitas*.

Die *civitas dei* verwirklicht sich als Gemeinschaft in der Anschauung Gottes, für die dazu gehörigen Menschen nach ihrem Tod in der Form des ‚ewigen Lebens'. Das irdische Leben ist daher für diese Menschen, die Gotteskinder, eine dauerhafte Prüfung, in der sie sich bewähren müssen, ein Weg der Pilgerschaft. Was sie hier schon an Glück erfahren, liegt in der von der Kirche sakramental verbürgten Hoffnung auf die (ewige) Gemeinschaft der Gotteskinder mit Gott. Die Kirche erscheint durchaus als Gemeinschaft hin zur *civitas dei* – Augustinus setzt oftmals die *ecclesia* mit der *civitas dei* gleich,[80] aber sie ist keineswegs schon deren Vollendung.[81] Und die Zugehörigkeit zur *civitas dei* deckt sich auch nicht mit der Mitgliedschaft in der institutionell organisierten Kirche; diese ist, was die Zugehörigkeit ihrer Glieder zu den beiden civitates betrifft, ebenfalls ‚gemischt'.

---

78 Der Text findet sich in De catechizandis rudibus liber unus, geschrieben um 400 n.Chr. (lateinischer Text in PL 40,333). In De civ. dei XIV, 28 heißt es: „Es schufen also zwei Liebeshaltungen zwei civitates, die Liebe zu sich selbst bis hin zur Verachtung Gottes die irdische civitas, die Liebe zu Gott bis hin zur Verachtung seiner selbst aber die himmlische civitas."

79 Vgl. De civ. dei I, 35.

80 Vgl. etwa de civ. dei VIII, 24,2: „Aedificatur enim domus Domino civitas Dei, quae est sancta ecclesia in omni terra"; XIII, 16: „Sed philosophi, contra quorum calumnias defendimus civitatem Dei, hoc est eius ecclesiam"; XVI, 2: „neque nisi ad Christum et eius ecclesiam, quae civitas Dei est ...".

81 Siehe *J. Ratzinger*, Haus Gottes, S. 288–290.

Die *civitas terrena* (*diaboli*) bildet dementsprechend den geistig-metaphysischen Hintergrund der irdisch-politischen Reiche. Sie wird getragen von der Abkehr der Weltkinder von Gott in ihrem Streben nach Genuß der irdischen Güter. Sie leben nach dem Fleische, ihr Ziel ist ein selbstbezogenes, an die irdischen Zwecke sich verlierendes Leben. Darin streben sie, je für sich Macht und Vorteil suchend, auseinander. In der Realisierung dieser Zielsetzungen hebt dieses Reich sich auf, weil es in sich uneins ist: Der Friede ist Voraussetzung für den Genuß der irdischen Güter, aber das Streben nach diesem Genuß führt zum Streit um die Güter, und dieser Streit bringt keine wirkliche Gemeinschaft, sondern notwendig den Unfrieden hervor.[82] Der vielfache Streit innerhalb der politischen Reiche und zwischen ihnen stellt sich so als eine Repräsentation der *civitas terrena* im Sinne des metaphysischen Teufelreichs (*civitas diaboli*) dar. „Nachbarn in Kriege verwickeln, von da an zu weiteren Kriegen übergehen und Völker, die einem nicht bedrohlich sind, allein aus Begierde auf Herrschaft niederdrücken und unterwerfen. Was für einen anderen Namen soll man dem geben als Räuberei im großen Stil?" (De civ. dei IV, 6).

b) Welche Folgerungen zieht Augustinus angesichts dieser heilsgeschichtlich-theologischen Perspektive für den Status der weltlichen politischen Ordnungen und das Verhalten der Christen in ihnen?

(1) Diese Ordnungen sind nicht etwa gleichbedeutend mit der *civitas terrena*, wiewohl sich in der Beschreibung, die Augustinus von manchen historischen Reichen gibt, durchaus Anklänge daran finden. Sie sind aber vom Geist der *civitas terrena* durchsetzt und können sich in ihrer konkreten Erscheinungsform dieser stark annähern.[83] Sie sind auch keine volle Gemeinschaft i.S. von Ciceros Res publica, weil sie der vollen Gerechtigkeit ermangeln (oben vor a); in Augustinus christlichem Verständnis sind sie eine Zweckveranstaltung, die sich müht, den irdischen Frieden, der ein naturbegründetes Gut ist, zu erreichen. Die weltliche politische Ordnung, insonderheit das römische Reich und sein Kaisertum, wird auf diese Weise theologisch entmächtigt, in radikaler Weise ‚entdivinisiert'.[84] Es wird – kritisch-polemisch gewendet – in seine Relativität und Vorläufigkeit verwiesen. Ihm – wie der politischen Ordnung überhaupt – bleibt die Suche nach den bloß irdischen Gütern

[82] Konstant zieht sich diese Argumentation durch die verschiedenen Abschnitte von De civitate dei. Man vergleiche etwa IV, 4–6; XIV, 4 u. 28; XV, 4 u. 5. Nähere Entfaltung bei *A. Adam*, Heilsgeschichtliche Soziologie, S. 158–161; vgl. auch *K. Schilling*, Soziale Ideen (Lit.), S. 203 f.

[83] Eingehend hierzu *A. Adam*, Heilsgeschichtliche Soziologie, S. 154–156, 161–166. Hierbei muß beachtet werden, daß Augustinus den Begriff *civitas terrena* in mehrfacher Bedeutung verwendet und ihn nicht selten auch zur Kennzeichnung der konkreten politischen Reiche gebraucht und diese dabei in die Nähe der *civitas terrena* als geistiges Reich rückt.

[84] Deutlich in dieser Richtung auch *H. Ottmann* (Lit.), Bd. 2,2, S. 28–31.

als dem ‚Seinigen'. Nach diesen Gütern freilich strebt auch eine Ordnung, die nicht aus dem Glauben lebt: sie sucht „ausgehend von den Dingen und Vorteilen dieses zeitlichen Lebens den irdischen Frieden zu erheischen." (De civ. dei XIX, 17). Es ist ihre Aufgabe, die Spannung zwischen den Willensstrebungen im Sinne der *civitas dei* und jenen im Sinne *civitas terrena* nicht zu beseitigen – etwa durch die Errichtung einer Gottes- oder Tugendordnung –, sondern sie auszuhalten und auf ihrer Grundlage für den Frieden zu sorgen.[85]

(2) Den irdischen Frieden, den die weltliche politische Ordnung vermitteln kann – Augustinus hat die *pax romana* vor Augen –, können und sollen die Christen, die auf die *civitas dei* hin leben, für ihr eigenes Seelenheil gebrauchen. Sie fügen sich um der Verfolgung *ihres* Zieles willen in diese Ordnung ein und wirken auch an der Gestaltung und Erhaltung des irdischen Friedens mit.[86] Die politische Ordnung wird für die wahre Gottesverehrung dienstbar gemacht, so lange sich das ‚Volk Gottes' auf der irdischen Pilgerschaft befindet.

> „Denn solange die beiden civitates miteinander vermischt sind, bedienen auch wir uns des Friedens Babylons. Aus Babylon wird das Volk Gottes durch den Glauben in der Weise nämlich befreit, daß es für die Zwischenzeit neben ihm her pilgert. Deswegen ermahnte auch der Apostel die Kirche, für die Könige und Hoheiten Babylons zu beten, indem er die Worte hinzufügte: ‚Damit wir ein friedliches und ruhiges Leben führen in aller Gottgefälligkeit und Liebe.'" (De civ. dei XIX, 26).

Das Verhältnis zur politischen Ordnung ist, wie sich hieran zeigt, eines der Loyalität und Mitwirkung, nicht des vollen Darinstehens oder der Identifikation. Das eigentliche Leben des Christen ist das Leben auf Gott hin und in der Nächstenliebe, für das die politische Ordnung zwar einen Rahmen, aber nur einen äußeren Rahmen bereitstellt.

(3) In solche Relativität versetzt, werden die Friedensbemühungen der politischen Ordnung jedoch nicht weiter entwertet. Sie behalten, auch unter heilsgeschichtlich-eschatologischem Blickpunkt, eine eigene Dignität. Sicher entsteht dieses Bemühen in seiner Notwendigkeit und Aufwendigkeit erst aus den Gegebenheiten der gefallenen Natur (*natura lapsa*), doch seinen Sinn und

---

[85] *W. Schweidler*, Der gute Staat (Lit.), S. 116–118.

[86] Daß der Gebrauch der weltlichen politischen Ordnung durch die Christen bei Augustinus nicht nur eine eher passive Hinnahme und Anerkennung, sondern auch eine positive Mitarbeit bedeutet, hat *U. Duchrow*, Christenheit, S. 280–288 eingehend dargetan. Der römische Begriff der *concordia*, der Eintracht, die eine Bedingung für den Bestand politischer Gemeinwesen ist und von Augustinus christlich-theologisch interpretiert wird, steht im Hintergrund, vgl. *J. Straub*, Augustins Sorge, S. 43 ff.

seine Bestimmung erfährt es im Blick auf die universale Friedensorientierung, die in der Schöpfung selbst angelegt ist. Augustinus zweifelt nicht daran, daß die Glieder der *civitas dei*, die sich auf der irdischen Pilgerfahrt befinden, sich *notwendig* auch dieses Friedens bedienen, bis das vergängliche Leben selbst, dem solcher Friede not tut, vergeht.[87] In diesen Zusammenhang fügt sich allerdings schwerlich ein, daß Augustinus der weltlichen politischen Ordnung gleichwohl, wie seine Billigung der kaiserlichen Religionsgesetze zeigt (oben III, 2d), die Aufgabe nicht bestreitet, die Irrgläubigen in den wahren Glauben (wieder) hineinzuzwingen und den Abfall vom wahren Glauben äußerlich zu sanktionieren. Woraus ergibt sich der Grund, für solche (ohnehin fragwürdige) Ziele äußere Machtmittel anzuwenden und die in Relativität versetzte weltliche politische Ordnung daraufhin zu instrumentalisieren?[88] Wir stoßen hier auf konfliktträchtige Widersprüche in der Konzeption Augustins; der Bischof in ihm optiert gegen die Einsicht des theologisch-heilsgeschichtlichen Denkers.

2. Neben die theologisch-heilsgeschichtliche Argumentation tritt bei Augustinus ergänzend eine zweite Begründungsreihe. Sie soll deren Ergebnisse unterfangen und hat Züge einer naturrechtlichen Argumentation. Augustinus knüpft dabei einerseits an Cicero an, auf den er sich immer wieder, auch mit längeren Zitaten, beruft, andererseits an die Lehren der frühen Kirchenväter, die ihm präsent sind. Doch die Argumentation bleibt dabei nicht stehen.

a) Daß die Menschen in politischen Ordnungen zusammenleben, ist generell im *ordo naturalis*, näherhin in der Natur des Menschen begründet. Augustinus stellt von vornherein nicht auf die äußere Bedürftigkeit zur Sicherung des Überlebens ab, sondern auf die Anlage und den Drang zum Frieden. Alles in der Natur drängt auf Frieden, der durch eine Ordnung erreicht wird, in der das Niedere dem Höheren dient, und die Gerechtigkeit dadurch verwirklicht wird, daß jedem das Seine zugemessen wird. Das ist die ‚Gesetzlichkeit', die der Natur als Schöpfungsordnung eigen ist.[89] Für die Menschen stellt sich dieser Frieden, nach dem sie drängen, im paradiesischen Ursprungszustand anders dar als nach dem Sündenfall; dies unterscheidet Augustinus ausdrücklich.

Im ursprünglichen *ordo naturalis*, wie er vom Schöpfungswillen Gottes gedacht war, gab es keine Herrschaft von Menschen über Menschen im Sinne von Unterordnung, der Ausübung von Gebotsautorität, Zwangs- und Straf-

---

[87] Vgl. De civ. dei, XIX, 13 und 17.

[88] Deutliche Entfaltung des Problems bei *E. Gilson*, Metamorphosen, S. 70–73.

[89] Vgl. oben III 2b, S. 205 f., ferner *J. Laufs*, Friedensgedanke, S. 53–55, und *W. Stürner*, Peccatum, S. 68 m.w.Nachw.

gewalt. Die Menschen lebten miteinander in Eintracht und Sorge füreinander, regierten die übrigen Geschöpfe und waren innerhalb der göttlichen Schöpfungsordnung in Gemeinschaftsverhältnissen verbunden, die von der Liebe getragen waren und dirigiert wurden.[90] Erst die Sünde, die Auflehnung gegen Gottes Willen, machte die Aufrichtung von Herrschafts- und Zwangsgewalt notwendig, um den Frieden als vorläufigen, irdischen Frieden zu erreichen und zu erhalten.

> „Vom Menschen als vernünftigem und nach seinem Ebenbild erschaffenen Wesen wollte Gott, daß er nur über Unvernünftiges herrsche, nicht der Mensch also über den Menschen, sondern der Mensch über das Vieh. Daher wurden die ersten Gerechten eher als Hirten von Viehherden denn als Könige eingesetzt, damit Gott auch auf diese Weise zum Ausdruck bringen konnte, was die Ordnung der Geschöpfe fordert und was sie als verdiente Strafe für Sünder festsetzt." (De civ. dei XIX, 15)

Nach dem Sündenfall ist also der Friede im Zusammenleben der Menschen nur durch eine Ordnung mit Autorität, Zwangs- und Strafgewalt zu erreichen, darin stimmt Augustinus mit den meisten der frühen Kirchenväter überein;[91] die Eintracht unter den Bürgern und die Ruhe der Ordnung wird durch Anordnung und Befehle bewirkt, und Gerechtigkeit kann stets nur begrenzt verwirklicht werden.

Da Augustinus die Gerechtigkeit als volle Gerechtigkeit sehr stark auf Gott bezogen denkt (oben 1 vor a), führt er deren gesellschaftliche Dimension und den Zusammenhang von irdischem Frieden und Gerechtigkeit nicht näher aus.[92] Auch die berühmte fragende Feststellung: „Remota itaque iustitia quid sunt regna nisi magna latrocinia?"[93] bleibt ohne eine weitere Explikation dieser Gerechtigkeit, ist also eher ein Ausruf; vieles spricht dafür, daß Augustinus auch hier wiederum ihren Gottesbezug vor Augen hat, nicht ihre soziale Dimension, die auch sonst nicht näher entfaltet wird.[94]

Gleichwohl bindet Augustinus diesen prekären irdischen Frieden, den die politische Ordnung allein zu schaffen vermag, in ein universales, letztlich theologisch bestimmtes Konzept von Friede, Ordnung und Eintracht ein.

---

90 Siehe *W. Stürner*, Peccatum, S. 68f., und *O. Schilling*, Augustinus, S. 45–63 (mit dem Bestreben, die Auffassung Augustins mit den Aussagen der Staatslehre Papst Leos XIII. zu harmonisieren).

91 Vgl. oben III 1d.

92 Dazu näher *U. Duchrow*, Offene Fragen, S. 209–215, ferner *E. Gilson*, Metamorphosen, S. 48f.

93 De civ. dei IV, 4: „Was sind schließlich Reiche ohne Gerechtigkeit anderes als große Räuberbanden?", der Text fährt fort: „da ja auch Räuberbanden nichts anderes sind als kleine Reiche".

94 Siehe etwa die Bemerkungen von *W. Stürner*, Peccatum, S. 74, Anm. 18.

Dieses Konzept hat seinen Zielpunkt im himmlischen Frieden der *civitas caelestis*, der hier nicht erreichbar ist; doch kann der Friede in der Natur und im irdischen Leben in vorläufigen, oftmals freilich gebrochenen Stufen daraufhin angestrebt werden.[95]

„Der Friede des Körpers ist also ein geordnetes, maßvolles Verhältnis der Körperteile zueinander, der Friede der vernunftlosen Seele ist eine geordnete Ruhe ihrer Triebe, der Friede der vernünftigen Seele ist eine geordnete Übereinstimmung von Denken und Handeln ... der Friede der irdischen civitas ist eine geordnete Eintracht der Bürger bei Befehl und Gehorsam, der Friede der himmlischen civitas ist eine vollkommen geordnete und einträchtige Gemeinschaft, um Gott und sich gegenseitig in Gott zu genießen, der Friede aller Dinge ist der Ruhezustand der Ordnung." (De civ. dei XIX, 13).

In diesem Zusammenhang formuliert Augustinus auch einen Begriff von Ordnung, der von bemerkenswerter Aussagekraft ist: „Ordnung aber ist die Anordnung gleicher und ungleicher Dinge, die jedem seinen Platz zuweist."[96] Wiewohl diese Vorstellung Teil seines metaphysischen Ordo-Denkens und eher auf die Welt im ganzen bezogen ist,[97] läßt sie sich fruchtbar auf den weltlich-politischen Bereich anwenden. Sie enthält dann dreierlei: Ordnung bedeutet nicht Gleichheit, sondern Zuordnung von Ungleichem, das als solches erhalten bleibt; Ordnung kommt zustande, indem nicht irgendein, sondern ein bestimmter Platz zugewiesen wird, sie kann nicht beliebig geschaffen werden, ist also mit der Gerechtigkeit, dem *suum cuique tribuere* verknüpft; schließlich entsteht Ordnung durch Anweisung und Verteilung, also von einer Autorität aus, die zuteilende Entscheidungen trifft, nicht in freier Konsensbildung aller.

b) Die Aufgabe und Autorität, die der politischen Gemeinschaft zukommt, ist auch in dieser zweiten Argumentationslinie Augustins eine zweckgebundene; sie besteht, um ein näher bestimmtes Ziel zu erreichen: die geordnete Eintracht des Friedens im Sinne der *pax terrena*.[98] Die irdische *civitas*, die nicht aus dem Glauben lebt,

„strebt nach irdischem Frieden und versteht die Eintracht der Bürger im Befehlen und Gehorchen als gleichmäßige Ausrichtung des menschlichen Wollens auf die zum sterblichen Leben gehörenden Güter." (De civ. dei XIX, 17)

---

[95] Entwicklung und Charakter von Augustins Friedenskonzept, auch sein theologisches Fundament, sind eingehend dargelegt bei *H. Fuchs*, Friedensgedanke, S. 36–72.

[96] De civ. dei XIX, 13: „Ordo est parium dispariumque rerum sua cuique loca tribuens dispositio."

[97] Vgl. *M. Enders*, Ordo-Denken, S. 340–348; *J. Laufs*, Friedensgedanke, S. 54.

[98] Zum Charakter und Inhalt dieses Friedens siehe *J. Laufs*, Friedensgedanke, S. 117–124.

Dieser Gemeinschaft, sagt Augustinus, kann man dann die Eigenschaft einer Res publica zuerkennen, wenn für diese die Ausrichtung auf die volle Gerechtigkeit (die immer die Beziehung auf Gott und den Gehorsam ihm gegenüber mit umfaßt (oben 1 vor a) als Kriterium aufgegeben wird, und sie stattdessen nur durch das einträchtige Streben nach gewissen geliebten Dingen, hier dem irdischen Frieden und den Gütern des sterblichen Lebens, bestimmt wird.[99] Darin liegt ein zurückgenommener Begriff der Res publica, der von deren theologischer Entmächtigung ausgeht. Gerade auch in dieser (säkularen) Reduktion ist die Ablehnung religiöser Toleranz (oben III 2d) ein widersprüchliches Moment. Ungeachtet dessen ist das Ziel der politischen Gemeinschaft, von den Regierenden her betrachtet, durchaus ein fremdnütziges, denn es liegt jenseits ihres persönlichen Interesses, ihres Ruhms und ihrer Macht. Das stellt Augustinus dem, was sich in den weltlichen Reichen seiner Gegenwart vielfach tatsächlich vollzieht, deutlich gegenüber. Er bringt so den *Amtscharakter* von Herrschaft und Autoritätsgebrauch zum Ausdruck. Befehlen heißt, wie für den Hausvater so auch in der irdischen *civitas*, nichts anderes als dem Wohlergehen anderer dienlich sein (vgl. De civ. dei XIX, 14).

Was nun das Verhältnis des Einzelnen zur politischen Gemeinschaft und zu ihren Ämtern angeht, tritt Augustinus für einen nachvollziehenden Gehorsam ein. Der Charakter der politischen Gemeinschaft als etablierte Ordnung von Befehl und Gehorsam ist für ihn selbstverständlich und wird bejaht – eine Folge der Sünde, aber gleichwohl eine Macht, die von Gott kommt; die Stelle Römer 13,1–4 gibt ihm den Beleg.[100] Denn der Mensch ist aus sich so unbestimmt und unbeständig, so blind in seinen Absichten und Kommunikationsversuchen, daß er von ihm nicht bewußten Kräften determiniert sein muß. Der Gehorsam gegenüber der politischen Autorität, der Obrigkeit, erscheint mithin als Zeichen der Bereitschaft, den (geistlichen) Gefahren übertriebener Selbstbestimmung zu begegnen und auch die Vorgänge und Mächte zu akzeptieren, die jenseits der eigenen Kontrolle und des eigenen Verständnisses liegen.[101]

c) Die Begrenzung der politischen Ordnung auf den irdischen Frieden und die Güter des sterblichen Lebens, die überall hervortritt, ist bei Augustinus mitgetragen vom Vorhandensein der Kirche als religiös-geistiger ‚neuer Polis' in der Zeit; insofern wirkt die theologisch-heilsgeschichtliche Argumentation auf die naturrechtliche Gedankenführung ein und sind beide miteinander verknüpft. Augustinus behält stets die Dimension beider Reiche im Blick. Daraus lassen sich dann – und dies ist seit dem Mittelalter geschehen – relativ selb-

[99] Vgl. De civ. dei XIX, 24.

[100] Vgl. *P. Brown*, Anschauungen, S. 197–199.

[101] So *P. Brown*, Anschauungen, S. 183–187, 191.

ständige Ordnungen und Ordnungsbereiche einerseits für das Leben der Menschen im Verhältnis zu Gott, anderseits für das Zusammenleben der Menschen untereinander begründen. So findet sich bereits bei Augustinus ein Ausgangspunkt für die spätere Abgrenzung von geistlich und weltlich, dann auch von Kirche und Staat; ihm selbst wäre eine solche sicher fremd gewesen.

V. Zusammenfassende Würdigung

Die Bedeutung Augustins für die Geschichte der Rechts- und Staatsphilosophie, sucht man sie zusammenzufassen, läßt sich nur begrenzt von seinem Einfluß auf die Theologie und die abendländische Bildungsgeschichte überhaupt trennen. Augustinus hat als christlicher Denker antikes Bildungsgut, das ihm umfassend bekannt war, aufgenommen und sich damit auseinandergesetzt. Das bezog sich, wie wir gesehen haben, auch auf die Gedanken der Stoiker zur Rechts- und politischen Philosophie. Als Theologe und als Philosoph, der von der Theologie her denkt, hat er die antiken Lehren, indem er sie aufnahm, auch um- und neu interpretiert; sie sollten von seinem christlichen Denken her begriffen und in dieses eingefügt werden. Auf diese Weise hat er, auf der Grundlage des christlichen Gottesbegriffs und der daraus hervorgehenden Bestimmung von Natur und Welt als Schöpfung Gottes, den Immanentismus der stoischen Begriffe *lex aeterna* und *lex naturalis* aufgebrochen und ihnen neuen Gehalt verliehen.

Ähnliches läßt sich auch von der Standortbestimmung und Zweckbegrenzung der weltlichen politischen Ordnung sagen. Hier eröffnen seine heilsgeschichtlich-theologischen Prämissen einen neuen und fruchtbaren Ansatz für die Unterscheidung des Bereichs des geltenden Rechts vom Bereich theologisch-moralisch begründeter Verhaltensanforderungen: Jener ist auf die Herstellung und Wahrung des irdischen Friedens im Zusammenleben der Menschen bezogen, dieser wird durch das Gesetz der göttlichen Liebe und der Gottesliebe des Menschen inhaltlich bestimmt. Daran kann eine eigene Rechtsphilosophie anknüpfen, die sich von Ethik und Moral unterscheidet, aber doch darauf bezogen bleibt. Darüber hinaus erschließt sich bei Augustinus, indem er die *lex humana*, das menschliche Gesetz, als *lex temporalis* bestimmt, der Gedanke der Veränderbarkeit und Dynamik des Rechts, ungeachtet von dessen Bindung an die Ordnungs- und Gerechtigkeitsidee der *lex aeterna*.

Die dem vorausliegende Zwei-Reiche-Lehre Augustins erwächst aus einer Geschichtstheologie. In die gegebene Zeitsituation hinein formuliert, bedeutete sie eine metaphysisch-theologische Entmächtigung des Anspruchs politischer Ordnung auf Allzuständigkeit, der antikes Grundverständnis widerspiegelt und sich im spätantiken Reich noch verstärkte. Sie bedeutete damit in gewisser Weise auch eine Absage an die Theorie der Polis als umfassender und umfangender Gemeinschaft, wie sie von Platon und Aristoteles vertreten worden war. Die naturrechtliche Argumentationslinie, die bei Augustinus auch vorhanden ist, unterfängt diese Entmächtigung noch einmal und relativiert die politische Ordnung zu einer (säkularen) irdischen Friedensordnung. Gleichwohl hat Augustinus zur gleichen Zeit keine Bedenken getragen, Gesetze dieser bloß irdischen *civitas* zur Verfolgung religiöser Irrlehren und zum äußeren Zwang zur Wiederannahme des wahren Glaubens gutzuheißen. Das weist auf einen inneren Zwiespalt hin, der bis heute das Augustinus-Bild prägt.

Diese Ambivalenz zeigt sich auch und gerade bei den Folgewirkungen seiner Zwei-Reiche-Lehre. Wenn Augustinus sagt, einer politischen Ordnung wie dem römischen Reich fehle die (volle) Gerechtigkeit, weil sie den Menschen den wahren Gott vorenthalte, und sie sei deshalb überhaupt keine wahre *polis* oder *civitas*, so konnte dies natürlich auch als Aufforderung zur (Wieder-)Herstellung der Einheit von Religion, Welt und politischer Ordnung verstanden werden. Im Mittelalter ist Augustinus nicht selten so gelesen und dafür in Anspruch genommen worden.[102] Der entmächtigte Status der politischen Ordnung wird von ihm in heilsgeschichtlicher Perspektive zwar als eine Gegebenheit erklärt und akzeptiert, nicht jedoch als innere Notwendigkeit ausgewiesen, die, weil in sich begründet, so angenommen werden kann und muß. Für eine solche Position fehlt es bei ihm (noch) an einem theologisch und metaphysisch fundierten Begriff der Freiheit der Person.

---

102 Vgl. *H. Maier*, Augustin, S. 109.

§ 10 Thomas von Aquin

I. Zeitsituation und Lebensweg

Zwischen Augustinus und Thomas von Aquin liegen, zeitlich gesehen, 800 Jahre. Thomas von Aquin lebte und wirkte im 13. Jh. in einer Zeit, die von den Anfängen des Mittelalters bereits weit entfernt lag. Die mittelalterliche Welt war entstanden, indem, getragen von den einwandernden und erobernden Germanenstämmen nach dem Untergang des spätrömischen Reiches, sich eine andersgeartete Kultur und politisch-soziale Struktur aufbaute und ausbreitete. Sie war gekennzeichnet durch eine spezifische Verbindung germanischer und christlicher Elemente, aber auch, freilich nach Ländern und in der Intensität verschieden, durch ein Fortwirken antiken Denkens und antiker Kulturformen. Das hat zu der vielberufenen Einheit von Germanentum, Christentum und Antike als Grundlage europäischer Kultur geführt. Diese Einheit war freilich eine durchaus spannungsreiche Vielfalt, in der unterschiedliche geistig-religiöse, kulturelle und politische Kräfte nicht nur miteinander, sondern auch gegeneinander wirkten. Im Fortgang der Zeit entstanden daraus lebhafte Auseinandersetzungen, die nicht zuletzt im Kampf um die Vorherrschaft zwischen Kaiser und Papst sowie in der Frage nach dem generellen Verhältnis von geistlich-kirchlicher und weltlich-politischer Gewalt ihren Ausdruck fanden. In dieser Hinsicht war gerade das Jahrhundert, in dem Thomas von Aquin lebte, eine bewegte Zeit: Politisch bewegt durch die Auseinandersetzungen zwischen Kaiser Friedrich II. und den Päpsten um kaiserliche und kirchliche Befugnisse und Herrschaftsrechte in Italien, nicht zuletzt in Fortwirkung des Investiturstreites; geistig-philosophisch bewegt durch die Aufnahme der Philosophie des Aristoteles an den entstehenden Universitäten, aber auch einen erbitterten Streit darum; kirchlich und politisch zugleich bewegt durch eine um sich greifende Ketzerverfolgung und die Errichtung der Inquisition; und schließlich bewegt durch das Aufkommen der Bettelorden (Franziskaner und Dominikaner), die ein Signal gegen die herrschende Verschwisterung von Kirche, Reichtum und weltlicher Macht setzten und eben dadurch heftige Auseinandersetzungen im Klerus hervorriefen.

1. Die politische Ordnung des früheren Mittelalters war institutionell gesehen eine eher schwache und fragile Ordnung; von der politischen Ordnung der antiken Welt unterschied sie sich insbesondere durch den Bedeutungsverlust der Schriftkultur im frühen Mittelalter.[1] Eine Bürokratie, wie sie in der Spätantike bestand, kam in ihr als Organisationsform von Herrschaft nicht in Frage; ihre tragende Grundlage waren nur vereinzelt Amtsstrukturen, vorwiegend hingegen Gefolgschafts- und Treueverhältnisse, später das Lehenswesen, mithin eine stark personengebundene Struktur.

Die Folgen der Schriftlosigkeit waren auch im Rechtswesen zu erkennen, das für die abstrakten Begriffe des antiken römischen Rechts kein Verständnis mehr hatte, sondern auf mündlichen Traditionen oder anschaulichen Gerichtsbräuchen beruhte.[2] In dieser Welt gemeinschaftlicher Streitbeilegung durch rechtliche Gewohnheiten und Symbolhandlungen konnte ein Herrscher wohl Privilegien verleihen und Änderungen durchführen, an eine systematisch lenkende Rechtsgestaltung durch ihn war jedoch nicht zu denken.

Zugleich stellte sich diese Ordnung als eine religiös-politische Einheitswelt dar. Ungeachtet der Entsakralisierung politischer Ordnung, die Augustinus im Blick auf das damalige römische Reich vertreten hatte (oben § 9 IV 1b, S. 214f.), bildete sich – von neuem an die ältere heidnische, dann christlich gewendete, in Byzanz lebendig gebliebene Kaisertradition anknüpfend – eine religiös-politische Einheitsordnung heraus, wie bei Karl dem Großen sichtbar wurde.[3] Sie wurde befördert durch den Glauben der (heidnischen) Germanen an ein „Königsheil". Man begriff und erlebte die religiös-politische Ordnung als ein ‚reichskirchliches Weltganze' (A. Mirgeler), getragen von der christlichen Reichsidee,[4] symbolhaft gefaßt als einheitliche geheiligte Weltordnung der Christenheit (*orbis christianus*) unter Christus als dem Pantokrator/Weltherrscher,[5] innerhalb derer Kaiser und Papst die beiden höchsten Ämter innehatten. Die Königsherrschaft erschien von Gott abgeleitet und übertragen, die Herrscherweihe, bis ins 12. Jh. als Sakrament aufgefaßt, gliederte den König in die Reihe geweihter Amtsträger ein, und der Kaiser, selbst Glied der *ecclesia*, war zugleich Vogt und Schutzherr der Kirche.[6]

---

[1] Anschaulich hierzu *A. Wendehorst*, Wer konnte im Mittelalter, S. 9–33

[2] Für einen Überblick vgl. *J. Weitzel*, Normstrukturen, S. 380–392 m.w.N.

[3] Vgl. *W. Ohnesorg*, Byzanz und das Abendland, passim.

[4] Vgl. *K. Roth*, Genealogie des Staates, S. 376–382.

[5] Ihren künstlerischen Ausdruck fand diese Vorstellung europaweit in vielen Christusgestalten und entsprechenden Mosaiken romanischer Kirchen.

[6] Dem Kaiser wurde die Stellung eines Klerikers im Rang eines Diakons zuerkannt, der u.a. vom Ambo aus das Evangelium verlesen durfte; die Krönungsinsignen, wie auch der Ritus der Kaiserkrönung, der ein liturgischer Vorgang war, und die Kaisergewänder lassen deutlich den sakralen Charakter der Kaiserwürde erkennen, vgl. im einzelnen *E. Eichmann*, Kaiserkrönung, insb. S. 105–108, 129–222; ferner *E. Boshof*, Königtum und Königsherrschaft, S. 109–122.

2. Diese religiös-politische Einheitswelt wurde im Investiturstreit (1057–1122) vom Grund her aufgebrochen.[7] Nicht nur trennte sich die westliche Kirche von der byzantinischen Ostkirche, sie suchte sich auch aus der Umklammerung durch die weltlichen Herrscher, vor allem den Kaiser, in die sie geraten war, zu lösen. Mit dem Streben nach innerer Erneuerung, die von der cluniazensischen Reformbewegung ausging, wollte sie zugleich ihre Freiheit von der Vormundschaft und Ämterdisposition der Herrscher erreichen: der Kampf um die *libertas ecclesiae*.[8] Von der aufkommenden theologischen Wissenschaft wurde nun ‚Geistliches' und ‚Weltliches' voneinander geschieden (*spiritualia* und *temporalia*) und für die kirchlichen Ämter volle Eigenständigkeit und Unabhängigkeit in allen geistlichen Dingen in Anspruch genommen. Die Papstkirche ging als neue *ecclesia*, die sich zur hierarchisch-sakramentalen Kleruskirche ausformte, aus der umfassenden Einheit des *orbis christianus* hervor. Sie entheiligte die weltlichen Herrscher und ihre Aufgaben, wies ihnen als bloßen ‚Laien' eine untergeordnete Stellung zu und erklärte ihre Aufgaben zu nur weltlichen Angelegenheiten. Damit setzte sie freilich diese Aufgaben, indem sie sie aus der sakral-sakramentalen Sphäre entließ, zu deren eigener Entfaltung als politisches Geschäft frei, löste sie aus der Einbindung in eine eschatologisch bestimmte Orientierung.[9]

Für die weitere Entwicklung wurde nunmehr die bereits angesprochene Verhältnisbestimmung von geistlich und weltlich, von geistlicher und weltlicher Gewalt, entscheidend (oben § 8 IV 2, S. 188). Auf der selbstverständlichen Grundlage des christlichen Glaubens kamen gewissermaßen drei Lösungswege in Betracht: War eine Suprematie der geistlichen über die weltliche Gewalt gefordert, weil in Ansehung der Christenpflichten des Herrschers und der Frage von Sünde und Heil (*ratio salutis*) das Urteil über das Handeln des Herrschers nur der geistlichen Gewalt zustand und zustehen konnte? War eine Suprematie der weltlich-politischen Gewalt gefordert, weil gerade sie für die Ordnung des Zusammenlebens, die Herstellung und Erhaltung von Recht und Frieden zuständig war und sich geistlich-kirchliches Handeln notwendig darauf auswirkt? Oder war eine Gleichordnung, ein getrenntes Nebeneinander beider Gewalten mit je eigenem Entscheidungsvorbehalt angezeigt? Der Streit darum bestimmte die weitere Auseinandersetzung; er ging über das 12. und 13. Jh. weit hinaus.

---

[7] *K. Roth*, Genealogie des Staates, S. 407, spricht zutreffend von der „Zerstörung und Überwindung des ottonisch-salischen Reichskirchensystems". Vgl. auch ebendort, S. 407–419.

[8] Aus der reichen historischen Literatur ist vor allem hinzuweisen auf *G. Tellenbach*, Libertas, S. 109–192; *E. Rosenstock-Huessy*, Europäische Revolutionen, S. 131–168; *J. Miethke*, Politische Theorien im Mittelalter, S. 59–65; *H. Hoffmann*, Von Cluny zum Investiturstreit, S. 165–203; *H. Hattenhauer*, Europäische Rechtsgeschichte (Lit.), S. 197–205.

[9] Siehe dazu *A. Mirgeler*, Rückblick, S. 109–129; *E.-W. Böckenförde*, Entstehung des Staates, S. 94–99.

3. Die skizzierten Probleme standen in den Auseinandersetzungen des Investiturstreits um so deutlicher im Hintergrund, als im Zusammenhang mit ihm Kirche und politische Ordnung stärker rechtlich verfaßt wurden; sie traten in Rechtspositionen und mit Rechtsansprüchen einander gegenüber. Das Recht erhielt so eine starke und legitimierende Bedeutung für den Ausbau der kirchlichen ebenso wie der weltlich-politischen Ordnung. Dafür stellte freilich die ungelehrte mittelalterliche Rechtspraxis nur wenige Instrumentarien bereit. Die Verdichtung von Herrschaftsansprüchen geschah vielmehr vornehmlich unter Aufnahme der hoch entwickelten Begriffe und abstrakten Denkformen des römischen Rechts. Vor allem die Kirche, in der sich die Schriftkunde immer gehalten hatte, entwickelte hier seit dem 11./12. Jh. unter Führung etlicher Päpste, die selbst gelehrte Juristen waren, ihr eigenes kanonisches Recht. Mit ihm gab sie sich eine Rechtsgestalt als vom Klerus getragene Körperschaft, untermauerte und baute ihre Selbständigkeit gegenüber der kaiserlich-weltlichen Gewalt aus und errichtete eine sakrale Ämterhierarchie, die sakramentale Weihe und herrschaftliche Jurisdiktionsbefugnisse einerseits unterschied, andererseits aber auch miteinander verknüpfte.[10] Schon um 1140 entstand das *Decretum Gratiani*, eine Sammlung päpstlicher Erlasse und Rechtsentscheide, die als autoritative Quelle des kanonischen Rechts wirkte. Seit der Wiederentdeckung des vollen *Corpus iuris* Kaiser Justinians im 11. Jh. kam es in Italien auch zur Ausbildung einer weltlichen Rechtswissenschaft, die in diesem ‚kaiserlichen' Recht ihre Grundlage und Quelle fand.[11] Rechts- und Herrschaftstitel der römischen Kaiser sowie kaiserliche Gesetze wurden auf den jetzigen Kaiser bezogen und daraus Rechtsgrundlagen und Rechtstitel kaiserlicher Herrschaft gewonnen;[12] die am römischen Recht ausgebildeten Juristen (zunächst und maßgeblich in der Schule von Bologna) wirkten als kaiserliche Legisten. Das begann bereits unter Friedrich Barbarossa (1158 Reichstag auf den Ronkalischen Feldern) und setzte sich unter

[10] Erhellend hierzu immer noch – ungeachtet ihrer Umstrittenheit und des durchscheinenden reformatorischen Pathos – *R. Sohm*, Kirchenrecht, Bd. 2, S. 87–110 (Das kanonische Recht des Neukatholizismus); *ders.*, Das altkatholische Kirchenrecht und das Dekret Gratians, S. 557–591. Die Bedeutung dieser Entwicklung sollte nicht unterschätzt werden. Wenn sich die westliche Christenheit schon früh in rechtlichen Strukturen verfaßte (oben § 8 III 2d, S. 186f.), so bildete sie doch nun erst eine wirkliche *Rechtskirche* aus, die nichts Geringeres als das erste moderne Rechts- und Gerichtssystem Europas hervorbrachte, vgl. *H. Berman*, Recht und Revolution, S. 327–412; ferner *P. Landau*, Bedeutung des kanonischen Rechts, S. 23–47.

[11] Vgl. *J. Fried*, Die Entstehung, passim; ferner *P. Koschacker*, Europa und das römische Recht, S. 55–75; *F. Wieacker*, Privatrechtsgeschichte, § 4 I–III, S. 71–78.

[12] Hierzu insgesamt *K. Pennington*, The Prince and the Law, S. 38–118; *D. Wyduckel*, Princeps legibus solutus, S. 35–87.

Friedrich II. (1215–1250) fort.[13] Die Arbeit dieser Juristen hatte ebenfalls Bedeutung für die Stärkung und den Ausbau königlicher Gewalt in Frankreich sowie die Konzentration landesherrlicher Herrschaftsbefugnisse nördlich der Alpenlinie in Deutschland.

Schließlich kam es im kirchlichen, dann auch im weltlichen Recht – in Anknüpfung an das römische Recht – zur Ausbildung der Befugnis des Papstes wie des Kaisers und anderer weltlicher Herrscher, Rechtsvorschriften von sich aus festzulegen (*leges condere*), nicht nur als Sammlung oder Bewahrung alter Rechtsgewohnheiten, sondern auch als Änderung alter oder Festlegung neuer Rechtsvorschriften aus eigener Machtvollkommenheit.[14] Auch hier zeigte sich ein neues Denken über Herrschaft und Recht. Recht wurde nicht mehr zuvörderst als etwas in Tradition und Praxis Überliefertes aufgefaßt, das von den Beteiligten immer wieder gesucht und neu befestigt wird. Es erscheint auch als etwas rational Gestaltbares, das ausdrücklich festgelegt werden kann, auf rationale Form und Gestalt angelegt ist und einsetzbar wird zur Herrschaftsregulierung und -befestigung, wie es schon im römischen Reich jahrhundertelang praktiziert worden war und zur Herausbildung einer rechtlichen Dogmatik geführt hatte (oben § 7 I 2c, S. 154f.). Dies ging einher mit der Tendenz zur stärkeren Verschriftlichung des weltlichen Rechts, die europaweit zu Rechtsaufzeichnungen führte, um dem Rechtswesen und gerichtlicher Rechtsfindung verläßliche Grundlagen zu geben (in Deutschland der Sachsenspiegel etwa 1225, Schwabenspiegel etwa 1275).[15] Gesetz und Gesetzgeber erhalten in diesem Umfeld für die Frage nach dem Recht, zumal wenn diese von Theologen und Philosophen aufgenommen wird, neuerlich Bedeutung. Wenn sich Thomas von Aquin, der aus Italien stammte, oftmals auf römische Juristen und römische Rechtsregeln beruft, ist das keineswegs weit hergeholt oder Foliantenarbeit, es ist Ausdruck gegebener Wirklichkeit und wiederaufgelebter Kontinuität des römischen Rechts.

---

[13] *J. Fried*, Die Entstehung, S. 46ff.; zur Orientierung über die Gesetzgebungspolitik der Staufer vgl. *H. Boockmann*, Stauferzeit und spätes Mittelalter, S. 98–101, und *G. Wolf*, Kaiser Friedrich II. und das Recht, S. 327–343.

[14] Dies war ein längerer Prozeß, für den nicht zuletzt das mediterrane Europa der Motor war. Anhand zahlreicher Beispiele über das Zustandekommen (Beschlüsse des Herrschers allein, des Herrschers mit dem ‚Rat' der Stände, der Stände allein – bei Abwesenheit des Herrschers oder im Interregnum), den Geltungsanspruch und das Verhältnis des neuen zum (traditionsgestützten) alten Recht wird er dokumentiert und erläutert bei *A. Wolf*, Gesetzgebung in Europa, S. 31–46; siehe auch *R. Grawert*, Gesetz, S. 871–874.

[15] Vgl. *St. Gagnér*, Ideengeschichte, S. 307ff.; ferner *K. Kroeschell*, Rechtsgeschichte, S. 183ff., 246ff., 315ff.

4. In einer weiteren Hinsicht wird für das Jahrhundert, das dem Leben Thomas von Aquins vorausliegt, von einer ‚Renaissance' gesprochen: Das 12. Jh. gilt als die Zeit der Neubelebung wissenschaftlichen Denkens. Das gesamte frühere Mittelalter hindurch war der Klosterbetrieb mit seinen auf das monastische Leben ausgerichteten Schulen der wesentliche Vermittler alter Schrift- und Bildungskultur gewesen. Seit dem späten 11. Jh. jedoch vollzog sich, vorab in Frankreich, ein tiefgehender Wandel, als neben die Klosterschulen zunehmend die an einen Bischofssitz angeschlossenen städtischen Domschulen traten und sich für von fern anreisende *Scholaren* öffneten. Die damit einhergehende geistige Wende ergriff das Denken der mittelalterlichen Gelehrtenwelt in einer grundsätzlichen und weit fortwirkenden Weise.[16] Diese Schulen bildeten den Kern dessen aus, was später als westlicher Rationalismus, gekennzeichnet durch striktes Argumentieren und konzentriertes Forschen und Studieren, in Erscheinung trat.

Während an den Klöstern die *meditatio* bestimmend gewesen war, wurde an den Domschulen nun die *disputatio* geübt. Der repetitive Lehrbetrieb der abgeschiedenen Klöster wurde verworfen, stattdessen die *curiositas*, die argumentierende Wißbegierde und theoretische Neugier, gepflegt. Der für scholastische Schriften kennzeichnende Aufbau in Für- und Widerrede sowie abschließende *conclusio* spiegelt diese Lehrpraxis wieder, ebenfalls verbreitete sich die literarische Gattung der *summa*, eine verbindende Zusammenschau und Durchdringung des relevanten Lehrstoffs.[17] *Scientia* als *habitus demonstrativus* bedeutete so nicht nur eine Denkmethode unter anderen, sie umfaßte eine neuartige Denk- und Lebenshaltung.

Auffälliges und heftig kritisiertes Merkmal dieser neuen Bildungswelt waren die Freizügigkeit und örtliche Mobilität von Lehrern und Studenten – und dies über weiteste Entfernungen hinweg; die Magister suchten sich den Ort ihrer Wirksamkeit, und die Scholaren zogen zu den Plätzen der berühmtesten Gelehrten. Aus einem solchen überregionalen und höchst dynamischen Schulbetrieb in den wichtigsten Bildungsstätten ging alsbald die Institution *Universität* hervor, eine originäre Neubildung des europäischen Mittelalters, insbesondere in Bologna und Paris.[18] Die jungen Universitäten – Paris, Oxford und Köln sind zu nennen – wurden damit bald zu den bedeutenden Zentren scholastischer Philosophie.

---

16 *P. Classen*, Die hohen Schulen, S. 1–26.

17 Vgl. *P. Schulthess*, Philosophie, S. 128 ff. Hierzu lassen sich sowohl die berühmten *Sentenzen* des Petrus Lombardus (etwa 1152) wie auch das erwähnte *Decretum Gratiani* (1140) zählen.

18 Indem sich Studenten derselben Herkunft in der fremden Schulstätte durch Einung zu einem eigenen Rechtskreis zusammenschlossen, entstanden juristische Körperschaften (*universitates*), die der Universität ihren Namen gegeben haben.

5. In diesem Kontext nun wurde seit der Mitte des 12. Jh. das Gesamtwerk des Aristoteles im Abendland zunehmend bekannt. Das war veranlaßt durch die Verbindungen zur arabischen Welt und Wissenschaft, die über Sizilien und das südliche Spanien bis hin nach Toledo bestanden, aber auch durch die Kulturbegegnung, welche die Kreuzzüge heraufgeführt hatten.[19] Zunächst waren es arabische Texte und Kommentare, die ins Lateinische übersetzt wurden, seit dem 13. Jh. auch lateinische Übersetzungen aus dem Griechischen.[20] Aristoteles' eigene Schriften verbreiteten sich schnell, wurden viel gelesen und übten alsbald großen Einfluß aus. Für den stark neuplatonisch-augustinisch bestimmten Denkhorizont der hohen Schulen und frühen Universitäten bedeuteten sie eine Herausforderung und Infragestellung; heftige Auseinandersetzungen, ob das Denken des „Philosophen", wie Aristoteles häufig einfach genannt wurde, mit der christlichen Lehre vereinbar sei, ob ihm nicht der heidnische Charakter untilgbar anhafte, blieben nicht aus.[21] Es bildeten sich theologisch-philosophische Schulen, die sich befehdeten und einander Häresie vorhielten. Die ‚Aristoteliker', zu denen dann auch Thomas von Aquin zählte, stellten sich bewußt nicht in eine Abwehrposition zu Aristoteles. Sie nahmen seine Philosophie auf, weil diese von ihrem Ausgangspunkt und ihrer Methode her der natürlichen Vernunfterkenntnis weiten Raum eröffnete, und suchten sie für die Darstellung der christlichen Lehre nutzbar zu machen. Indem man sich auf den geistigen Boden des ‚Heiden' Aristoteles einließ, konnte man, das war das Bestreben, die christliche Lehre um so einleuchtender darlegen und begründen. Glauben und Wissen wurden nicht nur irgendwie aufeinander bezogen, sie wurden in ihrer Differenz erkannt und grundlegend entfaltet.

6. Als jüngster Sohn des Grafen Landulf von Aquin, einem Anhänger Kaiser Friedrichs II. im südlichen Italien, wurde Thomas von Aquin 1225 in einem Gebiet geboren, in dem kaiserlicher und päpstlicher Herrschafts- und Einflußbereich aufeinander trafen.[22] Mit 5 Jahren vom Vater nach Monte Cassino zu früher Unterweisung gegeben, blieb er dort bis 1239, wechselte dann an das

---

[19] *K. Flasch*, Philosophisches Denken (Lit.), S. 265–268.

[20] Als wichtigster Übersetzer gilt der Ordensbruder des Thomas von Aquin Wilhelm von Moerbeke. Die arabische Welt hatte schon im 10. Jh. über eine Übersetzung des aristotelischen Gesamtwerks verfügt. Erheblichen Einfluß, auch auf den lateinischen Westen, erlangte später der im maurischen Córdoba lehrende Kommentator Averroes (Ibn Rushd). Näher *H. Meyer*, Thomas von Aquin, S. 4–11.

[21] Vgl. *M.-D. Chenu OP*, Thomas von Aquin, S. 27–33; *A. Vauchez* und *A. Paravicini Bagliani*, Der Aufstieg der Universitäten, S. 874–884; *K. Roth*, Genealogie des Staates, S. 528–533.

[22] Zu Herkunft und Lebensdaten siehe *J. P. Torrell*, Magister Thomas, S. 23 ff.; ferner *J. A. Weisheipl*, Thomas von Aquin, S. 319 f. (chronologischer Überblick).

von Kaiser Friedrich II. 1224 gegründete ‚Studium generale' nach Neapel, wo er mit aristotelischem Denken bekannt wurde. Dort trat er 1244 – gegen den Willen der Familie – in den noch jungen (Bettel-)Orden der Dominikaner ein. Um ihn von diesem Schritt abzubringen, wurde er für ein Jahr auf ein Schloß seiner Familie entführt und dort festgehalten, jedoch vergeblich. Sein weiteres Leben gestaltete sich vielfach bewegt, auch im örtlichen Sinn, denn es war fortan geprägt vom Dienst für seinen Orden und für die Erfüllung seiner Aufgabe als Lehrer der Theologie und Philosophie;[23] dazu gehörte auch die Auseinandersetzung mit gegnerischen Auffassungen und die Abfassung seiner Werke.

Zwanzigjährig kam er 1245 an die Universität Paris, fand dort in Albertus Magnus, der dem Denken des Aristoteles verbunden war, seinen Lehrer, ging mit ihm 1248–1252 als Student und Assistent nach Köln und wurde dort 1250/51 zum Priester geweiht. Von 1252–1256 nahm er eine Lehrtätigkeit in Paris wahr, seit 1256 als Magister der Theologie; er war also anwesend, als 1255 die Pariser Artistenfakultät als erste in Europa das aristotelische Werk in ihren Lehrplan aufnahm. Ende 1259 kehrte er nach Neapel zurück, arbeitete dort an der *Summa contra Gentiles*, war von 1261–1265 am päpstlichen Hof in Orvieto und in regem Kontakt mit Papst Urban IV. 1265–1268 eröffnete er einen theologischen Studiengang in Rom und hielt sich am päpstlichen Hof in Viterbo auf; 1268 vom Orden wiederum an die Universität Paris geschickt, wurde er 1272 beauftragt, einen neuen theologischen Studiengang der Dominikaner in Neapel zu gründen. Nach einem gesundheitlichen Zusammenbruch Ende 1273 machte sich Thomas im Februar 1274 zum Konzil von Lyon auf. Er starb auf dem Weg dorthin am 7. März 1274 in Fossanova.

Thomas hatte sich zu Lebzeiten fortlaufend mit Anfeindungen und mit Angriffen auseinanderzusetzen, die sich gegen den sich ausbreitenden Aristotelismus in der Philosophie und eine davon inspirierte Theologie richteten.[24] Diese Anfeindungen wurden einerseits von Theologen des Weltklerus getragen, die gegen den Einfluß der neuen Orden an den Universitäten kämpften, andererseits von Schulstreitigkeiten und Ordensrivalitäten zwischen Franziskanern, die eher dem Augustinismus zuneigten, und Dominikanern, bei denen Aristoteles – wenn auch nicht unbestritten – rezipiert wurde. Bald nach seinem Tod kam es 1277 zu (Lehr-)Verurteilungen in Paris und Oxford, die auch gegen thomasische Lehrsätze gerichtet waren. In Paris wurde sogar ein Häresieprozeß gegen ihn angestrengt; dieser wurde alsbald nach Rom verlagert, dort aber nicht weitergeführt.[25] Andererseits wurde Thomas gerade in Italien und in seinem Orden hoch verehrt; bereits 1319 kam es zum ersten Heilig-

---

23 Die vielfachen Reisen, die er quer durch Europa unternahm, wurden von ihm – als Bettelmönch – zu Fuß oder per Boot zurückgelegt.

24 Siehe *H. Meyer*, Thomas v. Aquin, S. 66 ff.

25 Einzelheiten werden von *H. Weisheipl*, Thomas von Aquin, S. 302 ff. mitgeteilt.

sprechungsprozeß und 1323 zur Heiligsprechung selbst; 1567 wurde Thomas von Aquin schließlich offiziell zum „Lehrer der Kirche" (*doctor ecclesiae*) erklärt.

II. Theologisch-philosophischer Ausgangspunkt

1. Ungeachtet der zentralen Bedeutung, die Aristoteles für sein Werk hat, läßt sich Thomas von Aquin nicht als ‚Aristoteliker' qualifizieren. Sein Denken ist dadurch geprägt, daß er primär nicht Philosoph, sondern christlicher Theologe war; seine großen Werke sind vor allem theologische Werke,[26] und als Theologe wandte er sich der Philosophie zu. Dabei veränderte er – und ebendies hing mit seiner Rezeption des Aristoteles zusammen – gegenüber dem traditionell vorherrschenden Augustinismus auch die Aufgabe der Philosophie. Sie dient für ihn nicht mehr bloß dem näheren und besseren Verständnis der Theologie, um deren Wahrheiten rational und bildhaft verständlich zu machen, sie stellt vielmehr eine eigene natürlich-vernünftige Erkenntnisform dar.[27] Diese führt über die Erkenntnis der Welt (und was sich in ihr befindet) zur Theologie hin, wird gewissermaßen zum notwendigen Vorhof, aber auch Bezugspunkt der Theologie. Damit wurde ein weites Feld rationaler Erkenntnis eröffnet, das Christen und Heiden gemeinsam ist und auf dem sich beide begegnen konnten.

Gleichwohl wandte sich Thomas von Augustinus und der Tradition des (neu-)platonisch geprägten Augustinismus keineswegs ab, wie sich aus seinen Schriften vielfach belegen läßt.[28] Aber er brachte, indem er das auf die natürliche Vernunft gegründete Denken des Aristoteles heranzog, eine neue Sichtweise zur Geltung und suchte sie mit der augustinisch geprägten Tradition zu einer Synthese zu verbinden. Er rezipierte Aristoteles im Bereich der philosophischen Methode, der Seins- und Erkenntnislehre. Er vertrat die Auffassung, daß die Erkenntnis ihren Ausgang von der Erfahrung und der Kraft der

---

[26] Anderes gilt für die Kommentare zur Nikomachischen Ethik und Politik des Aristoteles. Sie haben den Charakter von „Sentenzen", d.h. knappen Zusammenfassungen und Kommentierungen der aristotelischen Texte, um deren Wahrheitsgehalt zu ergründen. Vgl. *J. Torrell*, Magister Thomas, S. 42f., 357, und *L. J. Elders*, St. Thomas Aquinas Commentary, S. 9–46.

[27] Von seinem Lehrer Albertus Magnus stammt das Diktum: „dico, quod nihil ad me de dei miraculis, cum ego de naturalibus disseram" (ich sage, daß mich nichts von den Wundern Gottes betrifft, während ich die Naturphilosophie abhandle), vgl. De generatione et corruptione, Lib. I, tr. 1, c. 22, in: *Alberti Magni*, Opera Omnia, t. V, 2 (ed. *P. Hossfeld*), S. 129.

[28] Zum einen wird dies beispielsweise in der Übernahme der Lehre der *leges*-Begriffe (unten III) deutlich, zum andern führt Thomas in der *Summa theologiae* durchgehend Augustinus-Zitate als Autoritätsbeweis an. Vgl. dazu und zur Bedeutung Platons für Thomas, die stark über die Schriften des Pseudo-Dionysius Areopagita vermittelt war, *H. Meyer*, Thomas von Aquin, S. 22–25.

natürlichen Vernunft nimmt, über die verschiedenen Seinsstufen und das in der Welt auffindbare Bewegungsprinzip schließlich zum christlichen Schöpfergott aufsteigt, der – entgegen Aristoteles – nicht der unbewegte Beweger, sondern Urgrund und Schöpfer des Seins ist. Die Theologie, insbesondere die Gottes- und Gnadenlehre, überformt in gewisser Weise dasjenige, was Gegenstand der natürlichen Vernunfterkenntnis ist; sie bringt diesem gegenüber eine eigene, die übernatürliche Wirklichkeit zur Geltung. Diese macht aus sich heraus, mit dem Licht, das von ihr ausgeht, eine neue Interpretation des Natürlichen möglich, wenn nicht gar notwendig. Auf diese Weise lassen sich die Transzendenz Gottes, die Schöpfung der Welt *ex nihilo*, die christliche Vorstellung vom Heil und der Erlösung der Menschen durch Jesus Christus mit der Deutung der Welt durch Aristoteles, die auf deren grundsätzliche Bejahung zielt, zusammendenken. Thomas suchte dies zu einer Einheit zu bringen, die indes nicht frei von Spannungen war.

2. Indem nun Thomas die Seinslehre des Aristoteles aufnimmt, legt er auch deren nähere Bestimmungen des Seins seinem eigenen Denken zugrunde: Materie–Form; Potenz–Akt; Bewegtheit des Seins; Gerichtetheit der Bewegung auf das *telos*; Natur als Vollendungsbegriff (oben § 5 II 2, S. 105 ff.).[29]

a) Die in der Natur aufweisbare Entelechie, die ihr innewohnende Finalität ist ein Baugesetz der Welt. Sie erscheint als das *telos*, das alle geschaffenen Wesen naturhaft anstreben, gerichtet auf die eigene Erhaltung, Vervollkommnung und Vollendung. Das Bewegungsprinzip daraufhin ist als *appetitus naturalis*, als naturhafte Hinneigung zu dem, was in der Natur als ihr Ziel und Zweck angelegt ist, vom Schöpfer eingeprägt. Soweit sich dieses *telos* konkret verwirklicht, das heißt im einzelnen Ding aktual wird, realisiert sich das Sosein im Dasein, gewinnt es Gestalt in der konkreten Existenz. Das trägt den kardinalen Satz der Philosophie des Thomas, daß das Seiende, insofern es Sein ist, gut ist.[30] Die Natur nicht als der heutige Naturbegriff, sondern als das Vollendete, an sein Ziel Gekommene ist – wie bei Aristoteles – der Maßstab für die Bewegung und die Bewegtheit der einzelnen Dinge.

b) Die Verwirklichung dieser Entelechie vollzieht sich für die vernunftlosen Wesen in einem eher blinden Streben, das nicht ihrer eigenen Disposition unterliegt. Sie lenken sich nicht selbst darauf hin, sondern werden – instinktiv – gelenkt. Die Menschen als vernunftbegabte Wesen hingegen sind befähigt, nach Vernunfteinsicht zu handeln. Für sie ergibt sich kein Zwang, sondern die Möglichkeit und Neigung, dem Naturtelos, das sie erkennen können, zu folgen und entsprechend zu handeln. Das in der Natur angelegte Begehren

---

29 Darlegung im einzelnen bei *H. Meyer*, Thomas von Aquin, S. 70–81 und *J. Hirschberger*, Bd. 1 (Lit.), S. 491–501.

30 Siehe etwa SCG 3,7: „Omne … quod est, inquantum est ens, bonum est."

(*appetitus naturalis*) und die naturhaften Neigungen (*inclinationes naturales*) sind so zugleich normativ: Was der Natur gemäß und in ihr angelegt ist, soll auch sein. Dabei sind die Teilziele auf das Endziel hin orientiert; nicht eine aktuale Natur, die Wesensnatur selbst ist als normativer Maßstab grundgelegt.

Das Endziel des Menschen ist freilich *theologisch* bestimmt. Der Mensch, als Ebenbild Gottes geschaffen, findet sein letztes Ziel in der *assimilatio Dei*, der Hingabe an Gott, die im ewigen Leben zur Vollendung gelangt; sie macht die eigentliche und volle Glückseligkeit aus.[31] Darin liegt zwar ein Übergang in die Transzendenz, aber dieser Übergang ist noch Teil der Naturbestimmung des Menschen, nicht als Übernatürliches davon abgehoben. Für den Menschen als Geschöpf Gottes ist es seine Natur, Ebenbild Gottes und zum ewigen Heil berufen zu sein. Dieses Wissen gründet zwar im Glauben, betrifft aber nicht etwas außerhalb der Natur, sondern diese selbst.

c) Auch für Thomas besteht das Problem der Sündhaftigkeit der Menschen. Doch anders als für einige frühchristliche Theologen bedeutet sie für ihn nicht eine wesenhafte Versehrtheit der ursprünglichen (paradiesischen) Natur, sondern nur die Möglichkeit der Ablenkung und Abwendung vom vernünftigen Handeln im Sinne des naturbegründeten *telos*; sie zeigt sich als *intentio corrupta*, nicht aber als *natura corrupta* (oben § 9 III 1d, S. 203). Zur näheren Erklärung greift Thomas zu einer Doppelung im Naturbegriff: Er unterscheidet die rationale Natur, die auf das *telos* des Menschen gerichtet ist, von der – durch die Sünde geschwächten – sensitiven Natur, aus der Laster und Sünden hervorgehen:

> „... in homine est duplex natura, scilicet rationalis et sensitiva ... Ex hoc autem vitia et peccata in hominibus proveniunt, quod sequuntur inclinationes naturae sensitivae contra ordinem rationis.“ (I–II, qu. 71, art. 2 ad 3)[32]

Die rationale Natur bleibt zwar im Kern unversehrt, sie ist jedoch dem ungezügelten Begehren der sensitiven Natur ausgesetzt, von dem sie nicht beherrscht werden muß; sie vermag dieses Begehren mit Hilfe der göttlichen Gnade zu überwinden.

3. Bei dieser Betonung der menschlichen *ratio* verwundert nicht, daß Thomas das Verhältnis von Wille und Vernunft – auf aristotelischer Grundlage und anders als Augustinus – generell im Sinne eines Vorrangs der Vernunft vor dem Willen bestimmt. Das Handeln wird primär von der Vernunft, erst sekundär

---

[31] I–II, qu. 3, art. 8 resp.: „Ultima et perfecta beatitudo non potest esse nisi in visione divinae essentiae.“ Siehe auch *M. Forschner*, Theorie des Glücks, S. 80–106.

[32] „... im Menschen ist eine zweifache Natur, die Vernunftnatur nämlich und die sinnliche Natur ... Daraus aber entstehen Übel und Sünden bei den Menschen, daß sie den Neigungen der sinnlichen Natur folgen gegen die Ordnung der Vernunft.“

vom Willen geleitet. Das Urteil der Vernunft erscheint als erster Seinsgrund des Handelns, der Wille folgt dem ihm vom Intellekt als erstrebenswert vorgestellten Gut und hat insofern eher ausführenden Charakter. Der Fehler des Willens hat folglich seinen Grund in einem davor liegenden Fehler der Vernunft, die etwas Schlechtes als gut vorstellt. Das Schlechte und Böse ist somit, wie schon in der Stoa, primär ein Nichtwissen des Guten (*omne malum ignorans*). Es liegt in der Konsequenz eines so stark vernunftgerichteten Denkens, daß auch der Begriff des Gesetzes, verstanden als Richtmaß für das Handeln, ganz und gar von der Vernunft her bestimmt ist. Das gilt für das ewige Gesetz, das natürliche Gesetz oder auch das menschliche Gesetz. Das Gesetz ist stets eine Sache der Vernunft (*aliquid rationis* bzw. *aliquid pertinens ad rationem*),[33] näherhin eine Anordnung der Vernunft.[34] Auch dieser Anordnungscharakter bringt kein konstitutives Willensmoment in den Gesetzesbegriff hinein: Zwar können und sollen von der Anordnung (besser: Festlegung) handlungsleitende Bewegungen bewirkt werden, die eine Sache des Willens sind, aber was solche Willensakte und woraufhin sie etwas bewegen, wird durch den Spruch der Vernunft festgelegt.[35]

Das Verhältnis von Vernunft, Wille und Allmacht in Gott löst sich hingegen für Thomas auf eher einfache Weise. In Gott nämlich sind die Kraft aller Kräfte und die Form aller Formen vereint: Vermögen (*potentia*) und Wesen, Wille und Intellekt, Weisheit und Gerechtigkeit.[36] Es ist daher unmöglich, daß Gott etwas will, das nicht den Grund in seiner Weisheit hat. In ihm ist eine mögliche Antinomie von Vernunft und Wille von vornherein ausgeschlossen. Aber seine Weisheit wird, indem sie eine Ordnung schafft, die dadurch ihre Gerechtigkeit erhält, nicht auf diese bestimmte Ordnung eingegrenzt; von ihr könnte auch eine andere Ordnung ausgehen, weshalb Gott auch anderes schaffen kann, als er geschaffen hat.[37]

III. Lex aeterna – lex naturalis – lex humana

Wenn vorhin gesagt wurde (oben II 1), daß bei Thomas die Rezeption des Aristoteles und die Tradition stoisch-augustinischen Gedankenguts nebeneinander stehen, so läßt sich dies gerade an seiner Leges-Lehre erkennen. Thomas

[33] Vgl. I–II, qu. 90, art. 1, insb. ebd. resp.

[34] I–II, qu. 90, art. 4 resp.: „rationis ordinatio".

[35] I–II, qu. 90, art. 1 ad 3.

[36] I, qu. 25, art. 5 ad 1; vgl. auch *J. Hirschberger*, Bd. 1 (Lit.), S. 504, mit weiteren Fundstellen.

[37] I, qu. 25, art. 5 resp.: „divina sapientia non determinatur ad aliquem certum ordinem rerum, ut non possit alius cursus rerum ab ipsa efflaere. Unde dicundum est simpliciter quod Deus potest alia facere quam quae facit."

baut sie auf der stoischen Begrifflichkeit von *lex aeterna – lex naturalis – lex humana* auf. Bevor wir uns seiner Rechtsphilosophie im engeren Sinne zuwenden (unten IV), soll hierauf ein genauer Blick geworfen werden. Denn diese Lehre erhält bei ihm durch die Verbindung mit der aristotelischen Seinslehre und Metaphysik eine neuartige Interpretation. Thomas denkt umfassend vom von Gott geschaffenen *ordo* der Welt, der Natur (im weiteren Sinn) und des menschlichen Handelns und Zusammenlebens her. Diese Ordnung ist vorhanden und angelegt in Gesetzen (Gesetzen als Anordnungen der Vernunft), die untereinander in einem Zusammenhang stehen. Als solche Gesetze erscheinen: die *lex aeterna*, das ewige Gesetz als Ausfluß der göttlichen Vernunft; die *lex naturalis* als das Gesetz in der Natur und Vernunft der Menschen; die *lex humana* als das menschliche Gesetz, das die natürlich-vernünftige Ordnung im Zusammenleben der Menschen näher konkretisiert und ausformt; schließlich die *lex divina* als das niedergeschriebene göttliche Gesetz, wie es im Alten und Neuen Testament enthalten ist. Der genauere Inhalt dieser Begriffe erschließt sich erst aus ihrem Zusammenhang untereinander.

1. Thomas beschreibt die *lex aeterna* als den „Ordnungsplan (*ratio*) der göttlichen Weisheit, insofern als sie alle Akte und Bewegungen lenkt".[38] Was damit ausgesagt ist, erläutert er durch den Vergleich mit der Idee des Künstlers, die in dessen Werk Gestalt gewinnt, oder mit der Ordnungsidee eines Regenten von dem, was seine Untergebenen tun sollen. Die *lex aeterna* ist so nicht ein Gesetz mit einzelnen Geboten und Verboten, insbesondere nicht das im Alten oder Neuen Testament vorfindliche göttliche Gesetz (*lex divina*);[39] sie ist der *Ordnungsplan* der Welt in Gott, der göttlichen Weisheit.[40] In diesem

---

[38] I–II, qu. 93, art. 1 resp.: „lex aeterna nihil aliud est quam ratio divinae sapientiae, secundum quod est directiva omnium actuum et motionum."

[39] *Lex divina* und *lex aeterna* dürfen nicht gleichgesetzt werden. Zwar haben beide ihren Ursprung in Gott, die *lex aeterna* ist indes der Ordnungsplan des Universums und seiner Teile in Gott, die *lex divina* umfaßt hingegen konkrete Anordnungen und ‚Gesetze', die Gott selbst – aufgeschrieben im Alten und Neuen Testament – gegeben hat. O. H. Pesch sieht Ziel und Aufbau des Traktats *de lege* der *Summa theologiae* nicht zuletzt dadurch bestimmt, Sinn und Inhalt des positiv-göttlichen Gesetzes, eingebettet und vorbereitet aufgrund der Lehre vom ewigen, natürlichen und menschlichen Gesetz, als Hinzugabe Gottes an den Menschen zu erweisen, weil er mit der Lenkung durch das natürliche und von ihm selbst erlassene Gesetz nicht auskomme, um sein eigentliches Ziel zu erreichen, vgl. *O. H. Pesch*, Gesetz, S. 535, 540f., 571.

[40] In der Deutschen Thomasausgabe, Bd. 13, werden *ratio divinae sapientiae*, wie auch *ratio iuris* durchgehend mit „Plan" der göttlichen Weisheit oder des Rechts übersetzt. Diese Übersetzung erscheint mir angesichts der Konnotationen, die der Begriff Plan heute durch seine Verwendung in der Ökonomie und Rechtswissenschaft (Verkehrswegeplan, Bebauungsplan, Finanzplan u. ä.) erfährt, problematisch; die Ersetzung durch

Ordnungsplan und durch ihn zeigt sich die Hinordnung des Universums und seiner Teile auf ein Ziel sowie die Zuweisung der ‚Stelle' in der Gesamtordnung und der (teleologischen) Bewegung an die einzelnen Teile. Er existiert, wie die Ideen der geschaffenen Dinge, *in* Gott, ist das in Gott gründende Maß der Dinge (*ordo ordinans*) und findet in den Ordnungen der (geschaffenen) Welt seinen Niederschlag. Die weiteren Ordnungen, wie insbesondere die *lex naturalis* und die *lex humana*, leiten sich von dieser *lex aeterna* ab, haben in ihr eine theonome Fundierung.

2. Die *lex naturalis* steht in engem Bezug zur *lex aeterna*; sie meint nicht eine objektive Gesetzlichkeit der äußeren Natur, einschließlich der Natur des Menschen, bezeichnet vielmehr die Spiegelung der *lex aeterna* in der einzelmenschlichen Vernunft durch deren Teilhabe an ihr:

> „Lex naturalis nihil aliud est quam participatio legis aeternae in rationali creatura" (I–II, qu. 91, art. 2 resp.)

Der Begriff der *lex naturalis* ist freilich der schwierigste Begriff der thomasischen Leges-Lehre und in seiner Interpretation heute durchaus umstritten. Er bedarf daher einer eingehenderen Behandlung.

a) Mit seiner Definition wandelt Thomas, so scheint es zunächst, in den Bahnen der Stoa und Augustins. Aber es bleibt nicht dabei. Die *participatio* stellt sich hier nicht als eine Teilhabe an der göttlichen Vernunft oder eine Ausgliederung aus ihr dar, wie sie in der Stoa und bei Cicero verstanden wurde – dagegen hatte sich schon Augustinus gewandt und im Blick auf den christlichen Gottesbegriff von einer „Einprägung" gesprochen, die dem Abdruck des Siegelrings im Wachs vergleichbar sei (oben § 9 III 2b, S. 205 f.). Thomas knüpft daran an, geht aber weiter. Die „Einprägung" zeigt sich bei ihm als die der menschlichen Natur als ein Wesensmerkmal eingepflanzte Gerichtetheit auf die ihrem *telos* entsprechenden Neigungen und Begehren, die in den *inclinationes naturales* sichtbar werden, und die Befähigung der menschlichen Vernunft, dasjenige zu erkennen und zu unterscheiden, was im Hinblick darauf gut oder schlecht ist. Thomas spricht davon, daß

> „das Licht der natürlichen Vernunft, durch das wir unterscheiden, was gut ist und was böse ..., gleichsam nichts anderes ist als das Zeichen der Einwirkung (*impressio*) göttlichen Lichts in uns."[41]

‚Idee' wäre aber ebenfalls nicht ohne Probleme, eine treffsichere Übersetzung von *ratio* in diesen Zusammenhängen steht noch aus; siehe auch *St. Lippert*, Recht und Gerechtigkeit, S. 118.

[41] I–II, qu. 91, art. 2 resp.: „Lumen rationis naturalis, quo discernimus quid sit bonum et malum, quod pertinet ad naturalem legem, nihil aliud sit quam impressio divini luminis in nobis."

Das ist mehr und etwas anderes als ein bloßer Abdruck des Siegelrings. Es ist eine Teilhabe in der Form eigener Erkenntniskraft der Vernunft. Das wird ganz deutlich, wenn Thomas die Teilhabe an der *lex aeterna*, wie sie beim Menschen stattfindet, mit der Prägung durch sie in der unvernünftigen Natur vergleicht. Bei den unvernünftigen Wesen vollzieht sie sich instinkthaft, ohne eigene Erkenntnis und Entscheidung, beim Menschen wird sie über und durch die Vernunft vermittelt.

> „Im Vergleich zu allen übrigen Geschöpfen ist das vernunftbegabte Geschöpf in einer gewissermaßen ausgezeichneteren Weise der göttlichen Vorsehung untergeordnet, insofern als es auch selber an der Vorsehung teilnimmt, wenn es für sich und andere vorsehend tätig ist." (I–II, qu. 91, art. 2 resp.)

Die Teilhabe verwirklicht sich hiernach nicht in der Form ‚eingeprägter Ideen', vielmehr in der Weise, daß die auf das Handeln gerichtete Vernunft am ewigen Gesetz hinsichtlich einiger allgemeiner Prinzipien naturhaft teilhat, während sie zugleich auf dieser Grundlage zu den besonderen Richtmaßen im Blick auf das Einzelne (die das ewige Gesetz auch in sich begreift) aus eigener Erkenntnis fortschreitet. Die menschliche Vernunft ist so nicht aus sich Maß der Dinge und dessen, was ‚von Natur' ist, aber sie hat kraft ihrer naturhaften Ausstattung die Fähigkeit, dasjenige in konkrete Handlungsgebote – hier und heute – umzusetzen, was als Gottes Ordnungsplan in die Natur hinein- und als *telos* in ihr angelegt ist.[42]

b) Von hier aus läßt sich auch genauer bestimmen, was den Inhalt der *lex naturalis* ausmacht. Darüber ist seit über drei Jahrzehnten eine intensive, in etlichen Punkten kontroverse Diskussion geführt worden.[43] Thomas formuliert als das erste Gebot der *lex naturalis*, auf das sich alle anderen Gebote

---

[42] Thomas klärt dieses Verhältnis an zwei Stellen in der quaestio 91, die sich ergänzen und zusammen gesehen werden müssen. In I–II, qu. 91, art. 3 ad 1 heißt es: „ex parte rationis practicae naturaliter homo participat legem aeternam secundum quaedam communia principia, non autem secundum particulares directiones singulorum, quae tamen in lege aeterna continetur. Et ideo, necesse est ulterius quod ratio humana procedat ad particulares quasdam legum sanctiones." Dem fügt Thomas ebd. ad. 2 an: „ratio humana secundum se non est regula rerum: sed principia ei naturaliter indita, sunt quaedam regulae generales et mensurae omnium eorum quae sunt per hominem agenda, quorum ratio naturalis est regula et mensura, licet non sit mensura eorum quae sunt a natura." („Die menschliche Vernunft als solche ist nicht Maßstab der Dinge, jedoch dienen die ihr von Natur eingeprägten Prinzipien als allgemeine Regeln und Maßstäbe zu allem, was der Mensch zu tun hat. Für all das" – sc. was der Mensch zu tun hat – „steht die natürliche Vernunft als Regel und Maßstab bereit, jedoch ist sie nicht Maßstab dessen, was von Natur gegeben ist." Übers. Groner). In der gegenwärtigen Diskussion, ob und wieweit bei Thomas von einer ‚theonomen Autonomie' der Vernunft gesprochen werden kann, werden diese Stellen nicht immer hinreichend berücksichtigt. Siehe auch neuestens *W. Kluxen*, Lex naturalis, S. 33f., 39ff.

[43] Eingehende Darstellung mit zugleich kritischer Auseinandersetzung bei *F. J. Bormann*, Natur als Horizont, S. 207–235.

gründen „Das Gute ist zu tun und zu verfolgen, das Böse zu meiden" (I–II, qu. 94, art. 2). Das ist lange Zeit überwiegend dahin verstanden worden, daß aus diesem Gebot, welches das metaphysisch verankerte, in der Ordnung des Seins grundgelegte Gute zum Inhalt habe, alle anderen Gebote des natürlichen Gesetzes abzuleiten seien.[44] Diese Position war dem Einwand ausgesetzt, ein solches Gebot sei aus sich bloß formal, wenn nicht gar leer, weil es seinen Inhalt, das Gute, nicht von sich aus bestimme, sondern als schon anderweitig bestimmt voraussetze;[45] auch blende es die eigenständige Erkenntniskraft der Vernunft aus. Neuere Interpretationen sehen demgegenüber in diesem Gebot – an die Fragestellung und den systematischen Zusammenhang bei Thomas anknüpfend – weniger eine oberste Norm als vielmehr die Kennzeichnung des auf den Teilhabegedanken gegründeten Erkenntnisprinzips der Vernunft, das auf die Erfassung des von Natur Guten für den Menschen angelegt ist; es bildet die Grundlage und eine Grundverfassung für Urteile der praktischen Vernunft zum ethisch-sittlichen Handeln.[46] Die *lex naturalis* konstituiert so den Menschen in fundamentaler Weise zu einem sich auf das Gute hin bewegenden Subjekt.[47] Diese Interpretationen haben viel für sich. Sie stehen dann allerdings vor dem Problem, in welchem Verhältnis die so ausgestattete und agierende praktische Vernunft zu den naturhaften Neigungen und Strebungen des Menschen, den *inclinationes naturales*, steht, die bei Thomas für den Inhalt der *lex naturalis* große Bedeutung haben, und welcher Gehalt diesen Neigungen selbst zukommt. Die hierzu vertretenen Auffassungen sind durchaus unterschiedlich;[48] wichtig dabei ist, daß die ontologische Grundlage des ethisch-sittlichen Handelns, die bei Thomas jedenfalls vorhanden ist, nicht entgleitet.[49]

---

44 Siehe statt anderer *H. Meyer*, Thomas v. Aquin, S. 600–606; *O. Schilling*, Thomas von Aquin, S. 5–46; auch *A. F. Utz*, Naturgesetz, Kommentar, S. 202 ff.

45 In dieser Richtung etwa *Welzel* (Lit.), S. 60.

46 Siehe dazu – mit im einzelnen unterschiedlichen Positionen – *W. Kluxen*, Philosophische Ethik, S. 57–61, 218–241; *O. H. Pesch*, Gesetz, S. 568–578; *K. W. Merks*, Sittliche Autonomie, S. 230–310; *M. Rhonheimer*, Natur als Grundlage der Moral, passim; *F. J. Bormann*, Natur als Horizont, S. 202 ff.; in gleiche Richtung auch *L. Honnefelder*, Naturrecht und Normwandel, S. 202 ff.

47 *M. Rhonheimer*, Praktische Vernunft, S. 497, 499.

48 Sie reichen von der These, daß die *inclinationes naturales* nur ein gestaltloses, von der Vernunft erst maßstabgebend zu formendes Material seien, über die Position, daß sie naturbegründete Vorgaben darstellen, die von der Vernunft nur mehr oder weniger abgebildet und ratifiziert werden, bis hin zur Konstatierung eines komplementären Verhältnisses zwischen praktischer Vernunfterkenntnis und *inclinationes naturales*; siehe dazu – auch kritisch würdigend – *F. J. Bormann*, Natur als Horizont, S. 219–236; *M. Rhonheimer*, Praktische Vernunft, S. 509–521.

49 Siehe dazu die Beiträge von *J. M. Finnis, A. Zimmermann, A. Günthör, H. Seidl und L. J. Elders* in dem Sammelband *L. J. Elders/K. Hedwig* (Hg.), Lex et libertas; ferner *R. Mc Inerny*, On Knowing Natural Law, S. 133–142, *G. Wieland*, Secundum naturam vivere, S. 20–26, sowie *A. J. Lisska*, Aquinas Theory, S. 96–109.

Der Gedankengang bei Thomas ist nach meiner Auffassung folgender: Was der Mensch naturhaft anstrebt, erfaßt er mit seiner Vernunft als das Gute, das zu tun ist. Folgt er dem, erreicht er durch und in seinem Handeln seine Bestimmung, sein Sein-können. Das Gute ist demnach das, wonach alle ihrer Natur nach streben, dies nicht als gemeinsame ethisch-sittliche Beurteilung verstanden (gut ist, was alle für gut halten; gut ist, was alle tatsächlich anstreben), sondern als nähere Qualifizierung der von der Vernunft erkannten Naturanlage des Menschen. Demgemäß werden die weiteren Gebote des natürlichen Gesetzes, die in diesem ersten Gebot grundgelegt sind, von Thomas dadurch erläutert, daß nämlich

> „alles das als zu tun oder zu meiden zu den Geboten des Naturgesetzes gehört, was die auf das Tun gerichtete Vernunft auf natürliche Weise als menschliches Gut erfaßt." (I–II, qu. 94, art. 2)[50]

Damit wird auch deutlich, was das formulierte erste Gebot des natürlichen Gesetzes besagen soll: Das, was alle Menschen ihrer Naturanlage nach anstreben, ist gut, und deshalb sollen sie es tun. Insofern enthält dieses Gebot die Rückführung auf ein Prinzip, aber nicht ein (autonomes) Erkenntnisprinzip der Vernunft, sondern auf ein ontologisch fundiertes Prinzip ethisch-sittlichen Handelns. Die Vernunft erfaßt es ‚auf natürliche Weise' und setzt es praktisch um. So sagt es Thomas selbst:

> „Alles, wozu der Mensch von Natur aus geneigt ist, erfaßt die Vernunft daher auf natürlichem Weg als gut und folglich in die Tat umzusetzen … entsprechend der Ordnung der natürlichen Geneigtheiten (secundum ordinem inclinationum naturalium) gibt es also eine Ordnung der Gebote des Naturgesetzes." (I–II, qu. 94, art. 2 resp.; Übers. Dt. Thomasausgabe)

Diese naturhaften, in seinem Wesen angelegten Neigungen des Menschen, die *inclinationes naturales*, sind es, die als solche die Grundlage abgeben für Inhalte dessen, was das natürliche Gesetz konkret fordert und ihm entspricht. Sie wirken als nicht naturalistisch, sondern teleologisch auf die Entfaltung menschlichen Seinkönnens hin verstandene Richtungsvorgaben in der gestaltenden Erkenntnisleistung der praktischen Vernunft gewissermaßen fort und werden durch die so gewonnenen näheren Inhalte realisiert. Thomas hebt drei dieser Grundneigungen und Strebungen hervor, aus denen heraus das natür-

---

50 „… ut scilicet omnia illa facienda vel vitanda pertineat ad praecepta legis naturae, quae ratio practica naturaliter apprehendit esse bona humana." Die Übersetzung von *J. F. Groner* (in: Thomas von Aquin, Naturgesetz) lautet demgegenüber: „alles, was zu tun und zu meiden ist, gehört zu den Geboten des Naturgesetzes, die die praktische Vernunft spontan als menschliches Gut erfaßt". Sie scheint von der vorausgesetzten Auffassung vorbestimmt, daß nicht dasjenige die Gebote des Naturgesetzes ausmacht, was die Vernunft natürlicherweise als menschliches Gut erkennt, sondern daß die – vorausliegenden – Gebote des Naturgesetzes von der Vernunft als menschliches Gut erkannt werden; dann werden aber Grund und Folge umgekehrt.

liche Gesetz seinen näheren Inhalt empfängt. Seine sehr sachbezogene Argumentation gerät zu einer Art Aufriß des ethisch-sittlichen Ordnungsgefüges.

> „Nun ist dem Menschen erstens die Neigung zum Guten inne entsprechend der Natur, in der er mit allen selbständigen Wesen übereinkommt: jedes Selbstandwesen erstrebt nämlich die Erhaltung seines Seins gemäß seiner Natur. Und im Hinblick auf diese naturhafte Neigung gehört alles zum natürlichen Gesetz, wodurch das Leben des Menschen erhalten und das Gegenteil abgewehrt wird. – Zweitens ist im Menschen die Neigung zu gewissen, mehr seiner Art eigenen Dingen, gemäß der Natur, die er mit anderen Sinnenwesen gemeinsam hat. Und hiernach heißt das zum natürlichen Gesetz gehörig, ‚was die Natur allen Sinnenwesen gelehrt hat', wie die Vereinigung von Mann und Frau, die Aufzucht der Kinder und ähnliches mehr. – Drittens ist im Menschen die Neigung zum Guten gemäß der Natur der Vernunft, die ihm wesenseigentümlich ist; so hat der Mensch z.B. die natürliche Neigung, die Wahrheit über Gott zu erkennen und in der Gemeinschaft zu leben. Und demzufolge umgreift das natürliche Gesetz alles, was auf diese Naturneigung Bezug hat: daß der Mensch z.B. die Unwissenheit überwinde, daß er andere, mit denen er zusammenleben muß, nicht verletze, und was sonst noch damit zusammenhängt." (I–II, qu. 94, art. 2 resp.; Übers. Dt. Thomasausgabe, revidiert)

Dieser Text läßt erkennen, wie sehr es für Thomas Sache einer auf die Natur-Strebungen hin orientierten und diese eigenständig konkretisierenden, auch miteinander zum Ausgleich bringenden Vernunfterkenntnis ist, konkrete ethisch-sittliche Verhaltensforderungen zu gewinnen; immer sind es Erkenntnisse und Urteile auf diese Natur-Strebungen hin und von ihnen her. Die Vernunft ist zu eigener Erkenntnis freigesetzt, jedoch nicht frei-schwebend autonom, sondern getragen von den ihr eingeprägten Prinzipien und ihrer Bezogenheit auf die Naturanlagen des Menschen. Ihren (metaphysischen) Ort hat diese Fähigkeit der Vernunft nach Thomas in der dem Menschen als Naturausstattung eigenen *synderesis*, dem Habitus der Vernunft, der die obersten Grundsätze sittlichen Handelns unverlierbar festhält (dazu gleich unten IV 3). Der Mensch besitzt in der *synderesis* nicht ein a priori verfügbares Arsenal sittlicher Erkenntnis, vielmehr die Fähigkeit, beim Auftauchen *konkreter* ethischer Probleme zu erkennen, was gut und was böse ist, indem der fragliche Sachverhalt in seiner ethischen Bedeutung richtig beurteilt wird.[51]

c) Diese Sicht des natürlichen Gesetzes hat nun auch, das kommt hinzu, Bedeutung für die Reichweite und Gewißheit der aus ihm zu ermittelnden ethisch-sittlichen Handlungsgebote. Entscheidend wird die Art und Weise der Konkretisierung, wie sie sich in der und durch die Fähigkeit der praktischen Vernunft vollzieht. Thomas unterscheidet hier verschiedene Stufen. An erster

---

[51] Vgl. dazu auch *O. H. Pesch*, Gesetz, S. 570.

Stelle stehen die allgemein gültigen Prinzipien, die aus sich evident sind und keiner weiteren Ableitung und Begründung bedürfen (*principia communia*), wie z.B. niemandem etwas Schlechtes/Böses (*malum*) zufügen; danach kommen die Schlußfolgerungen (*conclusiones*), die sich nach Art von Folgesätzen mit Gewißheit aus den Prinzipien ableiten lassen – sie gelten für die meisten Fälle, aber nicht ausnahmslos; schließlich die näheren Bestimmungen (*determinationes*), die im Hinblick auf Einzelheiten und verschiedene Umstände das natürliche Gesetz vervollständigen und ergänzen, ihm also *additiones* hinzufügen und dabei teilweise auch auf *inventiones* (fortdenkenden schöpferischen ‚Erfindungen') beruhen.[52] Und diese *determinationes* können, weil es sich eben um Hinzufügungen handelt, bei veränderter Sachlage ihrerseits verändert oder auch zurückgenommen werden.

Auf diese Weise erstreckt sich die das natürliche Gesetz konkretisierende Erkenntnis- und Urteilskraft der praktischen Vernunft über allgemeine Prinzipien hinaus auf den Bereich konkreter Urteile und Folgerungen, die auf unterschiedliche Lagen und Verhältnisse bezogen sind, sie verlängert sich gewissermaßen in die *lex humana* hinein.[53] Anwendung und Konkretisierung der *lex naturalis* erscheinen als Vorgang diskursiver Vernunfterkenntnis. Er ist offen für die umgebende Wirklichkeit, die geschichtlich gegebenen Verhältnisse usf., um in ihnen und mit Blick auf sie dasjenige zur Geltung zu bringen, was die Menschen und der einzelne Mensch naturhaft anstreben. Veränderungen, die das einschließt, stellen keine Abweichungen, sondern eine je neue Realisierung der *lex naturalis* dar, und ebenso gibt es die Möglichkeit nicht nur einer, sondern verschiedener Lösungen. Es ist aufschlußreich, daß Thomas das Verhältnis der *determinationes* zu den allgemeinen Prinzipien mit dem Verhältnis einer ausgearbeiteten Form dieses oder jenes konkreten Hauses (die sich an geographischer Lage, gegebener Bausituation und erstrebten Gebrauchszwecken orientieren muß), zur allgemeinen Form (also Idee) eines Hauses schlechthin vergleicht.[54]

Das Verständnis des natürlichen Gesetzes und seiner Reichweite bei Thomas ist hiernach von demjenigen der neuscholastischen Naturrechtslehre des 19./20. Jh. durchaus unterschieden.[55] Die normativen Aussagen im Hinblick auf die Wesens-

---

52 Siehe hierzu *W. Kluxen*, Philosophische Ethik, S. 235 m. Anm. 22; jetzt auch *ders.*, Lex naturalis, S. 42 ff.

53 *St. Lippert*, Recht und Gerechtigkeit, S. 125, spricht davon, die *lex naturalis* sei „nach unten quantitativ offen".

54 I–II, qu. 95, art. 2: Die Findung der *determinationes* zur *lex naturalis* „gleicht jener, in der bei den Künsten die allgemeinen Vorformen auf etwas Besonderes hin ausgearbeitet werden; so muß der Künstler die allgemeine Vorform ‚Haus' zu dieser oder jener Form des Hauses ausarbeiten ..." (Übers. Dt. Thomasausgabe)

55 Diese verstand unter dem natürlichen Gesetz bzw. Naturrecht – an die unveränderliche Wesensnatur des Menschen anknüpfend – nur allgemein-überzeitlich gültige,

anlagen des Menschen werden nicht als inhaltlich-imperative Normen, sondern als formal-normative Prinzipien und Richtungsanzeiger verstanden. Als solche sind sie Ausgangspunkt und Grundlage für nur wenige syllogistische Ableitungen, wie etwa das Tötungsverbot,[56] aber auch für nähere Konkretisierungen, die durch Vernunftargumentation gewonnen werden und je nach Lage und Verhältnissen auch verschieden und schöpferisch weiterdenkend sein können. Sie enthalten die Prinzipien als Bau- und Konstruktionselemente in sich, sind aber aus ihnen nicht schlußfolgernd oder als bloße Anwendung abgeleitet. Gerade der Vergleich mit der allgemeinen Form (Idee) des Hauses und der Ausarbeitung eines konkreten Hausprojekts macht es klar: Jeder Architekt und Baumeister muß die Gesetze der Statik und der Schwerkraft kennen, sie sind unerläßliches Fundament für richtiges Bauen. Aber sie ergeben aus sich noch kein konkretes Bauwerk oder einen Plan dafür, kein Bauwerk kann aus ihnen schlußfolgernd abgeleitet werden, keines ist eine bloße Anwendung dieser Gesetze auf die gegebene Bausituation. Vielmehr ist jedes Bauwerk eine eigene, mehrere Gesichtspunkte und Zwecke in sich einbegreifende schöpferische Leistung der Baukunst – die freilich die Gesetze der Statik und Schwerkraft in sich enthalten muß.

d) Nicht übersehen werden darf, daß die *lex naturalis* für Thomas den *Gesamtbereich* ethisch-sittlichen Verhaltens umgreift, sie ist nicht etwa auf den Rechtsbereich beschränkt. Differenzierungen zwischen dem äußeren Recht, das nur den zwischenmenschlichen Bereich betrifft und auf Vollziehung und Durchsetzung angelegt ist, und den ethisch-sittlichen Verhaltensnormen sind an dieser Stelle nicht auffindbar. Thomas blendet das hierin liegende Problem jedoch nicht aus, er erörtert es vielmehr auf der nächsten Stufe seiner Leges-Lehre, bei der Behandlung des menschlichen Gesetzes.

3. Dieser dritte Gesetzesbegriff bei Thomas, die *lex humana,* umgreift nun den Bereich des in einer Gemeinschaft tatsächlich geltenden und praktizierten Rechts. Dieses Recht steht in einem Bezug zur *lex naturalis*, aber die *lex naturalis* hat dabei nicht die Funktion eines getrennten, hierarchisch übergeordneten Normenkomplexes, mit dem dieses Recht als nachgeordnete Norm übereinstimmen müßte. Dennoch gilt, daß jedes von Menschen erlassene Gesetz nur insoweit die Kraft eines Gesetzes hat, als es sich von der *lex naturalis* herleitet, und im andern Fall, wenn es von dieser abweicht, kein Gesetz mehr ist.[57] Wie aber ist dann das Verhältnis beider zu denken?

---

unveränderliche normative Aussagen, vgl. statt anderer *J. Höffner*, Christliche Gesellschaftslehre, S. 62; *G. Manser*, Naturrecht, S. 51 u. 55–61; *H. Rommen*, Wiederkehr des Naturrechts, S. 225 ff.

[56] Siehe dazu I–II, qu. 95, art. 2 resp.

[57] I–II, qu. 95, art. 2 resp.: „… omnis lex humanitus posita intantum habet de ratione legis, inquantum a lege naturae derivatur. Si vero in aliquo a lege naturali discordet, jam non erit lex sed legis corruptio.“

Ist die *lex naturalis* – wie wir gesehen haben – eine normative Grundausrichtung und ein entsprechendes Prinzip für die Gewinnung konkreter ethisch-sittlicher wie auch rechtlicher Ansprüche und Gebote durch die praktische Vernunft, so besteht auch zwischen ihr und der *lex humana* primär ein Konkretisierungs- und erst in diesem Sinn ein Ableitungszusammenhang: Die *lex naturalis* wirkt in die *lex humana* hinein, prägt teils unmittelbar, teils über Zwischenglieder vermittelt, deren Inhalt und Gestalt.[58] Wenngleich auf eigenen Festlegungen und Entscheidungen beruhend, erscheint die *lex humana* insofern als vernunftgemäßes, natur-richtiges Recht und hat in diesem Sinn auch Anteil an der *lex naturalis*. Thomas präzisiert dieses Beziehungsverhältnis wie folgt: In der *lex humana* treffen wir sowohl auf *conclusiones* wie auf *determinationes* zur *lex naturalis*. Die Festlegungen der ersteren Art (*conclusiones*) sind im menschlichen Gesetz nicht derart enthalten, als wären sie nur von ihm angeordnet, sie haben vielmehr ein Stück Geltungskraft schon aus dem natürlichen Gesetz. Dagegen erhalten die Festlegungen der zweiten Art (*determinationes*) ihre Geltungskraft nur aus dem menschlichen Gesetz.[59] Das aber führt spezifisch in Fragen der Rechtsphilosophie hinein, in denen Grundlage, Entfaltungsbedingungen und Wirkungsweise des menschlichen Gesetzes näher erörtert und reflektiert werden. Dem wenden wir uns jetzt zu.

IV. Rechtsphilosophie

Wenn Thomas über den Bereich der *lex humana* handelt, so geschieht dies unverkennbar auch aus seiner Gegenwart heraus. In ihr war es besonders im kirchlichen Recht, doch auch auf weltlicher Ebene zu einer (Neu-)Entdeckung der Gesetzgebung gekommen (oben I 3), die eine theoretische Vertiefung nach sich ziehen mußte. Die Ausführungen, die wir bei Thomas zur *lex humana* finden, lassen sich unter diesem Aspekt nicht allein systematisch deuten, sie stehen zugleich innerhalb eines historischen Geschehens; gerade darin tritt ihr zukunftsweisendes Moment hervor.

Das wird an einem Beispiel deutlich, nämlich der damaligen Ausbreitung des heute allgegenwärtigen Begriffs vom ‚positiven Recht': In Anlehnung an antike, insbesondere spätantike Bezeichnungen für gesetztes Recht (*legem ponere*, *lex posita*) wurde bereits von Theologen des 12. Jh. der göttlichen Gerechtigkeit die Idee einer sog. ‚iustitia positiva' gegenübergestellt. Diese positive Gerechtigkeit war

---

[58] In diesem Sinn auch *A. F. Utz*, Naturgesetz. Kommentar, S. 168 f., unter Zurückweisung einer Trennung von Naturrecht und positivem Recht im Sinne je unterschiedlicher Rechtsordnungen; ausführlich *K. W. Merks*, Sittliche Autonomie, S. 313–319; vgl. ferner *L. Honnefelder*, Naturrecht und Normwandel, S. 205 f.

[59] Vgl. I–II, qu. 95, art. 2 resp.

dabei als eine rein menschengeschaffene (*ab hominibus inventa*) nachgerade antithetisch von der jenseitigen Gerechtigkeit abgehoben und auf sie bezogen.[60] Bald schon tauchte daraufhin die Benennung „ius positivum" auch als vielverwendetes Fachwort der Juristen auf, es bezog sich auf eine bewußt lenkende Gesetzgebung – und schrieb dieser zugleich ihren neu formulierten Ort zwischen himmlischem und irdischem Sinngeschehen zu. Schließlich leistete die Rezeption der aristotelischen *Politik* unmittelbar im Umfeld von und durch Thomas von Aquin einen Vorschub (oben I 5). Denn in ihr wurde die bei Aristoteles vorgenommene spezifische Trennung von Naturrecht einerseits und gesatztem Recht anderseits unbemerkt uminterpretiert und in einen christlichen Kontext gestellt.[61] Insgesamt bildete sich die Denkfigur des positiven Rechts hier an der Schwelle zu einem neuen europäischen Rechtsdenken aus; und gerade durch Thomas v. Aquin wird das *ius positivum* in bislang ungekannter Weise theoretisch erschlossen.

So verwundert es nicht, daß sich bei Thomas, über seine eben betrachtete Lehre von der *lex aeterna* und *lex naturalis* hinaus, eine eigene Philosophie des positiven Rechts findet. Er bestimmt dieses Recht nicht mehr einfach als Teil oder Ableitung aus dem sittlichen Naturgesetz, erfaßt es vielmehr – und zwar deutlicher noch als Augustinus – in seiner Eigenart als positives, auf soziale Geltung und die Erfüllung bestimmter Ordnungsaufgaben im Zusammenleben der Menschen angelegtes Recht. Auch reflektiert er die Unterschiedenheit von Recht und Ethik, ohne daß damit der Zusammenhang beider aufgegeben wird. In Entsprechung zu den vorfindlichen Textstellen, die die Rechtsphilosophie betreffen,[62] sollen auch hier zunächst seine Ausführungen zum geltenden Recht (1.), sodann seine Gerechtigkeitslehre (2.) und schließlich seine Erörterungen der Grundlagen rechtlicher Verantwortlichkeit im Gewissen (3.) näher dargelegt werden.

1. Für das menschliche Gesetz als das *geltende positive Recht* gibt Thomas eine Begründung und Legitimation, die nichts Geringeres als eine ausgearbeitete Gesetzgebungslehre umfaßt[63] und in der sich bereits viele Momente seiner politischen Philosophie erkennen lassen. Ausgangspunkt ist der von Thomas formulierte allgemeine Begriff des Gesetzes, der als integrativer, die verschiedenen Gesetzesarten (*lex aeterna*, *lex naturalis*, *lex humana*, *lex divi-*

---

60 Vgl. *St. Gagnér*, Ideengeschichte, S. 210ff. m.w.N., sowie S. 221ff. (zur Schule von Chartres).

61 Vgl. auch oben § 5 III 1b, S. 107; *St. Gagnér*, Ideengeschichte, S. 256ff. betont besonders die Prägung durch aristotelisches Gedankengut, hierzu ergänzend, wenngleich polemisch, *W. Ullmann*, in: TR 29 (1961), S. 118–129 (123f.).

62 Ihr Diskussionsort sind primär die Quaestiones im Traktat De lege (I–II, qu. 90–97), daneben das Traktat De jure et iustitia (II–II, qu. 57–79), schließlich die Erörterung der Grundlagen ethisch-sittlichen sowie rechtlichen Handelns und rechtlicher Verantwortlichkeit (I–II, qu. 18–21).

63 Vgl. dazu *St. Gagnér*, Ideengeschichte, S. 197–207, 267–287.

nia) systematisch zusammenordnender Begriff konzipiert ist,[64] dabei jedoch starke Anklänge an den Begriff des positiven Gesetzes, das in einer politischen Gemeinschaft erlassen wird, aufweist. Thomas definiert das Gesetz als

> „nihil aliud quam quaedam rationis ordinatio ad bonum commune, ab eo qui curam communitatis habet, promulgata."[65]

Danach hat das Gesetz seine Vernunft und Gerechtigkeit aus der Hinordnung auf das *bonum commune*, das Gemeingut oder gemeine Wohl. Schon darin zeigt sich eine Veränderung gegenüber der traditionellen Leges-Lehre: Nicht mehr die Ableitung oder Konkretisierung aus der *lex naturalis* steht an erster Stelle, sondern die Ausrichtung auf einen eigenen Zielbegriff. So gesehen, entspricht diese Definition der auf Gemeinschaft angelegten Natur des Menschen, von der Thomas ebenso ausgeht wie Aristoteles: Rechte und Belange der einzelnen können nur im Rahmen einer Gemeinschaftsordnung und auf deren Grundlage begründet und gesichert werden; das Ganze ist – auch für Thomas – vor dem Teil. Somit hängt das, was das positive Recht und die Gesetze anordnen und bewirken sollen, entscheidend von der näheren Bestimmung des *bonum commune* ab.

a) Dieses Gemeinwohl wird von Thomas weder als ein überpersönliches, von den einzelnen abgelöstes kollektives Gut angesehen (wie etwa die Ehre des Herrschers oder die Ausbreitung der wahren Religion über die ganze Welt), noch verflüchtigt es sich zu einer beliebig auffüllbaren Leerformel ohne objektive Orientierungskraft. Es ist in spezifischer Weise ein Gemeingut, nämlich das *gemeinsame* Gut aller einzelnen, zu ihrem eigenen, in der Natur angelegten Ziel, dem Glück des vollendeten Lebens, zu gelangen.[66] Das Gemeinwohl ist so von dem Gut der einzelnen nicht abgelöst, aber ihm – als einzelnem Gut – übergeordnet. Die Verwirklichung des in der Natur angelegten Zieles der einzelnen kann nur in gemeinschaftlichen Lebenszusammenhängen erreicht werden, das Ganze ist nicht einfach die Summe seiner Teile, sondern ihnen vorgeordnet.[67] Die für Thomas so wichtigen *inclinationes naturales* und deren Realisierungsmöglichkeit sind dabei in den Begriff des Gemeinwohls einbezogen, und zwar als notwendige Momente – auf diese Weise wirkt auch und gerade das natürliche Gesetz in das *bonum commune* hinein und wird die Verbindung zwischen beiden festgehalten.

Nun ist zwar das letzte Ziel, auf das die menschliche Natur – als gottgeschaffene – angelegt ist, für Thomas die ewige Glückseligkeit, also theologisch bestimmt

---

[64] Siehe *O. H. Pesch*, Gesetz, S. 543 ff., und *F. Reiner*, Lex, Abschn. 3 und 4.

[65] I–II, qu. 90, art. 4 resp.: Das Gesetz ist „nichts anderes als eine auf das Gemeinwohl bezogene Anordnung der Vernunft, bekannt gemacht von dem, der für die Sorge um die Gemeinschaft verantwortlich ist."

[66] Ebenso *E. Schockenhoff*, Glück des Menschen, S. 351.

[67] Vgl. I–II, qu. 90, art. 2 resp.

(oben II 2 b). Aber auch dieses Ziel ist ein gemeinschaftliches, nämlich die gemeinsame Glückseligkeit (*felicitas communis*).[68] Die Erreichung dieses Endziels wird jedoch im irdischen Leben nur vorbereitet, nicht schon herbeigeführt, und das irdische Gemeinwohl befaßt sich mit den natürlichen Bedingungen dafür. So besteht zwar vom Ansatz her eine theologische Zweckbindung, aber sie führt nicht zu einer theologischen Okkupierung des Gemeinwohlbegriffs, sondern durchaus zur Freisetzung in die irdisch-natürliche Aufgabe.[69]

b) Neben dieser allgemeinen Zielorientierung hat der Begriff des Gemeinwohls allerdings eine der konkreten Wirklichkeit zugewandte Seite. Er ist offen für die Berücksichtigung geschichtlich-politischer Gegebenheiten und die Ausrichtung auf die *conditio humana*.[70] Und indem Thomas diese Seite entfaltet, entwickelt er – erstaunlich genug – spezifisch auf das positive Recht bezogene Überlegungen, die eine bemerkenswerte Einsicht in die Eigenart des Rechts und seine Unterschiedenheit von sittlich-moralischen Geboten zeigen.

Thomas fragt, ob es die Aufgabe des menschlichen Gesetzes sei, alle Laster (*omnia vitia*) zu verbieten. Seine Antwort ist, an Augustinus anknüpfend: nein. Wichtiger jedoch als die Antwort selbst ist die Begründung dafür, die zu einem klassischen Text der Rechtsphilosophie geworden ist:

> „Das Gesetz wird gewissermaßen als Regel oder Richtmaß menschlicher Handlungen erlassen. Das Maß muß aber in gleichartiger Entsprechung zum Bemessenen stehen ... Unterschiedliche Dinge nämlich mißt man mit unterschiedlichen Maßen. Daher müssen auch den Menschen Gesetze gegeben werden, die ihrer Lebensbedingung (conditio) entsprechen; weil, wie Isidor sagt, ein Gesetz ‚erfüllbar' sein muß ‚sowohl gemäß der Natur als auch gemäß den Sitten und Gewohnheiten des Landes'. Das Vermögen aber oder die Fähigkeit zu handeln geht aus einer inneren Haltung (habitus) oder Disposition hervor: Das Gleiche ist nämlich nicht möglich dem, der keine tugendhafte Haltung hat, und dem Tugendhaften, so wie auch das Gleiche nicht möglich ist einem Jungen oder einem ausgewachsenen Mann ... Das menschliche Gesetz aber wird für eine Menge von Menschen gegeben, bei der der größere Teil sich aus Menschen zusammensetzt, die sich nicht durch ein vollkommenes tugendhaftes Verhalten auszeichnen. Und deshalb werden durch das menschliche Gesetz nicht alle Vergehen (omnia vitia) verboten, deren sich die Tugendhaften enthalten, sondern nur die schwereren Vergehen, die anderen schaden, ohne deren Verbot eine menschliche Gesellschaft (societas humana) keinen Bestand haben könnte." (I–II, qu. 96, art. 2 resp.)

---

[68] Vgl. I–II, qu. 90, art. 2 resp.

[69] Siehe dazu auch *H. J. Schneider*, Grundlegung der politischen Philosophie, S. 59–62, ferner unten V 1c.

[70] Siehe dazu auch *O. H. Pesch*, Gesetz, S. 589 f.; *St. Lippert*, Recht und Gerechtigkeit, S. 142, spricht von „moralischer Offenheit" des Gesetzes, die freilich nur in bestimmtem Umfang gegeben ist.

Was ist das beeindruckende und innovative Moment an diesem Text? Es wird eine konkrete Beziehung zwischen dem Gesetz und den Menschen, für die das Gesetz gilt, hergestellt: „mensura autem debet esse homogenea mensurato", sagt der lateinische Text. Der Bezugspunkt ist dabei nicht nur der Mensch, wie er seiner Natur nach sein soll, sondern auch der empirische Mensch in seiner *conditio humana*. Eben darauf bezieht sich auch das Postulat, das Gesetz müsse für die Menschen „erfüllbar" sein. So wird die Eigenständigkeit des Rechts gegenüber Geboten und Anforderungen des sittlichen Naturgesetzes sichtbar. Thomas macht sich deshalb sogleich selbst den Einwand, ob damit nicht das Ziel des menschlichen Gesetzes, zur Tugend hinzuführen, das aus seiner Verbindung mit der *lex naturalis* folgt, aufgegeben werde. Seine Antwort hält das Ziel fest, orientiert aber das Maß seiner Verwirklichung ausdrücklich an den Gegebenheiten der *conditio humana* und öffnet sich damit auch pragmatischen Erwägungen:

> „Das menschliche Gesetz hat zwar die Intention, die Menschen zur Tugend hinzuführen, aber nicht von einem Augenblick zum anderen, sondern Schritt für Schritt. Und deshalb erlegt es der Menge der Unvollkommenen nicht sofort das auf, was für die bereits Tugendhaften gilt, sich nämlich aller Übel zu enthalten. Andernfalls nämlich würden sich die Unvollkommenen in ihrem Unvermögen, Gebote dieser Art zu befolgen, noch zu schlimmeren Übeln hinreißen lassen." Zur Bekräftigung zieht er, theologisch argumentierend, Matthäus 9, 17 heran: „Wenn neuer Wein, d.h. Gebote des vollkommenen Lebens, in alte Schläuche gegeben wird, d.h., den unvollkommenen Menschen, dann zerreißen die Schläuche und der Wein läuft aus, d.h. die Gebote werden mißachtet und aus dieser Mißachtung heraus lassen sich die Menschen zu noch schlimmeren Übeln hinreißen." (I–II, qu. 96, art. 2, ad 2)

Hiernach erscheint das Verhältnis der *lex humana* zur *lex naturalis* als ein durchaus differenziertes; es führt von strikter Ableitung wie bloßer Anwendung weg. Zwar sei das natürliche Gesetz eine Teilhabe am ewigen Gesetz in uns, aber – Thomas sagt es ausdrücklich – das menschliche Gesetz steht hinter dem ewigen Gesetz zurück.[71] Zur Begründung beruft Thomas sich auf ein Argument Augustins (De libero arbitrio I, 5, 13), das er als allgemeine These verwendet und bejaht.[72]

[71] I–II, qu. 96, art. 2, ad. 3: „Lex autem humana deficit a lege aeterna."

[72] Bei Augustinus wird das Argument in einem spezifischen Zusammenhang verwendet (oben § 9 III 2c, S. 202 ff.). Indem Thomas den Text davon isoliert und als allgemeine These verwendet, erweitert sich die Aussage und enthält den Ansatz zur Rechtfertigung des positiven Rechts als einer Erhaltungsordnung, vgl. *E.-W. Böckenförde*, Zur Theologie des modernen säkularen Rechts, S. 594 f.

„Augustinus sagt nämlich, dieses Gesetz, das zur Leitung der Gemeinwesen gegeben wird, erlaubt vieles und läßt vieles unbestraft, was durch die göttliche Vorsehung geahndet wird ... Und weil es nicht alles regelt, braucht man deshalb nicht das, was es regelt, tadeln. Deswegen kann also das menschliche Gesetz nicht alles verbieten, was das natürliche Gesetz verbietet." (I–II, qu. 96, art. 2, ad 3)

Und er bekräftigt diese These bei der Abgrenzung des menschlichen Gesetzes vom göttlichen Gesetz des Alten Testaments. Die *lex humana* habe ein anderes Ziel, nicht die Hinführung zum ewigen Heil, sondern die zeitliche Ruhe und Friedfertigkeit in der politischen Gemeinschaft; diese werde dadurch erreicht, daß das Gesetz im Hinblick auf jene Übel, die den Friedenszustand gefährden könnten, die äußeren Handlungen der Menschen in Schranken halte.[73]

Was Thomas hier sagt, mutet recht modern an. Aber es wird keineswegs modern, sondern aus theologisch inspirierter Vernunft begründet. Es zeigt Sachnähe und Nüchternheit, vor allem Gespür für die Grenzen des positiven Rechts bei der Gewährleistung ethisch-sittlicher Ordnung.[74]

c) Von Gemeinwohlüberlegungen sind auch Thomas' Gedanken zur Änderung der Gesetze und zur Bedeutung, die geübte Gewohnheiten des Landes für die Gesetze haben, geprägt. Sie lassen überdies ein sehr aktuelles Reflexionsniveau erkennen. Wiewohl Gesetze an sich den Charakter des Dauerhaften haben, hält er ihre Änderung und Entwicklung für möglich, ja zuweilen sogar geboten – Augustins Gedanken zur *lex temporalis* (oben § 9 III 2c, S. 206 f.), durch Isidor v. Sevilla weiter vertieft, werden hier aufgegriffen. Auch hier ist die Begründung interessant. Eine solche Änderung kann auf zweifache Weise gerechtfertigt sein: zum einen durch die fortschreitende Erkenntnis der praktischen Vernunft, die nicht alles im ersten Zugriff überschaut, vielmehr auch im Hinblick auf das dem Gemeinwohl Zuträgliche vom Unvollkommenen zum Vollkommeneren voranschreitet; zum andern durch den Wandel der Lebensbedingungen der Menschen, für die dann jeweils etwas anderes als nützlich und gut erscheint (vgl. I–II, qu. 97, art. 1). Doch macht Thomas zugleich einen Vorbehalt: Da jede Änderung des Gesetzes, für sich betrachtet, einen Nachteil für das allgemeine Wohl bedeutet, weil die Kraft und Beobachtung der Gesetze wesentlich auf der Gewohnheit beruht, ist eine

---

[73] I–II, qu. 98, art. 1 resp.: „Est autem sciendum quod est alius finis legis humanae, et alius legis divinae. Legis enim humanae finis est temporalis tranquillitas civitatis, ad quem finem pervenit lex cohibendo exteriores actus, quantum ad illa mala quae possunt perturbare pacificum statum civitates."

[74] Insofern berührt sich seine Rechtslehre – ungeachtet des anderen theologisch-philosophischen Ausgangspunkts – vorausgreifend mit derjenigen Martin Luthers (unten § 15 IV, 2b u. 3, S. 415 f.).

Änderung erst dann vorzunehmen, wenn dieser Nachteil zumindest durch einen gleichen Vorteil für das Gemeinwohl ausgeglichen wird. Dieser Vorteil kann in einem großen und offensichtlichen Nutzen für das *bonum commune* liegen, in der Beseitigung eines klaren Unrechts oder in einer großen Schädlichkeit des bisherigen Gesetzes (vgl. I–II, qu. 97, art. 2).[75] Auf diese Weise wird auch das Verhältnis von Gesetz und Gewohnheit zu einem zentralen Problem der Gesetzeslehre.

Gerade an diesem Punkt schlägt sich bei Thomas eine heute durchaus moderne Perspektive nieder. Wenn er von der rechtlichen Gewohnheit spricht, so tut er das, um zu ergründen, wie sich das geschriebene Recht, das Gesetz, zu ihr verhält.[76] Gegenüber dem rechtlichen Denken der mittelalterlichen Gegenwart offenbart sich hier eine wichtige Innovation. Denn ein umfassend niedergeschriebenes Recht gab es in der weitgehend mündlich tradierten Rechtskultur des früheren Mittelalters nicht, ebensowenig wie gelehrte Juristen. Die unterschiedlichen Rechtsschichten dieser Epoche – erlassene Privilegien, geübte Gerichtsbräuche und Symbolhandlungen, mündlich überlieferte Gewohnheiten u.a.m. – waren selbst noch nicht in ihrem gemeinsamen Bezug (im Sinne einer Rechtsordnung) erfaßt worden. Insbesondere verfügte man über keinen übergreifend-abstrakten Begriff vom *Gesetz* und dessen Merkmalen, so sehr einzelne gesatzte Rechte vorhanden waren. Spiegelbildlich existierte lange Zeit auch keine präzise Vorstellung von dem in seinem Geltungsgrund konträren Gewohnheitsrecht.[77] Im Kreis der gelehrten Kanonisten und theologischen Denker, mithin auch bei Thomas, wurde demgegenüber von einer eigenen Grundlage her normativ gedacht: Das (geoffenbarte) göttliche Gesetz galt als vorrangiges und alles umgreifendes Grundprinzip, das die Gesamtheit auch des menschlichen Rechts zu prägen und zu strukturieren bestimmt war; Thomas selbst beschreibt dies, wie gesehen, in seiner Leges-Lehre (oben III). So ergab sich die Notwendigkeit, unterschiedliche Normqualitäten zusammenzudenken und sie insofern einem einheitlichen Ansatz zu unterstellen.[78] Durch diese Ordnungsaufgabe aber entstand auch eine Art ausgearbeitete *Geltungstheorie* des Rechts, mit der die Problematik des Gewohnheitsrechts, wie sie im Ansatz noch bis heute besteht, selbst deutlich werden konnte.

Thomas nimmt für die Theorie des Verhältnisses von Gesetz und Gewohnheit eine durchaus eigenständige Position ein. Er konstatiert zunächst, daß die dem Gesetz eigene Kraft, Richtmaß menschlicher Handlungen zu sein, nicht nur durch die Promulgation, die Bekanntmachung, sondern auch und gerade

---

[75] Siehe auch *St. Lippert*, Recht und Gerechtigkeit, S. 145f.

[76] Damit bewegt er sich in der kirchenrechtlichen Doktrin, wie sie vor allem bei Gratian formuliert war, vgl. Decretum Gratianum D. 1, cc. 1–5 und – für den Zusammenhang – *U. Wolter*, Die „consuetudo", S. 101–103.

[77] Vgl. *H. Krause*, Königtum und Rechtsordnung, S. 52–62, und *K. Kroeschell*, Recht und Rechtsbegriff, S. 294–298, 303–306. Man bezeichnet deshalb diese Rechtsstrukturen eher als ‚Rechtsgewohnheiten' denn als Gewohnheitsrecht.

[78] *U. Wolter*, Die „consuetudo", S. 115, s. auch oben I 3.

durch dauernde Beobachtung, das stetige Umsetzen in Handlungen hervorgerufen wird. Durch wiederholte Handlungen, die eine praktische Übung schaffen, kann das Gesetz ausgelegt und geändert werden und auch etwas bewirkt werden, was Gesetzeskraft erlangt. Thomas folgt also nicht einem rein formellen Geltungsbegriff, vielmehr sieht er in der vom Rechtsethos getragenen Akzeptanz und der darauf beruhenden Praxis ein wesentliches Moment der Geltung der Gesetze. Und so gelangt er zu seiner These von der derogativen, also gesetzändernden Kraft des Gewohnheitsrechts:

> „... am stärksten durch vielfach praktizierte Handlungen, die Gewohnheit schaffen, kann ein Gesetz sowohl geändert als auch ausgelegt werden, und auch etwas verursacht werden, was Gesetzeskraft erlangt, insofern nämlich durch äußere vielfach praktizierte Handlungen die innere Bewegung des Willens und die Vorstellung der Vernunft auf wirksamste Weise deutlich werden; wenn nämlich etwas viele Male geschieht, scheint es aus einem wohlüberlegten Urteil der Vernunft hervorzugehen. Und dementsprechend hat Gewohnheit einerseits Gesetzeskraft, hebt andererseits ein Gesetz auf und ist auch Interpretin der Gesetze." (I–II, qu. 97, art. 3 resp.)

Dem Einwand, auf diese Weise werde die Autorität des Herrschers als Gesetzgeber von den einzelnen her in Frage gestellt, begegnet Thomas mit einem aufschlußreichen, gut fundierten Argument: Handelt es sich um eine Gemeinschaft freier Menschen, die sich selbst Gesetze geben kann, so wiegt der übereinstimmende Wille, etwas zu beachten, der in der Gewohnheit offenkundig wird, mehr als die Autorität des Herrschers, der die Befugnis Gesetze zu geben nicht aus sich selbst hat, sondern nur insofern er die Gemeinschaft leitet. Handelt es sich hingegen um eine Gemeinschaft, der die Gesetze einseitig auferlegt werden, erlangt die sich zur Geltung bringende Gewohnheit gleichwohl insoweit die Kraft des Gesetzes, als sie durch die Herrscher toleriert und damit indirekt gutgeheißen wird (vgl. I–II, qu. 97, art. 3 ad 3).

d) Schließlich kann das Gesetz seine Aufgabe, Richtmaß menschlicher Handlungen zu sein, nicht erfüllen, wenn ihm nicht eine Verbindlichkeit im Gewissen zukommt, die Beobachtung des Gesetzes mithin als moralische Pflicht erscheint. Thomas tritt für diese Pflicht nicht absolut ein, wie später Thomas Hobbes,[79] er bindet sie vielmehr an die Gerechtigkeit des Gesetzes: Nicht schon jedes Gesetz, nur das gerechte Gesetz, das bestimmten Anforderungen entspricht, hat für das Gewissen bindende Kraft; denn nur dieses

---

[79] Für Thomas Hobbes begründet sich die Pflicht, alle positiven Gesetze zu befolgen, naturrechtlich aus dem Staatsgründungsvertrag. In diesem verpflichten sich alle wechselseitig, die Anordnungen des Souveräns hinsichtlich dessen, was ihm für Frieden und Sicherheit erforderlich erscheint, als eigene, von jedem autorisierte Anordnungen anzusehen und auf jedes *ius resistendi* zu verzichten, vgl. *Th. Hobbes*, Elementa philosophica de cive, cap. V, 11; ders., Leviathan, cap. 17 u. 21.

Gesetz leitet sich von der *lex aeterna* her (vgl. I–II, qu. 96, art. 4). Was Thomas bis hierhin gewissermaßen von oben betrachtet hat, indem er das menschliche Gesetz als Anordnung der Vernunft und in seiner Orientierung auf das Gemeinwohl begründete, bedenkt er nun aus der Perspektive von unten, der Verpflichtung im Gewissen, die eine moralische Wirksamkeitsbedingung des Gesetzes ist.

Für die Gerechtigkeit eines Gesetzes findet Thomas drei Kriterien, an die die Beurteilung von unten sich halten kann: Das Gesetz muß gerecht sein erstens nach seiner Zielausrichtung – durch die Hinordnung auf das Gemeinwohl; zweitens nach dem Urheber – durch die Zuständigkeit und Vollmacht dessen, der das Gesetz erläßt; drittens nach der inhaltlichen Form – durch die verhältnismäßige Gleichheit der auferlegten Lasten. Daß den einzelnen überhaupt Lasten zugunsten der Gemeinschaft auferlegt werden dürfen, rechtfertigt sich aus dem Verhältnis von Teil und Ganzem: „Denn da der einzelne Mensch Teil einer Vielzahl ist, gehört jeder Mensch als eben das, was er ist, und mit dem, was er hat, zur Gemeinschaft, wie auch jeder Teil als das, was er ist, zum Ganzen gehört."[80] Spiegelbildlich zu diesen Gerechtigkeitsanforderungen sind es dann auch drei Gründe, die ein Gesetz ungerecht machen: die Ausrichtung etwa auf die Begehrlichkeit oder Ruhmsucht des Herrschers statt auf das allgemeine Wohl; die Überschreitung der Zuständigkeit oder Vollmacht; die ungleiche Verteilung der Lasten.

Die Folge der Ungerechtigkeit eines Gesetzes ist nun freilich nicht einfach seine Unverbindlichkeit, Thomas denkt auch hier gemeinwohlbezogen und formuliert eine Abstufung.[81] Bei einer ‚normalen' Ungerechtigkeit ist das Gesetz zwar aus sich nicht bindend, aber es kann dennoch eine sekundäre Verbindlichkeit erlangen, wenn andernfalls Ärgernis oder grobe Unordnung drohen; aus einem solchen Grund muß der einzelne um des größeren Ganzen willen auch auf sein Recht (der Nichtbefolgung) verzichten. Verstößt das Gesetz hingegen gegen ein göttliches Gesetz – hiermit sind die geschriebenen Gesetze des Alten oder Neuen Testaments gemeint –, darf er es keinesfalls befolgen, denn man muß Gott mehr gehorchen als den Menschen. Die Brücken zwischen Gesetz und Gerechtigkeit, zwischen Bindung im Gewissen und Pflicht zum Ungehorsam werden durchaus differenziert geschlagen.

2. Ein zweiter Kontext, in dem die thomasische Rechtsphilosophie entwickelt wird, sind die Aussagen zur Gerechtigkeit; hier freilich nicht, wie gerade, im Rahmen der Charakterisierung des menschlichen Gesetzes, sondern als eigene *Gerechtigkeitslehre*. Diese Lehre ist nicht so sehr am Gesetzesbegriff als viel-

---

[80] I–II, qu. 96, art. 4 resp.; Übers. Dt. Thomasausgabe.
[81] Entfaltung im Einzelnen bei *St. Lippert*, Recht und Gerechtigkeit, S. 152–159.

mehr am Recht orientiert, und zwar durchaus am konkreten Recht. Es ist gerade dieses Recht, das den Gegenstand der Gerechtigkeit ausmacht. Thomas folgt hierbei, wie sich zeigen wird, in vielem Aristoteles, nicht zuletzt dessen auf Beobachtung und Erfahrung der umgebenden Welt gegründeten Methode (oben § 5 I 3, S. 102). So steht seine Gerechtigkeitslehre neben dem eher von stoisch-augustinischer Tradition geprägten Traktat über das Gesetz. Beide Teile streben aber ungeachtet der unterschiedlichen Ansätze nicht auseinander, sie sind vielmehr gedanklich miteinander verbunden. Fragen wir im Folgenden zunächst nach dem Verhältnis der Gerechtigkeit zum Recht, wie Thomas es sieht (a), sodann nach dem reformerischen oder affirmativen Impuls, der davon für die gegebenen rechtlichen Verhältnisse ausgeht (b), schließlich nach der von ihm vorgenommenen Einteilung der Gerechtigkeit und der Unterscheidung ihrer Arten (c).

a) Die Gerechtigkeit – als Tugend menschlichen Verhaltens – ist auf das Recht (zunächst verstanden als das Rechte, Gerichtete, Ausgegeglichene) als etwas ihr Vorausliegendes bezogen: „ius est obiectum iustitiae" (II–II, qu. 57, art. 1). Für Thomas ist Gerechtigkeit so nicht ein (abstraktes) Ideal der Rechtsgestaltung, sie konstituiert Recht nicht, bringt vielmehr Recht zur Verwirklichung. Sie ist ein Habitus, die Grundhaltung der Person, das Rechte zu tun, jedem sein Recht zukommen zu lassen.[82] Die Ermittlung und der Grund des Rechts werden hiernach zu einer Kernfrage für die Gerechtigkeit. Thomas fragt deshalb im Traktat über die Gerechtigkeit sehr eingehend nach dem konkret vorfindlichen Recht und woraus sich dieses ergebe. Er lehnt sich dabei an die Nikomachische Ethik des Aristoteles an und übernimmt die dort getroffene Unterscheidung: Recht könne sich entweder aus der Sache heraus, von Natur ergeben, dann sei es überall gleich und Naturrecht, oder kraft einer Vereinbarung oder Festlegung, dann sei es gesatztes Recht.[83] Thomas bezieht dies auch auf das Rechte (das Recht im Sinne des gegenüber einem anderen

82 Thomas nimmt die Gerechtigkeitsdefinition des römischen Juristen Ulpian auf, die den Willen in den Mittelpunkt stellt: „iustitia est constans et perpetua voluntas ius suum cuique tribuendi" (Gerechtigkeit ist der beständige und dauerhafte Wille, jedem sein Recht zuzuerkennen), Dig. I, 1, 10, und macht sie sich in der Weise zu eigen, daß er sie mit der aristotelischen Definition, die auf den Habitus abstellt, verbindet: „Die Gerechtigkeit ist der Habitus, gemäß dem jemand mit festem und beständigem Willen jedem sein Recht zuteilt." (II–II, qu. 58, art. 1 resp.)

83 Vgl. *Aristoteles*, Nikomachische Ethik, V, 10, 1134b, 18–22. Aristoteles unterscheidet beim Recht der Polis hier zwischen dem Recht, das von Natur gilt, und dem, das durch Satzung bzw. Festlegung gilt. Diese Stelle ist oftmals als Anerkennung eines allgemein überzeitlichen Naturrechts durch Aristoteles interpretiert worden, was jedoch fragwürdig ist (oben § 5 III 1b, S. 110). Das Verständnis bei Thomas orientiert sich an der Rechtheit oder Richtigkeit aus der Natur der Sache, vgl. II–II, qu. 57, art. 2 ad 2 und weiter im Text.

Angeglichen oder Ausgeglichenen), das für die Bestimmung und den Inhalt der Gerechtigkeit von Bedeutung ist.

Das Rechte als Gegenstand der Gerechtigkeit kann demgemäß ‚natürlich' grundgelegt sein, d.h. in den Verhältnissen selbst oder der ‚Natur der Sache', oder es kann seinen Grund – unabhängig von solchem vorab Richtigen und Rechten – in einer willentlichen vertraglichen Vereinbarung oder Festlegung durch menschliches Gesetz haben (vgl. II–II, qu. 57, art. 2; Bekräftigung in qu. 60, art. 5). Thomas' Aufmerksamkeit, die eines Theologen, gilt dabei ganz dem Rechten aus der Natur der Sache. Was wird darunter verstanden? An zwei Beispielen, die Thomas erörtert, läßt es sich erläutern, sie zeigen auch die Verbindung mit einer theologischen Sicht. Zum einen bezieht er sich auf Tausch- oder Leihgeschäfte, bei denen jemand etwas gebe, um genauso viel zurückzuerhalten; ein solches Rechtsgeschäft ist für ihn seinem ‚natürlichen' Inhalt nach auf einen derartigen Ausgleich angelegt – im Hintergrund steht die in der Kanonistik und Theologie damals verbreitete Auffassung, daß ein Warenaustausch der Sache nach ohne Gewinn abzugehen habe.[84] Zum andern ist Thomas der Auffassung, daß es in offenbarer materieller Not erlaubt sei, aus fremdem Gut, das zur Bewältigung der Not anderer nicht gebraucht wird, der eigenen Not abzuhelfen; die Güter der Erde seien nach der von der göttlichen Vorsehung bestimmten Ordnung der Natur, ihrem natürlichen Widmungszweck also, insgesamt – und vor allem Privateigentum – dazu da, der menschlichen Bedürftigkeit abzuhelfen (vgl. II–II, qu. 66, art. 7).

Die Parallele zur eben betrachteten (oben III 2c) Argumentation aus der *lex naturalis*, die sich an die stoisch-augustinische Begrifflichkeit anschloß, läßt sich unschwer erkennen: die natürliche Vernunft hat, im natürlichen Gesetz mit einer ontologisch fundierten ethisch-sittlichen Erkenntniskraft ausgestattet, die Fähigkeit, nicht nur in allgemeinen Grundsätzen und Schlußfolgerungen, sondern auf deren Grundlage auch im Hier und Heute, in konkreten Verhältnissen und Situationen, eben aus der ‚Natur der Sache' heraus, zu erkennen, was das Rechte ist. In diesem Sinn ist das, was ‚von Natur' ist, nicht unveränderlich, sondern in seiner Erstreckung und Konkretisierung auch wandelbar (ohne daß es sich freilich in seinem grundlegenden Kern verändert).[85] Und das natürliche Gesetz, das allgemeine,

---

84 Die Wahl dieses Beispiels entspricht Thomas' theologischer Sicht auf das Problem der vertraglichen Leistungsäquivalenz und seiner Lehre von der *aequalitas iustitiae*, die später große Bedeutung erlangte. Vgl. auch *A. Vauchez*, Die pastorale Erneuerung der lateinischen Kirche, S. 825–828, sowie *H. Kalb*, Laesio enormis, S. 123 ff.

85 II–II, qu. 57, art. 2, ad 1: „Natura autem hominis est mutabilis." Siehe auch In Eth. V, 12 (Ausg. Spiazzi, Tz. 1029): „Est tamen addendum quod quia rationes rerum mutabilium sunt immutabiles, sic quicquid est nobis naturale quasi pertinens ad ipsam hominis rationem, nullo modo mutatur ... Quae autem consequuntur naturam, puta dispositiones actiones et motus mutantur ut in paucioribus. Et similiter etiam illa quae pertinent ad ipsam iustitiae rationem nullo modo possunt mutari ..."

erst noch zu konkretisierende Prinzipien enthält, ist nicht das Recht selbst, sondern die *ratio iuris*, Grund und Plan des Rechts, das daraus allererst zu ermitteln ist. Letztlich führt Thomas hier zwei unterschiedliche Denktraditionen zur Synthese.

b) Bringt diese Bestimmung der Gerechtigkeit von dem von Natur Rechten her gegenüber den bestehenden rechtlichen Verhältnissen und Strukturen einen reformerischen, sie relativierenden, vielleicht sogar in Frage stellenden Impuls? Thomas nimmt – wie Aristoteles – das ihn umgebende Recht in seinem Grundgefüge auf und akzeptiert es, insofern verhält sich seine Gerechtigkeitslehre affirmativ. Aber die gegebenen Rechtsverhältnisse werden vom christlichen Verständnis der Natur des Menschen und des natürlichen Rechts her zugleich auch relativiert und ein Stück weit verändert. Das kommt am Beispiel des Herren- und Sklavenrechts deutlich zum Ausdruck.

Thomas stellt das bei Aristoteles vorfindliche Vaterrecht (*ius paternum*) und Herrenrecht (*ius dominativium*) als Herrschafts- und Abhängigkeitsverhältnis nicht in Frage; es gelte hier nicht das schlechthin Gerechte (*simpliciter iustum*), sondern nur ein analog Gerechtes (*quoddam iustum*). Zugleich bringt sich jedoch die Gleichheit der Menschen, die in ihrer Wesensbestimmung begründet ist, zur Geltung. Die christliche Auffassung von der Gottebenbildlichkeit jedes Menschen dringt in die überkommene Begrifflichkeit ein und sprengt sie ein Stück weit auf. Während Aristoteles davon ausging, daß der Sohn Teil des Vaters und der Sklave Teil (und Werkzeug) des Herrn sei und deshalb zwischen ihnen allenfalls eine analoge Gerechtigkeit bestehen könne, differenziert Thomas zwischen dem Sohn als Sohn oder dem Knecht als Knecht auf der einen, und dem Sohn und dem Knecht als Menschen auf der anderen Seite:

> „Insofern der Sohn Sohn ist, ist er etwas, was dem Vater gehört; ebenso ist der Knecht, insofern er Knecht ist, etwas, was dem Herrn gehört. Insofern jedoch jeder als Mensch betrachtet wird, ist er etwas für sich Bestehendes und von anderen unterschieden. Und deshalb gibt es ihnen gegenüber, insoweit ein jeder der beiden ein Mensch ist, irgendwie auch Gerechtigkeit. Daher gibt es auch bestimmte Gesetze über das, was dem Vater zusteht gegenüber dem Sohn, oder dem Herrn gegenüber dem Knecht. Insoweit aber jeder etwas ist, was dem andern gehört, versagt die volle Bewandtnis dessen, was gerecht oder Recht ist.“ (II–II, qu. 57, art. 4 ad 2; Übers. Dt. Thomas-Ausgabe)

Vaterrecht und Herrenrecht werden so in ihrer Exklusivität aufgebrochen, sie werden relativiert zu einer Rechtsbeziehung besonderer Art, die zwar stark von herrschaftlichen Elementen geprägt, aber doch eine Rechtsbeziehung ist. Ähnlich relativiert Thomas den ‚Sklaven von Natur‘ des Aristoteles. Zwar rechnet er das Bestehen von Abhängigkeitsverhältnissen, wie seine Zeit sie kannte – die mittelalterlichen Formen von Abhängigkeit (*servitus*) und personaler Herrschaftsausübung sind weder mit der griechischen noch mit der römisch-rechtlichen Sklaverei identisch –, zum Naturrecht, aber er tut dies nur unter einer bestimmten Hinsicht. Es handele sich nicht um ein Naturrecht *primo modo*, das aus sich heraus, unabhängig von weiteren Bedingungen gilt und Bestand hat, sondern um ein solches *secundo modo*, das sich nämlich erst im Blick auf bestimmte Verhältnisse ergibt und den Charakter einer um einer Nützlichkeit willen durch die Vernunft eingeführten (änderbaren) Hinzufügung hat.[86] Das heißt aber, daß für Thomas das Bestehen von Dienst- und Abhängigkeitsverhältnissen anstelle einer einheitlichen Freiheit für alle auf der gleichen *sekundären* Ebene steht wie die Einführung des Privateigentums anstelle der ursprünglich natürlichen Gemeinschaft der Güter.[87] Beide sind als soziologischer Tatbestand nicht aus sich heraus naturwidrig, weil nicht aus sich heraus ausgeschlossen, aber ihre Ausgestaltung darf nicht der allgemeinen Natur des Menschen widersprechen. Eben dies bringt der Vorbehalt, den Thomas zugunsten des Menschseins des *servus* macht, zum Ausdruck, er wird an späterer Stelle eindrucksvoll konkretisiert;[88] desgleichen zeigt es sich in dem Erfordernis, daß die Abhängigkeit auch für den Abhängigen nützlich sein müsse, wofür Thomas wiederum Aristoteles paraphrasiert:

> „Daß dieser Mensch Knecht ist, und zwar mehr als ein anderer, hat, an sich betrachtet, keinen natürlichen Grund, sondern allein gemäß einer sich ergebenden Nützlichkeit, insofern es für diesen nützlich ist, daß er von einem Weiseren gelenkt werde, und für jenen, daß ihm von diesem geholfen werde." (II–II, qu. 57, art. 3, ad 2)

c) Was schließlich die Einteilung der Gerechtigkeit und die Unterscheidung ihrer Arten angeht, bezieht Thomas sich wieder auf Aristoteles. Aber er entwickelt dessen Lehre weiter, präzisiert sie und gibt ihr ein anthropologisch-philosophisches Fundament. Wie Aristoteles geht er von dem notwendigen Sozialbezug der Gerechtigkeit aus. Gerechtigkeit ist aus ihrem Wesen heraus auf den anderen bezogen, nicht – wie bei Platon (oben § 4 III 1a, S. 80 f.) – auf die einzelnen Seelenkräfte im Menschen selbst. Da sie das Handeln des Menschen dirigiert, kann sich die *aequalitas*, d. h. die Gleichheit im Sinne des rechten Ausgleichs, auf die sie gerichtet ist, auch nur im Verhältnis zu anderen, nicht im Rückbezug zu sich selbst herstellen.[89] Gerechtigkeit betrifft also selbst handelnde Wesen, die sich zueinander *verhalten*, sie setzt daher die *„diversitas suppositorum"*, die Verschiedenheit der Subjekte, voraus. Im Verhältnis der Seelenkräfte zueinander läßt sich nur uneigentlich, metaphorisch, von Gerechtigkeit sprechen.[90]

---

[86] Siehe II–II, qu. 57, art. 3 resp. und ad 2.

[87] Vgl. II–II, qu. 94, art. 5 ad 3.

[88] Siehe II–II, qu. 104, art. 5 resp.

[89] Vgl. II–II, qu. 58, art. 2 resp. Dort heißt es: „... ex sua ratione iustitia habet quid sit ad alterum." Siehe auch qu. 58, art. 9 resp.

[90] Vgl. II–II, qu. 58, art. 2 resp.

Dieser Sozialbezug der Gerechtigkeit ist es auch, von dem aus Thomas ihre einzelnen Arten bestimmt. Die grundlegenden Beziehungsfelder, in denen die einzelnen stehen, insofern sie einerseits selbständige Wesen (*per se subsistens*), zugleich aber Glieder und Teile der (politischen) Gemeinschaft sind, geben das sozialphilosophische Gerüst für die Arten der Gerechtigkeit und deren Zuordnung ab: Im Verhältnis der einzelnen zueinander gilt die ausgleichende Gerechtigkeit (*iustitia commutativa*), im Verhältnis der einzelnen zur (politischen) Gemeinschaft die Gesetzes- oder Gemeinwohlgerechtigkeit (*iustitia legalis/generalis*), im Verhältnis der (politischen) Gemeinschaft zu den einzelnen die austeilende Gerechtigkeit (*iustitia distributiva*).[91] Was bei Aristoteles schon aufgewiesen wird, erhält bei Thomas eine zusätzliche Fundierung. Das folgende Schaubild mag es verdeutlichen:

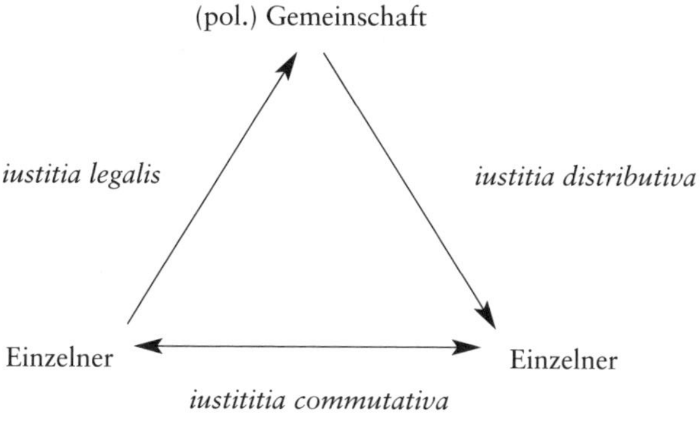

Jede dieser Gerechtigkeitsarten hat nun eine eigene, an dem jeweiligen sozialen Beziehungsfeld ausgerichtete Gleichheitsrelation, die als Orientierung für das jeweilige Rechte dient. Für die ausgleichende und die austeilende Gerechtigkeit übernimmt Thomas die von Aristoteles entwickelten Gleichheitsrelationen (oben § 5 III 2b, S. 116f.): die strikte oder arithmetische Gleichheit der *iustitia commutativa*, die verhältnismäßige oder geometrische Gleichheit der *iustitia distributiva*.[92] Für die *iustitia generalis* bestimmt er die Gleichheitsrelation eigenständig und über Aristoteles hinausweisend. Für diese Gerechtigkeitsart sind nicht einfach die Gesetze (*nomoi*) der Bezugspunkt, wie bei Aristoteles; ihr Gegenstand, auf den sie sich bezieht, ist vielmehr das Gemeinwohl als das Rechte, das der Gemeinschaft als der Gesamtheit der verbundenen Einzelnen zukommt. Die Gesetze sind erst sekundär von

---

[91] Vgl. im einzelnen II–II, qu. 61, art. 1 und qu. 58, art. 6f.

[92] Siehe II–II, qu. 61, art. 2 resp. Für Inhalt und Entfaltung dieser Gerechtigkeitsarten siehe *St. Lippert*, Recht und Gerechtigkeit, S. 85–97.

Bedeutung, insofern sie auf das Gemeinwohl hingeordnet sind. Weil das Gemeinwohl aber selbst etwas Allgemeines ist, hat auch diese Gerechtigkeitsart allgemeinen Charakter: Das, was der politischen Gemeinschaft zukommt, ihr als das Ihrige geschuldet ist, sind vielfältige Verhaltensweisen, wie etwa Tapferkeit und Besonnenheit, die sich alle auf das Gemeinwohl auswirken, nicht nur die Achtung der Gesetze. Und die Anforderungen dieser Gerechtigkeit sind unterschiedlich für die Regierenden und die Bürger. Für die Regierenden, bei denen die aktive Sorge für das Gemeinwohl liegt, erscheinen sie schöpferisch-gestaltend („architectonice", wie Thomas sagt).[93] Für die Bürger sind sie eher vollziehend („ministrative"), indem sie die zugewiesenen Aufgaben und Pflichten wahrnehmen.[94]

Der Leitgedanke für die Ausprägung der Gerechtigkeit ist hier wie auch bei der *iustitia distributiva* das Verhältnis von Teil und Ganzem. Der Teil ist in all dem, was er ist, hat und tut, ein Teil des Ganzen, daher in seinem gesamten Verhalten auf das Ganze beziehbar und es mit prägend; umgekehrt ist das, was dem Ganzen gehört, d.h. die Gemeinschaftsgüter und -lasten, auch dem Teil geschuldet, weil er eben ein Teil des Ganzen ist, und zwar nach der Stellung und Bedeutung (*principalitas*), die er für das Ganze und in ihm hat (vgl. II–II, qu. 61, art. 2). Hierbei geht Thomas wie Aristoteles (oben § 5 III 2 b (2), S. 118) davon aus, daß die Kriterien der Zuteilung je nach der Eigenart einer Verfassungsform unterschiedlich sein können, mithin eine (abstrakte) Gleichheit der Kriterien nicht besteht.[95] Auch das hat, weil von der Struktur der Gesamtordnung her gedacht, seinen Grund im Vorrang des Ganzen vor dem Teil.

3. Es gibt noch einen dritten Textbestand für die thomasische Rechtsphilosophie, der eine nähere Betrachtung lohnt. Neben den Aussagen zum positiven Recht und der Gerechtigkeitslehre finden sich bei Thomas ausführliche Überlegungen zum eigentlichen Ursprung rechtlicher Verantwortlichkeit.

---

93 Siehe II–II, qu. 58, art. 6 resp.

94 Wendet man diesen Gedanken auf die Demokratie an, würde das zu einer zweifachen Gerechtigkeitsverpflichtung der Staatsbürger führen: Insofern sie selbst Regierende sind, etwa bei der Ausübung des Wahlrechts oder in Volksabstimmungen, obliegt ihnen die schöpferisch-gestaltende Orientierung auf das Gemeinwohl unter Hintansetzung ihrer individuellen Interessen; insofern sie als einzelne den Gesetzen, die von der Volksvertretung beschlossen werden, unterworfen sind, haben sie diese – ministrative – um des Gemeinwohls willen zu befolgen.

95 II–II, qu. 61, art. 2: „... in distributiva iustitia tanto plus alicui de bonis communibus datur quando illa persona majorem principalidatem habet in communitate. Quae quidem principalitas in aristocratica communitate attenditur secundum virtutem, in oligarchica secundum divitias, in democratica secundum libertas." Siehe auch *St. Lippert*, Recht und Gerechtigkeit, S. 86f.

Auch damit stellt er sich in eine von der Antike überkommene Tradition hinein. Schon Sokrates hatte ja die Frage nach dem inwendigen Prinzip ethisch-rechtlichen Handelns und rechtlicher Verantwortlichkeit beschäftigt (oben § 3 III 1 b, S. 63 f.), die Stoa hat sie dann in ihrer Gewissenslehre weiter entwickelt, bei Thomas nun wird sie vom christlichen Denken her aufgenommen und weitergeführt. Ein Ansatzpunkt dafür liegt schon in seiner Auffassung der *lex naturalis* als dem von Gott der Vernunft eingegebenen sittlichen Erkenntnisvermögen. Weiter gedacht, bedeutet dies nämlich eine in der göttlichen Schöpfungsordnung und damit theo-nom verankerte Befähigung zu Eigenerkenntnis und Selbstverantwortung im ethisch-sittlichen Handeln. Doch Thomas beläßt es nicht dabei.

a) Die tragenden Begriffe, an denen er dies näher vertieft, sind einerseits *synderesis*, anderseits *conscientia*. Mit dieser Unterscheidung nimmt Thomas Diskussionen des 12. und 13. Jh. auf.[96] Sie ermöglicht es ihm, für zwei wichtige Komponenten der sittlichen Vernunfttätigkeit einen eigenen Sitz auszumachen und zu benennen: für die im Bewußtsein des Menschen eingeprägten Prinzipien ethischen Handelns, die unveränderlich sind, wie auch für die konkreten sittlichen Erkenntnisse und Urteile, die das Handeln des Menschen bestimmen.[97]

Die *synderesis* ist ein Habitus in der praktischen Vernunft, der die obersten Grundsätze sittlichen und rechtlichen Handelns, wie sie der *lex naturalis* zugehören, unverrückbar festhält, vergleichbar den aus sich evidenten ersten Prinzipien des theoretischen Erkennens (wie etwa dem Satz vom Widerspruch). *Synderesis* ist so nicht die *lex naturalis* selbst, vielmehr der anthropologische Ort, um mit O. H. Pesch zu sprechen,[98] an dem die *lex naturalis* im Menschen zur Geltung kommt. Thomas spricht von „*lex intellectus nostri*",[99] einem (habituellen) Gesetz unseres Geistes und Verstandes, das irrtumsfrei ist. Die Verknüpfung mit Aussagen des neuen Testaments liegt auf der Hand; der Satz des hl. Paulus vom Gesetz, das Gott den Menschen ins Herz geschrieben habe (Römer 2, 15), erfährt eine philosophische Ausarbeitung und Verdeutlichung.

Conscientia meint demgegenüber den auf das konkrete Handeln bezogenen Urteilsakt der praktischen Vernunft, in dem die obersten Prinzipien ethisch-sittlichen Handelns, vermittelt durch die Kenntnis und Anschauung der Sachverhalte, praktisch angewandt werden. Gewissen ist, sagt Thomas, ein „dictamen rationis",

[96] Vgl. deren Darstellung bei *O. H. Pesch*, Gesetz, S. 489–492.

[97] *M. Perkams*, Gewissensirrtum und Gewissensfreiheit, S. 34, spricht anschaulich, wenngleich etwas vereinfachend vom habituellen und aktuellen Gewissen.

[98] *O. H. Pesch*, Gesetz, S. 491 f.

[99] I–II, qu. 94, art. 1 ad 2: „... synderesis dicitur lex intellectus nostri, inquantum est habitus continens praecepta legis naturalis, quae sunt prima principia operum humanorum." Die Auffassung von *H. Welzel* (Lit.), S. 64, daß Thomas hier die nativistische Theorie Ciceros von angeborenen Ideen vertrete, läßt sich daraus nicht begründen.

„Anwendung des Wissens auf ein Handeln".[100] Als Urteilsakt ist es nicht notwendig irrtumsfrei; es kann irren, indem durch mangelndes Wissen oder die Schwierigkeit der Sache das, was wahr und richtig ist, verfehlt, oder durch sinnliches Begehren, das sich der Vernunft nicht einordnet, seine Erkenntniskraft geschwächt und abgelenkt wird. Hier liegt der Ansatzpunkt für die Einwirkung der Sündhaftigkeit auf das Gewissensurteil, die im „Zunder",[101] wie es bei Thomas heißt, ihren Ausdruck findet. Empirisch aufweisbare fehlerhafte Urteile stellen freilich die unveränderliche Prinzipienaussattung, die *synderesis*, nicht in Frage.

b) Ungeachtet dieser Zweiteilung mißt Thomas dem Gewissensurteil des einzelnen (subjektive) Verbindlichkeit für sein ethisch-sittliches Handeln bei, auch wenn es objektiv im Irrtum sein mag. Hier fühlt man sich an den Theologen Abaelard erinnert, in dessen Ethik die Frage nach der *intentio* eines Menschen zum Bewertungskriterium für das Verhalten wurde.[102] Das hat weittragende Konsequenzen. Selbst das irrige Gewissensurteil ist danach für den Handelnden verpflichtend, hat für ihn, wie Thomas ausdrücklich betont, bindende Kraft.[103] Der Gläubige soll dann auch eher die Exkommunikation auf sich nehmen, als einem kirchlichen Befehl gegen sein Gewissen Folge leisten.[104] In diesem Sinne anerkennt Thomas das Gewissensurteil als notwendige Bedingung personal verantworteten Handelns, wodurch die Unantastbarkeit des einzelnen als sittliche Person verbürgt wird.

---

[100] I–II, qu. 19, art. 5 resp.: „conscientia sit quodammodo dictamen rationis"; die Stelle I, qu. 79, art. 13, wonach das Gewissen keine Potenz, sondern ein Akt ist, wird hier wie folgt zusammengefaßt: „conscientia nihil aliud est quam applicatio scientiae ad aliquem actum." (ebd., sed contra) Diese Qualifizierung des Gewissens als Urteilsakt war zu seiner Zeit keineswegs allgemein anerkannt, sondern eine Neuerung, vgl. *L. J. Elders*, Doctrine of Conscience, S. 127 ff., sie erfordert eine genaue Bestimmung und Abgrenzung, wie *O. Lottin*, Morale fundamentale, S. 221–228 aufzeigt. Jedenfalls ist für Thomas das Gewissen nicht die ‚Stimme Gottes in uns', auch nicht „a mysterious faculty which tells or moves us to do something." (*L. J. Elders*, S. 126). Ebensowenig kann Kants Gewissensbegriff in Thomas hineingelesen werden.

[101] I–II, qu. 91, art. 6 resp. Thomas diskutiert hier – anknüpfend an das Paulus-Wort vom Gesetz des Fleisches (Röm, 7,23), ob es ein Gesetz der sinnlichen Begierde, des Zunders (*fomes*), gebe.

[102] Petrus Abaelardus (1079–1142) vertrat in seiner personen-orientierten Ethik eine Sündenlehre, die auf den Begriffen *conscientia*, *consensus* und insbesondere *intentio* beruhte. Nicht die Handlung als solche, sondern die ihr zugrundeliegende Absicht sei vor Gott sündhaft (vgl. *D. E. Luscombe* [Hg.], Peter Abelard's Ethics, S. 52 ff.).

[103] I–II, qu. 19, art. 5: „Unde dicendum est simpliciter quod omnis voluntas discordans a ratione, sive recta sive errante, semper est mala." Sehr deutlich auch Quaestiones de quolibet, III, art. 2 (27) resp.: „Omnis conscientia, sive recta sive erronea, sive in per se malis sive in indifferentibus, est obligatoria, ita quod qui contra conscientiam facit, peccat." Siehe auch *H. Meyer*, Thomas von Aquin, S. 525 f., und *H. Welzel* (Lit.), S. 63 f.

[104] Das folgt an sich schon aus der strikten Argumentation in I–II, qu. 19, art. 5. Es ist zudem ausdrücklich ausgesprochen in IV Sent. dist. 38, art. 4 ad 3 (Ed. Vivès, S. 760): „Ecclesia enim iudicat secundum ea quae externis apparent, sed per conscientiam aliquis obligatur ad iudicem Dei qui cor intuetur: et ideo standum est conscientiae, quantumcumque Ecclesia exterius cogat."

Wie läßt sich dies erklären und begründen? Der Wille im handelnden Menschen ist nach Thomas darauf angelegt, dem zu folgen, was die Vernunft ihm als gut und richtig vorstellt; tut er dies, folgt er seiner Anlage und ist (als Wille) gut. Irrt dabei die Vernunft, hebt das dieses Folgeverhältnis nicht auf, die Integrität personalen Handelns soll vielmehr gewahrt bleiben. Dennoch ist für Thomas dies allein, die Intention, noch keine hinreichende Bedingung für gutes ethisch-sittliches Handeln; die objektive Qualität, daß richtig gehandelt wird, muß hinzukommen. Das subjektive Gewissensurteil erhält so zwar die Bedeutung einer ‚Instanz', aber es wird, da Thomas die ontologische Fundierung der Sittlichkeit nicht aufgibt, nicht zur letzten Urteilsinstanz für die ethisch-sittliche Qualität des Handelns.

Das daraus entstehende Dilemma hat Thomas gesehen und reflektiert, ohne dafür ‚glatte' Lösungen anzubieten.[105] Er stellt darauf ab, daß allein das richtige Gewissensurteil *per se* und schlechthin binde, das irrige nur *secundum quid* unter besonderen Bedingungen, die sich ändern können. Und für die Qualität der Handlung, ob sie gut oder schlecht, Sünde ist oder nicht, kommt es darauf an, ob der Irrtum der Vernunft irgendwie vermeidbar war oder nicht. Damit greift er auf die theologisch-kanonistischen Lehren seiner Zeit zurück und macht sie sich zunutze.[106] War der Irrtum vermeidbar und insofern ‚freiwillig', ist ein *malum* gegeben; die Schuld liegt dann im Irrtum der Vernunft, der nicht hinreichenden Erkenntnisbemühung des Gewissens, nicht darin, dem irrigen Gewissensurteil gleichwohl gefolgt zu sein (I–II, qu. 19, art. 6). Nun gilt aber die *ignorancia iuris*, die Nichtkenntnis des (rechtlichen) Geboten- oder Verbotenseins eines Handelns, von extremen Ausnahmefällen wie wütende Wildheit oder Irresein abgesehen, stets als vermeidbar, weil jeder gehalten ist, die ethisch-sittlichen Gebote zu kennen; nur bei einem Tatsachenirrtum hat dann die Vermeidbarkeit wirkliche Relevanz. Thomas kommt so zu folgendem Schluß:

> „wenn jemandem das Gewissen gebietet, etwas zu tun, was gegen das göttliche Gesetz ist, so sündigt er, wenn er es nicht tut, und gleichermaßen sündigt er, wenn er es tut, weil die Unkenntnis des Gesetzes nicht von der Sünde ent-

---

[105] Siehe *L. J. Elders*, Doctrine of Conscience, S. 128–132, und insb. De veritate, qu. 17, art. 4 resp. und ad 5. Jüngst auch *M. Perkams*, Gewissensirrtum und Gewissensfreiheit, S. 36–45.

[106] Das kanonische Recht des späteren Mittelalters hatte auch zu einer Juridisierung des kirchlichen Bußwesens geführt und darin, vor und in der Zeit Thomas v. Aquins, weit fortwirkende Rechtsgedanken geschaffen, etwa das Begriffspaar *forum internum/forum externum*, das modifiziert noch heute in der Grundrechtsdogmatik zur Gewissensfreiheit (Art. 4 GG) weiterlebt. Auch brachten die Sündentheologien eine hochentwickelte juristische Schuldlehre hervor, ohne die die moderne Strafrechtsdogmatik kaum vorstellbar erscheint, vgl. umfassend *S. Kuttner*, Kanonistische Schuldlehren, ferner auch *H. Berman*, Recht und Revolution, S. 327–412.

> schuldigt, es sei denn, es besteht ein so starker unüberwindbarer Irrtum, wie bei wütender Wildheit oder Irresein." [107]

Gerade im Fall der *ignorantia iuris* wird also die Bedeutung des Gewissens nicht anerkannt. Letztlich dringt so das subjektive Gewissensurteil nur gebrochen in die thomasische Ethik ein, erreicht insbesondere die Rechtssphäre nicht, weder im kirchlichen noch im weltlichen Recht. Zwar soll, wie erwähnt, der Gläubige eher die Exkommunikation auf sich nehmen, als einem kirchlichen Befehl gegen sein Gewissen Folge leisten; eine Infragestellung der Exkommunikation als geistlich-kirchlicher Strafmaßnahme gegen Gewissenstäter folgt daraus nicht, wohl aber gereicht intern deren Befolgung durch den Exkommunizierten diesem zum Verdienst, beeinträchtigt nicht sein Leben in der Gnade.[108] Thomas zeigt deshalb auch noch keinen Weg zu Toleranz oder gar Religionsfreiheit auf.[109] Sicher hält er daran fest, daß die Annahme des Glaubens nicht erzwungen werden darf – *credere voluntatis est*, doch wer den Glauben angenommen hat, darf sodann gezwungen werden, zu erfüllen, was er versprochen hat, und festzuhalten, was er empfangen hat (vgl. II–II, qu. 10, art. 8 resp.). Der Glaube erscheint insgesamt als ein rechtsartiges Treueverhältnis, von dem es keinen Dispens gibt, auch nicht durch ein entgegenstehendes Gewissensurteil. Wer vom Glauben abfällt, der Häretiker, kann deshalb bestraft werden, auch wenn er die anderen nicht gefährdet, denn er ist ein Lästerer gegen Gott.[110] Das ist im Horizont einer religiös-politischen Einheitswelt gedacht. Doch welche Logik des Gedankens liegt hier zugrunde? Ein Gewissensurteil, das den christlichen Glauben für eine Irrlehre hält, wäre zwar durch Abwendung von diesem Glauben zu befolgen, aber die kirchliche und weltlich-rechtliche Strafe, die darauf steht – und Thomas tritt ausdrücklich auch für eine Todesstrafe ein[111] –, wäre in Kauf zu nehmen. Ein befremdendes Ergebnis moral-philosophischen Denkens, doch Thomas sucht auf fol-

---

107 Quaestiones de quolibet III, qu. 12, art. 2 (27) ad 2: „... si alicui dictat conscientia ut faciat illud quod est contra legem Dei, si non faciat, peccat, et similiter si faciat, peccat, quia ignorancia iuris non excusat a peccato, nisi forte sit ignorancia invincibilis, sicut est in furiosis et amentibus." Das jedem Juristen aus dem modernen Strafrecht vertraute Schuldmerkmal der subjektiv-persönlichen Vermeidbarkeit eines Irrtums geht auf gerade dieses, hier auch von Thomas verwendete Kriterium *vincibilis/invincibilis* zurück, wie es erst aus dem hochmittelalterlichen Verständnis der Schuld als *Willens*schuld heraus entstehen konnte, vgl. dazu *S. Kuttner*, Kanonistische Schuldlehren, S. 138–175.

108 Siehe S.th. Suppl. qu. 21, art. 4 co.

109 Siehe dazu *J. Lecler*, Geschichte der Religionsfreiheit, S. 141 ff. sowie *K. Schreiner*, Art. Toleranz, S. 457 ff.; *ders.*, „Tolerantia", S. 346–348.

110 So ausdrücklich in: In IV sentent., d. 13, qu. 2 resp.: „Die weltliche Obrigkeit hat das Recht, die Häretiker hinzurichten, selbst wenn sie nicht die anderen gefährden, denn sie sind Lästerer gegen Gott (*blasphemi in Deum*), weil sie einem falschen Glauben folgen."

111 Siehe II–II, qu. 11, art. 3, und die Nachweise bei *J. Lecler*, Geschichte der Religionsfreiheit, S. 154–160.

gende Weise dem Dilemma zu entkommen: Das mit der Taufgnade (bei der Annahme des Glaubens) ausgestattete Gewissen könne an der Wahrheit des Glaubens nicht schuldlos irren, weshalb die Handlung ein *malum* darstelle. Überzeugend ist das nicht;[112] und diese Position hat nicht zuletzt in den Auseinandersetzungen der Reformationszeit und darüber hinaus ihre Wirkung entfaltet.

Ungeachtet dessen kommt den dargestellten rechtsphilosophischen Gedanken, die Thomas entwickelt hat, weittragende Bedeutung zu. Er hat auf der Grundlage des christlichen Glaubens und seines Weltverhältnisses erstmals Eigenart und Eigenständigkeit des positiven Rechts in der Form der *lex humana* herausgearbeitet, das Verhältnis von (konkretem) Recht und Gerechtigkeit und die Lehre von der Gerechtigkeit über die Anknüpfung an Aristoteles hinaus weiter entfaltet, auch philosophisch vertieft begründet und schließlich das individuelle Gewissensurteil als Grund personaler ethischer und rechtlicher Verantwortlichkeit bewußt gemacht.

V. Philosophie der politischen Ordnung

Auch wenn die Philosophie der politischen Ordnung für Thomas kein zentrales Thema war – er kommt darauf außer in der kleinen Schrift *De regno*[113], einer Art mittelalterlichen Fürstenspiegels[114], nur einschlußweise, im Rahmen anderer Erörterungen der *Summa theologiae* und in den Kommentaren zur *Politik* und *Nikomachischen Ethik* des Aristoteles zu sprechen –, ist das, was er dazu sagt, keineswegs gering zu achten. Zum einen besteht eine enge Verknüpfung mit seiner Gerechtigkeitslehre und Rechtsphilosophie, wie die wiederholte Bezugnahme auf den Gemeinwohlbegriff, einen Grundbegriff politischer Philosophie, dort zeigt. Zum andern erweisen sich Thomas' Äußerungen zur politischen Ordnung, in die Zeit hineingestellt, als eine erste Theoriefassung nach dem Bekanntwerden und der Rezeption der aristoteli-

---

112 Deutliche Kritik hieran bei *H. Welzel* (Lit.), S. 65.

113 Nach den Forschungen, die der kritischen Ausgabe in der Leonina (Ausgabe der Werke des Hl. Thomas auf Anordnung Papst Leo XIII., betreut vom Dominikanerorden, Bd. 42 [1979]) zugrundeliegen, ist die Autorschaft Thomas' nur bis Buch II, cap. 8 (nach neuer Zählung II, cap. 4) gesichert, vgl. *Torrell*, S. 186 f., 35; die Fortsetzung stammt von Tolomeo von Lucca, wohl Anfang des 14. Jh. Sie ist nicht so sehr als bruchlose Weiterführung, sondern eher als eigenständiger Versuch einer Vermittlung mit der von Augustin sich herleitenden christlichen Tradition anzusehen, vgl. *T. Struve*, Organologische Staatsauffassung, S. 165 f.

114 Die Zuordnung zur literarischen Gattung der Fürstenspiegel wird von *W. Berges*, Fürstenspiegel, vorgenommen. Er versteht darunter solche Schriften, die primär der Menschenbildung des Fürsten dienen und ethische Richtlinien seiner Herrschaftsübung formulieren (S. XIII).

schen Politik;[115] sie stehen gegenüber dem bis dahin einflußreichen, ein Jahrhundert älteren *Policraticus* des Johannes v. Salisbury[116] auf einem neuen Boden. Wir haben also nach den wesentlichen Bausteinen seiner politischen Philosophie zu fragen.[117] Das soll zunächst im Hinblick auf Begründung, Zweck und Eigenart der politischen Ordnung geschehen (1), sodann im Hinblick auf das Verhältnis von weltlich-politischer und geistlich-kirchlicher Gewalt, das für einen christlichen Theologen, auch wenn er Aristoteles weithin rezipierte, zentral bleiben mußte (2).

1. Wie stellt sich für Thomas die Begründung, der Zweck und die Eigenart der politischen Gemeinschaft dar? Er leitet sie aus der menschlichen Natur her und verbindet dabei das teleologische Denken des Aristoteles mit der Tradition der Stoa.[118] Der Mensch ist seiner Natur nach nicht allein als *zoōn politikon* gerade und nur auf die politische Gemeinschaft hingeordnet, vielmehr „animal sociale et politicum", ein gesellschaftliches *und* politisches Wesen.[119] Diese Verwiesenheit auf die Gemeinschaft überhaupt folgt für Thomas aus der existentiellen Bedürftigkeit wie aus der Vernunftbegabung des Menschen: als vernünftiges Wesen nicht fest in die Natur eingebunden und nicht durch natürliche Triebe instinkthaft geleitet, kann und muß er nach eigener Erkenntnis und Überlegung für seine Bedürfnisse sorgen und sein Leben gestalten.

---

115 Die erste vollständige lateinische Übersetzung der Politik des Aristoteles wurde – auf Anregung von Thomas von Aquin – um 1260 von dem Dominikaner Wilhelm v. Moerbeke fertiggestellt. Für den allgemeinen Zusammenhang vgl. *Chr. Flüeler*, Rezeption und Interpretation der Aristotelischen *Politica* im späten Mittelalter, Bd. 1, Amsterdam/Philadelphia 1992.

116 Zu Johannes v. Salisbury und seinem Policraticus von 1159 vgl. *T. Struve*, Organologische Staatsauffassung, S. 123–146, *W. Berges*, Fürstenspiegel, S. 131–143.

117 Zusammenfassende Darstellungen und Interpretationen, orientiert im wesentlichen an *De regno*, finden sich bei *W. Berges*, Fürstenspiegel, S. 116–121, 195–210; *T. Struve*, Organologische Staatsauffassung, S. 149–165; *ders.*, Bedeutung der aristotelischen ‚Politik', S. 156–159; *W. Stürner*, Natur und Gesellschaft, S. 146–154. Aus der älteren Literatur *O. Schilling*, Thomas v. Aquin, S. 47–169.

118 Wie weit Thomas deshalb als ein Vertreter organischer oder organologischer Staatsvorstellungen angesehen werden kann, wie es *T. Struve*, Organologische Staatsauffassung, S. 149 ff., voraussetzt und ausführt, hängt von der näheren Fassung dieses Begriffs ab. Der Begriff des Organischen oder Organologischen ist vieldeutig und aus sich unbestimmt, er kann sowohl die Vorstellung von Haupt und Gliedern, bei der das Haupt die allein dirigierende Kraft, die Glieder unselbständig und nur ausführend sind, meinen, wie auch die naturwissenschaftlich orientierte Vorstellung, nach der den Teilen relative Selbstzwecklichkeit eignet und erst durch deren Zusammenwirken überhaupt die Einheit des Organismus zustandekommt. Seit den politischen Frontstellungen und Kontroversen des 19. und beginnenden 20. Jh. erscheint der Begriff des Organischen vielfach auch als (diffuser) Gegenbegriff zur sog. mechanistischen Staatsauffassung, für die die Orientierung an Gesellschaftsvertrag und Individualismus wesentlich sei.

119 De regno I, 1, 25–27: „Naturale autem est homini ut sit animal sociale et politicum, in multitudine vivens, magis etiam quam omnia alia animalia."

Dazu bedarf er des Zusammenwirkens mit anderen. Die Gründe, auf die er dafür verweist, sind das vielfache, erst arbeitsteilig zu erarbeitende Wissen, um die Herausforderungen des Lebens zu bestehen und seine Möglichkeiten zu erschließen, sowie die Sprache als umfassende Möglichkeit geistiger Kommunikation, in welcher der Mensch sich als Vernunftwesen erst entfaltet. „Auf sich allein gestellt, könnte der Mensch nicht hinlänglich sein Leben verbringen." (De regno I, 1, 36f.) Die Gemeinschaft, als soziale wie als politische Gemeinschaft, ist nicht nur (subsidiäre) Hilfe, der Mensch vermag nur in und als Teil solcher Gemeinschaft Mensch im vollen Sinne zu sein und sein Ziel, das vollendete Leben, zu erreichen.[120] Die politische Gemeinschaft nun entsteht, darin folgt er Aristoteles, um des Lebens willen, aber sie besteht mit dem Ziel des guten, vollendeten Lebens. Dieses gute, vollendete Leben, das zu erreichen Aufgabe der politischen Gemeischaft ist, ist das Leben *secundum virtutem*, das tugendhafte Leben. Das Zusammenwirken in Frieden und Einheit entsteht, indem jedes der Glieder der *virtus* gemäß lebt und handelt.[121]

a) Was Thomas nun über Aristoteles hinaus leistet, ist eine philosophisch vertiefte Begründung des Seinsstatus der politischen Gemeinschaft. Er qualifiziert sie als *unitas ordinis*, nicht eine in sich stehende Substanz-, sondern eine nur relationale Ordnungseinheit. Nur die einzelnen sind für sich seiend (*per se subsistens*), die Gemeinschaft besteht lediglich als eine (notwendige) Beziehungsordnung, in der die einzelnen stehen, die aber nur durch sie und in ihnen existiert und Bestand hat. Sie ist zwar eine Einheit, aber nur eine Einheit *secundum quid* (in gewisser Hinsicht), eine Einheit *secundum ordinem*,[122] was bedeutet, eine Vielheit von Menschen unter einer Ordnung zusammengefaßt.[123] Als Konsequenz dieser Seinsbestimmung ist es nachweisbar, daß das Ziel einer solchen Gemeinschaft nicht etwas von dem Gut und Ziel der

---

120 Thomas von Aquin kann hiernach nicht als Vertreter des sog. Subsidiaritätsprinzips in Anspruch genommen werden, das für die heutige katholische Soziallehre eines der obersten sozialphilosophischen Prinzipien darstellt. Nach diesem Subsidiaritätsprinzip ist alle gesellschaftliche Tätigkeit nur ergänzender, hilfestellender Natur, nicht aber den einzelnen in seinem Menschsein mit konstituierend, vgl. Enzyklika *Quadragesimo anno*, Nr. 79.

121 De regno I, 15, 44f.: „Videtur autem ultimus finis multitudinis congregatae vivere secundum virtutem. Ad hoc enim homines congregantur, quod consequi non posset unusquisque singulariter vivens; bona autem vita est que est secundum virtutem", vgl. auch *W. Stürner*, Natur und Gesellschaft, S. 148f.

122 Vgl. SCG III, cap. 66.

123 Eingehend *H. Meyer*, Thomas v. Aquin, S. 563–568 mit Belegen; vgl. insb. I–II, qu. 17, art. 4 resp. Thomas nimmt hier ein Stück weit die von der modernen sozialwissenschaftlich orientierten Staatslehre erarbeitete Erkenntnis vorweg, daß die organisierten Gemeinschaften, einschließlich des Staates, nur (aber doch) Handlungs- und Wirkeinheiten darstellen, die als diese indes nicht eine gedankliche Fiktion, sondern real erfahr- und erfaßbar sind, siehe dazu – klassisch – *H. Heller*, Staatslehre, Leyden ³1971, S. 81ff., 228–237 (Tübingen ⁶1983, S. 94, 259–268).

einzelnen Abgelöstes sein kann, sondern gerade das gemeinsame Ziel der Glieder dieser Gemeinschaft umfaßt (oben IV 1).[124]

Gleichwohl hält Thomas aber am Vorrang der politischen Gemeinschaft vor dem einzelnen und der Höherwertigkeit des Gemeinwohls gegenüber dem Einzelwohl fest. Das mag heutzutage verwundern, es enthält aber keinen Widerspruch. Denn wenn der einzelne in vollem Sinne ein auf Gemeinschaft hingeordnetes Wesen ist, er also das, was er selbst ist und sein kann, niemals isoliert und auf sich gestellt, sondern nur in und durch Gemeinschaftsformen, als Glied von Gemeinschaften erreichen kann, dann hängt allerdings das Sein-Können wie auch das Wohl des einzelnen vom Bestand der Gemeinschaft und ihrer guten Ordnung insgesamt ab, nicht umgekehrt. Der einzelne besitzt seine individuellen Rechtsgüter erst im Rahmen und nach Maßgabe des allgemeinen Wohls; nur unter dieser Voraussetzung lassen sich überhaupt auch der Einsatz und ggf. das Opfer von Gesundheit und Leben der einzelnen für die Gemeinschaft rechtfertigen. Daß daraus nicht ein Umschlag in einen Vorrang des Kollektivs entsteht, bei dem die einzelnen zum unselbständigen Zubehör des Ganzen werden, liegt in der *Gleichheit des Ziels* der politischen Gemeinschaft und der einzelnen begründet, daß nämlich die einzelnen zwar in notwendiger Gemeinschaftsbindung, darin aber als selbständige und selbsthandelnde Wesen zum vollendeten Leben gelangen. Die volle Gemeinschaftsbindung existiert nur in diesem Rahmen, in diesem Rahmen besteht sie aber auch; ein individualistischer Zug, auch der Gedanke einer der politischen Gemeinschaft vorausliegenden individuellen Freiheitssphäre, wie sie das neuzeitliche Vernunftrecht postuliert, ist Thomas fremd.[125]

Muß aber hier nicht der Aristoteliker Thomas mit dem christlichen Theologen in Konflikt geraten, für den die volle Gemeinschaftsbindung des einzelnen und seine unmittelbare Gottesbeziehung unvereinbar sein müssen? Thomas macht denn auch, um diesem Konflikt zu entgehen, eine wichtige Einschränkung. Vorrang und Höherwertigkeit des Gemeinwohls bestehen jeweils nur auf der gleichen Ebene.[126] Der Mensch ist aber nicht mit seinem ganzen Wesen und allem, was ihm eigen ist, auf die politische Gemeinschaft hingeordnet;[127] eine solche Hinordnung besteht nur Gott gegenüber (I–II, qu. 21, art. 4 ad 4). Und in dieser Hinordnung transzendiert der Mensch die irdische Gemeinschaftsbindung und seine Stellung als Glied der politischen

---

124 De regno II, 3, 45–46: „Idem autem oportet esse iudicium de fine totius multitudinis, et unius." *E. Schockenhoff*, Glück des Menschen, S. 351.

125 In gleicher Richtung die Argumentation bei *U. Matz*, Thomas v. Aquin, S. 126.

126 II–II, qu. 152, art. 4 ad. 3: „bonum commune potius est bono privato, si sit eiusdem generis." Ähnlich I–II, qu. 113, art. 9 ad 2: „bonum universi est maius quam bonum particulare unius, si accipiatur utrumque in eodem genere."

127 *E. Schockenhoff*, Glück des Menschen, S. 356, spricht von einem ontologischen Primat der Person vor der politischen Gemeinschaft.

Gemeinschaft. Religiös und im Blick auf sein Heil ist er, von der politischen Gemeinschaft her gesehen, unmittelbar zu Gott und nur Glied der Kirche. Damit realisiert sich auch bei Thomas das, was in der christlichen Offenbarung von Anfang an angelegt war (oben § 8 II 1, S. 179): Der einzelne kann von der politischen Gemeinschaft nicht mehr zur Gänze in Anspruch genommen werden, es bleibt ihm etwas Vorausliegendes. Dieser Gedanke schlägt sich auch in der historischen Wirklichkeit nieder und wird durch das – zunächst freilich noch problematische – Nebeneinander von weltlich-politischer und geistlich-kirchlicher Gewalt (sogleich unten 2) abgesichert.

b) Ist die politische Gemeinschaft eine zur Einheit verbundene Vielheit von Menschen, bedarf sie einer handlungsleitenden Autorität. Das folgt für Thomas aus der Natur dieser Gemeinschaft. Besteht nämlich die Gemeinschaft und ihre Einheit gerade darin, daß eine Vielheit in ihrem Handeln auf gemeinsame Ziele hingeordnet wird, so ist eine Autorität, die eine solche Ausrichtung des Handelns allererst herbeiführt, die Bedingung dafür, daß diese Einheit überhaupt zustande kommt und fortbesteht.

> „Wenn also für den Menschen naturgemäß ist, daß er in Gesellschaft mit vielen lebt, muß es notwendigerweise für alle Menschen etwas geben, wodurch die Vielheit gelenkt wird. Wenn nämlich viele Menschen existieren und dabei jeder einzelne lediglich für das ihm Passende sorgte, würde sich die Vielheit in unterschiedlichste Richtungen auseinanderentwickeln, gäbe es nicht irgendeinen aus ihr, der die Sorge für das hat, was sich auf das Wohl der Vielheit insgesamt bezieht.“[128]

Auch hier läßt sich Thomas modern lesen: Jede Handlungs- und Wirkeinheit als Zusammenordnung einzelmenschlicher Verhaltensweisen und Willenskräfte bedarf leitender Organe, die durch ihre Wirksamkeit die Ausrichtung, Zuordnung und Vereinheitlichung des Handelns der Vielen initiieren und – von der Einordnungsbereitschaft der Vielen getragen – die Einheit hervorrufen.[129] Dadurch erhält die Einheit Form und Gestalt. So gesehen ist es naheliegend, wenn Thomas die Beziehung von Regierung und Volk mit Hilfe des aristotelischen Begriffspaares Materie und Form (oben § 5 II 2, S. 105) erläutert: Die Regierung ist durch ihre Leitungstätigkeit das initiierende, formgebende und Gestalt verleihende Element für die Zusammenordnung der ‚Materie', nämlich der Handlungen der Vielen. Das ist unabhängig von der

---

128 De regno I, 1, 68–74: „Si ergo naturale est homini quod in societate multorum vivat, necesse est in hominibus esse per quod multitudo regatur. Multi enim existentibus hominibus et unoquoque id, quod est sibi congruum, providente, multitudo in diversa dispergeretur, nisi etiam esset aliquis de eo, quod ad bonum multitudinis pertinet, curam habens."

129 Siehe etwa *H. Heller* (Fn. 109), S. 83–100, insb. S. 88–90 (S. 96–115, insb. S. 102–105).

Regierungsform, es verdeutlicht vielmehr ein Strukturprinzip der politischen Vergemeinschaftung.

Für die Regierungsform selbst gibt Thomas der gegliederten Königs- bzw. Fürstenherrschaft aus politisch-teleologischen Erwägungen den Vorzug, nicht zuletzt auch deshalb, weil sie das Strukturprinzip der Regierung einer Vielheit am deutlichsten darstellt und sichtbar macht.[130] Das bedeutet aber keineswegs, zumal im 13. Jh., die Legitimation einer irgendwie ‚absoluten' Monarchie. Der Herrscher ist, aus dem *telos* der politischen Gemeinschaft heraus, auf das Gemeinwohl verpflichtet; nur wenn er dieses verfolgt und im Auge hat, ist seine Herrschaft eine gerechte – politische und Rechtsphilosophie verbinden sich. Läßt der Herrscher diese Bindung außer acht, mißbraucht er die Regierung zu seinem eigenen Vorteil, wird er zum – ungerechten – Tyrannen.[131] Wie ist mit einem solchen Tyrannen umzugehen?

Thomas geht dieses Problem nicht sogleich vom letzten Schritt her an, dem Widerstand gegen den Tyrannen. Seine Aufmerksamkeit gilt zunächst institutionellen und verfahrensmäßigen Vorkehrungen, die schon das Entstehen einer Tyrannenherrschaft verhindern.[132] Wie muß man vorgehen, lautet seine Frage, damit der König nicht zum Tyrannen wird (De regno I, 6 – Überschrift)? Die *gubernatio*, die Regierungsweise, ist so festzulegen, daß dem eingesetzten König die Gelegenheit zur Tyrannei entzogen wird, und seine Machtbefugnisse sind so zu mäßigen, daß er nicht leicht auf Tyrannei verfallen kann (vgl. De regno I, 6, 14–18). Unter diesem Aspekt nimmt Thomas das Anliegen der ‚gemischten Verfassung' auf, eingebettet in die Vorstellung der Gegenseitigkeit von Herrschaft, der Einbindung der Herrschaftsbefugnisse in das Recht, die der hochmittelalterlichen Welt eigentümlich war und auch eine Wurzel für Widerstandstheorien und Widerstandspraxis bildete.[133]

Kommt es gleichwohl zur Tyrannei des Herrschers, sieht Thomas neben der Möglichkeit, ungerechte Gesetze und Befehle des Herrschers nicht zu befolgen,[134] allerdings ein *öffentliches* Aufbegehren gegen den Herrscher, das

---

130 Vgl. De regno I, 2, 4–29, 47–53, sowie *T. Struve*, Organologische Staatsauffassung, S. 157f., *W. Berges*, Fürstenspiegel, S. 200–203.

131 II–II, qu. 42, art. 2 ad 3: „dicendum quod regimen tyrannicum non est iustum: quia non ordinatur ad bonum commune, sed ad bonum privatum regentis" (unter Bezugnahme auf Aristoteles).

132 Siehe *H.-J. Schmidt*, König und Tyrann, S. 348–353.

133 Widerstandstheorien waren dem hohen Mittelalter durchaus geläufig, auch das päpstliche Absetzungsrecht tyrannischer Herrscher gehört in diesen Umkreis, vgl. neben dem Klassiker *F. Kern*, Gottesgnadentum und Widerstandsrecht im frühen Mittelalter, 1914 (Neudruck 1954), den Überblick bei *J. Miethke*, Tyrannenmord, S. 30–40. Widerstandspraxis, die geübt wurde, fand ihren legitimierenden Boden auch in zahlreichen (spät-)mittelalterlichen Herrschaftsverträgen, angefangen von der *Magna Charta libertatum* von 1215; eine Auflistung solcher Verträge bei *K. Wolzendorff*, Staatsrecht und Naturrecht, S. 23–36.

134 Siehe oben IV 1 d sowie I–II, qu. 96, art. 4 resp.; II–II, qu. 104, art. 6 ad 3.

ihn der Herrschaft entsetzt, als gerechtfertigt an. Dies ist freilich nicht mit einem individuellen Widerstandsrecht gleichzusetzen, das dem einzelnen persönlich als Recht (oder Pflicht) zukommt. Es handelt sich vielmehr um eine Befugnis „*auctoritate publica*", für deren Ausübung etwa eingeordnete Herrschaftsträger (Stände) oder städtische Zwischengewalten in Betracht kommen.[135] Ein solches Aufbegehren ist nicht ungerecht, verletzt auch die Treuepflicht gegenüber dem Herrscher nicht, selbst wenn das Volk sich ihm auf Dauer unterworfen hat, denn der tyrannische Herrscher hat sich selbst untreu verhalten durch die Art seines Regierens, die ihm durch den seiner Herrschaft zugrundeliegenden Vertrag – von einer solchen Vorstellung geht Thomas aus – nicht eingeräumt war.[136] Aber Thomas bringt auch hier – parallel zum Verhalten gegenüber einem ungerechten Gesetz (oben IV 1d) – zusätzlich das Gemeinwohl als Orientierungspunkt ins Spiel. Er mahnt zur Besonnenheit und zur Abwägung, ob nicht der Schaden für die Ordnung des Zusammenlebens der Menschen, der durch eine Beseitigung des Tyrannen und deren Folgen hervorgerufen wird, größer sei als derjenige durch die Ungerechtigkeit des Tyrannen, die das Volk erdulden müsse.[137] Zur Tötung des Tyrannen, die ein Jahrhundert zuvor Johannes v. Salisbury unter bestimmten Umständen durchaus gerechtfertigt hatte, verhält Thomas sich eher ablehnend.[138]

c) Was schließlich Ursprung und Status der politischen Gemeinschaft in theologischer Sicht angeht – für Thomas selbstverständlich von großem Gewicht –, erfahren beide gegenüber Augustinus eine Veränderung.

Im ursprünglichen (paradiesischen) Zustand existierten für Augustinus keine Herrschaftsbeziehungen zwischen Menschen, und eine politische Herrschaftsordnung wurde erst als Folge der Sünde notwendig (oben § 9 IV 2, S. 216). Für Thomas folgt hingegen die politische Gemeinschaft, auch soweit sie Herrschaftsordnung ist, aus der ursprünglichen Naturanlage des Menschen. Daß es in einer Gemeinschaft von Menschen einer leitenden Autorität bedarf, mithin auch Formen der Überordnung und damit von Herrschaft bestehen, entspricht den natürlichen Bedingungen und der Eigenart solcher

---

[135] De regno I, 6, 88–90: „Videtur autem magis contra tyrannorum sevitiam non privata presumptione aliquorum, sed auctoritate publica procedendum."

[136] De regno I, 6, 94–100: „Nec putanda est talis multitudo infideliter agere tyrannum destituens, etiam si eidem in perpetuo se ante subiecerat; quia hoc ipse meruit, in multitudinis regimine se non fideliter gerens ut exigit regis officium, quod ei pactum a subditis non reservetur."

[137] Siehe De regno I, 6, 21–51, und auch II–II, qu. 41, art. 2 ad 3. Hier sagt Thomas, daß das Aufbegehren gegen die Tyrannei kein sündhafter Aufruhr (*seditio*) sei, aber nur, sofern die Tyrannei nicht so ungeordnet angegriffen werde, daß die Menge aus dieser Erschütterung größeren Schaden habe als aus der Tyrannei selbst.

[138] Vgl. De regno I, 6, 52–87 und *J. Miethke*, Tyrannenmord, S. 42–44; zur Auffassung von Johannes von Salisbury *J. Miethke*, ebd. S. 38–40, und *T. Struve*, Organologische Staatsauffassung, S. 143–146.

Gemeinschaft.[139] Bei Thomas verbindet sich so seine Sicht der menschlichen Natur, die er auch dem paradiesischen Ursprungszustand zugrundelegt, mit der Einsicht in die Wirklichkeitsform der politischen Gemeinschaft als Wirk- und Ordnungseinheit. Folge des Sündenfalls ist erst die *Zwangsgewalt* als Attribut der politischen Ordnung, das zu dem Element des Regierens und Anordnens hinzutritt. Sie ist die Antwort auf das Moment des Streits unter den Menschen und das Phänomen potentieller Gewalt, die beide durch die sinnliche Begierde als Neigung zur Sünde hervorgerufen werden. Sie gehört demgemäß auch erst einem ‚sekundären' Naturrecht als dem Naturrecht unter den Bedingungen des Sündenfalls an, macht indes nicht das Wesen politischer Ordnung aus. Vorrangig bleibt der Gedanke des *ordo*, der vernunftgeleiteten Hinordnung der in der Gemeinschaft verbundenen Menschen auf das Gut des Gemeinwohls; diese Hinordnung bedarf durch dic Zwangsgewalt lediglich einer Abstützung, und schon die Hinordnung selbst berücksichtigt indes die Gegebenheiten der *conditio humana* bei der Gestaltung der Gesetze (oben IV 1).

In der Bestimmung des theologischen Status einer so entstandenen und gearteten politischen Ordnung unterscheidet sich Thomas natürlich vom „Philosophen" Aristoteles, dem er sonst gerne folgt, doch erneut ebenfalls von Augustinus. Die politische Gemeinschaft verliert aus theologischen Gründen (oben a) ihren umfassenden und abschließenden Charakter, weil das letzte Ziel des Menschen nicht mehr ein diesseitiges ist, das in der *eudaimonia* im Rahmen der politischen Gemeinschaft seine Erfüllung findet. Aber diese ‚Entwertung' wird bei Thomas wieder abgefangen. Denn die politische Gemeinschaft leistet im Hinblick auf das letzte Ziel selbst einen bedeutenden Beitrag, indem ihrerseits der diesseitig-natürlichen Ebene für die Hinordnung auf das tugendhaft-glückliche Leben Sorge trägt. Zwar bleibt dieser Beitrag im Blick auf das letzte Ziel unvollkommen, aber er stellt eine wichtige Stufe auf dem Weg zur ewigen Glückseligkeit, dem *bonum universale* dar.[140] Dadurch wird die politische Gemeinschaft über die Relativierung und heilsgeschichtliche Entmächtigung, die sie bei Augustinus erfährt, positiv hinausgehoben. Sie ist nicht nur die mühsam errichtete, immer wieder gefährdete Ordnung des äußeren Friedens, die einen benutzbaren Rahmen für Menschen der *civitas dei* auf dem Weg der Pilgerschaft abgibt (oben § 9 IV 1b, S. 214 f.), vielmehr trägt sie ihrerseits aktiv zur Entfaltung und Verwirklichung des *telos* des Menschen, auch in seiner ewigen Bestimmung, bei.

---

[139] Vgl. In II Sent. dist. 44, qu. 1, art. 3 resp. Zum Ganzen jetzt *W. Stürner*, Peccatum, S. 186–192.

[140] Vgl. dazu auch *H. J. Schneider*, Grundlegung der politischen Philosophie, S. 59–62.

2. In mehrfacher Hinsicht also erfaßt Thomas die politische Ordnung und ihre Eigenart eigenständig und verbindet – auch hier – unterschiedliche Ansätze zur neuen Synthese; die selbstverständlichen Topoi mittelalterlicher politischer Theorie, wie Gemeinschaftsbezogenheit oder *bonum commune*, werden bei ihm auf neuem begrifflichem Niveau erörtert. Ein Weiteres kommt aber hinzu. Für den Dominikanermönch Thomas stellte nicht nur die Bestimmung der weltlich-politischen Ordnung an sich, sondern ebenso die Frage nach dem Verhältnis von geistlich-kirchlicher und weltlich-politischer Gewalt eine besondere Herausforderung dar. Das ist vor dem Hintergrund der Zeit nicht überraschend: Der Investiturstreit lag zwar mittlerweile mehr als ein Jahrhundert zurück (Wormser Konkordat 1122), doch dessen Folgen waren deutlich sichtbar. Es hatte sich ein Primat des – europaweit – ausgreifenden Papsttums ergeben, dessen Befugnisse gezielt zu einer „plenitudo potestatis" ausgebaut wurden, die Stellung des Kaisers hingegen (nicht der Könige) war seit dem 12. Jh. geschwächt.[141] Sein Imperium erschien mehr und mehr über den römischen Papst vermittelt, der sich seinerseits immer stärker als Herrscher gerierte, im kirchlichen Bereich und darüber hinaus. Dies fand auch konzeptionell seinen Niederschlag. Indem der religiöse Bereich eigene, effektivere Institutionen und Ämter ausbildete und sich auf der Grundlage der Unterscheidung von ‚geistlich' und ‚weltlich' aus der Umklammerung durch die politischen Herrschaftsträger löste, setzte er die eigene Autonomie dem Grunde nach durch und machte selbst Superioritätsansprüche gegenüber der politischen Gewalt geltend. Damit lag das, was die geistlich-religiöse Bestimmung des Menschen ausmacht, außerhalb der Dispositionsbefugnis der politischen Ordnung. Zugleich unterlag aber diese politische Ordnung den Bindungen, die sich aus ihrer unbezweifelten Fundierung im christlichen Glauben ergaben. Die Unterscheidung und Abgrenzung von ‚geistlich' und ‚weltlich' war eine Differenzierung nur auf dieser Basis; sie stellte diese Basis nicht etwa im Sinne einer Trennung von Religion und Politik in Frage, und von einer vollen Säkularisierung des Politischen durch die Kirche läßt sich nicht sprechen.[142]

Thomas bestimmt nun das Verhältnis der geistlichen Gewalt, konkret der Kirche, zur politischen Ordnung im Sinne eines *direktiven Vorrangs* der geistlichen Gewalt aus ihrem Kompetenzbereich heraus. Ausgangspunkt ist für ihn das einheitlich, und zwar theologisch bestimmte Ziel des Menschen, die ewige Glückseligkeit zu erlangen, dem auch das Leben in der politischen Gemeinschaft dient. Für die Hinführung zu diesem Ziel freilich sind sowohl die poli-

---

141 Vgl. *A. Paravicini Bagliani*, Die päpstliche Vormachtstellung, S. 615–626, 636–649.

142 Zur konzeptionellen und realen Entwicklung im einzelnen *A. Vauchez/A. Paravicini Bagliani*, Kirche, weltliche Gewalt, S. 655–686.

tische Gemeinschaft wie die Kirche zuständig: die politische Gemeinschaft durch die Sorge für das Leben in der Tugend, das eine erste Stufe zur ewigen Glückseligkeit ist, die Kirche durch die Hinführung zum ewigen Heil, wie es dem Menschen durch die Erlösungstat Jesu Christi erschlossen wurde. Da die kirchliche Aufgabe und Sendung insofern höher steht, behauptet sie den Vorrang. Wie weit reicht aber dieser Vorrang? Er reicht nur soweit, wie die kirchliche Aufgabe selbst reicht, betrifft mithin nur die Fragen von Sünde und Heil. Damit ist freilich ein weites Feld, auch für Interpretationen, eröffnet. Thomas' Position erkennt man an folgenden Passagen:

> „Weil aber der Mensch durch ein Leben nach der Tugend auf ein höheres Ziel hin ausgerichtet wird, das darin besteht, sich in der Schau Gottes zu erfreuen, … muß das Ziel der menschlichen Gesellschaft dasselbe sein wie das eines einzelnen Menschen … wenn man also wirklich zu diesem Ziel durch die natürliche Tugend des Menschen gelangen könnte, müßte es notwendigerweise zur Aufgabe des Königs gehören, die Menschen auf dieses Ziel hinzulenken. … Weil aber der Mensch das Ziel der erfreuenden Schau Gottes nicht über menschliche Tugend, sondern durch Gottes Wirken erreicht, … ist es nicht Aufgabe menschlicher Führung, sondern göttlicher, zu jenem höchsten Ziel hinzuführen." (De regno II, 3, 74–98)

> „Das Amt also eines solchen Königtums ist, damit nämlich Weltliches und Geistliches voneinander geschieden sind, nicht den weltlichen Königen, sondern den Priestern anvertraut, und ganz besonders dem höchsten Priester, dem Nachfolger des Petrus …"[143]

An einer anderen Stelle heißt es:

> „Geistliche und weltliche Gewalt, jede der beiden leitet sich von der göttlichen Gewalt her; und deshalb steht die weltliche Gewalt in dem Maße unter der geistlichen, wie sie ihr von Gott untergeordnet wurde, d.h. in den Angelegenheiten, die das Seelenheil betreffen; und deshalb muß man in diesen Angelegenheiten aber, die die politische Wohlfahrt betreffen, der weltlichen Gewalt mehr gehorchen als der geistlichen." (In II, sent. 44, exp.text, ad 4)

Mit diesen Ausführungen distanziert sich Thomas von der streng hierokratischen Theorie, wie sie von etlichen Kurialisten vertreten wurde und bald nach Thomas' Tod in der Bulle *Unam Sanctam* Papst Bonifaz' VIII. zum Ausdruck kam.[144] Diese Theorie legte die Zwei-Schwerter-Lehre dahin aus, daß Gott beide Schwerter, das geistliche und das weltliche, der Kirche übergeben habe

---

143 De regno II, 3, 110–114: „Huius modi ergo regni ministerium, ut a terrenis spiritualia essent discreta, non terrenis regibus sed sacercotibus est commissum, et praecipue summo sacerdoti successori Petri …"

144 *E. Schockenhoff*, Glück des Menschen, S. 361 ff. Zur Bulle *Unam Sanctam* und ihrem theoretischen Gehalt vgl. *J. Miethke/A. Bühler*, Kaiser und Papst im Konflikt, S. 34–36 und 121–124 (Text).

und diese das weltliche an die Herrscher weiter leihe, die es demgemäß auch in Verantwortung der Kirche gegenüber auszuüben hätten. Demgegenüber vertritt Thomas vom Ansatz her, ohne daß er sich darauf beruft, die Theorie des Papstes Gelasius aus dem 5. Jh. n. Chr.,[145] nach der die beiden Schwerter je unmittelbar der Kirche wie der politischen Gewalt übertragen seien, weshalb zwischen ihnen zunächst eine grundsätzliche Gleichordnung besteht. Ein Vorrang der geistlichen Gewalt ergibt sich allerdings funktionsbezogen von ihrer höherrangigen Aufgabe her, die Menschen zum ewigen Heil zu führen.[146] Soweit diese Aufgabe reicht, soweit es also um Sünde und Heil geht (*ratione salutis*), ist die weltliche Gewalt der geistlichen untergeordnet und zum Gehorsam verpflichtet, weil auch sie an die Gebote Gottes gebunden ist. Indem nun der Kirche das Urteil über Sünde und Heil allein zusteht und indem dieses Urteil für die weltliche Gewalt maßgeblich ist ohne Rücksicht auf die politischen Folgen, die sich daraus ergeben,[147] entsteht ein direktiver Vorrang der geistlichen Gewalt, der freilich begrenzt ist (gemäßigter Hierokratismus).

VI. Würdigung

Warum kommt Thomas von Aquin in der Geschichte der Rechts- und Staatsphilosophie eine herausragende Bedeutung zu? Man könnte auf die ungeheure Wirkungsgeschichte verweisen, die den hier vorgestellten und seinen übrigen Gedanken zukam. Doch hat natürlich auch sie eine Ursache im Werk selber. Dessen epochemachende Tat liegt in der Verbindung einer theologisch bestimmten Grundlegung von Recht und politischer Ordnung mit aristotelisch geprägter Vernunfterkenntnis und Vernunftargumentation. Das öffnete neue Türen für die Begegnung und Auseinandersetzung des christlichen Glaubens mit der umgebenden Welt. Die Basis hierfür war die Aufnahme der Seinslehre und Ethik des Aristoteles und deren Verbindung mit der christlichen Auffassung von Natur und Welt als Schöpfung Gottes. Dadurch gewinnt die Vernunft Selbstand und eigenständige Erkenntniskraft; die der Natur in ihrer Gerichtetheit eingeprägten Prinzipien ethisch-sittlichen Handelns vermitteln

---

[145] Dazu *W. Ensslin*, Auctoritas und Potestas. Zur Zweigewaltenlehre des Papstes Gelasius I., S. 661–668.

[146] Vgl. *M. Grabmann*, Einfluß der aristotelischen Philosophie, S. 12–18; Grabmann sieht hier auch einen Einfluß aristotelischer Gedanken wirksam, ebd. S. 9, 12.

[147] Daß gerade in der Beschränkung des kirchlichen Urteils auf die geistlichen Aspekte bei dessen Maßgeblichkeit für die politische Gewalt eine Suprematie der geistlichen Gewalt zum Ausdruck kommt, hat Hans Barion in der Auseinandersetzung mit Friedrich Kempf und Walter Ullmann gezeigt. Siehe *H. Barion*, Rezension zu Saggi storici intorno al Papato dei Professori della Facolta di Storia Ecclesiastica, 1959, in: ZRG Kan.Abt. 67 (1960), S. 481–501 (insb. S. 491). *E. Schockenhoff*, Glück des Menschen, S. 361–365, nimmt dieses Problem nicht auf.

ihr (in der *lex naturalis*) ein inhaltliches Fundament, das die Fähigkeit zu konkreten ethisch-sittlichen Urteilen verleiht. Gerade darin hat Thomas den Weg zu einer sachbezogenen, auf konkrete Gegebenheiten ausgerichteten ethisch-philosophischen Reflexion geöffnet, die ungeachtet ihrer theologischen Rückbindung eine natürliche, nicht mehr sakral und eschatologisch bestimmte Erkenntnis der Welt bewirkt und dadurch Politik und politische Ordnung aus einer unmittelbaren heilsgeschichtlich-eschatologischen Einbindung entlassen kann.

Auf diesem Weg gelingt Thomas eine naturrechtlich-vernunftorientierte Begründung sowohl des positiven Rechts wie auch der Aufgaben und Eigenart politischer Ordnung. Sie zeichnet sich durch eine bemerkenswerte Einsicht in den Status, die Aufgabe und die Möglichkeiten, aber auch die Grenzen des positiven Rechts aus; in ihr verbindet sich das Festhalten an ethisch-sittlicher Fundierung und entsprechenden Maßstäben mit einem vernunftgeleiteten, die Gegebenheiten der *conditio humana* berücksichtigenden Pragmatismus der Verwirklichung. Unvermutet gibt Thomas hier sogar Antworten auf moderne Fragen. Er tritt dabei aus dem Horizont christlichen Denkens und der Anerkennung des christlichen *ordo* nicht heraus, wird nicht zum Protagonisten von Weltlichkeit im Sinne moderner Säkularisierung. Er verdeutlicht jedoch, in welchem Maß eine christliche Verankerung von Recht und politischer Ordnung einerseits mit Offenheit gegenüber den gegebenen konkreten Problemen zusammen bestehen kann, ebenso aber mit dem Bestreben, für diese Probleme jeweils Lösungen auf dem Wege natürlicher Vernunftargumentation zu suchen.

Diese epochale Leistung, die Thomas von Aquin vollbracht hat, wird nicht dadurch entwertet, daß er in seinem Denken zugleich auch Kind seiner Zeit blieb und daher manche Ansätze seiner Theologie und Philosophie nicht in ihre Konsequenzen hinein vorantrieb. Das gilt etwa für seine wegweisenden Schritte im Blick auf die Anerkennung der Verbindlichkeit des subjektiven Gewissensurteils als Voraussetzung des personal verantworteten Handelns, die er letztendlich über eine Aporie nicht hinauszuführen vermochte; es gilt für die Behandlung der Häretiker und der Abkehr vom wahren Glauben und für seine Rechtfertigung des Status der ‚servi', die er freilich auch erheblich relativierte. Alle Denker, auch die eindrucksvollsten, bleiben in bestimmtem Umfang eingebunden in Denkformen und Fragehorizonte ihrer Zeit. Die Beurteilung kann deshalb nicht davon abhängen, ob jemand diese Einbindungen übersprungen hat, sondern was er in deren Rahmen und auf ihre Grenzen hin an Einsicht, Problemerkenntnis und Reflexion erbracht hat; in dieser Hinsicht hat Thomas Außergewöhnliches vollbracht.

§ 11 Johannes Duns Scotus

I. Ausgangslage, Lebensweg und Werke

1. So bedeutsam die Lehren Thomas von Aquins waren, sie bildeten weder einen Schlußpunkt noch die Vollendung der christlichen Rechts- und Staatsphilosophie. Auch von einem Höhepunkt zu sprechen, dem danach ein Niedergang gefolgt sei, ist bei zeitgerechter Betrachtung kein zutreffendes Urteil. Thomas von Aquin verkörperte bei aller Großartigkeit seines Denkens nur einen Weg und eine Richtung der mittelalterlichen Theologie und Philosophie, er hat nicht etwa *die* christliche Theologie und Philosophie, einschließlich der Rechts- und Staatsphilosophie entwickelt.[1] Auf dem Boden der Voraussetzungen, die mit der christlichen Offenbarung gegeben waren (oben § 8), hat er einen bestimmten Weg des Denkens und der Wahrheitssuche näher entfaltet. Dieser Weg fußte, wie gesehen, auf der Rezeption und Nutzbarmachung der Philosophie des Aristoteles. Sie stellte die Grundlage bereit, Welt, Natur und Mensch als Teile eines umfassenden, von Gott erschaffenen Ordo der Vernunft zu begreifen und in Gott selbst Vernunft und Wille als Einheit zu denken. Freilich ging die Rezeption des Aristoteles, nicht zuletzt unter dem Einfluß der arabischen Kommentatoren seiner Schriften, wie insbesondere Averroes und Avicenna, auch über diese Positionen hinaus. Sie führte teilweise, dabei Gedankengut der Stoa aufnehmend, zur Annahme einer Ewigkeit und Vernunftnotwendigkeit der Welt und ihrer Ordnung, die von einem obersten Bewegungsprinzip getragen sei. Das ließ dann kaum mehr Raum für Gott als persönlichen Gott und Schöpfer der Welt, der aus freiem Willen handelt.

So ist es nicht verwunderlich, daß die Rezeption des Aristoteles bei Theologen und Philosophen von Anfang an umstritten war. Gerade auch aus theologischen Gründen wurde sie von Kritik und Infragestellung begleitet. Die

[1] Diese Auffassung war im katholischen Denken seit den letzten Jahrzehnten des 19. Jh. lange Zeit vorherrschend. Grundlage dafür war die Enzyklika *Aeterni Patris* Papst Leos XIII. aus dem Jahr 1879; durch sie wurde die Lehre des Hl. Thomas zu einer Art kirchenamtlicher Doktrin erhoben, die auch der Ausbildung der Theologen zugrunde zu legen war.

zweite, Thomas nachfolgende Generation war skeptischer im Hinblick auf die Möglichkeit von Synthesen zwischen Aristotelismus und Christentum. Hinzu traten emotional und auch machtpolitisch geprägte Grabenkämpfe zwischen verschiedenen Denkrichtungen, nicht zuletzt der dominierenden Universitätstheologie und -philosophie und derjenigen der aufstrebenden Orden. Von daher erklären sich die heftigen Auseinandersetzungen an den Universitäten, die im 13. und 14. Jh. stattfanden, sowie das zum Teil erfolgreiche Bemühen, etliche Lehren der ‚Aristoteliker' als mit dem christlichen Glauben unvereinbar zu verurteilen.[2] Ohnehin stand der Aufnahme der Philosophie des Aristoteles im geistigen Leben der Zeit stets das Denken in der theologisch-philosophischen Tradition Augustins gegenüber, die über Jahrhunderte hin vorherrschend war.

2. Seit dem 13. Jh. zeigten sich mithin zwei Richtungen im theologisch-philosophischen Denken. Sie verbanden sich u. a. mit den Ordensschulen der Dominikaner und Franziskaner. Rückblickend werden sie als die vernunftbestimmte und voluntaristische Richtung in der Philosophie be- und teilweise auch überzeichnet. Ihr Einfluß war nicht allein für die Entwicklung von Theologie und Philosophie von großer Bedeutung, sondern ebenso für die Rechtsphilosophie und Staatstheorie. Die sog. voluntaristische Richtung, die von einem Vorrang des Willens vor der Vernunft in den Seelenkräften und im Blick auf das Handeln ausging, gewann im 14. und 15. Jh. bestimmenden Einfluß, der bis in die Reformation hinein reichte; sie leistete der Herausbildung und Legitimation staatlicher Entscheidungsmacht Vorschub. Die sog. vernunftbestimmte Richtung, die insoweit an einer tragenden Rolle der Vernunft festhielt und diese verteidigte, gelangte vor allem in der spanischen Spätscholastik zu großer, auch praktischer Wirkung. Für beide Richtungen hatte das Verhältnis von Intellekt, Vernunft und Wille grundlegende Bedeutung. Die Frage nach dem Vorrang der Vernunft vor dem Willen oder des Willens vor der Vernunft wurde sowohl auf Gott und seine Wesenheit bezogen, wie auch auf die Natur und das Handeln der Menschen einschließlich der Ordnungen, in denen die Menschen leben. Die Streitpunkte in den philosophisch geführten Auseinandersetzungen waren letztlich theologisch bestimmt, sie hatten ihren eigentlichen Rückhalt im christlichen Gottesbegriff und der christlichen Deutung der Welt.

Kommt nämlich der Vernunft und einer der Vernunft innewohnenden Gesetzlichkeit und Notwendigkeit die dominante Rolle für die Erklärung der Welt, für das Wesen des Menschen und den Gottesbegriff zu, läßt sich in der

---

2 Siehe dazu *K. Flasch* (Hg.), Aufklärung im Mittelalter? Die Verurteilung von 1277; *ders.*, Philosophisches Denken (Lit.), S. 371–378.

Tat die Frage stellen, ob eine solche Philosophie und der ihr entsprechende Gottesbegriff noch christlich sind oder wieder ins Heidentum zurückfallen. Können sie etwas anderes zur Aussage bringen als einen philosophischen Gott, wie z. B. den ‚unbewegten Beweger' des Aristoteles? Der Widerspruch gegen die These vom Vorrang des Intellekts wie auch gegen eine harmonische Synthese von Wissen und Glauben erhob sich so vor allem aus theologischen Gründen. Die Frage wurde akut, ob zwischen Wissen und Glauben, zwischen dem, was die Philosophie, und dem, was die Theologie jeweils in Form eines sicheren Wissens sagen können, wirklich eine Synthese gefunden werden kann oder nicht vielmehr ein deutlicher Unterschied bestehen bleiben muß. Ist denn nicht der Gott der christlichen Offenbarung, wenngleich ein vernünftiger Gott, zuallererst ein Gott der Liebe, ein in und aus Liebe handelnder Gott? Und ist er nicht ein allmächtiger Gott, der nicht an eine Vernunftnotwendigkeit gebunden ist, sondern aus seiner Freiheit heraus handelt, die Welt durch einen Akt seines Willens aus dem Nichts erschaffen hat? Auf das Handeln bezogen, meldete sich die Auffassung zu Wort, das Zentrum christlichen Handelns liege im Liebesgebot, der Liebe zu Gott und zum Nächsten; diese sei zwar nicht gegen die Vernunft gerichtet, behaupte aber ihr gegenüber eine Präponderanz; christlich gesehen dirigiere das ‚Gesetz der Liebe' die Vernunft, nicht umgekehrt. Gilt aber ein Primat der Liebe gegenüber der Weisheit, ergibt sich auch ein Primat des Willens gegenüber dem Intellekt und der Freiheit gegenüber der endlichen Natur.[3]

Die unterschiedlichen theologischen Ausgangspunkte, die die geistige Auseinandersetzung bestimmten, blieben nicht bei sich, sie wirkten tief hinein in die philosophische Welterklärung, in die Begründung ethisch-sittlichen Handelns wie die des Rechts und der politischen Ordnung. Für ein Zeitalter, dessen Denkhorizont im wesentlichen theologisch bestimmt war und in dem der christliche Glaube ein unangefochtenes Ferment der politisch-sozialen Ordnung darstellte, war es nicht ungewöhnlich, sondern eher natürlich, daß die Deutung der Welt, die Frage nach Natur und Befähigung des Menschen, nach Ziel und Sinn seines Lebens, nach den Ordnungen, in denen er lebt, einen tragenden Bezugspunkt in der Frage nach Gott, seinem Willen und seiner Vernunft hatten, sich darin gewissermaßen spiegelten. Diese Fragen wurden einerseits in dem Bemühen gestellt, Gott mit Hilfe menschlicher Kategorien zu begreifen und den Menschen begreifbar zu machen – das lag nicht zuletzt durch das in der Offenbarung gegebene Glaubenswissen von der Menschwerdung Gottes in Jesus Christus nahe –, andererseits gewannen sie über bloße theologische Spekulation hinaus Bedeutung für das Sich-selbst-Begreifen des Menschen und menschlicher Gegebenheiten.

---

3 Siehe *E. Gilson*, Duns Scotus, S. 624.

Es waren so nicht zuletzt theologische Dispute und Traktate, in denen durchaus weltliche und philosophische Fragen ausgetragen wurden, wie etwa die Frage nach dem Bild des Menschen von sich selbst – als Individuum und Person –, die Frage nach der Bestimmung ethisch-sittlichen Handelns, der Erkenntnis und Substanz des Rechts und dem Charakter der politischen Ordnung. Die Antworten lösten weitreichende Wirkungen aus. Nicht ohne Grund kann die Frage gestellt werden, wieweit gerade in den geistigen Auseinandersetzungen des 13. und 14. Jh. jene Weichenstellungen hervorgetreten sind, die schließlich die moderne, stark von Autonomiedenken und Voluntarismus geprägte Welt heraufgeführt haben.[4]

3. Duns Scotus war Franziskanermönch. Wohl 1265/66 im schottischen Ort Duns nahe Edinburgh geboren, wurde er – allein dieses Datum ist aktenkundig – im März 1291 zum Priester geweiht. Er studierte in Oxford, womöglich auch in Cambridge. 1300 hielt er Vorlesungen in Oxford, war aber wohl schon vorher einige Zeit in Paris. Dorthin ging er erneut 1302/03 zu Vorlesungen und vertieften theologischen Studien und wurde 1305 zum Magister der Theologie promoviert. Im Jahr 1307 nach Köln als Lector principalis des Franziskanerkonvents entsandt, verstarb er dort bereits im November 1308. Er liegt in der Minoritenkirche zu Köln begraben.[5]

Das philosophische und theologische Werk, das Duns Scotus in der kurzen Zeit seines Wirkens geschaffen hat, ist von hohem Rang. Sein Hauptwerk ist ein Kommentar zu den Sentenzen des Petrus Lombardus (†1159), dem damals offiziellen Lehrbuch der Theologie, der in verschiedenen Formen überliefert ist. Dieser ‚Kommentar' geht in seinem Inhalt weit über einen Kommentar hinaus, er enthält etliche selbständige Abhandlungen. Eine erste überlieferte Form sind Niederschriften seiner Vorlesungen zu den Sentenzen (Lectura), die nicht zur Veröffentlichung bestimmt waren, eine zweite die nicht autorisierten Vorlesungsnachschriften der Hörer in Paris (*Reportata Parisiensia*), die dritte die von Duns Scotus selbst überarbeitete und ergänzte Fassung (*Ordinatio*), die aber wegen seines frühen Todes von ihm nicht endgültig fertiggestellt wurde.[6] Daneben gibt es eine Sammlung von Disputationen aus der Pariser Zeit, Kommentare zu Schriften des Aristoteles in Form von Quaestiones

---

[4] Vgl. etwa *H. Welzel* (Lit.), S. 89f.

[5] Die biographischen Angaben zu Duns Scotos nach *J. P. Beckmann*, Mittelalter, S. 112 und *L. Honnefelder*, Duns Scotus, S. 14–16.

[6] Diese Fassung wurde früher als *Opus Oxoniense* bezeichnet aufgrund der irrigen Vorstellung, sie sei in Oxford verfaßt worden, siehe *W. Kluxen*, Einleitung, S. XII. Sie wird auch heute noch oftmals unter diesem Titel zitiert, insb. soweit die neue, seit 1950 erscheinende kritische Gesamtausgabe der Werke des Duns Scotus die entsprechenden Texte noch nicht enthält.

und den *Tractatus de primo principi* (Abhandlung über das erste Prinzip), der eine philosophische Gotteslehre auf der Grundlage einer an den Wissenschaftskriterien des Aristoteles orientierten Metaphysik enthält.

Die Werke von Duns Scotus lagen bis ins letzte Jahrhundert lediglich in einer im 17. Jh. besorgten Ausgabe des Franziskaners Lucas Wadding vor, die 1891–95 vom Verlag Vivès in Paris nachgedruckt wurde. Diese Ausgabe enthält manche unechte Schriften, daneben Kommentare verschiedener Autoren zu den Werken von Duns Scotus und genügt nicht den Anforderungen einer kritischen Edition. Seit 1950 ist eine neue kritische Ausgabe, geleitet und verantwortet von einer Kommission des Franziskanerordens, im Erscheinen (Editio Vaticana), von der bisher zwölf Bände vorliegen. Durch diese Edition entsteht eine verläßliche Grundlage für die Auseinandersetzung mit dem ‚Doctor subtilis'; sie hat der schon vorher neu belebten Diskussion um das Werk und die Positionen von Duns Scotus weiteren Auftrieb gegeben.[7] Diese Diskussion stellt das überkommene Bild, Duns Scotus sei ein Vertreter eines schlichten Voluntarismus, deutlich in Frage. Im Mittelpunkt seines Denkens sieht man die Fragen nach Möglichkeit, Wirklichkeit und Grenzen der Metaphysik stehen, und zwar der Metaphysik als einer Wissenschaft, die den von Aristoteles aufgestellten Kriterien wissenschaftlichen Wissens genügt und gleichzeitig Raum läßt für eine eigenständige Offenbarungstheologie. Darin eingeschlossen ist auch die Frage nach der ursprünglichen, nicht weiter ableitbaren Freiheit des Willens neben seiner Rationalität. Wie weit sich diese Sicht durchsetzen wird, ist derzeit noch offen. Jedenfalls aber können die in Lehrbüchern, Gesamtdarstellungen und älteren Monographien dargestellten Positionen zu Duns Scotus nicht mehr ohne weiteres fortgeschrieben werden.[8]

II. Philosophisch-theologischer Ausgangspunkt

1. Der philosphisch-theologische Ausgangspunkt von Duns Scotus ist von dem von Thomas von Aquin unterschieden. Zwar kannte Duns Scotus Aristoteles und hat etliche seiner Werke kommentiert. Aber er stellte schärfer als

---

[7] Der Beginn dieser Diskussion liegt in den zwanziger und dreißiger Jahren des vergangenen Jh. Zu nennen sind die eine geschlossene Monographie darstellende Aufsatzfolge von *F. Schwendinger*, Die Metaphysik des Sittlichen bei Johannes Duns Scotus in der Zeitschrift Wissenschaft und Weisheit 1934–36, sowie das grundlegende Werk über Duns Scotus von Etienne Gilson (1952).

[8] Kennzeichnend dafür ist die Neuausgabe des Werkes von *K. Vorländer*, Geschichte der Philosophie. Während andere Teile von den neuen Bearbeitern durchgesehen und ergänzt wurden, heißt es für den von *J. P. Beckmann* bearbeiteten Teil Mittelalter „vollständig neu verfaßt", was nicht zuletzt auch für den Abschnitt über Duns Scotus gilt (S. 111–119). Die ältere Auffassung tritt teilweise noch hervor bei *G. Stratenwerth*, Naturrechtslehre, und *H. Welzel* (Lit.), S. 66–81. Als Träger der neueren Diskussion sind vor allem E. Gilson, W. Hoeres, L. Honnefelder, W. Kluxen, H. Möhle und A.B. Wolter zu nennen.

Thomas die Frage, wie weit denn die Philosophie als eine Wissenschaft von vernünftigen, in sich gültigen Einsichten überhaupt reicht, insbesondere die Metaphysik als Erste Philosophie, welche die Frage nach dem Seienden als Seiendem zum Gegenstand hat. Welches ist, will sie Wissenschaft sein, ihre Erkenntnismethode und wo liegen die Grenzen ihrer eigenen Erkenntnismöglichkeit? Diese Fragen stellte Duns Scotus als Theologe, von den Gewißheiten des christlichen Glaubens aus, aber er stellte sie in einer für die Philosophie fruchtbaren Weise. Entschieden wandte er sich gegen den im Denken des Aristoteles angelegten, von den arabischen Kommentatoren dann verstärkten naturphilosophischen und kosmologischen Necessitarismus, demzufolge Natur und Welt letztlich nicht aus einem freien Entschluß Gottes geschaffen, sondern ohne Beginn ewig vorhanden sind und ihre Ordnung naturhaft, in ewig-gesetzlichen Notwendigkeiten haben. Das war, genau betrachtet, mit christlichem Verständnis von Natur und Welt nicht zu harmonisieren.

Demgegenüber verweist Duns Scotus nicht nur auf den christlichen Gottesbegriff – der Gott der Liebe, ein persönlicher und frei handelnder Gott, der nicht zum Gott der Griechen degradiert werden dürfe –, er sucht solchen Necessitarismus auch philosophisch zu widerlegen. Wie kann das Bestehen von Nicht-Notwendigkeit, das eine unbestreitbare Erfahrungstatsache ist, daß nämlich etwas nicht notwendig so sein muß, wie es ist, sondern auch anders sein kann oder hätte sein können, als möglich erklärt werden?[9] Für Duns Scotus nur dann, wenn die erste Ursache, die Nicht-Notwendiges bewirkt, nicht selbst einer Notwendigkeit unterliegt, aus der wiederum nur Notwendiges hervorgehen kann, sondern auf eine unmittelbar nicht notwendige Weise handelt.[10] Die erste Ursache muß mithin aus einer Freiheit und einem Willen hervorgehen, die in sich selbst volle Ursächlichkeit sind. Dem entspricht gerade der christliche Gottesbegriff. Gott ist in seiner Schöpfung frei, unterliegt keiner Notwendigkeit. Er hat die Welt, ja das außergöttliche Seiende überhaupt, aus freiem Willen geschaffen. Deshalb hat es als Geschaffenes die Seinsweise der Kontingenz an sich. Die Welt hätte, als sie geschaffen wurde, auch anders werden können, als sie ist, und es war Gottes Wille, daß sie so und nicht anders wurde. Hier liegt der Ursprung der Kontingenzlehre von Duns Scotus,[11] die so weitreichende Wirkungen entfaltet hat. Und auch der oft zitierte, vielfach als Beweis des Voluntarismus geltende Satz: „... für

---

[9] Siehe *E. Gilson*, Duns Scotus, S. 327f.; ferner *L. Honnefelder*, Kritik, S. 250–259.

[10] *E. Gilson*, Duns Scotus, S. 331; siehe auch *L. Honnefelder*, Kritik, S. 254.

[11] Duns Scotus erklärt sein Verständnis von kontingent wie folgt: „... non voco hic contingens quodcumque non-necessarium vel non-sempiternum, sed cuius oppositum posset fieri quando illud fit" (Ord. I, dist. 2, p. 1, qu. 1–2, n. 86 [ed. Vat. V 2, S. 178]). Für *Th. Williams*, Moral philosophy, S. 196 ist entscheidend, daß dieses Verständnis synchrone Alternativen, nicht nur diachrone Alternativen für möglich und gegeben erklärt.

dieses ‚warum der Wille wollte', gibt es keinen anderen Grund als den, daß der Wille eben Wille ist"[12], erklärt sich aus diesem Zusammenhang.

2. Für Duns Scotus wird auf dieser Grundlage die Gegenüberstellung von *voluntas* und *natura* eine „basic division" (Wolter).[13] Von Natur und naturhaft ist alles das, was eine Notwendigkeit an sich hat, was nicht vom Willen gesteuert ist, sondern willensunabhängig, eben naturhaft und aus einer Gesetzmäßigkeit heraus sich vollzieht. Auch Vernunfterkenntnis gehört so in den Bereich des Notwendigen; sie ergibt sich aus zwingenden Gründen, die eine Notwendigkeit an sich haben; diese können nicht vom Willen so oder anders bestimmt werden, wenngleich der Wille sich ihnen gegenüber so oder anders verhalten kann.[14] Damit stellt sich die Frage nach dem Verhältnis von Vernunft und Wille in besonderer Deutlichkeit. Sie stellt sich für Duns Scotus im Blick auf Gott und sein Handeln wie auch im Blick auf den Menschen und sein Handeln.

a) Gott handelt aus Freiheit, aus seiner Liebe und Allmacht. Sein Liebeswollen ist von seiner Vernunfterkenntnis unableitbar, ein ursprünglicher Impetus, der nicht vorab inhaltlich bestimmt ist. Gott ist und handelt deshalb nicht unvernünftig, aber es ist sein Liebeswollen, das die Vernunft speist. Ist dann aber zu verhindern, daß die göttliche Vernunfterkenntnis zur bloßen Funktion des göttlichen Willens wird, ihm nach- und untergeordnet ist – womit zugleich der Voluntarismus etabliert wäre? Duns Scotus hat – und hierin zeigt er sich als ‚doctor subtilis' – dafür eine Antwort und Lösung: Die Ideen sind im göttlichen Intellekt vorhanden, da Gott von Ewigkeit und mit Notwendigkeit alles überhaupt Erkennbare erkennt; diese Erkenntnis bleibt jedoch spekulativ, im Bereich des Möglichen, umfaßt die Unendlichkeit der möglichen Ideen, ist indes nicht aus sich handlungsleitend. Es entsteht daraus

---

[12] Ord. I, dist. 8, pars 2, qu. un., n. 299 (ed. Vat., IV, S. 325): „..., et ideo huius ‚quare voluntas voluit' nulla est causa nisi quia voluntas est voluntas." An einer anderen Stelle heißt es: „... ista voluntas Dei – quae vult hoc et pro nunc – est immediata et prima causa, cuius non est aliqua causa quaerenda ... ita non est ratio, se ‚ideo bonum fuit illud esse'; et quaerere huius propositionis – licet contingentis immediatae – aliam rationem est quaerere rationem, cuius non est ratio quaerenda". (Ord. II, dist. 1, qu. 2, n. 91 [ed. Vat. VII, S. 48]). „Dieser Wille Gottes – der dieses und es auch für den Augenblick will – ist eine unmittelbare und erste Ursache, für die nicht irgendeine weitere Ursache zu suchen ist ... So gibt es keine Begründung dafür, warum er dieses für den Augenblick wollte und nicht zu einem anderen Zeitpunkt, sondern nur dieses ‚weil er wollte, daß dieses ist, war es gut, daß es ist'; und für diesen, freilich kontingenten und unmittelbaren Sachverhalt eine weitere Begründung zu suchen, heißt, eine Begründung für etwas zu suchen, für das keine Begründung zu suchen ist."

[13] *A. B. Wolter*, Philosophical Theology, S. 169; vorher schon *E. Gilson*, Duns Scotus, S. 595.

[14] Vgl. *L. Honnefelder*, Kritik, S. 256; *J. P. Beckmann*, Mittelalter, S. 117f.; *Th. Williams*, Moral philosophy, S. 209ff.

keine Gebundenheit oder ‚Verpflichtung', das Mögliche und als solches Erkannte auch zu erschaffen.[15] Was Gott von den hervorbring*baren* Dingen, dem an sich Möglichen, als endlich Seiendes erschafft und die Auswahl, die er dabei trifft, geht aus von seinem Willen, der sich selbst bestimmt, aber dabei nicht von seiner Güte abweicht. Aus diesem Zusammenhang erklärt sich der ‚Voluntarismus' des Duns Scotus, wenn er sagt, daß alles von Gott Verschiedene, von ihm kontingent Geschaffene, nur deswegen gut ist, weil es von Gott so gewollt ist, und nicht umgekehrt.[16]

b) Der Wille als Vermögen der Selbstbestimmung ist auch für das Handeln des Menschen entscheidend. Die Vernunftorientierung des Handelns wird dabei jedoch nicht aufgegeben.[17] Hatte Thomas von Aquin den Willen als ein Strebevermögen verstanden, das dem folgt, was die Vernunft ihm als gut und erstrebenswert vorstellt, das mithin durch die Vernunft gelenkt wird (oben § 10 II 3, S. 232 f.), so wendet sich Duns Scotus von einer solchen, für ihn naturalen Bestimmung und der Zurechnung des Willens zum genus des Strebevermögens ab. Er sieht im Willen das zunächst inhaltlich unbestimmte Vermögen, sich selbst – ohne Annahme einer anderen vorausliegenden Ursache – zu bewegen und damit aus sich heraus willentliche Selbstbestimmung zu sein. Das macht die Freiheit des Willens aus. Der Wille kann sich deshalb zu seinem eigenen Wollen verhalten, d. h. er vermag den Gegenstand des Wollens als solchen, um seiner selbst willen zu wollen, sich ihm liebend zuzuwenden. Das willentliche Handeln erhält dabei seine Rechtheit freilich nicht aus sich selbst, sondern aus seiner Bestimmung durch die Vernunft; diese ist dafür der nicht seinerseits kontingente, sondern notwendiger Einsicht entspringende Maßstab, der als praktische Erkenntnis für den Willen bedeutsam ist: „‚agere libere' est per cognitionem", wie es bei Duns Scotus ausdrücklich heißt.[18]

Das Verhältnis von Wille und Intellekt für das rechte Handeln stellt sich danach, auch im Unterschied zu Thomas von Aquin, folgendermaßen dar: Die Vernunft erscheint als „der Fackelträger des Willens, der ihm auf seinem Weg voranleuchtet",[19] und darin ist sie mehr als nur eine *conditio sine qua non* für das rechte Handeln, sondern auch eine *conditio per quam*.[20] Wille und Vernunft wirken je für sich

---

[15] Vgl. *J. P. Beckmann*, Mittelalter, S. 118; *E. Gilson*, Duns Scotus, S. 335.

[16] Ord. III, dist. 19 qu. un., n. 9 (ed. Vivès XIV, S. 720): „Omne aliud a Deo, ideo est bonum, quia a Deo volitum, et non converso."

[17] Hierin liegt einer der Kernpunkte der neueren Interpretation der Lehre des Duns Scotus; siehe die Darlegung bei *L. Honnefelder*, Kritik, S. 254–257.

[18] Lect. II, dist. 25, qu. un., n. 68 (ed. Vat. XIX, S. 252): Frei handeln heißt nach Erkenntnis handeln. Für den Zusammenhang siehe *H. Möhle*, Wille und Moral, S. 579.

[19] *H. Welzel* (Lit.), S. 68 f.

[20] Lect. II, dist. 25, n. 61 f. (ed. Vat. XIX, S. 249): „… si obiectum cognitum sit tantum causa ‚sine qua non' respectu volitionis, igitur volitiones non distinguerentur formaliter ab objectis. Sed hoc est inconveniens"; ähnlich ebd. n. 68.

als Teilursachen, die in der Hervorbringung des Aktes zusammen-laufen.[21] Doch ist der Wille, anders als bei Thomas, keine von der Vernunfterkenntnis abhängiges, ihr folgendes Vermögen, er hat ihr gegenüber die Möglichkeit und damit die Freiheit der Wahl: Er entscheidet sich, das von der Vernunft gezeigte Gut zu wollen oder sich des Wollens zu enthalten, und insofern ist er, wie Duns Scotus sagt, die *causa principalis*.[22] Doch trifft der Wille nur dann eine richtige Wahl im Sinne einer moralischen Handlung, wenn er sich der vorhergehenden Vernunfterkenntnis als dem nicht beliebig, sondern notwendig bestimmten Maßstab willentlichen Handelns angleicht. Es ist so ein neues Konzept des Willens und der Freiheit des Handelns, das Duns Scotus aufstellt, nicht ein Beiseitestellen der Vernunft. Der Wille ist ein „frei wollendes Vermögen", erfährt indes „seine eigene Vervollkommnung" gerade und erst „in der Bestimmung durch die Vernunft".[23]

Die Eigenheit des Willens besteht für Duns Scotus mithin darin, daß er nicht von sich aus – gewissermaßen naturhaft – schon eine Ausrichtung auf bestimmte Ziele hat und sich folglich als ein ‚Sollen' nur zu eigen macht, was ihm die Vernunft als erstrebenswert vorstellt;[24] er bestimmt selbst auch und vermag zu bestimmen, was als Ziel gelten soll. Diese besondere Fähigkeit, die gerade seine Freiheit konstituiert und ausmacht, erklärt Duns Scotus, indem er die von Anselm von Canterbury entwickelte Unterscheidung zwischen zwei Tendenzen, die dem Willen innewohnen, der *affectio commodi* und der *affectio iustitiae*, aufnimmt und weiterführt.[25] Die *affectio commodi* ist die Hinneigung zum eigenen Wohl, zur eigenen Vervollkommnung, die Verlängerung einer selbstbezogenen Naturtendenz ins Bewußtsein hinein. Sie stimmt weitgehend mit den *inclinationes naturales* überein und hat die Tendenz, im Hinblick auf solche Vervollkommnung aktuelle Strebensakte des Willens zu setzen. Die *affectio iustitiae* ist demgegenüber die im Willen als einem rationalen Vermögen enthaltene Anlage und Fähigkeit, jedem von der Vernunft ihm vorgestellten Gut in seinem Eigensein gerecht zu werden ohne Rücksicht auf seine Bedeutung für die eigene Selbstvollendung. Sie kann mithin auch ein Gut dem anderen vorziehen und vor allem etwas *um seiner selbst willen* anstreben. Nur so ist Gottesliebe als ein Überschreiten der Selbstbezüglichkeit möglich, näm-

---

21 *L. Honnefelder*, Duns Scotus, S. 118.

22 Lect. II, dist. 25 u. 73 (ed. Vat. XIX, S. 254); *L. Honnefelder*, Duns Scotus, S. 118. Es muß, um die Lehre des Duns Scotus nicht mißzuverstehen, folgende Unterscheidung gemacht werden: Die Vernunfterkenntnis ist zwar für das rechte Handeln eine *conditio per quam*, für den Willen als solchen aber nur eine *conditio sine qua non*, weil der Wille frei ist darüber zu entscheiden, ob er das Vernünftige will. Nicht ganz deutlich insofern *H. Welzel* (Lit.), S. 68 f.; vgl. auch *Th. Williams*, Moral philosophy, S. 213 f., der auf die Beziehung zur Freiheit und den freien Willen Gottes hinweist.

23 *H. Möhle*, Wille und Moral, S. 580; *L. Honnefelder*, Kritik, S. 254 f.

24 Dies ist die Auffassung von Thomas von Aquin, siehe oben § 10 II 3, S. 232 f., sowie *B. Wald*, Bestimmung der ratio legis, S. 670.

25 In eindrucksvoller Weise näher dargelegt bei *W. Hoeres*, Der Wille, S. 150–155.

lich Gott ganz und gar um seiner selbst willen zu lieben – darin liegt der theologische Hintergrund. Die *affectio iustitiae* ist so die eigentliche „Hochburg der Willensfreiheit".[26] Sie erklärt als Teil der Willenspotenz die auch früher schon gesehene Möglichkeit, das Handeln unabhängig von natürlichen Hinneigungen in Ausrichtung an einer höheren Regel näher zu bestimmen und zu regulieren, nämlich jeweils allen Dingen gerecht zu werden und Gott über alles zu lieben. Die Hinneigungen der *affectio commodi*, die ihrerseits ein Gut sind, werden dadurch nicht ausgeschaltet; aber sie sind ein Gut neben anderen, unterliegen so der gerechten Abwägung, die von der *affectio iustitiae* ausgeht; sie können von ihr als nachrangig zurückgestellt werden, wie das Beispiel des Märtyrers aus Gottesgehorsam/Gottesliebe zeigt.[27]

III. Seins- und Erkenntnislehre

Auch in der Seins- und Erkenntnislehre erweist sich Duns Scotus als theologisch inspirierter Kritiker der Philosophie, der dieser dadurch aber den Weg zu weiterer philosophischer Einsicht eröffnet. Diese führt zu einer stärkeren Ausrichtung auf die individuellen Dinge, ihre Erkenntnis und ihre Konstitution. Positionen, wie sie Aristoteles und Thomas von Aquin vertraten, werden dabei verlassen.

Theologisch ist der Mensch berufen, Gott von Angesicht zu Angesicht zu schauen. Das setzt – philosophisch gesehen – ein geistiges Vermögen des Menschen zu einer direkten intuitiven Erkenntnis voraus. Diese unterscheidet sich von einer Erkenntnis, die auf Abstraktionsvorgängen im Zusammenspiel mit sinnlichen Wahrnehmungsbildern[28] beruht. Sie besteht in einer intellektuellen Anschauung eines real präsenten Gegenstandes, erfaßt nicht ausschließlich die allgemeine Natur einer Sache, sondern das präsente Einzelne als ein Etwas,

---

[26] *J. Klein*, Intellekt und Wille, S. 119.

[27] Der Märtyrer will gemäß seiner *affectio commodi*, die auf das eigene Leben als ein Gut bezogen ist, leben, gemäß seinem von der *affectio iustitiae* bestimmten freien Willen will er sterben: Ord. IV dist. 49, qu. 10, n. 2; vgl. auch *W. Hoeres*, Der Wille, S. 154.

[28] Vgl. die Erläuterung dieses Erkenntnisvorgangs bei *Thomas von Aquin*, Summa theologiae I, qu. 86, art. 1: „Das Einzelne im Bereich der stofflichen Dinge kann unser Verstand nicht unmittelbar und zuerst erkennen. Der Grund dafür ist, daß das Prinzip der Vereinzelung in den stofflichen Dingen der einzelbestimmte Stoff ist. Unser Verstand aber erkennt, indem er die verstehbare Artform (*species intelligibilis*) aus diesem Stoff abstrahiert. Was aber aus dem vereinzelten Stoff abstrahiert wird, ist das Allgemeine. Daher erkennt unser Verstand direkt nur das Allgemeine. Wohl aber kann er auf indirekte Weise durch eine gewisse Zurückbeugung das Einzelne erkennen. Denn auch nachdem er die verstehbaren Artformen abstrahiert hat, kann er durch sie doch nicht in Wirklichkeit erkennen, ohne sich zu den Phantasiebildern hinzuwenden, in denen er, wie Aristoteles sagt, die verstehbaren Artformen erkennt."

das der Art nach bestimmt ist. Und so, wie dadurch die individuellen Dinge als Gegenstände menschlicher *Erkenntnis* aufgewertet werden, findet auch das, was etwas zu einem einzelnen Ding macht, was es in seinem *Einzelsein* konstituiert, bei Duns Scotus besondere Beachtung. Darauf lenkt bereits die – ebenfalls theologisch fundierte – Kontingenz alles Geschaffenen die Aufmerksamkeit. Hatten die Vorgänger des Duns Scotus die Individualität eines Dinges in der Materie begründet, die eine allgemeine Natur zu *diesem* bestimmten Etwas macht, erhält das Einzelding seine Individualität bei ihm durch eine eigene positive Bestimmung, welche in der Tradition *haecceitas* (Diesheit) genannt wurde. Diese positive Bestimmung, die das einzelne Ding konstituiert, ist das eigentlich Reale; die Allgemeinnatur als das Gemeinsame in den Einzeldingen hat demgegenüber nur formale Bedeutung. Die Diesheit macht das Unverwechselbare, Einmalige aus und konstituiert ontologisch mit der Allgemeinnatur die selbständig-soseiende Sache.[29]

Die Erkenntnis ist daher vollkommen, wenn sie das Einzelding zur Gänze erfaßt. Dies kann im Wege einer intuitiven Erkenntnis, das heißt einer intellektuellen Anschauung ohne Abstraktionsvorgänge geschehen.[30] Diese Erkenntnis, die im menschlichen Intellekt an sich angelegt ist, ist dem Menschen aber in *isto statu lapso*, dem Stand der Sündhaftigkeit, nicht (voll) zugänglich.[31] Menschliches Erkennen ist deswegen nachparadiesisch angewiesen auf die andere Form intellektueller Erkenntnis, die über Abstraktionsvorgänge stattfindet. Aber auch hiermit hat es bei Duns Scotus seine eigene Bewandtnis. Diese Erkenntnis setzt für ihn nicht bei der sinnlichen Erfahrung und den sinnlichen Wahrnehmungsbildern ein, so daß sie davon abhängig wäre. Sinnliche Erfahrung ist nicht mehr der den Erkenntnisprozeß in Gang setzende, ihn im Sinne einer *causa efficiens* bewirkende Ausgangspunkt der Erkenntnis, sondern nur die Gelegenheit dazu.[32] Der *intellectus agens* arbeitet nicht am sinnlichen Vorstellungsbild, um daraus etwas zu abstrahieren, er hat vielmehr das Vermögen, Wesensbilder, die auf das Gemeinsame in den Einzeldingen (*natura communis*) bezogen sind, als Objekte seiner Erkenntnis zu erfassen und zu Allgemeinbegriffen, den *universalia*, zu formen.[33] Diese Allge-

---

29 *J. P. Beckmann*, Mittelalter, S. 116, weist als Beispiel auf das konkrete Einzelwesen Sokrates hin, in dem die ontologisch konstitutiven Momente ‚Allgemeinnatur', ‚Menschsein' und die nur dem Sokrates eigentümliche ‚Diesheit' (*Socratitas*) vereint sind. Alle drei Momente sind real, aber nicht formal miteinander identisch.

30 Siehe *R. Heinzmann*, Philosophie (Lit.), S. 236f.

31 Siehe *E. Gilson*, Duns Scotus, S. 515, unter Bezugnahme auf Rep. Par. III, dist. 14, qu. 3, n. 8 (ed. Vivès, XXIII, S. 357b).

32 Ord. I, dist. 3, p. 1, qu. 4, n. 234 (ed. Vat., III, S. 140): „... intellectus non habet sensus pro causa, sed tantum pro occcasione"; vgl. auch *R. Heinzmann*. Philosophie (Lit.), S. 237.

33 Vgl. *E. Gilson*, Duns Scotus, S. 532–535; *R. Heinzmann*, Philosophie (Lit.), S. 237.

meinbegriffe sind indes nicht Abbilder universaler Wesenheiten, die vor den Einzeldingen existent wären oder eine selbständige, von ihnen losgelöste Realität besäßen. Das Gemeinsame in den Einzeldingen, das sie zum Ausdruck bringen, ist für Duns Scotus ja selbst kontingent geworden. Wichtig erscheint ein konstantes, eine Notwendigkeit ausdrückendes Verhältnis der Denkmittel zum Erkenntnisgegenstand, das Erkenntnis in Form von Wissenschaft ermöglicht.

IV. Rechtsbegründung

Der philosophisch-theologische Ausgangspunkt von Duns Scotus wie auch seine Seins- und Erkenntnislehre bleiben nicht ohne Auswirkung auf die Rechtsbegründung. Hinzu treten theologisch geprägte anthropologische Grundannahmen über die Natur und Fähigkeit des Menschen einerseits im paradiesischen Zustand, andererseits im Zustand nach dem Sündenfall (*status iste lapsum*).

1. Die Auswirkungen zeigen sich zunächst bei Begriff und Funktion der *lex aeterna*. Bedeutete sie für Thomas von Aquin den ‚ewigen' Weltordnungsplan in Gott, in dem auch das Recht seinen letzten Grund hat, kommt die *lex aeterna* bei Duns Scotus als eigener relevanter Begriff nicht mehr vor.[34] Ein ewiges Gesetz, das einen unveränderlichen Weltordnungsplan darstellt und in diesem Sinn ‚ewig' ist, kann es für Duns Scotus nicht geben. Ewig ist nur Gott selbst, das von ihm Erschaffene und dessen Ordnung sind endlich und kontingent, aus seinem freien Willensentschluß hervorgegangen. An die Stelle der *lex aeterna* als letztem aufweisbaren Grund für die Ordnung der Welt tritt für ihn der *legislator aeternus*, der ewige Gesetzgeber. Dies begründet aber keineswegs eine Willkür oder Beliebigkeit im Blick auf die Ordnung der erschaffenen Welt. Denn Gottes Wille ist geprägt von Liebe und Güte, die sein Wesen ausmachen. In der Erschaffung der endlichen Dinge und ihrer Ordnung wendet er sich diesen, getragen von seiner *affectio iustitiae*, liebend zu. Hierbei zeigt die göttliche Vernunft als ein vorausgehendes *iudicium intellectus* dem Willen an, wie eine solche Ordnung sich richtigerweise ausnehmen *kann*. Es bleibt indes der freie göttliche Wille, der keiner ihm vorausliegenden Notwendigkeit folgt, der sie festlegt und vorschreibt. Es ist daher fraglich, ob der vielzitierte Satz des Duns Scotus:

---

[34] Vgl. *F. Schwendinger*, Metaphysik des Sittlichen III, S. 114, unter Verweis auf die Untersuchung des Hieronymus a Montefortino aus dem 14. Jh.

> „Die im eigentlichen Sinn allgemeinen Gesetze, die zu Recht Vorschriften geben, sind festgelegt vom göttlichen Willen und freilich nicht vom göttlichen Intellekt, wie er dem Akt des göttlichen Willens vorausgeht."[35]

wirklich den voluntaristischen Überhang zum Ausdruck bringt, der ihm oftmals zugeschrieben wird.[36] Es geht in ihm um nicht mehr als die Anwendung der theologischen Prämisse, daß Gott die Welt und ihre Ordnung *frei* erschaffen hat, mithin der letzte Grund auch ihrer Vernünftigkeit in seinem (liebenden) Willen liegt. Die vernünftigen Gesetze, die in ihr gelten, haben ihren Gegenstand (die Materie) aus notwendiger Vernunfterkenntnis, diese begründet allerdings nicht ihre Notwendigkeit und Geltung, vielmehr ihre Möglichkeit; ihre Festlegung als Geltendes, so Daseiendes, ihre Formalität haben sie aus dem göttlichen Willen. Diese Interpretation wird unterstützt durch die Kennzeichnung der *potentia dei ordinata*, der geordneten Wirkungsmacht Gottes, die Duns Scotus gibt:

> „Die potentia ordinata Dei ist jene, die in ihrem Wirken mit den von der göttlichen Weisheit oder mehr noch vom göttlichen Willen vorherbestimmten Regeln übereinstimmt."[37]

Hiernach wirken göttliche Weisheit und göttlicher Wille zusammen, sind beide für die *potentia ordinata* konstitutiv im Sinne einer *„conditio per quam"*, auch wenn dabei dem Willen wegen der ihn auszeichnenden ursprünglichen Freiheit ein Vorrang zukommt.

2. Das natürliche Gesetz, die *lex naturalis*, wird von Duns Scotus nicht in Zweifel gezogen. Er sieht in der *lex naturalis*, insoweit mit Thomas von Aquin übereinstimmend, oberste Prinzipien im Blick auf das ethische und rechtliche Handeln. Ihre Geltung und verpflichtende Kraft haben sie freilich aus der göttlichen Autorität, seinem anordnenden Willen.[38] Sie sind der Erkenntnis der natürlichen Vernunft zugänglich. Diese Befähigung kommt der Vernunft durch ein ihr eingeschaffenes Licht (*lux increata*)[39] zu, kraft dessen sie oberste

---

[35] Ord. I, dist. 44, qu. un. n. 6 (ed. Vat., VI, S. 365): „Leges aliquae generales, rectae de operabilibus dictantes, praefixae sunt a voluntate divina et non quidem ab intellectu divino ut praecedit actum voluntatis divinae."

[36] So von *H. Welzel* (Lit), S. 74; dagegen *L. Honnefelder*, Naturrecht und Normwandel, S. 207ff.; *B. Wald*, Bestimmung der ratio legis, S. 674–679.

[37] Ord. II, dist. 7, qu. un., n. 18 (ed. Vivès XII, S. 394): „... Potentia ordinata Dei ... est illa, quae conformis est in agendo regulis praedeterminatis a divina sapientia, vel magis a divina voluntate."

[38] Siehe *F. Schwendinger*, Metaphysik des Sittlichen III, S. 116ff.

[39] Von *„lux increata"* spricht Duns Scotus Ord. I, dist. 3, pars 1, qu. 3, n. 205 (ed. Vat. III, S. 125); vgl. auch ebd. n. 202 (S. 123). Zur Interpretation vgl. *B. Wald*, Bestimmung der ratio legis, S. 668f.

Prinzipien des Handelns (wie etwa die Goldene Regel) in der Weise des Gesetzes, und das heißt unmittelbar und aus sich zu erfassen vermag. Auch die *synderesis*, der Grundhabitus dieser Befähigung, ist für Duns Scotus eine Sache der Vernunft, nicht des Willens.[40] Der Raum für die Kontingenz bleibt erhalten, weil die *lex naturalis* konkret eingeschaffen ist, sie vermittelt aber nichtsdestoweniger Richtigkeitsgewähr.

a) Allerdings hat es mit der *lex naturalis* bei Duns Scotus eine besondere Bewandtnis. Diese ergibt sich aus den Anforderungen, die Duns Scotus an das natürliche Gesetz *als Gesetz* stellt. Zu ihm können nur Prinzipien und Ableitungen daraus gehören, die sich im strikten Sinn als allgemeingültig und universal aussagen lassen. Sie müssen aus sich eine unabdingbare Notwendigkeit haben. Nur etwas ausnahmslos Geltendes, das in keiner Weise dispensabel ist, kann Inhalt des natürlichen Gesetzes sein – es handelt sich um *principia practica simpliciter necessaria*.[41]

Was ist dann der Inhalt dieses natürlichen Gesetzes? Letztlich nur ein einziges essentielles Prinzip, nämlich das Gebot, Gott über alles zu lieben, und was sich daraus im Wege strenger Schlußfolgerung ableiten läßt – negativausgrenzend formuliert: das Verbot des Gotteshasses. Dieses Prinzip der praktischen Vernunft ist einerseits jedem Menschen, der die Bedeutung des Wortes ‚Gott' versteht (als höchstes Gut und Wesen von unendlicher Güte), ohne weiteres aus sich einleuchtend und als ein unbedingtes, keine Ausnahmen kennendes Gebot/Verbot bekannt. Andererseits ist allein die Gottesliebe das, was Gottes Wille ungeachtet seiner Freiheit zuerst und mit Notwendigkeit hervorbringt und will, nämlich das unendlich Gute seines Wesens zu wollen; hiervon kann er nicht abweichen oder dispensieren, ohne sich mit sich selbst in Widerspruch zu setzen, es liegt allem weiteren, von ihm kontingent Gewollten, voraus.[42]

Wie konsequent Duns Scotus hier argumentiert, zeigt sich an Folgendem: Zum strikten Naturrecht gehört nur die erste Tafel des Dekalogs, und auch sie nur in den ersten beiden Geboten; allein sie zielen unmittelbar auf Gott und sagen etwas irreversibel Notwendiges aus, nämlich daß Gott als Gott zu lieben ist und niemand anders wie ein Gott zu ehren ist. Schon das dritte Gebot, die Sabbatheiligung, ist

---

40 Vgl. *L. Honnefelder*, Naturrecht und Naturwandel, S. 208; *G. Stratenwerth*, Naturrechtslehre, S. 40 f.

41 Siehe Ord. III, dist. 37, n. 5, (ed. Vivès XV, S. 825 f.; *A. B. Wolter*, Will and Morality, S. 276, und dazu *H. Möhle*, Ethik, S. 348 ff.): „... aliqua possunt dici esse de lege naturae dupliciter: Uno modo tanquam prima principia practica nota ex terminis vel conclusiones necessario sequentes ex eis et haec strictissime dicuntur de lege naturae. Et rationes contra primam opinionem probant quod in talibus non potest esse dispensatio ... quas concedo."

42 Siehe *B. Wald*, Bestimmung der ratio legis, S. 672 f., und *L. Honnefelder*, Kritik, S. 257.

nur dem Grunde nach, als Gottesverehrung, nicht aber im Blick auf die Festlegung gerade des Sabbats striktes Naturrecht.[43] Die Gebote der zweiten Tafel sind sämtlich kein striktes Naturrecht. Denn nicht gerade darin, daß sie dieses bestimmte Handeln vorschreiben oder verbieten, liegt die Gutheit oder Bosheit, die notwendig zum Gut des höchsten Zieles hin- oder von ihm wegführt. Auch ohne daß dies in Geboten oder Verboten vorgeschrieben ist, kann das höchste Ziel, die Vereinigung mit Gott, geliebt und sich ihr angenähert werden.[44] Sie sind für den paradiesischen Menschen, der aus dem obersten Gebot der Gottesliebe lebt – Scotus zeigt sich hier in der Tradition Augustins (*ama Deo et fac quod vis*) – nicht unabdingbar notwendig. Außerdem sind sie, wie die Hl. Schrift im Alten Testament vielfach zeigt, für Gott dispensabel. Duns Scotus bezieht sich neben dem Isaak-Opfer auf den Diebstahl beim Auszug aus Ägypten und die Ermächtigung der Herrscher, Todesstrafen zu verhängen (vgl. Ord. III, dist. 37, qu. un.; Wolter 1986, S. 270 f.).

b) Indessen ist für Duns Scotus mit diesem einzigen Prinzip der *lex naturalis* im strengen Sinn die meta-positive Fundierung des Rechts und des ethisch-sittlichen Handelns nicht erschöpft. Neben dem natürlichen Gesetz im strikten Sinn kennt er auch ein natürliches Gesetz im weiteren Sinn. Dieses hat nicht die Stringenz und Allgemeingültigkeit des strikten Naturrechts, aber es hat eine *rectitudo*, eine Rechtheit und Gutheit, die mit den obersten Prinzipien praktischen Handelns im Einklang steht, mit ihnen in hohem Maß konsonant ist.[45]

> „Auf andere Art rechnet man etliche Forderungen zum natürlichen Gesetz, weil sie jenem Gesetz höchst gemäß sind, obgleich sich nicht zwingend aus den praktischen Prinzipien ableiten lassen, die analytisch sind und jedem Intellekt, der sie zu erfassen imstande ist, mit Notwendigkeit einleuchten."[46]

Zu diesem natürlichen Gesetz im weiteren Sinn zählt Duns Scotus solche Gebote, die etwas praktisch Wahres ausdrücken, das ebenfalls von jedem erkannt werden kann. Sie sind nicht schlechthin notwendig (*simpliciter necessaria*), Gott kann von ihnen dispensieren, doch weisen sie eine inhaltliche Nähe und Entsprechung zur *lex naturalis* im strikten Sinn auf.[47] Ihr Funda-

---

[43] Vgl. Ord. III, dist. 37, qu. un., n. 6 u. 7 (ed. Vivès XV, S. 826; *A. B. Wolter*, Will and Morality, S. 276 f.).

[44] Ord. III, Dist. 37, qu. un., n. 5 (ed. Vivès XV, S. 825 f.; *A. B. Wolter*, Will and Morality, S. 276).

[45] Geraffte Darlegung bei *H.-M. Stamm*, Naturrechtslehre, S. 678 ff.

[46] Ord. III, dist. 37, qu. un., n. 8 (ed. Vivès XV, S. 826 f.; *A. B. Wolter*, Will and Morality, S. 278): „Alio modo dicuntur aliqua esse de lege naturae, quia [sunt] multum consona illi legi, licet non necessario consequantur ex primis principiis practicis quae nota sunt ex terminis et omni intellectu necessario nota." Weiter heißt es: „Et hoc modo certum est omnia praecepta etiam secundae tabulae esse de lege naturae, quia eorum rectitudo valde consonat primis principiis practicis necessario notis."

[47] Siehe hierzu näher *H. Möhle*, Ethik, S. 355 ff., 429 f.

ment in einer Vernunfterkenntnis des Gerechten, die von der *affectio iustitiae* im Willen getragen wird, ist damit nicht aufgehoben. Aber dieses Fundament ist in Übereinstimmung gebracht mit dem freien Willensentschluß Gottes, der daraus herrührenden Kontingenz der geschaffenen Welt. In der Welt, wie sie geschaffen ist, zeigt sich die Güte Gottes (*bonitas dei*), die Welt könnte, spekulativ betrachtet, aber auch anders geordnet sein. Weiter wird – für die Zeit von besonderer Wichtigkeit – eine Übereinstimmung mit den biblisch zahlreich belegten Dispensen von naturrechtlichen Geboten erreicht, wie sie sich vor allem, aber keineswegs allein am Beispiel des Isaak-Opfers zeigen.[48] Alle Gebote der zweiten Tafel des Dekalogs gehören in diesen Bereich. Diese Gebote sind auf die kontingenten Bedingungen des gegenwärtigen Menschseins bezogen. Sie sind insbesondere durch die Situation des gefallenen Menschen geprägt, Hilfestellungen, die Gott den Menschen nach dem Sündenfall gegeben hat, damit sie ihr Ziel erreichen. Sie haben daher keine darüber hinausgehende allgemeine Gültigkeit und Notwendigkeit, etwa für die paradiesische Menschennatur.[49]

Hier schlägt sich zum einen die klare Abgrenzung der verschiedenen Heilsstände des Menschen nieder. Zugleich aber erhält die Argumentation aus dem natürlichen Gesetz auf diese Weise ein Element vernunftgetragener Dynamik und der Variabilität. Die geforderte und unterstellte bloße Konsonanz mit der *lex naturalis* im strikten Sinn ist flexibler als ein enger Ableitungszusammenhang, sie läßt Raum auch für unterschiedliche inhaltliche Aussagen, die dem Prinzip des natürlichen Gesetzes gleichermaßen konsonant sein können, zumal wenn gegebene Verhältnisse sich ändern. Was solche Konsonanz für ihn bedeutet, erläutert Duns Scotus an einem Beispiel aus dem positiven Recht, nämlich der Einführung des Privateigentums. Vom notwendigen Prinzip des positiven Rechts, das friedliche Zusammenleben in einer politischen Gemeinschaft zu erreichen, sei diese Einführung keineswegs notwendig geboten, aber im Blick auf die Gegebenheiten unter den Menschen

---

[48] Die mittelalterliche Theologie und Philosophie hat die Frage nach der Rechtfertigung des Isaak-Opfers sehr nachhaltig, wenn nicht gar existentiell beschäftigt. Grundlage dafür war ein in der heutigen Bibelexegese so nicht mehr geteiltes, am unmittelbaren Wortsinn orientiertes Schriftverständnis. Warum konnte Gott entgegen dem allgemeinen und aus sich begründeten Tötungsverbot von Abraham die Opferung Isaaks verlangen? Wie ist dieses Verlangen im Verhältnis zum Tötungsverbot zu qualifizieren, und wirkt es auf die Geltung des Tötungsverbots zurück? Näher zum Problem *K. Hedwig*, Das Isaak-Opfer, S. 645, zu Duns Scotus S. 651 ff. Vgl. auch *E. Gilson*, Duns Scotus, S. 633 f. Duns Scotus neigt zu einer deduktiven Folgerung: Wenn Gott laut der Hl. Schrift von einem naturgesetzlichen Verbot dispensiert hat, kann diesem nicht eine metaphysische Notwendigkeit und denknotwendige Wahrheit zukommen, es also kein Teil des natürlichen Gesetzes im strikten Sinne sein, vgl. *F. Schwendinger*, Metaphysik des Sittlichen II, S. 37.

[49] *B. Wald*, Bestimmung der ratio legis, S. 678.

sprächen gute Gründe für sie, weshalb sie mit dem Prinzip sehr zusammenstimme.[50] Indirekt ergibt sich daraus eine Legitimation für die gesetzgeberische Gestaltung des Rechts aus Vernunfterkenntnis und Klugheit heraus, die dann auch einer politischen Autorität bedarf.

3. Auf dieser Grundlage erhält für Duns Scotus das Problem der Konkretisierung des natürlichen Gesetzes in konkrete Gebote und auch in das positive Recht hinein besondere Bedeutung. Das natürliche Gesetz steckt zwar, aber auch nur einen Rahmen ab, der dem Menschen im Wege praktischer Vernunfterkenntnis zur näheren Bestimmung und Ausfüllung aufgegeben ist.[51] Für Thomas von Aquin war dieser Rahmen insofern inhaltsreicher, als über das erste praktische Prinzip hinaus, nämlich das als gut Erkannte zu tun, auch die aus der teleologischen Natur des Menschen, den *inclinationes naturales*, sich ergebenden prinzipiellen Gebote als notwendige zu ihm gehören. Bei Duns Scotus hingegen umfaßt er essentiell nur das erste Prinzip der Gottesliebe, die weiteren hinzukommenden Gebote entstammen nicht einer in der Natur liegenden Notwendigkeit, sondern der freien, wenngleich vernünftigen Willentlichkeit Gottes. Dieses voluntaristische Moment bei Duns Scotus bleibt allerdings ohne Auswirkung auf die Verbindlichkeit für die Menschen, nur der Begründungsmodus dieser Verbindlichkeit ist ein unterschiedlicher.[52] Was die Vernunft als konsonant mit dem natürlichen Gesetz zu erfassen vermag, ist auch für Duns Scotus die in Gottes Schöpfung liegende Vernünftigkeit. Nur ist diese Vernünftigkeit ihrerseits kontingent und von Gottes Willen abhängig. Diese Verbindung von Willentlichkeit und Vernünftigkeit weist von ihrem Ansatz her auf eine neue Gestalt von Normativität hin.[53]

Für die Gewinnung konkreter Handlungsnormen nach Maßgabe und in Anwendung der Prinzipien besteht demgegenüber zwischen Thomas von Aquin und Duns Scotus kein tiefgreifender Unterschied. Der Bereich der *conclusiones*, strikter Schlußfolgerungen, wird von beiden eng gezogen. Wesentliche Bedeutung kommt den *determinationes* zu, näheren Bestimmungen zur *lex naturalis*, welche die formal-normativen Prinzipien der *lex naturalis* im Blick auf vorfindliche, auch sich ändernde Sachverhalte und Gegebenheiten inhaltlich konkretisieren und ausfüllen. Sie sind offen für die Aufnahme neuer Probleme und Sachlagen, für Änderungen darauf hin, ggf. auch für verschiedene Lösungen. Dabei wirkt sich die bloße Konsonanzforderung, die Duns

---

[50] Siehe Ord. III, dist. 37, qu. un., n. 8 (ed. Vivès, XV, S. 827; *A. B. Wolter*, Will and Morality, S. 280); ähnlich Duns Scotus Rep. Par. dist. 15, qu. 4, n. 7 (ed. Vivès XXIV, S. 233 f.). Vgl. auch *L. Honnefelder*, Duns Scotus, S. 125.

[51] Näher dargelegt von *L. Honnefelder*, Naturrecht und Normwandel, S. 211 ff.

[52] Siehe *M. Kaufmann*, Rechtsphilosophie, S. 56.

[53] Dies ist die These von *L. Honnefelder*, Naturrecht und Normwandel, S. 211–213.

Scotus für die naturrechtlichen Gebote im weiteren Sinn aufstellt, auch auf die vernunftgeleitete Konkretisierung aus: diese wird ein Stück weit offener, zielt auf ‚konsonante' nähere Bestimmungen oder Anwendungen. Das führt zu einem Ineinandergreifen von natürlichem Gesetz und positivem Recht, das auch Thomas nicht unbekannt ist (oben § 10 III 2c, S. 239 f.), aber bei Duns Scotus ein Stück variabler wird. Am Beispiel der schon erwähnten Begründung für das Privateigentum (*dominium*) läßt es sich verdeutlichen:

Wird als Prinzip des positiven Rechts unterstellt, das friedliche Zusammenleben in einem politischen Gemeinwesen herzustellen, so folgt daraus nicht notwendig, eine Ordnung des Privateigentums aufzustellen. Denn Frieden kann auch in einer Ordnung mit gemeinschaftlichem Eigentum herrschen. Auch wenn man die Schwachheit der Menschen unterstellt, ist das Privateigentum keine notwendige Folgerung. Gleichwohl aber ist nach dem Sündenfall eine Ordnung, in der jeder seine eigenen Güter hat, bei der Schwachheit der Menschen ein Umstand, der mit der Erhaltung des Friedens sehr übereinstimmt, da die Schwachen mehr für ihre eigenen Güter sorgen als für das, was allen gemeinsam ist, und eher wollen, daß die gemeinsamen Güter ihnen zugeteilt werden, als daß sie der Gemeinschaft und deren Verwaltern verbleiben, und so Streit und Unordnung entstehen.[54]

Duns Scotus zieht daraus eine allgemeine Folgerung: Wiewohl es ein Prinzip gibt, welches das Fundament für die Aufrichtung aller positiven Gesetze ist, folgen diese Gesetze doch nicht mit unmittelbarer und abstrakter Notwendigkeit aus jenem Prinzip, vielmehr wird dieses Prinzip im Blick auf bestimmte Fälle durch eigene Vernunfterkenntnis näher erklärt oder angewendet, wobei diese Anwendungen mit dem Prinzip durchaus konsonant sind.[55] Konkretisierung und Konsonanz berühren und verbinden sich.[56]

4. Auch die *lex positiva*, das positive Gesetz, ist Duns Scotus nicht unbekannt, wenngleich er sich nicht ausführlich damit befaßt. In seiner Definition des Gesetzes tritt gegenüber Thomas von Aquin (oben § 10 IV 1, S. 243) das Willensmoment deutlicher hervor. Nicht jede Wahrheit darüber, wie zu handeln sei, ist schon eine *lex iusta*, sondern erst eine solche, die von einem Gesetzgeber, der die Autorität dazu hat, bindend auferlegt ist. Zum Gesetz gehört für Duns Scotus die willentliche Entschließung, der Willensakt des

---

[54] Ord. III, dist. 37, qu. un., n. 8 (*A. B. Wolter*, Will and Morality, S. 280). Zur Erklärung des *dominium* aus dem Sündenfall vgl. schon die älteren Kirchenväter, oben § 9 II 1 d, S. 203.

[55] Vgl. Ord. III, dist. 37 qu. un., n. 8 (ed. Vivès, XV, S. 827; *A. B. Wolter*, Will and Morality, S. 280): „Et ita est fere in omnibus iuribus positivis, quod licet sit aliquod principium, quod est fundamentum in condendo alias leges vel iura; tamen ex illo principio non simpliciter sequuntur leges positivae, sed declarant sive explicant illud principium quantum ad certas particulas; quae explicationes valde consonant primo principio universali."

[56] Das wird aufgezeigt von *H. Möhle*, Ethik, S. 357 f.

Gesetzgebers, durch den das Gesetz für die Adressaten allererst verbindlich gemacht wird.[57] Zwei Momente werden miteinander verbunden, die das positive Gesetz konstituieren: Weisheit und Klugheit, was den Inhalt angeht, und die Autorität des Gesetzgebers, die ihrerseits der Konstituierung bedarf und eine willentliche ist.

> „... ein gerechtes Gesetz fordert beim Gesetzgeber Klugheit und Autorität. Klugheit, damit er gemäß der richtigen praktischen Vernunft sagt, was für die (politische) Gemeinschaft festzulegen ist. Autorität, weil ja das Wort Gesetz von binden abgeleitet ist und irgendein Urteil eines klugen Menschen die Gemeinschaft und einen einzelnen nicht bindet, wenn nicht dieser Mensch ihnen vorgesetzt ist."[58]

Innerhalb der positiven Gesetze unterscheidet Duns Scotus bekräftigende Gesetze, die inhaltlich die natürlichen Gesetze übernehmen und verdeutlichend einschärfen, und die positiven Gesetze im eigentlichen Sinn. Deren Inhalt steht außerhalb der *lex naturalis*, er ist vom natürlichen Gesetz nicht gefordert, aber mit ihm vereinbar, sofern er ihm nicht widerspricht.[59] Demnach besteht nicht ein Ableitungszusammenhang, sondern ein eigener Entscheidungsraum, der freilich nicht beliebig ist, vielmehr durch Weisheit und Klugheit dirigiert wird.

Aufschlußreich ist insoweit – wie auch in prinzipieller Hinsicht – die Stellungnahme zur Sklaverei. Duns Scotus geht davon aus, daß nach dem natürlichen Gesetz alle Menschen als Freie geboren werden[60] – zu seiner Zeit ein starkes Wort. Deshalb kann eine Abhängigkeit der Sklaven, wie Aristoteles sie schildert, gemäß der der *servus* gar nicht nach eigenem Vermögen handeln kann, sondern nach Weisung des Herrn knechtische Dienste ausführt, nicht nach dem Naturrecht bestehen oder eingeführt worden sein, sie besteht nur durch ein positives Gesetz. Dieses positive Gesetz ist allerdings nur unter zwei Bedingungen kein unrechtes Gesetz: Zum einen, wenn jemand sich freiwillig in eine solche Abhängigkeit begeben hat; das ist zwar fatal, weil es gegen das natürliche Gesetz ist, sich seiner Freiheit zu begeben, aber nachdem dies aus

---

[57] Rep. Par., dist. 15, qu. 4, n. 9 (ed. Vivès XXIV, S. 234): „lex iusta est veritas practica iudicata ab aliquo habente auctoritatem, unde dicitur lex, quia ligat illos ad quos est missa."

[58] Ord. IV, dist. 15, qu. 2, n. 6 (ed. Vivès XVIII, S. 265b): „... lex positiva iuste requirit in legisatore prudentiam et auctoritatem. Prudentia, ut secundum rectam rationem practicam, dictet quid faciendem pro comunitate; auctoritatem, qua diutur lex a ligando, sed non quaecumque sententia prudentis ligat comunitatem, nec aliquem, si nulli praesideat."

[59] Nähere Darlegung bei *F. Schwendinger*, Metaphysik des Sittlichen II, S. 45–50.

[60] Ord. IV, dist. 36, qu. 1, n. 2 (ed. Vivès XIX, S. 446): „... de lege naturae omnes nascuntur liberi."

der Freiheit heraus geschehen ist, muß es befolgt werden. Zum andern im Falle der Freiheitsstrafe, wenn der Inhaber der politischen Gewalt bösartig Handelnde mit einer solchen belegt, weil es ihnen und der politischen Gemeinschaft schaden würde, sie in Freiheit zu belassen.[61] Duns Scotus geht hier das Sklavenproblem prinzipiell an, nämlich vom naturrechtlichen Freiheitsstatus der Menschen aus. Damit bringt er ein neues, bei Thomas von Aquin so nicht verwendetes Begründungselement in die Diskussion, das die aristotelischen Argumente für die Sklaverei nicht nur relativiert, sondern aufhebt und bloßstellt.[62] Andererseits schätzt er die Freiheit so hoch, daß der Freiheitsstatus auch in Freiheit aufgegeben werden kann, was bis in die Zeit der spanischen Spätscholastik (unten § 14 IV 2d, S. 385 f.) fortwirkt.

V. Begründung politischer Ordnung

Den Fragen politischer Ordnung widmet Duns Scotus, anders als wenig später sein Ordensbruder Wilhelm von Ockham, keine besondere Aufmerksamkeit. Doch findet sich gewissermaßen im Vorbeigehen eine Äußerung zu den Grundlagen politischer Herrschaft, die seinen Grundpositionen präzise entspricht und spätere Vertragskonstruktionen in erstaunlichem Maß vorzeichnet. Er fragt, wodurch eine politische Herrschaft (*auctoritas politica*), die er ausdrücklich von der im natürlichen Gesetz begründeten väterlichen Autorität unterscheidet, eine als gerecht legitimierte sein kann. Dafür stellt er nicht auf die natürliche Hinneigung der Menschen zur politischen Gemeinschaft, die Lehre vom *zoōn politikon* des Aristoteles ab, sondern auf den Willensentschluß derjenigen, die die politische Gemeinschaft bilden und die politische Autorität konstituieren.

> „Die politische Autorität … mag sie bei einer Person liegen oder bei einer Gemeinschaft, kann kraft gemeinsamer Zustimmung und Wahl durch ebendiese Gemeinschaft eine gerechte sein.“[63]

Duns Scotus erläutert dies in folgender Weise: Die politische Gemeinschaft hat es, anders als die häusliche Gemeinschaft, nicht mit Personen zu tun,

---

[61] Vgl. Ord. IV, dist. 36, qu. 1, n. 2 (ed. Vivès XIX, S. 446).

[62] Ord. IV, dist. 36, qu. 1, n. 3 (ed. Vivès XIX, S. 447) spricht Duns Scotus von „servitute illa maledicta“ des Aristoteles, deren erste Einführung offenkundig eine „magna crudelitas“ gewesen sei.

[63] Ord. IV, dist. 15, qu. 2, n. 7 (ec. Vivès, XVIII, S. 266; *A. B. Wolter*, Will and Morality, S. 314): „Auctoritas vero politica [quae est supra extraneos] sive in una persona resideat sive in communitate, potest esse iusta ex communi consensu et electione ipsius communitatis.“

die durch natürliche Abstimmung oder eine enge Beziehung untereinander verbunden sind. In ihr kommen verschiedene Familien oder kleine Völkerschaften zusammen, von denen keine gehalten ist, sich einer anderen unterzuordnen, weil ja niemand eine Autorität über den anderen hat. Wenn solche einander Fremde (*extranei*) sich zusammentaten, um eine *civitas* zu errichten oder in ihr zu wohnen, und dabei erkannten, daß sie nicht gut regiert werden können ohne eine Form von Autorität, war es ihnen möglich, darin übereinzukommen, daß sie die Autorität für diese Gemeinschaft einer einzelnen Person oder einer Körperschaft einräumen.[64] Und sie können dabei auch die Form und Bedingungen für eine solche Herrschaft festlegen. Abschließend erklärt er:

> „Und jede dieser beiden Formen politischer Autorität ist gerecht, weil ein jeder sich gerechterweise einer Person, einer Gemeinschaft in den Angelegenheiten unterwerfen kann, die nicht gegen das Gesetz Gottes gerichtet sind und in denen er besser durch denjenigen, dem er sich unterwirft oder unterordnet, gelenkt werden kann, als durch sich selbst."[65]

Es handelt sich also nicht mehr, wie in der zeitgenössischen Literatur sonst, um einen Herrschaftsvertrag *innerhalb* der etablierten politischen Gemeinschaft, der die Befugnisse und Grenzen des Herrschers festlegt, sondern um die *Begründung* einer politischen Gemeinschaft und die Konstituierung politischer Autorität durch einen Herrschaftsvertrag. Das Vertragsmodell ist ein solches der Autorisierung der politischen Herrschaft von den einzelnen her (auch wenn sie schon in Familien oder *gentes* verbunden sein mögen). Deren ursprüngliche Selbstregierung ist darin vorausgesetzt und ebenso deren Befugnis, sich um des Nutzens oder eines gemeinsamen Gesetzes willen einer Autorität zu unterwerfen, wobei diese Autorität selbstverständlich nicht von der Bindung an das göttliche Gesetz freigestellt ist.

---

[64] Ord. IV, dist. 15, qu. 2, n. 7 (ed. Vivès, XVIII, S. 266; *A. B. Wolter*, Will and Morality, S. 314): „... secunda respicit cohabitantes quantumcumque nulla consanguinitate vel propinquitate coniunctos; utpote si ad civitatem aliquam aedificandam vel habitandam occurrerent extranei aliqui, videntes se non posse bene regi sine aliqua auctoritate, poterant concorditer consentire, ut vel uni personae vel communitati committerent illam communitatem." Ferner Rep. Par., dist. 15, qu. 4, n. 11 (ed. Vivès XXIV, S. 235): „In civitate enim, vel terra, congregabantur primo multae gentes estraneae et diversae, quarum nulla tenebatur alteri obedire, quia nullus habuit auctoritatem super alium, et tunc ex mutuo consensu omnium propter pacificam conversationem inter se habendam potuerunt eligere unum ex eis Principem, qui in omnibus solum, dum ille viveret, ut subditi obedirent ..."

[65] Ord. IV, dist. 15, qu. 2, n. 7 (ed. Vivès, XVIII, S. 266; *A. B. Wolter*, Will and Morality, S. 316): „Et ista auctoritas politica, ut patet, iusta est, quia iuste potest quis se submittere uni personae vel communitati in his, quae non sunt contra legem Dei, in quibus melius potest dirigi per illum, cui se subicit vel submittit quam per se ipsum."

VI. Allgemeine Bedeutung

Weshalb eigentlich nimmt Duns Scotus in der Geschichte der Rechts- und Staatsphilosophie einen wichtigen Platz ein? Erscheint doch sein Denken stark von der Theologie her geformt, die bei ihm auch Prämissen für philosophische Überlegungen vorgibt. Duns Scotus gelingt es dabei jedoch, Theologie und Philosophie klar zu unterscheiden, indem er theologische Prämissen nicht versteckt, sondern als solche ausweist und sie im Sinne der einen Wahrheit zum erklärten Ausgangspunkt für philosophische Argumentation und Einsicht macht, die indes ihrerseits der Stringenz und Konsequenz philosophischer Erkenntnis verpflichtet bleibt. So hat seine Auseinandersetzung mit dem Necessitarismus und einem Intellektualismus im Begreifen von Gott und Welt ihren tragenden Grund in der Frage nach dem Bild und Wesen Gottes, wie es die göttliche Offenbarung zeigt und erkennen läßt; dem kann korrekte philosophische Erkenntnis nicht widersprechen. Die betonte Freilegung von Gottes (in sich ruhendem) Willen, seinem willentlichen Handeln aus und in Freiheit gewinnt nicht zuletzt über den Kontingenzgedanken zentrale Bedeutung für die Interpretation von Welt und Natur als Gottes Schöpfung, für die Gesetze als Ordnungen des Lebens. Sie gewinnt vor allem aber Bedeutung für das Verständnis des Menschen und seiner Natur.[66] Die ursprüngliche Freiheit – und darin Gleichheit – der Menschen, ihre Befähigung, aus eigenem Entschluß selbstbestimmt zu handeln, die Rolle, die dabei dem Willen als freiem, sich selbst bestimmendem Willen zukommt, der gleichwohl sich auf Gründe der Vernunft bezieht, all dies sind mehr oder minder deutliche Spiegelungen des Gottesbildes, vermittelt durch den Charakter des Menschen als *imago dei*. Und dies trägt sich weiter fort: Die Begründung politischer Autorität wird auf den Willensentschluß der einzelnen zurückgeführt, die Sklaverei wird vom Ursprung her abgelehnt, aber auch die Freiheit, sich durch eigene Verfügung der Freiheit zu begeben, anerkannt; das positive Gesetz erhält eine stärker willens- und autoritätsbezogene Komponente, und gleiches gilt für die Gestaltungsmacht des Gesetzgebers, der gegenüber die *lex naturalis* eine eher negativ ausgrenzende als positiv dirigierende Wirkung im Sinne eines Ableitungszusammenhangs hat. Schließlich wird auf diese Weise für Souveränitätsvorstellungen der Boden bereitet. So kommt es bei Duns Scotus über eine theologische Grundlegung, die in bemerkenswerter Weise philosophisch umgesetzt wird, zu Freiheits- und Rechtskonzepten, die einen folgenreichen Schritt in Richtung auf moderne Auffassungen tun, ohne aber das christliche Weltbild und seine Verbindlichkeit zu verlassen.

---

[66] Siehe die Hinweise bei *Th. Williams*, Moral philosophy, S. 213 f.

§ 12 Wilhelm von Ockham

I. Zeitsituation, Biographie, Grundeinstellung

1. Anders als bei seinem franziskanischen Ordensbruder Duns Scotus sind Leben und Werk Wilhelm von Ockhams eng mit den innerkirchlichen Auseinandersetzungen der Zeit und dem politischen Kampf zwischen Kaiser und Papst in der ersten Hälfte des 14. Jh. verbunden. Die Situation in der Kirche war durch erhebliche Spannungen, auch innere Krisen gekennzeichnet.[1] Der geistige Kampf um die Ausrichtung von Theologie und Philosophie, der im 13. Jh. zwischen Weltklerus und den Ordensschulen, und sogar innerhalb ihrer entstanden war, dauerte an. Die Päpste suchten ihre innerkirchliche Stellung unter vermehrter Inanspruchnahme und Ausweitung der Instrumente des kanonischen Rechts zu stärken und zu festigen, nicht zuletzt in Form von verbindlichen Rechtsakten (Dekretalen), Inquisitionsverfahren und kanonischen Verurteilungen. Hinzu trat der sog. Armutsstreit, der sich zu Beginn des 14. Jh. verschärfte.[2]

Kern dieses Streites war, ob das strenge Armutsideals der Franziskaner (*paupertas evangelica*) als Form der Nachfolge Christi schriftgemäß war und verbindlich sein konnte; dieses Armutsideal bedeutete aus sich heraus eine Infragestellung der zunehmend verweltlichten, Pfründen und Reichtümer anhäufenden (Klerus-) Kirche. Seine Zuspitzung erhielt dieser Streit in der Frage, ob Jesus und seine Jünger ohne Güter im Sinne eines Eigentums oder Besitzrechts gelebt hätten, allein der Verkündigung des Wortes Gottes zugewandt. Papst Johannes XXII. dekretierte (1323) in einer verbindlichen Konstitution, die Behauptung, Christus und seine Apostel hätten keinerlei Eigentum (*dominium*) auf Erden gehabt, sei eine Ketzerei. Das traf die Franziskaner, inzwischen mit etwa 30 000 Brüdern in ca. 1 300 Konventen die größte religiöse Gemeinschaft in der abendländischen Christenheit, am Nerv, ja die Frage rührte letztlich an ein Grundproblem christlicher Existenz.[3] Die Konfrontation wurde auf theologisch-theoretischer Ebene mit ausführlichen scholastischen

---

[1] Darstellung der Lage und Gegebenheiten bei *H. Jedin* (Hg.), Handbuch der Kirchengeschichte, Kap. 37–43, S. 365–459.

[2] Zu Grundlagen und Verlauf des Armutsstreits siehe *V. Leppin*, Ockham, S. 172–181; *H. Ottmann* (Lit.), Bd. 2,2, S. 292–294.

[3] *J. Miethke*, Nachwort, in: *ders.*, Ockhams politische Theorie, S. 215.

Erörterungen und Widerreden weitergeführt; sie verengte sich zunehmend auf die (für die Franziskaner existenzielle) Frage, ob Verzicht auf Eigentum (*dominium*) geübt werden dürfe oder dies gegen den rechten Glauben verstoße. Johannes XXII. belegte in der Bulle ‚Quia vir reprobus' (1329) mit Hilfe einer verbreiteten, auf Augustinus sich berufenden Lehre,[4] daß Jesus Eigentum an weltlichen Gütern besessen haben mußte, da schließlich nach göttlichem Recht den Gerechten alles gehöre. Wilhelm von Ockham wurde zu einem maßgeblichen publizistischen Widersacher des Papstes, als er hiergegen seine Streitschriften verfaßte.

Auch die Konkurrenz von Kaiser und Papst war unvermindert. In ihrem politischen Ringen ging es nach wie vor um die theoretische Begründung und praktische Durchsetzung eines päpstlichen Herrschaftsanspruchs gegenüber der weltlichen Gewalt. Papst Bonifaz VIII. hatte in seiner Bulle ‚Unam Sanctam' (1302) einen solchen Suprematieanspruch sehr deutlich hervorgekehrt: Der geistlichen Gewalt, die an Würde jede weltliche Gewalt überrage, komme es zu, den weltlichen Herrscher einzusetzen und über ihn zu richten.[5] Könige und sonstige weltliche Herrscher ließen sich allerdings von diesem Anspruch angesichts ihrer zunehmenden Eigenständigkeit kaum unmittelbar treffen, sie konnten sich mangels realer päpstlicher Macht ihm ohnehin verhältnismäßig leicht entziehen oder auch den Papst ihrerseits in politische Bedrängnis bringen – der König von Frankreich zwang das Papsttum sogar, sich in Avignon niederzulassen und dort unter königlicher Observanz zu residieren. Anders war die Lage des Kaisers. Seine Stellung als Schutzvogt von Reich und Kirche, die usus gewordene Bestätigung seiner Erwählung zum König durch den Papst, die als notwendig erachtete Krönung des Kaisers durch den Papst, die Ansprüche des Papstes auf das Reichsvikariat in Italien sowie die stets umstrittenen königlichen Herrschaftsrechte des Kaisers in Italien[6] boten immer wieder Anknüpfungspunkte, um den proklamierten Hierokratismus zur Geltung zu bringen, den fordernden Worten auch Taten folgen zu lassen. Es war die Aufgabe und das Interesse des Kaisers, die Eigenständigkeit und Unabhängigkeit seiner Stellung und Aufgabe gegenüber solchen Ansprüchen und entsprechenden politischen Vorstößen zu behaupten. Der grundsätzliche Streit um das Verhältnis zwischen *regnum* und *sacerdotium* gipfelte sich, auch in seinem symbolischen Charakter, gerade zwischen

---

[4] In einer Epistel-Stelle heißt es bei Augustinus, daß „iure divino ... cuncta iustorum sunt" (nach göttlichem Recht alles den Gerechten gehört), vgl. Epist. 93, 12, 50 (PL 33,345); diese Sentenz hatte Eingang in das *Decretum Gratiani* gefunden, näher *J. Miethke*, Ockhams Weg, S. 495 f.

[5] Der lat. Text lautet: „Nam veritate testante spiritualis potestas terrenam potestatem instituere habet et iudicare, si bona non fuerit." (*J. Miethke/A. Bühler* (Hg.), Kaiser und Papst, S. 122). Für den Zusammenhang siehe *H. Wolter*, Die Krise des Papsttums, S. 297–362.

[6] Vgl. *H. Conrad*, Rechtsgeschichte, S. 229–233.

Kaiser und Papst auf. Wie sehr er das Denken der Zeit beschäftigte, zeigen zahlreiche Streitschriften und Traktate zu diesem Thema, unter denen die *Monarchia* des Dante Alighieri einen hervorragenden Platz einnimmt.[7] Zur Zeit Ockhams wurde der Streit neben anderem durch kanonische Prozesse von seiten des Papstes gegen Kaiser Ludwig den Bayern sowie die Exkommunikation des Kaisers und seiner Anhänger ausgetragen, von seiten des Kaisers durch politische Gegenwehr und die Einsetzung eines (bedeutungslos gebliebenen) Gegenpapstes.[8]

2. Wilhelm von Ockham war Engländer und, wie Duns Scotus, Franziskanermönch. Vermutlich zwischen 1280 und 1285 geboren, absolvierte er seine Studien an der Universität Oxford von etwa 1310 bis 1317.[9] In den folgenden Jahren hielt er als Baccalaureus erste Vorlesungen in der Artistenfakultät in Oxford; 1320/21 wechselte er wahrscheinlich an den Franziskanerkonvent in London, lehrte dort vor allem Philosophie und verfaßte daneben eines seiner Hauptwerke, die ‚Summe der Logik'. Ungeachtet seiner Leistungen blieb er in der theologischen Fakultät bloßer *inceptor* (Beginnender), d.h. nur begrenzt Lehrbefugter, was ihm später den Ehrentitel *venerabilis inceptor* eintrug. Der Aufstieg zum Magister (der heutigen Professur vergleichbar) blieb ihm verwehrt. Vom (ehemaligen) Kanzler der Universität beim Papst philosophischer und theologischer Irrtümer bezichtigt, wurde Ockham 1324 an den päpstlichen Hof nach Avignon vorgeladen, um sich einer Untersuchung der Rechtmäßigkeit seiner Lehre zu stellen. In einem langwierigen, für ihn eher zermürbenden Verfahren wurden 51 Anklagepunke erhoben, aber es kam, ohne daß die Gründe dafür bekannt wurden, weder zu einem Ende noch zu einer Verurteilung.

Der Aufenthalt in Avignon brachte Ockham in engere Berührung einerseits mit den inner- und außerkirchlichen Herrschaftsansprüchen des Papsttums, die in deutlichem Kontrast zu dessen tatsächlicher Lage in der ‚babylonischen Gefangenschaft'[10] standen, andererseits mit dem bereits heftig entbrannten Armutsstreit. Von Ordensgenereal Michael von Cesena, der seit Ende 1327

---

[7] Grundlegende Darstellung für die Zeit von 1296–1310 bei *R. Scholz*, Publizistik; allgemeiner Überblick bei *W. Stürner*, Peccatum, S. 193–226; speziell zu Dantes Monarchia jüngst *D. Lüddecke*, Dantes Monarchia, S. 547–570.

[8] Vgl. *H. Jedin* (Hg.), Handbuch, Kap. 38, S. 385–393.

[9] Über die genauen Lebensdaten Wilhelm von Ockhams besteht nach wie vor Unsicherheit; hier nach *J. P. Beckmann*, Ockham, S. 19ff. Ausführliche Darstellung des Lebenswegs und Bildungsgangs, einschl. des Häresieprozesses in Avignon, bei *J. Miethke*, Ockhams Weg, S. 1–74, sowie *V. Leppin*, Ockham, S. 5–41, 87–138.

[10] Die Bezeichnung „babylonische Gefangenschaft" wurde in Anlehnung an die Deportation der Könige von Juda nach Babylonien im 6. Jh v.Chr. durch Nebukadnezar II. gebildet.

ebenfalls in Avignon weilte, zu eingehenden Studien in dieser Sache veranlaßt, kam Ockham zu der Auffassung, der Papst selbst sei, indem er das Armutsideal veruteilte, zum Ketzer geworden, und ebenso seien seine Thesen über den Herrschaftsanspruch der Päpste eine Irrlehre. Als Ordensmann und Theologe fühlte er sich berufen, dagegen aufzutreten und zu kämpfen. An die Stelle des bisherigen ‚akademischen' tritt nun der politische Lebensabschnitt Ockhams, der auch zu einer deutlichen Scheidung seines Werkes geführt hat.

Zusammen mit Michael von Cesena und einigen anderen Ordensbrüdern entwich er im Mai 1328 in einer abenteuerlichen Flucht aus Avignon und stellte sich in Pisa unter den Schutz Kaiser Ludwigs des Bayern (1313–1347). Fortan lebte Ockham als Berater und Parteigänger des Kaisers in München. Mit seiner geistigen Kraft und nie erlahmender Energie trat er für die kaiserliche Position gegen die Ansprüche des Papstes ein.[11] Er verfaßte dazu einerseits polemische Streit- und Flugschriften, andererseits gelehrte, sich wissenschaftlichen Ansprüchen unterstellende Abhandlungen, wie nicht zuletzt den *Dialogus* und das *Breviloquium*.[12] Auch als Bundesgenosse des Kaisers wollte Ockham im Grunde als Theologe und Philosoph auftreten und mit Waffen des Geistes kämpfen. Es war ein Kampf für die Eigenständigkeit der kaiserlichen und politischen gegenüber der päpstlichen Gewalt, für die Begrenzung der päpstlichen Machtbefugnisse innerhalb und außerhalb der Kirche, für eine je nach den Aufgaben sich differenzierende gemeinsame Verantwortung kirchlicher und weltlicher Instanzen für die Christenheit, und schließlich für die Schriftgemäßheit des franziskanischen Armutsideals. Der Art der Auseinandersetzung gemäß umfaßte die Argumentationsbasis dabei auch die politische Theorie, ferner das kanonische Recht, dem dafür eine große Bedeutung zukam, und in Verbindung damit das als Autorität angesehene römische Kaiserrecht. Seine späten Schriften weisen daher eine enge Beziehung zu rechts- und staatsphilosophischen Fragen auf. Ockham starb – sein Todestag ist nicht genau bekannt – wohl im April 1347 in München und wurde im dortigen Franziskanerkloster beigesetzt, das ihm ungeachtet seiner Exkommunikation Herberge gewährt hatte.[13]

Das umfangreiche Œuvre Ockhams umfaßt dem inhaltlichen Schwerpunkt nach philosophische, theologische und politische Schriften; dabei gehen philosophische und theologische Fragestellungen und Themen oft ineinander über, und die poli-

---

[11] Zu Anlaß und Gegenstand des Kampfes zwischen Ludwig dem Bayern und Papst Johannes XXII siehe *V. Leppin*, Ockham, S. 183–192.

[12] Über den Charakter und Aufbau dieser Schriften siehe *R. Scholz*. Ockham als politischer Denker, S. 10–12, 15–37; zum Dialogus auch *J. Miethke*, Nachwort, S. 225–229.

[13] Für das Todesjahr 1347 statt, wie in der Vorauflage, zwischen 1347 und 1349 jetzt *V. Leppin*, Ockham, S. 268–270. Ob Wilhelm von Ockham sich vor seinem Tod noch mit der Kirche versöhnt hat, muß offen bleiben. Argumente dafür werden von *R. Höhn*, Ockham in München, vorgetragen, solche dagegen von *G. Gál*, Ockham died ‚inpenitent', S. 90–95.

tischen Schriften weisen durchaus auch theologisch-philosophischen Gehalt auf. Die Überlieferung seiner Werke war bis vor kurzem prekär. Sie lagen nur in Teilen, und zwar in Drucken aus dem 15. und beginnenden 17. Jh. vor, die sich an den vorherigen Handschriften ohne deren kritische Bearbeitung orientiert hatten. Erst im letzten Jahrhundert ist es zu einer kritischen Gesamtausgabe gekommen. Sie liegt für die Opera Theologica et Philosophica, herausgegeben und betreut vom Franziskanischen Institut der Universität St. Bonaventura in USA, inzwischen abgeschlossen vor.[14] Die Opera Politica werden seit 1941 in England ediert, bisher sind vier Bände erschienen (Manchester 1956–1997), die Ausgabe ist noch nicht abgeschlossen. Diese Editionstätigkeit hat, ähnlich wie bei Duns Scotus, auch die wissenschaftliche Beschäftigung mit dem Werk Wilhelms von Ockham nachhaltig angeregt. Inzwischen werden die geläufigen Qualifizierungen seiner Lehren, die stark von der – auch wirkungsgeschichtlichen – Auseinandersetzung um und gegen Ockhams „Nominalismus" und „Voluntarismus" geprägt waren, zunehmend in Frage gestellt; es beginnt sich ein verändertes Bild des ‚*inceptor venerabilis*' abzuzeichnen.

3. Was seine methodische Grundeinstellung angeht, bewegt sich Wilhelm von Ockham einerseits in den Bahnen von Duns Scotus, wiewohl dieser nicht sein Lehrer war. Auch ihm geht es um eine konsequente Unterscheidung und Abgrenzung zwischen Glauben und Wissen, und dies primär um des Glaubens willen. Er stellt wie Duns Scotus als Theologe und von theologischen Positionen aus kritische Fragen an die Philosophie. Aber er nimmt sie zugleich als philosophische Fragen auf und reflektiert sie philosophisch. Ockham sucht – und insofern nimmt er den Ansatz des Duns Scotus nicht nur auf, sondern verschärft ihn – nach einer strikt-genauen Bestimmung dessen, was als Wissen im eigentlichen Sinn und als wissenschaftliche Aussage gelten kann. Er schlüsselt die verschiedenen Bedeutungen auf, die man dem Ausdruck Wissen beilegt, und schränkt das Wissen im Sinne von Wissenschaft auf die evidente Kenntnis von etwas notwendig Wahrem ein, und zwar eines Wahren, das auf der Grundlage einer evidenten Kenntnis notwendiger Prämissen auf dem Weg über eine syllogistische Schlußfolgerung gewonnen wird (Vgl. In Phys. prol. §2 [Op. phil., IV, S. 6]). Wissen als „scientia proprie dicta" ist hiernach ein strikt demonstrierbares Wissen, ein Wissen, das sich als notwendiger Schluß aus gesicherten Prämissen ergibt. Diese Prämissen können auf abstraktiver Erkenntnis beruhen, die von der realen oder möglichen Existenz des in der Prämisse Begriffenen absieht, oder auf evidenter Erfahrung, die als intuitive Kenntnis, d.h. der Einsicht unmittelbar zugänglich, bezeichnet wird.[15] Es gilt dem Einblick in Notwendiges, das freilich auch aus kontingenten Prämissen abgeleitet werden kann, sofern der Schlußsatz zu ihnen in einer notwendigen Relation steht. Bevorzugte Gegenstände von Wissen und Wissenschaft sind so

---

14 Vgl. *J. Miethke*, Nachwort, S. 254.

15 *J. P. Beckmann*, Ockham, S. 49 ff.

mathematische Sätze, physikalische Gesetzmäßigkeiten, logische Regeln oder auch ethische Normen (als Prinzipien *per se nota*). Die Wahrheit des Glaubens und das ihr zugehörige Wissen sind hiervon klar unterschieden. Glauben bedeutet zustimmen nicht aufgrund evidenter Einsicht oder Erfahrung, sondern ohne solche Evidenz aus dem Machtbereich des Willens heraus. Aufgabe der Theologie ist es, diesen Glauben zu stärken und zu verteidigen.

Seinen Begriff von strenger Wissenschaft, der durchaus – wie schon der des Duns Scotus – an Aristoteles anknüpft, verwendet Ockham als kritische Sonde, mit der er die tradierten Wissensbestände auf ihre Tragfähigkeit analysiert. Er sucht damit einen neuen Boden für wissenschaftliche Erkenntnis zu gewinnen. Zusammen mit seinen theologischen Prämissen führt dies im philosophischen Denken zu zahlreichen kritischen Fragen und Infragestellungen, nicht zuletzt gegenüber der Seins- und Erkenntnislehre von Platon und Aristoteles. Der geistige Prozeß, den die Rezeption der Werke des Aristoteles im philosophischen Denken ausgelöst hatte, holt diese Rezeption nun selbst ein. Nicht umsonst ist eines der ersten großen Werke Ockhams die *Summa Logicae* (1323/24), in der ausführlich die Lehre von den Begriffen und Schlüssen behandelt wird. Auch die Sprachanalyse hat für ihn Bedeutung; er weist darauf hin, daß die Naturphilosophie es nicht mit den Gegenständen selbst, sondern mit den Aussagen, die wir über Gegenstände machen, zu tun hat. Ockham führt so verschärfte Rationalitätskriterien in die philosophische (und indirekt auch die theologische) Auseinandersetzung ein.

II. Theologisch-philosophischer Ausgangspunkt und Erkenntnislehre

1. Das philosophische Denken Ockhams ist von seinem theologischen Denken nicht abzutrennen. Es entfaltet sich auf der Grundlage theologischer Vorgaben, deren wesentlichste im Gottesbild bzw. Gottesbegriff liegt.

a) Das Gottesbild wird – stärker noch als bei Duns Scotus – durch die Freiheit und Allmacht Gottes bestimmt (Omnipotenzprinzip).[16] Freiheit und Allmacht Gottes waren in der Theologie im Grunde unbestritten, aber sie werden nun beherrschend für das Gottesbild und entsprechend hervorgekehrt. Gott ist – in jedweder Hinsicht – niemandes Schuldner.[17] Der göttliche Wille ist ursprünglich frei, und zwar im Sinne von Allmächtigkeit und Sou-

---

16 Vgl. *J. P. Beckmann*, Ockham, S. 36 ff.; *J. Miethke*, Ockhams Weg, S. 138 ff.

17 Ockham sagt dies nicht nur einmal, sondern immer wieder, es ist für ihn eine Grundaussage, siehe die mehrfachen Belege aus dem Sentenzenkommentar bei *J. Miethke*, Ockhams Weg, S. 138, Anm. 1.

veränität, er ist weder an eine Notwendigkeit, noch an im göttlichen Wesen liegende Ideen gebunden. Gott hat die Welt und alles in ihr Befindliche aus freien Stücken geschaffen, durch nichts gebunden als durch sich selbst und die Forderung der Widerspruchsfreiheit. Er ist frei in der Möglichkeit, sie anders zu schaffen und das, was geschaffen ist, zu verändern. Die Welt ist mithin in vollem Maße kontingent. Gleichwohl aber ist sie nicht beliebig, sondern geordnet. Die uneingeschränkte Allmacht Gottes – Ockham nimmt den Begriff *potentia absoluta* auf – ist die notwendige Bedingung für die Existenz der gegebenen Welt, eben weil sie aus der freien, völlig ungebundenen Schöpfermacht Gottes hervorgeht. Hinreichende Bedingung dieser gegebenen Welt ist dann Gottes Macht, die Welt nach einem bestimmten Ordnungskonzept zu schaffen (*potentia ordinata*). Die Allmacht und Freiheit Gottes manifestiert sich auf zweifache Weise: Zum einen, insofern Gott als der Allmächtige, als welcher er im apostolischen Glaubensbekenntnis tituliert wird, alles, was möglich ist, kann, zum andern, insofern er sich innerhalb der unbegrenzten Möglichkeiten seines Könnens in einer bestimmten Richtung entscheiden und dementsprechend geordnet handeln kann.[18] Unmöglich ist nur, daß Gott in sich widersprüchlich ist und handelt. Gottes Allmacht, seine *potentia absoluta*, ist untrennbar verbunden mit der Widerspruchsfreiheit. Gott vermag alles, nur nicht etwas offenkundig Widersprüchliches, denn damit würde seine *potentia absoluta* sich selbst aufheben.[19]

b) Was sind die Konsequenzen aus dieser eher spekulativen theologischen Position? Sie bedeutet zunächst nicht eine Entleerung der Ordnung der Welt in die Beliebigkeit und ein Beiseitestellen der natürlichen Vernunft. Auch für Ockham ist Gottes Wille notwendig seine Güte. Wille und Vernunft treten in Gott zwar spekulativ, aber nicht sachlich-praktisch auseinander, weil sich nach Ockham in Gott überhaupt getrennte Seelenvermögen, die je bestimmte Akte hervorbringen, nicht konstatieren lassen.[20] Alle Aspekte seines Wesens fallen vielmehr zusammen: „*Deus nihil potest facere inordinate*“ (Quodlibet VI, qu. 1 [Opera theol. IX, S. 585]). Gott handelt immer *ordinate*, sowohl dann, wenn er aus seinem Willen die Welt und ihre Ordnung – als eine vieler möglicher Welten – schafft, wie wenn er sie verändert oder als Herr dieser Ordnung Ausnahmen von ihr vorsieht. Was Gott aus seiner Freiheit als Ordnung setzt und was er evtl. davon als Ausnahme anordnet, ist Ausfluß seiner

---

18 Nähere Explikation bei *H. Schröcker*, Allmacht Gottes, S. 44–49.

19 Quodlibet VI, qu. 6 (Op. theol. IX, S. 604, Z. 9–13; vgl. auch *Ph. Boehner* [Hg.], Philosophical Writings, S. 25): „Quod probo primo per articulum fidei: *Credo in Deum Patrem omnipotentem*. Quem sic intelligo quod quodlibet est divinae potentiae attribuendum, quod non includit manifestam contradictionem.“ Siehe auch *J. Miethke*, Ockhams Weg, S. 140, mit weiteren Belegen.

20 I Sent. qu. 45 q. un.: „ … nulla penitus est distinctio inter essentiam et voluntatem nec inter voluntatem et intellectum.“ (Op. theol. IV, S. 664, Z. 9f.)

Güte und hat eine Vernunft in sich – auch wenn es anders sein könnte; es ist in dem, wie er es gesetzt und angeordnet hat, für die Menschen erkennbar und verbindlich. Daß aber Gott in besonderen Fällen Ausnahmen von der von ihm gesetzten Ordnung machen kann, ist für Ockham selbstverständlich, schließlich ist er – das gehört zu seiner Freiheit und Allmacht – der Herr dieser Ordnung und kann mit der Ausnahme von der bisherigen auch eine neue Ordnung setzen. Als tatsächlich angeordnete Ausnahmen führt Ockham die bekannten Belege aus der Hl. Schrift (Isaak-Opfer u.ä.) an. Auch hier wirkt Gott *ordinate*, zwar nicht innerhalb der von ihm gesetzten Ordnung, aber aus seiner Freiheit gegenüber dieser Ordnung. Die Unterscheidung von *potentia absoluta* und *potentia ordinata* dient nicht zuletzt dazu, diesen Sachverhalt deutlich zu machen. Schon Duns Scotus hatte für deren Verhältnis einen juristischen Vergleich herangezogen, nämlich die Gegenüberstellung von Handlungen *de iure* (im Rahmen des Rechts) und *de facto* (außerhalb des Rechtsrahmens) sowie das Beispiel des *princeps legibus solutus*, nach dem der Fürst die Rechtsmacht auch über das bestehende, von ihm erlassene Gesetz besitzt.[21] Diese Struktur tritt bei Ockham noch deutlicher hervor.

Es handelt sich um eine theologisch begründete, entschiedene Frontstellung gegen den antiken Necessitarismus, den Ockham – Duns Scotus folgend – endgültig verabschiedet. Die Welt und die Struktur der Wirklichkeit können sich nicht als ein System in sich notwendiger Verknüpfungen darstellen, die nicht veränderbar sind; dies wäre mit Gottes Freiheit und Allmacht unvereinbar. Alles, was ist, und das Ganze der Welt ist eine kontingente freie Setzung; Notwendigkeit im vollen Sinn kommt nur Gott selbst zu.[22] Dies nun ist eine theologische Vorgabe für die Philosophie. Sie bedeutet für die Philosophie zum einen, daß die Welt nicht mehr als notwendiger Kosmos, ewig und in sich gefügt, begriffen werden kann, sie erscheint als eine der möglichen Welten im Universum. Zum andern wird die menschliche Vernunft, indem sie die Rationalität der Welt nicht mehr als notwendige, sondern als eine mögliche zu denken hat, an ihre eigene Begrenzung geführt, und zwar im Sinne der Endlichkeit ihrer eigenen kognitiven Kompetenz. Sie ist und bleibt eine kontingent so geschaffene Vernunft, die aus sich keine Notwendigkeit hat, wenngleich ihr als solcher die Fähigkeit innewohnt, schlechthin gewisse, insofern ‚ewige' Wahrheiten zu erkennen.

---

21 Vgl. *Duns Scotus*, Ordinatio I, dist. 44, qu. un., n. 3 (Opera omnia, ed. Vivès, VI, S. 364): „ideo dicunt iuristae quod aliquis hoc potest facere de facto, hoc est de potentia sua absoluta, – vel de iure, hoc est de potentia ordinata secundum iura." Zur Tradition der Unterscheidung von *potentia absoluta* und *potentia ordinata* in der mittelalterlichen Theologie siehe *J. Miethke*, Ockhams Weg, S. 141–149.

22 Vgl. *W. Kölmel*, Kirchenpolitische Schriften, S. 6–8; *J. Miethke*, Ockhams Weg, S. 158.

c) Allerdings war in der scholastischen Theologie in keiner Weise bestritten, daß den Dingen der Welt ontologisch keine Notwendigkeit, kein Sein aus sich zukommen kann, weil sie Gottes Schöpfung und somit geschaffenes Sein sind. Doch hatte diese Theologie bei den geschaffenen Einzeldingen durch ihren realen Bezug auf die in Gottes Geist bereitliegenden *ideae* als den Urformen ihres Seins gleichwohl ein Moment des Notwendigen gesehen. Davon rückt Ockham ab.[23] Gott ist in seiner Schöpfung nicht an vorgängige Formen oder Species gebunden, die in seinem Geist (prae)existent sind, er schafft, was immer er schafft, nicht nur am Anfang der Welt aus dem Nichts (*ex nihilo*), sondern bei jedem Schöpfungsakt, auch dann, wenn er ein neues Individuum einer bereits bestehenden Species ins Dasein ruft. Hier zeigt sich die theologische Motivation für die von Ockham philosophisch begründete Anerkennung nur der Einzeldinge als des wirklich Seienden und die Ablehnung der Realexistenz von Allgemeinbegriffen und Ideen. Gott verhält sich unmittelbar zu seinen Geschöpfen, nicht gebunden an vermittelnde Zwischeninstanzen, die er selbst ins Sein setzt. Indem Gott alles, was existiert, aus dem Nichts ins Sein ruft, wird die Schöpfung zu einem Universum kontingenter Individuen, die alle unmittelbar zu Gott sind. Ein Problem der *analogia entis* besteht für Ockham nicht mehr. „Ideen" in Gott sind folgerichtig nichts anderes als Gottes intuitive Anschauung, Erkenntnis seiner möglichen, von ihm hervorbringbaren Geschöpfe in ihrer Einzelheit – in radikaler Differenz zum eigenen göttlichen Sein.[24]

2. Die Erkenntnislehre Wilhelm von Ockhams wird traditionell als eine solche des ‚Nominalismus' bezeichnet. Ob das in der Sache zutrifft, erscheint nach den neueren Forschungen eher zweifelhaft. Auch muß bei solchen Zuschreibungen stets gefragt werden, was denn unter der Bezeichnung ‚Nominalismus' jeweils konkret verstanden wird.[25] Lassen wir also voreilige Klassifikationen beiseite und wenden uns seiner Erkenntnislehre selbst zu.[26]

a) Von Thomas von Aquin, aber auch von Platon und Aristoteles unterscheidet sich die Erkenntnislehre Ockhams vor allem dadurch, daß für ihn nur die Einzeldinge eine vom Denken unabhängige eigene Realität haben. Alles Reale, das unabhängig von unserem Denken existiert, ist als solches und von sich her ein Einzelnes, und in dieser Welt der Einzeldinge ist für ein gleichfalls

---

23 Siehe zum Folgenden die nähere Darlegung bei *J. Miethke*, Ockhams Weg, S. 156–162.

24 Siehe *J. Mietke*, Ockhams Weg, S. 161; *H. Schröcker*, Allmacht Gottes, S. 417–431.

25 Siehe dazu *J. P. Beckmann*, Ockham, S. 121 ff.

26 Einen guten Überblick über Ockhams Erkenntnislehre geben *J. P. Beckmann*, Mittelalter, S. 86–126, und *W. Kölmel*, Kirchenpolitische Schriften, S. 27–36.

real existierendes Allgemeines oder Universales kein Platz. Gegenstand der Erkenntnis sind deshalb nur die Einzeldinge, sie sind das Erst- und voll Erkannte, nicht hingegen Ideen oder ein Allgemeines, die vor oder in ihnen vorhanden sind. Allgemeinbegriffe bzw. *universalia* sind nur Hervorbringungen unseres Denkens, sie haben als solche durchaus eine Erkenntnisfunktion, aber sie bilden nicht eine in oder vor den Dingen liegende reale Wesenheit ab, die – wie etwa bei Aristoteles – durch die Erkenntniskraft des *intellectus agens* aus den Dingen herausgeschält wird. In diesem Sinn fehlt ihnen ein ontologischer Status, sie sind Ausdruck von etwas Vorgestelltem.

b) Auch wenn Allgemeinbegriffe keine reale Existenz außerhalb unseres Denkens haben, sind sie für Ockham keineswegs nur Nomina, bloße Namen oder Worte. Zwar sind sie Erzeugnisse des Verstandes, gedankliche Übereinkünfte, die nur im Denken (mental) existieren. Aber sie haben die Intention und werden aus ihr heraus gebildet, die Wirklichkeit der (real seienden) Einzeldinge zu bezeichnen und zu deuten.[27] Sie erfassen (im nachhinein) die Einzeldinge in ihrer Natur und der Ähnlichkeit untereinander; darin liegt ihre Erkenntnisleistung, und sie haben insofern durchaus einen Realitätsbezug, eine ‚correspondence' zu den Dingen.[28] Mit ihrer Hilfe wird das, was an und in den Einzeldingen ist, deklariert und dadurch identifiziert, sie sind natürliche gedankliche Bezeichnungen dafür. Werden die Begriffe sprachlich gefaßt, verbindet der Sprecher sie mit Zugriffen auf die Wirklichkeit, formuliert nicht nur beziehungslose Namen. Ockham vertritt mithin einen Konzeptualismus, und zwar einen realistischen Konzeptualismus.[29]

Gegenstand der Wissenschaft als Erkenntnisleistung sind für Ockham freilich nicht die Dinge unmittelbar, es sind allererst die Aussagen über die Dinge. Solche Aussagen erfordern, geht es um verallgemeinernde Erkenntnis, die Verwendung universaler Prädikate, d. h. allgemeiner Begriffe, die als Zeichen und Bezeichnungen für die real existierenden Dinge und ihre Ähnlichkeiten fungieren. Denken und Wirklichkeit sind also keineswegs völlig disparat oder auseinandergerissen. Auch sagt Ockham nicht, die Begriffe seien in gewissem Sinne Fiktionen; den Ausdruck *fictio* bezieht er darauf, daß sie Produkte, gedankliche Übereinkünfte des Verstandes sind.[30] Als aktuelle Tätigkeit des Verstandes sind sie etwas normal Reales, ihre Bedeutungen freilich sind etwas Vorgestelltes, Kategorien des Verstandes, die als

[27] Siehe im einzelnen *J. Miethke*, Ockhams Weg, S. 194–201; *J. P. Beckmann*, Ockham, S. 114–120.

[28] Siehe *Ph. Boehner*, Conceptualism, S. 157–163.

[29] Vgl. *Ph. Boehner*, Conceptualism, S. 163; im Ergebnis ebenso *V. Leppin*, Geglaubte Wahrheit, S. 59–63, der die Universalien bei Ockham allerdings insofern ontologisch fundiert sieht, als sie ein Nachvollzug essentieller Ordnungsstrukturen in der Realität seien, die real und doch nicht für sich extramental existent sind.

[30] Ockham unterscheidet zwischen *fictio* und *figmentum*. Während er *fictio* im Sinne von Hervorbringung oder Produkt gebraucht, stellt *figmentum* so etwas wie eine Fiktion dar, vgl. *Ph. Boehner*, Articles, S. 146 und S. 402.

Zeichen und Bezeichnungen für die Einzeldinge und deren Substanz verwendet werden, um diese zu deklarieren.

c) Anders als für Aristoteles und Thomas von Aquin kann für Ockham eine Teleologie des Seins nicht Gegenstand der Erkenntnis sein; das folgt aus seiner Infragestellung einer Realexistenz der Ideen in den Dingen. Auch lehnt er die Wirklichkeit der Welt als ein System – seinsmäßig – notwendiger Verknüpfungen ab (siehe oben 1b). Gegenstand wissenschaftlicher Erkenntnis sind demgemäß Aussagen über die Dinge in ihrer äußeren Wirklichkeit, und dies nur in dem, was sich über sie als notwendig wahr aussagen läßt.[31] Das bedeutet indes nicht, daß es für Ockham nur eine Erkenntnis extramentaler, in diesem Sinne ‚äußerer Dinge' gibt. Auch von Denkakten, Affekten, von Freude, Trauer usw. ist eine Kenntnis im Sinne von Wissenschaft möglich, und zwar als evidentes, praktisches Wissen. Es hat seine Grundlage in evidenter Erfahrung, die ja für Ockham ebenfalls Grundlage (i.S. einer evidenten Prämisse) für wissenschaftliche Erkenntnis sein kann. So ist etwa durch Erfahrung evident, daß Menschen einen freien Willen haben, weil sie sich selbst darin erfahren können, daß sie imstande sind, zu den Vorschriften der Vernunft Ja oder Nein zu sagen. Das Leugnen einer ideengeprägten Wesensstruktur der Dinge wird so in gewisser Weise ausgeglichen durch einen Gewinn an Unmittelbarkeit. Die an sich kontingente Faktizität alles Geschaffenen macht doch einen *Gehalt* offenbar, der sich in gewissen erfahrungsbegründeten evidenten Urteilen ausspricht.[32] Das zeigt sich nicht zuletzt im Bereich der Erkenntnisse, die das ethische und rechtliche Handeln betreffen.

III. Rechtsbegründung

Die Frage nach dem Recht und seiner Grundlage erhielt für Ockham durch sein Wirken am Hof Ludwigs des Bayern und im Blick auf den Streit zwischen Kaiser und Papst aktuelle Bedeutung. In seinen Schriften und Stellungnahmen beschränkte er sich nicht auf eine am faktisch Gegebenen orientierte Auseinandersetzung mit päpstlichen Dekretalen, kanonischem und kaiserlichem Recht sowie Sätzen der Hl. Schrift, wenngleich alles dies in den konkreten Streitfragen eine wichtige Rolle spielte. Vielmehr entwickelte er verschiedentlich in die aktuellen Auseinandersetzungen eingebaute grundsätzliche

[31] Der gerne aus Quodlibet VI, qu. 1 zitierte Satz: „Die Frage nach dem Zweck hat keinen Platz im Naturgeschehen, weil die Frage, zu welchem Zweck Feuer entsteht, sinnlos ist" (*Welzel* [Lit.], S. 82; *E. Hochstetter*, Studien, S. 172) läßt sich in der aktuellen wissenschaftlich-kritischen Ausgabe Werke Ockhams (Op. theol. IX, S. 293–300) nicht belegen, auch nach dem Index an keiner anderen Stelle in den Quodlibeta aufweisen.

[32] Vgl. *R. Imbach*, in: W. v. Ockham, Texte zur Theorie der Erkenntnis, Erl. S. 124.

Überlegungen und Aussagen, die nicht ohne Beziehung zu seinen philosophischen und theologischen Positionen sind.[33] Insofern läßt sich durchaus von einer Rechtsphilosophie Ockhams sprechen.

1. Von seinen theologisch-philosophischen Positionen aus kann Ockham nicht zu einer objektiven An-sich-Begründung des Rechts im Sinne einer Notwendigkeit gelangen. Weder eine unveränderliche *lex aeterna* als Ausfluß von Gottes ewiger Weisheit, noch eine an sich gültige *lex naturalis* oder ein ontologisch fundiertes Wesen der Dinge stehen für ihn als Grund des Rechts zur Verfügung. Auch das Recht hat Teil an der Kontingenz alles Geschaffenen, sein – theologisch – letzter Grund liegt in der Freiheit und Allmacht Gottes, die nicht an eine – etwa in Gottes Wesen liegende – vorgegebene Inhaltlichkeit gebunden ist.

> „Weil also im Naturrecht nichts anderes vorgeschrieben wird als das, von dem Gott will, daß es geschieht, wird somit wohl auch nicht anderes verboten als das, was Gott verhindern will, daß es geschieht."[34]

Läßt sich aus Sätzen wie diesen auf einen Voluntarismus oder gar Positivismus in Ockhams Rechtsbegründung schließen? So einfach liegen die Dinge nicht. Denn auch Kontingentes hat und ist – jedenfalls bei Ockham – etwas Geordnetes. Die Abhängigkeit von Gottes freiem ungebundenen Willen, das So- aber auch Anders-sein-Können, gilt für die gesamte Schöpfung. Aber es gilt zunächst und primär innergöttlich, im Verhältnis zu Gottes *potentia absoluta*. Da Gott aber, wenn er etwas schafft, dies stets *ordinate*, in geordneter Weise und aus seiner Güte heraus tut (siehe oben II 1), ergibt sich auf der Grundlage der *einmal gesetzten* Ordnung für die menschliche Vernunft durchaus ein mögliches sittliches Wissen und entsprechende Einsicht. Die ontologisch kontingente Ordnung der geschöpflichen Welt hat als solche eine *rationabilitas*; daß diese ihren Grund nicht in einer Notwendigkeit, sondern im freien göttlichen Willen hat, an sich auch anders sein könnte, hebt sie, solange sie gilt, in ihrer Eigenart nicht auf. Der Mensch ist nicht zu einem

---

[33] Das wird auch im *Breviloquium de principatu tyrannico* deutlich, wiewohl Ockham hier seine politischen Positionen im Streit Kaiser/Papst unmittelbar ausspricht, vgl. *R. Scholz*, Ockham als politischer Denker, S. 30–32. Im Dialogus, Teil III, legt Ockham die Grundbegriffe der Politik des Aristoteles und eine Lehre vom Naturrecht dar. Überdies ist der *Dialogus* in Form eines Lehrer-Schüler-Gesprächs aufgebaut, in dem zu den aufgeworfenen Fragen verschiedene Positionen im Wege eines Diskurses in ihrer Begründung dargestellt und überprüft werden, wobei Ockhams eigene Position im Hin und Her der Gründe und Gegengründe zurücktritt, oft überhaupt schwer zu erkennen ist. Hierzu jüngst *D. Lüddecke*, Veritas exagitata, S. 323–347.

[34] „Cum igitur in naturali jure nihil aliud praecipiatur, quam quod Deus vult fieri, nihilque vetetur, quam quod Deus prohibet fieri." (*Dialogus* I, 1 cap. 9, in: Goldast, Monarchia II, S. 406, Z. 11 ff.).

uneinsichtigen Gehorsam gegenüber beliebigen göttlichen Willensbefehlen gehalten.

Ockham fragt als Theologe und Philosoph nach dem Prinzip ethisch-sittlichen und damit auch des rechtlichen Handelns in der kontingenten Welt. Er sieht es in dem Akt des Willens, Gott über alles zu lieben (Quodlibet III, qu. 15 [Opera theol. IX, S. 260]), und das heißt, den Geboten des göttlichen Willens zu folgen. Das hat einen voluntaristischen Klang. Doch liegt das *praeceptum divinum* an den Menschen eben darin, daß Gott will, daß der Mensch seiner – von Gott geschaffenen – *recta ratio*, d.h. seiner sittlichen Vernunfteinsicht folgt.[35] Diese Einsicht weiß nach Ockham allerdings auch, daß alles, was Gott von uns will, für uns geboten ist, auch dann, wenn wir die Gründe nicht immer erkennen. Für die heidnischen Philosophen (*philosophi*) und die Ungläubigen gilt nach Ockham ebenfalls das *sequi rectam rationem*, und zwar als analoges Prinzip des ethisch-sittlichen Handelns. Es ist deshalb weder ein Bruch noch eine Inkonsistenz, wenn Ockham im Zusammenhang mit dem Recht von Naturrecht, natürlicher Vernunft und *aequitas naturalis* spricht. Zwar stehen letztlich kontingente göttliche Schöpfungsakte, Akte göttlichen Willens dahinter, die Naturrecht und natürliche Vernunft hervorgebracht haben, aber das hebt deren Eigencharakter nicht auf.

2. Im *Dialogus* stellt Ockham drei Weisen des Naturrechts vor.[36] Dabei geht es um einen verschiedenen Sprachgebrauch von Naturrecht, der in verschiedenen Inhalten und Geltungsweisen begründet liegt. Diese fallen aber nicht beziehungslos auseinander, sie haben etwas sie gemeinsam Verbindendes. Da sie eine Art Ausgangspunkt für das Folgende bilden, sollen sie zunächst vorgestellt werden.

> „Einmal heißt Naturrecht jenes Recht, das der natürlichen Vernunft entspricht, die in keinem Einzelfall in die Irre leitet, wie zum Beispiel: Du sollst nicht ehebrechen, Du sollst nicht lügen und dergleichen.
> Zweitens heißt Naturrecht das, was von jenen zu beachten ist, die allein natürliche Billigkeit (*aequitas naturalis*) ohne jedes Gewohnheitsrecht oder menschliche Satzung gebrauchen. Das heißt deswegen auch ‚natürliches' Recht, weil sein Gegenteil [das Gewohnheits- oder Satzungsrecht] dem Stand der ursprüng-

[35] Das ist, auch in Auseinandersetzung mit älterer Literatur, eingehend dargelegt von *J. Miethke*, Ockhams Weg, S. 308–314; siehe ferner *S. Müller*, Handeln in einer kontingenten Welt.

[36] Wie weit es sich hierbei um Ockhams eigene Lehre oder um die Darlegung einer möglichen Auffassung von Naturrecht handelt, läßt sich aus dem diskursartigen Text selbst nicht beurteilen, siehe oben Anm. 28. *W. Kölmel*, Naturrecht, hält diesen Traktat – auch wegen seiner Beziehung zu früheren Äußerungen Ockhams – offensichtlich für dessen eigene Auffassung.

> lich geschaffenen Natur entgegengesetzt ist; wenn die Menschen gemäß ihrer natürlichen Vernunft lebten oder gemäß dem göttlichen Gesetz, bräuchte man es nicht einzuhalten oder zu tun …
> Auf eine dritte Weise nennt man Naturrecht jenes Recht, das aus Völkerrecht oder einem anderen Recht oder aus irgendeiner göttlichen Handlung oder aus menschlichem Tun in evidenter Beweisführung entnommen wird, es sei denn, es würde mit Zustimmung derer, denen das obliegt, das Gegenteil davon statutarisch festgesetzt. Dies Naturrecht könnten wir ‚Naturrecht' unter bestimmten Bedingungen (*ex suppositione*) … nennen …"[37]

a) Was sind die Unterschiede dieser Weisen des Naturrechts? Die erste Weise des Naturrechts knüpft an die aus sich bekannten Prinzipien des natürlichen Gesetzes an, die der natürlichen Vernunft irrtumsfrei inhärent sind.[38] Ockham kann und braucht sie nicht aus einem ewigen Gesetz, das unveränderlich ist, abzuleiten oder darauf rückzuführen. Für ihn ist die evidente Erfahrung, die der Mensch hinsichtlich dieser Prinzipien in seiner natürlichen Vernunft hat, hinreichender Ausgangspunkt. Dieses Naturrecht ist eine den Prämissen Ockhams entsprechende Version des ‚Gesetzes, das Gott den Menschen ins Herz geschrieben hat' (Römer 2, 15). Die Unveränderlichkeit dieses Naturrechts besteht innerhalb der kreatürlichen Ordnung, aus der Sicht der Menschen und für die Menschen. Gott selbst steht über diesen von ihm selbst erlassenen Prinzipien und Geboten, weshalb sie durch ihn – aber auch nur durch ihn – im Wege spezieller Anordnungen Ausnahmen erfahren können. Ockham verwendet hier das juristische Regel-Ausnahme-Denken, um die Probleme der bekannten Stellen der Hl. Schrift (Isaak-Opfer u. ä.) zu lösen. Über den Charakter solcher Ausnahmen hat er sich nicht näher ausgesprochen. Sie zielen, bleibt man in der juristischen Logik, nicht auf eine Aufhebung oder Änderung der geschaffenen Ordnung, sondern auf deren spezielle Überlage-

---

[37] Dialogus III, 2, 3 c. 6 (rev. Originaltext *H. S. Offler*, Three Modes, S. 212 f.; Übers. *J. Miethke*, Dialogus, S. 178 ff.):
Abs. 1: „Uno … modo dicitur ius naturale illud, quod est conforme rationi naturali, que in nullo casu fallit, sicut est ‚non machaberis', ‚non mentieris' et huiusmodi."
Abs. 2: „Aliter dicitur ius naturale, quod servandum est ab illis, qui sola aequitate naturali absque omni consuetudine et constitutione humana utuntur. Quod ideo dicitur naturale quia contrarium est contra statum naturae institutae et, si homines viverent secundum rationem naturalem aut legem divinam, non esset servandum nec faciendum."
Abs. 3: „Tertio modo dicitur ius naturale illud, quod est iure gentium vel alio aut ex aliquo facto divino vel humano evidenti ratione colligitur, nisi de consensu illorum, quorum interest, contrarium statuatur. Quod poterit vocari ius naturale ex suppositione …"

[38] Sie können auch Gegenstand wissenschaftlicher Darlegung sein: „Scientia moralis non positiva est illa, quae sine omni praecepto superioris dirigit actus humanos sicut principia per se nota vel nota per experientiam sic dirigunt, sicut quod omne honestum est faciendum et omne inhonestum est fugiendum et huiusmodi – de quibus loquitur Aristoteles in morali philosophia." (Quodibet II, qu. 14, art. 2[Op. theol. IX, S. 177]).

rung, ein Vorbeihandeln Gottes an der von ihm festgelegten Ordnung, die sich aus seinem Verhältnis zu dieser Ordnung erklären läßt.[39]

Ockham muß dieses Naturrecht nicht wie Duns Scotus auf das einzige Gebot der Gottesliebe beschränken, das auch Gott selbst aus seinem Wesen heraus nicht zu ändern vermag. Es bedarf für ihn keiner absolut-notwendigen Geltung. Auch das ‚unveränderliche' Naturrecht ist von Gott her gesehen kontingent. Es kann sich daher, anders als bei Duns Scotus, auch auf Gebote der zweiten Tafel erstrecken, wie die Beispiele zeigen, die Ockham anführt. Aber muß nicht desungeachtet das Gebot der Gottesliebe, dem das Verbot des Gotteshasses entspricht, invariabel bleiben? Ockham hat in seinen frühen Schriften, um Gottes Freiheit und die volle Kontingenz alles Geschaffenen herauszustellen, auch ein göttliches Gebot des Gotteshasses für möglich erachtet. Das hat viel Aufsehen erregt und in der späteren Wirkungsgeschichte dazu beigetragen, ihn als extremen Voluntaristen zu bezeichnen. Er ist aber später, wie E. Hochstetter nachgewiesen hat, selbst davon abgerückt, weil er erkannt hat, daß Gott damit in sich widersprüchlich handeln würde.[40]

Die zweite Weise des Naturrechts ist mit der ersten durchaus verbunden, da ja ihr dirigierendes Prinzip die *aequitas naturalis* als Teil und Ausformung der natürlichen Vernunft ist. Warum aber hat Ockham dann diese beiden Weisen des Naturrechts überhaupt getrennt? Es bedurfte für ihn einer eigenen Schicht des Naturrechts, die einerseits wirkliches Naturrecht ist, d.h. der *naturalis ratio* und *aequitas naturalis* vor aller positiven Rechtsordnung entspringt und zugehört, die andererseits aber nicht – von den Menschen her gesehen – absolut invariabel ist, sondern dafür offen, daß im Sündenstand aus wichtigen Gründen etwas Abweichendes vorgeschrieben werden kann. Das berührt sich mit der Unterscheidung von Duns Scotus zwischen der *lex naturalis* im strikten und im weiteren Sinn, verbindet diese aber mit anderen Folgerungen. Die Gebote dieser *aequitas naturalis* sind aus sich auf den Ursprungszustand der Menschen vor der Sündhaftigkeit mit den darin vorausgesetzten Neigungen und Verhaltensweisen der Menschen bezogen, dort gel-

---

39 Dazu näher *W. Kölmel*, Naturrecht, S. 57f. Eine andere Lösung des Problems schlägt *S. Müller*, Handeln in einer kontingenten Welt, S. 44ff. vor, indem sie auf Ockhams Unterscheidung zwischen dem grundsätzlichen vorausliegenden göttlichen Willen, der den Menschen dazu bestimmt, das Gute zu tun, und einem spezifischen göttlichen Willen als zweckgebundene konkrete Willensäußerung abstellt. Auch der letztere, wie Gottes Befehl, Isaak zu töten, sei als Wille Gottes gültig, aber nur weil und solange er dem erkennbaren, eigentlichen göttlichen Willen nicht widerspreche, was im Isaak-Fall durch das gegebene Zeichen des Widders als gewünschtes Opfer deutlich geworden sei. Eine solche Lösung verweist dann auf das Erkenntnisproblem für den Menschen, der sich beiden Ansprüchen gegenübersieht, und führt zu der – von Ockham nicht gelösten – Problematik, ob die Erkenntnis eines konkreten göttlichen Willens unabhängig von der eigenständigen Erkenntnis des sittlich Guten erfolgen kann.

40 Vgl. *E. Hochstetter*, Viator mundi, S. 14. Zur Interpretation siehe auch *J. P. Beckmann*, Ockham, S. 154–156.

ten sie *immutabile*. Aber im Sündenstand kann auch Gegenteiliges festgelegt werden, sofern dafür wichtige Gründe des Gemeinwohls bestehen. Dieses Gegenteilige gilt dann so lange und so weit, als diese Gründe bestehen und fortbestehen; fallen sie fort oder werden sie überschritten, tritt das Naturrecht der ursprünglichen *aequitas naturalis* wieder in Funktion. Hauptbeispiele solcher gegenteiligen Festlegungen sind für Ockham die Einführung des Privateigentums anstelle des im Ursprungszustand geltenden Gemeinbesitzes und die Zulassung von Sklaverei nach Völkerrecht, obwohl „nach Naturrecht alle Menschen frei sind".[41] Beides: Gemeinbesitz aller und gleiche Freiheit der Menschen gilt zwar nach Naturrecht, aber es ist nicht unveränderlich. Eine Abweichung ist indes nicht beliebig eröffnet, sie wird selbst durch die Vernunft dirigiert, indem sie an gewichtige Gründe, die sich vom Gemeinwohl her rechtfertigen (müssen), gebunden bleibt. Geltung und Abweichung werden so über die gemeinwohlbezogene natürliche Vernunft miteinander verknüpft – eine im Grunde doch naturrechtliche Argumentation, wie sie sich in anderem Zusammenhang auch bei Thomas von Aquin findet (oben § 10 III 3 u. IV 1b, S. 241 u. 245ff.).[42]

Die dritte Weise des Naturrechts ist gebunden an das Vorhandensein positiv-rechtlicher Normen und Institutionen. Deshalb spricht Ockham von bedingtem Naturrecht. Es entfaltet sich im Rahmen bereits bestehender Rechtsregelungen sowie bei deren Ausgestaltung und Handhabung, indem die natürliche Vernunft hier einen natürlichen Ausgleich – das, was natürlicher Vernunft entspricht – zur Geltung bringt. Dies reicht so weit, wie es sich in evidenter Beweisführung dartun läßt, so daß es sich als notwendig aufdrängt. Ockham rechnet dazu etwa die Pflicht zur Restitution hinterlegter Sachen oder die Notwehr gegenüber Unrecht und tatsächlicher Gewalt.

---

[41] Vgl. Dialogus III, 2, 3, c. 6 (Übers. *J. Miethke*, Dialogus, S. 179), siehe auch unten § 14 III 2a, S. 371f. Bemerkenswert ist eine deutliche Diskrepanz zu Thomas von Aquin. Für diesen ist die Sklaverei, die zum Völkerrecht gehört, zwar nicht aus sich naturgegeben, aber naturgegeben in einem weiteren, von bestimmten Voraussetzungen abhängigen Sinn (*secundo modo*), vgl. oben § 10 IV 2b, S. 253. Bei Ockham hingegen ist die Sklaverei *nur* im Völkerrecht begründet, während auch das Naturrecht *secundo modo* das Gegenteil besagt, nämlich die Freiheit aller Menschen, es aber erlaubt, im Sündenzustand gegenteilige positivrechtliche Regelungen zu treffen.

[42] Vgl. *W. Kölmel*, Naturrecht, S. 72f. ; *J. Miethke*, Ockhams Weg, S. 485–490. Ockham löst auf dieser Grundlage auch das Problem des Diebstahls in äußerster Notlage. Die um des geordneten Zusammenlebens der Menschen willen im Sündenstand eingeführte Privateigentumsordnung tritt dann wieder hinter dem Gemeinbesitz aller nach Naturrecht zurück, wenn sie im einzelnen Fall ihre ordnende Funktion, um derentwillen sie begründet wurde, nicht mehr erfüllt und das Leben von Menschen ernstlich bedroht. Daher besteht im Notstand das Recht, zur eigenen Lebensfristung Güter zu gebrauchen, die nach positivem Recht in fremdem Eigentum stehen; das naturrechtliche *ius utendi naturale* lebt wieder auf, vgl. dazu *J. Miethke*, De potestate, S. 284f.

„... unter der Bedingung, daß Sachen und Geld kraft ... irgendeines menschlichen Rechts angeeignet werden, kann man in evidenter Beweisführung erkennen, daß eine hinterlegte Sache und anvertrautes Geld zurückzugeben ist, es sei denn, daß aus schwerwiegendem Grund durch die Betroffenen das Gegenteil rechtlich verbindlich festgelegt wird. Ähnlich gilt: unter der Bedingung, daß einer dem anderen Unrecht und tätliche Gewalt antut – und das kann nicht kraft Naturrechts geschehen, sondern ist gegen jedes Naturrecht – ergibt sich in evidenter Beweisführung, daß es berechtigt ist, solche Gewalt mit Gewalt zurückzuschlagen." (Dial. III, 2, 3 c. 6; Übers. Miethke, Dialogus, S. 180).

b) Nimmt man die drei Weisen des Naturrechts ungeachtet ihrer Unterschiede zusammen, so zeigt sich, daß in ihnen allen als hervorbringende Kraft die natürliche Vernunft (*ratio naturalis*) am Werke und bestimmend ist. Sie bringt sich unter verschiedenen Bedingungen zur Geltung, ist indes jeweils auf Bewahrung oder Herstellung einer *aequitas naturalis* gerichtet. Schon früher (um 1332) hatte Ockham das Naturrecht einheitlich unter Rückgriff auf die sittliche Einsicht der Vernunft bestimmt und dabei das Naturrecht sowohl vom positiven menschlichen wie vom rein positiven göttlichen Recht unterschieden.[43] Im Dialogus tritt die Unterscheidung zwischen Ursprungsstand und Sündenstand der Menschen stärker hervor und damit die verschiedenen Existenzweisen des Naturrechts. Der *aequitas naturalis* des Ursprungsstandes entspricht eine anders geartete des Sündenstandes, aber auch sie schafft ein *iustum*, einen gerechten Ausgleich. Die natürliche Vernunft erkennt die Normen und Grundsätze, die im Zustand des ursprünglichen natürlichen Ausgleichs oder unter der Voraussetzung davon abweichender positiv-rechtlicher Einrichtungen zur Anwendung kommen müssen; es handelt sich dabei nicht um autonome Setzungen oder Entscheidungen, sondern um die Ermittlung des *aequum* in Orientierung an den verschiedenen Zuständen der Natur.[44] Ockham operiert dabei im Blick auf die zweite und dritte Weise des Naturrechts immer wieder mit dem Gedanken der *contraria*. Vernünftige Gründe können dem ‚reinen' Naturrecht etwas entgegensetzen, davon abweichen, aber dieses *contrarium* muß selbst wieder – unter den gegebenen Bedingungen – dem natürlichen Ausgleich dienen, erhält erst dadurch seine Legitimität. So geht es auch im *contrarium* darum, ein *naturale et aequum* zu bewahren.

---

[43] Opus nonaginta dierum, c. 65 (Op. pol., II, S. 574): „Ius autem poli vocatur aequitas naturalis, quae absque omni ordinatione humana et etiam divina pure positiva est consona rationi rectae, sive sit consona rationi rectae pure naturali, sive sit consona rationi rectae acceptae ex illis, quae sunt nobis divinitus revelatae." Der Terminus *ius poli* wurde – bei Augustinus verwendet – von Gratian in sein Dekret übernommen und in der dann einsetzenden kanonistischen Glossierung mit *aequitas naturalis* identifiziert und dem *ius fori*, d.h. dem menschlichen Recht, gegenüber gestellt, vgl. *J. Miethke*, Ockhams Weg, S. 480.

[44] Siehe hierzu W. *Kölmel*, Naturrecht, S. 77f.

Von der tragenden Bedeutung, die der natürlichen Vernunft in seinem Naturrechtsdenken zukommt, darf man sich nicht dadurch ablenken lassen, daß Ockham davon ausgeht, alles Naturrecht sei eigentlich göttliches Recht, ja man könne das göttliche Recht auf alle drei Weisen des Naturrechts ausdehnen.[45] Diese Aussage folgt aus der vollen Kontingenz alles Geschaffenen, das eben auf freie göttliche Setzung zurückgeht, einschließlich der Vernunft, der *ratio naturalis*, und der allgemeinen Regeln, die sie erkennt. „Weil alles Recht, das von Gott kommt, der der Schöpfer der Natur ist, göttliches Recht heißen kann. Alles Naturrecht aber ist von Gott, der der Schöpfer der Natur ist." (Dial. III, 2, 3 c cap. 6; Übers. Miethke, Dialogus, S. 182). Ockham unterscheidet beim göttlichen Recht allerdings zwischen göttlichen Anordnungen, die in die Natur hineingelegt und aus ihr erkannt werden, und rein positiven göttlichen Geboten. Das spiegelt sich auch in seiner Interpretation der Aussage Gratians, daß das göttliche Recht in der Hl. Schrift enthalten sei: Alles Recht, das in der Hl. Schrift enthalten ist, darf göttliches Recht heißen. In der Hl. Schrift ist aber auch das Naturrecht enthalten, entweder explizit oder implizit. In der Schrift stehen nämlich einige allgemeine Regeln, aus denen allein oder in Verbindung mit andern alles Naturrecht in der ersten, zweiten oder dritten Weise des Verständnisses sich ableiten läßt, auch wenn es darin explizit nicht zu finden sein sollte.[46] Es tritt also nicht die Hl. Schrift in ihrer Positivität an die Stelle des Naturrechts, vielmehr ist in der Hl. Schrift das Naturrecht, das seinerseits göttlich konstituiertes Recht ist, enthalten, neben unmittelbar positiv gesetzten Anordnungen Gottes.

3. Ockham macht zwischen Naturrecht und göttlichen Gesetzen einerseits, dem positiven Recht andererseits einen deutlichen Unterschied. Das menschliche positive Recht, insbesondere das menschliche Gesetz, entsteht und besteht *„ex pactione seu ordinatione humana"*, es wird von den Menschen durch Vereinbarung oder Anordnung festgelegt und ist insofern eine *inventio* oder *constitutio humana*, wie es von Gratian beschrieben worden war.[47] Es verlängert nicht naturrechtliche Ordnungsprinzipien durch deren unmittelbare Anwendung und Konkretisierung, sondern ordnet den Bereich, der im Naturrecht oder in göttlichen Gesetzen nicht im einzelnen erfaßt ist oder, weil es sich um neue Herausforderungen handelt, nicht erfaßt sein kann.[48] Ockham

[45] Vgl. *Ockham*, Dialogus III, 2, 3, c. 6 (Übers. *J. Miethke*, S. 180, 182).

[46] Vgl. Dialogus III, 2, 3 c. 6 (*H. S. Offler*, Three Modes, S. 216): „omne autem ius naturale in scripturis divinis explicite vel implicite continetur, quia in scripturis divinis sunt quaedam regulae generales, ex quibus vel solis vel cum aliis colligi potest omne ius naturale et primo et secundo et tertio modo dictum, licet in eis non inveniatur explicite."

[47] Die Belege dazu bei *W. Kölmel*, Naturrecht, S. 83 f.

[48] So die einleuchtende These von *W. Kölmel*, Naturrecht, S. 73 f. Vgl. auch *M. A. Schmidt*, Kirche und Staat, S. 273 f.

hebt auch den Charakter des positiven Rechts als streitbares Gerichtsrecht, als *ius fori*, hervor.

Für das Verhältnis zum Naturrecht und zu göttlichen Gesetzen ist – stärker noch als bei Duns Scotus – entscheidend, daß die positiven Gesetze oder Vereinbarungen dem Naturrecht und göttlichen Gesetzen nicht widersprechen. Wenn sie diesen nicht widersprechen, sind sie damit vereinbar. Indem Ockham nicht einen (strikten) Ableitungszusammenhang postuliert, tritt er für die Eigenständigkeit des postiven Rechts ein; die Verhältnisbestimmung bleibt eine eher negative, sie läßt dem positiven Recht Raum für eigene willentliche Entscheidung und Gestaltung, auch für Abweichungen von der erwähnten zweiten Weise des Naturrechts, wenn dafür gewichtige Gründe bestehen.

> „Welches bürgerliche Gesetz auch immer dem göttlichen Gesetz oder der offensichtlichen Vernunft widerspricht, ist kein Gesetz; ebenso wären bürgerliche oder kanonische Rechtssätze in dem Fall, wo sie dem göttlichen Gesetz, also der der Hl. Schrift oder der rechten Vernunft widersprächen, nicht zu befolgen."[49]

Dieser Text nimmt auf den ersten Blick stoisch-scholastische Tradition auf. Aber im Rahmen der Ockham'schen Argumentation beinhaltet er zugleich ein Moment der Freiheit zur Gestaltung des Rechts: Das festgelegte *ius divinum* und das der sittlichen Vernunft zugeordnete *ius naturae* bezeichnen zwar eine Grenze, aber auch eine Freiheit, die von Gott und der Natur den Menschen eingeräumt ist.[50]

Das Letztere zeigt sich besonders deutlich beim Problem des *dominium*, und Ockham hebt es in einem Traktat zum Armutsstreit hervor: Das *dominium* ist weder ein Institut des *ius divinum* noch Ausfluß seiner Ordnungsprinzipien, es entsteht vielmehr erst nach dem Sündenfall aus einer *pactio* der Menschen untereinander. Hierzu sind sie zwar göttlich ermächtigt, weil ihnen von Gott eine *potestas appropiandi* geschenkt wurde. Aber das *dominium* selbst beruht daraufhin ganz auf menschlicher Übereinkunft, ist eine *potestas humana* und daher als *ius fori* allein vor dem weltlichen Gericht streitbar.[51] Als solche aber, aus göttlicher Gnade

---

[49] Dialogus I, 6, c. 100 (in: Goldast, Monarchia II, S. 630, Z. 50ff.): „quaecumque lex civilis repugnat legi divinae vel rationi apertae, non est lex; eodem modo verba legis canonicae vel civilis in illo casu, quo repugnarent legi divinae, scilicet scripturae sacrae vel rationi rectae, non essent servanda." Daß hiermit an die Stelle einer rationalen Natur die Hl. Schrift, das nur dem Glauben zugängliche geoffenbarte Wort Gottes getreten sei, wie *H. Welzel* (Lit.), S. 88 meint, ist nicht einsehbar; *ratio aperta* und Hl. Schrift stehen ausdrücklich nebeneinander.

[50] In diesem Sinne *M. A. Schmidt*, Kirche und Staat, S. 274, auch *W. Stürner*, Peccatum, S. 228f.

[51] Opus nonaginta dierum, c. 2 (Op. pol., I, S. 308): „Dominium est potestas humana ... vendicandi et defendendi in humano iudicio rem aliquam temporalem." (Eigentum ist die menschliche Möglichkeit, irgendeine zeitliche Sache vor menschlichem Gericht herauszuverlangen und zu verteidigen.) – Diese Formulierung Ockhams wird übrigens in

geschenkt, kann es nicht nur den Gerechten zukommen, und es kann auch darauf verzichtet werden (vgl. oben I 1). Ebenso liegt die Möglichkeit, Regenten mit eigener Jurisdiktionsgewalt einzusetzen, im Bereich des *ius humanum*, bezeichnet also die Befugnis und Freiheit, solches zu tun.

Allerdings enthält dies keine Befugnis zu voluntaristischer Beliebigkeit bei der Gestaltung des positiven Rechts. Der Herrscher darf – Ockham weist mehrfach darauf hin – in seinen Gesetzen nur dem *bonum commune* gemäß handeln; er ist darauf verpflichtet und nur in dem, was zum *bonum commune* gehört, besteht der Anspruch auf Gehorsam gegenüber den Gesetzen.[52] Die positiven Gesetze sind mithin auch jenseits des *ius naturale* nicht freigestellt von Rechtlichkeit und Orientierung an Vernünftigkeit; von einem Rechtspositivismus im Sinne gesetzgeberischen Beliebens kann bei Ockham keine Rede sein.

IV. Philosophie der politischen Ordnung

1. Ockhams Gedanken zur Philosophie der politischen Ordnung werden von ihm nicht systematisch entwickelt, sie fallen in den Streitschriften der Münchener Zeit mit an, insbesondere im *Breviloquium* und dem dritten Teil des *Dialogus*. Diese Streitschriften verfolgten politische Zwecke und waren insofern auch polemisch, aber Ockham argumentierte in ihnen durchaus auch mit wissenschaftlicher Begründungsstrategie. Er suchte sich in den politischen Streit zwischen Kaiser und Papst mit Argumenten einzumischen, und zwar mit Argumenten, wie sie dem Stand und Gang der Auseinandersetzung entsprachen und auch für die andere Seite als beweiskräftig erscheinen konnten. Durch den politischen Streit zwischen Kaiser und Papst veranlaßt, stand die Erörterung von Grund und Umfang der kaiserlichen wie der päpstlichen Gewalt und ihres gegenseitigen Verhältnisses im Vordergrund. Sie gibt den Rahmen ab für die Artikulation von Theoremen und eigenen Auffassungen zur politischen Philosophie. Die Argumentationsweise, deren sich Ockham dabei bedient, ist eher theologisch-kanonistisch-traditionell. Er tritt nicht mit einem eigenen Entwurf oder neuen Konzepten politischer Philosophie an, er bemüht sich auch nicht um eine Entwicklung und Konstruktion der politischen Ordnung von Grund auf. Vielmehr bezieht er sich auf die Hl. Schrift, das Dekret Gratians, auf päpstliche Dekretalen und theologische Autoritäten, wie etwa

---

einem anderen Kontext seit langem diskutiert, denn man meinte, in der „potestas humana" den ersten Beleg für die theoretische Erfassung subjektiver Rechte zu erkennen, vgl. zum Zusammenhang *D. Willoweit*, Dominium, S. 141 ff., *K. W. Nörr*, Zur Frage, S. 203, und insb. *M. Kriechbaum*, Actio, S. 24–89, der die Übersetzung folgt.

52 Siehe etwa Dialogus III, 2, 1 c. 20 ff., und unten IV 2. Dies ist übersehen von *M. A. Schmidt*, Kirche und Staat, S. 274, der dadurch zu unzutreffenden Schlußfolgerungen gelangt.

Augustinus und Isidor von Sevilla, auf Sätze des kanonischen und des römischen Rechts (als Kaiserrecht), und dazu auf Argumente der politischen Theorie des Aristoteles sowie evidente Beweisführungen der Vernunft. Seine Argumentation ist nicht, wie in seinen frühen Werken, theologisch-philosophisch ausgreifend, sondern strukturell eingebettet.[53]

2. Politische Herrschaftsgewalt – die *iurisdictio temporalis* – verdankt sich für Ockham dem Sündenfall. Im Ursprungszustand gab es, weil Habsucht, Mißbrauch der Güter und Streitbarkeit fehlten, keine Notwendigkeit, ein herrschaftliches Regiment aufzurichten. Nach dem Sündenfall aber ist es den Menschen natürlicherweise und gleichermaßen von Gott eingeräumt, als Hilfsmittel zur Auseinandersetzung mit dem Bösen.[54]

a) Für die konkrete Begründung und Übertragung politischer Herrschaftsgewalt ist es Ockhams Grundthese, daß Herrschaftsgewalt über Menschen, um gerechtfertigt zu sein, grundsätzlich von den Menschen selbst eingeräumt oder übertragen werden muß, das heißt in einer Gemeinschaft von Menschen durch deren Mitglieder, das Volk. Gott hat nämlich den Menschen, und zwar Gläubigen wie Ungläubigen, die Befugnis eingeräumt, Leitungsorgane mit Jurisdiktionsgewalt für sich zu bestellen.[55] Das ist im Ansatz schon säkular gedacht. Im Wege einer rationalen Begründung greift Ockham auf die Gleichheit und Freiheit der Menschen zurück und ihre daraus folgende Selbstbestimmung im Blick auf die Einsetzung und Übertragung von Herrschaft:

> „Wenn man nämlich voraussetzt, daß bestimmten Menschen irgendein ... Fürst ... oder Leiter voranzustellen ist, folgt daraus in evidentem Beweisgang, daß, wenn nicht durch die Betroffenen das Gegenteil rechtsgültig angeordnet wird, diejenigen, denen er vorgesetzt werden soll, das Recht haben, den zu wählen, der ihnen vorzusetzen ist; denn niemand darf anderen gegen ihren Willen (als Herrscher) gegeben werden. Das kann offenbar durch unzählige Vernunftgründe und Beispiele bewiesen werden."[56]

Diese Begründung hat eine zweifache Stoßrichtung. Zum einen setzt sie sich von der naturhaft-teleologischen Begründung der politischen Herrschaft ab,

[53] Zusammenfassend zu Ockhams politischer Theorie, den Umständen ihrer Entstehung und ihrer Eigenart jetzt *J. Miethke*, De potestate, S. 272–295.

[54] Breviloquium III, c. 7 (Op. pol. IV, S. 179f.; *R. Scholz*, Ockham als politischer Denker, S. 126, 128); *W. Stürner*, Begründung, S. 245ff.; *ders.*, Peccatum, S. 229.

[55] Vgl. Breviloquium III, c. 8: „Duplex potestas predicta, scilicet appropriandi res temporales et instituendi rectores iurisdictionem habentes, data est a Deo immediate non tantum fidelibus, sed etiam infidelibus, sic quod cadit sub praecepto et inter pure moralia computatur, propter quod omnes obligat tam fideles quam etiam infideles." (Op. pol., IV, S. 180f.; *R. Scholz*, Ockham als politischer Denker, S. 128).

[56] Dialogus III, 2, 3 c. 6 (Übers. *J. Miethke*, Dialogus, S. 183); der lat. Text jetzt bei *H. S. Offler*, Three Modes, S. 216.

wie sie Aristoteles und – ihm folgend – Thomas von Aquin vornahmen. An deren Stelle tritt, wie schon bei Duns Scotus, eine Herleitung der politischen Herrschaft aus eigenem und freiem Entschluß der in und unter ihr lebenden Menschen; dieser wird freilich durch die Einsicht der Vernunft in den Nutzen und die Notwendigkeit, im Sündenstand eine politische Leitungsgewalt einzurichten, befördert. Zum andern richtet sie sich gegen die Herleitung und Rechtfertigung aus päpstlicher Übertragung. Die Herrschaft der Fürsten und Regenten entsteht und besteht unabhängig von päpstlicher Verleihung oder Anerkennung. Ockham wendet sich nicht dagegen, daß die weltliche Macht, auch die des Kaisers, von Gott sei, dies ist für ihn unbestritten. Aber sie ist von Gott in bestimmter Weise, nämlich durch die Menschen:

> „Wenn nämlich gesagt wird, die kaiserliche Macht und überhaupt jegliche legitime Macht sei von Gott, so ist sie doch nicht von Gott allein, vielmehr ist eine bestimmte Macht von Gott durch Menschen. Derart ist auch die kaiserliche Macht: sie ist von Gott, aber durch Menschen." (Dialogus III, 2, 1 cap. 26; Übers. Miethke, Texte S. 279).

In dieser Argumentation wendet Ockham die theologisch-philosophisch begründete Unterscheidung von ‚*causa prima*' und ‚*causa secunda*' auf die Begründung weltlicher Herrschaft an. Gott als der Schöpfer der Welt ist die Erstursache alles Seienden, so auch der weltlichen Herrschaft; die Zweitursache, die sie unmittelbar hervorbringt, sind die Menschen; sie sind diese Ursache durch das, was kraft ihrer Freiheit in *ihrer* Macht und Befugnis liegt zu tun. In der spanischen Spätscholastik gewinnt diese Unterscheidung große Bedeutung, indem sie dort zur Begründung der sog. gemäßigten Volkssouveränität verwendet wird (unten § 14 II 3b und IV 3b, S. 358f. und S. 388f.). Davon ist Ockham noch entfernt. Ihm geht es um die Herleitung der weltlichen Herrschaft überhaupt. Diese kann nicht nur von Fall zu Fall an einen einzelnen Regenten übertragen werden, sondern, wie bei den Römern mit dem Kaisertum geschehen, auch dauernd und institutionell; der Herrscher hat dann – Ockham argumentiert hier juristisch – ein eigenes Recht, das er auch weiter übertragen kann.[57] Allerdings fällt dieses Recht im Mißbrauchs- oder Notfall an das Volk zurück und erreicht auch – bei entsprechender Einsicht im Gewissen – die einzelnen Menschen; die diesen damit auch auferlegte Last ist eine Besonderheit, die in Zusammenhang mit Ockhams ‚Singularismus' steht; sie führt an ein von ihm nicht weiter formalisiertes Widerstandsrecht heran.[58]

---

[57] Dialogus III, 2, 1 c. 29 (*J. Miethke*, Texte, S. 288–295). Thema ist die Übertragung des römischen Reiches durch die Römer, sei es an einen bestimmten Kaiser mit dann geltendem Erbrecht, sei es an ein bestimmtes Volk, das dann den Kaiser benennt oder wählt.

[58] Vgl. *M. Kaufmann*, Rechtsphilosophie, S. 58; *A. S. McGrade*, Political Thought, S. 169.

b) Ockham äußert sich auch zu den Aufgaben und Grenzen der weltlichen politischen Gewalt. Ort der Erörterung ist die Frage nach dem dem Kaiser geschuldeten Gehorsam. Dem Kaiser kommt die Leitung des Volkes nur in zeitlichen Dingen, den *temporalia* zu; ein Fastengebot des Kaisers etwa läge außerhalb seiner Kompetenz (Vgl. Dialogus III, 2, 2 cap. 20 [Miethke, Texte S. 310–313]). Darüber hinaus erstreckt sich die Gehorsamspflicht – und entsprechend die Befugnis des Kaisers – nur auf das, was zur Leitung des Volkes gehört, d.h. auf das, „was notwendig dazu ist, um das Volk gerecht und zum Nutzen der Untertanen zu leiten“ (ebd. Dialogus [Miethke, Texte S. 315]). Die Freien, die der Herrschaft des Kaisers unterworfen sind, führt Ockham weiter aus, sind nicht Sklaven des Kaisers, die auf bloßes Geheiß hin zu folgen haben, ihnen kann nichts vorgeschrieben werden ohne Nutzen für das gemeine Wohl. Es täte der Würde des Menschengeschlechts und der Würde des Kaisers selbst Abbruch, könnte der Kaiser in allen Dingen Freie wie Sklaven behandeln (Dialogus, ebd.). Ockham entschärft in diesem Zusammenhang die Rechtsformeln, die in der zeitgenössischen Diskussion zur Begründung arbiträrer herrscherlicher Gewalt dienten, wie ‚*voluntas regis suprema lex*‘ oder ‚der Herrscher darf alles, was nicht gegen das natürliche und göttliche Gesetz verstößt‘. Er unterstellt nämlich ausdrücklich die herrscherliche Befugnis der Bindung an das gemeine Wohl. Im Lehrer-Schüler-Gespräch des Dialogus wird die folgende These ausführlich begründet:

> „Der Kaiser besitzt in zeitlichen Dingen nicht die Fülle der Kompetenz, daß er alles vermöchte, was nicht gegen das göttliche, noch gegen das natürliche Recht verstößt, vielmehr ist seine Kompetenz dergestalt beschränkt, daß er hinsichtlich der ihm unterworfenen Freien und ihres Eigentums nur das vermag, was dem gemeinen Nutzen zuträglich ist.“ (Dialogus III, 2, 2 cap. 27; Übers. Miethke, Texte S. 341)

Das ist deutlich gegen arbiträr-absolutistische Tendenzen gerichtet; Herrschaft ist nicht einfach Willensmacht, sondern ein Amt, das in Bindungen steht, ausgerichtet auf das Wohl der Beherrschten.[59] Als Gegenbegriff zum Gemeinwohl erscheint der private Nutzen und der Vorteil Dritter; das Gemeinwohl ist mithin auf das Allgemeine, das alle Angehende, bezogen. Die Frage: *Quis iudicabit?* bleibt allerdings, wiewohl Ockham stark mit juristischen Begriffen argumentiert, unerörtert. Das mag für Ockham strategisch bedingt gewesen sein, weil diese Frage in den Auseinandersetzungen der Zeit ohnehin zugunsten der Determinationsautorität des Papstes beantwortet worden wäre.[60] Deshalb fehlt es auch an klaren Lösungen für die – angesichts der

---

[59] Dies gegen *M. A. Schmidt*, Kirche und Staat, S. 279, der den Amtscharakter von Herrschaft und die daraus hervorgehenden Bindungen außer acht läßt.

[60] Siehe *D. Lüddecke*, Veritas exigata, S. 339f.

im Blick auf die gestuften Herrschaftsbeziehungen der Zeit nicht seltenen – Loyalitätskonflikte im Verhältnis von höheren und niederen Herrschaftsträgern. Wo endet hier die Gehorsams- und Treuepflicht und kann evtl. Widerstand Platz greifen, und wo beginnen Verrat und Majestätsverbrechen, etwa bei einem ungerechten Kampf (Krieg oder Fehde) des Herrn? Ockham greift zu Vermutungsregeln und Beweisvorbehalten: Solange eine sichere Kenntnis der Ungerechtigkeit des Kampfes fehlt, ist der Untergebene entschuldigt; ist es aber ein Kampf zwischen einem niederen und einem höheren Herrn und ist der höhere Herr der Kaiser, gebührt ihm ein größeres Wohlwollen, d.h. die stärkere Loyalität (Dial. III, 2, 2 cap. 20). Das Problem wird damit zwar eingegrenzt, aber nicht einer Lösung zugeführt.

c) Schließlich diskutiert Ockham die Frage, wie weit dem Kaiser ein Eigentumsrecht über alle zeitlichen Güter (*dominium omnium rerum temporalium*) zukomme – dies ist ein besonders anschauliches Beispiel für die Bedeutungsbreite des mittelalterlichen *dominium*-Begriffs.[61] In seiner Antwort entwickelt er – höchst aufschlußreich und modern anmutend – einen Gemeinwohlvorbehalt für die Inanspruchnahme privaten Eigentums in außerordentlichen Fällen, wenn es zum allgemeinen Nutzen unerläßlich ist. Desgleichen verteidigt er unter diesen Voraussetzungen einen Rückholvorbehalt für verliehene Eigentumsrechte, wobei nicht zuletzt an Lehensgerechtsame und Privilegien gedacht ist.[62] Der Vorrang des Gemeinwohls vor Einzelrechten, den schon Thomas v. Aquin betonte (oben § 10 V 1a, S. 263f.), wie auch die Überlegenheit des Herrschers über den hergebrachten Rechtszustand – ein Kern des Staatsgedankens – werden hier deutlich ausgearbeitet.

3. Das Verhältnis von weltlich-politischer und geistlicher Gewalt ist für Ockham zunächst durch wechselseitige Unabhängigkeit gekennzeichnet. Beide haben ihre Legitimation unmittelbar von Gott und unabhängig voneinander. Alle Gründe, die in der zeitgenössischen Diskussion für ein Vorrecht oder gar eine Oberherrschaft des Papstes gegenüber dem Kaiser geltend gemacht wurden, weist Ockham mit scharfsinnigen Argumenten zurück; sie haben für ihn weder eine Grundlage in der Hl. Schrift noch bei den Kirchenvätern oder in der Vernunft.[63] Die Aufgaben beider Gewalten werden deutlich unter-

---

[61] Vgl. Dialogus III, 2, 2c, 21ff. Das *dominium*, über das die mittelalterlichen Philosophen handeln, ist nie allein privatrechtlich zu verstehen, sondern weist daneben stets auch eine herrschaftliche (tatsächlich ältere) Komponente auf. Daß dieses *dominium* schon vom 12. Jh. an auch als Eigentum im römisch-rechtlichen Sinn verstanden wurde, trug mit zu einer weitgreifenden Territorialisierung des europäischen Herrschaftsdenkens bei; siehe näher *D. Willoweit*, Dominium, S. 141ff., und *ders.*, Rezeption, S. 30–42, sowie *D. Hecker*, Eigentum als Sachherrschaft, S. 32–36.

[62] Vgl. Dialogus III, 2, 2 cc. 23–25 (*J. Miethke*, Texte, S. 320–337).

[63] Im Breviloquium sind die Bücher V und VI (Op. pol., IV, S. 220–260) ganz diesem

schieden: Die weltliche Herrschaft ist allein zuständig für die *temporalia*, die geistlich-kirchliche allein für die *spiritualia*, für das, was dem Glauben und der Erlangung des ewigen Heils dient. Die eine hat sich in die Angelegenheiten der anderen nicht einzumischen, mit der Ausnahme, daß der Papst von den Laien weltliche Güter für seinen Unterhalt und seine Amtsausübung verlangen kann (Dialogus III, 1, 1 cap. 16 [Miethke, Texte S. 114]).

Das System von Eigenständigkeit und Unabhängigkeit, das Ockham entwickelt, ist einerseits strikt, aber es gilt nicht absolut. Die Trennung von Aufgaben und Befugnissen schließt eine gemeinsame, wechselseitige Verantwortung und Hilfsverpflichtung nicht aus, die sich aus der Zugehörigkeit beider Gewalten zur einen Christenheit herleitet.[64] Diese Christenheit, verstanden als *corpus christianum*, der beide Gewalten zugehören und die beide übergreift, ist für Ockham noch eine Realität. Die Verantwortung und Hilfsverpflichtung tritt ein im Ausnahmefall, wenn eine der beiden Gewalten durch Amtsmißbrauch oder sonstwie in eine Notsituation gerät, die sie selbst nicht mehr beseitigen kann. Wie in anderen Zusammenhängen steht auch hier das juristische Regel-Ausnahme-Denken Pate. Ockham sucht dabei die Gleichordnung beider Gewalten zu wahren und die Schleusen für ein Eingreifen nicht vorzeitig zu öffnen. Erst müssen alle Verfahren und Instanzen innerhalb der einen Gewalt nach Art eines Appellationssystems durchlaufen sein, ehe die andere zum Eingreifen befugt ist. Und dieses Eingreifen ist überdies legitimiert als ein Dienst, es enthält nicht die Ermächtigung zu einer Oberherrschaft. Eine Gründung beider Gewalten, der kirchlichen wie der weltlichen Ordnung, auf das Volk, sei es als Gesamtheit der Bürger (*universitas civium*), sei es als Gesamtheit der Gläubigen (*universitas fidelium*), findet sich bei ihm nicht; insofern ist Ockham von den Positionen des Marsilius von Padua durchaus weit entfernt.[65]

Beweisgang gewidmet. Siehe auch Dialogus III, 1, 1, c. 5–7 und 16–17 (*J. Miethke*, Texte, S. 84–133).

64 Darauf weisen zu Recht hin *R. Scholz*, Ockham als politischer Denker, S. 26 f., und *W. Stürner*, Peccatum, S. 231 f.

65 Siehe näher unten § 13 II, 2 und III, 2, S. 325 und 330.

§ 13 Marsilius von Padua

Wilhelm von Ockham und Marsilius von Padua werden nicht selten in einem Atemzug genannt. Beide waren in den politisch-kirchlichen Auseinandersetzungen der Zeit Parteigänger Kaiser Ludwigs des Bayern; sie unterstützten ihn in seinem Kampf gegen kirchlich-päpstliche Vorherrschaft argumentativ und als Ratgeber, auch lebten sie seit 1328 unter seinem Schutz an seinem Hof in München. Ungeachtet dieser Parteigängerschaft sind sie jedoch in ihren Positionen zu Recht und politischer Ordnung nach Fragestellung, methodischem Vorgehen und Ergebnis durchaus verschieden. Marsilius war nicht spekulativer Philosoph, Erkenntnistheoretiker und Theologe; sein Hauptwerk, der „Defensor pacis", hat zu seinem Thema die richtige Gestaltung der politischen Ordnung, und dies in steter Abwehr kirchlich-päpstlicher Herrschaftsansprüche. Was wir bei ihm finden, ist daher in erster Linie eine aus den Frage- und Frontstellungen der Zeit heraus polemisch akzentuierte Philosophie der politischen Ordnung. Seine Ansätze zur Philosophie des Rechts sind darin eingebettet und werden durch sie funktional bestimmt.

I. Lebensweg, Fragestellung und Ausgangspunkt

1. Marsilius – über ihn sind nur wenige Lebensdaten bekannt – wurde zwischen 1275 und 1280 als Sohn eines Notars in Padua geboren. Anders als Wilhelm von Ockham war er nicht spekulativer Philosoph und Theologe; er hatte Naturphilosophie, Medizin, auch Theologie studiert, wirkte an der Pariser Universität als Magister artium und war für kurze Zeit (Dezember 1312 – März 1313) Rektor der Universität. Zwischen 1315 und 1320 stand er zeitweise im Dienst oberitalienischer Herrschaftsträger (*signori*), hielt sich auch am französischen Königshof in Avignon auf. Seit 1320 widmete er sich der Wissenschaft und ärztlicher Praxis. Sein Hauptwerk, der Defensor pacis, wurde 1324 vollendet; es war Kaiser Ludwig dem Bayern als dem erhofften Verteidiger des Friedens gewidmet. Nach Vorladung durch die bischöfliche Inquisition 1326 – Marsilius wurde 1327 als Ketzer verurteilt[1] und fünf Sätze

[1] Bulle *Licet iuxta* Papst Johannes' XXII., vgl. *H. Kusch*, Einleitung zu Marsilius v. Padua, Verteidiger des Friedens, S. XVI.

des Defensor pacis wurden gebannt – verließ er fluchtartig Paris. Er fand Aufnahme am Hof Ludwigs des Bayern, den er 1328 auf seiner Romfahrt, dort mit politischen Aufgaben befaßt, begleitete. Anschließend lebte er als Leibarzt und Berater Ludwigs des Bayern in München, wo er vor dem 10.4.1343 verstarb.[2]

2. Um Marsilius in seinen Gedanken und Positionen richtig zu verstehen, muß man sich die Perspektive seines Denkens vor Augen führen. Der Defensor pacis ist nach Zielsetzung und Inhalt ein philosophisch, teilweise auch theologisch argumentierender Angriff gegen die zu dieser Zeit recht ausgebreitete, in weltliche Bereiche zunehmend stärker hineinwirkende Herrschaftsposition (*potestas*) der Kirche, insbes. der Päpste, die diese Position zu einer Oberherrschaft über die weltliche Gewalt auszuweiten suchten (oben § 12 I 1, S. 295 f.). Marsilius macht sich zur Aufgabe, anstelle der fortwährenden Kämpfe und Auseinandersetzungen das Ziel von *pax et tranquillitas* im Zusammenleben der Menschen zu erreichen. Das setzt für ihn ein Zurückschneiden der Kirche auf ihre geistlichen Aufgaben und Befugnisse voraus, den Abbau aller mit *potestas coactiva* verbundenen Herrschaftspositionen, ferner die Aufhebung der Sonderrechte und eigenen Gerichtsbarkeit für den Klerus sowie der kirchlichen Interventionsbefugnisse in den weltlichen Bereich hinein.[3] Damit ergibt sich für ihn die Frage, wie sich dies begründen und ins Werk setzen läßt innerhalb einer Gesamtordnung, die sich ungeachtet vorhandener Rivalitäten und machtpolitischer Auseinandersetzungen als die eine Christenheit (*christianitas*) versteht und die Verbindlichkeit des christlichen Glaubens nicht in Frage stellt. Geht das ohne eine radikale Infragestellung des bisherigen Fundaments der politischen Ordnung, das heißt eine durchgreifende Säkularisierung, die das göttliche Recht in seiner Verbindlichkeit beiseite stellt und unmittelbar auf die Menschen und ihre Entscheidungsbefugnis – eine Art Volkssouveränität – als Grundlage und Legitimation politischer Ordnung zurückgreift?

Es gibt nicht wenige Interpreten, die gemeint haben, solche Ansätze im Defensor pacis zu finden, in ihm den Geist moderner Theorien und liberaler Anschauungen, ja sogar eine konsequent durchgeführte demokratische Konstruktion zu erkennen. Das wiederum ist heftig bestritten und auf die feste Verwurzelung im mittelalterlichen Denken hingewiesen worden.[4] Insofern gibt es eine eigene Interpretationsgeschichte des Defensor pacis, die ihrerseits von Fragestellungen des 19. und 20. Jahrhunderts geleitet ist. Man suchte seinen Text auf diese Fragestellungen hin zu aktualisieren. Vielfach wurden aus mittelalterlichem Denken erwachsene Defi-

---

[2] Zu den biographischen Daten: *A. Gewirth*, Marsilius, Bd. 1, S. 20–22; *J. Miethke*, Politische Theorien im Mittelalter, S. 112 f.; *J. Haller*, Zur Lebensgeschichte, S. 166 ff.

[3] Siehe *D. Lüddecke*, Marsilius, S. 109 f., der zu Recht erwähnt, daß Marsilius insoweit Thomas Hobbes ein Stück vorwegnimmt.

[4] Siehe den Überblick bei *H. Segall*, Grundfragen der Interpretation, S. 9–14.

nitionen, ohne den historischen Bedeutungswandel politischer Termini zu berücksichtigen, in die neuzeitliche staatswissenschaftliche Begrifflichkeit eingegliedert und die Lehren des Marsilius zu einer Form oder Vorform moderner Theorien erklärt,[5] statt sie aus ihrer Entstehungszeit zu verstehen und zu begreifen, ohne sie zu modernisieren.[6]

3. Marsilius strebt jedoch, entgegen etlichen seiner Interpreten, eine solche Säkularisierung und Profanisierung der Ordnung des menschlichen Zusammenlebens nicht an. Er verbleibt im Rahmen und auf dem Boden der *christianitas* und sucht ungeachtet seiner Zielsetzung keine Emanzipation vom christlichen Glauben als Grundlage politischer Ordnung. Sein Ausgangspunkt ist ein anderer. Was er anstrebt und für unerläßlich hält, ist eine weitreichende Verlagerung der Kompetenzen innerhalb der Christenheit: eine strikte Scheidung von geistlicher und weltlicher Gewalt in der Weise, daß alle äußere Rechts- und Zwangsgewalt (*potestas coactiva*) allein der politischen Ordnung zukommt, die Kirche hingegen weltlich-äußerer Herrschaftsbefugnisse und Jurisdiktion entkleidet wird und auf die Bereiche von Lehre, d.h. Verkündigung der christlichen Offenbarung, Gottesdienst und Verwaltung der Sakramente beschränkt bleibt.

Wie läßt sich dafür der Boden bereiten? Hier kommt Marsilius die Aristoteles-Rezeption zu Hilfe, die sich im 13. und beginnenden 14. Jahrhundert immer mehr ausbreitete. Er bezieht sich grundlegend auf Aristoteles und entwickelt unter ausgiebiger Heranziehung von Belegen aus dessen Politik und der Nikomachischen Ethik eine eigenständige politische Ordnungs- und Gesetzeslehre, die nicht mehr auf spezifisch theologischen Prämissen aufruht.[7] Wie Aristoteles knüpft er vielmehr an die Naturanlagen des Menschen an, und anders als Thomas von Aquin integriert er den naturteleologischen Ansatz des Aristoteles nicht in ein theologisch bestimmtes Ordnungsbild der Welt. Für Thomas gehörte es zur Naturbestimmung des Menschen als von Gott geschaffenes Wesen, auf die Anschauung Gottes im ewigen Leben ausgerichtet zu sein, weshalb dann – aus dem teleologischen Zweckgedanken heraus – das naturgemäße gute Leben auch die Hinführung zur ewigen Seligkeit, mit allem, was dazu notwendig ist, umfaßt (oben § 10 II 2, S. 232). Marsilius

[5] Dazu im einzelnen bei *H. Segall*, Grundfragen der Interpretation, S. 7f., 11ff., 58–61; siehe auch *H. Hofmann*, Repräsentation, S. 193–198.

[6] Siehe *R. Scholz*, Genesis des modernen Staatsbewußtseins, S. 92f. und oben § 1, S. 8f.

[7] *T. Struve*, Bedeutung der aristotelischen Politik, S. 165–169; *D. Sternberger*, Verfassungslehre des Marsilius, insbes. S. 99–102; *M. Grabmann*, Einfluß der aristotelischen Philosophie, S. 51f.

verbleibt demgegenüber bei der Orientierung auf das diesseitig Natürliche und seine Erfordernisse. Bei ihm findet eine säkulare, weltliche Rezeption und Erneuerung des Aristoteles statt. Er nimmt Aristoteles gewissermaßen ‚rein' auf, als (noch) Heide, wenn man will. Das ermöglicht die Bestimmung einer Weltlichkeit in Abgrenzung zur religiös-politischen Einheitswelt, wie sie das Mittelalter kennzeichnete,[8] ohne daß freilich das so gesehen Natürliche sich gegenüber dem Religiös-Übernatürlichen einfach abschließt; es ist für *religio* als Teil des natürlich-menschlichen Lebens offen. Und die Orientierung an Aristoteles führt auch dazu, daß von der Fundierung des Rechts in der Leges-Hierarchie (*lex aeterna – lex naturalis – lex humana*) und den darin formulierten Geltungsbedingungen für die *lex humana*, wie sie Augustinus und Thomas von Aquin entwickelt hatten (oben § 9 III 2, S. 203–208 und § 10 III S. 233 ff.), abgesehen werden kann.[9] Zu diesen Geltungsbedingungen gehörte, daß die *lex humana* – das positive Recht –, um verbindliche Kraft zu haben, mit der *lex aeterna* und *lex naturalis* übereinstimmen müsse; sie eröffneten immer wieder kirchlich-theologische Interventionsmöglichkeiten, indem diese Übereinstimmung kirchlicherseits autoritativ in Abrede gestellt wurde.

Wie stellen sich von diesem sachlichen und methodischen Ausgangspunkt der Charakter und die Begründung der politischen Ordnung und des aus ihr folgenden Rechts dar?

II. Politische Ordnung und ihre Verfaßtheit

Für die politische Ordnung fragt Marsilius zunächst nach ihrem Grund und ihrer richtigen, vernünftigen Gestalt. Erster Leitgedanke ist dabei, die Zweckausrichtung der politischen Ordnung auf *pax seu tranquillitas* in den *regna*, den Reichen und Herrschaften in der Welt, herzustellen und zu sichern und so dem die Zeit kennzeichnenden Streit und Unfrieden erfolgreich entgegenzutreten (DP I, 1, § 1–5). Genauer besehen, geht es um das Modell einer in vielerlei Hinsicht an der aristotelischen Polis orientierten Verfassungs- und Organisationsform, das sich ebenso in einzelnen Städten wie in größeren *regna*, die aus Städten und Provinzen zusammengesetzt sind, verwirklichen soll.[10]

---

[8] *M. Grabmann*, Einfluß der aristotelischen Philosophie, S. 41; *T. Struve*, Bedeutung der aristotelischen Politik, S. 165–168, 170.

[9] Siehe auch *T. Struve*, Die Rolle des Gesetzes, S. 365–367.

[10] DP I, 2, § 2. Eine andere Auffassung vertritt *D. Sternberger*, Verfassungslehre des Marsilius v. Padua. Zum Verhältnis von civitas und regnum heißt es dort (S. 99): „Die *civitas* ist das Muster, das *regnum* der Erfahrungsstoff, welcher nach diesem Muster geordnet, gedeutet und auch geformt wird."

Pax und *tranquillitas*, das bei Marsilius stets wiederkehrende Begriffspaar, wird gleichbedeutend, nicht additiv gebraucht[11], gemeint sind Frieden und Ruhe im Zusammenleben der Menschen, die der Grund für das Gedeihen der Völker und den Nutzen der Menschen sind, wie Marsilius im Anschluß an den Römer Cassiodor hervorhebt (DP I, 1, § 1). *Tranquillitas* haftet, anders als bei Augustinus, keine spezifisch religiöse Bedeutung an, wenngleich Marsilius verschiedentlich die bekannten Aufrufe zum Frieden und zu Friedensverheißungen aus dem Neuen Testament, die einen eher anderen Sinn haben, zur Bekräftigung des Friedenszieles heranzieht (vgl. DP I , 1, §§ 1–5).

1. Den Grund für das Entstehen von *civitates*[12] sieht Marsilius einerseits in naturhafter Notwendigkeit begründet. Die Menschen können je allein nicht überleben, sind vielmehr aus naturaler Bedürftigkeit auf Gemeinschaftsbildung, auch politische Gemeinschaftsbildung angewiesen.[13] Das wird mehrfach hervorgehoben. Aber Marsilius betont ebenso – entgegen der Meinung etlicher Interpreten[14] – die auch ethische Finalität der politischen Gemeinschaft, die in der natürlichen Hinneigung der Menschen zum Leben in der politischen Gemeinschaft als dem guten und entfalteten Leben grundgelegt ist. Er schließt sich insoweit durchaus an Aristoteles' Politik an,[15] wenn auch mit vielleicht geringerem Nachdruck.

> „Wenn Aristoteles von der civitas sagt, sie ist um des Lebens willen entstanden, sie besteht aber um des guten Lebens willen, gibt er ihre vollkommene Zweckursache an, denn die in einer politischen Gemeinschaft leben, leben nicht nur so wie es die Tiere und Sklaven tun, sondern leben gut, frei für die höheren Aufgaben und Werke, wie sie den Kräften einer praktisch wie theoretisch ausgerichteten Seele entsprechen."[16]

---

[11] Im lateinischen Text ist immer von *pax seu tranquillitas*, nicht von pax et tranquillitas die Rede, wenn nicht *tranquillitas* allein gebraucht wird. Vgl. etwa DP I, 1, § 1 und I, 2, § 1.

[12] Daß Marsilius stets von *civitas* spricht, um die politische Gemeinschaft und Einheit zu bezeichnen, auch sofern er sich auf die Polis bei Aristoteles bezieht, geht darauf zurück, daß seine Vorlage für die Texte des Aristoteles die lateinische Übersetzung des Aristoteles von Wilhelm von Moerbeke war, in der Polis mit civitas wiedergegeben wurde, vgl. *D. Sternberger*, Verfassungslehre des Marsilius, S. 97; siehe auch oben § 10 I 5, S. 228.

[13] Näher hierzu *T. Struve*, Bedeutung der aristotelischen Politik, S. 163–165; ähnlich *J. Miethke*, Politische Theorien im Mittelalter, S. 114.

[14] *A. Gewirth*, Marsilius, Bd. 1, S. 55 f., 63 f.; *T. Struve*, Bedeutung der aristotelischen Politik, S. 163 f.; *J. Miethke*, Politische Theorien im Mittelalter, S. 114; *J. Lutz*, Zur Staatslehre, S. 373; *H. Ottmann*, Politisches Denken, Bd. 2, 2, S. 263. Die Reduktion der Entstehung der politischen Gemeinschaft auf natürlich-biologische Notwendigkeit ist durch den Text des Defensor pacis nicht gedeckt. Sie kann freilich zustande kommen, wenn in DP I, 4 nur der abschließende Paragraph 5, nicht aber die vorausgehenden Paragraphen 1 bis 4 gelesen werden. Wie hier *K. Roth*, Genealogie des Staates, S. 550.

[15] *Aristoteles*, Pol. I, 2; vgl. oben § 5 IV 1a und 1b, S. 121, 122.

[16] DP I, 4, § 1: „Est autem civitas secundum Aristotelem 1⁰ Politice capitulo 1⁰:

Allerdings ist der Vorgang, wie *civitates* entstehen, kein naturwüchsiger, sondern ein bewußt herbeigeführter, der menschlichem Handeln entstammt. Das hat jedoch noch nichts mit einem neuzeitlichen Gesellschafts- oder Staatsvertrag zu tun, der isolierte Individuen überhaupt erst zu einer Gemeinschaft verbindet. Es ergibt sich vielmehr zum einen daraus, daß die *civitas* – dem Vorbild der aristotelischen Polis folgend – eine aus Familien und Dörfern zusammengesetzte Einheit ist, die als solche erst durch gewolltes Zusammenwirken herbeigeführt wird; zum andern bedarf auch das, was in der Natur der Menschen entelechial vorgezeichnet ist, der bewußten Aufnahme und rationalen Gestaltung durch die Menschen, um wirklich zu werden. Deshalb ist für Marsilius die *causa efficiens*, die hervorbringende Ursache politischer Gemeinschaft und Organisation von großer Bedeutung.

2. Diese *causa efficiens* sieht Marsilius in der *universitas civium*, der Gesamtheit der Bürger. Von ihr geht die Ordnung und (ständische) Gliederung des Gemeinwesens aus, sie ist es, die als „*legislator humanus*" die Gesetze als die verbindlichen und sanktionsbewehrten Regeln des Zusammenlebens der Menschen erläßt, die auch die Regierenden bestellt und sie kontrolliert.[17] Diese *universitas civium* tritt freilich als eine gegliederte und verfaßte in Erscheinung, nicht einfach als (amorphe) Summe der einzelnen. Entscheidungen, die sie zu treffen hat, können von der Gesamtheit selbst, ebenso aber von deren *valencior pars* ausgehen, was Marsilius immer wieder hervorhebt.[18] Man darf diesen Begriff nicht mit Mehrheit übersetzen,[19] er ist bewußt offen

perfecta communitas, omnem habens terminum per se sufficiencie, ut consequens est dicere, facta quidem igitur vivendi gracia, existens autem gracia bene vivendi. Quod autem dixit Aristoteles: vivendi gracia factos, existens autem gracia bene vivendi, significat causam finalem ipsius perfectam, quoniam viventes civiliter non solum vivunt, quomodo faciunt bestie aut servi, sed bene vivunt, vacantes scilicet operibus liberalibus, qualia sunt virtutum tam practice, quam speculative anime." Siehe ferner DP I, 5, § 2 und I, 13, § 2, wo Marsilius auf den Satz des Aristoteles, Politik I, 2 verweist, daß in allen Menschen von Natur ein Trieb zu dieser Gemeinschaft des erfüllten Lebens ist (natura quidem igitur in omnibus impetus est ad talem communitatem). Vgl. auch *J. Coleman*, History of Political Thought, S. 144–146.

[17] Siehe im einzelnen DP I, 8, § 1; zur Gesetzgebung DP I, 12 u. 13, zur Regierung DP I, 14 u. 15, 18.

[18] DP I, 12, § 3 am Anfang: Nos autem dicamus ..., legislatorem seu causam legis effectivam primam et propriam esse populum seu civium universitatem aut eius valenciorum partem ... und öfters.

[19] So aber Horst Kusch, vgl. Defensor pacis, lat.-deutsch, bearb. H. Kusch. Die Stelle DP I, 12, § 3 wird von ihm wie folgt übersetzt: „Gesetzgeber oder erste und spezifisch bewirkende Ursache des Gesetzes ist das Volk oder die Gesamtheit der Bürger oder deren Mehrheit." Die Übersetzung mit „Mehrheit" erscheint auch an allen anderen Stellen, an denen *pars valencior* vorkommt. Siehe auch *H. Ottmann* (Lit.), Bd. 2, 2, S. 265 f.

und mehrdeutig gehalten, kann und will Verschiedenes abdecken.[20] Marsilius selbst hat an vier Stellen eine nähere Erläuterung gegeben. Gemeint ist danach der gewichtigere Teil, und dies unter Berücksichtigung der Menge der Personen und ihrer Bedeutung in der betreffenden Gemeinschaft.[21] Darin ist zugleich eine gewisse Art von Repräsentation enthalten.[22] Und es erlaubt den Rückgriff auf bestehende Einrichtungen, im Reich vielleicht auf die im Reichstag versammelten Stände, oder auf die – wie es an anderer Stelle und mit zusätzlichem Verweis auf Aristoteles heißt – jeweilige gute Gewohnheit in den Politien.[23]

Für die Abstufung und den Umfang der Beteiligungsrechte, die Marsilius darlegt, sind die Vorbilder, wie Dolf Sternberger eingehend dargelegt hat,[24] wohl mehr in der Lehre des Aristoteles von den Verfassungsformen, nicht zuletzt seinem statusmäßigen Bürgerbegriff zu suchen, als in vermeintlichen oder wirklichen Gegebenheiten in den norditalienischen Stadtherrschaften zu Beginn des 14. Jahrhunderts.[25] Das gilt auch für die Unterscheidung und nähere Bestimmung der Bestandteile der *civitas*, die Marsilius vornimmt, das heißt ihrer berufs- und funktionsbezogenen ständischen Gliederung, dafür wird Aristoteles ausdrücklich in Bezug genommen (DP I, 5, § 1).

3. Marsilius beschäftigt sich auch mit der Frage nach der angemessenen Regierungsform. Entscheidend ist für ihn, im Anschluß an Aristoteles, eine gemäßigte Regierungsform. Deren Kriterium ist, daß der Herrscher, sei er ein

---

[20] *A. Gewirth*, Marsilius, Bd. 1, S. 182–198 ist mit großer Akribie der Frage nachgegangen, ob sich ein eindeutiger Inhalt und welcher für *valencior pars* ermitteln läßt, gelangt aber nur zu vagen und teilweise problematischen Schlußfolgerungen, vgl. dazu auch *H. Segall*, Grundfragen der Interpretation, S. 65, Anm. 39. Eher unentschieden zwischen quantitativem und qualitativen Verständnis *J. Lutz*, Zur Staatslehre, S. 378 f.

[21] DP I, 12, § 3: valenciorum inquam partem, considerata quantitate personarum et qualitate in communitate illa super quam lex fertur. Siehe dazu *D. Sternberger*, Verfassungslehre des Marsilius, S. 142–145. Zur Repräsentation bei Marsilius *H. Hofmann*, Repräsentation, S. 209–211 und *D. Sternberger*, ebd., S. 145 ff.

[22] DP I, 12 § 5: „Hoc autem est civium universitas aut eius pars valencior, que totam universitatem representat;" ferner DP I, 13, § 2 a. E.: „universitatem civium aut ipsius valenciorum multitudinem, que pro eodem accipienda sunt ...".

[23] DP I, 12, § 4: „Valenciorum vero civium partem oportet attendere secundum policiarum consuetudinem honestam, vel hanc determinare secundum sententiam Aristotelis 6⁰ Politice, capitulo 2⁰ [= 1318b, 27 ff.]." Aristoteles empfiehlt an dieser Stelle, daß zwar alle Bürger (in dem von ihm gemeinten Sinn, s. oben § 5 IV 1 c, S. 122) an der Wahl der Regierenden, der Kontrolle und der Rechtsprechung teilnehmen, aber in die hohen Ämter nur nach einem Zensus, und zwar je höher das Amt, je höher der Zensus, gewählt werden kann.

[24] *D. Sternberger*, Verfassungslehre des Marsilius, Anm. 21, S. 118–124, in Auseinandersetzung insb. mit *C.W. Previté-Orton*, Marsilius, und *A. Gewirth*, Marsilius, T. 1.

[25] Die Frage ist in der Literatur umstritten. Für eine – starke – Relevanz der norditalienischen Gegebenheiten *H. Segall*, Grundfragen der Interpretation, S. 51–57 mit Hinweis auf weitere Literatur. Siehe auch *H. Hofmann*, Repräsentation, S. 202–209.

Einzelner oder eine bestimmte Schicht, zum allgemeinen Nutzen und mit Willen oder Zustimmung der ihm Unterworfenen regiert. In diesem Sinn versteht und erweitert er die Merkmale der ‚guten' Regierungsform im Sinne des Aristoteles, bei dem der Wille oder die Zustimmung der Regierten nur indirekt und nebenbei Bedeutung hat.[26] Unter den gemäßigten Regierungsformen bevorzugt Marsilius eine Königsherrschaft in der Form der Wahlmonarchie, wobei er die möglichen Formen der Wahl näher erörtert und vergleicht.[27] Das ist ersichtlich auch auf das mittelalterliche Reich und seine Verfassung bezogen.

Der Monarch erscheint mehr als Regent denn als ungebundener Herrscher. Grundlage und Begrenzung seiner Regierung sind die Gesetze, an die er gebunden ist und die er nicht allein ändern kann. Die Gesetze und der Gesetzgeber erhalten in gewisser Weise eine dominierende Stellung, lösen die *jurisdictio*, das Recht-suchen und Recht-sprechen des Herrschers als Richter ab. Das korrespondiert der Entstehung von Rechtsaufzeichnungen, den sog. Rechtsbüchern, und einem stärkeren Vordringen von Gesetzen seit dem 13. Jahrhundert (oben § 10 I 3, S. 226). Marsilius nimmt hierbei von Aristoteles den Gedanken der Herrschaft der Gesetze auf: In einer guten Ordnung regieren eigentlich die Gesetze, nicht der Wille eines einzelnen. [28] Doch sind diese Gesetze nicht Akte eines souveränen Gesetzgebers, sie liegen dem Geltendmachen der Souveränität noch voraus; wesentlich sind sie Ausdruck vernünftiger Einsicht und Überlegung, nach ihrem normativen Leitbild Vernunft ohne Begehren, wie es bei Aristoteles heißt und von Marsilius aufgenommen wird.[29]

III. Politische Gewalt und kirchliche Gewalt

Die so gegliederte und organisierte politische Ordnung zeichnet sich durch eine besondere Eigenart aus, und das ist der Kernpunkt für Marsilius. Sie ist einerseits für die christliche Religion offen, weist diese nicht aus dem Gemeinwesen hinaus. Anderseits aber werden äußere Zwangsbefugnisse allein und ausschließlich von ihr ausgeübt; sie ergreift mit ihren Rechtsregeln alle ihre Glieder in gleicher Weise. Damit wird die Kirche aller *potestas tempora-*

---

[26] Siehe DP I, 8, § 3 und *Aristoteles*, Pol. III, 6 u. 7, 1278b, 8–1279b, 10 und IV, 10, 1295 a, 15–17; vgl. ferner oben § 5 IV 2b, S. 126 f.

[27] DP I, 9, § 7 mit § 5.

[28] DP I, 11, § 4: „Ubi non principantur leges, id est: ubi principantes non principantur secundum ipsas, non est policica, temperata supple. Oportet enim legem quidem principari omnium." Ferner DP I, 11, § 5.

[29] *Aristoteles,* Pol. III, 16, 1287a, 32; DP I, 11, § 4.

lis und der Klerus seiner Sonderrechte entkleidet. Mußte das aber nicht zum Verlust der Einheit der *christianitas* führen?

1. Für die Offenheit gegenüber der Religion und die Einbeziehung der Religion in die politische Ordnung kann Marsilius wiederum an Aristoteles und antike Autoren anknüpfen. Für diese war die Verehrung der Götter und eine entsprechende Aufgabe der Priester Bestandteil der Ordnung der Polis als einer vollkommenen Gemeinschaft (*societas perfecta*). Die Zugehörigkeit der Religion zur Polisordnung ergab sich nicht zuletzt aus deren Wirkung und Nutzen für die Vermittlung ethisch-sittlichen Handelns im persönlichen und öffentlichen Bereich, denn davon hängen die Ruhe im Gemeinwesen und ein befriedigendes Leben in dieser Welt wesentlich ab.[30] Marsilius greift dies im Sinne einer rationalen Begründung für die Relevanz der Religion und die Zugehörigkeit der Priester zum politischen Gemeinwesen auf, die schon die Heiden kannten (DP I, 5, § 10–12). Aber er bleibt bei dieser Argumentation nicht stehen. Aristoteles bedarf vielmehr einer Ergänzung, denn er kannte noch nicht einen Unruhestifter, der inzwischen mit dem Christentum aufgetreten ist: das Papsttum und seine Herrschaftsansprüche wie auch die der Kirche insgesamt. Ihnen gilt es entgegenzutreten, um *pax seu tranquillitas* zu erreichen: im Reich, in den *regna* und den *civitates*. So fragt Marsilius nach der „wahren Bedeutung“ der christlichen Religion und der Priester gemäß dem Heilplan Gottes und dem Offenbarungsgeschehen.[31] Hiernach kommt es darauf an, daß die Gläubigen dem ‚evangelischen Gesetz‘ folgen, das Christus mit seiner Erlösungstat verkündet hat, nicht mehr und nicht weniger. Dieses Gesetz, das den Menschen erneut die Erlangung der durch den Sündenfall verlorenen ewigen Seligkeit ermöglicht, ist für Marsilius ein Gesetz einerseits der Gebote und Ratschläge, andererseits ein Gesetz der Gnade. Aufgabe der Kirche und der Priester ist es, die Menschen im Sinne dieses evangelischen Gesetzes zu belehren und zu erziehen, Gottesdienst zu halten und die Sakramente zu spenden, nicht aber, weltliche Herrschaft und überhaupt Rechtsgewalt und äußere Zwangsbefugnisse (*vis coactiva*) auszuüben. Hierin hat man, wie gesagt, den Kernpunkt der Anlage und Argumentation des Defensor pacis zu sehen.[32]

---

[30] DP I, 5 § 11.

[31] Die Darlegung im einzelnen findet sich in DP I, 6, §§ 4–8.

[32] Die politiktheoretische Grundlage wird im 1. Teil (Dictio I) gegeben (I, 6, §§ 4–8), die nähere Entfaltung insbes. die Zurückweisung der kirchlichen Position mit theologischen Argumenten erfolgt in dem umfangreichen 2. Teil (Dictio II), vgl. etwa II, 6, §§ 1–3; II, 9, §§ 2–5 u.ö. Knappe Zusammenfassung bei *L. Stieglitz*, Staatstheorie des Marsilius, S. 46f. Siehe auch *M. Loeffelberger*, Marsilius, S. 197–199.

Marsilius unternimmt es, den Nachweis zu führen, daß aus den Evangelien keine äußere Gewalt und Rechtsbefugnis, geschweige denn Herrschaftsrechte der Bischöfe und Priester ableitbar seien. Dazu tritt er umfangreich in die zeitgenössischen theologisch-kirchenpolitischen Auseinandersetzungen ein.[33] Er beruft sich neben den Evangelien auf die Apostelbriefe und die frühen Kirchenväter wie Ambrosius und andere. Die sog. Konstantinische Schenkung, wie überhaupt die Inanspruchnahme von *potestas temporalis* durch die Kirche, insbesondere der *plenitudo potestatis* durch den Papst, klagt er als Usurpation und Mißbrauch an, sie sei ohne jeden theologischen Titel.

Die hier vorgenommene ‚Entmachtung' des Papstes wird in keiner Weise durch einen Machtzuwachs beim Kaiser kompensiert. Das Kaisertum als Universalherrschaft, zumal mit geistlichen Grundlagen und Aufgaben, hat bei Marsilius keinen Ort.[34] Die politische Theorie des Aristoteles, sein Vorbild, ist polisbezogen, nicht universal orientiert, wie es die Stoa der Spätantike war (oben §6 III 1 u. 2, IV 1, S. 138–142 u. 144f.). Marsilius räumt jegliche Universalgewalt beiseite und reduziert den Kaiser, dem der Defensor pacis gewidmet ist, auf die Stellung, die ihm als gewählter deutscher König zukommt.

2. Mit diesem für Marsilius wichtigen Negativbeweis ist der Weg frei, um die umfassende Regelungs-, Entscheidungs- und Zwangsbefugnis, die in der politischen Ordnung nach deren Entstehung und Zielausrichtung angelegt ist, voll zur Geltung zu bringen. Die von der *universitas civium* ausgehende, von verschiedenen Organen ausgeübte Regierungs- und Rechtsgewalt erstreckt sich auf all ihre Glieder in gleicher Weise, ohne Exemtionen und Privilegien. Jede äußere kirchliche Jurisdiktion oder Gerichtsbarkeit, zumal eine *potestas temporalis*, aber auch Sonderrechte für den Klerus fallen dahin. Einzig von der weltlichen Gewalt, wie sie in der politischen Ordnung verfaßt ist, können strikt verbindliche, sanktionsbewehrte Gesetze ausgehen, und denen sind auch alle Priester unterworfen. Das Amt der Priester ist, auch wenn sie Gebote des Evangeliums und göttliche Gesetze verkünden, nicht das eines zwingenden Gesetzgebers, sondern nur das eines Lehrers und Ratgebers;[35] auch göttliche Gesetze haben nämlich für das *diesseitige* Leben – anders als für das jenseitige – keine äußerlich zwingende Geltung und Kraft, sie kann nur der weltliche Gesetzgeber verleihen.

Diese Position hatte in den Auseinandersetzungen der Zeit provokativen, ja revolutionären Charakter. Sie stellte die Herrschaftsstellung der Kirche und das bestehende Verhältnis von Kirche und politischer Ordnung radikal in

[33] Paradigmatisch etwa DP II, 4 passim.
[34] *K. Roth*, Genealogie des Staates, S. 553f.
[35] Siehe insbes. DP II, 9, §§2 u. 3.

Frage. Angriffe und kirchliche Verurteilung blieben daher nicht aus. Gleichwohl hat die vielfach vertretene Auffassung, Marsilius ordne die Kirche dem Staat unter und mache sie zur Staatsanstalt,[36] zwar einen äußeren Anschein für sich, trifft aber in der Sache letztlich nicht zu.

Marsilius unterscheidet nämlich deutlich zwischen der politischen Gemeinschaft der *universitas civium* und der *ecclesia* als der *universitas fidelium*.[37] Das Problem ergibt sich daraus, daß er für die kirchliche Gemeinschaft vermöge seiner konziliaren Theorie, die jeweils den Gläubigen insgesamt kirchliche Entscheidungszuständigkeit zuerkennt und jeden päpstlichen Primat verwirft,[38] eine analoge Organisationsstruktur wie bei der politischen Gemeinschaft annimmt, und die Glieder der *universitas civium* als Christen zugleich auch Glieder der *universitas fidelium* sind. Dadurch kommt es faktisch zu einer Identität zwischen beiden, so daß der Gesetzgeber der *universitas civium* zugleich als Gesetzgeber der *universitas fidelium* auftreten kann. Marsilius ist aber weit davon entfernt, dem Gesetzgeber der *universitas civium* als solchem, ohne daß er zugleich ein gläubiger Gesetzgeber ist, Entscheidungen über Fragen des Dogmas und der kirchlichen Organisation einzuräumen.[39] Dies zeigt sich nicht zuletzt daran, daß er bei einem ungläubigen Gesetzgeber oder Regierenden eine eigene kirchliche Organisation mit Entscheidungsbefugnissen der Bischöfe und Priester im Zusammenwirken mit der *sanior pars* der Gläubigen anerkennt.[40] Gleichwohl hat die Abwesenheit einer institutionell-organisatorischen Trennung, die für die politischen Gemeinwesen im Rahmen der *christianitas* gilt, die unvermeidliche Tendenz, für politisch motivierte Übergriffe offen zu sein statt sie hintan zu halten

IV. Gesetzeslehre und Rechtsphilosophie

In Marsilius' Begründungsansatz für die politische Ordnung, der sein theoretisches Denken insgesamt bestimmt, liegt es als Konsequenz, daß er für die Frage nach dem Recht und dessen Grundlagen das (positive) *Gesetz* ins Zentrum rückt. Recht weist bei ihm ganz auf das Gesetz, das im politischen Gemeinwesen gilt, zurück; es ist mit ihm weithin gleichbedeutend und geht aus ihm hervor.

---

[36] Zu deren Vertretern vgl. *H. Segall*, Grundfragen der Interpretation, S. 59, Anm. 7 und S. 70, Anm. 57; besonders deutlich *R. Scholz*, Publizistik, S. 452f.

[37] DP II, 2, § 3; *H. Segall*, Grundfragen der Interpretation, S. 67ff.

[38] Geraffter Überblick bei *D. Lüddecke*, Marsilius, S. 116f.

[39] Siehe DP II, 21, § 1; danach kommt es allein dem gläubigen menschlichen Gesetzgeber zu, ein allgemeines Konzil einzuberufen, dafür geeignete Personen zu bestimmen, es zu versammeln, abzuhalten und in der ordnungsgemäßen Form durchführen zu lassen.

[40] Vgl. DP II, 17, § 15; II, 22, § 12.

1. Marsilius umschreibt den Begriff des Gesetzes im eigentlichen Sinn, der das Gesetz als Anordnung und Regel des Rechts erfaßt, als „das Wissen oder die Lehre von oder das allgemeine verbindliche Urteil (*iudicium*) über das Gerechte und Nützliche im zivilen Zusammenleben und deren Gegenteil" (DP I, 10 § 3 a.E.). Er präzisiert diesen Begriff, indem er zwei Seiten des Gesetzes unterscheidet und besonders hervorhebt: die inhaltliche Seite, mit der das Gesetz aufzeigt, was gerecht und ungerecht, nützlich oder schädlich ist, und die befehlend-sanktionierende Seite, indem über seine Befolgung eine Vorschrift gegeben wird, die durch die Zuteilung von Strafe oder Belohnung zwingenden Charakter hat; und erst insofern, fügt Marsilius an, ist es ganz eigentlich Gesetz.[41]

Marsilius kann bei dieser Präzisierung an einen Satz von Thomas von Aquin anknüpfen und nimmt die spätere Unterscheidung zwischen *lex indicativa* und *lex imperativa* in gewisser Weise vorweg.[42] Aber er verändert das Verhältnis von *ratio* und *voluntas* im Gesetz, das bei Thomas in der Formel von der *rationis ordinatio* zusammengebunden war (oben § 10 IV 1, S. 244), in eine Gegenüberstellung mit einem Vorrang der willentlich-sanktionierenden Seite. Denn es sind für ihn

> „nicht alle wahren Erkenntnisse vom Gerechten und Nützlichen im zivilen Zusammenleben Gesetze, sondern nur, wenn über ihre Befolgung eine zwingende Vorschrift gegeben ist oder sie als solche Vorschrift formuliert worden sind, mag auch solch wahre Erkenntnis für ein vollkommenes Gesetz erforderlich sein... Zuweilen werden sogar falsche Erkenntnisse vom Gerechten und Nützlichen Gesetze, wenn eine Vorschrift, sie zu befolgen gegeben wird."[43] Diese sind auch wirksame Gesetze, aber keine vollkommenen, „denn wenn sie auch die nötige Form haben, nämlich die zwingende Vorschrift der Befolgung, entbehren sie der [für die Vollkommenheit] erforderlichen Bedingung, der richtigen und geschuldeten Anordnung des Gerechten."[44]

---

[41] DP I,10, § 4: „Lex dupliciter considerari potest: uno modo secundum se, ut per ipsam solum ostenditur quid iustum aut iniustum, conferens aut nocivum, et in quantum huius modi iris sciencia vel doctrina dicitur. Alio modi considerari potest, secundum quod de ipsius observatione datur preceptum coactivum per penam aut premium in praesenti saeculo distribuenda, sive secundum quod per modum talis precepti traditur; et hoc modo consideratur proprissime lex vocatur et est." Knappe Zusammenfassung bei *D. Lüddecke*, Marsilius, S. 112.

[42] *Thomas v. Aquin*, I–II, qu. 96, art. 5, vgl. insgesamt unten § 14 I 1 Anm. 3, S. 340.

[43] DP I, 10, § 5: „Unde iustorum et conferencium civilium non omnes vere cogniciones sunt leges, nisi de ipsarum observacione datum fuerit preceptum coactivum seu late fuerint per modum praecepti, licet talis vera cognicio ipsorum necessario requiratur ad legem perfectam. Quinimo modo quandoque false cogniciones iustorum et conferencium leges fiunt, cum de ipsis datur observacionis preceptum."

[44] Ebd.: „Esto enim quod formam habent debitam, preceptum scilicet observationis coactivam, debita tamen carent condicione, videlicet debita et vera ordinatione iustorum."

Dieser Vorrang der willensmäßigen Festlegung entspricht der Aufgabe und Funktion des Gesetzes. Der Hauptzweck des Gesetzes ist die verbindliche Festlegung des Gerechten und Nützlichen für das Gemeinwesen; insofern ist der Inhalt nicht einerlei. Aber die *Festlegung* erfolgt allein durch den *legislator humanus* und seine Entscheidung, unabhängig von anderen Instanzen und Vorgaben; nur soweit er selbst Gerechtes und Nützliches festlegt, kann das Gerechte und Nützliche verbindlich sein. Auch das inhaltlich ungerechte Gesetz ist ein wirksames und zu befolgendes, wenngleich unvollkommenes Gesetz. Dieser auch dezisionäre Charakter des Gesetzes ist für Marsilius unerläßlich, damit kirchliche Ansprüche auf eigene Gesetzgebung und auf verbindliche Vorgaben für die weltliche Gesetzgebung unter Berufung auf göttliche Gesetze und das Naturrecht abgewehrt werden können. Marsilius wird so ein Stück weit zum Vorreiter von Thomas Hobbes. Nur so läßt sich angesichts der gegebenen Zerwürfnisse das Ziel von *pax seu tranquillitas*, um dessentwillen die politische Gemeinschaft besteht, erreichen. Daher faßt er abschließend unter den Begriff des Gesetzes im eigentlichen Sinn, welches der Grund für das Recht ist, alle und nur diejenigen Regeln für das Gerechte und Nützliche, die durch menschliche Autorität (*autoritate humana*) aufgestellt sind, wie etwa Gewohnheitsrechte, Satzungen, Volksbeschlüsse u. ä. (DP I, 10, § 6).

2. Marsilius macht damit, bezogen auf das Denken der Zeit, einen weitreichenden Schritt. Das Gesetz, auch als Grundlage des Rechts, erscheint dezidiert als eine Schöpfung des Menschen und erhält weltlich-voluntativen Charakter. Er sieht ausdrücklich davon ab, das Gesetz als die *lex humana* in die bei Augustinus und Thomas von Aquin vorfindliche Leges-Hierarchie mit ihren Ableitungsbindungen einzubeziehen. Maßstab des Gesetzes ist nicht mehr die in einem Naturrecht sich spiegelnde göttliche Weltordnung der *lex aeterna*, auch die traditionelle Vorstellung des Gesetzes als von Gott gewiesene Norm ist nicht mehr wirksam.[45] Was aber tritt an deren Stelle? Auch insoweit findet er seinen Boden im Rückgriff auf Aristoteles. Das Gerechte und für das gemeinsame Leben Nützliche kann sich aus der Einsicht der Vernunft und reflektierter Erfahrung ergeben, weshalb auch die Vorbereitung und Beratung der Gesetze eine sehr wichtige Rolle spielt.[46] Bei Aristoteles geschieht dies ohne explicite Bindung an theologische Prämissen oder vorausliegende göttliche Gesetze. Die Vernunft des Aristoteles ist natürliche Vernunft, auch wenn sie – man denke an die griechische Polisreligion (oben § 2 II S. 17–19) – mittelbar durch religiöse Vorstellungen, die Teil des kulturellen Kontextes sind, mit geprägt sein mag. Diese Berufung auf Aristoteles, wird er

[45] *T. Struve*, Die Rolle des Gesetzes, S. 365 ff.

[46] Siehe DP I, 13 und unten 4, S.

ursprünglich genommen, nicht durch christliche Interpretation überlagert, löst die Vernunft aus der Bindung an eine verbindlich vorgegebene, religiös bestimmte Ordnung. Sie dient allein den natürlichen Zwecken der irdischen Gemeinschaft, eine konstitutive Einbeziehung in die übernatürliche Heilsordnung findet nicht (mehr) statt. Das schließt freilich religiöse, näherhin christliche Gehalte, die kulturell und konsensual vermittelt sind, nicht aus. Gegen solche Gehalte hat Marsilius beileibe nichts einzuwenden, ihm ist an ihnen vielmehr gelegen. Aber sie sind kein Hebel für kirchliche Interventions- und Bestimmungsmacht.

3. Was bleibt dann aber vom göttlichen Gesetz und einem Naturrecht überhaupt noch übrig, haben sie noch irgendeine Relevanz? Die Antwort, die Marsilius auf diese Frage gibt, macht wiederum deutlich, wie sehr es ihm um eine Unterscheidung und Neuaufteilung der Kompetenzen zwischen Kirche und weltlicher Herrschaft, nicht hingegen um eine Beiseitestellung des Christlichen geht.

a) Marsilius anerkennt nämlich durchaus die Existenz des göttlichen Gesetzes. Es erfüllt nach ihm auch die Merkmale eines Gesetzes im eigentlichen Sinn, denn es enthält wie die menschlichen Gesetze Gebot, Verbot oder Erlaubnis und hat zwingenden Charakter, indem seine Befolgung oder Nichtachtung durch Belohnung oder Strafe sanktioniert wird. Aber – und hier liegt die entscheidende Differenz – das menschliche Gesetz „ist zwingend in dieser Welt für diejenigen, die es übertreten, das zweite, das göttliche, keineswegs, sondern ausschließlich in der künftigen Welt."[47]

Das göttliche Gesetz hat die eschatologische Dimension; es ist bezogen auf Erlangung der ewigen Seligkeit im Leben nach dem Tode und sagt, was daraufhin zu glauben, zu tun und zu unterlassen ist. Daher hat es zwar Bedeutung schon im gegenwärtigen Leben, denn es betrifft Einstellung und Verhalten der Menschen in der irdischen Welt, aber es erscheint und wirkt in dieser Welt nur im Sinne religiös-moralischer Anforderungen und Gebote ohne äußerlich zwingenden Charakter. Marsilius formuliert es klar und deutlich: Das göttliche oder evangelische Gesetz (*lex evangelica*) tritt zu den Menschen in doppelter Weise in Beziehung: einmal im Stand und für den Stand des gegenwärtigen Lebens, wo es mehr den Charakter einer theoretischen oder praktischen Lehre hat als den eines Gesetzes im eigentlichen Sinn; zum andern für den Stand in der anderen Welt, in der allein durch Strafe oder Pein getroffen werden soll, wer das Gesetz im gegenwärtigen Leben übertreten hat.[48]

---

[47] DP II, 12, § 3: „primum coactivum est in hoc saeculo transgrediencium illud; secundum vero, divinum scilicet, minime sed in futuro tantummodo." Zu Bedeutung und Folgewirkung dieser Entscheidung vgl. auch *M. Loeffelberger*, Marsilius, S. 122–124.

[48] Siehe DP II, 9, § 3: „evangelica lex potest dupliciter comparari ad homines: uno

Marsilius bekräftigt diese Unterscheidung und Gegenüberstellung mit einem theologischen Argument: Richter mit zwingender Machtbefugnis gegenüber Übertretern des göttlichen Gesetzes ist Christus selbst und er allein. Seine zwingende Gewalt werde gegen niemand in dieser Welt ausgeübt, auch die Priester seien insoweit nur Lehrer und einem Arzt vergleichbar, denn Christus wollte in seiner Barmherzigkeit jedem bis zum Ende seiner Lebenszeit die Möglichkeit geben, Verdienste zu erwerben und die Vergehen gegen sein Gesetz zu bereuen (DP II, 9, § 1).

b) Welche Folgerungen ergeben sich daraus für das Verhältnis des menschlichen Gesetzes zum göttlichen Gesetz? Das göttliche Gesetz entbehrt danach unmittelbarer rechtlicher Geltung; diese erlangt es nur, wenn und soweit der menschliche Gesetzgeber Vorschriften dieses Gesetzes in das menschliche Gesetz aufnimmt und sie sanktioniert. Das göttliche Gesetz kann zwar als Anforderung an den Gesetzgeber wirken, dies in bestimmtem Umfang zu tun; ein gläubiger Gesetzgeber wird und soll dazu bereit sein, aber es bleibt seine Entscheidung. Das gilt auch – eine damals hochsensible Frage – hinsichtlich der Ketzerverfolgung.[49] Als Verstoß gegen das göttliche Gesetz ist Ketzerei allererst im künftigen Leben zu bestrafen, irdische Ketzerverfolgung kann es nur geben, wenn ein weltliches Gesetz sie vorschreibt, und sie bedarf der Feststellung im Verfahren vor dem weltlichen Richter (DP II, 10, §§ 5 u. 6). Prinzipielle Vorbehalte gegen solch weltliche Ketzerverfolgung läßt Marsilius freilich nicht erkennen.[50]

Wie aber steht es, wenn das menschliche Recht dem göttlichen Gesetz widerspricht? Für den einzelnen ist dann eine Konfliktsituation gegeben, denn das göttliche Gesetz ist für ihn ja religiös-moralisch verbindlich. Eine eindeutige Stellungnahme, wie weit das göttliche Gesetz die menschliche Gesetzgebungsbefugnis wirksam begrenzt, zeigt sich bei Marsilius nicht.[51] Geht man davon aus, daß bei Marsilius die *universitas civium* auch als eine *universitas fidelium* vorausgesetzt ist, hat er dem Problem vielleicht wenig Relevanz beigemessen. Er gibt nur eine allgemeine Verhaltensmaßregel für die Fälle einer Differenz von menschlichem Recht und göttlichem Gesetz, wobei aber nicht deutlich ist, ob sie auch den direkten Widerspruch oder nur ein engeres oder weiteres Dürfen erfaßt:

---

quidem modo ad ipsos in statu et pro statu vite presentis; et ut sic racionem habet magis doctrine speculative aut operative ... quam legis dicte secundum propriam et ultimam significatione ... Alio vero modo comparari potest evangelica scriptura seu lex ad homines pro ipsorum statu in alio saeculo, in quo solummodo non in isto, acebuntur pena vel supplicio, qui eam transgressi fuit in vita presenti."

[49] Siehe DP II, 10, §§ 2 u. 3.

[50] Das ergibt sich aus DP II, 10 insgesamt.

[51] Zu den unterschiedlichen Auffassungen in der Literatur vgl. *M. Loeffelberger*, Marsilius, S. 115 ff., der selbst für eine Begrenzung eintritt, S. 118 f.

„Manche Dinge sind nach dem menschlichen Gesetz erlaubt, die nach dem göttlichen Gesetz nicht erlaubt sind, und umgekehrt. Wo aber die Gebote, Verbote oder Erlaubnisse voneinander abweichen, ist grundsätzlich stärker nach dem göttlichen Gesetz als nach dem menschlichen zu entscheiden, ob etwas erlaubt oder verboten ist."[52]

c) Im Blick auf das Verhältnis zum Naturrecht, praktiziert Marsilius zunächst einen freihändigen Umgang mit dem Schlüsselsatz zum Naturrecht in der Nikomachischen Ethik des Aristoteles.[53] Bei Aristoteles heißt es, daß das Polisrecht teils Naturrecht, teils Gesetzesrecht sei und das Naturrecht überall dieselbe Kraft der Geltung habe, unabhängig von Zustimmung oder Nichtzustimmung. Für Marsilius wird daraus: Nach Aristoteles heiße natürliches Recht eine Bestimmung des Gesetzgebers, die übereinstimmend nahezu alle als gut und befolgenswert anerkennen.[54] Diese Veränderung des Textes greift weiter als es zunächst scheinen mag. Denn nach ihr ist alles Recht – gemäß der Prämisse des Marsilius – vom Grund und der Autorität der Geltung her Gesetzesrecht, ein Akt des *legislator humanus*, und zugleich natürliches Recht dann, wenn es nach seinem Inhalt von nahezu allen übereinstimmend als gut, eben von Natur aus richtig, angesehen wird und deshalb gleicherweise in allen Ländern gilt. Naturrecht wird so eine Art inhaltliches Qualitätskriterium für positives Recht; es kann als ethische Anforderung wirken, das gesetzliche Recht entsprechend zu gestalten, oder es andernfalls delegitimieren, aber keinesfalls ist es aus sich heraus schon geltendes Recht. Dies gilt auch für jene Variante des Naturrechts – Marsilius bezieht sich auf antike Autoren, nicht zuletzt Cicero[55] –, nach der Erkenntnisse oder eine Forderung der rechten Vernunft (*dictamen recte racionis*) im Blick auf das Handeln das Naturrecht ausmachen (DP II, 12, § 8). Allerdings gebe es hier vieles, fügt Marsilius mit kritischem Unterton hinzu, das eben nicht allen selbstverständlich sei und von ihnen als gut anerkannt werde.

4. Nach alledem verwundert es nicht, daß für Marsilius das *Zustandekommen* der Gesetze, das prozedurale Moment der Gesetzgebung und die Art der Beteiligung daran, besondere Bedeutung gewinnt. Denn die Gewähr dafür, daß die Gesetze, wie Marsilius es im Anschluß an Aristoteles fordert, von jeder verfehlten Einstellung frei sind, nicht für einen Freund oder Feind geschaffen, daß sie ganz allgemein für das Künftige und Allgemeine gelten,

---

52 DP II, 12 § 9.

53 Aristoteles, NE V, 10; 1134b, 18–22; vgl. oben § 5 III 1b, S. 110f.

54 DP II, 12, § 7: „Et dicitur ius naturale secundum Aristotelem 4° Ethicorum, tractatu De Justitia, statutum illud legislatoris, in quo tanquam honesto et observando quasi omnes conveniunt." Siehe dazu *A. Gewirth*, Marsilius, Bd. 1, S. 149.

55 Nähere Darlegung bei *A. Gewirth*, Marsilius, Bd. 1, S. 147–151.

daß sie Ergebnisse von Klugheit und Erfahrung, ja „Vernunft ohne Begehren" sind (DP I, 9, §§ 1–4), liegt nicht mehr in göttlichen Vorgaben und einer (kirchlichen) Kontrolle auf deren Einhaltung. Sie verlagert sich und muß sich verlagern auf Verfahren und Beteiligung. So tritt für Marsilius die Frage nach der *causa efficiens*, der bewirkenden Ursache für das Zustandekommen vernünftiger und guter Gesetze, in den Vordergrund.

Im Hinblick auf diese *causa efficiens* folgt er nicht einem abstrakten Prinzip, etwa der Volkssouveränität oder der ursprünglichen Freiheit der einzelnen. Vielmehr argumentiert er mit pragmatischen Vernunfterwägungen und indem er sich an Aristoteles' Erörterungen über die beste Verfassung und die Beteiligung der Vielen daran orientiert. Von dort her ergibt sich für ihn, daß sowohl für die Akzeptanz wie auch für die Befolgung und die Qualität der Gesetze der notwendige Ausgangspunkt die *universitas civium* als Träger der Gesetzgebung zu sein hat, diese *universitas* allerdings in ihrer gegliederten und verfaßten Form (*valencior pars*, vgl. oben III).[56] Marsilius befürwortet für das Zustandekommen der Gesetze mannigfache Formen der Vorbereitung, Beratung und Begutachtung, die in der Hand einzelner oder kleinerer Gremien liegen können; sie sind Wege zur Vernunft des Gesetzes.[57] Nur die abschließende Zustimmung, die Sanktion gewissermaßen, bleibt zwingend der Gesamtheit der Bürger bzw. der sie repräsentierenden *valencior pars* vorbehalten, gleichermaßen jede Inkraftsetzung, Änderung, Ergänzung, Verlängerung usf.[58] Auch Übertragungsformen und Delegationen für die Gesetzgebung kommen in Betracht, wenn sie von der *universitas civium* im Gesetz selbst vorgesehen werden. Insgesamt zeigt sich so bei Marsilius ein – zumal im 14. Jahrhundert – eindrucksvoller Ansatz zu einer ‚Legitimation durch Verfahren'.

V. Zusammenfassende Würdigung

Betrachten wir abschließend Marsilius' Position zu Sinn und Aufgabe der politischen Ordnung und des Rechts insgesamt, gilt es manche der herkömmlichen Beurteilungen zu korrigieren. Weder läßt er sich zu einem ersten Vertreter und Theoretiker des laizistischen Staates, der die Kirche zur Staats-

---

[56] Siehe insbes. DP I, 12, §§ 5–7; dort u. a. auch die Bezugnahme auf den im kanonischen Recht und in Reichskonstitutionen des 13. Jahrhunderts anerkannten Satz: Que igitur omnium possunt tangere commodum et incommodum, ab omnibus debent sciri et audiri, ut commodum assequi et oppositum, repellere possent. Vgl. Auch *H. Hofmann*, Repräsentation, S. 194.

[57] Eingehend DP I, 13, § 8, in Zurückweisung von Einwänden gegen eine allgemeine Beteiligung an der Gesetzgebung; *H. Hofmann*, Repräsentation, S. 194 f.

[58] DP I, 12, § 3 u. § 9; I, 13, § 8.

anstalt denaturiert, noch zu einem Verfechter der Volkssouveränität stilisieren. Auch kann er nicht als jemand betrachtet werden, der aus dem mittelalterlichen Denken ausbricht und eigentlich schon in die Neuzeit hinein gehört, so modern sich manche seiner Positionen auch ausnehmen. Marsilius gehört von seinem Ausgangspunkt wie von seinen Positionen her – das hat sich gezeigt – durchaus noch in den Rahmen christlicher Rechts- und Staatsphilosophie; die scharfe Trennung der Bereiche von Recht, Moral, Politik und Religion ist ihm durchaus noch fremd.[59] Allerdings vertritt er in diesem Rahmen eine andere und unvermutete Variante; die geistigen Auseinandersetzungen im Mittelalter waren eben weit lebendiger als die Rede von ‚dem mittelalterlichen Denken' annehmen läßt. Ohne Infragestellung der christlichen Religion und ihrer Bedeutung für die Ordnung des Zusammenlebens der Menschen erklärt er, von einem antiklerikalen Impetus getragen, das zu seiner Zeit bestehende Verhältnis von Kirche und politischer Ordnung einschließlich der Sonderstellung des Klerus für illegitim und theologisch unbegründbar. Sachlicher und methodischer Ausgangspunkt ist ein aktualisierender Rückgriff auf die politische Philosophie des Aristoteles, der diese in ihrem weltlich-natürlichen Charakter aufnimmt und hervorkehrt. Das begründet eine andere Linie der Aristoteles-Rezeption als sie sich bei Thomas von Aquin findet: nicht Integration in das christlich-theozentrische Weltbild, sondern säkulare Aufnahme und Erneuerung als antiker und ‚heidnischer', wenngleich Religion als solche nicht abweisender Denker. Man kann insofern von einer (ersten) Renaissance des antiken Staatsgedankens im Gewand des 14. Jahrhunderts sprechen.[60]

Auf dieser Grundlage entwickelt Marsilius einige Positionen, die sich durchaus ‚modern' im Sinne eines Vorgriffs auf heutige Normalität ausnehmen. Das gilt für die Gestaltung der politischen Ordnung im Sinne einer gemäßigten Regierungsform, in der die Herrschaft der Gesetze Bedeutung hat; es gilt auch für die in einer umfassenden Gesetzestheorie sich ausprägende Rechtsphilosophie, die das Recht in den menschlichen Gesetzen fundiert sieht, über deren Inhalt der *legislator humanus* entscheidet, deshalb Natur- und göttlichem Recht den unmittelbaren Rechtscharakter abspricht, beide aber als ethisch-religiöse Anforderung für die vernünftige Gestaltung der Gesetze anerkennt und gelten läßt. Es gilt schließlich auch für die aller weltlichen und äußerlich-rechtlichen Herrschaftsbefugnis entkleidete Stellung der Kirche, sofern sie in ihrer eigenen freien Wirksamkeit als solche gesichert und nicht eingeschränkt wird. Das Letztere gelingt Marsilius freilich nicht, weil er der Kirche eine institutionell-organisatorische Eigenständigkeit im christlichen

---

59 So – mit Recht – *R. Scholz*, Genesis des modernen Staatsbewußtseins, S. 99 f.

60 *R. Scholz*, Genesis des modernen Staatsbewußtseins, S. 99.

Gemeinwesen vorenthält und sie dadurch zwar nicht theoretisch, wohl aber praktisch kraft seiner konziliaren, strikt antiprimatialen Kirchentheorie in eine Art ‚Staatskuratel' hineingeraten läßt. Das zeigt andersherum, wie unerläßlich für ein geordnetes Neben- und Miteinander von Religion und politischer Ordnung eine institutionell ausgeformte und als solche mit Eigenstand versehene Einrichtung ‚Kirche' ist.

Die Wirkungsgeschichte des Marsilius ist noch wenig erforscht. Für das 14. und 15. Jahrhundert sind 27 Handschriften des Defensor pacis überliefert. Die erste Druckausgabe erschien nicht von ungefähr in der Reformationszeit 1522, und zwar mit der Praefatio eines protestantischen Geistlichen. In dieser Zeit fielen Marsilius' gegen das Papsttum gerichtete Argumente auf fruchtbaren Boden. Weitere Drucke folgten in den Niederlanden und auch in England. Dort erschien 1535, unter den Auspizien König Heinrichs VIII., eine englische Teilübersetzung, dann eine deutsche Teilübersetzung 1543.[61] Viel spricht dafür, daß Thomas Hobbes den Defensor pacis gekannt und für sich ausgewertet hat.

---

61 *H. Kusch*, Einleitung, in: Marsilius von Padua, Der Verteidiger des Friedens, 1958, S. XVIII–XX.

§ 14 Die spanische Spätscholastik

I. Ausgangslage und Herausforderungen

Wenden wir uns der spanischen Spätscholastik zu, so erstaunt, welche Bedeutung ihr für den Fortgang der Rechts- und Staatsphilosophie zukommt. Zwar begründete sie keine neue Epoche, denn sie war und blieb eingebunden in die Voraussetzungen und den Denkhorizont christlicher Rechts- und Staatsphilosophie. Aber die spanische Spätscholastik stellt doch eine Art Markstein in der Entwicklung der Rechts- und Staatsphilosophie dar. In ihr bündelten sich noch einmal die Auseinandersetzungen und Richtungsstreitigkeiten, welche die hoch- und spätmittelalterliche Theologie und Philosophie bewegt hatten; sie selbst wurde dabei überwiegend von der Suche nach verbindenden oder vermittelnden Lösungen bestimmt. Hierbei blieb die spanische Spätscholastik jedoch nicht stehen. Sie nahm zugleich die Herausforderungen auf, die von der Entdeckung der ‚neuen Welt', von der damit einhergehenden Inbesitznahme und Eroberung weiter Teile Amerikas durch die spanische Krone, und von den innereuropäischen Macht- und Glaubenskämpfen in der Folge der Reformation ausgingen. In ihrer Rechts- ebenso wie in ihrer Staatsphilosophie wirkte sie also im eigentlichen Sinn als *politische* Philosophie, mischte sich in das politische Geschehen ein und hinterließ darin folgenreiche Spuren, nicht zuletzt im Blick auf die Anerkennung von Rechten der Menschen als Menschen und die rechtlichen Grundlagen eines Zusammenlebens der Völker. Man kann daher hinsichtlich dieser spanischen Spätscholastik durchaus von einem ‚goldenen Zeitalter' auch der Rechts- und Staatsphilosophie sprechen.[1]

1. Die Träger dieser Denkrichtung waren überwiegend Angehörige des Dominikanerordens, daneben aber auch Franziskaner, Säkulartheologen und

---

[1] ‚Goldenes Zeitalter' bezeichnet, auf Spanien bezogen, die Epoche der großen Machtentfaltung Spaniens aufgrund der Entdeckung und Eroberung (Latein-)Amerikas und der ungeheuren Reichtumsgewinnung durch die Aneignung der (Gold-)Schätze Amerikas. Zur Anwendung auf die Leistung der Kolonialethik der spanischen Spätscholastik siehe *J. Höffner*, Kolonalismus, S. 6 f.

nicht zuletzt Jesuiten. Sie mußten sich der Auseinandersetzung mit dem eher voluntaristischen Gottesbegriff und der darauf ruhenden Kontingenzlehre stellen, wie sie von Duns Scotus entwickelt und von Wilhelm von Ockham verstärkt worden war. Die Prämisse dieser Lehre, nämlich die Anerkennung von Gottes Freiheit und Allmacht, einer ihm zukommenden *potentia absoluta*, konnte von ihnen nicht verworfen werden, hatte sie doch durchaus ein theologisches Fundament. Aber man suchte entschieden an der positiven Funktion der natürlichen Vernunft für die Erkenntnis von Recht und Unrecht, Gut und Böse festzuhalten. Die Herausforderung, die sich daraus ergab, führte wiederum an theologisch-philosophische Grundfragen heran. Denn wenn die natürliche Ordnung von Gottes *freier* Setzung abhing (so sehr auch diese Vorstellung nur als theologisches Theorem gedacht wurde und auf die Freiheit und Schöpfermacht *Gottes* abstellte), konnte von daher der feste Boden praktischer Orientierung nicht brüchig werden? Zwar hielten die Vertreter dieser Auffassung eine solche Konsequenz für gegenstandslos, aber die Unverbrüchlichkeit der natürlichen Ordnung und der in ihr angelegten Handlungsgebote sollte erhalten und gesichert werden. Die Anerkennung etwa nicht weniger Ausnahmen und Dispense von diesen Geboten, wie sie Duns Scotus und vor allem Wilhelm von Ockham unter Berufung auf Gottes Freiheit vertreten hatten, war geeignet, diese Unverbrüchlichkeit zu relativieren.

Zentraler Bezugspunkt der Diskussion hierüber war und blieb das natürliche Gesetz, die *lex naturalis*. Wie aber ließ sich mit dem aufgeworfenen Problem umgehen? Einen Weg, Vernunft und Wille in der *lex naturalis* und der ihr zugrundeliegenden *lex aeterna* gleichwohl zu versöhnen, schien eine neuartige Unterscheidung zu bieten, nämlich die Unterscheidung von *lex indicativa* und *lex imperativa* als zwei Funktionsweisen des Gesetzes, wie sie Gregor von Rimini vertrat.[2]

Diese Unterscheidung konnte an die Gegenüberstellung von *vis directiva* und *vis coactiva* des Gesetzes bei Thomas von Aquin anknüpfen, die er beide im Gesetz enthalten sieht, weshalb für ihn auch der Herrscher, wiewohl selbst keiner Zwangsgewalt unterworfen, doch an die inhaltlich-richtungsweisende Kraft des von ihm gegebenen Gesetzes gebunden bleibt.[3] Das natürliche Gesetz hat danach einerseits

---

2 Näher dargelegt bei *W. Kölmel*, Von Ockham zu Gabriel Biel, S. 219–221; vgl. auch *H. Welzel* (Lit.), S. 93.

3 *Thomas von Aquin*, Summa theologiae I–II, qu. 96, art. 5 resp.: „lex de sui ratione duo habet: primo quidem, quod est regula humanorum actuum; secundo, quod habet vim coactivam. Dupliciter ergo aliquis homo potest esse legi subiectus.“ Vgl. auch ebendort, ad 3: „princeps dicitur esse solutus a lege, quantum ad vim coactivam legis: nullus enim proprie cogitur a seipso ... Sed quantum ad vim directivam legis, princeps subditur legi propria voluntate; secundum quod dicitur ...: ‚Quod quisque juris in alterum statuit, ipse eodem jure uti debet‘.“

die Funktion, das Naturgemäße anzuzeigen, was die Vernunft als Gutes und Gerechtes erkennt (*lex indicativa*); andererseits enthält es die befehlende Anordnung des göttlichen Willens (*lex imperativa*), welche die Gebotenheit dessen begründet, was als Gutes und Gerechtes angezeigt wird. Dieses Gesetz kann dem Menschen als indikative Aussage oder als verpflichtende Aufforderung begegnen, ohne daß beides auseinandergerissen wird. Damit wurde nach der einen Seite ein Necessitarismus abgewehrt, der nach der durchgreifenden theologischen Kritik von Duns Scotus und Wilhelm von Ockham nicht mehr zu halten war. Nach der anderen Seite wurde die Unverbrüchlichkeit der über die natürliche Vernunft vermittelten Inhalte der natürlichen Ordnung zu wahren gesucht.

In der Unterscheidung dieser beiden Funktionen des natürlichen Gesetzes war freilich zugleich deren Trennung angelegt. Was Thomas von Aquin in seiner Seinsmetaphysik und Schöpfungstheologie noch spannungsvoll zusammenzuhalten suchte, trat nun auseinander und konnte jeweils verselbständigt werden. Das als vernünftig erkannte Naturgemäße, das die *lex indicativa* zum Ausdruck brachte, konnte als in sich stehend und aus sich einsehbar aufgefaßt werden; dann aber löste sich die *recta ratio* im Sinne natürlicher Vernunft von der notwendigen (strukturellen) Verknüpfung mit der *lex aeterna* ab, wie dies zuvor noch im Gedanken der eingeprägten Teilhabe (*participatio*) der natürlichen Vernunft an der *lex aeterna* Ausdruck gefunden hatte, von Augustinus vertreten und von Thomas von Aquin weiter ausgebaut (oben § 9 III 1 b und § 10 III 1 u. 2, S. 202 u. 234 ff.) worden war. Bereits Gregor von Rimini († 1358) – nicht erst Hugo Grotius, der dies nur aufgenommen hat – argumentierte mit dem Gedanken „etsi per impossibile daremus non esse Deum“.[4] Er qualifizierte das Handeln gegen die *recta ratio* als Unrecht und Sünde unabhängig davon, daß die *recta ratio* auch *divina ratio* sei – denn es sei Unrecht, auch gesetzt den unmöglichen Fall, das weder die göttliche Vernunft noch Gott selbst existierten.[5]

---

[4] Die Formulierung erklärt sich aus dem Zusammenhang der an mittelalterlichen Universitäten üblichen Impossibiliendiskussionen. Dies waren Probedisputationen, die man dadurch kompliziert machte, daß der Disputant eine absurde Vorgabe übernehmen mußte. Diese Vorgabe wurde mit der Formel „do tibi istam: ...“ eingeführt; darauf geht die Formel „etsi daremus“ zurück (die Information verdanke ich meinem Kollegen Rainer Specht).

[5] *Gregor v. Rimini*, Lectura super primum et secundum sententiarum = In 2 Sent. dist. 34–37, qu. 1, art. 2 (ed. *Trapp/Mascolino*, Bd. VI, S. 235, Z. 22 ff.): „Nam si per impossibile ratio divina sive Deus ipse non esset aut ratio illa esset errans adhuc si quis ageret contra rectam rationem angelicam vel humanam aut aliam aliquam, si qua esset, peccaret.“ Ungeachtet dieser spekulativ gemeinten These wollten weder Gregor v. Rimini noch Gerson oder Gabriel Biel einer autarken immanenten Weltvernunft das Wort reden. Die *recta ratio* ist für sie in der *lex aeterna* beheimatet, die sich als *dictamen rectae rationis* kundgibt, nämlich als die natürliche Fähigkeit der Einsicht in die Prinzipien des praktischen Handelns. Vgl. *W. Kölmel*, Von Ockham zu Gabriel Biel, S. 219 (zu Gregor v. Rimini), S. 247 (zu Gerson), S. 252 f. (zu Gabriel Biel).

2. So war das Feld möglicher Diskussion und Auseinandersetzung innerhalb der spanischen Spätscholastik durchaus weit gespannt. Diese Diskussion und Auseinandersetzung vollzog sich nun nicht allein als eine innerphilosophische und innertheologische. Sie fand statt unter dem Eindruck der Herausforderung, die gerade die Entdeckung der ‚neuen Welt' und die Inbesitznahme weiter Teile Amerikas durch die Spanier für die Rechts- und Staatsphilosophie in Spanien bedeutete. Der *orbis christianus*, in dem man lebte, war nicht mehr gleichbedeutend mit der Welt. Es gab Menschen und Gebiete, die bislang unbekannt waren, zu denen die christliche Religion nicht vorgedrungen war, die man sich jedoch unterwerfen wollte. Konnten diese einfach in den *orbis christianus* einbezogen und von den Christen als den Bekennern der wahren Religion beherrscht und regiert werden? Konnten die Menschen durch die Verkündigung des Evangeliums und vermittels eines „*compelle intrare*" zu Christen gemacht werden oder hatten sie ganz unabhängig von ihrem Glauben ein ihnen als Menschen (und Heiden) zukommendes Natur-Recht, ein Recht, selbständig und frei zu sein, ihre eigene politische Ordnung zu errichten und das Land, in dem sie lebten, zu besitzen? Die Frage nach dem in Gott fundierten Naturrecht erhielt eine ungeahnte und folgenreiche Brisanz: Galt es auch für die Heiden und Ungläubigen *gegenüber den Christen*?

Das galt ebenso für die Frage, woraus sich denn politische Ordnung und Herrschaft legitimieren und was ihr eigentliches Ziel ist: Ist es das Volk, sind es die Menschen selbst, die eine politische Ordnung errichten und die Form der Regierung bestimmen, oder wird sie durch göttliche Einsetzung begründet? Hat die politische Ordnung die Menschen zu einem Leben als Christen zu führen, auf daß sie ihr Lebensziel – das ewige Heil – erlangen, oder ist ihre Aufgabe eine nur innerweltliche und säkulare, in diesem Sinn natürliche, gerichtet auf Frieden, Sicherheit und Zusammenarbeit? Gibt es einen kaiserlichen Auftrag zur Weltherrschaft zum Zwecke der Verbreitung und zum Schutz des christlichen Glaubens, und kann etwa der Papst einen solchen Auftrag erteilen? Gibt es einen Auftrag zur Erziehung ungebildeter Völker, ihrer Befreiung von Unbildung, von Tyrannei oder ‚widernatürlichem' Verhalten, wie etwa Menschenopfern und Verzehr von Menschenfleisch?[6] Wie immer die Antworten auf diese Fragen aussehen mochten, sie hatten erhebliche Konsequenzen für Legitimation oder Delegitimation der spanischen Herrschaft, für die Beurteilung des Verhaltens der spanischen Konquistadoren in Amerika u. a. m. Man konnte sich diesen Fragen auch nicht entziehen. Spanien lebte und verstand sich schließlich als christliches, als

[6] Beides war, vorwiegend durch Religionskulte bedingt, bei etlichen Stämmen der Ureinwohner Amerikas in Gebrauch, siehe *J. Höffner*, Kolonialismus, S. 110 ff., 124–130 (Aztekenreich), 141 (Inkareich), mit Belegen.

katholisches Königreich, es stand dem christlichen Glauben nicht in Neutralität gegenüber.

3. Weitere Herausforderungen traten hinzu. Eine dieser Herausforderungen war die zeitgleiche Reformation in Deutschland. Die Auseinandersetzung mit den Lehren der ‚moderni' oder ‚lutheri' und ihre Abwehr war für die spanischen Theologen und Juristen, ungeachtet auch ihrer Bemühungen um eine Kirchenreform, nicht ohne Bedeutung. Die katholische Welt war insofern eine einheitliche und sah sich durch die Reformatoren bedroht. Es gab auch, anders als heute, zwischen Universitäten und Theologen innerhalb Europas keine Sprachprobleme – Latein war ihre *lingua franca* –, und die wechselseitige Begegnung und Kommunikation war intensiv – Francisco de Vitoria etwa verbrachte über 14 Jahre an der Universität Paris. Die andere Herausforderung lag in dem steten Streben der weltlichen Fürsten nach Machterweiterung, Ausbau und Konzentration ihrer Herrschaftsbefugnisse, das dieses unruhige Jahrhundert prägte – es war keineswegs ein nur friedliches Jahrhundert, führte vielmehr zu zahlreichen bewaffneten Kämpfen. Diese Kämpfe verbanden sich bald mit den religionspolitischen Auseinandersetzungen, sie wurden einerseits von diesen angetrieben, machten sie sich andererseits zunutze. Auch angesichts dessen gewannen die Fragen nach dem Ursprung und Träger der Herrschaftsgewalt, nach Umfang und Grenzen ihrer Befugnisse, nach der Beteiligung des ‚Volkes' (Stände und Bürger) daran, nach dessen Rechten und Freiheiten und nach der Möglichkeit, sich eines ungerechten Herrschers zu entledigen, in ungewohntem Maß ein aktuelles und politisches Interesse. Das gilt auch angesichts der Gegebenheiten und Verhältnisse in Spanien selbst; diese waren nach der staatlichen Konsolidierung durch die Vereinigung der Königreiche Kastilien und Aragon, der siegreichen Beendigung der Reconquista durch die Einnahme Granadas und der Inbesitznahme des neu entdeckten Amerikas samt deren Folgen, aber auch durch einen allgemeinen kulturellen Aufbruch politisch wie wirtschaftlich und auch geistig sehr bewegte.[7] Die Antworten, die auf die erwähnten Fragen gesucht und gegeben wurden, spielten so notwendig in die geistig-politischen Auseinandersetzungen und Bewegungen der Zeit hinein.

4. Die spanische Spätscholastik trat somit aus der Sphäre universitärer Abgeschiedenheit sehr entschieden heraus; sie verharrte nicht in einer bei sich bleibenden, nur ideengeschichtlich wirksamen Lehr- und Disputationswelt. Sie verlor den Charakter von ‚Buchphilosophie' und wurde in nachhaltiger Weise, darin durchaus der Philosophie von Platon und Aristoteles vergleich-

---

7 Siehe hierzu *R. Specht*, Spanische Spätscholastik im Kontext ihrer Zeit, S. 3–17.

bar, *öffentliche* Philosophie. Nicht zuletzt trugen dazu, wie etwa in Salamanca, die Universitätsstatuten bei; denn diese verpflichteten die Professoren, auch öffentliche Vorlesungen (*Relectiones*) vor einem breiten Publikum zu halten.[8] Die spanische Spätscholastik stand so nicht nur im geistigen Leben der Zeit, sie wirkte auch selbst in das politische Leben der Zeit hinein. Die Wirkungsmacht, die sie dabei entfaltete, sollte nicht unterschätzt werden.[9]

II. Francisco de Vitoria

1. *Leben und Werke:* Geboren wurde Francisco de Vitoria wahrscheinlich im Jahre 1483, und zwar in Burgos im nördlichen Spanien. Sein Vater war aus dem Ort Vitoria dorthin gezogen und hatte Catalina de Compludo aus einer wohlhabenden, in Burgos ansässigen Familie geheiratet, die wohl jüdischer Herkunft war.[10] Mit 22 Jahren trat er in den Dominikanerkonvent San Pablo in Burgos ein, der zu den Reformkonventen innerhalb des Dominikanerordens gehörte.

Auf seine herausragende Begabung aufmerksam geworden, schickte ihn sein Orden 1508 zum Studium nach Paris, wo er 14 Jahre verbrachte, zunächst als Lernender, dann als Lehrender. Dort kam er mit den geistigen Strömungen der Zeit, auch mit den Gedanken der Humanisten und den Auseinandersetzungen über das Verhältnis von Papst und Konzil in Berührung. Sein Verhältnis zu den Humanisten war zunächst ein offenes – verschiedentlich verteidigte er Erasmus –, später wurde es distanzierter. Wichtig für seine geistige Entwicklung und spätere Lehrtätigkeit war nicht zuletzt, daß zu dieser Zeit an der Pariser Universität eine Umorientierung des theologisch-philosophischen Unterrichts begann. An die Stelle der Sentenzen des Petrus Lombardus, die bislang – und über Jahrhunderte – den Vorlesungen als ‚Lehrbuch' zugrunde gelegt worden waren, trat nun zunehmend die *Summa theologiae* des Thomas von Aquin. Vitoria wirkte selbst daran mit, er wählte Thomas zu seinem Vorbild, ohne ihn freilich unkritisch zu reproduzieren. Seine spätere Lehrtätigkeit baute er wesentlich auf Kommentaren zur *Summa theologiae* auf. So übten die Pariser Jahre insgesamt eine nachhaltige Wirkung auf ihn aus. Seit 1516 hielt er Sentenzenvorlesungen im Dominikanerkonvent Saint-Jacques in Paris, in dem er auch lebte, 1522 wurde er an der Universität zum Doktor der Theologie promoviert. Die Rückkehr nach Spanien erfolgte 1523, zunächst als Professor am

---

[8] *U. Horst*, Leben und Werke, S. 22

[9] Als Beispiele sei auf die Intervention Karls V. bei den Ordensoberen Vitorias, 1539 (unten II 1), auf den Einfluß von Las Casas auf die Formulierung der *Nuevas Leyes* von 1542 (unten III 1) oder auf die Beauftragung von Suárez durch den Papst hingewiesen, eine Schrift gegen König Jakob I. von England zu verfassen, um dessen Forderung nach einem unbedingten Treueeid seiner katholischen Untertanen entgegenzutreten (unten IV 1).

[10] Hinweise dazu bei *U. Horst*, Leben und Werke, S. 16.

Kolleg San Gregorio in Valladolid, der damaligen Hauptstadt des spanischen Königreichs unter Karl V.

Vitoria wurde 1526, 43jährig, auf den berühmten ersten theologischen Lehrstuhl der Universität Salamanca berufen, übrigens als Außenseiter aufgrund von Ausschreibung und des Votums der Studenten in einem geregeltem Berufungsverfahren.[11] Der Universität und seiner Lehrtätigkeit blieb er 20 Jahre lang treu. Generationen junger Theologen wurden von ihm ausgebildet, die dann oftmals als Theologen oder Bischöfe im spanischen Amerika wirkten. Durch die Art, wie Vitoria auf der Grundlage der Lehren von Thomas von Aquin ein erneuertes und eigenständiges scholastisches Denken entwikkelte, begründete er die sog. Schule von Salamanca. Über Jahre hinweg stellte er sich den von den Universitätsstatuten vorgeschriebenen *Relectiones*, einer zusammenfassenden Behandlung bestimmter Themen, die nach Art von Akademievorträgen einem größeren und zugleich kritischen Publikum dargeboten wurden. Er griff dabei gerade solche Themen auf, die durch die politische Lage und die Diskussionen der Zeit, auch die Diskussionen innerhalb der Kirche herausgefordert waren: *De potestate civili; De potestate ecclesiae; De potestate papae et concilii; De indis; De jure belli.*[12] Diese *Relectiones* waren also Stellungnahmen in die Zeit hinein, wenn auch aus langjährigem theologisch-philosophischem Studium hervorgegangen. Sie fanden breite Aufmerksamkeit und begründeten Ansehen und Ruhm des Autors. Allerdings trugen sie auch zu einer Intervention des Kaisers bei den Ordensoberen bei, weil hier die Rechte der spanischen Krone in Amerika in Frage gestellt seien.[13] Gleichwohl suchte Karl V. als christlicher Herrscher mehrmals den Rat Vitorias. Der Kaiser unternahm es auch, Vitoria zur Teilnahme am Konzil von Trient (1545–1563) zu bewegen, gewiß ein Zeichen, wie sehr dessen Urteil geschätzt war. Vitoria lehnte dies jedoch wegen seiner schon seit langem stark angegriffenen Gesundheit ab; 1546 verstarb er in Salamanca.

Vitorias Werke, d.h. seine *Relectiones* und die Kommentare zur *Summa Theologiae*, wurden zu seinen Lebzeiten nicht veröffentlicht,[14] wozu die erwähnte Intervention Karls V. beigetragen haben mag. Zuerst gedruckt wurden die *Relectiones* anhand von (teilweise diktierten) Nachschriften seiner Schüler 1557 in Frankreich,

---

[11] Schilderung bei *U. Horst*, Leben und Werke, S. 35f.; vgl. auch *P. V. García*, La universidad de Salamanca en la época de Carlos V, S. 199–225.

[12] Insgesamt hielt Vitoria, oft wegen seiner immer wieder angegriffenen Gesundheit unter großen Anstrengungen, 15 solcher *Relectiones*, von denen 13 durch Nachschriften der Hörer erhalten sind. Vitoria selbst veröffentlichte sie nicht.

[13] Text der kaiserlichen Intervention, die auch ein Lehr- und Predigtverbot über Themen dieser Art enthielt, bei *J. Höffner*, Kolonialismus, S. 300f.

[14] Hinweise zur Publikationsgeschichte der Werke Vitorias gibt *D. Deckers*, Gerechtigkeit, S. 18.

wenig später (1565) auch in Salamanca. Die geistige Wirkung seiner Werke ging über die Generation seiner Schüler und die von ihm inspirierte Schule von Salamanca nicht weit hinaus, vor allem in späterer Zeit nicht. Erst im 20. Jh. wurde seinem Werk wieder breitere Aufmerksamkeit entgegengebracht. Die Kommentare zur *Summa theologiae* sind erst teilweise publiziert, bislang erschienen sind (1932–1952) diejenigen zur Secunda Secundae (u.a. *De iustitia*) und zum Traktat *De lege* (I–II, qu. 90–108); von den *Relectiones* erschienen lateinisch-spanische Ausgaben 1933–1935 und 1960. Etliche Kommentare zu anderen Teilen der *Summa theologiae* harren noch der Transkription und Veröffentlichung, schon deshalb muß jede Rekonstruktion seiner Gedanken unter Vorbehalt stehen.

2. *Rechtsphilosophie:* Wie lassen sich nun Vitorias Gedanken zum Recht und dem Grund des Rechts lesen? Nicht anders als die bisher behandelten Autoren der christlichen Rechts- und Staatsphilosophie ist auch er Theologe und wird davon in seiner Blickrichtung und Fragestellung geprägt. Daher nimmt seine Rechtsphilosophie ihren Ausgang nicht beim menschlichen Gesetz, der *lex humana*, sie besteht vielmehr im wesentlichen in seiner Naturrechtslehre. In deren Rahmen kommt er freilich auch auf die Bedeutung und den Charakter der menschlichen Gesetze zu sprechen. Allerdings hat Vitoria seine Naturrechtslehre nicht zusammenfassend systematisch entfaltet, sie läßt sich aber aus einer Vielzahl einzelner Texte und Zitate erschließen. Diese stehen indes in verschiedenen Kontexten. Will man hieraus ein richtiges Bild erhalten, dürfen die einschlägigen Texte nicht isoliert betrachtet und schon hieran weitgreifende Interpretationen geknüpft werden. Vielmehr sind sie zusammen zu sehen – auch sofern sie zueinander in einer gewissen Spannung stehen. Gegenüber der Textinterpretation der älteren Forschung sind, wie neuere Arbeiten zeigen, zum Teil deutliche Korrekturen vorzunehmen.[15]

Wie könnte sich auf dieser Grundlage die Rechtsphilosophie Vitorias darstellen? Um das Ergebnis der folgenden Erörterungen voranzustellen: Seine Rechtsphilosophie sucht in der Naturrechtslehre betont einen mittleren Weg zwischen der Herleitung des Naturrechts aus der Vernunft oder dem Willen Gottes, und sie tut dies in einer Weise, die auf eine Integration, nicht nur einen Kompromiß gerichtet ist; sie stellt für die Erkennbarkeit des Naturrechts auf die Vernunfteinsicht aller Menschen, nicht nur der Christen ab, und für seine Konkretisierung maßgeblich auch auf den *consensus omnium*, womit eine

---

[15] Hier ist insbesondere die gründliche und sachhaltig-quellenbezogene Untersuchung von D. Deckers über die Gerechtigkeitslehre Vitorias zu nennen. Nicht zuletzt bedarf die Auffassung von *H. Welzel*, Naturrecht (Lit.), S. 95, daß Vitoria einen ‚autonomen Wertobjektivismus' vertrete und das Gute und Rechte sich für ihn rein aus der Natur der Dinge ergebe, einer deutlichen Korrektur.

Brücke zum *ius gentium* geschlagen wird; schließlich kehrt sie den Charakter des Naturrechts als eines auch subjektiven Anspruchs, als Freiheitsrecht neben dem Gebotsrecht, hervor.

a) *Objektives Naturrecht*: Vitorias Naturrecht erschließt sich am ehesten, unterscheidet man drei Aspekte, die für Vitoria von besonderer Relevanz gewesen sind. Sie betreffen (1) die Existenz einer teleologischen Naturordnung, die für das ethisch-sittliche Handeln und das Recht maßgeblich ist, (2) den Grund ihrer Verbindlichkeit und (3) die Erkennbarkeit ihres Inhalts.

(1) *Die Existenz einer Naturordnung:* Die natürliche sittliche Ordnung ergibt sich für Vitoria aus der teleologischen Grundstruktur von Welt und Natur. Alles, was existiert, existiert um eines Zieles (*finis*) willen, ist auf dessen Erreichung angelegt. Alles kann und muß deshalb von dem ihm innewohnenden Ziel, seinem Seinsgrund und seiner Notwendigkeit sowie von seinem Nutzen auf die Erreichung des Zieles hin beurteilt werden. Diese teleologische Ordnung ist für Vitoria eine „summa veritas", und sie kann dies sein, weil sie Gott zu ihrem Ursprung und Schöpfer hat; von ihr her können und müssen Wesen und Notwendigkeit der Dinge erfaßt werden.[16] Mit der Kosmos-Teleologie, die vor allem von der Stoa überkommen ist, verbindet sich hier die im christlichen Schöpfungsglauben begründete Überzeugung, daß die gegebenen Ordnungsstrukturen nicht zufällig entstanden sind, vielmehr auf einen letzten Seinsgrund in Gestalt des Schöpfergottes zurückgeführt werden können.[17]

Wenn das so ist, liegt der Anhaltspunkt für das, was gut und recht ist, in der Natur der Dinge; das Gute und Rechte kann eben daraus, vermittelt durch die Erkenntnis der Vernunft, entnommen werden. Auch die *inclinationes naturales*, die naturhaften Neigungen und Strebungen des Menschen, spielen für Vitoria – wie schon für Thomas von Aquin (oben § 10 III 2b, S. 238 f.) – eine entscheidende Rolle, sie sind ja von Gott den Menschen eingeschaffen und darum gut. Aber nach den Auseinandersetzungen, die über zwei Jahrhunderte lang geführt wurden, stellt sich die Frage ein, wie weit diese Ordnung denn einer natürlich-gesetzlichen *Notwendigkeit* unterliegt, wie weit sie immer und ewig gültig und auch Gott selbst an sie gebunden ist. Die theologische Kritik an der Behauptung unabänderlicher Notwendigkeiten (*necessitas-*

---

16 Vgl. Rel. de potestate civili, n. 2 (Vorlesungen I, S. 123, Übers. Stüben): „Und so laßt uns denn glauben, daß ... alles, was der Himmel umfängt, zu einem Nutzen und Zweck [usus et finis gratia] eingerichtet wurde und daß alles um eines Zweckes willen [propter finem] geschieht und so geschehen muß! Von dieser Grundlage her müssen Wesen und Notwendigkeit der Dinge erfaßt werden."

17 Rel. de potestate civili, n. 6 (Vorlesungen I, S. 128): „Si ergo Deus necessitatem istam atque inclinationem hominibus dedit, ut nisi in societate et sub alia potestate regenti degere non possent, hoc ipsum Deo auctori acceptum referre necesse est."

Denken), wie sie u.a. von Duns Scotus und Wilhelm von Ockham vorgetragen wurde, kann und will Vitoria nicht übergehen, er will sie aufnehmen. Seine Äußerungen hierzu sind zwar nicht einheitlich, doch weisen sie eher in eine vermittelnde Richtung.[18]

Vitoria modifiziert den Begriff der *necessitas*. Er versteht ihn, anders als Duns Scotus, nicht als eine universale und absolute, also auch im Blick auf Gott selbst geltende, sondern als eine innergeschöpfliche (schöpfungsimmanente) Notwendigkeit, die eine vor-geschöpfliche Freiheit Gottes nicht ausschließt. Die *necessitas* besteht daher bei ihm (nur) *de potentia dei ordinata*, als Ausfluß des ordnend-geordneten Handelns Gottes, nicht *de potentia dei absoluta*. Als der Schöpfung eingestiftete Ordnung (*necessitas naturalis*) ist sie von der Ebene des Menschen aus, der selbst Teil dieser Schöpfung ist, eine absolute, ihm vorgegebene und für ihn nicht verfügbare. Er hat sie zum Ausgangspunkt seines Erkennens und Handelns zu machen. Auf der Ebene Gottes aber besteht für den Schöpfer nicht in jedem Fall eine Bindung daran.

Vitoria sucht einen Mittelweg zwischen absoluter Naturnotwendigkeit und radikaler, der Zufälligkeit Raum gebender Kontingenz. Dabei geht es angesichts der Aussagen des Alten Testaments über das Isaak-Opfer, den angeordneten Diebstahl an den Äqyptern u.a.m. nicht zuletzt um die Möglichkeit, wenigstens eine göttliche – wenn auch nicht eine menschliche – Abweichung vom natürlichen Gesetz offenzuhalten. Diese Abweichungen waren für Vitoria wie für die gesamte mittelalterliche Theologie und Philosophie deshalb ein großes Problem, weil die inhaltliche Richtigkeit der gesamten biblischen Überlieferung (vermöge der Theorie göttlicher Verbalinspiration) außer Frage stand. Im Hinblick auf die biblisch berichteten Durchbrechungen des natürlichen Gesetzes heißt es bei Vitoria:

> „Deus in omnibus istis non fecit contra ius naturale nec contra iustitiam, nec dispensavit in aliquo praecepto. Dato quod Deus non esset legislator sed creator."[19]

Dieses Argument bewegt sich ganz auf der eben genannten Ebene der Unterscheidung von *potentia dei ordinata* und *potentia dei absoluta*: Gott als Gesetzgeber steht und handelt in Bindungen, die er nicht überschreitet – und dies ist zunächst maßgeblich für das Erkennen und Handeln der Menschen; Gott als Creator kann sich allerdings darüber erheben. Diese Position ist von Duns Scotus nicht allzu weit entfernt (oben § 11 IV 2, S. 285 ff.). In einem anderen

---

[18] Eingehende Darlegung bei *D. Deckers*, Gerechtigkeit, S. 83–97.

[19] ComSTh II–II, qu. 104, art. 4 n. 2; in ComSTh I–II, qu. 105, art. 2 heißt es hingegen: „Deus potest pro utilitate populi dispensare in iure naturali, quod non potest aliquis homo" (ed. Beltrán, S. 82). Gott habe dies auch getan durch den Dispens, daß jemand mehrere Frauen haben konnte.

Text verneint Vitoria freilich, daß Gott die Natur der Dinge verändern könne oder hätte verändern können, etwa den Menschen mit anderen Eigenschaften oder nicht mit der Neigung zum Guten hätte schaffen können.[20] Hier trägt er eine an Thomas anknüpfende Tradition, deren These dieser freilich so gar nicht vertreten hat, undifferenziert fort. Die Diskrepanz, die hier auftritt, zeigt die Schwierigkeiten, die mit der Suche nach ‚mittleren' Lösungen verbunden sind, will man nicht mit bestimmten Traditionen brechen. Sie hebt aber die Tragfähigkeit der Zuordnung der *necessitas* (nur) zur Ebene der Geschöpflichkeit als einen mittleren Weg nicht auf; die *necessitas* kann hier zur Fundierung einer teleologischen Naturordnung beitragen, ohne Gottes Freiheit und Allmacht in Frage zu stellen.

(2) *Die Verbindlichkeit der Naturordnung:* Die Suche nach einem mittleren Weg setzt sich fort bei der Frage nach dem Grund der Verbindlichkeit der natürlichen Ordnung. Warum eigentlich soll eine so angenommene Naturordnung befolgt werden und nicht den Menschen zur Disposition stehen? Vitoria grenzt sich sowohl gegen einen theologischen Positivismus ab (Geltungsgrund ist allein der Wille Gottes in Form geoffenbarter Ge- und Verbote), wie auch gegen eine aus der Natur selbst und der sie erkennenden *recta ratio* hervorgehende Verbindlichkeit. Er hält einerseits daran fest, daß der Grad einer Verpflichtung und damit auch die Schwere einer Verfehlung von der Natur oder Eigenschaft des Gegenstandes der Norm, d.h. des Gebotsinhalts her, zu bestimmen ist; es komme dafür, anders gesagt, nicht auf den Ursprung der Norm (z.B. den Willen des göttlichen Gesetzgebers), sondern auf die Natur und Beschaffenheit des Regelungsgegenstandes an.

> „Wir wissen natürlicherweise nur vom Gegenstand selbst her, daß der Verpflichtungsgrad, nicht zu töten, ein größerer ist als der, nicht zu stehlen." (Rel. de potestate civili, n. 19 Vorlesungen I, S. 152)

Der Regelungsgegenstand enthält also den sachlichen Grund und Inhalt für den Charakter und die Schwere eines Unrechts. Die derart abgestufte Geboten- oder Verbotenheit, die natürlicherweise erkannt werden kann (unten 3), hat indes letztlich ihren tragenden Grund, das Weshalb der Verbindlichkeit darin, daß die natürliche Ordnung in Gott und seiner Autorität ihren Urheber hat. Vitoria sieht insofern durchaus eine Gleichartigkeit des natürlichen Gesetzes mit dem positiven göttlichen Gesetz gegeben:

> „Das göttliche Recht, auch das positive, hat dieselbe Geltungskraft wie das natürliche Recht, weil das natürliche Recht nur dadurch Geltungskraft hat, daß es kraft göttlicher Autorität erlassen wurde. Andernfalls wäre es nicht verpflich-

[20] Vgl. Rel. de homicidio n. 5 (Vorlesungen I, S. 460–463).

tend, was auch immer Gregorius sagen mag, weil eine Verpflichtung nur von einem Höhergestellten ausgehen kann."[21]

Mithin kennzeichnet das Gesetz – einerlei, ob natürliches, göttliches oder menschliches Gesetz – ungeachtet der Richtigkeit seines Inhalts und der Intensität des Sachgebots das Angeordnetsein durch eine Autorität, eben einen Höhergestellten. Die Richtigkeit des Inhalts ist nicht aus sich selbst Gesetz. Das steht in guter scholastischer Tradition. Und Vitoria stellt dies nicht nur – gegen Gregor von Rimini gerichtet – einfach hin, er begründet es an anderer Stelle vertiefend mit dem Charakter des Gesetzes als einer an den Menschen als moralisches Wesen gerichteten Aufforderung zum richtigen Verhalten; als solche hebt sie sich von einer bloßen Naturbestimmtheit (oder Naturnotwendigkeit), die keiner anordnenden Autorität bedürfte, wesentlich ab. Damit formuliert er zugleich einen gewichtigen Einwand gegen das Argument „etsi per impossibile daremus non esse Deum" Gregor von Riminis. Es sei ihm nicht einsichtig, sagt er, wie eine Verpflichtung bestehen solle, wenn nicht ein Höherer darüber steht, von dem sie ausgeht.

> „Ja, ich zweifle sogar nicht daran, daß es, falls es Gott nicht gäbe oder Gott nichts geböte, im eigentlichen Sinn keine Sünde oder nichts moralisch Schlechtes gäbe, wiewohl es eine Sünde geben könnte, wie es sie in der Natur oder in der Kunst gibt. Es wäre nicht auf eine andere Weise schlecht, daß ein Mensch seinen Vater tötete, als daß ein Wolf die Mutter dieses Menschen tötete." (Rel. de eo, ad quod tenetur homo II, n. 9/Vorlesungen II, S. 161, Übers. Stüben)

Anderseits spricht Vitoria davon, daß die Tötung von Menschen nicht deshalb schlecht ist, weil sie verboten, sondern verboten, weil sie schlecht ist (Rel. de homicido, n. 3). Diese und ähnliche Aussagen werden allerdings gerade und nur im Blick auf die *menschlichen Gesetze* gemacht. Deren Aufgabe ist es, die Gebote und Verbote, die sie erlassen, am ihnen sachlich vorgelagerten Naturrecht und dem gemeinen Nutzen zu orientieren. Sie haben ihre Kraft demnach nicht allein aus dem Willen des Gesetzgebers, und sie können nur binden, wenn sie inhaltlich der Gerechtigkeit entsprechen. Vitoria sieht darin einen wichtigen Unterschied zwischen dem göttlichen und dem menschlichen Gesetz.

> „Beide Gesetze unterscheiden sich insofern voneinander, als im Falle des göttlichen Gesetzes der Wille des Gesetzgebers dazu ausreicht, daß das Gesetz gerecht und dadurch verpflichtend wird, da der Wille an die Stelle der Vernünf-

---

[21] Rel. de potestate papae et concilii, n. 1 (Vorlesungen I, S. 358): „Sed ius divinum, etiam positivum, habet eandem vim sicut naturale, quia ius naturale non habet vim, nisi quia latum est auctoritate divina. Alias non esset obligatorium, quicquid dicat Gregorius, cum obligatio esse non possit nisi a superiore." Mit Gregorius ist Gregor v. Rimini gemeint.

> tigkeit tritt. Dazu aber, daß das menschliche Gesetz gerecht wird und binden kann, reicht der Wille des Gesetzgebers nicht, vielmehr ist erforderlich, daß das Gesetz dem Gemeinwohl nützt und mit den übrigen Gesetzen abgestimmt ist." (Rel. de potestate civili, n. 16/Vorlesungen II, S. 147, Übers. Stüben)[22]

Die Aussage im Text *cum sit pro ratione voluntas* zur Kennzeichnung des göttlichen Gesetzes setzt in Erstaunen. Ist Vitoria hier zum ‚Voluntaristen' geworden? Man vermutet diese Aussage doch eher bei Wilhelm von Ockham. Aber Vitoria argumentiert nicht voluntaristisch. Sein Gedanke ist vielmehr folgender: Gottes Wille weicht von seiner Weisheit und Vernunft nicht ab, in Ihm ist beides miteinander notwendig verbunden. Deshalb reicht sein Wille aus, die Gerechtigkeit des Gesetzes und seine Verpflichtungskraft zu begründen. Aber sein Wille kann auch nicht hinweggedacht werden, will man die Verbindlichkeit göttlicher Gesetze, des natürlichen wie der positiven göttlichen Gesetze, begründen. Vitoria ist offenkundig kein Vertreter vernunftimmanent-autonomer Geltungskraft des natürlichen Gesetzes und scheint von Duns Scotus gar nicht so weit entfernt, wie vielfach angenommen wird.

(3) *Die Erkennbarkeit der Naturordnung:* Wie können nun die Inhalte von solcherart verbindlichen Gesetzen, die in der Naturordnung angelegt sind, für das Zusammenleben der Menschen zur Wirkung gelangen? Das hängt zum einen davon ab, *wie* sich diese Gesetze erkennen lassen, und zum andern davon, *wer* sie erkennen kann. Vitorias Antwort hierauf erhält ihre Pointe auf dem Hintergrund der Zeitsituation, in die hinein sie gegeben wird. Die Erkennbarkeit der natürlichen sittlichen Ordnung und des in ihr gründenden Naturrechts besteht nach Vitoria für die Menschen insgesamt, nicht nur für diejenigen, die im Glauben Gott und seine dem Menschen gegebenen Weisungen kennen. Das klingt heute unspektakulärer als damals. Doch angesichts der Entdeckung der neuen Welt kam dem eine zusätzliche, auch politische Bedeutung zu. Im Hintergrund steht die Subjektstellung der dortigen Menschen, der Indios. Es ist eben das den *Menschen*, damit auch den ‚Barbaren' der neuen Welt, eingegossene Licht der natürlichen Vernunft, das ihnen ins Herz geschriebene (natürliche) Gesetz (Römer 2, 14f.), das die Fähigkeit verleiht, gut und böse, Recht und Unrecht zu unterscheiden.

Aber wie weit reicht diese Unterscheidungskraft und Erkenntnis, wie weit läßt sich natürlicherweise, von Natur aus, das Rechte und Unrechte wirklich erkennen und bestimmen? Das *ius naturale* unterliegt – ein Allgemeinplatz in der Rechtsphilosophie der Scholastik – den Anforderungen der Notwendig-

---

[22] „Differunt etiam, quia in lege divina ad hoc, quod iusta sit et per se obligatoria, sufficit voluntas legislatoris, cum sit pro ratione voluntas. Ut autem lex humana sit iusta et possit obligare, non sufficit voluntas legislatoris, sed oportet, quod sit utilis rei publicae et moderata cum ceteris." (Vorlesungen I, S. 146).

keit; nur etwas, das in sich und aus sich als notwendig erkannt werden kann, gehört zum *ius naturale*. Allerdings kennt Vitoria, anders als Duns Scotus und Wilhelm von Ockham, unterschiedliche Grade der Notwendigkeit, womit er zugleich den Kreis des als Naturrecht Erkennbaren ausdehnt.[23] Nicht nur die aus sich selbst bekannten, weil analytisch-wahren Prinzipien (wie die Goldene Regel) zählen zum Naturrecht, sondern auch solche Vorschriften, die „in bona consequentia" aus diesen Prinzipien unmittelbar gefolgert werden können, und zwar unter Zugrundelegung des konkreten Anhalts, der in den *inclinationes naturales* gegeben ist.[24] Vitoria kann so, anders als Duns Scotus, durchaus alle Gebote des Dekalogs zum Naturrecht rechnen, wiewohl er ausdrücklich einräumt, daß sie nicht schlechthin „per se nota" seien.[25] Die Möglichkeit, daß Gott von ihnen in einzelnen Fällen *auctoritate divina* davon abweichen kann, irritiert ihn nicht; denn dies liegt außerhalb der *natürlichen* Notwendigkeit.[26]

Insgesamt unterscheidet Vitoria drei Grade des *ius naturale*: zum einen die *principia per se nota*; dann jene *principia*, die, wie eben erläutert, *in bona consequentia* daraus unmittelbar gefolgert werden; schließlich solche, die erst in einer entfernteren, argumentativ vermittelten Konsequenz (*valde apparentum*) abgeleitet werden können. Diese Auffächerung führt im Ergebnis nahe an das Problem der Konkretisierung der *lex naturalis* heran, wie sie Thomas von Aquin vertreten hatte (oben § 10 III 2c, S. 239f.). Vitoria unternimmt indes eine weittragende Neuerung. Er greift zur Entfaltung und Konkretisierung des Naturrechts auf ein aus der Stoa überkommenes Kriterium zurück: den *consensus omnium*.[27] An die Stelle logisch-schlußfolgender tritt eine eher rhetorische Argumentation. Ein Konsens der Vernünftigen darüber, daß

---

[23] ComSTh II–II, qu. 57, art. 2 n. 3; Vitoria stellt der mathematischen Notwendigkeit, die vom strikten logischen Widerspruchsprinzip dirigiert wird – Gott kann nicht machen, daß ein Dreieck nicht drei Seiten hat –, die natürliche Notwendigkeit (*necessitas naturalis*) gegenüber, etwa daß der Mensch zwei Augen und zwei Beine habe; insoweit könne Gott auch das Gegenteil machen, aber nicht, daß er die Natur im ganzen (*tota natura*) ins Gegenteil verkehre. Vgl. hierzu auch *D. Deckers*, Gerechtigkeit, S. 126f.

[24] ComSTh II–II, qu. 57, art. 2 n. 4: „Omne illud quod infertur et deducitur in bona consequentia ex principiis per se notis, est etiam ius naturale."

[25] Rel. de eo, ad quod tenetur homo II, n. 4 (Vorlesungen II, S. 138): „Et confirmatur: Quia etiam praecepta iuris naturalis et decalogi non sunt per se nota."

[26] ComSTh II–II, qu. 57, art. 2 n. 3: „Sic ergo ius naturale vocatur necessarium isto secundo modo, scilicet necessitate naturali, quia tota natura simul non posset illud tollere sine auctoritate divina." Wie stark hier die im Alten Testament überlieferten ‚Dispense' Gottes von naturrechtlichen und Dekaloggeboten im Hintergrund stehen, zeigt *D. Deckers*, Gerechtigkeit, S. 102–108.

[27] Dies tritt sehr anschaulich hervor bei der Erörterung der Frage, ob es zulässig sei, sich in äußerster Not von Menschenfleisch zu ernähren. Vitoria hält dies für naturrechtswidrig, weil der Verzehr von Menschenfleisch bei allen Völkern, die zivilisiert und nicht inhuman leben, als verabscheuungswürdig gelte, und zwar auch in Notlagen, wie etwa

etwas in sich Recht oder Unrecht ist, gibt eine Evidenz dafür, daß es zum natürlichen, von Gott gewollten Gesetz gehört.[28] Das eröffnet eine neue Argumentationsebene für die Diskussion über das Naturrecht und seine Reichweite: Denn einerseits wird so ein Prüfkriterium für die Tragfähigkeit naturrechtlicher Postulate eingeführt, an dem sich deren Rationalität ausweisen kann, andererseits wird eine Brücke zum Naturrecht als einem (konsensualen) Recht *der Völker* geschlagen, was auch zu einer Annäherung von Naturrecht und Menschenrechten führt.

Faßt man die bisher dargelegten Aspekte der Naturrechtslehre Vitorias zusammen, zeigt sich ein Zusammenwirken von Kontinuität und Veränderung. Vitoria läßt die antithetisch auseinandergetretenen Begründungspositionen für das Naturrecht hinter sich, indem er sie miteinander vermittelt; er sucht den rationalen Gehalt des Naturrechts zu festigen, ohne es aus seiner metaphysisch-theologischen Fundierung zu lösen; er denkt die Wege zur praktischen Anwendbarkeit des Naturrechts weiter und treibt seine Ausdehnung zu einem Recht für alle Menschen wirkungsvoll voran.

b) *Naturrecht als subjektives Recht:* Lassen sich bei Vitoria bereits im Rahmen der überkommenen Naturrechtslehre einige bemerkenswerte und zukunftsweisende Neuerungen ausmachen, so erhält darüber hinaus die philosophische Reflexion über Recht durch ihn einen weiteren wichtigen Anstoß, der folgenreiche Veränderungen in der Rechtsphilosophie nach sich zog. In seine Begründung und seine Interpretation von natürlichem Gesetz und Naturrecht nimmt er eine neue, zeitgenössische Vorstellung von Recht (*ius*) auf, die auf den einzelnen als Rechtsträger und Subjekt bezogen ist, und schafft damit eine Grundlage für die spätere Ausbreitung der (heute selbstverständlichen) Denkform des subjektiven Rechts.

Die bisherige Philosophie, auch Thomas von Aquin hatte *ius* in einem rein objektiven Sinn verstanden: Es lebt aus seinem Bezug auf das Gerechte (*iustum*), dessen konkrete Verwirklichung das Recht ist – *ius est objectum iustitiae*, das Recht ist ein Gegenstand der Gerechtigkeit.[29] Das trat gerade in der thomasischen Eigentumslehre offen hervor (oben § 10 IV 2a, S. 252): Als ein *ius* bestand das *dominium* ausschließlich, um Ordnung und Frieden für die Gemeinschaft zu gewährleisten, es wurde nicht als ursprünglich vom Individuum ausgehend begründet. Zwar trat schon im römischen Recht bei Verwendung von *ius* häufig auch der subjektive Aspekt hervor (das Recht, das dem *populus Romanus* oder einem einzelnen zusteht) und wurde als solcher von den römischen Juristen auf den Begriff ge-

---

bei einer Belagerung. Vgl. Rel. de temperantia, 5 u. 6 (Vorlesungen II, S. 339, 341 f.). Allgemein gefaßt, heißt es: „Quia illud dicitur ius naturalis, quod natura dictat et quod apud omnes est commune. Si ergo omnes homines sentiunt hoc esse turpe, ita est etiam de iure naturali.“ (aaO., S. 338).

[28] Vgl. *R. Specht*, Art. Naturrecht III, in: Hist. Wörterbuch der Philosophie, Bd. 6, Sp. 577.

[29] Vgl. *Thomas von Aquin*, Summa theologiae II–II, qu. 57, art. 1.

bracht;[30] konzeptionell dominierend war jedoch der objektive Aspekt, der mit *ius* das Recht als Ganzes, die objektiven rechtlichen Normen und Gewohnheiten bezeichnete. Dieser Gebrauch wurde von den Theologen und Philosophen übernommen und fortgetragen, denn deren theologisch-ethische Fragestellung zielte ohnehin auf (objektive) Anforderungen an und Gebote für das Handeln, damit es gerecht und nicht sündhaft sei. Vitoria nun nimmt eine ‚subjektive' Definition von *ius* auf, und er tut dies, um den Zusammenhang von *ius* und *dominium* zu klären:[31]

> „Ius est potestas vel facultas conveniens alicui secundum leges, id est, est facultas data, v.g. mihi a lege ad quamcumque rem opus sit."[32]

Recht erscheint hier nicht als objektiv geschuldetes Gerechtes (insofern Vorgegebenes), sondern als eine dem Rechtsinhaber zukommende Bestimmungsmacht, eine *facultas*, etwas zu tun oder zu lassen, soweit das Gesetz es erlaubt. Der *ius*-Begriff wird wieder Handlungsmacht eines Subjekts, verbindet sich also mit der Idee der Freiheit.

Die Eigentumslehre erfährt dabei eine nur vermeintlich unscheinbare, tatsächlich jedoch weitgehende Modifikation[33]: Auch Vitoria erklärt die Eigentumsordnung mit Hilfe des Sündenfalls, durch welchen das ursprüngliche *dominium omnium* unmöglich geworden sei. Und er begründet das Entstehen von Eigentum, wie schon Duns Scotus und Ockham, durch ein *pactum*, einen Vertrag, der, anders als bei Thomas v. Aquin, ausschließlich dem *ius humanum*, nicht dem *ius naturale* angehört (vgl. oben § 11 IV 3 und § 12 III 3, S. 289 u. 312). Doch auch von Duns Scotus oder Ockham weicht er ab. Denn bei Vitoria steht bereits das ursprüngliche *dominium omnium* des paradiesischen Zustandes keinesfalls der Menschheit als Ganzes zu, sondern es wird selbst jedem einzelnen Menschen kraft seiner Vernunftausstattung als eigenes (subjektives) Recht verliehen. Jeder Mensch ist dann *qua persona* Träger eines vorpositiv-natürlichen subjektiven Rechts. Und erst auf dieser Grundlage treffen die einzelnen einen gemeinsamen Entschluß (*consensus communis*), mit dem sie – ohne göttliche Beteiligung, als *ius humanum* in der Form des *ius gentium* – eine Eigentumsordnung beschließen, sich also die weltlichen Güter in einem Akt der *divisio rerum* unterwerfen. Auf der Basis natürlicher subjektiver Rechte baut Vitoria so in seiner *dominium*-Lehre eine Vertragstheorie aus, die sich wie ein Vorbote der neuzeitlichen Staatstheorien ausnimmt.

---

[30] Vgl. *M. Kaser*, Römisches Privatrecht, § 3, S. 25 f.

[31] Die umfänglichen Erörterungen hierzu finden sich daher an eher versteckter Stelle, nicht bei den Erläuterungen zur quaestio 57 (*de iure*) im Kommentar zur Secunda Secundae des Thomas von Aquin, sondern bei der Kommentierung der quaestio 62 (*de restitutione*), die von der Rückerstattung im Zusammenhang mit Eigentumsrechten i. S. von *dominium* handelt und daher die Interpretation des Begriffs und der Entstehung von *dominium* erfordert.

[32] ComSTh II–II, qu. 62, art. 1 n. 5: „Recht ist die Befugnis oder Handlungsmacht, die jemandem gemäß den Gesetzen zukommt, d. h. es ist eine Handlungsmacht, wie sie mir vom Gesetzgeber für jede mögliche Sache gegeben ist, die ich brauche." An der gleichen Stelle heißt es auch: „… ius est illud quod licitum est per leges."

[33] Vgl. *D. Deckers*, Gerechtigkeit, S. 166–188.

Für die philosophische Bestimmung von Recht ergibt sich hier eine neue Qualität. Denn das Naturrecht selbst erhält neben seinem objektiven auch einen subjektiven Charakter, es erscheint als auch subjektives Recht und Anspruch des oder der Menschen auf der Grundlage des natürlichen Gesetzes.[34] Damit ist der notwendige Grund gelegt, um Menschenrechte als subjektive Rechte zu qualifizieren. Auch die Konsequenzen hieraus zeigt Vitoria auf. Er zählt gleich zu Beginn der Argumentation die verschiedenen Bedeutungen des *dominium*-Begriffs auf und bezieht die herrschaftliche Komponente hierbei ausdrücklich ein.[35] Und wenn er alsdann das *dominium*, wie beschrieben, als subjektives Gebrauchsrecht (*facultas utendi re*) begreift, das jeder Mensch kraft seiner Vernunftausstattung selbst begründen kann, so erhält dies seine aktuelle Spitze erneut vor dem Hintergrund der Zeit: Mithin haben auch die ‚Barbaren' in der neuen Welt eigenes, echtes *dominium*, und ihr Land ist kein herrenloses Gut. Dann aber bedarf es für die spanische Eroberung und Beherrschung dieses Landes besonderer und tragfähiger Rechtstitel, andernfalls erscheinen diese als ein schweres Unrecht.

Steht nun dieses Verständnis des Rechts als ‚subjektives' Recht isoliert neben seiner überkommenen rein objektiven Bestimmung? Handelt es sich dabei um einen latenten Widerspruch[36] oder gar um eine Art evolutionärer Mutation[37] des Rechtsverständnisses? Von einem isolierten Nebeneinander oder einem latenten Widerspruch wird man nicht ausgehen können. Vom objektiven *iustum*, dem recht Gerichteten, ist durchaus das subjektive, dem einzelnen zukommende Gerechte als dessen subjektiver Anspruch und seine *facultas* herleitbar; es bedarf nur des Anstoßes, der diese Frage als Frage aufkommen läßt. Schon die bei den scholastischen Autoren stets präsente Formel Ulpians, Gerechtigkeit sei der beständige und dauernde Wille, jedem sein *Recht* (nicht einfach: das Seine) zuzuteilen, ist ja für eine Deutung im Sinne einer Berechtigung, die dem anderen zukommt, offen gewesen. Was dem anderen gerechterweise geschuldet ist, was ihm (objektiv) gebührt, ist das nicht auch sein (subjektives) Recht? Der Schritt war so groß nicht, und er vollzog sich nicht durch einen einzelnen Philosophen, läßt sich vielmehr bereits vereinzelt in juristischen Texten des 15. Jh. nachweisen. Was in überlieferten Rechtstexten an subjektiv zugeordneten Befugnissen und Handlungsmöglichkeiten auffindbar war, wurde im Wege einer semantischen Verschiebung auf einer höheren, verallgemeinernden begrifflichen Ebene in die theologisch-philosophische Rechtsdiskussion hineingenommen und dort aktualisiert. Der Anstoß dazu kam einerseits als Reaktion auf eine sich verändernde soziale Welt,[38] andererseits – wie bei Vitoria – aus der Begegnung mit den Menschen der ‚Neuen Welt' und dem theologisch fundierten

---

34 Vgl. auch *K. Seelmann*, Die Denkfigur des ‚subjektiven Rechts', S. 141–151.

35 *D. Deckers*, Gerechtigkeit, S. 170, vgl. schon oben § 12 IV 2c, S. 318.

36 So *D. Deckers*, Gerechtigkeit, S. 191.

37 In diese Richtung *N. Luhmann*, Subjektive Rechte. S. 52 ff.

38 Vgl. *D. Willoweit*, Dominium, S. 148, 155, und *K. Seelmann*, Vazquez, S. 161.

Verständnis des Menschen als Geschöpf und Ebenbild Gottes, dem das für ihn objektiv Gerechte auch als sein eigenes Recht zusteht.

3. *Philosophie der politischen Ordnung:* Schon die Naturrechtslehre Vitorias enthält, wie gerade gezeigt, in die Zeit hineingestellt ein nicht geringes Potential an Sprengkraft, die politisch aktualisiert werden konnte. Wieviel mehr muß dies dann der Fall sein, wenn seine politische Philosophie zur Debatte steht: seine Lehre von der Begründung und Legitimation der politischen Ordnung, ihrem Wesen, ihren Aufgaben sowie dem Recht der Menschen, eine solche Ordnung zu errichten und zu gestalten. Noch einmal sei an die schon eingangs erwähnten Anstöße und Herausforderungen (oben I 2) erinnert und besonders auf die Errichtung und Ausübung der spanischen Herrschaft in Amerika, die Bereicherung der Spanier, die Unterwerfung und Ausbeutung der Indios hingewiesen. Hier war eine auf das Naturrecht sich beziehende Argumentation zu einer Art Nagelprobe herausgefordert, die sie schnell in Konflikt mit den politischen Autoritäten bringen konnte. Auch stand sie dabei in steter Auseinandersetzung mit theologisch-hierokratischen Positionen, die zur Rechtfertigung der bestehenden Gegebenheiten herangezogen wurden.

a) *Begründung und Errichtung der politischen Gemeinschaft:* Für die Begründung der politischen Gemeinschaft knüpft Vitoria an die seit der Antike vorgebrachten Aussagen an, insbesondere an Aristoteles und Thomas von Aquin. Die von dorther bekannten Argumente werden aufgenommen und zusammengefaßt: die Bedürftigkeit des Menschen und seine Unangepaßtheit an die Umwelt; die Notwendigkeit und Möglichkeit, die Lebenslagen durch Vernunftgebrauch und wechselseitiges Zusammenwirken zu bewältigen; die Ausrichtung auf geistige Kommunikation u. ä.: Alles dies kann erst in der politischen Gemeinschaft seine volle Befriedigung finden.

> „Weil also die menschlichen Gemeinschaftsverbände zu diesem Zweck eingeführt wurden, daß einer die Lasten des anderen trage, und unter allen gemeinschaftlichen Verbindungen die politische Gemeinschaft diejenige ist, in der die Menschen ihren Notwendigkeiten äußerst zweckdienlich nachkommen können, so folgt daraus, daß diese Vereinigung, so will ich sagen, die natürlichste und der Natur angemessenste ist." (Rel. de potestate civili, n. 4/Vorlesungen I, S. 124)[39]

So ist die politische Gemeinschaft nicht eine Erfindung der Menschen, kein künstliches Gebilde (*artificatum*), sondern eine Einrichtung der Natur. Aller-

---

[39] „Cum itaque humanae societates propter hunc finem constitutae sint, scilicet ut alter alterius onera portaret et inter omnes societates societas civilis ea sit, in qua commodius homines necessitatibus subveniant, sequitur communitatem esse, ut ita dixerim, naturalissimam communicationem naturae convenientissimam."

dings kann sie von den Menschen ausgestaltet, wenngleich nicht durch einen Beschluß der Mehrheit abgeschafft werden. Die objektive, in der menschlichen Natur angelegte Teleologie steht vor einem freien Willensentschluß der Einzelnen. Entsprechendes gilt für die Herrschaftsgewalt (*potestas publica*) im Gemeinwesen; auch sie entspricht einer Notwendigkeit. Wie der menschliche Leib nicht in gesundem Zustand erhalten werden könnte ohne jene ordnende Kraft, die einzelne Glieder zum Gebrauch für die anderen Glieder, zumal für das Wohl des ganzen Menschen einrichtete, so müßte auch die politische Gemeinschaft sich auflösen, wenn alle gleich und keiner Gewalt unterworfen wären und jeder – ohne eine vorsorgende Autorität, die auf das Gemeinsame Bedacht nimmt – nach seinem Meinen und Gutdünken in eine andere Richtung streben würde.[40] Eine ordnende Herrschaftsgewalt gehört somit zur politischen Gemeinschaft selbst. Vitoria versteht sie als „die Befugnis, die Vorrangstellung oder das Recht, die politische Gemeinschaft zu lenken."[41]

Daneben finden sich – im Kommentar zur *Summa theologiae* – allerdings auch Äußerungen, die in die Richtung einer Konstituierung der Herrschaftsgewalt durch die Menschen selbst weisen. Wieder läßt sich also Vitoria verschieden lesen. Diese Äußerungen stammen, kaum überraschend, aus der soeben besprochenen *dominium*-Lehre: Hier werden schließlich Eigentums- und Herrschaftsrechte allein durch menschlichen *consensus* erzeugt, der die ‚*divisio rerum*', die Land- und Güterzuteilung vornimmt. Allem voraus liegt die ursprüngliche Berechtigung aller. Analog können dann aber auch die Herrschaft des Princeps und seine Befugnisse nur durch menschliche Wahl hervorgebracht werden.[42] In seiner letzten *Relectio*, der über die Indios von 1539, sucht Vitoria dann diese beiden Positionen zusammenzuführen. Es geht in ihr um den Nachweis, daß der Kaiser nicht Herr der ganzen Welt sei. Herrschaftsgewalt und Herrscheramt, sagt Vitoria, wurden aufgrund des menschlichen Rechts eingeführt, sie bestehen nicht aufgrund des Naturrechts.[43] Dennoch seien sie aber in der menschlichen Natur *begründet*. Vitoria bezieht sich dafür auf die Unterscheidung des Aristoteles zwischen einer *potestas*

---

[40] Vgl. Rel. de potestate civili, n. 5 (Vorlesungen I, S. 126f.).

[41] Rel. de potestate civili, n. 10 (Vorlesungen I, S. 136): „Potestas publica est facultas, auctoritas sive ius gubernandi rem publicam civilem." Die Formel ist zugleich ein Beleg für die Verwendung von *ius* im Sinne eines subjektiven, Autorität und Befugnisse enthaltenden Rechts.

[42] Vgl. ComStTh II–II, qu. 62, art. 1 n. 21f.

[43] Rel. de Indis I, n. 2 (Vorlesungen II, S. 412f.). Vitoria beruft sich dabei auf Thomas von Aquin S.th. II–II, qu. 10, art. 10 resp.: „... considerandum est quod dominium et praelatio introducta sunt ex iure humano." Ob diese Berufung schlüssig ist, steht dahin, denn Thomas versteht hier *ius humanum* im Gegensatz zu einem aus der Gnade stammenden göttlichen Recht als das Recht, „quod est ex naturali ratione". An der Auffassung *Vitorias* über den menschlichen Ursprung der Herrschaftsgewalt ändert das jedoch nichts.

familiaris, die aus der Natur selbst hervorgeht, und der *potestas civilis*, die zwar in der menschlichen Natur notwendig angelegt ist, aber erst durch die Menschen selbst errichtet und organisiert wird:

> „Aristoteles sagt im 1. Buch der Politik, daß es Herrschaftsgewalt [potestas] in zweifacher Art gibt: zum einen die familiäre, wie die des Vaters über die Kinder und des Mannes über die Frau, und diese liegt in der Natur. Zum andern die politische Herrschaftsgewalt, die durchaus in der Natur ihren Ursprung haben mag; und insofern kann sie als naturrechtlich bezeichnet werden, wie der Hl. Thomas in De regimine principum I, 1 c. 1 sagt: der Mensch ist nämlich ein politisches Wesen. Aber sie ist nicht durch die Natur selbst, sondern durch Gesetz errichtet worden." (Rel. de Indis/Vorlesungen II, S. 412, I, 2 n. 2)[44]

Dies ist eine bemerkenswerte Argumentation, ohne daß man einen Paradigmenwechsel oder sogar einen unaufgelösten Widerspruch vermuten muß. In die objektiv gerichtete Natur-Teleologie wird ein Denken hineingenommen, das auf die Einzelnen als handelnde und berechtigte Subjekte bezogen ist. Dafür ist diese Natur-Teleologie durchaus offen, wie sich schon beim Begriff des Rechts (soeben 2 b) zeigte, es muß nur ein Anstoß dazu kommen. Hieran wird etwas Prinzipielles bewußt: Die Herleitungen aus der Natur des Menschen, als Naturrecht zusammengefaßt, sind letztlich Legitimations- und Sollensargumente; sie besagen nicht, daß die Natur aus sich etwas schafft oder festlegt, sondern daß die Menschen als selbsthandelnde Vernunftwesen aufgerufen sind, bestimmte normative Ansprüche und Orientierungen, die ihnen naturgemäß sind, zu realisieren.[45]

b) *Wesen, Aufgaben und Organisation der politischen Gemeinschaft:* Vitoria bleibt bei einer bloßen Begründungstheorie für die politische Gemeinschaft nicht stehen. Er schreitet zu einer umfassenden Lehre vom Wesen der politischen Gemeinschaft, ihrer Zielausrichtung und ihren Aufgaben fort und fragt auch nach dem natürlichen Träger der in ihr gebündelten Herrschaftsgewalt und nach deren Autonomie, d. h. ihrem Recht auf Selbstbestimmung. Angesichts der Gegebenheiten und erhobenen Ansprüche im hispanischen Amerika ist das von hoher politischer Brisanz. Sein naturrechtliches Denken

---

[44] „Et Aristoteles 1 Politicorum dicit, quod duplex est potestas: una familiaris ut patris ad filios et viri ad uxorem, et haec est naturalis. Alia est civilis, quae licet a natura quidem habeat ortum. Et ideo potest dici de iure natura, ut Sanctus Thomas dicit De reg. principum I, 1 c. 1: Est enim homo animal civile, non tamen natura, sed lege constituta est."

[45] Damit trifft die von *D. Deckers*, Gerechtigkeit, S. 285, angenommene widersprüchliche Argumentation bei Vitoria wohl nicht zu. Berufung auf die einzelnen als selbsthandelnde Subjekte und Anerkennung objektiver naturrechtlicher Bindungen und Gebote stehen nicht im Gegensatz; sie gehören, und das folgt gerade aus der Natur des Menschen, zusammen und bedingen einander.

setzt sich hierbei originär fort und bezieht klare Positionen. Als Folie und um seine Auffassungen systematisch darlegen zu können, bedient sich Vitoria der Ursachenlehre des Aristoteles (oben § 5 II 2, S. 105 ff.). In dieser wird das Wesen einer Sache durch Rückgriff auf die verschiedenen ‚Gründe', die sie hervorbringen, formen und ihre Ausrichtung bestimmen, näher erklärt. So kommt es zu den Fragen nach der *causa finalis* (Zielausrichtung), der *causa efficiens* (hervorbringende Wirkursache), der *causa materialis* (Trägerschaft der Herrschaftsgewalt) und der *causa formalis* (Regierungsform und Leitungsgewalt) der politischen Gemeinschaft.

Die *causa finalis* bezeichnet das eigentliche Um-willen, die Zielausrichtung der politischen Gemeinschaft. Sie leitet sich her aus den gerade erwähnten Gründen, die zur Notwendigkeit der Errichtung politischer Gemeinschaft führen. Das sind, wie schon bei Thomas v. Aquin (oben § 10 IV 1, S. 243), nicht transpersonale Güter, etwa die Ausbreitung der wahren Religion oder die Mehrung des Ruhmes der Herrscher, sondern die natürlichen Lebenszwecke der Menschen, die diese Gemeinschaft bilden, ihre *felicitas politica* bzw. *felicitas humana*. Vitoria nennt öfter *pax et securitas*.[46] Das antwortete nicht zuletzt auf Herausforderungen der Zeit. Doch ist dies für Vitoria keineswegs abschließend. Er bezieht diese Zwecke in das hauptsächliche und umgreifende Ziel ein, weswegen die Menschen in Gemeinschaft zusammen leben, nämlich die Erreichung des tugendhaften Lebens. Eben darin besteht das *bonum commune* der politischen Gemeinschaft. Dieses *bonum commune* ist mit dem *bonum morale* der Bürger, nicht nur ihrem *bonum naturale* untrennbar verbunden. *Pax* und *securitas* haben also Bedeutung als Medium daraufhin, dienen auch einem weiteren, über sie selbst hinausweisenden Ziel.

Das Gemeinwohl in diesem Sinn bindet den Herrscher, ist verbindliche normative Orientierung für den Gesetzgeber. Politische Herrschaftsgewalt ist in ihren Zielen nicht beliebig und voluntaristisch ‚frei', sie ist von ihrer *causa finalis* her eine Amtsgewalt, die nicht auf den eigenen Nutzen, sondern auf den allgemeinen Nutzen, die *utilitas publica*, ausgerichtet ist. Vitoria hebt dabei, auch hinsichtlich des tugendhaften Lebens, bloß auf die Güter ab, die der natürlichen sittlichen Erkenntnis zugänglich sind, glaubensbedingte Annahmen und Einsichten werden grundsätzlich nicht einbezogen. So findet bei der Ausdeutung der *eudaimonia* (lat. *beatitudo*, *felicitas*) keine aktuale Verknüpfung mit dem übernatürlichen Endzweck der Menschen, der *visio beatifica* statt, wie das bei Thomas von Aquin der Fall war (oben § 10 V 1c, S. 267 f.). Ebenso unterscheidet und trennt Vitoria, wenn es um die richtige Hinführung zur Tugend geht, die auf die *felicitas humana* bezogenen Aufgaben der weltlichen Herrscher von denen auf die *felicitas aeterna* bezogenen

[46] Nachweise bei *D. Deckers*, Gerechtigkeit, S. 300 f. *Pax*, von Augustinus übernommen, wird mit *securitas* verknüpft und erhält dadurch eine eher säkulare, auf den äußeren und öffentlichen Frieden bezogene Bedeutung.

der Priester.[47] Anderseits rechnet er zu den Tugenden, zu denen der Gesetzgeber hinführen soll, jedenfalls für christliche Herrscher doch auch die theologischen Tugenden von Glaube, Hoffnung und Liebe, was, konsequent verfolgt, den Glaubenszwang einschlösse[48] – eine politische Ordnung mit Religionsfreiheit ist auch für Vitoria noch fern, wenngleich er der Anwendung von Glaubenszwang aus Klugheitsgründen widerrät.

Causa efficiens, die Wirkursache der politischen Gemeinschaft und ihrer Herrschaftsgewalt ist die menschliche Natur, wie sie Gott geschaffen hat. Deshalb ist der eigentliche Urheber dieser Gewalt Gott selbst; er bewirkt sie aber nicht unmittelbar durch spezielle Übertragung oder Verleihung, sondern mittelbar über das Handeln der Menschen, die damit den Notwendigkeiten ihrer Natur folgen. Auf diese Weise wird die politische Herrschaftsgewalt einerseits in Gott gegründet, nicht als bloßes Werk der Menschen erklärt, andererseits jedoch den Menschen selbst anheim gegeben.[49] Gott, selbst die *causa prima*, bringt so sein Werk durch Vermittlung der Menschen und deren Handeln als *causa secunda* hervor.[50] Theokratischen oder hierokratischen Positionen, die auf eine unmittelbare göttliche Ermächtigung einzelner Personen abzielen, ist damit von vornherein der Weg verlegt.

Die *causa materialis*, die materielle Trägerschaft der politischen Herrschaftsgewalt, ordnet Vitoria nun der politischen Gemeinschaft selbst zu. Das hat weittragende Konsequenzen. Nicht ein einzelner oder einige wenige sind von Natur aus Träger der Herrschaftsgewalt, sondern die Gesamtheit der Bürger; sie ist der Ort und materiale Grund dieser *potestas*.

> „Die Materialursache, in der eine Gewalt dieser Art nach dem natürlichen und göttlichen Recht ihren Sitz hat, ist die politische Gemeinschaft selbst, der es von sich aus zukommt, sich zu regieren und zu verwalten und alle ihre Befugnisse auf das Gemeinwohl hin auszurichten." (De potestate civili, n. 7)[51]

Seine Beweisführung für diese These knüpft an die ursprüngliche Gleichheit der Menschen an. Bevor sie sich zu einer politischen Gemeinschaft zusammenfanden, stand keiner über dem anderen. Daher gibt es keinen Grund, weshalb gerade in einem solchen Zusammenschluß ein einzelner für sich eine

---

47 ComSTh I–II, qu. 92, art. 1 n. 4: „… principes civiles intendunt facere homines bonos intra felicitatem humanam; pontifices vero ecclesiastici intendunt ordinare ad felicitatem aeternam (ed. Beltrán, S. 22)."

48 Siehe dazu *D. Deckers*, Gerechtigkeit, S. 307f.

49 Vgl. Rel. de potestate civili, n. 6 (Vorlesungen I, S. 126–129).

50 Vgl. Rel. de potestate civili, n. 17 (Vorlesungen I, S. 148): „Nam non solum opus Dei dicitur, quod se solo producit, sed etiam quod mediantibus causis secundis efficit. Ergo non solum dicitur lex divina, quam ipse solus sancivit, sed etiam quam Dei potestate homines tulerunt …"

51 „Causa vero materialis, in qua huiusmodi potestas residet iure naturali et divino, est ipsa res publica, cui de se competit gubernare se ipsam et administrare et omnes potestates suas in commune bonum dirigere." (Vorlesungen I, S. 128).

Machtvollkommenheit (*potestas*) gegenüber den anderen beanspruchen dürfte, zumal ja jeder aufgrund des natürlichen Rechts die Befugnis und das Recht der Selbstverteidigung hat.[52] Also kann die konkrete Errichtung und Ausformung der naturhaft notwendigen Herrschaftsgewalt nur bei der Gesamtheit der Bürger, bei der politischen Gemeinschaft selbst liegen. Und diese kann darüber nicht nur einmütig, sondern mit Mehrheit entscheiden, was Vitoria rational und pragmatisch zugleich begründet.[53]

Man kann fragen, ob diese Position Vitorias nicht als ‚gemäßigte Volkssouveränität' bezeichnet werden kann. Doch würden mit der Verwendung des Begriffs Volkssouveränität spätere, vor allem im 18. und 19. Jh. entwickelte Souveränitätsvorstellungen in eine Zeit rückprojiziert, die (noch) nicht in diesen Kategorien dachte. Was Vitoria naturrechtlich begründet und formuliert, ist die Eigenständigkeit und das Recht auf Selbstbestimmung und Selbstorganisation für jede politische Gemeinschaft, das bei der Gesamtheit der Bürger und insofern in der Hand des Volkes liegt.[54] Das hat Auswirkungen für die politische Autonomie nach innen wie für die Ordnung des Zusammenlebens der Völker (hierzu sogleich unter d). Im Hintergrund steht die Anerkennung der Subjektstellung der einzelnen, welche die politische Gemeinschaft bilden; sie ist die (noch) verdeckte Konstruktionsbasis, die die politische Gemeinschaft zu einem wahrhaften Gemeinwesen macht.

Die *causa formalis* der politischen Gemeinschaft schließlich betrifft die Regierungsform und die Leitungsgewalt der Regierung. Und bereits mehr als ein Jahrhundert vor Thomas Hobbes begründet Vitoria den repräsentativen Charakter der Herrscherstellung des Fürsten:[55] Wird ein König mit der Regierung betraut, besteht kein Vertragsverhältnis zwischen ihm und dem Gemeinwesen, aus dem er als Person bestimmte eigene Rechte ableiten könnte – der traditionelle Herrschaftsvertrag –, vielmehr wird ihm die *potestas*, die der politischen Gemeinschaft selbst zukommt, lediglich übertragen; er handelt somit als und für die politische Gemeinschaft.

> „Obgleich nämlich der König von der res publica eingesetzt wird – denn die res publica wählt den König –, überträgt sie dem König nicht eine Herrschaftsgewalt [potestas], sondern die eigene Autorität, so daß nicht zweierlei Herrschaftsgewalten [potestates] bestehen, eine königliche und eine der politischen Gemeinschaft. Und so, wie wir von der Herrschaftsgewalt [potestas] der res publica sagen, daß sie von Gott und durch natürliches Recht eingerichtet wurde, müssen wir dann dasselbe auch wiederum von der königlichen Herrschaftsgewalt [potestas] sagen." (Rel. de potestate civili, n. 8/Vorlesungen I, S. 134)

---

52 Vgl. Rel. de potestate civili, n. 7 (Vorlesungen I, S. 128 f.)

53 Vgl. Rel. de potestate civili, n. 14 (Vorlesungen I, S. 142 f.); *M. Delgado*, Zustimmung des Volkes, S. 161–171.

54 So ausdrücklich *A. Dempf*, Staatsphilosophie, S. 37 f., in deutlicher Abgrenzung zu Vorstellungen der Volkssouveränität.

55 Dies wurde bereits 1937 von *A. Dempf*, Staatsphilosophie, S. 40, vermerkt, ohne daß es in der Literatur zu Vitoria weitere Resonanz gefunden hat.

Diese Theorie hat Folgen in zweifacher Richtung, und beide sind für Vitoria wichtig. Zum einen ist die Herrschaftsgewalt des Königs, vermittelt über die des Gemeinwesens, eine naturrechtlich und damit von Gott her begründete; diese Argumentationsfigur war in der Auseinandersetzung mit der gegen die königliche Gewalt gerichteten *Comunidades*-Bewegung in Spanien wichtig.[56] Aber sie ist dies nicht kraft unmittelbarer göttlicher Verleihung, sondern kraft der naturrechtlich-göttlichen Grundlage der politischen Gemeinschaft selbst.[57] Zum andern ist die Gesamtheit der Bürger solidarisch haftbar für die Folgen unrechtmäßiger Maßnahmen des Herrschers, etwa durch Beginn eines ungerechten Krieges; „die ganze res publica kann erlaubtermaßen für ein Vergehen ihres Königs bestraft werden." (Rel. de potestate civili, n. 12/Vorlesungen I, S. 138) Denn die *res publica* selbst ist schließlich verantwortlich, daß sie einen Herrscher auswählt, der die *potestas* in gerechter Weise zu nutzen und auszuüben versteht. Konsequent weitergedacht, müßte dies dazu führen, daß die *res publica* den Herrscher auch abberufen können muß; Vitoria geht aber darauf nicht ein.

Beste Regierungsform ist für Vitoria vielmehr die Monarchie, weil sie am ehesten die Einheit der politischen Gemeinschaft erhält; sie beeinträchtigt auch die Freiheit nicht stärker, als wenn die Herrschaftsgewalt bei mehreren oder vielen liegt, die dann oftmals untereinander streiten und Unruhe stiften. Aber die politische Gemeinschaft ist nicht auf diese Form verpflichtet, sie hat die Freiheit der Selbstorganisation. Vitorias Auskunft ist klar und bündig:

> „Denn nachdem nunmal die res publica das Recht hat, sich selbst zu verwalten, und als Ganzes tut, was die Mehrheit tut, kann sie diejenige Herrschaftsform annehmen, die sie will, auch wenn es nicht die beste sein sollte." (Rel. de potestate civili, n. 14/Vorlesungen I, S. 143)

c) *Die Auswirkungen von Vitorias Theorie politischer Herrschaft:* Will man die Bedeutung der von Vitoria aufgestellten naturrechtlichen Theorie politischer Herrschaft richtig erkennen, darf man sie nicht abstrakt lesen. Liest man sie vor dem Hintergrund der Gegebenheiten und Herausforderungen der Zeit, wird deutlich, wie stark die politische Brisanz war, die ihr vom Ansatz her innewohnte. Diese Brisanz bezog sich vor allem darauf, ob denn die spanische Herrschaft in Amerika überhaupt rechtmäßig oder nicht ein naturrechtswidri-

---

[56] Siehe *D. Deckers*, Gerechtigkeit, S. 288 ff. Die *Communidades*-Bewegung war auf eine Autonomie der lokalen Gewalten gerichtet. Zur Erinnerung: Reformation und Bauernaufstand in Deutschland spielten sich ebenfalls in diesen Jahren ab. Wie Luther nimmt auch Vitoria die Konflikte seiner Gegenwart auf.

[57] Dies ist gegen die sog. Designationstheorie gerichtet, die – zur Begründung gottunmittelbarer Rechte des Herrschers – davon ausging, daß die politische Gemeinschaft bzw. das Volk den Herrscher nur bezeichnet, die Herrschaftsgewalt dann aber von Gott unmittelbar verliehen wird, s. unten IV, 3 b, S. 389 mit Anm. 121.

ges Unrecht sei, und ob es eine spanische Oberhoheit als Form kaiserlicher Weltherrschaft anstelle einer Gemeinschaft selbständiger und gleichberechtigter Völker überhaupt geben dürfe. Vitoria hat sich diesem Problem auch selbst gestellt.

(1) Nach der Herleitung und Legitimation politischer Herrschaft, wie sie Vitoria entwickelt, ist auch die Herrschaft, die von den Ungläubigen in politischen Gemeinschaften der Ungläubigen ausgeübt wird, eine originär rechtmäßige Herrschaft. Dies gilt auch für die ‚Barbaren' in Amerika; sie waren, bevor die Spanier kamen, echte Herren im öffentlichen wie im privaten Bereich.[58] Der politische Sprengstoff, der in dieser Argumentation (wie in vielen Vitorias') im Spanien des 16. Jh. lag, ist offenkundig: Die spanische Herrschaft in Amerika ist illegitim und naturwidriges Unrecht, wenn sie sich nicht auf einen eigenen Rechtstitel stützen kann, der mit dieser naturrechtlichen Position vereinbar ist oder sie überwindet. In seiner berühmten *Relectio de Indis* (1538/39) unterzieht Vitoria die vermeintlichen Rechtsansprüche der Spanier einer kritischen Prüfung: Eindeutig weist er einen Herrschaftsanspruch der mittelalterlichen Universalgewalten Papsttum und Kaisertum über die neue Welt zurück. Der Kaiser ist nicht Herr der Welt, denn nach natürlichem und göttlichem Recht gibt es keinen *Welt*herrscher; der Papst ist nicht Herr der Welt im politischen oder zeitlichen Sinn, weil er über zeitliche Gewalt (*potestas temporalia*) nur verfügt, soweit das für die Verwaltung der *geistlichen* Angelegenheiten notwendig ist; er kann deshalb eine solche Gewalt auch nicht verleihen.[59] Auch andere fehlerhafte Rechtsgründe für die spanische Herrschaft werden von Vitoria analysiert und verworfen: das Recht der Entdeckung, weil Amerika herrenloses Land gewesen sei; die Weigerung der Barbaren, den ihnen verkündigten christlichen Glauben anzunehmen; die Sünden der Barbaren gegen das Naturgesetz.[60]

Ungeachtet dessen verwirft Vitoria die Herrschaft der Spanier in Amerika nicht von vornherein. Er erörtert mögliche tragfähige Rechtsgründe für die spanische Herrschaft, die er *in thesi* entwickelt, hält sich dann aber – aus Klugheit oder, wie Las Casas meint, Nachgiebigkeit gegenüber den Kaiserlichen[61] – mit der Subsumtion, ob sie konkret vorgelegen haben, ersichtlich zurück. Hier nennt er vor allem das Reise- und Aufenthaltsrecht der Spanier (das er dem römischen *ius gentium* entnimmt), das Recht, Handel zu treiben,

---

[58] Vgl. Rel. de potestate civili, 9 (Vorlesungen I, S. 136f.); Rel. de Indis I, 16 (Vorlesungen II, S. 402): „sine dubio barbari erant et publice et privatim ita veri domini sicut Christiani nec hoc titulo potuerunt spoliari aut principes aut privati rebus suis, quod non essent veri domini."

[59] Vgl. Rel. de Indis I, 2, n. 1–3, 5, 7, 8 (Vorlesungen II, S. 406ff., 411–428).

[60] Rel. de Indis I, 2, n. 10, 16, 20–22 (Vorlesungen II, S. 430–432, 442f., 446–449)

[61] Siehe *U. Horst*, Leben und Werke, S. 94ff. m. Nachw.

d.h. Waren dort einzukaufen und eigene Waren zu verkaufen, und vor allem die Missionsfreiheit, das Recht, den christlichen Glauben ungehindert zu verbreiten.[62] Werden nun diese Rechte verletzt, geschehe den Spaniern Unrecht. Zur Abwehr dieses Unrechts könne für die Spanier ein Grund zum Krieg und in seiner Folge zur Beherrschung gegeben sein, um sich zu schützen und die Barbaren zu bestrafen. Daneben steht für Vitoria der weitere Rechtsgrund, Menschenopfer und Kannibalismus bei den Barbaren – die tatsächlich stattfanden[63] – zu unterbinden, um das Leben der Opfer, oft auch Kinder, zu schützen – eine Art völkerrechtlicher Interventionsgrund. Beide Gründe könnten jedoch aus sich heraus keinesfalls die Wegnahme des Eigentums der Barbaren rechtfertigen. Von vornherein zurückhaltend bis ablehnend verhält Vitoria sich hingegen zum Rechtsgrund der Herrschaftsbedürftigkeit der ‚Barbaren', weil sie wegen der Schwäche ihrer Vernunft unfähig seien, geordnete Gemeinwesen zu errichten – ein Rechtstitel, der bei den spanischen Hofjuristen unter Berufung auf Aristoteles recht verbreitet war. „Ich wage nichts Bejahendes über ihn zu sagen, aber auch nicht, ihn schlechterdings zu verneinen." (Rel. de Indis I, 3, n. 17) Jedenfalls gebe es keine „Sklaven von Natur",[64] und eine Beherrschung der Barbaren, unterstelle man ihre – von Vitoria bezweifelte – Dummheit und Vernunftschwäche, dürfe nur dazu dienen, sie zu ihrem Nutzen und ihrer Förderung in Obhut zu nehmen, solange sie – Kindern vergleichbar – auf dieser Stufe stünden.[65]

An dieser Stelle, wie auch sonst, zeigt sich bei Vitoria das Bestreben, im Blick auf die faktisch bereits etablierte Herrschaft der Spanier in Amerika das Augenmerk nicht allein auf die Rechtmäßigkeit ihrer Begründung, sondern auf die Rechtmäßigkeit und Fortdauer ihrer Ausübung zu richten. Die Rechtsgründe, die nach seiner Auffassung dafür in Betracht gezogen werden können, legitimieren keine eigennützige Herrschaft kraft Eroberungswillen oder zur

---

[62] Vgl. Rel. de Indis I, 3, n. 1–5, 8–10 (Vorlesungen II, S. 456–475). Siehe hierzu die Würdigung und Kritik seiner Argumente bei *J. Fisch*, Europäische Expansion, S. 216–221, der Vitoria hinsichtlich seiner Begründung und Verteidigung der Missionsfreiheit und ihrer Folgen in ein unlösbares Dilemma geraten sieht; zur Begründung der Missionsfreiheit *M. Sievernich*, Toleranz und Kommunikation, S. 192–203.

[63] Siehe oben Fn. 6.

[64] Siehe Rel. de Indis I, n. 15 u. 16 (Vorlesungen II, S. 402–405). Um seine Auffassung mit der des Aristoteles zu harmonisieren, interpretiert Vitoria die Lehre des Aristoteles – aufbauend auf der Prämisse, daß es Sklaven von Natur nicht geben könne – kurzerhand um: Aristoteles habe nur gemeint, daß manche Leute, die von Natur schwach im Geiste seien, mit Notwendigkeit der sie betreuenden Führung durch einen, der sie an Weisheit überrage, bedürften. Vgl. auch *R. Grawert*, Francisco de Vitoria, S. 118.

[65] Eingehende Erörterung, wie weit die Argumente Vitorias für die Verteidigung der spanischen Herrschaft, insbesondere die spanischen Hofjuristen, verwendbar waren, bei *N. Capdevila*, Las Casas, S. 256–279; ferner *D. M. Traboulay*, Columbus and Las Casas, S. 95–108. Kritisch zu den Positionen Vitorias als eines „ängstlichen Zauderers" *M. Delgado*, Zustimmung des Volkes, S. 174f.

Machtausdehnung; sie erlauben nur eine Art treuhänderische und dem Grunde nach zeitlich begrenzte Herrschaft, sei es, um Schutz gegen geschehendes Unrecht zu gewähren, sei es, um die ‚Barbaren' unter Achtung ihrer grundlegenden Rechte aus einer Situation der Abhängigkeit und elementarer kultureller Unbildung herauszuführen.[66] Eindringlich stellt Vitoria im zweiten Teil der *Relectio* die Frage nach Eingriffsbefugnissen, welche die Herrscher gegenüber den Barbaren haben können. Etliche solcher Befugnisse, die damals postuliert wurden, etwa die Ahndung oder Unterbindung von Verletzungen des natürlichen Gesetzes, weist er zurück.[67] Was bleibt, ist nicht mehr als ein begrenztes Mandat oder politisches Protektorat über die Indios, und dies zu ihrem Nutzen, um sie auf der Grundlage der Rechtsgleichheit aller zur Aufnahme in den Kreis der zivilisierten Völker zu befähigen.[68]

(2) Eine weitere Konsequenz der Lehre Vitorias zur Legitimation und den Bindungen politischer Herrschaft ist die (naturrechtliche) Notwendigkeit einer auf Unabhängigkeit und Gleichheit aufbauenden Rechtsordnung zwischen den Völkern. Nicht zu Unrecht wird heute eher Vitoria als Hugo Grotius als der ‚Vater des Völkerrechts' angesehen. Vitoria geht, wie gezeigt, vom Bestand eines Rechts auf Reisefreiheit und Handelsfreiheit zwischen den Völkern aus. Der Grund dafür liegt in der natürlichen Gesellschaft und Kommunikation der Menschen (*titulus naturalis societatis et communicationis*).[69] Menschen und auch die Völker leben nicht isoliert, es besteht zwischen ihnen eine universale Gemeinschaft, wie sie schon Cicero (oben § 7 IV 3, S. 171 f.) angenommen hatte, und ein gemeinsames Recht, das der natürlichen Vernunft entstammt. Vitoria belebt kosmopolitische Ideen, wie sie von der Stoa überliefert waren, und holt sich Belege aus den Sätzen und Formeln der römischen Juristen aus der Zeit der ausgebreiteten Weltherrschaft Roms (*ius gentium*).

> „*Die Spanier haben das Recht, in jene Provinzen zu reisen und sich dort aufzuhalten – freilich nur, wenn dies nicht mit irgendeinem Schaden für die Barbaren einhergeht. Sie können von den Barbaren nicht daran gehindert werden.* Der Schluß wird erstens mit dem Völkerrecht bewiesen, das entweder natürliches Recht ist oder aus dem natürlichen Recht hergeleitet wird (*Inst. de iure naturali et gentium*). *Was die natürliche Vernunft unter allen Völkern festgesetzt hat, heißt Völkerrecht.* Bei allen Nationen gilt es nämlich als unmenschlich, Fremde

[66] Siehe hierzu die Darlegung von *L. Pereña*, Spanische Eroberung, S. 69–79.

[67] Vgl. Rel. de Indis II, n. 21 u. 22 (Vorlesungen II, S. 448–453).

[68] So *L. Pereña*, Spanische Eroberung, S. 73, 75 mit nachvollziehbarer Begründung; ebenso *D. M. Traboulay*, Columbus and Las Casas, S. 108. Zur Idee der Völkergemeinschaft bei Vitoria auch *A. Dempf*, Staatsphilosophie, S. 17–22. Kritischer *J. Fisch*, Europäische Expansion, S. 222, der sich dafür nur auf die erste *Relectio de Indis*, nicht auch auf die zweite stützt.

[69] Vgl. Rel. de Indis I, 3 n. 1 u. 2 (Vorlesungen II, S. 460 ff.), dazu – auf die faktischen Vorteile für die Spanier abstellend – *J. Fisch*, Europäische Expansion, S. 216 f.

> und Reisende ohne besonderen Grund schlecht zu behandeln, andererseits aber als menschlich und pflichtmäßig, sich gegenüber Fremden gut zu verhalten." (Rel. de Indis III, 1 n. 1/Vorlesungen II, S. 460f./Übers. Stüben)

Dieser Text macht das grundlegende Konzept deutlich, auf dem Vitorias Überlegungen und Thesen zum Völkerrecht beruhen. Die politische Natur des Menschen ist nicht mehr auf den Rahmen der Polis oder des Regnum bezogen (wie bei Aristoteles und Thomas von Aquin), sie hat angesichts der gegebenen historisch-politischen Konstellation eine weltweite Dimension. Aber das dient nicht zur Begründung eines universalen Kaisertums, wie sie Dante noch unternommen hatte. Vitoria entwickelt vielmehr Grundsätze einer im Naturrecht begründeten universalen Gemeinschaft der Völker, die auf der Eigenständigkeit und Unabhängigkeit der einzelnen politischen Gemeinschaften aufbaut, diese aber durch ein gemeinsames Recht – das *ius gentium* – miteinander verbindet. Zu diesem Recht gehören: Anerkennung der Reise- und Handelsfreiheit, einschl. der Freiheit der Meere, d.h. des freien weltweiten kommunikativen und wirtschaftlichen Verkehrs – was natürlich auch im Interesse Spaniens lag; der Missionsfreiheit – Ausbreitung des Christentums auf friedlichen Wegen; der Autonomie und Selbständigkeit der politischen Gemeinschaften – Verbot der Einmischung in innere Angelegenheiten; nicht zuletzt eines Kriegsrechts nach Maßgabe der Bedingungen des gerechten Krieges, die Vitoria im einzelnen – mit restriktiver Tendenz – entwickelt.[70]

Vitorias Naturrechtslehre und seine darauf gegründete politische Philosophie zeigen so ungeachtet mancher Inkonsistenzen ein imponierendes Werk, das von starkem aktuellem Bezug getragen war. Als Ordensmann widmete er sich ganz seiner Aufgabe als Theologe und Lehrer für Generationen von Studenten. Er fragte und suchte dabei – weit ausgreifend – nach Recht und Gerechtigkeit von Grund auf, stellte sich aber zugleich immer wieder den Herausforderungen der Zeit. Er wirkte in die Zeit hinein und über sie hinaus – ein großer Denker in bewegter Zeit.

III. Bartolomé de Las Casas

1. *Leben und Werk:* Lassen sich schon bei Vitoria durchaus die Einwirkungen der Zeitumstände auf Themen und Fragen seiner Werke erkennen, so gilt dies für den jetzt zu behandelnden Bartolomé de Las Casas in noch weit stärkerem Maß. Nicht nur sein Werk, auch der Gang seines Lebens ist aufs engste mit dem spanischen ‚goldenen Zeitalter' verknüpft, und gerade die Erfahrungen seines Lebens haben ihn zu seinen Werken inspiriert. Dieser Umstand mag

[70] Vgl. Rel. de jure belli, qu. 3 (Quae possit esse ratio et causa belli), qu. 4 (Quid et quantum liceat in bello iusto) sowie die dazu gehörigen Conclusiones (Vorlesungen II, S. 556–605). Aus der Literatur *D. Janssen*, Theorie des gerechten Krieges, S. 210–243.

lange Zeit zu seiner Vernachlässigung in der Philosophiegeschichte beigetragen haben. Engagierter Priester, der er war, erschien er vielen nur als ein Polemiker der Gerechtigkeit, der zudem durch seine Anklagen den Ruhm und die Größe Spaniens mehr als befleckt hatte. Gleichwohl gehört er zu den großen Gestalten der spanischen Spätscholastik.

a) Als Sohn einer altchristlichen Familie wohl 1484 in Sevilla, dem Tor zur Neuen Welt geboren, von dem aus Columbus 1492 zu seiner Entdeckungsfahrt aufbrach, überquerte Las Casas 1502 zum ersten Mal den Ozean.[71] Sein Vater, eine Abenteurernatur, hatte Columbus auf dessen zweiter Entdeckungsfahrt 1493 begleitet, war 1499 mit einigen Indios nach Spanien zurückgekehrt und 1501 erneut zur Insel La Española (heute Haiti/Dominikanische Republik) aufgebrochen. Wahrscheinlich, aber nicht sicher belegt ist, daß Las Casas vor seiner Überfahrt einige Kurse Recht studiert hatte. Auf La Española betätigte er sich zunächst als Goldsucher und wurde Besitzer einer Kommende. Diese Kommenden (*encomiendas*) waren Einrichtungen, vermöge derer die spanischen Siedler – Lehnsnehmern vergleichbar – als Herren die Existenz und Arbeitskraft der Indios für sich nutzen konnten; an sich vorläufige Zuweisungen von Land und Leuten durch die Krone mit auch fürsorgerlichen Aufgaben für die Indios, die ja formell als ‚Freie‘ und Untertanen der spanischen Krone deklariert waren, wurden die Kommenden schnell als eigener Besitz behandelt, wurden vererbungsfähig und dienten – mangels wirksamer Kontrollen – zumeist der Ausbeutung, oftmals auch der praktischen Verknechtung der Indios.

Wohl 1506 zum Priester geweiht, behielt Las Casas seinen Besitz und wirkte 1512 bis 1514 als Feldkaplan bei der Conquista Cubas durch Diego Velázquez mit, wofür er mit einer großen *encomienda* in Cuba belohnt wurde. Eine aufsehenerregende, gegen die Unterdrückung der Indios gerichtete Predigt des Dominikaners Antonio Montesino (in Santo Domingo am 4. Adventssonntag 1511) sowie das Erlebnis eines unsäglichen Massakers spanischer Conquistadores an unschuldigen Indios in Caonao 1512 lösten bei Las Casas Zweifel am Verhalten der Spanier und seiner eigenen Lebensart aus, die sich weiter verstärkten. Zwei Jahre später kam es zu seiner sogenannten ‚ersten Bekehrung‘:[72] Er verzichtete auf seine Kommende, verurteilte in öffentlicher Predigt das Unrecht, das den Indios geschah, und widmete sein Leben fortan dem nie erlahmenden, manchmal einseitig verletzenden, doch im Ergebnis durchaus wirkungsvollen Einsatz für Recht und Freiheit der Indios.

---

[71] Materialien zum Lebensweg von Las Casas bei *J. Höffner*, Kolonialisation, S. 196–209, *B. Biermann*, Las Casas, und bei *M. Gillner*, Las Casas, S. 23–63. Das Geburtsjahr von Las Casas ist nicht genau überliefert, doch vermutlich 1484, nicht, wie früher öfter angenommen, 1474 (vgl. *A. Huerga*, in: OC 1, S. 29f.).

[72] Siehe *M. Gillner*, Las Casas, S. 31–33.

Viermal begab er sich nach Spanien (1515, 1517, 1540, 1547), um vor allem am königlichen Hof für die Begrenzung und tendenzielle Aufhebung der *encomiendas* und die Rechte der Indios einzutreten; er erreichte königliche Erlasse, denen es aber am Vollzug gebrach, so daß die Verhältnisse sich kaum änderten. Nachdem sein vom König autorisierter Versuch einer friedlichen Kolonisierung in Venezuela gescheitert war, trat er 1522 in Santo Domingo in den Dominikanerorden ein und widmete sich zunächst theologischen und juristischen Studien. Seine Berichte und Denkschriften an den Indienrat und den Kaiser sowie sein Auftreten vor Karl V. 1542 trugen wesentlich zum Erlaß der *Leyes Nuevas* (1542) bei. Diese verboten jede Versklavung der Indios bei Strafe, untersagten die Neubildung von *encomiendas* und ordneten bei Mißbrauch der bestehenden deren Einziehung an. Wegen wachsenden Widerstandes gegen ihre Anwendung wurden sie freilich 1545 teilweise zurückgenommen.

Auf Betreiben Karls V. wurde Las Casas 1543 Bischof von Chiapas, einer der ärmsten und am meisten ausgebeuteten Regionen Westindiens. Mit dem Versuch, die *Leyes Nuevas* konsequent umzusetzen, machte er sich dort viele Feinde. So kehrte er bereits 1547 – endgültig – nach Spanien zurück und verzichtete 1550 auf sein Bistum. Er wirkte fortan bis zu seinem Lebensende im Umkreis des königlichen Hofes, verfaßte Eingaben, Abhandlungen und Briefe, nicht zuletzt an Kronprinz Felipe (Philipp II.), um die Rechte der Indios zu begründen und das Unrecht von seiten der Spanier anzuklagen.

Sein großer Gegenspieler, *Juan Ginés de Sepúlveda*, verdächtigte ihn der Häresie und des Hochverrats, weil er die Rechte der spanischen Krone in Amerika verneine. Große Bedeutung erlangte die Disputation mit Sepúlveda vor dem spanischen Kronrat in Valladolid im Jahre 1550, bei der es um die Rechtmäßigkeit der Unterwerfung der Indios und ihrer Behandlung als Sklaven ging; Las Casas bestritt sie ebenso entschieden wie Sepúlveda sie, die Indios als ‚Sklaven von Natur' ansehend, verteidigte.[73] Einige Zeit später rückte Las Casas mit Bedauern über seinen Irrtum von der Empfehlung ab, die er 1516 und 1531, von der damals anerkannten rechtlichen Zulässigkeit der Kriegssklaverei ausgehend, gegeben hatte, nämlich anstelle der Indios für die Arbeit bei den spanischen Siedlern afrikanische (Kriegs-)Sklaven einzuführen und einzusetzen, die dieser Arbeit nach Körperbau und Gesundheit eher gewachsen seien; die Knechtschaft der Neger, so jetzt Las Casas, sei ebenso ungerecht wie die der Indios.[74]

---

[73] Dokumentation dieser berühmten Disputation in: OC 10, S. 102–193 (WA 1, S. 337–436); siehe auch *D. M. Traboulay*, Columbus and Las Casas, S. 167–171. Eindrucksvolle literarische Verarbeitung vor dem Hintergrund der NS-Zeit: *Reinhold Schneider*, Las Casas vor Karl V., zuerst 1937. Zu Sepúlveda vgl. *H. Pietschmann*, Aristotelischer Humanismus, S. 152 ff.

[74] Historia de las Indias, Libro Tercero, Cap. 129 (OC 5, S. 2324 [WA 2, S. 281]). Vgl. auch sogleich unten 2a, zu den früheren Stellungnahmen *M. Sievernich*, Sklavenfrage, S. 65 f. Las Casas' erste Empfehlungen wurden und werden nicht selten für die Entstehung des mehrere Jahrhunderte andauernden transatlantischen Sklavenhandels verantwortlich gemacht. Doch hat Las Casas damit keinesfalls den Export afrikanischer Sklaven

Ein Jahr vor seinem Tod schrieb Las Casas rückblickend auf sein Leben in einem Brief an Philipp II.: „In den fünfzig Jahren ... und in dreizehn weiteren, in denen ich sah, was geschah, habe ich nicht nachgelassen, unermüdlich zu fragen, wie wir nach Gott und der natürlichen Vernunft, nach göttlicher und menschlicher Gerechtigkeit mit jenen Völkern umgehen sollten. Und zwar je nach den Zeiten der jeweils regierenden Könige und Statthalter in diesen Ländern und angesichts der wachsenden Not jener Völker."[75]

b) Las Casas Schriften entstanden also nicht als Ergebnis eigener Forschung in klösterlicher Abgeschiedenheit oder als Niederschlag akademischer Lehre. Sie waren von vornherein Teil seines Einsatzes für die Indios, ihre Rechte und den Umgang mit ihnen von seiten der Spanier. Das bestimmte ihre Zielrichtung und führte zu einer eigenen Art der Argumentation. Soweit es sich nicht um historische Darstellungen handelt – aber auch die sind davon nicht unberührt –, geht es um Beweisführungen, um die Aufstellung und Entwicklung von Gründen für bestimmte Ziele. Da die Schriften sich an hohe spanische Behörden und die Herrscher richten, ist die Beweisführung vorwiegend eine theologische und juristische. Sie wird in weitem Umfang gestützt auf Autoritätsargumente: Aussagen der Hl. Schrift, Sätze aus Dekretalen (d.h. Sammlungen von Texten des kanonischen Rechts) und Regeln und Sätze aus dem Corpus iuris civilis des römischen Rechts. Gleichwohl ist sein Vorgehen nicht ohne eigenen argumentativen Gehalt; dieser ergibt sich daraus, wie und wozu diese Belege eingesetzt, aus ihrem Zusammenhang gelöst und teilweise eigenwillig interpretiert werden.

Das gilt vor allem für die Verwendung des römischen Rechts. Als ‚Kaiserrecht' genoß es hohe Autorität, kraft deren sich im späteren Mittelalter eine wenn nicht formelle, so doch tatsächliche Rezeption und Geltung herausbildete, zumal in den Teilen Europas, die zum Reich gehörten. Für königliche Räte und Gutachten erstellende Juristen wurde es ein unhinterfragter Bezugspunkt ihrer Entscheidungen und Argumente. Auch hatte es schon seit langem das kanonische Recht stark beeinflußt, wie umgekehrt die Kanonisten gern auf römisches Recht zurückgriffen. Und wenn auch Spanien nicht zum Hl. Römischen Reich gehörte, besaßen das römische Recht und die Arbeit der Glossatoren für die spanische Spätscholastik kaum weniger Autorität. So bot sich für Las Casas, bezogen auf etliche römische Gesetze und zumal die Lehrsätze der Digesten, die Verwendung des römischen Rechts als *ratio scripta* geradezu an;[76] es galt als in praktischer Rechtserfahrung ausgeformter Niederschlag von Gedanken der Gerechtigkeit und Billigkeit. Römisches Recht konnte so, entsprechend zurechtgelegt, zur Ausfüllung der *lex naturalis* dienen und

---

in die ‚Neue Welt' inauguriert, die historischen Ursachen dafür sind viel komplexer, siehe *R. Blackburn*, New World Slavery, S. 79ff., 112ff., 132ff.

[75] Widmungsbrief zu Las Doce Dudas (OC 11.2, S. 16 [WA 3/2, S. 263, hier abweichend übersetzt]).

[76] Näher dazu *N. Brieskorn*, Las Casas, S. 13–32.

im Kampf um die Rechte der Indios die Funktion eines Verbündeten erlangen. Auch eine Auswertung in entgegengesetzter Richtung war freilich nicht ausgeschlossen. In jedem Fall bewährte die dogmatische und materiale Substanz des römischen Rechtsdenkens hier, und gerade auch bei Las Casas, ihren Einfluß auf die europäische Rechtsphilosophie.

Man muß auch bei den Schriften Las Casas', wie bei so vielen Autoren dieser Zeit, durch die äußere Fassade der Argumentation, die ganz und gar auf Autoritäten bezogen ist, hindurchschauen; diese ist nicht zuletzt ein spätes Erbe der Scholastik. Dahinter erschließen sich eine materiale Rechtsphilosophie ebenso wie die – höchst modernen – staatsphilosophischen Positionen, die Las Casas bewegten.

c) Las Casas Werke haben eine wechselvolle Wirkungsgeschichte bis heute. Etliche seiner Schriften hat er 1552 und 1555 selbst zum Druck gegeben. Später dann wurden vor allem die geschichtlichen Werke, welche die spanische Eroberung und Missionierung ‚Westindiens' behandelten und vielfache Anklagen enthielten, veröffentlicht und übersetzt; sie wirkten in verschiedener Richtung als Munition: einerseits in der politischen Auseinandersetzung Frankreichs und der Niederlande mit Spanien, anderseits im Kampf der Aufklärung gegen den katholischen Absolutismus Spaniens. Schon zu Lebzeiten wie auch später trugen diese Werke zur Umstrittenheit von Werk und Person von Las Casas in Spanien bei. Für die einen galt er als Gewissen Spaniens, für die andern als Beflecker der spanischen Ehre.[77] Eine Art Wiederentdeckung seiner Werke und ein neues Interesse daran ergaben sich erst im 20. Jh., sie waren angestoßen durch den Abbau und die zunehmende Verurteilung des Kolonialismus und später durch die von Mittel- und Südamerika ausgehende Befreiungstheologie. Dies führte auch zur Entdeckung weiterer, bislang als verloren geltender Schriften von Las Casas.

2. *Rechtsphilosophie:* Eine Naturrechtslehre scholastischer Provenienz, wie etwa bei Vitoria, die systematisch vorgeht und das Naturrecht von seinen grundlegenden Prinzipien her gedanklich entwickelt, findet sich bei Las Casas nicht. Dazu beschäftigten ihn zu sehr die Lage und die einzuschlagenden Wege zur Befreiung der Indios. Dennoch hat er gerade aus dieser Intention heraus immer wieder mit konkretem Bezug die Frage nach dem Recht der Menschen und für die Menschen und seiner Gerechtigkeit gestellt. Grundlegend ist in dieser Hinsicht auch für ihn die Freiheit und Vernunftfähigkeit des Menschen. Darin verbinden sich ein naturrechtlicher Ansatz, für den auf Cicero zurückgegriffen wird, und eine theologische, von der Gottebenbildlichkeit des Menschen ausgehende Begründung. Beide gelten für alle Menschen und führen von daher zur Einheit des Menschengeschlechts:

---

[77] Siehe dazu insgesamt *R. Garcia Cárcel*, La Leyenda Negra. Historia y Opinión, Madrid 1992.

„Alle Völker der Welt bestehen ja aus Menschen, und für alle Menschen und jeden einzelnen gibt es nur eine Definition, und diese ist, daß sie vernunftbegabte Lebewesen sind; alle haben einen eigenen Verstand und Willen und Entscheidungsfreiheit, weil sie nach dem Ebenbild Gottes geschaffen sind. Alle Menschen haben fünf äußere und vier innere Sinne und werden von deren gleichen Zwecken angetrieben; alle haben die natürlichen oder samenartigen Prinzipien, um die Wissenschaften und die Dinge, die sie nicht kennen, zu verstehen, zu studieren und zu erkennen." (Apologética Historia Sumaria, Cap. 48; OC 7, S. 536 [WA 2, S. 376 f.])

Freiheit und Freiheitsfähigkeit des Menschen sind für Las Casas ein Grundprinzip, das in der Schöpfung Gottes enthalten ist; der Blick auf die Indios und die Art ihrer Bekehrung führt dazu, daß beide in ihrer Tragweite voll artikuliert werden. Gott hat es dem freien Willen eines jeden Menschen überlassen, ob er den christlichen Glauben annehmen will oder nicht. Überhaupt darf der menschliche Wille nicht einfach übergangen werden. Denn beim Ursprung des vernunftbegabten Geschöpfs wurden alle frei geboren und Gott hat allen gleichermaßen das freie Entscheidungsvermögen zugestanden.[78] Für Las Casas ist offenkundig – nach dem Evangelium, nach den Regeln und Grenzen, die der Herr aller Geschöpfe gegeben hat –, daß es auf Erden keine Macht gibt, die die Freiheit der Menschen ohne deren eigenes Verschulden einschränken darf, will man nicht gegen die Gerechtigkeit verstoßen, „denn die Freiheit ist das kostbarste und höchste Gut aller zeitlichen Güter und wird von allen Geschöpfen als solches geliebt ..."[79]

a) Von diesem Ausgangspunkt her ist es selbstverständlich, daß es keine ‚Sklaven von Natur' geben kann. Alle Menschen sind, was ihre von Gott geschaffenen natürlichen Bedingungen betrifft, einander ähnlich; darin besteht die Einheit des Menschengeschlechts. Zwar wird niemand als bereits unterrichtet und gebildet geboren, weshalb alle es nötig haben, zunächst von anderen, die vor ihnen geboren wurden, geführt und unterstützt zu werden. Das begründet indes keine Sklaven von Natur. Ungesittete, ‚Wilde', angeblich vernunftunfähige Menschen sind, im Bild gesprochen, nichts anderes als „brachliegendes Land, das leicht Unkraut und unnützes Dornengestrüpp hervorbringt, das jedoch soviel natürliche Kraft birgt, daß es, wenn man es bearbeitet und bestellt, gesunde und ertragreiche Nutzpflanzen gedeihen läßt." (Apologética Historia Sumaria, Cap. 48; OC 7, S. 537 [WA 2, S. 377])

---

78 Vgl. Principia quaedam, Tertium principium (OC 10, S. 562 [WA 3/1, S. 47]).

79 „Manifiesto es que ... la libertad sea la cosa más preciosa y suprema en todos los bienes deste mundo temporales, y tan amada y amiga de todas las criaturas" (Octavo Remedio, Razón nona; OC 10, S. 327 [WA 3/2, S 121]). Ähnlich in De regia potestate, Concl. I, § VIII, 5.: „Libertas est res preciosior et inaestimabilior cunctis opibus quae populus liber habet" (OC 12, S. 82 [WA 3/2, S. 213]).

Diese Position hat Las Casas stets und ohne Abstriche vertreten. Wenn er gleichwohl die Existenz von Negersklaven nicht von Anfang an, sondern erst spät verurteilt hat, hängt das damit zusammen, daß er zunächst – wie seine Zeitgenossen – von einer möglichen gesetzlichen Sklaverei im Falle der Kriegssklaven ausging. Grundlage dafür war eine fortgetragene Tradition des antiken Kriegsrechts, wonach der Sieger die Besiegten entweder töten oder versklaven konnte; diese Gedanken ließen sich insbesondere dem römischen *ius gentium* entnehmen, das hohe Autorität besaß und auch im übrigen zur Erfassung der sich durch die spanische Expansion ergebenden Ordnungsfragen herangezogen wurde.[80] Wer so gesetzmäßig Sklave geworden war, konnte auch rechtmäßigerweise als Sklave verkauft werden. Deshalb ist Las Casas' Argumentation gegen die Indiosklaverei in dieser Zeit stets darauf gestützt, daß es keinen Rechtsgrund – mangels eines gerechtfertigten (Eroberungs-)Krieges – für die Versklavung der Indios gegeben habe, nicht darauf, daß Sklaverei überhaupt gegen Naturrecht und Freiheit verstoße.

b) Las Casas bringt auch ohne weitere Probleme den Freiheitsbegriff mit der Idee des Rechts in Verbindung, und zwar nicht erst vermittels der Inanspruchnahme und Aktualisierung juristischer Formeln des römischen Rechts, sondern unmittelbar vom naturrechtlich-theologischen Ansatz her, der dann (nur sekundär) mit römisch-rechtlichen Formeln abgestützt wird. Das ist ein bedeutsamer Schritt über Vitoria hinaus (oben II 2b, S. 353 f.).

> „Freiheit ist nämlich ein den Menschen notwendig und per se vom Anfang der vernunftbegabten Natur an angestammtes Recht. Und so ist sie eine Sache des Naturrechts." (De regia potestate, Notabile I, § I, 1.; OC 12, S. 34/36 [WA 3/2, S. 197])

Daraus folgt eine allgemeine Freiheitsvermutung. Unfreiheit (= Sklaverei), wenn sie besteht, ist nur akzidentiell, und deshalb gilt die Vermutung, daß der Mensch frei ist, wenn nicht das Gegenteil bewiesen wird. Mit Hilfe des römischen Rechts (Dig. 42, 1, 38) macht Las Casas daraus eine generelle Beweislastregel, der eine erhebliche konkret-praktische Wirkung in ihrer Zeit zukommt. Und es ist für ihn ganz natürlich, bedarf keiner weiteren Reflexion, dabei das Recht, welches den Menschen objektiv zukommt, auch und gerade subjektiv zu verstehen, als Vermögen, aus eigener Entscheidung zu han-

---

80 Die Dogmatik der römischen Juristen, die streng nach *ius naturale* und *ius gentium* scheidet, geht maßgeblich auf Positionen der Stoa zurück, vgl. *M. Kaser*, Ius gentium, S. 75 ff., 54 ff., und oben § 6 III 2b, S. 141. Die christlichen Autoren stellten die Kriegssklaverei lange Zeit deshalb nicht in Frage, weil ihre Kriegslehre und -ethik von der Theorie des gerechten Krieges bestimmt wurde, der gerechte Krieg (nur ein solcher war zulässig) aber zugleich eine Strafsanktion gegen den Rechtsbrecher war, so daß Strafen gegen den Kriegsgegner gerechtfertigt erschienen und auch Strafen i. S. einer Gesamthaftung, die das Volk (die Soldaten) für Taten der Führer bestraften, als zulässig angesehen wurden. Umfassend hierzu *F. H. Russell*, The Just War, siehe auch *R. Blackburn*, New World Slavery, S. 34 ff., und zu Las Casas *M. Sievernich*, Sklavenfrage, S. 63 f.

deln.[81] Das für ihn aktuelle Exempel hierfür ist, anders als bei Vitoria, nicht mehr das *dominium*, sondern – ebenso prinzipiell – die Begründung und *Übertragung* von Herrschaft. So heißt es im Blick auf die Anerkennung der spanischen Oberherrschaft durch die Indios: „... es gehört zu ihrem naturgegebenen Vermögen das Recht, der nun schon so oft erwähnten päpstlichen Einsetzung zuzustimmen oder aber zu widersprechen ..., will sagen sowohl vor wie nach ihrer Bekehrung."[82]

An dieser Stelle kommt der enge Zusammenhang von Rechtsphilosophie und Philosophie der politischen Ordnung anschaulich zum Ausdruck: Die ursprüngliche Freiheit aller Menschen, die ihnen als Recht zukommt, führt zum Recht der Selbstherrschaft jedes Volkes kraft des Naturrechts. Die Freiheit der einzelnen impliziert die Freiheit der Völker, ihr eigenes Recht zur Begründung und Konstituierung politischer Herrschaft und deren Organisation. Politische Herrschaft gewinnt ihre Legitimation von den zum Volk verbundenen einzelnen her und ist auf deren Nutzen und Wohl ausgerichtet.

3. *Philosophie der politischen Ordnung:* Hierdurch erhält auch die Philosophie der politischen Ordnung eine konsequent auf das Volk (*las gentes, el pueblo*) als dem Ursprung und Ziel politischer Herrschaft bezogene Systematik. Und innerhalb dieser Systematik wird zugleich – Lehren des 18. und 19. Jh. vorausentwickelnd – eine konstitutionelle und freiheitliche Art der Herrschaftsausübung gefordert.[83]

Ziel und Zweck der Regierung eines Volkes (*causa finalis*) kann nur das Wohl und der Nutzen des Volkes selber sein. Der Ausgangspunkt dafür ist, daß es sich bei jedem Volk vom Ursprung her um ein freies Volk handelt. Frei aber ist, sagt Las Casas im Anschluß an Aristoteles, was um seiner selbst willen ist, nicht auf ein Anderes hingeordnet, dem es als Mittel dient. So „geschieht ... die Regierung einer Gemeinschaft freier Menschen wegen der freien Menschen. Also muß sie auf das Wohl und den Nutzen dieser hingeordnet werden." (Principia quaedam, Quartum Principium; OC 10, S. 570 [WA 3/1, S. 52])

---

81 In De Thesauris, Cap. XVI, heißt es: „So lautet also die Definition der Freiheit: natürliches Vermögen oder Möglichkeit, das zu tun, was man tun will, außer dem, was durch Gewalt oder durch das Recht verwehrt ist" (OC 11.1, S. 192 [WA 3/1, S. 281]).

82 De Thesauris, Cap. XXVII (OC 11.1, S. 300 [WA 3/1, S. 294]). Las Casas rückt damit von seiner früher geäußerten Auffassung ab, wonach nach der Bekehrung eine Pflicht zu solcher Anerkennung bestehe und die spanischen Könige ihre Jurisdiktion mit Recht unmittelbar anwenden können; so im Tratado comprobatorio del imperio soberano (OC 10, S. 483 [WA 3/1, S. 247]) und den Treinta Proposiciones muy jurídicas, Prop. XIX (OC 10, S. 209 [WA 3/1, S. 186 f.]).

83 *A.-E. Pérez Luño*, Spanische Naturrechtslehre, S. 194 ff.

Das Volk ist aber zugleich auch *causa efficiens*, das heißt die hervorbringende Wirkursache der Herrschafts- und Regierungsgewalt. Das freie Volk organisiert sich selbst, errichtet Gemeinwesen und überträgt die Regierung einem Fürsten oder Herrn. Daß Gott die erste Wirkursache (*causa prima*) ist, weil er die Menschen als von Natur freie geschaffen hat, so daß sie selbst die notwendige Herrschaftsgewalt organisieren, wird dabei nicht negiert, im Gegenteil vorausgesetzt; die naturrechtliche Betrachtung bedarf dessen jedoch nicht mehr im Sinne einer ausdrücklichen Herleitung und Verankerung. Las Casas formuliert präzise:

> „Von daher ist die Rechtsgewalt unmittelbar aus dem Volke hervorgegangen, und das Volk war die Wirkursache der Könige, der Fürsten und all deren Amtsträger, wenn sie die Gewalt rechtmäßig erlangten." (De regia potestate, Notabile II, § IV, 3.; OC 12, S. 62 [WA 3/2, S. 205 f.])

Auch hierfür ist das Freiheitsprinzip als durchgehendes Begründungs- und Konstruktionsargument wirksam:

> „Die Wahl der Könige und derer, die freie Menschen und Völker regieren sollen, ist Sache just derer, die regiert werden sollen, und zwar kraft natürlichen und kraft Völkerrechts, unterwerfen sie sich doch dem Gewählten aus eigener Zustimmung, die ein Willensakt ist, der auf keine Weise ... erzwungen werden darf, da ja alle Menschen zunächst als freie geboren werden ..."[84]

Ob für die von Las Casas hier und immer wieder geforderten Wahl- und Zustimmungsakte des Volkes volle Übereinstimmung erforderlich ist oder die Mehrheitsentscheidung Anwendung findet, wird von ihm, anders als von Vitoria, nicht eigens thematisiert; es gehörte auch nicht zur Zielrichtung seiner auf das Prinzipielle gerichteten Argumentation. Aus dem von ihm stets betonten Freiheitsprinzip herzuleiten, es müsse sich jeweils um die Wahl oder Zustimmung durch alle Betroffenen handeln, erscheint gewagt;[85] es forderte Las Casas Antworten auf Fragen ab, die er sich so nicht gestellt hat.

Insgesamt erfährt die Art von ‚Volkssouveränität', wie Vitoria sie begründet hatte, hier noch eine Vertiefung. Und es folgt daraus, daß die Jurisdiktion

---

84 „La razón es porque ... la elección de los reyes e de quien hobiere de regir los hombres y pueblos libres, pertenece a los mismos que han de ser regidos, de ley natural y derecho de las gentes, sometiéndose ellos mismos al elegido por su proprio consentimiento, que es acto de la voluntad, que en ninguna manera puede ser ... forzada, comoquiera que los hombres todos al principio nasciesen y fuesen libres" (Tratado comprobatorio del imperio soberano; OC 10, S. 447 [WA 3/1, S. 226]).

85 So aber *M. Delgado*, Zustimmung des Volkes, S. 167–169. Dieser Schluß wird auch nicht durch die dem römischen Recht entstammende und ins kanonische Recht übernommene Formel Quod omnis tangit, ob omnibus comprobetur gedeckt; sie wurde in den Auseinandersetzungen seit dem 13. Jh. stets zur Begründung von Beteiligungs- und Zustimmungsrechten, nicht aber von Einstimmigkeitserfordernissen herangezogen.

der Könige von vornherein begrenzt ist, sich nur auf den gemeinsamen Nutzen der Völker erstreckt, gebunden an Naturrecht und göttliches Recht; sie stellt nur eine *Amtsgewalt* dar, die dem Herrscher anvertraut ist, etwas Fremdnütziges, nicht aber ein *dominium* im Sinne eigentumsähnlicher Herrschaft.[86] Die Könige und Fürsten sind, „im eigentlichen Sinn gesprochen, nicht Herren ihrer Königreiche ..., sondern nur Regenten, Vorsteher und Verwalter des Gemeinwesens" (De regia potestate, Notabile III, § V, 2.; OC 12, S. 68 [WA 3/2, S. 207]). Las Casas geht noch ein Stück weiter. Zum Amtscharakter der Herrschaft gesellt sich bei ihm, schon im 16. Jh., in gewollter Aktualisierung des Aristoteles eine Art verfrühtes rechtsstaatliches Freiheitsprinzip, niedergelegt im Postulat der Herrschaft der Gesetze und der Beteiligung des Volkes. Kein Regent, König oder Fürst hat die Gewalt, über die Bürger nach Belieben zu herrschen wie er will. Denn er hat über die Untertanen nicht eine eigene Gewalt, sondern nur die Gewalt des Gesetzes, welches am Allgemeinwohl zu orientieren ist:[87]

> „Der Fürst herrscht über die Untertanen als ein Diener des Gesetzes ... Von daher herrscht er nicht im eigentlichen Sinne, sondern verwaltet das Volk durch die Gesetze ... Und so bleiben die Bürger frei, da sie nicht dem Menschen, sondern dem Gesetz gehorchen."[88]

In Antwort auf staatliche Strukturen, die sich in Spanien schon im 15. und 16. Jh. intensiv ausbildeten[89], wird jedweder Absolutismus bereits verurteilt, ehe er sich voll zu entfalten suchte; die Regierungsweise habe gesetzmäßig, in diesem Sinn konstitutionell zu sein und die Bürger, das Volk, einzubeziehen; dem Volk nämlich könne keine Last auferlegt werden, wenn es nicht freiwillig zustimmt. Später wird es heißen: *no taxation without representation.*

> „Ebenso gilt ‚Was allen nutzen soll', aber auch schaden kann, ‚ist mit der Zustimmung aller zu tun' ... Deshalb ist in einer solchen Angelegenheit die Zustimmung aller freien Menschen einzuholen. Also mußte das ganze Volk zusammengerufen werden." (De regia potestate, Notabile II, § IV, 5.; OC 12, S. 64 [WA 3/2, S. 206])

Gilt dies aber, so kann Las Casas konstatieren (und zugleich normativ fordern), dann stellt eine Regierung für die Freiheit kein Hindernis und keinen Nachteil dar. Regierung nach Gesetzen und Gesetze mit Zustimmung der Bür-

---

86 Vgl. De regia potestate, Notabile III, § V, 1. et 3. sowie Concl. III, § XIII, 1. (OC 12, S. 66/68 und 110 [WA 3/2, S. 207 f. und 221]).

87 Vgl. De regia potestate, Notabile III, § V, 1. sowie Concl. I, § IX, 1. (OC 12, S. 66 und 84 [WA 3/2, S. 207 und 213]).

88 „Princeps imperat subditis sicut minister legis ... Unde non dominatur, sed administrat populum per leges ..., et sic cives manent liberi, nec oboediunt homini, sed legi" (De regia potestate, Concl. I, § IX; OC 12, S. 84 [WA 3/2, S. 213]).

89 Vgl. W. *Reinhard*, Staatsgewalt, S. 66–69.

ger, so ließe sich hinzufügen, sind keine Einschränkung, sondern Bedingung der Freiheit.

4. Welche Folgerungen ergaben sich aus diesen Positionen für die spanische Herrschaft in ‚Westindien'? Konnte sie danach überhaupt in irgendeiner Weise gerechtfertigt oder mußte sie verurteilt werden? Diese Fragen waren im damaligen Spanien, wie bereits erwähnt, ein Problem von höchster, auch politischer Brisanz. Kein Geringerer als Juan Ginés de Sepúlveda, der Hofhistoriograph und große Gegenspieler, verdächtigte ja Las Casas des Hochverrats, weil dieser die Rechtmäßigkeit der spanischen Herrschaft in Frage stelle.

Für Las Casas war – wie schon für Vitoria – unstreitig, daß auch die Ungläubigen kraft Naturrechts einen Anspruch auf Selbstherrschaft und Unabhängigkeit haben; die naturrechtliche Position zeigte insofern ihre menschenrechtliche Reichweite.

> „Alle Ungläubigen, welcher Sekte oder Religion sie auch immer angehören und welcher Sünden sie auch schuldig sein mögen, haben gemäß natürlichen und göttlichen Rechtes und auch nach dem sogenannten Völkerrecht völlig zu Recht die Herrschaft über die Dinge inne, die sie erworben haben, ohne einen anderen zu schädigen. Und mit dem gleichen Recht besitzen sie auch ihre Fürsten- und Königtümer, ihre Stände, Amtswürden, ihre Jurisdiktion und Herrschaftsrechte."[90]

Kann es, bei Beachtung dieses Grundsatzes, überhaupt eine tragfähige Rechtfertigung der spanischen Herrschaft geben? Auf mögliche Rechtstitel, die aus dem Natur- und Völkerrecht entnommen werden können, läßt Las Casas sich gar nicht weiter ein – was man zugleich wohl als beredtes Schweigen gegenüber entsprechenden Darlegungen Vitorias (oben II 3c (1), S. 363 ff.) zu verstehen hat. Und er argumentiert eingehend gegen Sepulvedas These, daß die Indios als Barbaren im eigentlichen Sinn – nach den Merkmalen des Aristoteles – oder wegen ihres Unglaubens und ihrer Menschen-opfer der Herrschaft der Spanier unterworfen werden könnten.[91] Was er unabhängig davon aufgreift und ihn in der Auseinandersetzung mit den Hoftheologen und Juristen immer wieder beschäftigt, ist die berühmte Bulle *Inter cetera* Papst Alexanders VI. von 1493. Hier heißt der Papst den Wunsch der spanischen Könige gut, Länder, Inseln und ihre Bewohner sich zu unterwerfen (*subicere*) und sie zum katholischen Glauben zu bekehren, und überträgt ihnen alle entdeckten oder zu entdeckenden Inseln und Festländer samt allen Herrschaften, Dörfern

---

[90] Las Doce Dudas, Respuesta, Cap. I, Principio 1° (OC 11.2, S. 35 [WA 3/2, S. 279 f.]). Ebenso Treinta Proposiciones muy jurídicas, Prop. X (OC 10, S. 206 [WA 3/1, S. 184]).

[91] *N. Capdevila*, Las Casas, S. 280–293; *D. M. Trabouday*, Columbus and Las Casas, S. 171–173.

und Gerechtsamen.[92] Daraus wurde in Anknüpfung an hierokratische Positionen seinerzeit vielfach eine gültige Herrschaftsübertragung an die spanischen Könige hergeleitet, eine neue Form der *translatio imperii*. Las Casas erklärt nun diese Übertragung nicht für null und nichtig (was ihm wenig Gehör verschafft hätte), unternimmt vielmehr eine Interpretation, die sie weithin entleert und auf einen Schutz- und Missionsauftrag reduziert: Er fragt danach und legt der Interpretation zugrunde, was der Papst als oberster *Priester* und kraft seiner Vollmacht als Stellvertreter Christi überhaupt weitergeben und übertragen könne. Das ist nicht weltliche Herrschaft, sondern der Auftrag, die Menschen, Gläubige wie Ungläubige, zum Heil zu führen und entgegenstehende Hindernisse zu beseitigen. Das bedeutet, durch eigenen Einsatz (Expeditionen) Mission zu ermöglichen und durchzuführen, aber nicht mehr. Solcher Missionsauftrag rechtfertigt keineswegs die vorgängige Eroberung, wie Sepúlveda es vertrat; vielmehr muß der Glaube an Jesus Christus auf die Weise gepredigt werden, die der Sohn Gottes in seiner verfaßten Kirche selbst hinterlassen hat: „friedfertig, liebevoll und nachgiebig, mildtätig und anlockend, durch Sanftheit, Bescheidenheit und gutes Beispiel“[93]. Dafür zu sorgen ist die Pflicht der Könige.

Was bleibt also? Nicht viel mehr als eine Oberhoheit zum Wohle der Missionierung und Evangelisierung, dem mittelalterlichen Verständnis der universalen kaiserlichen Gewalt (Schirmherr und Schutzvogt der Kirche) entnommen. Mit Grund spricht Las Casas immer wieder von der souveränen *kaiserlichen* Herrschaft und Fürstenwürde der spanischen Könige. Mit ihr verträgt es sich, Las Casas sagt es ausdrücklich, daß die natürlichen (= naturrechtlichen) Könige und Herren Regierung, Jurisdiktion, Rechte und Herrschaft über die ihnen untergebenen Völker ausüben.[94] Politisch gesehen be-

---

92 Lateinisches Original der Bulle in *Josef Metzler* (Hg.), America pontificia, S. 79–83. *M. Delgado*, Las Casas, S. 165, weist darauf hin, daß dieser Originaltext auf einer zweiten Fassung beruht, die auf den 4. Mai rückdatiert wurde und auf Wunsch der spanischen Könige gegenüber der Erstfassung eine entscheidende Korrektur zu deren Gunsten enthielt. Zur politischen Bedeutung und dem sachlichen Inhalt dieser Bulle siehe *M. Gillner*, Las Casas, S. 70–78; *A. Milkon*, Entdeckungen und Christianisierung der Fernen, S. 555–568.

93 Treinta Proposiciones muy jurídicas, Prop. XXII (OC 10, S. 210 [WA 3/1, S. 187]).

94 Treinta Proposiciones muy jurídicas, Prop. XVII y XVIII (OC 10, S. 208 f. [WA 3/1, S. 186]). Im 17. Satz betont Las Casas, daß den Königen von Kastilien und León „rechtens jene ganze Oberhoheit und umfassende Jurisdiktion über ganz Westindien, kraft Autorität, Gewährung und Schenkung des ... Heiligen Apostolischen Stuhles“ gehöre. Im 18. Satz heißt es dann: „Mit dieser souveränen, kaiserlichen und universalen Fürstenwürde und Herrschaft ... verträgt es sich, daß die dortigen natürlichen Könige und Herren Regierung, Fürstentum, Jurisdiktion, Rechte und Herrschaft über die ihnen untergebenen Völker ausüben, daß diese politisch oder wirklich regiert werden, so wie es einst den Kaisern gestattet war, die universale und höchste Herrschaft über die Könige auszuüben.“

deutete das eine Minimierung der ohnehin nicht mehr zu beseitigenden spanischen Herrschaft, gebunden an einen spezifischen Auftrag und eine entsprechende Verantwortung der katholischen Könige; sie wurde, wie schon bei Vitoria (oben II 3c), im Interesse der Indios aller imperialen und selbstnützigen Züge entkleidet.

Von Las Casas naturrechtlicher Position aus blieb allerdings die Frage, ob auch eine solche Oberhoheit nicht gleichwohl der Zustimmung der indianischen Völker bedurfte. Denn konnte sie einfach rechtswirksam auferlegt werden? Las Casas hat hier geschwankt und erst gegen Ende seines Lebens eine klare und in sich konsequente Position gefunden.[95] Zunächst vertrat er die Auffassung, daß die Indios nach dem (freiwilligen) Empfang der Taufe verpflichtet seien, diese Oberhoheit anzuerkennen, gewissermaßen als Dank für die Bekehrung zum Glauben und zu dessen Sicherung, und daß diese Verpflichtung auch erzwungen werden könne. Damit bot er seinem Gegenspieler Sepúlveda, auch in der Disputation von Valladolid 1550, eine offene Flanke: Die Behauptung, die Barbaren könnten zwar nicht im voraus, aber nach der Christianisierung unterworfen werden, widerspreche, so Sepúlveda, aller Vernunft und jedem Bemühen um Kriegsvermeidung. Las Casas hat seine Position dann revidiert und konsequent die ‚naturrechtliche Wende' vollzogen. Er widerrief 1562 die frühere These ausdrücklich: „Ebensowenig nach wie vor der Taufe hat irgendein Richter auf Erden Gewalt, sie, wenn sie unsere Könige nicht als Oberherren anerkennen wollen, deshalb zu bestrafen."[96] Eine Verpflichtung zur Anerkennung könne es allenfalls aus natürlicher Billigkeit, die aber nicht mit Sanktionen rechtlich einforderbar sei, im Blick auf empfangene Wohltaten geben. An solchen Wohltaten habe es von seiten der Spanier aber ersichtlich gefehlt. Las Casas sieht daher die spanischen Könige hinsichtlich ihrer Oberhoheit, auf kanonisch-rechtliche Begriffe zurückgreifend, nur im Besitz eines formellen *ius ad rem* (durch die päpstliche Verleihung), nicht aber eines materiellen *ius in re* (wegen fehlender Zustimmung). Und wegen der vielen Untaten der Spanier müßten die Könige die Hoffnung fahren lassen, die Oberhoheit über die allermeisten dieser Gebiete jemals in Ruhe und ohne Gewissensbisse innezuhaben.

Las Casas ist, insgesamt gesehen, ein hervorragendes Beispiel dafür, wie aus einem konkreten, mit nicht nachlassender Energie betriebenen Engagement heraus – die Befreiung der Indios – rechts- und staatsphilosophische Einsichten von großer Tragweite hervorwachsen und auf den Punkt gebracht werden. Zusammengenommen liefern sie wichtige Bausteine für ein System der Verbindung von Recht und Freiheit und die Einordnung notwendiger Herrschaft in dieses System.

---

95 Sie dazu *M. Delgado*, Las Casas, S. 168 ff., und *J. Fisch*, Europäische Expansion, S. 234–240.

96 De Thesauris, Cap. XXVII (OC 11.1, S. 300 [WA 3/1, S. 294]).

IV. Francisco Suárez

1. *Leben und Werk:* Der Lebensweg des dritten großen Vertreters der spanischen Spätscholastik, der hier zu Wort kommen soll, fügte sich – anders als der von Las Casas – wieder in den normalen Gang einer Theologen- und Gelehrtenvita ein. Stationen dieses Weges waren verschiedene europäische Universitäten, und er stand nur vereinzelt – durch Gestaltung oder Beratung – in Verbindung zum politischen Geschehen der Zeit; die Wirksamkeit war primär eine akademische und wissenschaftliche und nur indirekt – über die Wirkung der Schriften – eine politische.

Francisco Suárez wurde 1548 – zwei Jahre nach dem Tod Vitorias – in Granada geboren.[97] Er entstammte einer altkastilischen Adelsfamilie, sein Großvater hatte sich 1492 an der (Rück-)Eroberung Granadas aus maurischer Hand beteiligt und wurde dort mit vordem maurischen Besitz ausgestattet. Schon mit 13 Jahren – 1561 – begann Suárez seine Studien an der Universität Salamanca, zunächst in der Kanonistik, also im kirchlichen Recht. Fünf Jahre später – inzwischen war er 1564 in den noch jungen Jesuitenorden eingetreten – wandte er sich dem Studium der Theologie zu. Diese zweifache Ausbildung als Jurist und Theologe hat sein Werk nachhaltig geprägt.

Nach dem Studium nahm er, eingebunden in die strenge Ordensdisziplin, Lehrtätigkeiten an den Jesuitenkollegien in Segovia und Valladolid wahr, seit 1576 als Professor der Theologie. 1580 wurde er an die im Aufbau befindliche Universität der Jesuiten in Rom, die spätere Gregoriana, geschickt. Vor allem Arbeitsüberlastung und gesundheitliche Gründe führten ihn bereits 1585 nach Spanien zurück, und zwar an die Universität Alcalá, später nach Salamanca, wo er sich vornehmlich der wissenschaftlichen Arbeit, unter teilweiser Freistellung von seinen Lehrverpflichtungen, widmen konnte. 1597 verlangte Philipp II. die Übernahme des ersten theologischen Lehrstuhls an der berühmten portugiesischen Universität Coimbra – seit 1583 war Portugal nach einem Erbkrieg für mehr als ein halbes Jahrhundert mit der Krone Spaniens vereint. Hier hielt Suárez 1601/02 die berühmten Vorlesungen ‚*De legibus*' – nach dem Vorlesungsplan gemeinsam für Legisten (weltliche Juristen), Kanonisten und Theologen. An ihre Ausarbeitung zu einer großen Enzyklopädie der Grundbegriffe des Rechts machte er sich 1609–1612. Die mehrfach beantragte Entpflichtung, um sich ganz seiner wissenschaftlichen Arbeit zu widmen, wurde ihm 1615 gewährt, verbunden mit dem außerordentlichen Privileg, seinen Nachfolger selbst zu bestimmen. Bereits 1617 verstarb Suárez im Alter von 69 Jahren in Lissabon und wurde dort begraben.

Suárez' Schriften bewegen sich in einem breiten Feld: Theologie, Philosophie und Rechtswissenschaft. Für die Rechts- und Staatsphilosophie bedeutsam sind vor allem sein juristisches Hauptwerk *De legibus ac Deo legis-*

---

[97] Die biographischen Daten und Ereignisse sind *J. Soder*, Francisco Suárez, S. 15–32, und *ders.*, Franz Suárez und sein Werk, in: *F. Suárez*, Ausgewählte Texte zum Völkerrecht, S. 1–11 entnommen.

latore, 1613 erschienen (bis 1621 sechs Ausgaben), sowie die in päpstlichem Auftrag verfaßte Schrift *Defensio fidei* (1613), die sich – zur Unterstützung der englischen Katholiken – gegen die Thesen König Jakobs I. vom göttlichen Herrscherrecht der Könige wandte.[98] Ergänzend ist für das Völkerrecht auf die Schrift *De bello* hinzuweisen. Die größte Wirkung haben indes philosophische Untersuchungen, die *Disputationes metaphysicae*, gehabt; sie wurden weithin zum philosophischen Grundlehrbuch an den Universitäten, auch an holländischen, deutschen, englischen und schottischen, und dies ohne Unterschied zwischen katholischen und protestantischen.[99] Das rechts- und staatsphilosophische wie auch das völkerrechtliche Werk wurde demgegenüber in seiner Wirkung lange Zeit durch die Autorität überlagert, die der Niederländer Hugo Grotius (1583–1645) gewann.

2. *Rechtsphilosophie:* Der vielleicht wichtigste Beitrag zur Rechtsphilosophie, den Suárez geleistet hat, liegt in seiner sehr ausgearbeiteten Lehre vom natürlichen Gesetz (*lex naturalis*) und seinen Grundlagen. Sie erscheint als Teil einer allgemeinen Lehre vom Gesetz und seinen Arten, in die sie eingebettet ist. Suárez entwickelt seine Lehre, indem er die Diskussion um Vernunft und/oder Wille als tragenden Grund des natürlichen Gesetzes und Rechts, wie sie seit der Zeit Thomas von Aquins stattfand, noch einmal grundsätzlich aufnimmt. Alle Positionen dieser Auseinandersetzung, angefangen von antiken Autoren wie Aristoteles und Cicero, sind ihm präsent; sie werden nahezu kompendienhaft vollständig herangezogen und mit einem Höchstmaß an scholastischer Gelehrsamkeit diskutiert. Suárez stellt sich hier einerseits bewußt in die Tradition von Thomas von Aquin, der als „divus Thomas" immer wieder den maßgeblichen Orientierungspunkt abgibt; anderseits will er in dieser Kontroverse einen „mittleren Weg" (*mediam viam tenendam censeo*; vgl. DL II, 6 n. 5) gehen. Führt dieser Weg zu einer Synthese oder bleibt er bei einem mittleren Kompromiß stehen, der letztlich doch in einem Voluntarismus endet? Bevor eine solche Frage beantwortet werden kann, muß seine Rechtsphilosophie, insbesondere die Lehre vom natürlichen Gesetz, genauer betrachtet werden. Das soll in vier Schritten erfolgen.

---

[98] Die Schrift *Defensio fidei* wurde, weil sie nicht nur die politische Gemeinschaft selbst bzw. das Volk zum ursprünglichen Inhaber der Staatsgewalt erklärte, vielmehr auch – sehr begrenzt – die Möglichkeit der Tyrannentötung als Akt öffentlicher Notwehr vertrat, auf Befehl Jakobs I. in London und 1614 aufgrund eines Dekrets des Parlements von Paris auch dort verbrannt, siehe *J. Soder*, Francisco Suárez, S. 43 f., und *E. Quin*, Widerstandsrecht, S. 383 ff.

[99] Siehe *P. Petersen*, Geschichte der aristotelischen Philosophie im protestantischen Deutschland, Leipzig 1921; *K. Eschweiler*, Die Philosophie der spanischen Spätscholastik auf den Universitäten des 17. Jh., in: Spanische Forschungen der Görres-Gesellschaft, Bd. 1 (1928), S. 251–335.

a) Suárez legt der Erörterung der verschiedenen Gesetzesarten (wie *lex aeterna, lex naturalis, lex divina* und *lex humana*) einen allgemeinen Begriff des Gesetzes zugrunde. Das bedeutet eine gewisse Vorentscheidung. Denn dieser allgemeine Begriff des Gesetzes ist bei Suárez, deutlicher noch als bei Thomas von Aquin, erkennbar am Begriff des positiven – in einer politischen Gemeinschaft geltenden oder von Gott gegebenen – Gesetzes orientiert, wie er im römischen Recht und in der Hl. Schrift Verwendung fand. Das Gesetz ist so stets auf das Handeln von Menschen bezogen, es gilt nur metaphorisch im Bereich der Natur (als ‚Naturgesetz') oder im Bereich der Künste; es ist ein Maßstab für moralische Handlungen der Menschen, damit diese durch die Übereinstimmung mit ihm eine sittliche Rechtheit (*rectitudo moralis*) erlangen (vgl. DL I, 1 n. 5). Zudem hat es seinen Ort stets in einem Verhältnis der Über- und Unterordnung, dem Verhältnis eines Höheren (*superior*) zu den ihm Untergebenen (*subditi*). Um die Untergebenen in ihrem Verhalten zu lenken (*gubernatio*), werden ihnen Anordnungen über das gegeben, was sie zu tun und zu lassen haben. Damit ist im Gesetzesbegriff zum einen unaufhebbar ein Moment des Willens enthalten, zum anderen die Frage nach dem Handeln und der Kompetenz des Gesetzgebers. Der näheren Bestimmung des Verhältnisses von Vernunft und Willen im Gesetz liegen diese Festlegungen voraus, und zwar im Blick auf alle Arten des Gesetzes. In seiner berühmten allgemeinen Definition des Gesetzes hat Suárez dies, wie auch die notwendige Beziehung des Gesetzes auf die Gerechtigkeit, eingefangen.

> „Lex est commune praeceptum, iustum ac stabile, sufficienter promulgatum" (DL I, 12 n. 5)[100]

Praeceptum bringt die willensgetragene Anordnung, die verpflichtet und Befolgung erheischt, zum Ausdruck. Suárez versteht diese Definition insgesamt nur als eine komprimierte Fassung derjenigen von Thomas von Aquin (DL I, 12 n. 3). Er erreicht dies dadurch, daß er den Begriff *ordinatio* in der Definition des Aquinaten in einer Weise interpretiert, die das darin eher versteckt enthaltene Willensmoment deutlich hervorholt: Die *ordinatio*, die vom *legislator* ausgehe, sei eine aktive, handelnde, darauf gerichtet, die Untergebenen durch das Gesetz zu lenken, und insofern auch ein Akt des Willens, der selbst ein rationales Vermögen ist und beim Erlaß von Gesetzen von der Vernunft dirigiert werden muß.[101]

---

100 „Das Gesetz ist eine allgemeine Vorschrift, gerecht und dauerhaft, hinreichend bekanntgemacht."

101 DL I, 12 n. 3: „Haec autem vox [gemeint: ordinatio rationis, EWB] (quidquid sit de particulari intentione auctorum) ex se non limitatur ad actum intellectus vel voluntatis; nam in utroque potest esse ordinatio et illa quae est voluntatis dici potest rationis, vel quia ipsa voluntas potentia rationalis est, vel certe quia recta ratione dirigi debet praesertim in lege ferenda."

b) Dieses Willensmoment wird nun auch für die Bestimmung der *lex naturalis* festgehalten. Sie ist – von Gott ausgehende – *praeceptio* und *prohibitio*, die sich an die Menschen als selbsthandelnde Wesen richtet. Aber als solche ist sie nicht getrennt von dem, was in sich gut oder schlecht ist, sondern damit zu einer Einheit verbunden. Suárez wehrt die Verselbständigung eines *iudicium indicans*, das schon aus sich heraus, *ex natura*, ein Gebot oder Verbot begründe, ebenso ab wie die Rückführung der *lex naturalis* auf einen puren Akt des göttlichen Willens. Was die *ratio naturalis* als gut oder schlecht erkennt, ihr diesbezügliches Urteil (*iudicium*), hat zwar aus sich eine *indikative* Funktion, ist – in juristischen Termini gesprochen – ein *consilium*; den Charakter als *praeceptum* erhält es gleichwohl dadurch, daß Gott als der Schöpfer von Mensch und Natur und als oberster Gesetzgeber die Menschen, die ihm untergeben sind, verpflichten will, sich danach zu verhalten. Beides ist miteinander verknüpft. Wäre es anders, könnte schließlich schon der bloße Nachweis eines Professors, daß etwas gut oder schlecht sei, ein Gesetz begründen (DL II, 6 n. 6). Immer wieder bringt Suárez diesen Zusammenhang zum Ausdruck:

> „Lex naturalis non tantum est indicativa mali et boni, sed etiam continet propriam prohibitionem mali et praeceptionem boni" (DL II, 6 n. 5)[102]

> „Ergo quamvis ratio naturalis indicet quid sit bonum vel malum rationali naturae, nihilominus Deus, ut auctor talis naturae, praecipit id facere vel vitare quod ratio dictat esse faciendum vel vitandum" (DL II, 6 n. 8)[103]

> „Haec Dei voluntas, prohibitio aut praeceptio non est tota ratio bonitatis et malitiae quae est in oberservatione vel transgressione legis naturalis, sed supponit in ipsis actibus necessariam quamdam honestatem vel turpitudinem et illis adiungit specialem legis divinae obligationem" (DL II, 6 n. 11)[104]

Unabhängig von einer Rückführung auf die *lex aeterna*, spiegeln sich so in der *lex naturalis* die beiden nicht voneinander trennbaren Seiten der göttlichen Natur: Gottes vernünftiges Urteil über gut und schlecht, und sein Wille, der ein entsprechendes Verhalten vorschreibt.[105] Zur Begründung dieser Verbin-

---

[102] „Das natürliche Gesetz ist nicht nur ein das Schlechte und Gute anzeigendes, sondern enthält auch ein ihm eigentümliches Verbot des Schlechten und ein Gebot des Guten."

[103] „Mag also die natürliche Vernunft noch so sehr anzeigen, was gut oder schlecht für die vernünftige Natur ist, so schreibt nichtsdestoweniger Gott als Schöpfer einer solchen Natur vor, dasjenige zu tun oder zu unterlassen, was zu tun oder zu unterlassen die Vernunft diktiert."

[104] „Dieser göttliche Wille, sein Verbot oder Gebot, ist nicht der ganze Grund der Gutheit oder Schlechtigkeit, die in der Beobachtung oder Überschreitung des natürlichen Gesetzes liegt, vielmehr ist in diesen Akten eine notwendige sittliche Ehrenhaftigkeit oder Unsittlichkeit vorausgesetzt, und mit dieser verbindet sich die besondere Verpflichtung eines göttlichen Gesetzes."

[105] So *K. Haakonssen*, Natural Law, S. 22.

dung von Vernunft und Wille, die nicht in eine Präponderanz der einen oder anderen Seite auseinanderfällt, zieht Suárez ausdrücklich auch die Definition der *lex aeterna* bei Augustinus (oben § 9 III 2a, S. 204) heran, in der von „ratio divina vel voluntas", beides verbunden und nicht voneinander getrennt, die Rede ist (vgl. DL II, 6 n. 13). Die verpflichtende Kraft der *lex naturalis* liegt dann darin begründet, daß die Akte, die die natürliche Vernunft als mit der Natur übereinstimmend oder ihr widersprechend erkennt und beurteilt, zugleich durch Gottes Willen geboten oder verboten sind. „Die natürliche Vernunft, die anzeigt, was in sich schlecht oder gut ist für den Menschen, zeigt konsequenterweise auch, daß es dem göttlichen Willen entspricht, daß das eine geschieht und das andere gemieden wird" (DL II, 6 n. 8). Gott als der Schöpfer der Natur ist als *auctor* und *legislator* immer beteiligt, kann bei Suárez keinesfalls hinweggedacht werden, wie es auch der Titel seines großen Werks *De legibus ac Deo legislatore* zum Ausdruck bringt. Die alte Streitfrage, ob denn Gott kraft seiner Willensmacht nicht auch eine ganz andere Ordnung als die gegebene schaffen könne, regt Suárez nicht mehr auf: Was Gott in seinem Denken als gut und gerecht erkenne und beurteile, davon wolle er auch, daß die Menschen sich daran halten. Und er bleibe sich darin schließlich treu, enttäusche die Menschen nicht. Ob Gott aber in seinem Urteil über gut und gerecht, böse und ungerecht an vorausliegende Ideen gebunden und also nicht ‚frei' sei – die Frage aus der Tradition des Necessitarismus (oben § 11 II 1 u. 2a, S. 277 ff.) – hat für ihn keine erkennbare Relevanz mehr.

c) Wie ist nun inhaltlich die *lex naturalis* beschaffen und wie weit reicht sie? Gegenüber der Auffassung von der *lex naturalis*, wie sie bei Thomas von Aquin zugrunde liegt, zeigt sich ein bemerkenswerter Unterschied.[106] Für beide, Thomas wie Suárez, ist die *lex naturalis* eine *participatio* der natürlichen Vernunft am ewigen Gesetz, der *lex aeterna*.[107] Während aber für Thomas die *participatio* einen aktiven, auch gestaltenden Charakter hat, so daß die Vernunft selbst an der konkreten Normfindung im Blick auf die Verwirklichung des Guten und Rechten schöpferisch teilnimmt (oben § 10 III 2b, S. 237 ff.), hat sie bei Suárez einen eher rezeptiven Charakter; die erkennende Vernunft nimmt das auf, was in der Natur – als der Schöpfung Gottes – selbst bereits gegeben ist. Das Verhältnis von *lex aeterna* und *lex naturalis* ist ein solches von Zeichen und Bezeichnetem.[108]

---

[106] Das ist näher herausgearbeitet von *W. E. May*, Natural Law Doctrine, S. 414 ff.

[107] Siehe DL I, 3 u. 9 (unter ausdrücklicher Berufung auf Thomas) und I, 9 u. 8.

[108] DL II, Prooemium. Das erinnert an Augustins Bild vom Siegelring und dem in das Wachs eingedruckten Siegel (oben § 9 III 2 b, S. 206), während Thomas die *participatio* als (analoge) Teilnahme an der göttlichen Vorsehung begreift (I–II, qu. 91, art. 2 resp.). Den Einwendungen von *N. Brieskorn*, Theologische Literaturzeitung 130 (2005), S. 578 kann ich daher insoweit nicht folgen, siehe auch weiter im Text.

Suárez unterscheidet nämlich zwischen der menschlichen Natur als solcher und der in dieser Natur vorhandenen natürlichen Vernunft. Jene ist das objektive Fundament dafür, ob die menschlichen Handlungen mit der Natur übereinstimmen oder nicht, diese ist die Kraft der Erkenntnis, zwischen den mit der Natur im objektiven Sinn übereinstimmenden oder ihr widersprechenden Handlungen zu unterscheiden. In der einen Hinsicht ist demgemäß die Natur inhaltliche Grundlage der natürlichen Sittlichkeit (*honestas naturalis*), in der anderen ist sie das durch die Vernunft erkannte natürliche Gesetz selbst, das dem menschlichen Willen vorschreibt, was nach dem Naturrecht zu tun sei.[109] Das natürliche Gesetz empfängt so seinen näheren Inhalt nicht von einer die allgemeinen Prinzipien gestaltend konkretisierenden Vernunft, die an der göttlichen Vorsehung insofern teilnimmt, zu ihr in einem analogen Verhältnis steht,[110] sondern von der vorgegebenen Natur selbst (*natura ipsa*), die von der Vernunft – sie rezipierend – erkannt wird. Bezugspunkt der ethisch-rechtlichen Erkenntnis wird damit aber die Menschennatur als solche, die eigentlich eher ein Gegenstand spekulativer als praktisch handlungsorientierter Erkenntnis ist. Bei Thomas waren es ja die *inclinationes naturales*, die natürlichen Hinneigungen des Menschen, die die sittliche Vernunfterkenntnis konkret handlungsbezogen dirigieren, um so die in ihnen angelegten Güter und Ziele unter je verschiedenen Gegebenheiten zu erreichen. Bei Suárez treten diese *inclinationes* als solche nicht mehr hervor, vielmehr kommt es zu einer deduktiven Herleitung objektiver Normen aus der abstrakt betrachteten Menschennatur. Das natürliche Gesetz zeigt sich jetzt also nicht nurmehr in Prinzipien, die im Hinblick auf die Erreichung der Ziele des natürlichen Lebens je nach Lage zu konkretisieren sind, es besteht über solche Prinzipien hinaus in deduktiv-diskursiv gewonnenen allgemeinen normativen Sätzen, die nachzuvollziehen und anzuwenden sind; es erhält einen metaphysisch-abstrakten Zug und Charakter.

In direktem Zusammenhang hiermit steht auch die Ausdehnung der Reichweite des Naturrechts. Das Naturrecht umfaßt für Suárez alle Vorschriften oder Prinzipien, denen eine aus sich einleuchtende notwendige Gutheit im Blick auf die Richtigkeit des ethisch-sittlichen Lebens (*rectitudo morum*) eigen ist (vgl. DL II, 7 n. 4). Dazu gehören neben den allgemeinen Prinzipien *per se nota* (wie z.B. das Gute ist zu tun; goldene Regel) und den näher bestimmten

---

109 Vgl. DL II, 5 n. 9: „Est ergo … sententia, quae in natura rationali duo distinguit: unum est natura ipsa, quatenus est veluti fundamentum convenientiae vel disconvenientiae actionum humanorum ad ipsam; aliud est vis quaedam illius naturae, quam habet ad discernendum inter operationes convenientes et disconvenientes illi naturae, quam rationem naturalem appellamus. Priori modo dicitur haec natura esse fundamentum honestatis naturalis. Posteriori autem modo dicitur lex ipsa naturalis, quae humanae voluntati praecipit vel prohibet quod agendum est ex naturali iure."

110 Thomas v. Aquin, I–II, qu. 91, art. 2 resp. und oben § 10 III 2 b, S. 236 ff.

und besonderen Prinzipien, die aber ebenfalls aus ihren Begriffen heraus allgemein bekannt sind (übe Gerechtigkeit; ehre Gott; lebe maßvoll), auch diejenigen Schlußfolgerungen, die in den Prinzipien enthalten sind, aber erst im Wege des Denkens erkannt werden können (vgl. DL II, 7 n. 5). Hier beginnt die Erweiterung. Suárez stellt hierzu fest, von diesen Schlußfolgerungen würden einige leicht und von den meisten erkannt (Beispiel Ehebruch), andere aber (wie die einfache Unzucht oder das ausnahmslose Verbot der Lüge) bedürften eines längeren Diskurses. Dennoch sind auch sie Teil des allgemeingültigen und unveränderlichen Naturrechts, denn die Wahrheit der Prinzipien existiert nicht für sich ohne die Wahrheit der *conclusiones*, die daraus mit der Notwendigkeit des Denkens gewonnen werden (vgl. DL II, 13 n. 3).[111] Suárez räumt allerdings ein, daß es gemäß der Verschiedenheit der *conclusiones* auch verschiedene Grade der Evidenz gebe. Der spätere Ausbau des Naturrechts zu einem deduktiv abgeleiteten System naturrechtlicher Sätze, wie er sich unter führenden Rechtsphilosophen der beiden folgenden Jahrhunderte ergeben sollte, erscheint hier grundgelegt.

Nicht jegliches Verhalten kann freilich durch die gedankliche Erschließung der *lex naturalis* beurteilt und gelenkt werden: Neben dem, was aus den Prinzipien gefolgert werden kann, ist im politischen Gemeinwesen zu dessen Regierung und Erhaltung noch vieles andere notwendig, das sich nicht mehr allein durch die natürliche Vernunft definieren läßt, sondern in vielen einzelnen Punkten durch die menschliche Vernunft (die Suárez hier der natürlichen Vernunft gegenüberstellt) näher bestimmt wird. Dies ist der Bereich der *lex humana*, des positiven Rechts.[112] Suárez widmet diesen positiven Gesetzen einen eigenen Teil seines Werkes.

d) Wie schon Vitoria und verstärkt Las Casas geht auch Suárez von der doppelten Bedeutung des Begriffs *ius* aus und bringt sie zur Geltung – Recht als das bindende Gesetz (*ius legale*) und Recht als die eingeräumte und geschützte Handlungsmöglichkeit (*facultas agendi vel utendi; ius utile*). Diese mittlerweile verbreitete und vielfach vertretene Unterscheidung wird von ihm auch systematisch begründet und in die Konzeption des Naturrechts eingebaut. Es gebe vieles, was kraft des natürlichen Gesetzes geschehen könne, ohne daß es deshalb bereits geboten oder verboten sei; darauf gründet sein *ius naturale concessivum*, das als Recht zum Handeln nach eigener und freier Entscheidung verstanden wird.

---

111 Ebenso DL II, 7 n. 6. Hier bezieht Suárez sich auf die Unterscheidung von Naturrecht und gesatztem Recht in der Nikomachischen Ethik des Aristoteles (V, 7, 1134b), wonach zum gesatzten Recht (nur) das gehört, was nicht bereits aus sich Recht oder Unrecht ist, sondern erst durch den Beschluß dazu wird (vgl. oben § 5 III 1 b, S. 110 f.). Alles andere erscheint als Naturrecht und ist – für Suárez – als solches unveränderlich.

112 Vgl. DL I, 3 n. 18.

„... im natürlichen Recht gibt es vieles, was kraft des natürlichen Gesetzes in sittlicher Weise geschehen kann. Dies wird aber nicht vorgeschrieben und Gegenteiliges nicht verboten; und deshalb kann es auch ein eingeräumtes natürliches Recht geben; ein solches ist eben das Recht, eine Frau zu heiraten, und das Recht, die eigene Freiheit bei sich festzuhalten." (DL II, 18 n. 2)

Sehr deutlich wird hier der Bezug von Recht und Freiheit hergestellt, Recht wird als Freiheitsbereich der Person erkannt. Auch im Naturrecht kann es, sagt Suárez, ein *ius utile*, ein eigennütziges Recht geben, wenn dies von der Natur selbst gegeben wird oder mit ihr entsteht; und in diesem Sinn kann die Freiheit als aus dem Naturrecht hervorgehend bezeichnet werden;[113] denn, so heißt es an anderer Stelle, „der Mensch ist von Natur aus frei und niemandem außer dem Schöpfer unterworfen".[114] Die Grundlage für ein Menschenrechtsdenken, das von der Freiheit des Menschen ausgeht, ist hierin bereits gelegt. Allerdings wird diese Freiheit als ein äußeres Gut betrachtet, weshalb über sie – wie über einen eigenen Besitz – verfügt werden kann. Sklaverei ist daher zwar ursprünglich ausgeschlossen, aber sie kann durch vertragliche Selbstbegebung in die Sklaverei oder eben als Strafe für den Verlierer nach einem ungerechten (und verlorenen) Krieg begründet werden.[115] Freiheit erscheint so als ein angeborenes Recht, aber (noch) nicht als ein unveräußerliches Recht. Präzise zusammengefaßt, liest sich Suárez naturrechtliche Freiheitslehre so:

„Die Freiheit ist nämlich von Naturrechts wegen, weil der Mensch allein kraft Naturrecht frei geboren wird und nicht ohne einen legitimen Rechtstitel in die Knechtschaft gebracht werden kann; das Naturrecht schreibt aber nicht vor, daß jeder Mensch immer frei bleiben muß, oder es verbietet nicht schlechthin, daß ein Mensch in Knechtschaft gerät, sondern nur, daß dies ohne seine freiwillige Zustimmung oder ohne gerechten Rechtstitel und ohne gerechte Gewalt geschehe." (DF III, 2 n. 9)

Nach alledem, was Suárez in seiner naturrechtlichen Gesetzeslehre entfaltet und über die Beziehung von Recht und Freiheit sagt, fällt die Antwort auf die Frage nach dem ‚Voluntarismus' von Suárez, wovon eingangs die Rede war, nicht schwer. Suárez gelingt eine Zusammenführung von Vernunft und Willen in der Lehre vom Gesetz, insbesondere vom natürlichen Gesetz, die nicht bei einem Kompromiß stehenbleibt, sondern zu einer sachlichen Integration führt. Und er sucht die rationalen Elemente, auch in der Erstreckung des

---

[113] DL II, 17 n. 2: „Nam ius utile naturale dicitur, quando ab ipsa natura datur seu cum illa provenit, quomodo libertas dici potest ex iure naturali."

[114] DL III, 1 n. 1: „... homo natura sua liber est et nulli subiectus nisi creatori tantum."

[115] Zur Rechtmäßigkeit der Versklavung des besiegten Kriegsgegners vertritt Suárez die gleiche Auffassung wie Las Casas, siehe oben III 2a, S. 371f. mit Anm. 78. Vgl. auch *E. Quin*, Widerstandsrecht, S. 554ff.

natürlichen Gesetzes, zu verstärken, ohne aber das Freiheitsmoment im Recht gering zu achten oder zu vernachlässigen.

3. *Philosophie der politischen Ordnung:* Wenden wir uns nun der politischen Philosophie von Suárez zu, so fällt auf, daß er zwar einerseits unübersehbar in der Tradition stand, die Vitoria und die Schule von Salamanca vorgezeichnet hatten. Aber er lebte mehr als ein halbes Jahrhundert später, und die Gegenwartslage, auf die Antworten gesucht wurden, war eine andere geworden. Für Suárez waren nicht mehr die Berechtigung der spanischen Herrschaft in Amerika und die Freiheit/Knechtschaft der Indios die zentrale Herausforderung, vielmehr beschäftigte ihn der zügig voranschreitende Ausbau der zum Absolutismus drängenden staatlichen Gewalten in Europa, bei dem sich die Herrscher nicht zuletzt auf das göttliche Recht der Könige (Gottesgnadentum) beriefen und von den Bürgern unbedingten Gehorsam erwarteten. Das ‚Weltreich Spanien' hatte gerade in dieser Hinsicht eine Art Entwicklungsvorsprung.[116] Das legte es für Suárez fraglos nahe, gerade dem Verhältnis von Herrscher und Volk sowie der Begründung, den Bindungen und den Grenzen politischer Herrschaft besondere Aufmerksamkeit zuzuwenden.

a) Auch für Suárez entspricht das Leben in einer politischen Gemeinschaft, die sich als vollkommene Gemeinschaft durch ihre Gesetzgebungs- und Vollzugsgewalt von der Familie und der Gemeinschaft des Hauses qualitativ unterscheidet, einer in der menschlichen Natur begründeten Notwendigkeit. Diese Gemeinschaft ist in der Natur ursprünglich angelegt, nicht erst eine Folge der Erbsünde; nur in ihr und durch sie erhält der einzelne die für ein menschliches Leben notwendigen Hilfen sowie Fertigkeiten und die Erkenntnis aller dafür notwendigen Dinge (vgl. DL I, 6 n. 22; III, 1 n. 3); allenfalls die Zwangsgewalt (*vis coactiva*), nicht aber die Leitungs- und Regierungsgewalt kann als Folge der Sünde erscheinen (vgl. DL III, 1 n. 12).[117]

Ungeachtet dieser Naturbegründetheit entsteht die politische Gemeinschaft jedoch nicht einfach naturwüchsig oder gar (biologisch-)naturgesetzlich, sondern durch menschliche Willensakte aufgrund vertraglicher Übereinstimmung. Eine Vorlage hierfür ist unschwer in der *dominium*-Lehre von Vitoria zu erkennen (oben II 2b). Konsequenter noch als Vitoria aber geht Suárez von der ursprünglichen gleichen Freiheit der Menschen aus und kann so auch die politische *potestas* vertragstheoretisch, mit Hilfe eines *pactum unionis* entstehen lassen: Da der Mensch seiner Natur nach frei und niemandem außer seinem Schöpfer untertan ist, gibt es rein aus der Natur der Sache betrachtet (*ex sola rei natura loquendo*) keinen Titel dafür, daß bestimmte

116 Vgl. *H. Pietschmann*, Staat, S. 173, allgemein *W. Reinhard*, Staatsgewalt, S. 47–80.
117 Eingehende Darstellung hierzu bei *H. Rommen*, Staatslehre, S. 105–110.

Menschen anderen Menschen befehlen und sie durch Gesetze verpflichten können.[118] Ebensowenig ist eine unmittelbare, an bestimmte Menschen gerichtete göttliche Beauftragung erkennbar. Also bleibt nur die Errichtung einer politischen Gemeinschaft samt der zu ihr gehörenden *potestas* durch den Zusammenschluß der Menschen, die sie bilden, näherhin der Familien:

> „Die politische Gewalt entstand solange nicht, als nicht mehrere Familien begannen, sich zu einer vollkommenen Gemeinschaft zusammenschließen. Von daher entstand so auch diese Gemeinschaft nicht durch die Erschaffung Adams, auch nicht durch seinen Willen allein, sondern durch den Willen aller, die in ihr zusammenkamen ..." (DL III, 2 n. 3)

Das ist nichts anderes als die Vorwegnahme der späteren Theorie des Staatsgründungsvertrags. Sowohl die patriarchalische Begründung, welche die politische Gemeinschaft als Erweiterung der naturgegebenen Familie begreift, wie auch eine unmittelbar göttliche Stiftung werden zurückgewiesen. Gott ist an der Entstehung der politischen Gemeinschaft zwar beteiligt als Schöpfer der menschlichen Natur und insofern *causa prima*, nicht aber als Akteur, der sie hervorbringt.

b) Es gehört zum Inhalt dieser Begründungstheorie, daß die Herrschafts- und Regierungsgewalt (*potestas*), über welche die politische Gemeinschaft notwendig verfügt, ursprünglich in der Hand der politischen Gemeinschaft selbst liegt, mithin in der Hand der Bürger, die in ihr vereinigt sind.[119] Sie kommt der Gemeinschaft kraft Naturrechts als eigenes Recht zu, als ein (wohlgemerkt subjektives) Recht, über das sie selbst auch verfügen kann (vgl. DF III, 2 n. 9). Dieses Recht kann übertragen, es kann auch, nach Vereinbarung oder aufgrund eines gerechten Titels, entzogen werden. Suárez zieht bewußt die Parallele zur Freiheit des einzelnen als seinem natürlichen, ihm eingeräumten Recht. Damit begründet er eine politische und verfassungsrechtliche Gestaltungsmacht der politischen Gemeinschaft und des Volkes.

---

118 Vgl. DL III, 1 n. 1, sehr deutlich auch DL III, 2 n. 3: „... ex natura rei omnes homines nascuntur liberi, et ideo nullus habet iurisdictionem politicam in alium, sicut nec dominium. Neque est ulla ratio cur hoc tribuatur ex natura rei his respectu illorum potius quam e converso."

119 Vgl. DL III, 2 n. 3: „Dicendum ergo est hanc potestatem ex sola rei natura in nullo singulari homine existere sed in hominum collectione." Suárez spricht öfter von der politischen Gemeinschaft (*res publica*) als einer Einheit, auch einer „unio mystica", aber nicht abgehoben von den sie bildenden Menschen, sondern in ihnen und vermittels ihrer existierend. Der Streit um die Frage, ob Suárez den Staat bereits als Organismus und eigene Rechtspersönlichkeit angesehen habe, stammt aus den staatsrechtlichen Diskussionen des 19. Jh.; diese Frage wurde in die Lehre von Suárez hineinprojiziert, hatte für ihn selbst noch keine Relevanz. Symptomatisch insoweit *H. Rommen*, Staatslehre, S. 101–105; vgl. auch *A. Dempf*, Staatsphilosophie, S. 75–80.

„So ist also die vollkommene politische Gemeinschaft kraft Naturrechts frei und keinem Menschen außerhalb ihrer unterworfen; ja sie selbst besitzt als ganze sogar in sich die Herrschaftsgewalt, die, wenn sie nicht verändert würde, eine demokratische wäre.“ (DF III, 2 n. 9)[120]

In genau diesem Sinn läßt sich von einer Art ursprünglicher ‚Volkssouveränität‘ bei Suárez sprechen. Alle konkrete Herrschaftsgewalt eines bestimmten Trägers beruht nur auf abgeleitetem Recht, sie wird erst mit der (freien) Übertragung durch das in der politischen Gemeinschaft geeinte Volk begründet. Sie besteht nicht kraft eines naturrechtlichen und daher notwendigen Anspruchs, sondern nur kraft menschlichen Rechts (*iure humano*). Damit bezog Suárez nicht nur gegen die seinerzeit viel diskutierte Gottunmittelbarkeit der königlichen Herrschaftsgewalt Stellung, wie König Jakob I. von England sie für sich zu reklamieren suchte, sondern ebenso gegen eine sog. Designationstheorie, der zufolge das Volk den Herrscher nur bezeichnet, dieser seine Gewalt aber von Gott unmittelbar verliehen erhält.[121] Die Übertragung der Herrschaftsgewalt ist vielmehr eine echte *translatio*: Der Herrscher erhält das, was ursprünglich dem politisch geeinten Volk selbst zukommt, und er erhält es gerade durch die Übertragung. Politisch bedeutet dies, daß jedwede Tendenz zu einem Absolutismus, einer Stellung des Herrschers über der politischen Gemeinschaft, dem diese als Objekt seiner Herrschaft unterworfen wäre, abgewehrt wird.

Was die Form und Wirkung der Übertragung angeht, steht der Herrscher im Vertragsnexus; auch insofern handelt es sich um eine *translatio* und nicht nur um eine *delegatio* (die einseitig und frei rücknehmbar ist). Suárez argumentiert offenkundig vor dem Hintergrund der spätmittelalterlichen Herrschaftsverträge. Diese konstituierten ein zweiseitiges Rechtsverhältnis, das mit einem eigenen Recht, aber auch mit Begrenzungen, Vorbehalten und Verfahrensregeln, evtl. auch Sanktionen verbunden war; der Repräsentationsgedanke, der bei Vitoria schon anklang (oben II 3b), tritt daher bei Suárez nicht hervor. Von der Übertragung der Herrschaftsgewalt können nach Suárez gewisse Fälle ausgenommen werden, es können auch Vorbehalte und evtl. Sanktionen bei Rechtsmißbrauch festgelegt werden (vgl. DF III, 2 n. 18; 3 n. 3).

---

120 „Sic ergo perfecta communitas civilis vere naturae libera est, et nulli homini extra se subicitur, tota vero ipsa habet in se potestatem, quae si non mutaretur, democratica esset ...“

121 Die Designationstheorie spielte in der katholischen Staatslehre des 19. und beginnenden 20. Jh. eine bedeutsame Rolle, insofern es mit ihr möglich war, die naturrechtliche Staatslehre einerseits gegen den Vorwurf abzusichern, sie laufe auf die Anerkennung der Volkssouveränität (im Sinne der Französischen Revolution) hinaus, anderseits die Stellung des Monarchen als gottgewollte Obrigkeit zu stabilisieren; siehe dazu die eingehende Erörterung bei *H. Rommen*, Staatslehre, S. 177–215.

Soweit das nicht der Fall ist, erwirbt der Herrscher ein eigenes Recht zur Herrschaft; er erhält die Herrschaftsgewalt des Volkes selbst ohne weitere Einschränkung und Bedingung, mithin eigenständige Handlungsautorität, die nicht einseitig zurückgenommen oder verändert werden kann (DL III, 19 n. 6 u. 7). Solange die Herrschaftsgewalt von ihm nicht mißbraucht wird, ist auch das Volk zur Vertragstreue verpflichtet; hält es sich nicht daran, wird es selbst zum Usurpator (vgl. DF III, 3 n. 2–4).

c) Wie aber steht es um den Umfang der in dieser Weise begründeten und dem Herrscher übertragenen politischen Herrschaftsgewalt? Diese Herrschaftsgewalt ist nicht zu freiem Belieben ermächtigt, sie steht in einer naturrechtlich begründeten Finalität und ist insofern keineswegs ‚souverän'. Die Finalität, um deretwillen die politische Gemeinschaft überhaupt da ist, besteht in der Erreichung der *felicitas politica*, des irdischen Gemeinwohls. Suárez definiert allerdings dieses irdische Gemeinwohl nicht mehr voll im Sinne der *eudaimonia* als einem guten, tugendhaften Leben, wie es von Aristoteles und Thomas von Aquin überkommen war. Angesichts der religiöspolitischen Auseinandersetzungen, die Europa im 16. Jh. durchzogen, wird vielmehr der äußere Friede und die Gerechtigkeit (im Sinne der Rechtspflege) das erste wesentliche Moment des Gemeinwohls; die Beobachtung der guten Sitten gehört nur insoweit dazu, als sie für das äußerliche Zusammenleben der Menschen und die Erhaltung der Natur erforderlich ist. So tritt die politische Aufgabe des Staates in den Vordergrund und die ethische Aufgabe ein Stück weit zurück. Das „Ziel" der politischen Herrschaftsgewalt, in Sonderheit der Gesetzgebung, ist

> „das natürliche Glück der vollkommenen menschlichen Gemeinschaft, die ihnen anvertraut ist, und der einzelnen Menschen, insofern sie Glieder einer solchen Gemeinschaft sind, daß sie in ihr selbstverständlich in Frieden und Gerechtigkeit leben und mit den Gütern, die zur Erhaltung und Annehmlichkeit des körperlichen Lebens dienen, hinreichend ausgestattet sind, und ebenso auch mit derjenigen Integrität der Sitten, die für diesen äußeren Frieden, die Wohlfahrt des Staates und die Erhaltung der menschlichen Natur notwendig ist." (DL III, 11 n. 7)[122]

An der Aufgabe der Gesetze wird dies weiter verdeutlicht. Die bürgerlichen Gesetze haben nicht schlechthin einen guten Menschen zu schaffen, sondern

---

[122] „Addo ... eius finem esse felicitatem naturalem communitatis humanae perfectae cuius curam gerit, et singulorum hominum ut sunt membra talis communitatis, ut in ea, scilicet in pace et iustitia vivant et cum sufficientia bonorum quae ad vitae corporalis conservationem et commoditatem spectant; et cum ea probitate morum quae ad hanc externam pacem et felicitatem reipublicae et convenientem humanae naturae conservationem necessaria est."

nur einen guten Bürger. Der Grund liegt für Suárez darin, daß das Ziel des Staates nur „die Erhaltung dieses zeitlichen Lebens in äußerem Frieden und Gerechtigkeit“ ist; auf dieses Ziel ordnen die Gesetze hin, und deshalb „streben sie nicht die volle Integrität des sittlichen Verhaltens an, die den Menschen zum guten Menschen macht, sondern nur eine gewisse äußere Befolgung von Regeln, die ihn zu einem guten Bürger macht“ (DL I, 13 n. 2).[123] Es ist offensichtlich, wie sich hier bereits der moderne Staatsgedanke, angeregt durch die Erfahrungen der Zeit, zur Geltung bringt.

Für das Verhältnis von weltlicher und geistlicher Gewalt, von Staat und Kirche, ergibt sich hieraus zugleich die Tendenz, den kirchlichen Suprematieanspruch zurückzuweisen; sie erhält eine gewisse Verstärkung, indem Suárez die begriffliche Gegenüberstellung von ‚natürlich‘ und ‚übernatürlich‘ aus der Theologie aufnimmt und für sich einsetzt. Denn die *felicitas politica*, auf die hin die staatliche Gemeinschaft orientiert ist, grenzt Suárez gegenüber der geistlich-kirchlichen Gewalt und Zuständigkeit in zweifacher Weise ab, was zugleich ihre Eigenständigkeit festigt. Sie ist zum einen nur bezogen auf das zeitliche gegenwärtige Leben, nicht auf das zukünftige ewige Leben; sie strebt das ewige Heil der Menschen als eigenes Ziel nicht an. Zum andern erstreckt sie sich auch für das gegenwärtige Leben nur auf dessen natürliche Güter, nicht auf dessen spirituelle, geistliche Dimension, etwa die Vermeidung der Sünde, die wiederum auf das übernatürliche Ziel der ewigen Glückseligkeit bezogen ist. Deshalb kann die staatliche Gemeinschaft über geistliche Materien (*materiae spiritualiae*) nicht disponieren, auch keine Gesetze darüber erlassen.[124] Sie kann auch nicht, wie folgerichtig zu ergänzen wäre, von der geistlichen Gewalt im Blick auf das *bracchium saeculare* dazu gedrängt oder genötigt werden.

d) In welcher Weise läßt sich diese normative Orientierung und Begrenzung der staatlichen Herrschaftsgewalt sichern? Kann der Herrscher, der sie mißachtet, mit Sanktionen belegt und seiner Stellung enthoben werden? Suárez bejaht dies in mehrfacher Hinsicht.

---

123 „Lex ergo civilis facit bonum civem sed non simpliciter bonum virum. Ratio autem est, quia finis civitatis solum est huius vitae temporalis conservatio in exteriori pace et iustitia …; ad quem finem etiam ordinantur civiles leges, non ergo intendunt veram probitatem morum quae fecit hominem bonum, sed solum exteriorem quamdam observantiam, quae facit bonum civem.“

124 DL III, 11 n. 4 und 6: „Una est vita praesentis, altera futurae; et utraque in naturalem et supernaturalem distingui debet …“ (n. 4); „dico … potestatem civilem non solum non respicere felicitatem aeternam vitae futurae ut finem ultimum proprium, verum etiam nec per se intendere propriam spiritualem felicitatem hominum in hac vita et consequenter nec per se posse in materia spirituali disponere aut leges ferre.“ (n. 6).

Zunächst sind all jene Gesetze des Herrschers, die ungerecht sind, weil sie dem natürlichen oder göttlichen Gesetz widersprechen oder nicht auf das *bonum commune* der staatlichen Gemeinschaft bezogen sind, schon gemäß der Definition des Gesetzes (eben 2a) gar keine Gesetze; sie lösen keine Gehorsamspflicht aus und verpflichten nicht im Gewissen, brauchen mithin nicht befolgt zu werden (vgl. DL I, 9 n. 4; III, 12 n. 4). Die wichtige Anschlußfrage des *quis iudicabit?* bleibt freilich ausgeklammert, Suárez argumentiert hier eher als Systemdenker denn als Staatsphilosoph.[125] Daneben kommen die Mittel und Sanktionen in Betracht, die in der vertraglichen Herrschaftsübertragung festgelegt oder durch feste althergebrachte Gewohnheiten anerkannt sind. Hier knüpft Suárez an Elemente anerkannter Widerstandshandlungen an und verarbeitet sie theoretisch. Dazu können auch die Absetzung oder gerichtliche Verurteilung des Herrschers gehören – spätmittelalterliche Herrschaftsverträge und Widerstandspraxis geben den unausgesprochenen Bezugspunkt ab (vgl. DF III, 3 n. 3; III, 2 n. 18).[126] Schließlich besteht ein naturrechtlich begründetes Selbstverteidigungsrecht, wenn der Herrscher zum Tyrannen wird, der den Staat ins Verderben stürzt und das Volk in seinen elementaren Rechten angreift. Der Herrscher wird dann zum Aggressor, tritt in einen Kriegszustand zum Volk und zur politischen Gemeinschaft, und diese kann ein Notwehrrecht geltend machen.

> „Wenn der König seine legitime Herrschaftsgewalt in eine Tyrannei verkehrte, indem er sie zum offenkundigen Verderben der politischen Gemeinschaft mißbrauchte, könnte das Volk sein natürliches Recht (naturalis potestas) der Selbstverteidigung gebrauchen; dieses Rechts hat es sich nämlich ... niemals entledigt." (DF III, 3 n. 3)

Solche Selbstverteidigung der politischen Gemeinschaft kann neben der Absetzung des Herrschers, an die Suárez in erster Linie denkt, auch zur Tötung des Tyrannen führen;[127] immer jedoch denkt Suárez dabei an einen Akt öffentlicher, nicht privater Notwehr, an eine Art organisierten Widerstands. Unternimmt ein Privater solches, ist er nur dann gerechtfertigt, wenn er per-

---

[125] Thomas von Aquin hatte demgegenüber gelehrt, daß auch ein an sich ungerechtes Gesetz dann zu befolgen sei, wenn andernfalls durch Aufbegehren oder Unordnung ein noch größerer Schaden für das Gemeinwesen entstehe; nur Gesetze, die ausdrücklich etwas gegen Gottes Gebot befehlen, dürften auf keinen Fall befolgt werden (oben § 10 IV 1d, S. 249 f.).

[126] Zu anerkannten Widerstandsbefugnissen (meist der Stände) in spätmittelalterlichen Herrschaftsverträgen siehe *K. Wolzendorff*, Staatsrecht und Naturrecht, S. 23–36, zu deren Inhalt, ebd. S. 37–54.

[127] Die Frage des Tyrannenmordes wird von Suárez nicht neu aufgenommen, sie war verbreiteter Diskussionsgegenstand in der scholastischen Philosophie, siehe *J. Miethke*, Tyrannenmord, S. 36–47.

sönlich selbst angegriffen wurde oder wenn er von einer öffentlichen Legitimation, etwa einem breiten Einverständnis des Volkes, getragen wird, so daß er gewissermaßen ‚repräsentativ‘ für die politische Gemeinschaft handelt.[128] Die Widerstandslehre ist bei Suárez, veranlaßt durch die politischen Gegebenheiten der Zeit und die Theorie der Monarchomachen[129], erheblich weiter ausgearbeitet als vorher bei Thomas v. Aquin (oben § 10 V 1b, S. 265 f.).

e) Auch für Suárez führt, um einen letzten Punkt anzusprechen, der Weg vom natürlichen Recht der Menschen und der naturrechtlichen Grundlage des Staates zu einer Gemeinschaft der Völker. Sie stellt sich dar als Gemeinschaft im und durch das Völkerrecht.[130] Ihre Grundlage ist das Miteinander der Staaten, die eben keiner universalen päpstlichen oder kaiserlichen Oberhoheit unterworfen sind – für eine solche Oberhoheit gibt es keine naturrechtlichen Titel –, die aber dennoch nicht isoliert und beziehungslos nebeneinander stehen. Die (naturrechtliche) Grundlage dafür ist, wie bei Vitoria, eine Einheit der Menschen aus ihrem Menschsein heraus; sie drängt zu gleichen natürlichen Rechten, zu bestimmten Formen wechselseitiger Anerkennung, gegenseitiger Beziehungen und wirtschaftlichen Austauschs, und auch zu einem Rechtsrahmen für Auseinandersetzungen zwischen den Staaten im Kriegsrecht. Suárez läßt sich damit, das ist offensichtlich, auf die Wirklichkeit des Mit- und Gegeneinander voneinander unabhängiger, Souveränität beanspruchender Staatsgewalten ein, die sich seit dem 16. Jh. in Europa vehement herausbildete. Doch bleibt er nicht deskriptiv dabei stehen, übergreift vielmehr diese Wirklichkeit, indem er ein im Naturrecht wurzelndes normatives Gerüst

---

128 Siehe die sorgfältige und abgewogene Argumentation in DF VI, 4 n. 4–6, 9, 12 ff. Zur Erläuterung im einzelnen und zur Tötung des Tyrannen siehe *H. Rommen*, Staatslehre, S. 228–234 und *E. Quin*, Widerstandsrecht, S. 582 ff. Suárez Lehre von der Tötung des Tyrannen nimmt ihren Ausgangspunkt beim *tyrannus a titulo*, der rechtswidrig die Herrschaft zu ergreifen sucht; er ist ein Angreifer von außen, ihm gegenüber besteht der Kriegszustand, der die Befugnis zur Tötung im Kampf einschließt. Der *tyrannus a regimine* übt die Regierungsgewalt an sich zu Recht aus, aber willkürlich zum Schaden des Volkes und kann dann ebenfalls zum Aggressor des Volkes werden, dem gegenüber das Volk die Befugnisse der Selbstverteidigung hat, sei es durch förmliche Absetzung oder Verurteilung, soweit dies möglich ist, sei es auch durch Maßnahmen wie im Kriege.

129 Die Monarchomachen wandten sich gegen die erstrebte absolute Herrschaftsgewalt der Könige. Hauptvertreter waren (in Frankreich) George Buchanan (1506–1582), Junius Brutus (Pseud. für Hubert Languet, 1518–1581), Franciscus Hotomannus (1524–1590), Lambertus Danaeus (ca. 1530–1599), ferner der spanische Jesuit Juan de Mariana (1537–1624). Sie vertraten in unterschiedlichem Umfang ein Widerstandsrecht insb. der Stände gegen den (tyrannischen) Monarchen, bis hin zu dessen Absetzung und vereinzelt auch Festsetzung oder Tötung. Ein kurzer Überblick über die Lehre der Monarchomachen bei *K. Wolzendorff*, Staatsrecht und Naturrecht, S. 95–123.

130 Eine eingehende Darstellung der Lehre Suárez’ von Völkerrecht und Völkergemeinschaft gibt *J. Soder*, Francisco Suárez, S. 191–345.

herausarbeitet, das sich in rechtsbildenden Gewohnheiten und festen Überlieferungen ausformt und die neue Wirklichkeit allererst zu einer geordneten Wirklichkeit macht. Fundament und normatives Programm sind an einer Stelle in *De legibus* epigrammatisch zusammengefaßt:

> „Das Menschengeschlecht, wiewohl in verschiedene Völker und Reiche geteilt, hat immer eine gewisse Einheit, nicht nur der Art nach, sondern quasi auch eine politische und moralische, wie es das natürliche Gebot der gegenseitigen Liebe (Solidarität) und Anteilnahme anzeigt, das sich auf alle erstreckt, auch die Fremden und zwar welcher Volkszugehörigkeit auch immer." (DL II, 19 n. 9)[131]

Gleichwohl ist die Völkergemeinschaft keine politische und moralische Einheit im eigentlichen Sinn, und erst recht nicht staatsähnlich; sie baut vielmehr auf den Staaten auf, die in ihren Bereichen als vollkommene Gemeinschaften (*societates perfectae*) die höchste Gewalt haben. Aber die Staaten werden gleichwohl nicht als gegeneinander abgeschlossen und zueinander beziehungslos gesehen, sie existieren ja als Gemeinschaften von Menschen und als Teile des einen Menschengeschlechts; insofern relativiert sich ihr Charakter als *societates perfectae*.

> „Mag auch jeder in sich abgeschlossene politische Verband eine vollkommene und auf den jeweiligen Gliedern beruhende Gemeinschaft sein, so ist nichtsdestoweniger jeder beliebige jener Verbände auf irgendeine Weise auch Teil eines solchen Universums, das sich gleichsam auf das Menschengeschlecht bezieht. Niemals nämlich sind jene Gemeinschaften als einzelne sich selbst so sehr genügsam, daß sie nicht irgendeiner gegenseitigen Hilfe, Verbindung und Kommunikation entbehren würden, bisweilen zum besseren Wohlbefinden und einem größeren Nutzen, bisweilen aber auch aus moralischer Notwendigkeit und Not heraus, wie es sich allein schon durch die Praxis bestätigt." (DL II, 19 n. 9)

Deshalb, so argumentiert Suárez weiter, ist es angebracht, daß die Staaten in Beziehungen dieser Art und der entsprechenden Gemeinschaftsbildung in rechter Weise geordnet werden. Das kann zwar zum großen Teil durch die natürliche Vernunft geschehen, aber dies reicht nicht unmittelbar und nicht für alles. Und eben deshalb wurden gewisse spezielle Rechte zum Gebrauch durch die Völker eingeführt (vgl. DL II, 19 n. 9). Das Völkerrecht ist so für Suárez seinem Status nach menschliches und positives Recht, das zwischen den Staaten gilt, hervorgegangen aus der Tradition des *ius gentium*; inhaltlich

---

131 „Ratio … est quia humanum genus, quantumvis in varios populos et regna divisum, semper habet aliquam unitatem, non solum specificam, sed etiam quasi politicam et moralem, quam indicat naturale praeceptum mutui amoris et misericordia quod ad omnes extenditur, etiam extraneos et uiuscumque nationis."

ergibt es sich in beträchtlichem Umfang aus der Anwendung naturrechtlicher Sätze auf das Verhältnis der Staaten untereinander; es schlägt sich nieder in festen *consuetudines* und anerkannten Regeln.[132] Auf dieses Völkerrecht im einzelnen ist hier nicht einzugehen; mit Recht weist aber Hugo Grotius in seinem großen Werk *De jure belli ac pacis* wenig später darauf hin, wieviel er Suárez verdanke.

So hat auch Suárez, wie vor ihm Vitoria, zentrale Fragen der Rechtsphilosophie und der politischen Philosophie aufgenommen und systematisch entfaltet. In seiner Naturrechtslehre hat er Synthesen gesucht und gefunden sowie den rationalen Boden und das Freiheitsmoment im Naturrecht verstärkt. In seiner politischen Philosophie hat er wesentliche Bausteine zu einer Staatsphilosophie entwickelt, welche die einzelnen Menschen und ihre gemeinsamen äußeren Lebenszwecke zum Ausgangspunkt und Ziel politischer Herrschaftsgewalt nimmt und dabei die Staaten zugleich in die sich ausildende internationale Ordnung als deren Teil hineinstellt.

V. Zusammenfassung und Würdigung

Man könnte mit gutem Grund noch weitere Vertreter der spanischen Spätscholastik zu Wort kommen lassen.[133] Doch bereits die Gedanken und Lehren der hier betrachteten Autoren lassen erkennen, wie sehr diese in ihre Zeit hineinwirkten und auch grundlegend wurden für die frühmoderne Rechts- und Staatsphilosophie.

Zunächst wurde der große Streit um die letztliche Gründung der Normen ethisch-sittlichen Handelns und des Rechts in Gottes Willen und/oder in Gottes Vernunft, die sich in der Ordnung seiner Schöpfung niederschlägt, aufgenommen und mit unterschiedlichen Positionen fortgetragen. Hier erreichte Vitoria mit seiner ‚mittleren Position', die sich bei Suárez noch verstärkte, eine stabile Vermittlung des Streits zwischen ‚voluntaristischer' und ‚intellektualistischer' Richtung. Die eher antithetische Gegenüberstellung von Gottes

---

132 *H. Rommen*, Staatslehre, S. 270–293 weist darauf hin, wie Suárez aus der Tradition der *ius gentium*-Lehre, in der heterogene Elemente und unterschiedliche Verständnisse des *ius gentium* zusammenliefen, einen präzisen Begriff des *ius gentium* als des Rechts zwischen den Staaten (*ius inter gentes*) formuliert, das zwar eine naturrechtliche Grundlage hat, aber selbst positives und menschliches Recht ist. Dieses Völkerrecht im eigentlichen Sinn unterscheidet Suárez vom (gemeinsamen) Recht innerhalb der Staaten (*ius intra gentes*) und gemeinsamen Rechten der Menschen, die dem Naturrecht zugehören. Vgl. auch *W. Grewe*, Epochen der Völkerrechtsgeschichte, S. 226f.

133 Zu nennen wären der Schüler Vitorias, Domingo de Soto (1495–1560), der weltliche Jurist Fernando Vázquez († um 1566), der Theologe Gabriel Vázquez († 1604) und die Jesuiten Luis de Molina (1535–1600) und Juan de Mariana (1536–1624).

Vernunft und Wille, welche die – spekulativ geprägte – Diskussion oftmals bestimmt hatte, wurde durch die Verbindung und Einheit von Wille und Vernunft in Gott abgelöst. Sie erlaubte es, die rationale Ordnung von Welt und Natur auf Gottes Schöpferwillen zurückzuführen, ohne sie, da Gott sich treu bleibt, zugleich einem spekulativen göttlichen Allmachtsbelieben auszuliefern. Und im Ergebnis bedeutete dies, ungeachtet der Betonung des Willensmoments gerade bei Suárez, die Festigung einer rationalen, von der Natur und sittlichen Vernunft des Menschen her gewonnenen Rechtsbegründung. Dieses Konzept konnte sich später freilich, da Gott in ihr nur als die *causa prima*, der willensgetragene Urheber der natürlichen Ordnung und ihrer Verbindlichkeit, in Erscheinung tritt, auch einer rein vernunftimmanenten und säkularen Bestimmung der Inhalte natürlicher Ordnung öffnen, wenngleich die spanische Spätscholastik eine solche Säkularisierung des Naturrechts selbst noch nicht vornahm.

Das Naturrechtsdenken erfährt auf diese Weise nicht nur eine Konsolidierung, sondern zugleich seine Ausdehnung und Verschärfung im Sinne einer echt natur*rechtlichen* Argumentation. Diese hat zwar immer wieder einen theologischen Rückhalt, sperrt sich aber gegen unmittelbare theologische Durchgriffe. Das zeigt sich besonders bei der Begründung der Freiheit als ursprünglichem Zustand und Recht des Menschen, die man, idengeschichtlich betrachtet, sicher eine Großtat nennen kann. Sie erfolgt zwar aus theologischem Rückhalt, gewinnt aber zugleich in der Ausdehnung auf alle Menschen, ohne Unterschied zwischen Gläubigen und Ungläubigen, Spaniern und Indios, menschenrechtlichen Gehalt. Und dieses Denken in Menschenrechten wird in offener Auseinandersetzung mit den politischen Gewalten grundgelegt, auch wenn die Aufklärung es nach späterer Überlagerung neu zu entdecken meinte. Ebenso stellt die spanische Spätscholastik den ‚Sklaven von Natur‘ gegen Aristoteles und teilweise Thomas von Aquin (oben § 5 III 1b, S. 110 f. und § 10 IV 2b, S. 253 f.) vollends beiseite. Insoweit Sklaverei hingenommen und rechtlich respektiert wird, handelt es sich um eine für zulässig gehaltene, durch Vertrag oder durch Kriegsrecht begründete Sklaverei. Der Gedanke der Unveräußerlichkeit der Freiheit als Menschenrecht wie von Rechten des Menschen überhaupt, war hingegen noch nicht erkennbar vorhanden, er wird später ein Werk der Aufklärung.

Für die politische Philosophie ist, in Entsprechung dazu, die Begründung des Rechts aller Menschen und jedes Volkes auf die Selbstorganisation der eigenen politischen Gemeinschaft und deren Unabhängigkeit ebenso epochemachend. Freiheitsgedanke und Freiheitsrecht erstrecken sich auf alles, was Menschenantlitz trägt; sie greifen über auf den Bereich politischer Ordnung als deren gestaltendes Prinzip. Die Folge ist die naturrechtliche Abweisung jedweder kaiserlicher wie päpstlicher Oberherrschaftsansprüche aus einem christlich-heilsgeschichtlichen Ordo-Gedanken heraus und die Grundlegung einer Völkerrechtsgemeinschaft als Gemeinschaft unabhängiger, einander gleichgeordneter politisch verfaßter Völker, die zunehmend staatlich organisiert sind und miteinander in rechtlichen Beziehungen leben. Konsequenterweise wird auch die Bildung politischer Gemeinschaften mit eigenständiger Herrschaftsgewalt durch die beteiligten Menschen selbst legitimiert und die Herrschaftsgewalt durch das politisch organisierte Volk übertragen, sie steht nicht irgendeinem Herrscher kraft göttlichen Rechts vorab zu, auch eine endgültige Entäußerung findet nicht statt. Alle Herrschaftsgewalt untersteht von vornherein den Bindungen an Naturrecht und Gemeinwohl, die über passiven Ungehorsam, bei Suárez auch über organisierten Widerstand einforderbar sind. Eine solche Staatsphilosophie stellte die spanische Herrschaft in Amerika wie auch einen sich ausbildenden Herrschaftsabsolutismus ernsthaft in Frage, ja entfaltete sich gerade in der Auseinandersetzung mit den dafür vorgebrachten Legitimitätsansprüchen. Umfang und Intensität der Infragestellung waren unterschiedlich – am weitesten ging darin Las Casas –, jedenfalls aber wurde diese Herrschaft, die faktisch schon bestand, auf Missionsschutz und eine Treuhandfunktion zur Hineinführung in die Gemeinschaft der Völker reduziert und damit jedweder Eigennützigkeit entkleidet. Kaiserlicher wie nationaler Imperialismus wurden aktuell, zum Teil sogar vorausgreifend, als naturrechtswidrig verurteilt.

Diese rechts- und staatsphilosophischen Konzepte blieben nicht bei sich, sie gewannen in nicht geringem Ausmaß Einfluß auf das öffentliche Denken bis hin zur Gestaltung des Rechts. Nicht nur, daß Karl V., christlicher Herrscher, der er war, Vitoria und Las Casas als seine Berater heranzog und vor dem Kronrat in Valladolid 1550 die große Diskussion über Stellung und Rechte der Indios durchführen ließ. Die Eingaben, Denkschriften, Appelle und Traktate, die von den theologisch wie juristisch argumentierenden Autoren der spanischen Spätscholastik, voran Vitoria und Las Casas, ausgingen, bewirkten nicht wenige Reformversuche und Änderungen des geltenden Rechts.[134] Das Verbot der Versklavung der Indios, die *Leyes Nuevas* von 1542, die Zurückdrängung und der Abbau der zur Ausbeutung entarteten *encomiendas*, dies und manches andere ging auf ihre Mahnungen zurück. Zwar gebrach es dann oftmals am Vollzug und der Umsetzung der Regelungen, weil die widerstrebenden Interessen und Machtkonstellationen zu stark waren, aber was in Anerkennung des natürlichen Rechts und der Freiheit der Menschen an sich sein sollte, war und wurde klar und deutlich – sieht man von dem Fehlen der Anerkennung voller Glaubens- und Religionsfreiheit ab. So hat die spanische Spätscholastik vieles und, im Horizont der Zeit betrachtet,

---

134 Siehe C. *Baciero*, Die Realität der Welt der Indios, S. 61–69.

sicher Erstaunliches zuwege gebracht; sie hat durch ihr in sich konsistentes und gegenüber den politischen Gewalten freimütiges naturrechtliches Denken Europa selbst und die europäische Rechts- und Staatsphilosophie nachhaltig geprägt. Sie bildet, um mit Rainer Specht[135] zu sprechen, einen Gipfelpunkt praktischer Philosophie.

---

135 *R. Specht*, Spaniens Naturrecht, S. 173.

§ 15 Martin Luther

I. Zeitsituation und Lebensweg

1. Mit Martin Luther begeben wir uns von Spanien weg in das Heilige Römische Reich und nach Deutschland. Luthers Lehren und sein Wirken entfalteten sich in diesem Reich und seinen deutschen Landen. Wie war die Zeitsituation dort geprägt, durch welche religiösen, geistigen und politischen Konstellationen wurde sie bestimmt?[1]

a) An erster Stelle ist hier die Dringlichkeit einer Kirchenreform und die Erneuerung des kirchlich-religiösen Lebens zu nennen. Der Ruf nach einer Reform der Kirche an Haupt und Gliedern durchzog das ganze 15. Jh. Er entzündete sich an offen zutage liegenden Mißständen. Diese betrafen vor allem die Veräußerlichung kirchlich-religiöser Dienste und Frömmigkeitsformen; die Kumulierung und weltlich-politische Funktionalisierung der hohen kirchlichen Ämter; eine Mentalität im Klerus, welche die Kirche in ihren Ämtern, ihren Pfründen und Verrichtungen durchweg als Eigentum des Klerus erscheinen ließ; einen damit zusammenhängenden kirchlichen Fiskalismus, der auf allen möglichen Wegen dem Geld nachjagte, um das luxuriöse Leben und aufwendige Kunstmäzenatentum insbesondere des päpstlichen Hofes zu finanzieren; den Sittenverfall im hohen Klerus und vor allem bei den Päpsten selbst.[2] Demgegenüber wurden das allgemeine Glaubensbewußtsein und die Frömmigkeitspraxis stark von einer sich zunehmend ausbreitenden Sorge um das individuelle Heil sowie der Angst vor Gottes Gericht und Strafe im erwarteten Jüngsten Gericht bestimmt. Dies verband sich mit einer Unklarheit in vielen theologischen Fragen. Versuche zur Kirchenreform wurden seit Anfang des 15. Jh. in Angriff genommen, das Konstanzer Konzil sollte der Beginn sein, aber sie kamen nicht voran. Die Reformbemühungen blieben über das ganze

---

[1] Allgemeiner Überblick: *W. Andreas*, Deutschland vor der Reformation. Eine Zeitenwende, Stuttgart ^{6}1959.

[2] Siehe die Hinweise bei *E. Iserloh*, Martin Luther, S. 7f.; *J. Lortz*, Reformation, Bd. 1, S. 3–27, 69ff., 138.

Jahrhundert zumeist in innerkirchlichen Machtauseinandersetzungen zwischen Anhängern der konziliaren Idee und dem päpstlichen Streben nach Herrschaft über die Konzilien stecken. Auch das 5. Laterankonzil (1512–1517) zeigte keine Kraft zur Reform, wiewohl religiös-kirchlich gesehen die Zeichen auf Sturm standen. In einer solchen Situation bedurfte der wachsende Drang nach Änderung und Erneuerung nur eines auslösenden Funkens, um eine große Bewegung entstehen zu lassen.

b) Im politischen Bereich kam die Reichsreform – nach ebenfalls wechselhaftem Ringen im Verlauf des 15. Jh. – zwar in Gang: 1495 wurde der Ewige Landfriede beschlossen, 1500 das Reichskammergericht errichtet und die Bildung von Reichskreisen vorgesehen. Aber die Reform blieb kurz danach stecken. Denn die sich verstärkende Fürstenherrschaft in den Territorien auf der einen, das Streben nach Ausbau der Reichsgewalt durch den Kaiser – gestützt auf die eigene territoriale Hausmacht und im Interesse von deren Befestigung – auf der anderen Seite standen sich einander hemmend und miteinander konkurrierend gegenüber. Die mühsam erstrebte Friedenseinheit im Reich und der weitere Ausbau des Reiches gerieten dadurch in Gefahr. War das Reich noch eine irgendwie faßbare Königsherrschaft, oder waren und wurden die Territorialherren, große und auch kleinere, als Inhaber effektiver Herrschaftsgewalt die eigentlichen Herren im Lande? Wie weit reichten Amt und Befugnis des Kaisers noch, und waren für Karl V., den burgundisch-spanischen Habsburger, der 1519 zum römischen König gewählt wurde, die deutschen Lande mehr als ein Nebengebiet in einem Reich, in dem die Sonne nicht unterging?

Diese politische Auseinandersetzung, an sich schon bewegend genug, wurde nun durch die sich zur Glaubensspaltung entwickelnde Reformation mit einem Geschehen konfrontiert, das bisher unbestrittene Grundlagen politischer Ordnung aufwühlte. Wie sollte auf die Glaubensspaltung reagiert werden? Ist es die Aufgabe der politischen Ordnung, die Einheit im überlieferten Glauben zu sichern oder hat sie dem neuen wahren Glauben Schutz und Entfaltungsraum zu gewähren? Kann sie überhaupt über Glauben und Religion verfügen, und wenn nicht, wie läßt sich eine gemeinsame geistig-mentale Grundlage für das Zusammenleben der Menschen erhalten oder neu finden? Ist es überhaupt möglich, daß in einem politischen Gemeinwesen mehr als eine öffentliche Religion existiert, und wer soll darüber befinden? In dieser Lage standen politische und religiöse Streitpunkte und Interessen nicht einfach nebeneinander, sie liefen ineinander, vermischten sich und überkreuzten sich. Auch die Frage nach Grund und Aufgabe des Rechts blieb davon nicht unberührt. Diese Frage stand ohnehin zur Diskussion, hervorgerufen durch den wachsenden Bedarf nach Rechtsgestaltung angesichts der sich differenzierenden Lebens- und Wirtschaftsverhältnisse, durch die wachsende Bedeutung der Rechtswissenschaft, ihre Einwirkung auf das geltende Recht sowie das dadurch geförderte weitere Vordringen des römischen Rechts.[3] Nun aber erhielt sie eine neue und unerwartete Tiefendimension. Konnte das bislang als selbstverständlich angesehene religiös-theologische Fundament des Rechts weitergetragen oder mußte es angesichts der Spaltung in der religiösen Wahrheitsfrage durch ein anderes, neu zu begründendes Fundament ersetzt werden?

c) Im geistig-kulturellen Bereich hatte sich seit dem späten 15. Jh. eine neue Art der Begegnung mit dem Denken und auch der Kultur der Antike ausgebreitet. Die geistige Bildung erhielt einen Zug zum Humanismus: Sie ging zurück zu den alten Sprachen und Quellen, die man erforschte, und sie stellte die Frage nach dem Menschen, seiner Vernunft und Erkenntnisfähigkeit sowie der Entwicklung aller seiner Fähigkeiten in den Mittelpunkt. Auf diese Weise schritt man aus dem tradierten, religiös geprägten Weltbild und Lebensziel des Mittelalters heraus, das vom Jenseits her bestimmt war, und bewegte sich auf das Diesseits zu. Die Menschen stellten die Religion zwar nicht in Frage, betrachteten sie aber mit anderen Augen. Vor allem in Italien zeigte sich bei der Bildungs- und Herrenschicht ein Streben, die Kultur, Dichtung und Kunst der Antike neu zu beleben. Dies strahlte auch nach Deutschland aus. Man ahmte antike Lebensformen nach und suchte eine Art Wiedergeburt der Antike (Renaissance) herbeizuführen. Darin steckte selbstredend ein starkes Moment von Verweltlichung und Säkularisierung.

2. Martin Luther wurde nicht in die damalige große Welt, sondern in die eher begrenzten Verhältnisse der sächsisch-thüringischen Lande hineingeboren, und zwar am 15. November 1483 in Eisleben in der Grafschaft Mansfeld. Sein Lebensweg und das, was er tat und schrieb, wirkten jedoch in die große Welt hinein.[4] Dem begabten Sohn – eines von sieben Geschwistern – wurde durch die Sorge und Anstrengung der Eltern eine nach damaligen Verhältnissen gute Ausbildung zuteil.

Sie begann 1497 in der Mansfelder Stadtschule, anschließend ein Jahr wohl auf dem Domgymnasium in Magdeburg, danach drei Jahre in Eisenach. Nach diesem Durchlaufen der ‚Lateinschulen' begann Luther 1501 in der Artistenfakultät der Universität Erfurt das damals allgemein vorgeschriebene philosophische Grundstudium, das zugleich Voraussetzung für das Studium der Theologie, des Kirchen-

---

[3] *F. Wieacker*, Privatrechtsgeschichte, S. 129ff. hat beschrieben, wie das Vordringen des römischen Rechts, vielfach als Rezeption gekennzeichnet, mit der Ausbreitung der Rechtswissenschaft in engem Zusammenhang steht, ja im wesentlichen als ein Vorgang der Verwissenschaftlichung des Rechtswesens und seiner fachlichen Träger (S. 131) zu bezeichnen ist.

[4] Zu den biographischen Daten und dem Bildungsweg Luthers siehe *R. Schwarz*, Luther, S. 15–34; *B. Lohse*, Luthers Theologie, S. 41–47; *B. Lohse*, Martin Luther, S. 34–44. Grundlegend zur Biographie Luthers: *M. Brecht*, Luther, Bd. 1–3, Stuttgart 1981–87.

rechts oder des weltlichen Rechts war. Es erstreckte sich vornehmlich auf Logik und Grammatik, Natur- und Moralphilosophie und stützte sich bei den letzteren auf die Schriften des Aristoteles. Nach dessen Abschluß zu Beginn des Jahres 1505 sollte und wollte Luther, einem Wunsch des Vaters gemäß, Jura studieren. Dieses Vorhaben wurde durch sein Gelübde, Mönch zu werden, durchkreuzt. Im Juli 1505 durch ein Gewitter und Blitzschlag in höchsten Schrecken versetzt, versprach Luther den Klostereintritt und erachtete sich daran, ungeachtet der Ratschläge anderer, gebunden. Noch im Sommer 1505 trat er in das Augustiner-Eremiten-Kloster in Erfurt ein, wurde nach dem Noviziat 1507 zum Priester geweiht und widmete sich, von den Ordensoberen veranlaßt, dem Theologiestudium, wechselnd zwischen Erfurt und Wittenberg (dort war 1502 durch den sächsischen Kurfürsten Friedrich den Weisen eine neue Universität gegründet worden). 1512 schloß er mit dem Doktor der Theologie ab und war seither theologischer Lehrer (Professor) in Wittenberg.

Welches waren die geistigen Traditionen, in denen Luther aufwuchs? In philosophisch-theologischer Hinsicht war es der Ockhamismus, der an der Universität Erfurt, aber auch in seinem Augustiner-Konvent vorherrschend war; ferner Augustinus, dessen Theologie für ihn besondere Bedeutung gewann; und auch der Humanismus, der in Erfurt Boden gefaßt hatte und Luther eine solide Vertrautheit mit der klassischen Antike vermittelte; schließlich und nicht zuletzt die Mystik des späteren Mittelalters, wie sie etwa bei Johannes Tauler und in der Theologia Deutsch ihren Ausdruck fand.[5] Seine eigenen theologischen Positionen bildeten sich einerseits in der Auseinandersetzung mit den relevanten theologischen Strömungen, vor allem der mittelalterlichen Scholastik, die für ihn maßgeblich durch Thomas von Aquin repräsentiert wurde; mit ihm befaßte er sich in frühen wie in späteren Werken immer wieder, zumeist in grundsätzlicher Ablehnung und Kritik.[6] Anderseits bildeten sie sich aus der Konfrontation mit der erlebten kirchlichen Praxis und Verkündigung. In seinem Orden und darüber hinaus gehörte Luther zu den entschiedenen Verfechtern kirchlicher Reform. Seine theologischen Überzeugungen ebenso wie seine öffentliche Kritik an den Mißständen innerhalb der Kirche, die ein überwältigendes Echo fand, ließen ihn alsbald in die Position des Reformators hineinwachsen. Eine Kirchenspaltung lag keineswegs in seiner ursprüngliche Absicht, sie ergab sich erst im Verlauf der reformatorischen Bewegung aus den im Streit sich immer schroffer gegenübertretenden Positionen, die schließlich miteinander unvereinbar wurden, sowie aus den Reaktionsweisen Roms.[7]

---

[5] Hierzu *B. Lohse*, Luthers Theologie, S. 29–40.

[6] Dies ist durch *D. R. Janz*, Luther on Thomas Aquinas, aufgrund einer Auswertung aller in der Weimarer Ausgabe enthaltenen Schriften im Detail nachgewiesen.

[7] Detaillierte Schilderung der entscheidenden Phasen der Entwicklung Luthers zum Reformator bei *E. Iserloh*, Martin Luther, S. 11–96.

Ausgelöst durch die 95 Thesen zum Ablaßwesen kam es zu einem vom Papst angeordneten Glaubensverfahren gegen Luther. Es endete nach einigem Hin und Her, in dem päpstliche Machtpolitik und Glaubenssorge sich überkreuzten, mit Luthers Verurteilung und der Verhängung des Kirchenbanns zu Anfang des Jahres 1521. Die danach an sich fällige Vollstreckung durch den „weltlichen Arm" (Erklärung in die Reichsacht und evtl. Hinrichtung) wurde jedoch zunächst aufgeschoben, um – auf Drängen und Beharren der ihm zugewandten Fürsten – Luther Gelegenheit zum Verhör und zur Verteidigung vor dem Wormser Reichstag zu geben. Luther lehnte den Widerruf seiner verurteilten Lehren in einem berühmt gewordenen deklamatorischen Bekenntnis ab.[8] Daraufhin wurde er durch das sog. Wormser Edikt in die Reichsacht erklärt,[9] womit er jeden Schutz für sein Leben verlor. Allerdings hielt sich Karl V., ein Mann von Ehre und christlicher Gesinnung, an die Luther in einem Geleitbrief gegebene Geleitzusage – während die Theologen schon zu Zeiten des Konstanzer Konzils (1415) die Auffassung vertreten hatten, einem hartnäckigen Ketzer brauche das gegebene Geleitversprechen nicht gehalten zu werden (was damals die Hinrichtung und Verbrennung des tschechischen Reformators Johannes Hus zur Folge hatte). Um die Wirkungen der Reichsacht zu unterlaufen, wurde Luther auf Veranlassung seines Landesherrn auf die Wartburg ‚entführt'. Dort genoß er Sicherheit und Schutz und nahm seine berühmt gewordene Bibelübersetzung in Angriff.

Das weitere Leben Luthers wurde nun ganz von seiner Arbeit für die von ihm ausgelöste reformatorische Bewegung bestimmt. Von Wittenberg aus, wo er seit 1522 wieder lebte und 1525 durch die Heirat mit Katharina von Bora Familie und Hausstand gründete, wirkte er noch über zwei Jahrzehnte als Prediger, theologischer Lehrer und Schriftsteller sowie als Ratgeber und Mahner der Fürsten und städtischen Räte. Zunehmend wurde er zum geistigen Haupt der Reformpartei und all derer, die ihr anhingen, auch wenn Kontroversen und Streitigkeiten innerhalb des neuen Bekenntnisses nicht ausblieben. Immer wieder wurde Luther von Anhängern und Ratsuchenden auch in weltlichen und politischen Fragen angegangen und gab dazu Stellungnahmen ab.

---

[8] Luthers Erklärung lautete (Dt. Reichstagsakten, Jüngere Reihe, Bd. II, n. 80, S. 581 f.): „Werde ich nicht durch Zeugnisse der Schrift oder klare Vernunftgründe überzeugt – denn ich glaube weder dem Papst noch Konzilien allein, da es am Tage ist, daß sie öfter geirrt haben –, so bleibe ich überwunden durch die von mir angeführten Schriftstellen und mein Gewissen gefangen durch Gottes Wort. Daher kann und will ich nichts widerrufen. Denn gegen das Gewissen zu handeln, ist beschwerlich, unheilsam und gefährlich. Gott helfe mir. Amen" Die Wendung ‚Hier stehe ich, ich kann nicht anders' ist ein früher legendärer Zusatz, vgl. *E. Iserloh*, Martin Luther, S. 80 mit Anm. 17.

[9] In der Erklärung heißt es: „Kraft unserer kaiserlichen Würde, Hoheit und Autorität, mit einhelligem Rat und Willen unser und des heiligen Reichs Kurfürsten, Fürsten und Stände … haben wir … zur Vollstreckung … der Bulle, die unser Heiliger Vater Papst als ordentlicher Richter dieser Sache hat ausgehen lassen, erkannt und erklärt, daß der erwähnte Martin Luther als von Gotteskirche abgetrenntes Glied, verstockter Zertrenner und offenbarer Ketzer von uns, Euch allen und jedem zu halten ist." (Dt. Reichstagsakten II, n. 92, S. 653 f.).

Seine zahlreichen Äußerungen sind jeweils vom Anlaß her motiviert, geben Rat und Auskunft im Sinne einer auf den Glauben gegründeten Verhaltenslehre für Christen, folgen indes nicht einer systematisch-eigenständigen philosophischen, juristischen oder gar staatstheoretischen Fragestellung. Deshalb sind auch – ungeachtet der Fortentwicklung seiner Auffassungen und Lehren – Spannungen bis hin zu Widersprüchlichkeiten nicht verwunderlich. Für seine Äußerungen berief Luther sich auf seine theologische Kompetenz. Die erschien ihm notwendig, um über solche Dinge überhaupt sprechen zu können. Diese Kompetenz reicht für ihn sehr weit, weil das Evangelium vor der Welt nicht halt macht. Den Philosophen und Oratoren hält er kritisch vor, sie kennten zwar die *causa materialis* und *causa formalis* der politischen und häuslichen Gemeinschaft, die wahre *causa finalis* und *causa efficiens* erschließe sich ihnen aber nicht.[10] Was er jeweils sagte, sagte er als Theologe, Prediger und Reformator. Das bestimmte sein Reden und Wirken.

Luther starb am 18. Februar 1546 während einer Reise zur Streitschlichtung zwischen den Mansfelder Grafen in Eisleben und wurde wenige Tage später in der Schloß- und Universitätskirche in Wittenberg beigesetzt.

II. Philosophisch-theologischer Ausgangspunkt

Luthers Aussagen zu Recht und politischer Ordnung ruhen auf seiner philosophisch-theologischen Grundposition auf. Diese war in ihrem Ansatz durch den Ockhamismus und Augustinismus geprägt, die in Universität und Orden auf ihn einwirkten. Allerdings wurden der Ockhamismus und seine Form der scholastischen Methode in Luthers Denken alsbald zugunsten einer stärkeren Orientierung an der Theologie Augustins, insbesondere an dessen (gegen Pelagius gerichtete) Gnadenlehre, zurückgedrängt. Hinzu trat eine von Luther selbst erarbeitete Theologie der Paulusbriefe. Das führte in bestimmten Bereichen zu einer Abwendung von der ockhamistischen Tradition.

1. Prägende Kraft behielt diese Tradition allerdings für den Gottesbegriff. Gott als handelnd-liebender, erbarmender und verwerfender Gott, die Allmacht und der nicht weiter ergründbare Heilswille Gottes – alles, was Duns Scotus und Ockham zur Geltung gebracht hatten – sind tragend auch für Luthers Gottesbild:

---

[10] Auslegung des 127. Psalms 1532/33, WA 40, III, 202: „Nam materialem et formalem causam solum tum Politiae, tum Oeconomiae norunt, finalem autem et efficientem causam non norunt, hoc est, nesciunt, unde veniant Politia et Oeconomia et a quo conserventur, item quo tendant." Siehe auch Disputatio de homine, Thesen 13 und 14, Text und Übersetzung bei *G. Ebeling*, Lutherstudien, Bd. 2, 1, S. 17f.

> „Er ist Gott, für seinen Willen gibt es keine Ursache und keinen Grund, welche ihm als Regel oder Maßstab vorgeschrieben würden ... Wenn es nämlich für ihn eine Regel oder einen Maßstab gäbe oder auch eine Ursache oder ein Grund, so könnte das schon nicht mehr Gottes Wille sein ... Nicht nämlich weil er es so wollen muß oder mußte, ist deshalb dasjenige recht, was er will; sondern im Gegenteil: Weil er es selbst so will, muß deshalb auch das, was geschieht, recht sein."[11]

Von der scholastisch-nominalistischen Theologie und Philosophie wandte er sich hingegen ab. Maßgebend dafür waren nicht erkenntnistheoretische oder sonstige philosophische Positionen – hierin stimmte Luther mit den Ockhamisten weitgehend überein[12] – sondern theologische Gründe aus der Sünden- und Gnadenlehre. Sie weiteten sich zu einer Kritik an den aristotelischen Denkvoraussetzungen der Gesamtscholastik aus.[13] Für Ockham war zwar jedwede Ordnung kraft der Allmacht Gottes und seines freien, nicht vorab gebundenen Willens nur kontingent. Aber er hielt an der Möglichkeit evidenter menschlicher Erkenntnis auch kontingenter Gegenstände fest: Gottes Wille ist – als einziges – an das Nicht-Widerspruchsprinzip gebunden, und wenn er – frei wollend – erschafft, erschafft er geordnet (oben § 12 II 1a, S. 300f.). Deshalb sind für Ockham die leitenden Prinzipien der kontingent geschaffenen Ordnung, vom Menschen her gesehen, nicht willkürlich und menschlicher Vernunft und Erfahrung zugänglich. Die Menschen können sich so durch das Vermögen des vernunftgeleiteten Willens, d.h. indem sie das tun, was in ihrem natürlichen Vermögen steht, auf den Empfang der sakramental vermittelten Gnade vorbereiten und die empfangene, habituell verstandene Gnade entsprechend aktualisieren. Hiergegen nun wendet sich Luther aus theologischen Gründen. Er sieht darin eine Position des von Augustinus bekämpften Pelagianismus. Der Wille des Menschen ist für Luther nicht so geschaffen, daß er frei zwischen Gut und Böse wählen kann, vielmehr ist er zur Gänze im verkehrten Wollen der *concupiscentia* gefangen und daher unfähig, selbstlos zu wollen (Gott über alles zu lieben), wenn ihn nicht Gottes Gnade aktual bewegt. Und diese Gnade ist nicht ein ‚Gnadenstand', eine von Gott verliehene übernatürliche Qualität im Sinne einer Grundhaltung (*habitus*), die sich der Mensch durch Gewöhnung aneignet, wie sie die Scholastik in Anwendung aristotelischer Denkkategorien auffaßte. Gnade kann gar nicht

---

[11] De servo arbitrio, WA 18, 712: „Deus est, cuius voluntatis nulla est caussa nec ratio, quae illi ceu regula et mensura praescribatur ... Si enim esset illa aliqua regula vel mensura aut causa aut ratio, iam nec Dei voluntas esse posset. Non enim quia sic debet vel debuit velle, ideo rectum est, quod vult. Sed contra: Quia ipse sic vult, ideo debet rectum esse, quod fit."

[12] Vgl. *H. A. Oberman*, Luther, S. 127.

[13] Vgl. *R. Schwarz*, Luther, S. 41–47.

angeeignet, zum Eigenen des Menschen im Sinne eines Habitus werden, sie ist vielmehr eine aktuale Bewegung Gottes zum Menschen hin, gegenläufig zur Sündigkeit des Menschen. Auf sie antwortet der Glaube des Menschen, indem er sich an Gottes Zusage seiner Barmherzigkeit hält,[14] und eben dadurch wird seine Rechtfertigung vor Gott bewirkt.

Hiermit verbindet sich für Luther ein eigenes Verständnis von Gottes Gerechtigkeit, das aus seiner Interpretation der Paulus-Briefe gewonnen ist. Dieses Verständnis befreit ihn in seiner Suche nach einem gnädigen Gott von der Vorstellung des strengen Richtergottes, der Gerechtigkeit nach Art irdischer Gerechtigkeit einfordert und übt.[15] Gottes Gerechtigkeit ist für Luther eine diametral andere, neue Gerechtigkeit. „‚Gerechtigkeit' und ‚Ungerechtigkeit' werden in der Schrift ganz anders verstanden, als es die Philosophen und Juristen verstehen".[16] Sie ist eine Gerechtigkeit, die von außerhalb kommt „extra nos ... et in Christo".[17] Sie wird dem Menschen zuteil im Glauben, indem der Bräutigam Christus der Seele (seiner Braut) seine Gerechtigkeit schenkt und selbst deren Sünde übernimmt; Gott rechnet diesem Menschen die Sündigkeit seines ‚verkehrten' Wollens in seiner Barmherzigkeit nicht zu. Dies meint für Luther die ‚Rechtfertigung aus dem Glauben', wonach der Mensch zugleich vor Gott gerechtfertigt (*iustus*) und Sünder (*peccator*) sein kann.[18]

2. Mit dieser Aussage ist bereits Luthers theologische Anthropologie, sein reformatorisches Verständnis des Menschen angesprochen. Dieses Verständnis ist zentral geprägt von seiner Interpretation des „Falls" des Menschen, d.h. von Adams Sündenfall. Dessen Wirkung ist nicht lediglich, wie Thomas von Aquin meinte, eine *intentio corrupta*, ein sensitives Begehren im Menschen gegen die Ordnung der Vernunft (oben § 10 II 2c, S. 232), sondern eine Gefangenheit des Menschen im verkehrten Wollen, ein *peccatum radicale*, das ihn der Sünde und dem Tod unterwirft und seine ganze Lebensbewegung, auch die Urteilsrichtung seiner Vernunft, umgreift.[19] Und von dieser Wirkung ist nicht der Mensch allein betroffen, auch die Natur, das umgebende Sein, die ganze Welt ist darin einbezogen, eine ‚gefallene Welt'. Schon daraus folgt für Luther die Ablehnung einer natürlichen Theologie wie auch des aristote-

---

14 *B. Lohse*, Martin Luther, S. 82–86; auch *R. Schwarz*, Luther, S. 47.

15 Über den Weg der reformatorischen Erkenntnis der *iustitia Dei* bei Luther siehe *E. Bizer*, Fides ex auditu, und *E. Iserloh*, Martin Luther, S. 36–44.

16 Vorlesung über den Römerbrief. Schol. 4,7, WA 56, 287, 16f.

17 Ebd. Schol. 1, 1, WA 56, 158, 9.

18 Vgl. *K.-H. zur Mühlen*, Luther II, S. 544f.; *Luther*, Von der Freiheit eines Christenmenschen, WA 7, S. 25f. („zum zwölften").

19 Vgl. Disputatio de homine, These 22; (*G. Ebeling*, Lutherstudien, Bd. 2, 1, S. 19f.) und dazu *G. Ebeling*, Lutherstudien, Bd. 2, 3, § 39, 108–127.

lischen Stufenbaus des Seins und einer Entelechie des Seins auf Vollendung hin, ganz unabhängig von den Konsequenzen eines wie immer gearteten Nominalismus. Es fehlt bei ihm die *theologische* Basis für ein (ontologisches) ‚*omne ens est bonum*' nach dem Sündenfall.

Nun kann sich der Mensch aus seiner Gefangenheit im verkehrten Wollen nicht aus eigener Kraft befreien, insbesondere nicht durch eigene Werke. Eine Befreiung ist nur im Glauben möglich; sie ergreift im Glauben den innerlichen (geistlichen) Menschen, der im Wort Gottes, gepredigt von Christus, lebt. „Das ist die christliche Freiheit, der einzige Glaube, der da macht, nicht daß wir müßig gehen oder übel tun möchten, sondern, daß wir keines Werkes zur Frommheit und um Seligkeit zu erlangen bedürfen."[20] Damit werden die Werke zwar nicht überflüssig, denn sie spielen im Leben in der Welt eine notwendige Rolle; der Mensch ist ja zugleich äußerlicher, leiblicher Mensch, der selbst auf Erden lebt und mit anderen Leuten umgeht. Aber sie geschehen nun nicht, um Gott gegenüber fromm zu sein, sondern aus der im Glauben gewonnenen Freiheit eines Christenmenschen heraus, um dem innerlichen Menschen und dem Glauben gehorsam zu sein.[21] Die Werke, die in der gefallenen Welt notwendig sind, sollen allein dahin gerichtet sein, daß man anderen Leuten damit diene und nützlich sei, Werke aus freier Liebe, die umsonst getan werden. Kommt der Glaube aber nicht zur Wirkung, wird er nicht angenommen und ergriffen, bleibt es bei der Verfangenheit in die gefallene Welt, unter der geistigen Macht von Sünde und Tod; die Folge ist ein Leben im Fleische und aus dem Fleische, das Unrecht und Zwietracht, Chaos und Gewalt heraufführt.

III. Die zwei Reiche und ihr Regiment

Wie gestalten sich von diesem philosophisch-theologischen Ausgangspunkt Luthers Rechtsbegründung und seine Aussagen zur politischen Ordnung? Sie sind in spezifischer Weise theologisch, d. h. von seiner reformatorischen Theologie her bestimmt. Der Schlüssel für ihr richtiges Verständnis liegt in Luthers Auffassung von den beiden Reichen (*regna*) und dem diesen Reichen je zugehörigen Regiment, die in engem Zusammenhang mit seiner theologischen Rechtfertigungslehre steht. Bereits in der frühen Schrift über die weltliche

[20] Von der Freiheit eines Christenmenschen („zum tzehenden"), WA 7, 25, 1–4 (Ausgew. Schriften, Bd. 1, S. 244).

[21] Vergl. Von der Freiheit eines Christenmenschen („zum zwentzigsten", „zum ein und zwentzigsten"), WA 7, 30 f. (Ausgew. Schriften, Bd. 1, S. 252 f.); ebd. („zum XXVI"), WA 7, 34 f. (Ausgew. Schriften, Bd. 1, S. 258).

Obrigkeit (1523) hat sie ihren Niederschlag gefunden. Erst in den 20er Jahren des letzten Jahrhunderts, nicht schon in reformatorischer Zeit wurde sie unter den Begriff der „Zwei-Reiche-Lehre" gebracht.[22] Seither werden Art und Charakter dieser Zwei-Reiche-Lehre immer wieder diskutiert.[23] Dabei steht zuweilen weniger die eigentliche Position Luthers als vielmehr die Legitimation heutiger Verständnisse und Auffassungen an Luther im Blickpunkt; auch zeigt sich eine Neigung, diese Zwei-Reiche-Lehre zu einem abgerundeten System reformatorischer Rechts- und Staatslehre zu entfalten, sie in gewisser Weise zu ‚übersystematisieren'.

Aber für Luther handelte es sich nicht um ein System. Es geht ihm bei den beiden Reichen um eine im einzelnen offene Grundvorstellung, die aus der Sicht des Glaubens das Verhältnis der Christen zu Gott und Welt und die Gegebenheiten in der Welt verständlich machen soll.[24] Er knüpft dabei an die Unterscheidung von *civitas dei* und *civitas terrena* seines theologischen Lehrmeisters Augustinus an (oben § 9 IV 1a, S. 212 ff.) und nimmt sie auf, gibt dieser aber eine eigene Deutung und verbindet sie mit Elementen der mittelalterlichen *potestas*-Theorie.[25] Luthers Ziel ist nicht eine theologisch-metaphysische Geschichtsdeutung, auch erst in zweiter Linie eine Unterscheidung und Abgrenzung von Bereichen, Funktionen und Institutionen; zentral ist für ihn das personale Problem des Glaubens, der Glaubensgerechtigkeit und der Existenz des Menschen vor Gott und vor der Welt im Zwiespalt und Kampf des ‚geistlichen' mit dem ‚fleischlichen' Menschen. Dies verbindet sich mit der Abkehr von der Vorstellung des einheitlichen *corpus christianus* und seiner unentwirrbaren Verquickung geistlicher und weltlicher Belange und Interessen. Das Wort *regnum*, das er vielfach verwendet, hat dabei bei Luther selbst einen Doppelsinn, der zuweilen auch durch die Gegenüberstellung von Reich und Regiment (*regnum et regimen*) begrifflich unterschieden wird: *Regnum* als *corpus* im Sinne einer Gemeinschaft von Personen und *regnum* als Regiment, im Sinne einer Form und Weise von Herrschaft.

---

[22] Soweit ersichtlich, ist dieser Terminus zuerst von Karl Barth 1922 verwendet worden, vgl. *B. Lohse*, Luthers Theologie, S. 172 mit Anm. 499; siehe auch *U. Duchrow*, Gebrauch und Mißbrauch der „Zwei-Reiche-Lehre", S. 17.

[23] Wie intensiv diese Diskussion geführt wird, belegen die Literaturhinweise zum Abschnitt ‚Die Lehre von den zwei Reichen' bei *B. Lohse*, Luthers Theologie, S. 333 f.; siehe ferner die zahlreichen Beiträge in dem Sammelband von *H. H. Schrey* (Hg.), Reich Gottes und Welt, Darmstadt 1969, sowie die Beiträge in *U. Duchrow* (Hg.), Zwei Reiche und Regimente, Gütersloh 1977. Sie hat in Deutschland nach 1945 durch die Auseinandersetzung mit dem Verhalten der evangelischen Kirche und evangelischer Christen während des NS-Regimes einen nachhaltigen Antrieb erhalten, der nicht immer frei war von der Suche nach Rechtfertigungen dafür – in der einen oder anderen Richtung.

[24] Vgl. *M. Honecker*, Zwei-Reiche-Lehre, Sp. 4116.

[25] Eingehend hierzu *U. Duchrow*, Christenheit, S. 439–478, insb. 449 ff., 463 ff.

1. Regnum als *corpus*, Gemeinschaft von Personen, meint ein geistlich-geistiges, unsichtbares, von Personen gebildetes Reich. Es erscheint zum einen als *regnum Christi*, zum andern als *regnum mundi*. Das *regnum Christi* umfaßt die Gemeinschaft der Glaubenden, der Hörer des Wortes im Glauben, die ihren Glauben ergreifen, unter ihrem Herrn Jesus Christus. Sie bilden das *corpus Christi mysticum*, die unsichtbare Kirche als geistliche Gemeinschaft.[26] Dem steht das *regnum mundi* gegenüber als die Gemeinschaft der Gott entfremdeten Menschen, der Un-Christen, wie Luther sagt. Zu ihnen gehören (auch) die Getauften, die den Glauben nicht ergreifen; sie bleiben in der Verstrickung in die Welt, in die Gedanken und Begierden und Werke des Fleisches befangen. Ihr geistiges Haupt ist der Teufel als *princeps mundi*. Diese ‚Kinder der Welt' bilden als – unsichtbare – Personengemeinschaft das *corpus diaboli Babylonicum*.[27]

> „Hier müssen wir Adams Kinder und alle Menschen in zwei Teile teilen: die ersten zum Reich Gottes, die andern zum Reich der Welt. Die zum Reich Gottes gehören, das sind alle recht Gläubigen in Christus und unter Christus. Denn Christus ist der König und Herr im Reich Gottes, wie der zweite Psalm und die ganze Schrift sagt; und darum ist er auch gekommen, daß er das Reich Gottes anfange und in der Welt aufrichte ... und [er] nennt auch das Evangelium ein Evangelium des Reiches Gottes, weil es das Reich Gottes lehrt, regiert und enthält." (Von weltlicher Obrigkeit, WA 11, 249, 24–35).

> „Zum Reich der Welt oder unter das Gesetz gehören alle, die nicht Christen sind. Denn da nun einmal wenige glauben und nur der kleinere Teil sich nach Christenart verhält, daß er dem Übel nicht widerstrebt, ja daß er nicht selber Übel tut, hat Gott denselbigen außerhalb von christlichem Stand und Gottes Reich ein anderes Regiment verschafft ..." (Von weltlicher Obrigkeit, WA 11, 251, 1–5).

2. *Regnum* als *Regiment* bezeichnet die Herrschafts- oder Regierungsweise, die dem *regnum* als Personengemeinschaft jeweils zugeordnet ist. Im *regnum Christi* mit Christus als Haupt ist das Regiment rein geistlich, es ist und wirkt durch das Wort, das sich ans Herz der Menschen wendet (*verbum Dei in nos*).[28] In diesem Reich gibt es keine Obrigkeit, die äußere Herrschaftsmittel gebraucht, weder für weltliche noch für geistliche Ziele. Denn für diese Leute, für „rechte Christen", die den Heiligen Geist im Herzen haben, der sie lehrt und bewirkt, daß sie niemandem Unrecht tun, jedermann lieben und Unrecht bereitwillig leiden, ist – weltlich bezogen – kein Fürst oder Herr, kein Schwert

---

[26] Siehe *J. Heckel*, Lex charitatis, S. 43 ff. mit zahlreichen Belegen.
[27] Vgl. *J. Heckel*, Lex charitatis, S. 38–40 mit Nachw.
[28] Siehe Dictata super Psalterium 1513–16, WA 4, 9, 29.

und kein Recht nötig.[29] Eine Obrigkeit im Geistlichen aber, die für geistliche Ziele äußerlich, weltlich, d. h. mit Gebot und Zwang jenseits von Wort und Sakrament handelt, wäre eine Perversion des *regnum Christi* – kirchliche Gewalt wird zu einem rein geistlichen Dienst im Reich Christi umgewandelt.[30]

Im *regnum mundi*, dem Reich der Welt, erscheint das Regiment nun in zweifacher Weise. Einmal als der geistliche Machtbereich des *princeps mundi*, der die Menschen mit seinem Denken in die Welt des Fleisches einfängt und in ihrer Verfangenheit darin beherrscht. Daneben aber und dem entgegenwirkend tritt ein Regiment Gottes über und für dieses Reich der Welt, um diese Personengemeinschaft nicht in Zwietracht und ständigem Gegeneinander untergehen zu lassen, sie vielmehr mit der Chance der Bekehrung bis zum Jüngsten Gericht zu erhalten (als das Reich Gottes zur Linken[31]). Dieses Regiment ist Ausdruck der liebenden Zuwendung Gottes an die Menschen als die ‚Un-Christen', die unwiderstehlich ist; sie zeigt sich im Blick auf die Sünde als zornige Liebe, *ira misericordiae*; und sie nimmt die Form des weltlichen Regiments an mit seinen spezifischen äußeren Herrschaftsmitteln: Gesetz, Gebot, äußerer Zwang, Führen des Schwerts, um der Herrschaft des Bösen zu wehren. Deshalb hat Gott den Nichtchristen

> „ein anderes Regiment geschaffen und sie unter das Schwert geworfen, so daß sie, obgleich sie es gerne wollten, doch nicht ihre Bosheit tun können, und wenn sie es tun, es doch nicht ohne Furcht, noch mit Frieden und Glück tun können: Gleich wie man ein wildes böses Tier in Ketten und Banden legt, daß es nicht beißen, noch reißen kann nach seiner Art, wiewohl es gerne wollte ..."

> „Denn sofern das nicht so wäre, sintemal alle Welt böse ist und unter tausend kaum ein rechter Christ, würde eins das andere fressen, so daß niemand imstande wäre, Weib und Kind zu ziehen, sich zu nähren und Gott zu dienen, [und] damit die Welt wüst würde. Darum hat Gott die zwei Regimente verordnet, das geistliche, welches Christen und fromme Leute schafft, durch den Heiligen Geist unter Christus, und das weltliche, welches den Unchristen und Bösen wehrt, daß sie äußerlich Frieden halten müssen und still sein ohne ihr Gefallen." (Von weltlicher Obrigkeit, WA 11, 251, 5–10 und 11–18)

Beide Regimente, das geistliche wie das weltliche, gehen mithin auf Gott zurück, sind von ihm angeordnet. Und „die beiden Reiche sind darin aufeinander bezogen und zueinander gehörig, daß in ihnen beiden Gott der Herr

---

[29] Von weltl. Obrigkeit, WA 11, 249, 35–250, 9.

[30] Vgl. *U. Duchrow*, Christenheit, S. 481–486.

[31] Zur Bedeutung des „Reiches zur Linken" bei Luther *J. Heckel*, Lex charitatis, S. 50–57; siehe auch Hauspostille 1544, WA 52, 26, 21 f.: „das ... weltlich Regiment auch Gottes Reich genannt mag werden. Denn er will haben, daß es bleiben und wir uns in demselben gehorsamlich halten sollen. Aber es ist nur das Reich mit der linken Hand".

ist".[32] Weltliches Regiment, die Erhaltungsordnung Gottes aus seiner Zuwendung an das Reich der Welt, hindert dieses Reich daran, ein Reich des Teufels zu werden, hebt aber seine Ambivalenz nicht auf. Beide Regimente sind in der Welt, d.h. für die Menschen in der Welt und um ihrer Heiligung willen notwendig. Sie müssen sorgfältig voneinander unterschieden werden, aber als Unterschiedene nebeneinander bestehen: Das eine, das wie Luther sagt, fromm und rechtschaffen macht, das andere, das äußerlich Frieden schafft und den bösen Werken wehrt. Keines genügt ohne das andere in der Welt.[33] Damit gelangt Luther im Ansatz zu einer prinzipiellen Scheidung und Trennung der Aufgaben und Bereiche von (geistlicher) Kirche und politischer Herrschaft, mit der die Einheit der *res publica christiana*, des einen geistlich-weltlichen Gemeinwesens der Christenheit gesprengt wird. Die weltliche Herrschaft wird – theologisch begründet und orientiert – in die Weltlichkeit entlassen.

3. *Regnum Christi* und *regnum mundi* sind als geistige Reiche Gemeinschaften von Personen, aber sie sind als solche unsichtbar. Sie sind auch keine statischen Gebilde, bestehen nicht als feste Ordnungen, sind vielmehr in Bewegung, und zwar durch den Kampf ihrer Häupter um die Menschen. Dieser Kampf ist letztlich ein Kampf *in* den Menschen, ein Kampf um ihr Freiwerden im Glauben von der Knechtung durch die Herrschaft des Fleisches in ihnen und um ihr Leben aus dem Glauben. Das ist die eschatologische Dimension der beiden Reiche und ihres Kampfes miteinander, die bei Luther durchaus gegenwärtig ist. Der Christ, der den Glauben ergreift, lebt, solange er auf Erden ist, in beiden Reichen.

Eine andere Frage ist, ob er auch *Bürger* beider Reiche ist? Die Luther-Forschung ist darüber uneinig.[34] Versteht man unter Bürgersein in einem Reich, dort seinen eigentlichen Existenzort zu haben, dann ist der Christ als ‚rechter' Christ, der den Glauben ergreift, nur Bürger des *regnum Dei*, nicht auch des *regnum mundi*. Zwar wird er geboren als Kind des *regnum mundi*, in seiner Existenz gespalten, aber der Glaube und die Rechtfertigung im Glauben, die ihm zuteil wird, löst ihn geistig-existentiell aus der Gemeinschaft der Welt-

---

[32] *G. Ebeling*, Luther, S. 215.

[33] Vgl. Von weltl. Obrigkeit, WA 11, 252, 12–23. Zu Aufgabe und Funktion des weltlichen Regiments siehe auch die Interpretation bei *U. Duchrow*, Christenheit, S. 489–494.

[34] Für die widerstreitenden Positionen siehe einerseits *J. Heckel*, Lex charitatis, S. 230 ff.; 329 ff., anderseits *B. Lohse*, Luthers Theologie, S. 340 f.; eher vermittelnd *W. D. J. Cargill Thompson*, Political Thought, S. 36–55. Vgl. auch *M. Heckel*, Rechtstheologie Luthers, S. 351–359.

kinder heraus, macht ihn zum Bürger des *regnum Christi*. Als solcher steht und wirkt er dann in der ‚Welt', wendet sich der ‚Welt' im Dienst am Nächsten zu, übernimmt auch Ämter und Funktionen im weltlichen Regiment, wird aber dadurch nicht wieder Bürger im ‚Reich der Welt'. Anderseits ist auch der gläubige Christ, der im Glauben lebt und gerechtfertigt ist, konkret betrachtet zugleich auch sündiger Mensch (*simul iustus et peccator*). Insofern ist er weiterhin Kind im Reich der Welt, der als solcher auch der Führung durch das weltliche Regiment bedarf. Eine Beziehung zum Reich der Welt bleibt also stets bestehen, und sie ist nicht allein Ausdruck seiner Zuwendung zu ihm aus der *lex charitatis* heraus.[35] Insofern besteht der Zwiespalt in der Existenz des Menschen, blickt man auf den einzelnen Menschen, auch bei dem Gläubigem, dem ‚rechten' Christen, fort.

IV. Theologische Rechtsbegründung, Naturrecht und positives Recht

Luthers Rechtsbegründung ist nicht mehr naturrechtlich im philosophisch-theologischen Sinne, wiewohl das Naturrecht in ihr einen eigenen Ort hat. Darin liegt der prinzipielle Unterschied zur etwa gleichzeitigen Rechtsbegründung der spanischen Spätscholastiker, wie z.B. Vitoria und Suárez (oben § 14 II 2 u. IV 2, S. 346 ff. und S. 380 ff.). Luthers Rechtsbegründung ist eine spezifisch theologische, seine Rechtsphilosophie ist eine Rechtstheologie, die sich auf dem Boden und in der Konkretisierung seiner Vorstellung von den beiden Reichen und ihren Regimenten entfaltet. Zwar werden die in der Scholastik gebrauchten Termini durchaus noch verwendet, aber sie erhalten einen anderen Sinn und sprengen das scholastische System.[36]

1. Auch für Luther ist das Gesetz, und zwar das göttliche als das von Gott gegebene Gesetz, ein zentraler Begriff seiner Rechtsbegründung – darin unterscheidet er sich nicht von der Spätscholastik. Aber dieses göttliche Gesetz ist nicht mehr die *lex aeterna* als das in Gottes Vernunft vorhandene Baugesetz der Welt; seinen Ausgangspunkt hat es vielmehr im göttlichen Rechtswollen, das sich den Menschen zuwendet, es ist eine *lex Dei* (*lex divina*), ein aktuales Handeln des göttlichen Liebeswollens.

---

[35] Darauf weist *W. D. J. Cargill Thompson*, Political Thought, S. 57–61 zu Recht hin.

[36] Eine grundlegende Darstellung von Luthers Rechtsbegründung, die über bisherige Kontroversen weit hinausführt, geben sowohl *J. Heckel*, Lex charitatis, passim, wie auch *M. Heckel*, Rechtstheologie Luthers, S. 324–365. Die nachfolgende Darstellung ist beiden dankbar verpflichtet.

a) Als solche *lex Dei* ist das Handeln Gottes gekennzeichnet durch einen Voluntarismus und durch seinen Charakter als einer geistlichen *lex*. Es ist das Gesetz göttlichen Willens und göttlicher Liebe, unergründlich für den natürlichen Menschen, und es ist ein geistlich wirkendes Gesetz, das sich auf den inneren Menschen, den *homo spiritualis* bezieht, auf die Gerechtigkeit aus dem Glauben und der Rechtfertigung, nicht allein auf äußeres Verhalten. Darin liegt sein spiritualistischer Zug: es ist und wirkt als *lex Christi* personhaft-aktual, nicht normativ-institutionell. Das bedeutet eine prinzipielle Abkehr von der Scholastik. Diese *lex divina* läßt sich beschreiben als die „Realisierung des göttlichen Rechtswillens am Menschen im Ereignis des Glaubens und der Rechtfertigung".[37]

Inhaltlich betrachtet handelt es sich bei der *lex divina* um eine Ordnung vollkommener Gottes- und Nächstenliebe; sie zielt auf die volle Nachfolge Christi, nimmt deshalb die seinerzeit verbreitete, auf das Neue Testament gegründete Unterscheidung von ‚Gebot' und ‚Rat', die verschiedene Stufen der Vollkommenheit kennt und die sich für Luther als Ausdruck gestufter Werkheiligkeit darstellt, nicht auf.

b) Die *lex divina* erhält eine unterschiedliche Ausprägung gegenüber den Glaubenden und gegenüber der Welt, den Un-Christen. Während sie für die ‚rechten Christen' als das geistliche Gesetz der Gottes- und Nächstenliebe erscheint und wirkt, als das Gesetz des *regnum Dei*, nimmt sie außerhalb des *regnum Dei* den Charakter einer Herrschaft Gottes an, einer Ordnung schützender und strafender Art zur Abwehr des Bösen und der Herrschaft des Teufels, wird zum *usus politicus legis*.[38] Die *lex divina* wirkt hier als Erhaltungsordnung für die Welt, hat darum Strenge und Gesetzlichkeit, ist aber gerade in dieser Eigenschaft Ausdruck liebender Zuwendung Gottes zur Welt, um sie vor der Zerstörung zu bewahren. Grundgegebenheit für die *lex divina* ist ein einheitlicher Rechtswille Gottes, der sich vom *regnum mundi* nicht abwendet, sondern dieses mit umfaßt, sich aber dort anders äußern und erscheinen muß als im regnum Dei. Damit wird auch die Erhaltungsordnung des

---

[37] *M. Heckel*, Rechtstheologie Luthers, S. 341.

[38] Mit „Gesetz" in der Formel vom *usus legis* ist das Gesetz im Gegenüber zum Evangelium gemeint. Es umfaßt insbesondere das Gesetz Moses' einschl. des Dekalogs, aber auch andere Gesetzlichkeiten. Es ist den Menschen auferlegt um ihres Lebens und Überlebens willen; seine Herrschaft macht dem Menschen seine Bedrängnis offenbar, von der nur das Evangelium zu befreien vermag. Der *duplex usus legis*, von dem Luther des öfteren spricht, unterscheidet den *usus politicus seu civilis legis*, der die äußeren Verfehlungen bestraft und die Herrschaft des Teufels äußerlich zurückdrängt, mithin die Erhaltungsordnung für die Menschen darstellt und vollzieht, vom *usus theologicus seu spiritualis*, der dem Menschen sein Sündersein offenbar macht, ihn in seiner Selbstrechtfertigung trifft und im Gewissen anklagt. Siehe *B. Lohse*, Luthers Theologie, S. 283–291; *K. H. zur Mühlen*, Luther II, S. 548 f.; *H. J. Berman*, Law and Revolution II, S. 76.

weltlichen Regiments, der *usus politicus legis*, auf die *lex divina* zurückgeführt und in ihr verankert; diese Ordnung erhält von dort her Auftrag und Legitimation.

2. Das Naturrecht als „des rechts Brunnen"[39] tritt bei Luther durchaus hervor, aber es hat nicht die Form der *lex naturalis* als einer Ableitung aus oder Teilhabe an der *lex aeterna*, dem ewigen göttlichen Gesetz. Dem stehen Luthers theologische Prämissen und seine Vorstellung von den beiden Reichen und ihrem Regiment entgegen.

a) Für Luther ist Naturrecht vorhanden, hat aber seine Funktion nicht als Ausfluß der Ordnung und Gerichtetheit des Seins, nicht als göttlich eingeprägter Habitus des Menschen, der ihn befähigt, das in sich Gute und Rechte im Blick auf die Vollendung des Menschen mit seiner Vernunft hier und jetzt zu erkennen. Es hat seinen Sitz vielmehr im *lumen naturae* des *natürlichen* Menschen, der seit dem Sündenfall in seiner Ichbezogenheit verfangen und blind ist gegenüber dem Geist Gottes als Geist unendlicher Liebe. Den Hintergrund bildet auch hier die für Luther grundlegende Gespaltenheit des Menschen zwischen dem geistlichen und dem leiblichen Menschen. Solange und soweit der Mensch nicht, im Glauben von Gottes Wort ergriffen, geistlich denkt und lebt, ist er in seinem ‚natürlichen' Denken und Wollen leiblich und weltlich geprägt, von seinen Begierden, Bedürfnissen und seiner Selbstliebe. Luther stellt dies als Gegebenheit menschlicher Existenz in Rechnung und sucht die beiden Existenzweisen, die geistliche und die leiblich-weltliche, samt der ihnen zugehörigen Ordnung deutlich zu unterscheiden.

In diesem Sinn ist das Naturrecht *weltliches* Naturrecht, gehört nicht der geistlichen Ordnung an und hat an ihr nicht teil. Was allen Menschen von Gott ins Herz gegossen ist (Röm 2, 14f.), erscheint im Naturrecht der ‚natürlichen' Vernunft veräußerlicht, vergesetzlicht und bezogen auf das leiblich-irdische Wohl, nicht auf das ewige Heil. In diesem Rahmen kommt ihm aber durchaus positive Bedeutung zu. Das *suum cuique* hat hier seinen Ort und seine ordnende Kraft, auch die Goldene Regel ist als Maßstab wirksam, freilich leiblich betrachtet, und es können aus solchen Prinzipien auch Ableitungen gewonnen werden. Die *äußere Gerechtigkeit des Fleisches und der Werke* statt ewiger Seligkeit, eine Ordnung des Ausgleichs, der Zuteilung und der selbstbezogenen Gegenseitigkeit ist der Gegenstand dieses Naturrechts und verleiht ihm seinen Rang.[40]

---

[39] Von weltl. Obrigkeit, WA 11, 280, 17.

[40] *M. Heckel*, Rechtstheologie Luthers, S. 346. *J. Heckel*, Lex charitatis, S. 105, sieht in diesem weltlichen Naturrecht „die Frucht infralapsarischer Auslegung des göttlichen Naturgesetzes durch den natürlichen statt durch den geistlichen Menschen."

b) Das Naturrecht ist mithin *menschliches* Recht, nicht selbst göttliches Gesetz oder Teil der göttlichen Weltordnung. Als ein Werk der natürlichen, leiblich orientierten menschlichen Vernunft stellt es nurmehr einen Schatten (*umbra*) des geistlich wirkenden göttlichen Gesetzes dar. Die Verbindung dazu ist nicht abgerissen, aber durch den Sündenfall gleichsam geknickt. Dennoch ist dieses Naturrecht für die Menschen verbindlich, denn es ist allzumal ein gutes Werk ihrer Vernunft, das dem äußerlichen leiblichen Leben Ordnung und Sicherheit verschaffen kann. Für Gott selbst ist es freilich nicht verbindlich, denn es ist nicht sein Werk. Er kann davon dispensieren, ist Herr der Ausnahme. Das Problem, das die scholastische Philosophie immer wieder beschäftigte, ob nämlich Gott von naturrechtlichen Geboten dispensieren könne, löst sich für Luther gewissermaßen von selbst, weil er das Naturrecht dem menschlichen Recht zuweist.

Nicht nur die zweite Tafel, der ganze Dekalog gehört zu diesem *menschlichen* Naturrecht – was gegenüber der Lehre der mittelalterlichen Scholastik eine Revolution bedeutet.[41] Er enthält – in exemplarischer Fassung – eine Lebensordnung für den natürlichen Menschen, eine Ordnung des Ausgleichs und der Zuteilung zu seiner Erhaltung, beschränkt sich demgemäß auf Mindestgebote für das Zusammenleben. Er zielt – für sich genommen – nicht auf ein Regiment des göttlichen Geistes, eine Ordnung der *lex divina* als Ordnung der vollkommenen Liebe und der Nachfolge; er wirkt deshalb auch drückend und schwer, und erst dem Glaubenden erschließt sich sein tiefer geistlicher Sinn, der ihm als Erhaltungsordnung zukommt.

Insgesamt gesehen, gewinnt das Naturrecht mittels seiner Zuweisung zur infralapsarischen natürlichen Vernunft, d.h. der menschlichen Vernunft nach dem Sündenfall, einen weltlichen und zugleich menschlichen Charakter. Es ist nicht Teil der *lex divina*, verliert aber auch nicht jede Verbindung zu ihr. Es wird von der Ausprägung der *lex divina*, die diese für die gefallene Welt, das *regnum mundi*, als Erhaltungsordnung annimmt (oben 1b), mit umgriffen und erhält insofern eine Art mittleren Status.

3. Auch das positive Recht, das sich in den Satzungen und Ordnungen der Ämter und Fürsten sowie dem alltäglich geübten *ius civile* niederschlägt, ist nicht ohne Bezug zum Gesetz, das Gott auferlegt hat. Es ist eine Form des weltlichen Vollzugs, der – exemplarisch verstandenen – Zehn Gebote und gehört insofern zum „usus legis politicus seu civilis".[42] Denn es hält die Menschen durch seine präzisen Regeln und die Androhung von Strafen und durch Vollstreckungszwang an, die Gebote des Dekalogs und andere grundlegende Normen des Zusammenlebens, die für den Erhalt von Ordnung und die Abwehr des Bösen notwendig sind, zu beobachten. Wozu der gefallene Mensch

---

41 Hierzu *J. Heckel*, Lex charitatis, S. 112f.

42 Zur Bedeutung von *lex* und *usus legis* in dieser Formel siehe oben Fn. 38.

aus seiner natürlichen Anlage nicht geneigt ist, das wird ihm durch die positiven Gesetze auferlegt als Ausfluß von Gottes Zuwendung im weltlichen Regiment (oben 1b). Die positiven Gesetze erhalten so einen eigenständigen Status. Sie sollen zwar ihre Wurzeln im weltlichen Naturrecht haben, das ‚der rechts Brunnen' ist, aber sie sind als detaillierte Festsetzungen notwendig wegen der außergewöhnlichen Allgemeinheit des natürlichen Rechts.[43] Das eröffnet eine positive Sicht auf den ‚Positivismus' der jeweiligen Gesetze. Allerdings bleibt die Grenze an den Geboten des Naturrechts bestehen; widerstreitet das positive Recht ihnen, „höret es auf, und soll kein Gesetz mehr sein".[44]

> „Darum sollt man geschriebene Rechte unter der Vernunft halten, daraus sie doch gequollen sind als aus dem rechts Brunnen, und nicht den Brunnen an seine Flüßlein binden und die Vernunft mit Buchstaben gefangen führen." (Von weltlicher Obrigkeit, WA 11, 280, 16–19)

> „Man hebt jetzt an zu rühmen das natürliche Recht und natürliche Vernunft, als daraus kommen und geflossen sei alles geschriebene Recht. Und ist ja wahr und wohl gerühmt." (Auslegung des 101. Psalm 1534/35, WA 51, 211, 35–212, 1)

Damit wird von Luther freilich nicht ein Ableitungszusammenhang zwischen Naturrecht und positivem Recht postuliert, etwa im Sinne scholastischer *conclusiones* und *derivationes*, vielmehr eine Art Ausrichtungszusammenhang. Es ist die Aufgabe der weltlichen Obrigkeit, das positive Recht auf der Grundlage und im Sinne des weltlichen Naturrechts zu gestalten, Satzungen und praktiziertes Recht daran anzunähern, der „Verwilderung der Gesetze" zu wehren. Luther sieht auch, daß hier eine Spannung bleibt, daß das positive Recht oft ein Notbehelf ist. Aber das hält ihn nicht davon ab, den Bezug auf Vernunft und Gerechtigkeit einzufordern. In späteren Jahren gewinnt er unter diesem Gesichtspunkt dem römischen Recht, wie es ihm bekannt war, durchaus eine Wertschätzung ab. Zwar sei es nichts anderes als heidnische Weisheit, was die Römer gesetzt und geordnet haben, aber ohne Zweifel war bei ihnen „hohe Vernunft" und „Weisheit" anzutreffen, und „wer im weltlichen Regiment will lernen und klüger werden, der mag die heidnischen Bücher und Schriften lesen."[45] Insgesamt stellt Luther den weltlichen Charakter des positiven Rechts nicht in Frage, denn dieser ist für ihn theologisch fundiert. „Die Rechtsordnung soll funktionieren als eine Art Gottesordnung ohne eigentliche intentionale Inanspruchnahme Gottes."[46]

Es kann nach alledem keine Rede davon sein, Luther habe mit der Ablehnung des scholastischen Naturrechts einen Rechtspositivismus freigesetzt.

---

43 Vgl. *H. J. Berman*, Law and Revolution II, S. 76.
44 Das Zitat bei *M. Heckel*, Rechtstheologie Luthers, S. 346.
45 Auslegung des 101. Psalms 1534/35, WA 51, 242, 18 u. 36f.
46 *K.-M. Kodalle*, Institutionen, S. 151.

Auch für ihn ist eine ethisch-sittliche Bindung des Inhalts des positiven Rechts unabdingbar. Nur geht er einen anderen Weg, um diese zu erreichen. Für ihn fungiert die weltliche Obrigkeit als Institution der Vermittlung; sie verfügt dabei nicht über freie Rechtsetzungsmacht, ist vielmehr gerade von ihrem Amt her gebunden an die Ausrichtung am weltlichen Naturrecht. Dieses Naturrecht stellt freilich weniger auf einen idealen Rechtszustand ab als vielmehr auf eine ethisch-sittlich fundierte Erhaltungsordnung für die ‚natürlichen' Menschen, so wie sie sind.

V. Grund und Aufgaben der Politia

Wie stellen sich nun, ausgehend von der Zwei-Reiche-Lehre, für Luther Grund, Aufgaben und Grenzen der politischen Ordnung dar? Schon im Zusammenhang mit seiner Rechtsbegründung zeigte sich die zentrale Bedeutung, die bei Luther der politischen Ordnung für das Zusammenleben der Menschen zukommt. Theologisch sieht er diese Ordnung als Obrigkeit und weltliches Regiment und faßt die Formen politischer Gemeinschaft unter der Bezeichnung *politia* zusammen. So hat er, wenn er über die Politia oder die Vielzahl einzelner Politiae spricht, nicht deren natürliche Entstehung im Blick, auch nicht, ob die Menschen von Natur zur Gemeinschaft hinneigen und solche Gemeinschaften sich aus Notwendigkeit oder freier Entscheidung bilden. Damit haben sich die heidnischen Philosophen beschäftigt. Worauf es ihm ankommt, ist das *theologische* Verstehen politischer Ordnung, die theologische Beurteilung ihrer Form und Aufgabe samt den Folgerungen, die sich daraus für die Stellung und das Verhalten der Christen in und zu dieser Ordnung ergeben. Das aber ist etwas, was bei den Philosophen notwendigerweise fehlt.[47] Der Begriff, unter dem Luther die politische Ordnung betrachtet, ist der der (weltlichen) Obrigkeit, wie auch der Titel seiner grundlegenden Schrift lautet. Nicht also die heidnische Polis bildet den Ausgangs- und Orientierungspunkt, sondern die von Gott gesetzte Obrigkeit für die Erhaltung der Ordnung unter den Menschen, die eine Erscheinungsform des weltlichen Regiments im Sinne der Zwei-Reiche-Lehre ist. Dieses weltliche Regiment ist, wie dargelegt (oben III 2), eine Stiftung Gottes, Ausdruck seiner Zuwendung zur gefallenen Welt, dem *regnum mundi*. Es richtet für diese Welt ein angemessenes Regiment im Sinne politischer Herrschaft ein, das Streit und Verderben, die immer wieder drohen, bekämpft, die Herrschaft des Bösen abwehrt und eine Erhaltungsordnung aufrichtet.[48]

---

[47] Auslegung des 127. Psalms 1532/33, WA 40, III, 202; siehe auch oben Fn. 9.

[48] Vgl. Von weltl. Obrigkeit, WA 11, 251

Dieses Regiment besteht und handelt im Reich der Welt, erfüllt in ihm und für es einen göttlichen Auftrag, aber es ist nicht das Reich der Welt. Sein Charakter ist theologisch bestimmt, auch seine Weltlichkeit ist eine theologisch bestimmte, die mit der später eintretenden Säkularisation nicht gleichgesetzt werden darf, wenngleich gewisse gemeinsame Züge erkennbar sein mögen. Im Sinne von Luthers Fragestellung ist es auch unergiebig, darüber zu spekulieren, ob die politische Gemeinschaft schon vor dem Sündenfall, wie Ehe- und Hausgemeinschaft, oder erst danach entstanden ist. Denn ihre spezifische Struktur, den Charakter als weltliches Regiment, hat sie jedenfalls erst in Antwort auf den Sündenfall erhalten.

1. Form und Charakter der Politia und ihre Regierung ergeben sich so aus der Erhaltungsaufgabe des weltlichen Regiments. Die Politia – politische Herrschaftsordnung – hat die Form äußerer Gebots- und Zwangsherrschaft, ihr ist die Gesetzlichkeit verbindlicher und sanktionierter Rechtsregeln eigen, sie hat das Schwert und die Waffen zu führen.[49] Nur so kann sie angesichts der Gegebenheiten in der Welt ihrer Aufgabe, Streit und Verderben zu hindern und dem Bösen zu wehren, gerecht werden. Luther denkt Herrschaft und weltliches Recht notwendig mit Zwangsgewalt verbunden. Die Politia und ihre Regierung erhalten den Charakter einer dem einzelnen übergeordneten Herrschaft, die sich aus den gesetzten Aufgaben, nicht aus dem Zustimmungszusammenhang der ihr Unterworfenen legitimiert, eben einer Obrigkeit. Das schließt nicht aus, daß die Regierung oder die Amtleute von den Bürgern oder bestimmten Personengruppen (Ständen) gewählt werden und insofern demokratische oder aristokratische Elemente der Herrschaftskonstituierung wirksam sind. Aber in die Herrschaft gesetzt, sind es der Auftrag und die Aufgabe, die legitimieren; und die Aufgabe ist eine vorgeordnete, die *für* die Menschen gesetzt ist, nicht erst von ihnen bestimmt wird.

Der Charakter als Obrigkeit bedeutet alles andere als die Freisetzung eines Beliebens für die Regierenden. Luther stellt den Herrschern, vorab den Landesherren, eine theologisch begründete Orientierung der Politik vor Augen[50] – eine Art reformatorischer Fürstenspiegel. Obrigkeit zu sein und ihre Aufgabe wahrzunehmen, ist ein Amt und als Amt ein Dienst. Sie sollen dieses Amt in Demut wahrnehmen, die Mitte halten zwischen Vermessenheit und Verzweiflung.[51] Erforderlich ist der rechte Gebrauch der Vernunft und die Klugheit des Herrschers, das jeweils Notwendige, der Situation Angemessene zu tun und dem Übel schon in dessen Anfängen zu wehren. Die Fürsten sollen auch ihre

---

[49] Vgl. Von weltl. Obrigkeit, WA 11, 251f.

[50] Er tut es in der Auslegung des 101. Psalm 1534/35, die vornehmlich an Luthers seit 1532 regierenden Landesherrn Johann Georg v. Sachsen gerichtet ist, vgl. *M. Basse*, Ideale Herrschaft und politische Realität, S. 55.

[51] Siehe *M. Basse*, Ideale Herrschaft und politische Realität, S. 56ff., auch zum Folgenden.

Untertanen als Gabe Gottes verstehen lernen und ihm danken, wenn sie auf gute Ordnung und frommes Gesinde bauen können.[52] Das ist das Gegenbild zu selbstbezogener Eigenmacht oder einer eigentumsähnlichen Herrschaft im Sinne eines *dominiums*. Herrschaft, wie sie dem Begriff der Obrigkeit entspricht, ist allein fremdnützig, eben ein Amt. Es muß zum Nutzen und Frommen derjenigen, über die man gesetzt ist, ausgeübt werden.

2. Wie weit aber erstreckt sich nun das Amt der Obrigkeit, wie bestimmt sich sein Umfang und wo liegen seine Grenzen? Luther hat sich dazu im Zuge seiner Ratgebungen oftmals und aus verschiedenen Anlässen geäußert, und er hat seine Auffassungen dabei auch gewechselt. Im Mittelpunkt stand immer wieder, seit die Reformation sich ausbreitete, die Zuständigkeit der weltlichen Obrigkeit in Fragen der Religion und des Glaubens in einer bislang einheitlich-christlichen Welt.

a) Als weltliches Regiment erstreckt sich die politische Herrschaft, wie Luther in der Schrift *Von weltlicher Obrigkeit* darlegt, nur auf das äußere Leben, auf Hab und Gut. Sie hat keine Herrschaft über die Seelen, die Gott sich allein vorbehalten hat. Jeder Übergriff des weltlichen in das geistliche Regiment ist zu vermeiden. Entschieden wendet sich Luther gegen weltlichen Glaubenszwang, ebenso wie gegen geistliche Glaubensherrschaft mit weltlichen Mitteln, den Überschritt des geistlichen in das weltliche Regiment.

> „Das weltliche Regiment hat Gesetze, die sich nicht weiter erstrecken, denn über Leib und Gut und was sonst äußerlich ist auf Erden. Denn über die Seele kann und will Gott niemand regieren lassen als sich selbst allein. Darum, wo weltliche Gewalt sich anmaßt, der Seele Gesetze zu geben, da greift sie Gott in sein Regiment und verführt und verdirbt nur die Seelen." (Von weltl. Obrigkeit, WA 11, 262, 7–12)

Dies ist ein grundsätzliches Argument, der Vorstellung von den zwei Reichen entnommen. Darüber hinaus führt Luther noch weitere, eher pragmatische Gründe an, die auf die Undurchführbarkeit von Glaubenszwang abzielen: die Unmöglichkeit, Glauben und Nichtglauben in rechtlichen Verfahren zu ermitteln, ferner die Natur des Glaubens als Akt der Freiheit, der sich jedem Zwang prinzipiell entzieht; der Versuch, ihn zu erzwingen, kann nur zu Lüge und Täuschung führen. Es beeindruckt, mit welchem Engagement Luther gegen jedweden Glaubenszwang streitet. An aktueller politischer Bedeutung fehlte es dieser Frage ja nicht.

---

[52] Auslegung des 101. Psalm, WA 51, 205, 8–10; 201, 30–32. ‚Frommes Gesinde' zielt auf eine Haltung der Fromkeyt – von Luther öfters gebraucht; sie verkörpert Rechtschaffenheit und Tugendhaftigkeit als Gegenbegriff zur Werkgerechtigkeit, *M. Basse*, Ideale Herrschaft und politische Realität, S. 62.

> „Eine jegliche Gewalt soll und mag nur da handeln, da sie sehen, erkennen, richten, urteilen, wandeln und ändern kann. Denn was wäre mir das für ein Richter, der blindlings die Sachen richten wollt, die er weder hört noch sieht? Nun sage mir, wie kann ein Mensch die Herzen sehen, erkennen, richten, beurteilen und ändern? Denn solches ist allein Gott vorbehalten." (aaO. WA 11, 263, 26–31).

> „Weil es denn einem jeglichen auf seinem Gewissen liegt, wie er glaubt oder nicht glaubt, und damit der weltlichen Gewalt kein Abbruch geschieht, soll sie auch zufrieden sein und ihre Dinge tun, und glauben lassen so oder wie man kann und will, und niemand mit Gewalt drängen. Denn es ist ein freies Werk mit dem Glauben, dazu man niemand zwingen kann …
> Dazu sehen die blinden armen Leute nicht, was für ein vergebliches und unmögliches Ding sie vornehmen. Denn wie hart sie [auch] gebieten und wie fest sie toben, so könnten sie die Leute nicht weiter drängen, als daß sie mit dem Mund und der Hand ihnen folgen, das Herz vermögen sie ja nicht zu zwingen … und so beladen sie sich selbst mit greulichen fremden Sünden. Denn alle die Lügen und falschen Bekenntnisse, die solche schwachen Gewissen tun, fallen auf den zurück, der sie erzwingt." (aaO., WA 11, 264, 16–20 und 24–34)

Wie kann – über Jahrhunderte hinweg – deutlicher und treffender formuliert werden, was Glaubenszwang bewirkt und bedeutet, daß er dem Menschen nicht nur die Freiheit nimmt, sondern ihn in seiner Würde zerstört, und dennoch vergeblich bleibt? Aber meint diese strikte Ablehnung von Glaubenszwang auch schon Toleranz und Glaubensfreiheit? Das ist nicht notwendig so, denn die Ablehnung von Zwang zur Annahme und zum Bekenntnis eines Glaubens und die Hinnahme der Abwendung vom einmal angenommenen Glauben sind verschiedene Dinge. Auch bei Luther war das der Fall.

b) Luthers Stellungnahmen zu Toleranz und Glaubensfreiheit erfolgen im Blick auf die Aufgaben der weltlichen Gewalt als Obrigkeit. Sie sind, was zunächst erstaunen mag, wechselnd. Ihren *punctum crucis* haben sie im Umgang mit denen, die vom (wahren) Glauben abgefallen sind, den Ketzern. Die gab es nicht nur aus katholischer Sicht, sondern auch vom evangelischen Bekenntnis aus, das sich ja ebenfalls als wahrer, von den katholischen Entstellungen gereinigter Glaube verstand.

(1) Für Luther hat die weltliche Obrigkeit allgemein die Aufgabe der *cura religionis*. Das ist die äußere Sorge für die Existenz und den Schutz der Kirche als geistlicher Gemeinschaft, damit die Möglichkeit von Gottesdienst und Predigt, der Verkündigung des Wortes, gegeben ist; Luther setzt dabei einen evangelischen Landesherrn voraus.[53] Darin liegt kein Übergriff in das *regnum Christi*, den geistlichen Bereich, sondern ein äußerer Dienst für diesen

[53] Im einzelnen *J. Heckel*, Cura religionis, S. 229ff., auch *ders.*, Lex charitatis, S. 307f.

Bereich, damit Wort und Sakrament in der Welt und in sie hinein überhaupt wirksam werden können. Darüberhinaus soll die Obrigkeit „mit rechtem Ernst und Geist, die reine Lehre und Gottes Ordnung erhalten zu Nutz der Seelen Seligkeit."[54] Auch in diesem Sinn gehört Religionspflege zu den Aufgaben der weltlichen Obrigkeit, weil ja beide Regimente – wiewohl unterschieden und nicht vermischt – aus der *lex divina* heraus mit je ihren Mitteln zusammenwirken sollen für die Menschen (oben III 2; Von weltl. Obrigkeit, WA 11, 252).

(2) Was aber geschieht, wenn öffentlich falsche Glaubenslehren verbreitet werden, Ketzer auftreten und den Glauben angreifen? Zunächst, in den Anfangsjahren der Reformation – die Stoßrichtung zielt auch auf die Papstkirche und katholische Landesherren – tritt Luther dafür ein, die Ketzerfrage geistlich auszutragen, jegliche Gewalt in Glaubensdingen hintanzustellen. Auch jenseits von Glaubenszwang soll die Verbreitung falscher Lehren nicht äußerlich verboten und unterdrückt werden.

> „So sprichst du abermal: Ja, weltliche Gewalt zwingt nicht zu Glauben, sondern wehrt nur äußerlich, daß man die Leute mit falscher Lehre verführt, wie könnte man sonst den Ketzern wehren? Antwort: Das sollen die Bischöfe tun, denen ist ein solches Amt übertragen und nicht den Fürsten. Denn Ketzerei kann man nimmermehr mit Gewalt wehren. Es gehört ein anderer Griff dazu ... Ketzerei ist ein geistlich Ding, das kann man mit keinem Eisen hauen, mit keinem Feuer verbrennen, mit keinem Wasser ertränken. Es ist aber allein Gottes Wort dazu da, das tuts ..." (Von weltl. Obrigkeit, WA 11, 268, 19–29)[55]

So sehr Luther die Autorität der Obrigkeit anerkennt, empfiehlt er deshalb den Untertanen Gehorsamsverweigerung, wenn der weltliche Herr gebieten will, sich zum Papst zu halten, so oder so zu glauben oder Bücher herauszugeben.[56] Allerdings zieht er gleichwohl eine Grenze für die strikte Nichtintervention der weltlichen Gewalt in Glaubensfragen. Sie liegt dort, wo Ketzerei zugleich den öffentlichen Rechtsfrieden und die Grundgebote des Zusammenlebens bedroht, zu denen auch das weltliche Naturrecht gehört. Das konnte nun freilich, solange die religiös-politische Einheitswelt noch fortwirkte, die das Mittelalter kennzeichnete, schnell der Fall sein. Toleranz wurde insofern von vornherein in einer stark binnenchristlichen Begrenzung gesehen und vertreten.

Später indes, als nicht mehr so sehr die Etablierung des evangelischen Bekenntnisses, sondern die Reaktion auf innerprotestantische Abweichungen in Frage stand – Zwingli und die Wiedertäufer brachten es an den Tag –,

---

[54] Auslegung des 101. Psalm 1534/35, WA 51, 231, 4–6.
[55] Weitere Belege bei *H. Bornkamm*, Problem der Toleranz, S. 349 ff.
[56] Vgl. Von weltl. Obrigkeit, WA 11, 267, 1–13.

spricht Luther der weltlichen Obrigkeit auch die Befugnis zu, falsche öffentliche Lehre und Lästerung zu bekämpfen, rechten Gottesdienst und Lehre aufzurichten, um Schaden von der Kirche und eine Verwirrung der Menschen abzuwehren; auch seien die Ketzer als Ketzer zu bestrafen. Für diesen Wechsel der Position spielt sein politisches Urteil über die Folgen öffentlicher Toleranz in einem christlichen Gemeinwesen eine tragende Rolle.[57] Zwar kann die weltliche Obrigkeit nicht entscheiden, ob eine Lehre falsch ist und dem Evangelium widerspricht, aber wenn dies durch theologische Prüfung festgestellt ist, obliegt es dem Fürsten, die öffentliche Ausbreitung dieser Lehre zu verhindern.[58]

> „Wo etliche wollten lehren wider einen öffentlichen Artikel des Glaubens, der klar in der Schrift begründet ist und in aller Welt von der ganzen Christenheit geglaubt wird, gleich wie die, so man die Kinder lehrt im Credo, als wo jemand lehren wollt, daß Christus nicht Gott sei, sondern ein schlechter Mensch und gleich wie ein anderer Prophet, wie die Türken und die Wiedertäufer es halten, die soll man auch nicht leiden, sondern als die öffentlichen Lästerer strafen." (Der 82. Psalm ausgelegt 1530, WA 31, I, 208, 11–17)[59]

Luther tritt auch 1536 einer Denkschrift der Wittenberger Theologen an Landgraf Philipp von Hessen bei, wie mit den Wiedertäufern zu verfahren sei, die der Landgraf gefangen genommen hatte. In ihr heißt es:

> „Jedermann ist schuldig nach seinem Stand und Amt, Gottes Lästerung zu verhindern und abzuwehren. Und kraft dieses Gebots haben Fürsten und Obrigkeiten Macht und Befehl, unrechte(n) Gottesdienst abzutun. Und dagegen rechte Lehre und rechte(n) Gottesdienst aufzurichten. Also lehrt sie dieses Gebot auch, öffentliche falsche Lehre abzuwehren und die Halsstarrigen zu strafen. Dazu dient auch der Text Levit 24: ‚Wer Gott lästert, der soll getötet werden.'"[60]

---

57 Vgl. *M. Honecker*, Luther und die Politik, S. 482f.

58 Zu den verschiedenen Aspekten der Behandlung der Ketzerei, die bei Luther wirksam sind, vgl. *J. Heckel*, Lex charitatis, S. 309f. mit Anm. 1504.

59 Weitere Parallelbelege zu diesem Zitat bei *J. Heckel*, Lex charitatis, S. 310 m. Anm. 1505.

60 Der Text: WA 50, 12, 1–7. Luther machte eine Zusatzbemerkung, die lautete (WA 50, 15): „Das ist die gemeine Regel, doch mag unser gn. Herr, allzeit Gnade neben der Strafe gehen lassen nach Gelegenheit der Zufälle." Später, 1541, billigte er eine Schrift der Wittenberger Theologen, von Melanchthon verfaßt, in der auch gegenüber nicht aufrührerischen Lehren der Ketzer die Verhängung der Todesstrafe für gerechtfertigt erklärt wurde. Luther bemerkte dazu: „Wiewohl es crudele anzusehen, daß man sie mit dem Schwert straft, so ist(s) doch crudelius, daß sie ministerium verbi damnieren, und keine gewisse Lehre treiben, und rechte Lehr unterdrucken, und dazu regna mundi zerstören wollen." (vgl. Corpus Reformatorum, Bd. 4, Ph. Melanchthonis Epist. Lib. VIII, no. 2425: De Anabaptistis, Sp. 740) Für den Zusammenhang siehe *J. Lecler*, Religionsfreiheit, Bd. 1, S. 247–251.

So reichen beim späten Luther Glaubensfreiheit und Toleranz nicht weiter als bis zur Freiheit des individuellen Gewissens gegen aufnötigenden Glaubenszwang, sie umfassen aber keineswegs öffentliche Bekenntnis- oder gar Kultusfreiheit. Offensichtlich wird es den politischen Aufgaben der weltlichen Obrigkeit zugerechnet, das Gemeinwesen als christliches Gemeinwesen zu erhalten und zu schützen. Zur Religionsfreiheit als Menschenrecht führt von dort kein direkter Weg.[61]

(3) Mit dieser Ausdehnung der *cura religionis* als einer Aufgabe weltlicher Obrigkeit wird die von Luther sonst so betonte Unterscheidung von weltlichem und geistlichem Regiment ein Stück weit undeutlich. Wenn der Landesherr die rechte Lehre stützen und falsche Lehre verbieten soll, bedarf es einer Entscheidung über die Fragen der rechten Lehre. Innerhalb des geistlichen Regiments, das von Wort und Glaube gelenkt ist, gibt es, wenn der *consensus omnium fidelium* nicht mehr greift, dafür keine verbindliche Instanz, dem Bischofsamt vergleichbar. Also läuft diese Entscheidung und Sorge doch auf den Landesherrn zu. Aber nun nicht als Inhaber der weltlichen Obrigkeit, sondern als Mitglied der geistlichen Gemeinschaft der Kirche. In dieser Eigenschaft obliegen ihm (geistliche) Pflichten, leistet er brüderliche Hilfe, etwa auch als ‚Notbischof' bei religiösen Streitigkeiten innerhalb der Kirchengemeinschaft oder bei der Abwehr von Mißständen in der Wahrnehmung geistlicher Aufgaben (innerkirchliche Reform).[62] Dies soll der Idee nach ohne Auslieferung an die weltliche Gewalt geschehen.[63] Was aber ist, wenn der brüderlich-konsensuale Weg nicht zu einem Ergebnis führt? Sollen dann nicht die Dinge laufen gelassen und damit Unordnung oder Unrecht weiter Vorschub geleistet werden, bleibt kaum anderes übrig, als die ‚Hilfe' unter Ausnützen der obrigkeitlichen Stellung und Befugnisse zu leisten.

Die Wurzeln für das sich bald ausbildende landesherrliche Kirchenregiment scheinen hier grundgelegt, auch wenn Luther selbst es nicht herbeigewünscht, sondern eher kritisch betrachtet hat. Es stieß in die offene Flanke eines in sich nicht konsistenten theoretischen Konzepts.

c) Was den eigentlich weltlichen Bereich angeht, reichen die Aufgaben der Obrigkeit so weit, wie der göttliche Auftrag der Erhaltungsordnung reicht (oben III 2). Daraus ergibt sich einerseits ein umfassender Charakter. Wenn Luther äußeren Frieden und Sicherheit für den einzelnen als vordringliche Aufgabe der Obrigkeit ansieht, den zeitlichen Frieden als größtes Gut auf

---

[61] So – mit Recht – *M. Honecker*, Luther und die Politik, S. 483; ebenso auch schon *E. Troeltsch*, Soziallehren (Lit.), Bd. 2, S. 469 ff.

[62] Vgl. Auslegung des 101. Psalms 1534–1535, WA 51, 234 u. 239 f.; ferner *J. Heckel*, Lex charitatis, S. 308, 311, jeweils mit Anm.

[63] Siehe – sehr deutlich – *M. Heckel*, Rechtstheologie Luthers, S. 330 f.

Erden preist,[64] ist das nicht im Sinne einer Aufgabenbegrenzung auf Frieden und Sicherheit gemeint, wie sie im liberalen Rechtsstaat des 19. Jh. diskutiert wurde. Es geht insoweit um das rationale Ziel der Ordnungsgestaltung. Diese umfaßt gegenständlich die Sorge für das Wohlverhalten und ein ordentliches Leben in Abwehr von Streit, Unrecht und Gewalt. Das kann sich sehr weit erstrecken. Gleichwohl wird damit keine vollendete, sich selbst genügende Ordnung angestrebt wie in der antiken Polis, und auch die *eudaimonia* des Aristoteles ist nicht das Ziel. Dafür ist die Unordnung im ‚Reich dieser Welt' zu groß und sind die Skepsis, die Luther gegenüber der Befindlichkeit der Menschen einschließlich der Fürsten hat, wie auch sein eschatologisches Lebensgefühl zu stark. Was die Obrigkeit leisten kann, bleibt für ihn notwendigerweise eher im Bereich einer Not- und Verstandesordnung, die dafür sorgt, daß die Menschen in ihren irdischen Tagen nicht übereinander herfallen. Auch das menschliche Naturrecht, das in dieser Ordnung seine Geltung haben soll (oben IV 2) vermag das nicht (voll) zu wenden. Eine Gegenüberstellung von Staat und Gesellschaft mit dem Ziel der Begrenzung der Staatsaufgaben zugunsten einer freien und bereichsweisen autonomen Gesellschaft, auch die Postulierung einer vorgelagerten Freiheitsphäre des einzelnen gegenüber der Politia sind noch ganz fern. In Luthers politisch-sozialem Umfeld bestanden vielfach noch unentzweite Lebensordnungen, die von der Obrigkeit ganzheitlich zu regeln unternommen wurde. Luther legitimiert sie nicht eigens, steht aber auch nicht erkennbar in Opposition zu ihnen. Er pocht allerdings darauf, daß, was immer hier geregelt wird, zu Nutz und Frommen der anvertrauten Menschen geschieht. Der protestantische Fürstenstaat mit seinem auf gute Ordnung und Ehrbarkeit abstellenden Ordnungswillen, wie er sich im 16. und 17. Jh. herausbildete, mag so über Luthers Konzept von weltlicher Obrigkeit durchaus hinausgegangen sein, er stand zu ihm aber auch nicht in einem Gegensatz.

3. Die Frage nach den Aufgaben und Grenzen der weltlichen Obrigkeit findet ihr Spiegelbild in der Frage nach den Grenzen des bürgerlichen Gehorsams gegenüber dieser Obrigkeit. Diese Frage wurde zur Zeit Luthers in der Form des Widerstandsrechts gegen die Obrigkeit zu einem aktuellen politischen und rechtlichen Problem. Die Behauptung und Inanspruchnahme eines solchen Widerstandsrechts geschah vor allem im Verhältnis der Stände zum Kaiser wie der Bauern zu ihren Herren. Von der politischen Ordnung des Mittelalters her war die Tradition eines als legitim anerkannten Widerstandshandelns überkommen. Es bedeutete nicht die prinzipielle Infragestellung der bestehenden rechtlich-politischen Ordnung, sondern ein Gegenmittel der Bürger oder ab-

---

[64] Vgl. *K.-M. Kodalle*, Institutionen, S. 145 mit Belegen.

hängiger Herrschaftsträger gegen den Mißbrauch der Herrschaftsgewalt durch den Fürsten.[65] Mit dem Ausbau der landesherrlichen Befugnisse zu einer einheitlichen, umfassenden Herrschaftsgewalt und der Proklamierung der Sicherung des öffentlichen Friedens zum obersten Ziel politischer Herrschaft wurde solches Handeln als Rechtseinrichtung prekär; es wurde an den Rand gedrängt und näherte sich Aufruhr und Unordnung. Aber mußte es, andersherum gefragt, nicht doch einen Ort behalten, um die weltliche Obrigkeit irgendwie in ihre Schranken zu weisen?

Luthers Antwort hat die Gehorsamspflicht gegenüber der weltlichen Obrigkeit zum Ausgangspunkt. Diese ist theologisch begründet und grundsätzlich umfassend, denn die Obrigkeit ist von Gott gesetzt; sie ist theologisch gesehen als weltliches Regiment für das *regnum mundi* eingerichtet und mit dem Blick der natürlichen Vernunft eine Institution des weltlichen Naturrechts. Dennoch kann sie die Menschen nicht zwingen, daß sie selbst Unrecht, zumal Gott gegenüber, tun und jedes noch so große Unrecht widerstandslos geschehen lassen. Luthers differenzierende und wechselnde Stellungnahmen lassen im wesentlichen drei Grundsätze erkennen:[66]

a) „Mißbrauch verstört das Amt nicht."[67] Ungerechte Gesetze, die ein Herrscher erläßt, und ebenso der einzelne Mißbrauch des Herrschaftsrechts sind kein Grund zum aktiven Widerstand. Sünder sind wir allemal, und die Sünde des Herrschers rechtfertigt nicht, ihm sein Amt zu nehmen. Solcher Widerstand bedeutet Aufruhr, die Zerstörung der weltlichen Obrigkeit als Institution; dazu ist kein Untertan befugt.

b) Passiver Widerstand im Sinne der Gehorsamsverweigerung gegenüber unrechten Geboten ist erlaubt und gegebenenfalls, je nach Art des Gebots, auch geboten. Luther unterscheidet hier zwischen Christen und Nichtchristen. Während der rechte Christ sich nie um seiner selbst und eigener Rechte willen dem Unrecht entzieht (unten VI 4), ist der Nichtchrist berechtigt, das *suum cuique* auch für sich zu bedenken und gegen naturrechtswidrige Zugriffe auf „Leib und Gut" (passiven) Widerstand zu leisten. Eine Pflicht zum passiven Widerstand besteht, wenn die Obrigkeit etwas gegen Gottes Gebot gebietet, insbesondere wenn sie durch Ausübung von Glaubenszwang zum ‚geistlichen Tyrannen' wird. Hier muß der Christ, um seines Glaubens willen, widerstehen, darf sich nicht beugen und nichts gutheißen.[68] Im einen wie im andern Fall ist die Situation des Widerstehenden freilich prekär: Er bleibt den Sanktionen des ungerechten oder tyrannischen Herrschers ausgesetzt, kann ihnen nicht durch aktiven Widerstand entgegentreten.

---

[65] Siehe dazu *F. Kern*, Gottesgnadentum und Widerstandsrecht, S. 145–174, 226–240; *K. Wolzendorff*, Staatsrecht und Naturrecht, S. 23–94. Zum Widerstandshandeln bei Thomas v. Aquin und Fr. Súarez siehe oben § 10 V 1 b, S. 266 f. und § 14 IV 3 d, S. 392 f.

[66] Siehe *J. Heckel*, Lex charitatis, S. 246–255, 295–306, auch zum Folgenden.

[67] Auslegung des 82. Psalms 1530, WA 31, I, 196, 16 f.

[68] Vgl. Von weltl. Obrigkeit, WA 11, 267.

c) Aktiver Widerstand ist nur erlaubt gegenüber dem „*tyrannus unversalis*", dem Groß- oder Welttyrannen, der sich als die Vergötterung menschlichen Machtwillens darstellt. Das Kriterium ist, daß er nicht nur in einzelnen Fällen das Naturrecht mißachtet, wie der Kleintyrann (*tyrannus particularis*), sondern sich prinzipiell außerhalb des Rechts stellt, seinen bösen Machtwillen dem Recht vorordnet. Er wirkt wie ein Dieb und Räuber. Konkreter Bezugspunkt für Luther war die 1529 drohende Türkengefahr und ein drohender Religionskrieg von seiten des Kaisers gegen die Evangelischen. Der *tyrannus universalis* ist ein Verbrecher und verliert jeden rechtlichen Status, auch als Obrigkeit; ihm ein Ende zu machen und seine Helfer zurückzuschlagen, ist nicht nur erlaubt, sondern Pflicht.

Diese Widerstandslehre spiegelt Luthers theologisch bestimmtes Verhältnis zur Politia und ihrer obrigkeitlichen, für die Menschen gesetzten Gewalt. Weder irdische Glückserwartungen noch ein säkulares Freiheitspathos spielen darin eine Rolle, und erst recht wird sie nicht von einem revolutionären Impetus getragen; leidender Gehorsam oder Ungehorsam ist die Regel. Auch aller Schwärmerei, dem Bestreben, das geistliche Reich des Evangeliums in weltliche Ordnung und Herrschaft umzuprägen und an die Stelle der Not- und Erhaltungsordnung des weltlichen Regiments zu setzen, tritt Luther entschieden entgegen.

VI. Die Stellung der Christen zur und in der Politia

Gemäß seiner Vorstellung von den beiden Reichen sieht Luther für das Verhältnis zum weltlichen Regiment einen wesentlichen Unterschied zwischen Weltkindern und Christen. Der rechte Christ, der vom Glauben und Gottes Wort ergriffen ist, steht geistlich und existentiell im *regnum Christi*. Er lebt aus dieser Zugehörigkeit auch im Reich der Welt, dem *regnum mundi*, ohne darum aber ein Bürger dieses Reiches zu werden, auch wenn er in seiner Sündigkeit ihm nicht ganz entrinnen kann (oben III 3). Das hat wichtige Konsequenzen für seine Stellung in und zur Politia – Luther entwickelt in diesem Zusammenhang eine spezifisch evangelische Ethik politischen Verhaltens, die zugleich seine Auffassung von der politischen Ordnung und ihrem theologischen Status noch einmal deutlich erkennen läßt:

1. Der rechte Christ bedarf, insofern er im Glauben nach der *lex christi* lebt, nicht des weltlichen Regiments und der weltlichen Obrigkeit, die mit Gesetzlichkeit und Zwang handelt. Er ist dieser Obrigkeit, da sie für die ‚Unchristen' eingerichtet ist, als solcher auch nicht unterworfen. Dennoch steht er nicht außerhalb, beansprucht keine Immunität; er fügt sich freiwillig, aus der Liebe zum Nächsten und im Dienst an ihm, in das weltliche Regiment ein, unterstellt sich der weltlichen Obrigkeit, um damit für den Bestand der Erhaltungsordnung einzutreten und seinen Beitrag zu leisten. Aber er tut dies nicht

um des eigenen Rechts und Schutzes willen; sein Recht und solchen Schutz sucht er nicht, denn als Christ ist er bereit, dem Übel nicht zu widerstehen, sondern Unrecht zu leiden.[69]

„Nun habe ich gesagt, daß die Christen untereinander und bei sich und für sich selbst keines Rechts und Schwerts bedürfen, denn es hat für sie weder Notwendigkeit noch Nutzen. Aber weil ein rechter Christ auf Erden nicht sich selbst, sondern seinem Nächsten lebt und dient, so tut er nach der Art seines Geistes auch das, dessen er nicht bedarf, sondern das seinem Nächsten nützlich und notwendig ist. Ist nun aber das Schwert ein großer nötiger Nutzen für alle Welt, damit der Friede erhalten, Sünde gestraft und den Bösen gewehrt wird, so gibt er sich aufs willigste unter des Schwertes Regiment ..." (Von weltl. Obrigkeit, WA 11, 253, 21–28)

2. Der Christ übernimmt auch Aufgaben und Ämter im weltlichen Regiment. Da dieses Regiment eine Zuwendung Gottes an die gefallene Welt ist, ist auch ein Wirken in diesem Regiment ein Dienst im Sinne Gottes und für Gott. Die entsprechenden Berufe – Beamter, Soldat, Richter – sind dem Christen nicht verschlossen, denn für ihre Nächsten sollen die Christen das Gesetz handhaben, und zwar so, wie es das weltliche Regiment erfordert. Insofern wird die Trennung von Amtsethos des Christen und seinem persönlich-individuellen Ethos, gegründet auf die Vorstellung der beiden Reiche, virulent. Der Christ tut etwas – Unrecht verfolgen, Strafen verhängen, den Feind bekämpfen –, was er für sich persönlich, seine eigenen Rechte und Lebensgüter, nicht täte. Das dient dem Amt. Aber dieses Tun legitimiert ihn nicht dazu, in der Ausübung von Ämtern seinerseits Unrecht zu tun; solcher Zumutung muß er sich aus seiner Verpflichtung im Glauben verweigern. Der Christ kann Soldat werden, raubt, sengt und mordet aber nicht, wie andere Soldaten, er kann Zöllner werden, kassiert aber nicht für sich wie andere Zöllner. Ämter und ihre Wahrnehmung dienen nicht dem Christen selbst, seinem Ansehen und seiner Lebenserfüllung, sondern – ohne Eigennutz – dem Dienst am Nächsten. Er selbst ist aus dem Reich der Welt, dem *regnum mundi*, ausgesondert, aber er tut als Christ einen Dienst an diesem Reich.[70]

„Das Schwert soll ein Christ für sich und seine Sache weder führen noch anrufen, sondern für einen anderen mag und soll er es führen und anrufen, damit der Bosheit gesteuert und die Rechtschaffenheit geschützt werde ...
Wenn die Gewalt und das Schwert ein Gottesdienst ist ..., so muß auch alles das Gottesdienst sein, was die Gewalt nötig hat, um das Schwert zu führen. Es muß einer sein, der die Bösen im Auge hat, verklagt, würgt und umbringt, die Guten

[69] Vgl. Von weltl. Obrigkeit, WA 11, 252–254, 259.

[70] Vgl. Von weltl. Obrigkeit, WA 11, 254–257, 260f.; Ob Kriegsleute auch im seligen Stande sein können, WA 19, 625–629.

schützt, entschuldigt, verteidigt und errettet. Darum, wenn sie es in der Meinung tun, daß sie nicht sich selbst darinnen suchen, sondern nur Recht und Gewalt handhaben helfen, damit die Bösen gezwungen werden, ist es ohne Gefahr ..." (Von weltl. Obrigkeit, WA 11, 260,17–20 und 260, 32–261, 4)

3. Ist der Christ selbst Inhaber des weltlichen Regiments – Luther hat die evangelischen Landesherren im Blick – so führt er das Amt der Obrigkeit als einen Dienst der Liebe. Er muß alle Absicht ablegen, für sich herrschen und mit seiner Gewalt und Macht verfahren zu wollen, seine Werke müssen „in die Liebe" gehen, d.h. auf Nutzen, Ehren und Heil von anderen gerichtet sein. Luther entwickelt detailliert, wie ein Fürst, der christlich amten will, sich zu verhalten hat: gegenüber seinen Untertanen, seinen Ratgebern, den Ungerechten und auch Gott gegenüber – ein kurz gefaßter Fürstenspiegel.[71] Auch als christlicher Fürst ist er gehalten, sein Amt gemäß den Bedingungen des weltlichen Regiments auszuüben und nur dessen Aufgaben wahrzunehmen. Sein Christsein ist weder Ansatzpunkt noch ein Auftrag, die geistliche Gerechtigkeit des Reiches Gottes unter Einsatz der Mittel obrigkeitlicher Gewalt herbeizuführen.[72] Das wäre eine Verfälschung des Reiches Gottes – für Luther der prinzipielle Irrtum und das daraus folgende Unheil der Schwärmer.

Luther war sich freilich bewußt, daß solche christlichen Fürsten eine Seltenheit sind; sein Bild von den Fürsten, die Ämter innehaben, war eher negativ.[73] „Wer weiß nicht, daß ein Fürst ein seltenes Wild im Himmel ist", sagt er; im allgemeinen sind sie die größten Narren und schlimmsten Bösewichter auf Erden, ein kluger Fürst ein gar seltener Vogel und ein rechtschaffener Fürst ein noch viel seltener.[74]

4. Schließlich sucht der Christ gegenüber Unrecht, das durch die weltliche Obrigkeit geschieht, keine Abwehr für sich, er wäre bereit, es zu erdulden. Er sucht dabei aber den Dienst für die Nächsten, damit der Teufel sich in der Welt nicht einniste. Deshalb nimmt er die Verletzung eigener Rechte widerstandslos hin, als Christ widersteht er dem Übel nicht. Wird ihm aber selbst zugemutet, Unrecht zu tun, verweigert er das in passivem Ungehorsam, nimmt jedoch die Sanktionsfolgen in Kauf. Geschieht das Unrecht der Obrigkeit aber durch einen *tyrannus universalis*, der sich überhaupt außerhalb des

---

[71] Siehe Von weltl. Obrigkeit, WA 11, 272–278. Die leitende Regel formuliert Luther wie folgt (ebd. 273, 8–13): „Wenn er ... nicht also denkt: ‚Land und Leute sind mein, ich wills machen, wie es mir gefällt', sondern so: ‚Ich bin des Landes und der Leut, ich soll's machen, wie es ihnen nützlich und gut ist. Nicht soll ich suchen, wie ich hochfahrend werde und herrsche, sondern wie sie mit gutem Frieden beschützt und verteidigt werden'."

[72] Vgl. *J. Heckel*, Lex charitatis, S. 263–267.

[73] Von weltl. Obrigkeit, WA 11, 273, 31.

[74] Vgl. Von welt. Obrigkeit, WA 11, 267, 30–268, 3.

Rechts stellt, so wird der leibliche, d.h. gewaltsame Widerstand für den Christen zur (geistlichen) Pflicht, ein Dienst an den Nächsten unter Einsatz des eigenen Lebens.

VI. Fortwirkung Luthers

Die Wirkung von Luthers Lehren war vielfältig und weitreichend. Sie hat sich nicht nur auf den theologischen und kirchenpolitischen Bereich, anknüpfend an seine Stellung und Bedeutung als Reformator, bezogen. Von dort ausgehend umfaßte sie ebenso seine Vorstellung von den beiden Reichen, die theologische Begründung des Rechts und die Stellungnahmen zur weltlichen Obrigkeit. Auch hier war die Fortwirkung intensiv. Das nimmt nicht wunder. Denn es war ja jeweils die Lehre und Überzeugung des Reformators, der zum ‚Kirchenvater' der neuen und sich ausbreitenden Glaubensgemeinschaft wurde. So hat Luthers Auffassung über das Verhältnis Gottes zur Welt, über Stellung und Aufgabe des Menschen in der Welt, über die Ordnungen dieser Welt und die Einfügung der Menschen in sie das Denken und den religiös-mentalen Habitus der Glaubens- und Bekenntnisgemeinschaft der Lutheraner nachhaltig geprägt.[75] Diese Gemeinschaft breitete sich in Deutschland, in allen skandinavischen Ländern und auch darüber hinaus in Europa und den USA aus. Diese Prägung ist über Jahrhunderte bis in die Gegenwart hinein lebendig geblieben, sie hat Rechtsdenken wie Staatsverständnis bei vielen Menschen im Sinne der Lehren Luthers beeinflußt. Besonders nachhaltig wirkte sie im Hinblick auf das Verhältnis der Einzelnen zur Obrigkeit, späterhin der Staatsgewalt; dieser kam stets eine besondere, von Gott sich herleitende Autorität zu, der gegenüber aufzubegehren oder die politischen Dinge selbst in die Hand zu nehmen, von engen Ausnahmen abgesehen, nicht zu den Möglichkeiten oder gar Pflichten des Christen gehörte. Daneben ist die Prägung des kirchlichen Glaubenslebens durch die von Luther stark betonte *cura religionis* des Landesherrn hervorzuheben, die sich ohne Luthers Zutun, aber durch die kirchlichen und politischen Umstände bedingt, zum landesherrlichen Kirchenregiment auswuchs. Dieses Kirchenregiment wirkte in Richtung eines verwalteten kirchlichen Lebens – nicht ohne obrigkeitliche Züge, indem die Gläubigen primär zu christlichen Untertanen, weniger zu mündigen Gliedern der (geistlichen) kirchlichen Gemeinschaft herangebildet wurden.

---

[75] Manchen Aufschluß darüber gibt W. *Elert*, Morphologie des Luthertums, Bd. 2, München [3]1965.

Die Wirkungsgeschichte Luthers hat seine Lehren nicht einfach fortgetragen, sondern eine eigene Interpretationsgeschichte dieser Lehren in Gang gesetzt. Als Reformator ein Gründungsvater des evangelischen Bekenntnisses wurde er selbst für dessen Selbstverständnis und die Fortentwicklung seiner Lehren eine wichtige Quelle. Von Generation zu Generation sah man sich veranlaßt, angeregt durch veränderte Gegebenheiten ebenso wie durch neue Geistesströmungen, Luthers Auffassungen und Lehren von neuem zu befragen, ihnen dabei andere Seiten abzugewinnen und dadurch neue, bisher nicht gesuchte Antworten für je gegenwärtige Probleme zu finden. Luthers Fortwirkung ist so zugleich ein Vorgang der unterschiedlichen Deutung und Interpretation seiner Lehren. Das kann an dieser Stelle nicht näher entfaltet werden.[76] Eben dieser Vorgang zeigt aber zugleich die Wirkungskraft Luthers bis in die Gegenwart hinein. Nicht zuletzt in Deutschland sind jahrhundertelang Rechtsverständnis und Rechtserwartungen wie auch das Verhältnis zum Staat – als Regiment und Obrigkeit – davon mitbestimmt worden.[77]

Luthers Wirkungsgeschichte reicht so weit in die Neuzeit und eine politische Welt hinein, die durch (moderne) Staaten geordnet wird, welche ihrerseits eine umfassende eigene Rechtsetzungsmacht beanspruchen und erringen. Dadurch werden ganz neue Fragen im Hinblick auf die Begründung, die Aufgabe und den Sinn von Recht und politischer Ordnung aufgeworfen, die im Rahmen dieses Buches nicht mehr zu behandeln sind. Luther steht, ähnlich wie die spanischen Spätscholastiker, an der Grenze dessen, was sich philosophisch als ‚mittelalterliche Welt' bezeichnen läßt, und weist – ähnlich wie diese – in die neuzeitliche, anders geartete Welt hinein.

---

[76] Siehe den eigenen Abschnitt „Zur Geschichte der Lutherdeutung" bei *B. Lohse*, Martin Luther, S. 179–220.

[77] Wichtige Hinweise hierzu bei *K. Michaelis*, Die Deutschen und ihr Rechtsstaat, S. 13–30 u. 46.

Literaturverzeichnis

Vorbemerkung

Die nachfolgenden Literaturhinweise können und wollen eine Bibliographie nicht ersetzen. Sie sind als Hinweise zur Einführung, zur Auffindung von Belegen und zur Weiterarbeit gedacht. Sie gliedern sich in eine kurze allgemeine Übersicht über die Literatur, die eine oder mehrere Zeitepochen betrifft, und in spezielle Literaturübersichten zu den §§ 2 bis 14.

1. *Die allgemeine Übersicht* weist auf Darstellungen sowie Überblicks- und Sammelwerke hin, die für die Geschichte der Rechts- und Staatsphilosophie insgesamt oder für einzelne ihrer Epochen von Bedeutung sind. Hierbei geht es von vornherein um eine Auswahl, die zur Einführung dienen und für die Gewinnung eines Überblicks hilfreich sein kann. Die in dieser Übersicht genannten Titel werden in den speziellen Literaturhinweisen nicht jeweils noch einmal angeführt. Bei ihrer Erwähnung in einzelnen Paragraphen weist der Zusatz (Lit.) darauf hin, daß sich die bibliographischen Angaben zu dem Werk in der allgemeinen Übersicht befinden.

2. *Die speziellen Literaturhinweise* verzeichnen – mit vollständigen bibliographischen Angaben – diejenigen Werke und Beiträge, auf die in dem jeweiligen Paragraphen unter Verwendung eines Kurztitels näher Bezug genommen ist; darüber hinaus weisen sie auf Texte hin, die für eine weiterführende Beschäftigung mit den behandelten Fragen und Problemen wichtig erscheinen; Mehrfachnennungen (in verschiedenen Paragraphen) sind daher nicht ausgeschlossen. Auch hier geht es nicht um eine ohnehin nicht erreichbare Vollständigkeit, sondern nur um Anregungen zur Ergänzung und Vertiefung – für umfassende bibliographische Recherchen steht heute das Internet bereit.

3. Eine Erläuterung noch zur Zitierung der *Quellenbelege*. Bei den Autoren, die in einem Paragraphen ausdrücklich behandelt werden (z.B. § 4: Platon, § 15: Luther) werden deren Quellenbelege ohne Voranstellung des Namens angeführt, das dient der leichteren Unterscheidung. Werkausgaben werden mit den bibliographisch gebräuchlichen Abkürzungen zitiert, z.B. Thomas von Aquin, Summa theologiae = I, I–II, II–II je nach Teil und Bandzahl; Las Casas, Obras completas = OC; Luther, Weimarer Ausgabe = WA. Soweit

die Übersetzungen der Quellentexte bereits vorliegenden Ausgaben entnommen sind, ist dies jeweils gesondert vermerkt.

Allgemeine Literatur

Adomeit, Klaus, Rechts- und Staatsphilosophie, Bd. 1: Antike Denker über den Staat, Heidelberg ²1992

Boldt, Hans, Deutsche Verfassungsgeschichte: politische Strukturen und ihr Wandel, Bd. 1: Von den Anfängen bis zum Ende des älteren deutschen Reiches 1806, München 1984

Cassirer, Ernst, Der Mythus des Staates, Zürich ²1978

Coing, Helmut, Grundzüge der Rechtsphilosophie, Berlin/New York ⁵1993

Fenske, Hans / Mertens, Dieter / Reinhard, Wolfgang / Rosen, Klaus (Hgg.) Geschichte der politischen Ideen, Frankfurt a.M. 1997

Flasch, Kurt, Das philosophische Denken im Mittelalter. Von Augustin zu Machiavelli, Stuttgart ²2000

Guthrie, William Keith Chambers, History of Greek Philosophy, 6 Bde., Cambridge 1962ff. (mit Nachdrucken)

Hattenhauer, Hans, Europäische Rechtsgeschichte, Heidelberg ³1999

Heinzmann, Richard, Philosophie des Mittelalters, Stuttgart/Berlin/Köln 1992

Hirschberger, Johannes, Geschichte der Philosophie, Bd. 1: Altertum und Mittelalter, Freiburg i.Br. ¹⁴1976; Bd. 2: Neuzeit und Gegenwart, Freiburg i.Br. ¹³1976

Jaeger, Werner, Paideia. Die Formung des griechischen Menschen, 3 Bde., Berlin ²/³/⁴1954ff.

Kelly, John Maurice, A short History of Western Legal Theorie, Oxford 1992

Koschaker, Paul, Europa und das römische Recht, München/Berlin ⁴1966

Kretzmann, Norman / Kenny, Anthony / Pinborg, Jan (Hgg.), The Cambridge History of Later Medieval Philosophy. From the Redescovery of Aristotle to the Disintegration of Scholasticism 1100–1600, Cambridge 1982

Lecler, Joseph, Geschichte der Religionsfreiheit im Zeitalter der Reformation, Bd. 1, Stuttgart 1965

Lieber, Hans-Joachim (Hg.), Politische Theorien von der Antike bis zur Gegenwart, Bonn ²1993

Maier, Hans/Rausch, Heinz/Denzer, Horst (Hgg.), Klassiker des politischen Denkens, 2 Bde., München ⁶1986

Ottmann, Henning, Geschichte des politischen Denkens, Bd. 1: Die Griechen, Teilbd. 1: Von Homer bis Sokrates, Teilbd. 2: Von Platon bis zum Hellenismus, Stuttgart/Weimar 2001; Bd. 2: Römer und Mittelalter, Teilbd. 1: Die Römer, Stuttgart/Weimar 2002; Teilbd. 2: Das Mittelalter, Stuttgart/Weimar 2004

Prodi, Paolo, Eine Geschichte der Gerechtigkeit. Vom Recht Gottes zum modernen Rechtsstaat, München 2003

Röd, Wolfgang, Der Weg der Philosophie. Von den Anfängen bis ins 20. Jahrhundert. Bd. 1: Altertum, Mittelalter, Renaissance, München 1994

Rohls, Jan, Geschichte der Ethik, Tübingen ²1999

Rosenstock-Huessy, Eugen, Die europäischen Revolutionen und der Charakter der Nationen, Stuttgart ²1951
Roth, Klaus, Genealogie des Staates. Prämissen neuzeitlichen Politikdenkens, Berlin 2003
Sabine, George Holland, A history of political theory (rev. v. Thomas Landon Thorson), Fort Worth ⁴1989
Schilling, Kurt, Geschichte der sozialen Ideen, Stuttgart ²1966
Schweidler, Walter, Der gute Staat. Politische Ethik von Platon bis zur Gegenwart, Stuttgart 2004
Spaemann, Robert, Moralische Grundbegriffe, München ⁵1994
Störig, Hans Joachim, Kleine Weltgeschichte der Philosophie, Stuttgart/Berlin/Köln ¹⁷1999
Strauß, Leo, Naturrecht und Geschichte, Stuttgart 1954
Troeltsch, Ernst, Die Soziallehren der christlichen Kirchen und Gruppen, 2 Bde., Tübingen 1994 (Nachdruck der vierbändigen Ausgabe von 1912)
Verdroß-Drossberg, Alfred, Grundlinien der antiken Rechts- und Staatsphilosophie, Wien ²1948
Verdross, Alfred, Abendländische Rechtsphilosophie, Wien ²1963
Weber-Schäfer, Peter, Einführung in die antike politische Theorie, Bd. 1: Die Frühzeit, Darmstadt ²1992; Bd. 2: Von Platon bis Augustinus, Darmstadt 1976
Welzel, Hans, Naturrecht und materiale Gerechtigkeit, Göttingen ⁴1962
Wieacker, Franz, Privatrechtsgeschichte der Neuzeit, Göttingen ²1967
Windelband, Wilhelm, Lehrbuch der Geschichte der Philosophie, Tübingen ¹⁸1993
Willoweit, Dietmar, Deutsche Verfassungsgeschichte der Neuzeit, München ⁵2005
Zippelius, Reinhold, Geschichte der Staatsideen, München ⁹1994

1. Teil

Die antike Rechts- und Staatsphilosophie

§ 2 Wirklichkeit und Entwicklung der griechischen Polis

Ameling, Walter, Landwirtschaft und Sklaverei im klassischen Attika, in: HZ 266 (1998), S. 281–315
Berve, Helmut, Die Tyrannis bei den Griechen, 2 Bde., München 1967
Bleicken, Jochen, Wann begann die athenische Demokratie?, in: HZ 260 (1995), S. 337–364
Bock, Wolfgang, Das Gesetz in der griechischen Polis und der Ursprung des modernen Gesetzes im hohen Mittelalter, in: *ders.* (Hg.), Gesetz und Gesetzlichkeit in den Wissenschaften, Darmstadt 2006, S. 39–60
Böckenförde, Ernst-Wolfgang, Die deutsche verfassungsrechtliche Forschung im 19. Jahrhundert. Zeitgebundene Fragestellungen und Leitbilder, Berlin ²1995
Brunner, Otto, Land und Herrschaft. Grundfragen der territorialen Verfassungsgeschichte Österreichs im Mittelalter, Brünn/Wien/München ²1942
Burkert, Walter, Die Griechen und der Orient, München 2003

Burkert, Walter, Griechische Religion der archaischen und klassischen Epoche, Stuttgart 1977

Davies, John K., Das klassische Griechenland und die Demokratie, München ^{3}1986

Demandt, Alexander, Antike Staatsformen. Eine vergleichende Verfassungsgeschichte der antiken Welt, Berlin 1995

Detel, Wolfgang, Griechen und Barbaren. Zu den Anfängen des abendländischen Rassisimus, Deutsche Zeitschrift für Philosophie 43 (6/1995), S. 1019–1043

Dihle, Albrecht, Der Begriff des Nomos in der griechischen Philosophie, in: *Behrends, Okko / Sellert, Wolfgang* (Hgg.), Nomos und Gesetz, Göttingen 1995, S. 117–134

Dihle, Albrecht, Die Griechen und die Fremden, München 1994

Dihle, Albrecht, Die Goldene Regel, Göttingen 1962

Ehrenberg, Victor, Die Rechtsidee im frühen Griechentum, Leipzig 1921

Ehrenberg, Victor, Der Staat der Griechen, Zürich ^{2}1965

Eder, Walter (Hg.), Staat und Staatlichkeit in der römischen Republik, Stuttgart 1990

Finley, Moses I., Die Sklaverei in der Antike, München 1981

Fritz, Kurt von, The theory of the mixed constitution in Antiquity, New York 1954 (Reprint 1975)

Furley, William D., Religiöse Schuld im attischen Gerichtsverfahren, in: *Assmann, Jan / Sundermeier, Theo* (Hgg.), Schuld, Gewissen und Person (Studien zum Verstehen fremder Religionen 9), Gütersloh 1997, S. 64–82

Fustel de Coulanges, Numa Denis, Der antike Staat. Kult, Recht und Institutionen Griechenlands und Roms. Mit e. Einl. v. Karl Christ, Stuttgart, 1981

Gawantka, Wilfried, Die sogenannte Polis. Entstehung, Geschichte und Kritik der modernen althistorischen Grundbegriffe der griechische Staat, die griechische Staatsidee, die Polis, Stuttgart 1985.

Gehrke, Hans-Joachim, Geschichte des Hellenismus (Grundriß der Geschichte, Bd. 1A), München 1990

Gehrke, Hans-Joachim, Der Nomosbegriff der Polis, in: *Behrends, Okko / Sellert, Wolfgang* (Hgg.), Nomos und Gesetz. Ursprünge und Wirkungen des griechischen Gesetzesdenkens, Göttingen 1995, S. 13–35

Gschnitzer, Fritz (Hg.), Zur griechischen Staatskunde (Wege der Forschung 406), Darmstadt 1969

Gschnitzer, Fritz, Von der Fremdartigkeit griechischer Demokratie (1986), in: *Kinzl, Konrad* (Hg.), Demokratia, Darmstadt 1994, S. 412–431

Gschnitzer, Fritz, Zur Terminologie ‚Gesetz' und ‚Recht' im frühen Griechisch, in: *Thür, Gerhard / Velissaropoulos-Karakostas, Julie* (Hgg.), Symposion 10 (1995), Köln/Weimar/Wien 1997, S. 3–10

Hansen, Mogens Herman, Die athenische Demokratie im Zeitalter des Demosthenes. Struktur, Prinzipien und Selbstverständnis, Berlin 1995

Hölkeskamp, Karl-Joachim, Tempel, Agora und Alphabet. Die Entstehungsbedingungen von Gesetzgebung in der archaischen Polis, in: *Gehrke, Hans-Joachim* (Hg.), Rechtskodifizierung und soziale Normen im interkulturellen Vergleich, Tübingen 1994, S. 135–164

Hölkeskamp, Karl-Joachim, Schiedsrichter, Gesetzgeber und Gesetzgebung im archaischen Griechenland, Stuttgart 1999

Kinzl, Konrad (Hg.), Demokratia. Der Weg zur Demokratie bei den Griechen, Darmstadt 1994

Klees, Hans, Herren und Sklaven, Wiesbaden 1975

Lotze, Detlef, Bürger und Unfreie im vorhellenistischen Griechenland. Ausgewählte Aufsätze, hrsg. von Walter Ameling u. Klaus Zimmermann, Stuttgart 2000

Lotze, Detlef, Zwischen Kleisthenes und Ephialtes, in: *Eder, Walter / Hölkeskamp, Karl-Joachim* (Hgg.), Volk und Verfassung im vorhellenischen Griechenland, Stuttgart 1997, S. 89–98

Manthe, Ulrich, Besprechung von: Triantaphyllopoulos, Johannes, Das Rechtsdenken der Griechen, München 1985, in: Gnomon 62 (1990), S. 289–298

Martin, Jochen, Zur Entstehung der Sophistik, in: Saeculum 27 (1976), S. 144–164

Martin, Jochen, Von Kleisthenes zu Ephialtes. Zur Entstehung der athenischen Demokratie (1974), in: *Kinzl, Konrad H.* (Hg.), Demokratia, Darmstadt 1995, S. 160–213

Martin, Jochen, Zwei Alte Geschichten. Vergleichende historisch-anthropologische Betrachtungen zu Griechenland und Rom, in: Saeculum 48 (1997), S. 1–20

Meier, Christian, Res publica amissa. Eine Studie zu Geschichte und Verfassung der römischen Republik, Frankfurt a.M. ²1988

Meier, Christian, Die Entstehung des Politischen bei den Griechen, Frankfurt a. M. 1980

Murray, Oswyn, Das frühe Griechenland, München ⁶1998

Nippel, Wilfried, Mischverfassungstheorie und Verfassungsrealität in Antike und früher Neuzeit, Stuttgart 1980

Raaflaub, Kurt A., Die Entdeckung der Freiheit. Zur historischen Semantik und Gesellschaftsgeschichte eines politischen Grundbegriffs der Griechen, München 1985

Raaflaub, Kurt A., Politisches Denken im Zeitalter Athens, in: *Fetscher, Iring / Münkler, Herfried* (Hgg.), Pipers Handbuch der politischen Ideen, Bd. 1, München 1988, S. 273–368

Raaflaub, Kurt A., Politisches Denken und Krise der Polis, in: HZ 255 (1992), S. 1–60

Schmitt, Carl, Staat als ein epochegebundener Begriff (1941), in: *ders.*, Verfassungsrechtliche Aufsätze, Berlin 1958, S. 375–385

Schmitz, Winfried, Nachbarschaft und Dorfgemeinschaft im archaischen und klassischen Griechenland (Klio, Beihefte NF Bd. 7), Berlin 2004

Schuller, Wolfgang, Die Polis als Staat, in: *Hansen, Mogens Hermann* (Hg.), The Ancient Greek City-State (Historisk-filosofiske meddelelser 67), Copenhagen 1993, S. 106–128

Seubert, Harald, Polis und Nomos. Untersuchungen zu Platons Rechtslehre, Berlin 2005

Spahn, Peter, Fremde und Metöken in der athenischen Demokratie, in: *Demandt, Alexander* (Hg.), Mit Fremden leben. Eine Kulturgeschichte von der Antike bis zur Gegenwart, Münschen 1995, S. 37–56

Spahn, Peter, Individualisierung und politisches Bewußtsein im archaischen Griechenland, in: *Raaflaub, Kurt A.* (Hg.), Anfänge des politischen Denkens in der Antike, München 1993, S. 343–363

Sourvinou-Inwood, Christiane, What is Polis-Religion?, in: *Murray, Oswyn / Price, Simon* (Hgg.), The Greek City. From Homer to Alexander, Oxford 1990, S. 295–322

Stahl, Michael, Aristokraten und Tyrannen im archaischen Athen, Stuttgart 1987

Stahl, Michael, Gesellschaft und Staat bei den Griechen: Archaische Zeit; – Klassische Zeit, Paderborn/München/Wien/Zürich 2003

Stahl, Michael, Staatsmacht und Bürgergemeinde: Entstehung und Entwicklung des Staates im archaischen Griechenland (Kurseinheit I), Hagen 1995

Stahl, Michael, Antike und moderne Demokratie: Probleme und Zukunftsperspektiven der westlichen Demokratie im Spiegel des griechischen Bürgerstaates, in: *Eder, Walter / Hölkeskamp, Karl-Joachim* (Hgg.), Volk und Verfassung im vorhellenischen Griechenland, Stuttgart 1997, S. 227–245

Stein-Hölkeskamp, Elke, Adelskultur und Polisgesellschaft. Studien zum griechischen Adel in archaischer und klassischer Zeit, Stuttgart 1989

Steinmetz, Peter, Das Erwachen des geschichtlichen Bewußtseins in der Polis, in: *ders.* (Hg.), Politeia und Res publica. Beiträge zum Verständnis von Politik, Recht und Staat in der Antike, Wiesbaden 1969, S. 52–78

Triantaphyllopoulos, Johannes, Das Rechtsdenken der Griechen, München 1985

Vogt, Joseph, Sklaverei und Humanität. Studien zur antiken Sklaverei und ihrer Erforschung, Wiesbaden ^{2}1972

Vogt, Joseph, Sklaverei und Humanität. Studien zur antiken Sklaverei und ihrer Erforschung. Ergänzungsheft zur 2., erw. Auflage, Wiesbaden 1983

Walter, Uwe, An der Polis teilhaben. Bürgerstaat und Zugehörigkeit im archaischen Griechenland, Stuttgart 1993

Walter, Uwe, Der Begriff des Staates in der griechischen und römischen Geschichte, in: *Hantos, Theodora / Lehmann, Gustav Adolf* (Hgg.), Althistorisches Kolloquium aus Anlaß des 70. Geburtstages von Jochen Bleicken, Stuttgart 1998, S. 9–27

Welwei, Karl-Wilhelm, Das klassische Athen. Demokratie und Machtpolitk im 5. und 4. Jahrhundert v. Chr., Darmstadt 1999

Welwei, Karl-Wilhelm, Die griechische Polis. Verfassung und Gesellschaft in archaischer und klassischer Zeit, Stuttgart ^{2}1998

Welwei, Karl-Wilhelm, Polis und Arché. Kleine Schriften zu Gesellschafts- und Herrschaftsstrukturen der griechischen Welt, Stuttgart 2000

Welwei, Karl-Wilhelm, Unfreie im antiken Kriegsdienst. Teil 1: Athen und Sparta, Wiesbaden 1974

Wolff, Hans Julius, Art. Recht I: Griechisches Recht, in: Lexikon der Alten Welt, Zürich/Stuttgart 1965, Sp. 2516–2530

Wolff, Hans Julius, ‚Normenkontrolle' und Gesetzesbegriff in der attischen Demokratie. Untersuchungen zur graphè paranómon, Heidelberg 1970

Wolff, Hans Julius, Zum Problem der dogmatischen Erfassung des altgriechischen Rechts, in: *Dimakis, Panayotis* (Hg.), Symposion 4 (1979), Köln / Wien 1983, S. 7–20

Wolff, Hans Julius, Vorgeschichte und Entstehung des Rechtsbegriffs im frühen Griechentum, in: *Fikentscher, Wolfgang/Franke, Herbert/Köhler, Oskar* (Hgg.), Entstehung und Wandel rechtlicher Traditionen, Freiburg i.Br./München 1980, S. 557–579
Word, Ellen M., Peasant citizen and Slave, London 1988

§ 3 Vorsokratiker, Sophisten und Sokrates

Quellen:

Demokrit, Fragmente zur Ethik (gr./dt.), übers. u. komm. v. Gred Ibscher, Einl. v. Gregor Damschen, Stuttgart 1996
Hesiod, Werke und Tage, übers. u. hrsg. v. Otto Schönberger, Stuttgart 1956 (zit.: Hesiod, Erga)
Hesiod, Sämtliche Gedichte. Theogonie, Erga, Frauenkataloge, übers. u. erl. von Walter Marg, Zürich/Stuttgart 1970
Parmenides, Über das Sein (gr./dt.), Mit e. einf. Essay hrsg. v. Hans von Steuben. Stuttgart 1995
Solon, Dichtungen. Sämtliche Fragmente. Ins Deutsche übertr. v. Eberhard Preime, München 1940
Die Fragmente der *Vorsokratiker*, 4 Bde., hrsg. v. Hermann Diels u. Walther Kranz, (zit.: DK, mit Angabe der Bezifferung), Einf. u. Bibl. v. Gerd Plamböck, Hamburg [8]1956
Delectus ex Iambis et Elegis Graecis, hrsg. v. Martin L. West, (Scriptorum classicorum Bibliotheca Oxoniensis), Oxford 1980
Die griechische Literatur in Text und Darstellung, Bd. 1: Archaische Periode, hrsg. u. übers. v. Joachim Latacz, Stuttgart [2]1998
Die *Vorsokratiker* (gr./dt.), Ausw. d. Fragm., übers. u. erl. Jaap Mansfeld, einbändige Ausgabe Stuttgart 1987
Die *Vorsokratiker* (gr./dt.), Ausw. d. Fragm., übers. u. erl. Jaap Mansfeld, Bd. 1: Milesier, Pythagoreer, Xenophanes, Heraklit, Parmenides, Stuttgart 1988; Bd. 2: Zenon, Empedokles, Anaxagoras, Leukipp, Demokrit, Stuttgart 1986

Literatur:

Alsberg, Max, Der Prozeß des Sokrates im Lichte moderner Jurisprudenz und Psychologie, Mannheim/Berlin/Leipzig [2]1928
Behrends, Okko/Sellert, Wolfgang (Hgg.), Nomos und Gesetz. Ursprünge und Wirkungen des griechischen Gesetzesdenkens, Göttingen 1995
Breitbach, Michael, Der Prozeß des Sokrates. Verteidigung oder Anschlag auf die athenische Demokratie, in: Gymnasium 112 (2005), S. 321–343
Buchheim, Thomas, Die Sophistik als Avantgarde normalen Lebens, Hamburg 1986

Burkert, Walter, Griechische Religion der archaischen und klassischen Epoche, Stuttgart/Berlin/Köln/Mainz 1977

Dalfen, Joachim, Voraussetzungen und Entwicklungen des griechischen Begriffs „Kosmos“, in: Philosophia Naturalis 17 (1979), S. 460–478

Dietz, Karl Martin, Protagoras von Abdera. Untersuchungen zu seinem Denken, Bonn 1976

Dihle, Albrecht, Der Begriff des Nomos in der griechischen Philosophie, in: *Behrends, Okko / Sellert, Wolfgang* (Hgg.), Nomos und Gesetz. Ursprünge und Wirkungen des griechischen Gesetzesdenkens, Göttingen 1995, S. 117–134

Dihle, Albrecht, Gesetz, Gerechtigkeit und Billigkeit bei Aristoteles, in: *Bock, Wolfgang* (Hg.), Gesetz und Gesetzlichkeit in den Wissenschaften, Darmstadt 2006, S. 23–37

Döring, Klaus, Die politische Theorie des Protagoras, in: *Kerferd, George B.* (Hg.), The Sophists and their Legacy, Wiesbaden 1981, S. 109–115

Döring, Klaus, Sokrates, in: *Ricken, Friedo* (Hg.), Philosophen der Antike, Bd. 1, Stuttgart 1996

Dreher, Martin, Sophistik und Polisentwicklung. Die sophistischen Staatstheorien des fünften Jahrhunderts v. Chr. und ihr Bezug auf Entstehung und Wesen des griechischen, vorrangig athenischen Staates, Frankfurt a.M. 1983

Ehrenberg, Victor, Die Rechtsidee im frühen Griechentum. Untersuchungen zur Geschichte der werdenden Polis, Leipzig 1921

Erbse, Hartmut, Die Funktion des Rechtsgedankens in Hesiods ‚Erga‘, in: Hermes 121 (1993), S. 12–28

Figal, Günter, Sokrates, München 1995

Flaig, Egon, Ehre gegen Gerechtigkeit. Adelsethos und Gemeinschaftsdenken in Hellas, in: *Assmann, Jan / Janowski, Bernd / Welker, Michael* (Hgg.), Gerechtigkeit. Richten und Retten in der abendländischen Tradition und ihren orientalischen Ursprüngen, München 1998, S. 97–140

Fränkel, Hermann, Dichtung und Philosophie des frühen Griechentums. Eine Geschichte der griechischen Epik, Lyrik und Prosa bis zur Mitte des fünften Jahrhunderts, München [4]1993

Gadamer, Hans Georg, Sokrates und das Göttliche, in: *Kessler, Herbert* (Hg.), Sokrates, Gestalt und Idee (Sokrates Studien 1), Baden-Baden 1993

Geyer, Carl-Friedrich, Die Vorsokratiker. Zur Einführung, Hamburg 1995

Gigon, Olof, Sokrates. Sein Bild in Dichtung und Geschichte, Tübingen [3]1994

Graeser, Andreas, Die Philosophie der Antike 2: Sophistik und Sokratik, Plato und Aristoteles, München [2]1993

Guthrie, William Keith Chambers, A History of Greek Philosophy, Bd. 1: The earlier Presocratics and the Pythagoreans, Cambridge 1971; Bd. 3: The fifth-century Enlightenment, Cambridge 1969

Guthrie, William Keith Chambers, Die griechische Philosophen von Thales bis Aristoteles, Göttingen 1963

Hegel, Georg Friedrich Wilhelm, Vorlesungen zur Geschichte der Philosophie I (Werke, ed. Michel, Bd. 18), Frankfurt a. M. 1999

Heinimann, Felix, Nomos und Physis. Herkunft und Bedeutung einer Antithese im griechischen Denken des 5. Jahrhunderts, Darmstadt ^{5}1987

Hirzel, Rudolf, Themis, Dike und Verwandtes. Ein Beitrag zur Geschichte der Rechtsidee bei den Griechen, Hildesheim 1966 (Reprogr. Nachdr. d. Ausg. Leipzig 1907)

Hoffmann, Klaus Friedrich, Das Recht im Denken der Sophisten, Stuttgart/Leipzig 1997

Jaeger, Werner, Paideia, Bd. 1 und 2, Berlin ^{2}1954/55 (Neudruck 1973), I S. 364–418, II S. 59–129

Jaeger, Werner, Solons Eunomia, Sitzungsberichte der preußischen Akademie der Wissenschaften, Historisch-philosophische Klasse, Berlin 1926, S. 69–85

Jaeger, Werner, Die Theologie der milenischen Naturphilosophen, in: *Gadamer, Hans-Georg* (Hg.), Über die Begriffswelt der Vorsokratiker (Wege der Forschung IX), Darmstadt 1968, S. 49–87

Kahn, Charles H., Anaximander's Fragment: The Universe Governed by Law, in: *Mourelatos, Alexander P. D.* (Hg.), The Pre-Socratics, Princeton 1993

Kerferd George B., The Sophistic Movement, Cambridge 1981, S. 111–172

Latte, Kurt, Der Rechtsgedanke im archaischen Griechentum, in: Antike und Abendland, Bd. II, Hamburg 1946, S. 63–76

Lehmann, Gustav Adolf, Oligarchische Herrschaft im klassischen Athen. Zu den Krisen und Katastrophen der attischen Demokratie im 5. und 4. Jahrhundert v. Chr., Opladen 1997

Martens, Ekkehard, Die Sache des Sokrates, Stuttgart 1992

Martin, Jochen, Zur Entstehung der Sophistik, Saeculum 27 (1976), S. 144–164

Moulakis, Athanasios, Homonoia. Eintracht und die Entwicklung eines politischen Bewußtseins, München 1973

Müller, Reimar, Die Sophistik und die theoretische Begründung der Demokratie, in: *ders.*, Polis und Res Publica, Weimar 1987, S. 188–196

Nestle, Wilhelm, Vom Mythos zum Logos. Die Selbstentfaltung des griechischen Denkens von Homer bis auf die Sophistik und Sokrates, Stuttgart ^{2}1942 (Neudruck Aalen 1966)

Nestle, Wilhelm, Griechische Weltanschauung in ihrer Bedeutung für die Gegenwart, Stuttgart 1946

Oliva, Pavel, Solon. Legende und Wirklichkeit (Xenia 20), Konstanz 1988

Orthbrandt, Eberhard, Geschichte der Philosophie und des philosophischen Denkens, Hanau o.J.

Patzer, Andreas (Hg.), Der historische Sokrates, Darmstadt 1987

Patzer, Andreas, Sokrates als Philosoph, in: *ders.* (Hg.), Der historische Sokrates, Darmstadt 1987, S. 434–452

Pleger, Wolfgang H., Der Logos der Dinge. Eine Studie zu Heraklit, Frankfurt a. M. 1987

Pleger, Wolfgang H., Die Vorsokratiker, Stuttgart 1991

Raaflaub, Kurt, Die Anfänge des politischen Denkens bei den Griechen, in: *Fetscher, Iring/Münkler, Herfried* (Hgg.), Pipers Handbuch der politischen Ideen, Bd. 1, München 1988, S. 189–272

Röd, Wolfgang, Geschichte der Philosphie, Bd. 1: Die Philosophie der Antike 1. Von Thales bis Demokrit, München [2]1988

Roßner, Christian, Recht und Moral bei den griechischen Sophisten, München 1998

Seubert, Harald, Polis und Nomos. Untersuchungen zu Platons Rechtslehre, Berlin 2005

Stone, Isidor, Der Prozeß gegen Sokrates, Wien/Darmstadt 1990

Taureck, Bernhard H.F., Die Sophisten zur Einführung, Hamburg 1995

Unruh, Peter, Sokrates und die Pflicht zum Rechtsgehorsam, Baden-Baden 2000

Verdross, Alfred, Die Begründung der antiken Rechtsphilosophie durch Hesiod, in: Anzeiger der Österreich. Akademie der Wiss., phil.-hist. Klasse, Jhg. 1966, So 2, Graz/Wien/Köln 1966, S. 23–32

Vlastos, Gregory, Socrates. Ironist and Moral Philosopher, Cambridge 1992

Vonessen, Franz, Das Daimonion des Sokrates in platonischer Sicht, in: *Kessler, Herbert* (Hg.), Sokrates. Gestalt und Idee, Heitersheim 1993, S. 71–95

Wagner, Christian, Das Rechtsdenken der Vorsokratiker, in: *Gigon, Olof/Fischer, Michael W.* (Hgg.) Antike Rechts- und Sozialphilosophie, Frankfurt/Berlin/New York/Paris 1988, S. 220–250

Walter, Uwe, An der Polis teilhaben: Bürgerstaat und Zugehörigkeit im archaischen Griechenland, Stuttgart 1993

Wolf, Erik, Griechisches Rechtsdenken, Bd. 1: Vorsokratiker und frühe Dichter, Frankfurt a.M. 1950, S. 120–151, 189–296; Bd. 2: Rechtsphilosophie und Rechtsdichtung im Zeitalter der Sophistik, Frankfurt a.M. 1952; Bd. 3/1 Rechtsphilosophie der Sokratik und Rechtsdichtung der alten Komödie, Frankfurt a.M. 1954; Bd. 3/2: Die Umformung des Rechtsgedankens durch Historik und Rhetorik, Frankfurt a.M. 1956

Wolf, Erik, Maß und Gerechtigkeit bei Solon, in: *ders.*, Rechtsphilosophische Studien, Frankfurt a.M. 1972, S. 140–159

Wolff, Hans Julius, ‚Normenkontrolle' und Gesetzesbegriff in der attischen Demokratie. Untersuchungen zur graphè paranómon, Heidelberg 1970

Wolff, Hans Julius, Zum Problem der dogmatischen Erfassung des altgriechischen Rechts, in: *Dimakis, Panayotis* (Hg.), Symposion 4 (1979), Köln/Wien 1983, S. 7–20

Zeller, Eduard, Grundriß der Geschichte der griechischen Philosophie (Bearb. Wilhelm Nestle), Aalen [14]1971

Zoepffel, Renate, Sokrates und Athen, in: *Kessler, Herbert* (Hg.), Sokrates. Gestalt und Idee, Heitersheim 1993, S. 11–45

§ 4 Platon

Quellen:

Gebräuchliche Textausgaben von Platons Werken sind:

Platon, Werke des Aufstiegs. Übertr. v. Rudolf Rufener, Einl. v. Gerhard Krüger, Zürich 1948

Platon, Der Staat. Über das Gerechte. Übertr. v. Rudolf Rufener, Einl. u. Erl. von Thomas Alexander Szlesak, Düsseldorf/Zürich 2000

Platon, Meisterdialoge. Übertr. v. Rudolf Rufener, Einl. v. Olof Gigon, Zürich/Stuttgart 1958

Platon, Spätdialoge I und II. Übertr. v. Rudolf Rufener, Einl. v. Olof Gigon, Zürich/Stuttgart 1965–1969

Platon, Sämtliche Werke, 6 Bde., hrsg. v. Walter F. Otto, Ernesto Grassi, Gert Planböck. Übers. v. Friedrich Schleiermacher (Rowohlts Klassiker der Literatur und der Wissenschaft), Reinbek 1957

Platon, Der Staat. Über das Gerechte. Übers. u. erl. v. Otto Apelt (Philosophische Bibliothek, Bd. 80), Hamburg ^{8}1961

Platon, Der Staat (Politeia). Übers. u. hrsg. v. Karl Vretska, Stuttgart ^{2}1991

Platon, Werke in acht Bänden (gr./dt.), hrsg. v. Günter Eigler, Übers.: Bde. 1–6 Friedrich Schleiermacher, Bd. 7 Hieronymus Müller und Friedrich Schleiermacher, Bd. 8/1 Klaus Schöpsdau, Bd. 8/2 Klaus Schöpsdau und Hieronymus Müller, Darmstadt 1990

Platon, Hrsg. v. Paul Friedländer, Bd. 3, Die platonischen Schriften. Zweite und Dritte Periode, Berlin ^{3}1975 (darin u. a. Phaidon, Staat, Phaidros, Politikos, Gesetze)

Platon, Apologie des Sokrates (gr./dt.), übers. u. hrsg. v. Manfred Fuhrmann, Stuttgart 1995

Platon, Der siebente Brief, übers. v. Ernst Howald, Stuttgart 1998

Literatur:

Annas, Julia, An introduction to Plato's Republic, Oxford 1981

Bengtson, Hermann, Griechische Geschichte. Von den Anfängen bis in die Römerzeit, München ^{7}1986

Burkert, Walter, Griechische Religion in der archaischen und klassischen Epoche, Stuttgart/Berlin/Köln/Mainz 1977

Clauss, Manfred, Sparta. Eine Einführung in seine Geschichte und Zivilisation, München 1983

Cross, Robert C./Woozley, Anthony D., Plato's Republic – a Philosophical Commentary, London 1964

Ferber, Rafael, Platos Idee des Guten, St. Augustin 1984

Flaig, Egon, Weisheit und Befehl. Platons ‚Politeia' und das Ende der Politik, in: Saeculum 45 (1994), S. 34–70

Flaig, Egon, Ehre gegen Gerechtigkeit. Adelsethos und Gemeinschaftsdenken in Hellas, in: *Assmann, Jan/Janowski, Bernhard/Welcker, Michael* (Hgg.), Gerechtigkeit. Richten und Retten in der abendländischen Tradition und ihren altorientalischen Ursprüngen, München 1998, S. 97–140

Flashar, Hellmut, Der platonische Staat als Utopie, in: *Gigon, Olof/Fischer, Michael W.* (Hgg.) Antike Rechts- und Sozialphilosophie, Frankfurt/Berlin/New York/Paris 1988, S. 23–36

Frede, Dorothea, Platon, Popper und der Historizismus, in: *Rudolph, Enno* (Hg.), Polis und Kosmos, Darmstadt 1996, S. 74–107

Frede, Dorothea, Die ungerechten Verfassungen und die ihnen entsprechenden Menschen, in: *Höffe, Otfried* (Hg.), Platon. Politeia (Klassiker auslegen 7), Berlin 1997, S. 251–270

Gadamer, Hans Georg, Platons Denken in Utopien, in: Gymnasium 90 (1983), S. 434–455

Gigon, Olof, Platon und die politische Wirklichkeit, in: Gymnasium 69 (1962), S. 205–219

Gigon, Olof, Gegenwärtigkeit und Utopie. Eine Interpretation von Platons ‚Staat'. Erster Band, Buch I–IV, Zürich/München 1976

Görgemanns, Herwig, Platon, Heidelberg 1994

Graeser, Andreas, Die Philosophie der Antike 2: Sophistik und Sokratik, Plato und Aristoteles, München ²1993, S. 125–133, 154–202

Guthrie, William Keith Chambers, History of Greek Philosophy, Bd. 4: Plato. The Man and his Dialogs. Earlier Period, Cambridge 1975; Bd. 5: The later Plato and the Academy, Cambridge 1978

Havelock, Eric Alfred, The Greek Concept of Justice. From its Shadow in Homer to its Substance in Plato, Cambridge (Mass.) 1978

Hentschke, Ada Babette, Politik und Philosophie bei Plato und Aristoteles. Die Stellung der ‚Nomoi' im platonischen Gesamtwerk und die politischge Theorie des Aristoteles, Frankfurt a.M. 1971

Hölkeskamp, Karl-Joachim, Schiedsrichter, Gesetzgeber und Gesetzgebung im archaischen Griechenland, Stuttgart 1999

Höffe, Otfried, Zur Analogie von Individuum und Polis, in: *ders.* (Hg.), Platon. Politeia (Klassiker auslegen 7), Berlin 1997, S. 69–93

Hoffmann, Ernst, Anhang, in: *Zeller, Eduard*, Die Philosophie der Griechen in ihrer geschichtlichen Entwicklung, Teil 2, Abt. 1, Darmstadt ⁶1963, S. 1051–1105

Jaeger, Werner, Padeia, Bd. 2 und 3, Berlin ²1954/55 (Neudruck 1973), II, 273–285, 310–319; III, 47–90, 170–199, 289–309, 317–324

Kersting, Wolfgang, Platons ‚Staat', Darmstadt 1999

Kobusch, Theo/Mojsisch, Burkhard (Hg.), Platon. Seine Dialoge in der Sicht neuer Forschungen, Darmstadt 1996

Krämer, Hans, Arete bei Platon und Aristoteles, Heidelberg 1959

Krämer, Hans, Die Idee des Guten, Sonnen- und Liniengleichnis, in: *Höffe, Otfried* (Hg.), Platon. Politeia (Klassiker auslegen 7), Berlin 1997, S. 205–228

Kuhn, Helmut, Platon, in: *Maier, Hans / Rausch, Heinz / Denzer, Horst* (Hgg.), Klassiker des politischen Denkens, Bd. 1, München ⁶1986, S. 1–42

Kullmann, Wolfgang, Platons Schriftkritik, in: Hermes 119 (1991), S. 1–21

Maurer, Reinhart, Platons ‚Staat' und die Demokratie, Berlin 1970

Neschke-Hentschke, Ada, Politischer Platonismus und die Theorie des Naturrechts, in: *Rudolph, Enno* (Hg.), Polis und Kosmos, Darmstadt 1996, S. 53–73

Nippel, Wilfried, Mischverfassungstheorie und Verfassungsrealität in Antike und früher Neuzeit, Stuttgart 1980, S. 98–123, 136–142

Otto, Dirk, Das utopische Staatsmodell von Platons Politeia aus der Sicht von Orwells Nineteen Eighty-Four. Ein Beitrag zur Bewertung des Totalitarismusvorwurfs gegenüber Platon, Berlin 1994

Popper, Karl R., Die offene Gesellschaft und ihre Feinde, Bd. 1: Der Zauber Platons, Tübingen [7]1992

Raaflaub, Kurt A., Die Entdeckung der Freiheit. Zur historischen Semantik und Gesellschaftsgeschichte eines politischen Grundbegriffs der Griechen, München 1985

Rohrmoser, Günter, Platons politische Philosophie, in: Studium Generale 22 (1969), S. 1094–1134

Rudolph, Enno (Hg.) Polis und Kosmos. Naturphilosphie und politische Philosophie bei Platon, Darmstadt 1996

Schilling, Kurt, Geschichte der sozialen Ideen, Stuttgart [2]1966, S. 127–149

Schöpsdau, Klaus, Der Staatsentwurf der Nomoi zwischen Ideal und Wirklichkeit, in: Das Rheinische Museum 134 (1991), S. 136–152

Schuller, Wolfgang, Frauen in der griechischen Geschichte, Konstanz 1985

Seufert, Harald, Polis und Nomos. Untersuchungen zu Platons Rechtsdenken, Berlin 2005

Suhr, Martin, Platon, Frankfurt a. M. [2]2001

Stalley, Roger F., An Introduction to Plato's Laws, Oxford 1983

Szlezák, Thomas A., Platon und die Schriftlichkeit der Philosophie. Interpretationen zu den frühen und mittleren Dialogen, Berlin 1985

Thurnher, Rainer, Der siebte Platonbrief, Meisenheim am Glan 1975

Trampedach, Kai, Platon, die Akademie und die zeitgenössische Politik, Stuttgart 1994

Verdroß-Droßberg, Alfred, Grundlinien der antiken Rechts- und Staatsphilosophie, Wien [2]1948, S. 60–126

Vretska, Karl, Einleitung, in: *ders.* (Hg.), Platon. Der Staat (Politeia), übers. v. Karl Vretska, Stuttgart 1982

Zeller, Eduard, Die Philosophie der Griechen in ihrer geschichtlichen Entwicklung, Teil 2, Abt. 1: Sokrates und die Sokratiker. Platon und die alte Akademie, Darmstadt [6]1963 (Nachdruck von [5]1922)

Zoepffel, Renate, Aufgaben, Rollen und Räume von Mann und Frau im archaischen und klassischen Griechenland, in: *Martin, Jochen/dies.* (Hgg.), Aufgaben, Rollen und Räume von Frau und Mann, Freiburg 1989, S. 443–500

§ 5 **Aristoteles**

Quellen:

Einschlägige Quellenwerke zur Rechts- und politischen Philosophie des Aristoteles sind die ‚Politik' (Pol.) und die ‚Nikomachische Ethik' (NE), daneben auch ‚Der Staat der Athener'. ‚Politik' und ‚Nikomachische Ethik' sind in mehreren deutschen Ausgaben einschl. Kommentierung greifbar, wobei die Übersetzungen teilweise nicht unerheblich differieren.

Aristoteles, Politik, übers., hrsg. u. mit Anm. vers. v. Olof Gigon, München 1973

Aristoteles, Politik, übers. u. mit erkl. Anm. vers. v. Eugen Rolfes, mit einer Einl. v. Günter Bien (Philosophische Bibliothek), Hamburg 1981

Aristoteles, Werke in deutscher Übersetzung. Begr. v. Ernst Grumach, hrsg.v. Hellmut Flashar:
- Bd. 6: Nikomachische Ethik, übers. v. Franz Dirlmeier, Berlin 1956
- Bd. 9,1: Politik, Buch I, übers. u. erl. v. Eckart Schütrumpf, Berlin 1991
- Bd. 9,2: Politik, Buch II und III, übers. u. erl. v. Eckart Schütrumpf, Berlin 1991
- Bd. 9,3: Politik, Buch IV–VI, übers. u. eingel. v. Eckart Schütrumpf, erl. v. Eckart Schütrumpf u. Hans-Joachim Gehrke, Berlin 1996
- Bd. 10,1: Staat der Athener, übers. u. erl. v. Mortimer Chambers, Berlin 1990

Aristoteles, Nikomachische Ethik (Philosphische Bibliothek. Bd. 5), a. d. Grdl. d. Übers. v. Eugen Rolfes hrsg. v. Günther Bien, Hamburg 1972

Aristoteles, Nikomachische Ethik, griechisch-deutsch. Übers. v. Olof Gigon, neu hrsg. v. Rainer Nickel, Düsseldorf/Zürich 2001

The Politics of *Aristotle*, 4 Bde., with an introd., two prep. essays and notes crit. and explan. by William L. Newman, Oxford 1950

Aristoteles, Ethica Nicomachea, recogn. brevique adnotatione critica instruxit I. Bywater (griech., Reprint d. Ausg. v. 1894) Oxford 1995

Aristoteles, Nikomachische Ethik, Übers. u. Nachw. v. Franz Dirlmeier, Anm. v. Ernst A. Schmidt, Stuttgart 2001

Aristoteles, Politik. Schriften zur Staatstheorie, übers. u. hrsg. v. Franz F. Schwarz, Stuttgart 1989

Literatur:

Aalders, Gerhard Jean Daniel, Die Mischverfassung und ihre historische Dokumentation in den Politica des Aristoteles, in: *Stark, Rudolf* (Hg.), La ‚politique' d'Aristote. 7 exposés et discussions, Genf 1965, S. 199–237

Aalders, Gerhard Jean Daniel, Die Theorie der gemischten Verfassung im Altertum, Amsterdam 1968

Allan, Donald J., Die Philosphie des Aristoteles, Hamburg 1955

Barnes, Jonathan, Aristoteles. Eine Einführung, Stuttgart 1992

Baruzzi, Arno, Der Freie und der Sklave in Ethik und Politik des Aristoteles, in: Philosophisches Jahrbuch 77 (1970), S. 15–28

Bien, Günther, Die Grundlegung der politischen Philosophie bei Aristoteles, Freiburg i.Br./München ^{2}1980

Bien, Günther, Gerechtigkeit bei Aristoteles, in: *Höffe, Otfried* (Hg.), Aristoteles. Nikomachische Ethik (Klassiker auslegen 2), Berlin 1995, S. 135–164

Blackburn, Robin, The Making of New World Slavery. From the Baroque to the Modern (1492–1800), London/New York 1997

Bleicken, Jochen, Die Einheit der athenischen Demokratie in klassischer Zeit, in: Hermes 115 (1987), S. 257–283

Bleicken, Jochen, Die athenische Demokratie, Paderborn ^{2}1994

Dihle, Albrecht, Gesetz, Gerechtigkeit und Billigkeit bei Aristoteles, in: *Bock, Wolfgang* (Hg.), Gesetz und Gesetzlichkeit in den Wissenschaften, Darmstadt 2006, S. 23–37

Dirlmeier, Franz, Aristoteles, Nikomachische Ethik, Übersetzung und Erläuterung, Berlin ^{9}1991

Düring, Ingemar, Aristoteles. Darstellung und Interpretation seines Denkens, Heidelberg 1966

Düring, Ingemar, Aristoteles und das platonische Erbe, in: *Moraux, Paul* (Hg.), Aristoteles in der neueren Forschung, Darmstadt 1968, S. 232–249

Eder, Walter, Die athenische Demokratie im 4. Jahrhundert v. Chr. – Krise oder Vollendung?, in: *ders.*, Die athenische Demokratie im 4. Jahrhundert v. Chr. Vollendung oder Verfall einer Verfassungsform?, Stuttgart 1995, S. 11–28

Flashar, Hellmut, Aristoteles, in: *Ueberweg, Friedrich*, Grundriss der Geschichte der Philosophie, Bd. 3, neu hrsg. v. Hellmut Flashar, Basel / Stuttgart 1983, S. 175–457

Flashar, Hellmut, Die Platonkritik, in: *Höffe, Otfried* (Hg.), Aristoteles. Nikomachische Ethik (Klassiker auslegen 2), Berlin 1995, S. 63–82

Gigon, Olof, Sklaverei bei Aristoteles, in: *Stark, Rudolf* (Hg.), La ‚politique' d'Aristote. 7 exposés et discussions, Genf 1965, S. 245–283

Graeser, Andreas, Die Philosophie der Antike 2: Sophistik und Sokratik, Plato und Aristoteles, München ²1993, S. 202–266

Guthrie, William Keith Chambers, History of Greek Philosophy, Bd. 6: Aristotle. An encounter, Cambridge 1981

Gutschker, Thomas, Aristotelische Diskurse. Aristoteles in der politischen Philosophie des 20. Jahrhunderts, Stuttgart/Weimar 2002

Hager, Fritz-Peter (Hg.), Ethik und Politik bei Aristoteles, Darmstadt 1972

Hanke, Lewis, Aristotle and the American Indians, London 1959

Hansen, Mogens Hermann, Die athenische Demokratie im Zeitalter des Demosthenes, Berlin 1995

Hennis, Wilhelm, Politik und praktische Philosophie. Eine Studie zur Rekonstruktion der politischen Wissenschaft (Politica 14), Neuwied 1963

Heuss, Alfred, Aristoteles als Theoretiker des Totalitarismus, in: Antike und Abendland 17 (1971), S. 1–44

Höffe, Otfried (Hg.), Aristoteles, Nikomachische Ethik (Klassiker auslegen 2), Berlin 1995.

Höffe, Otfried, Aristoteles, München 1996

Höffe, Otfried, Aristoteles Lexikon, Stuttgart 2005

Horn, Christoph, Menschenrechte bei Aristoteles?, in: *Girardet, Klaus M. / Nortmann, Ulrich* (Hgg.), Menschenrechte und europäische Identität – Die antiken Grundlagen, Stuttgart 2005, S. 105–122

Jaeger, Werner, Aristoteles. Grundlegung einer Geschichte seiner Entwicklung, Zürich ²1985

Kamp, Andreas, Die politische Philosophie des Aristoteles und ihre metaphysischen Grundlagen, Freiburg i.Br./München 1985

Kersting, Wolfgang, Aristoteles: Nikomachische Ethik, in: *Brandt, Reinhard / Sturm, Thomas* (Hgg.), Klassische Werke der Philosophie, Leipzig 2002

Koslowski, Peter, Ökonomie und Politik bei Aristoteles, Tübingen ²1992

Kullmann, Wolfgang, Theoretische und politische Lebensform, in: *Höffe, Otfried* (Hg.), Aristoteles. Nikomachische Ethik (Klassiker auslegen 2), Berlin 1995, S. 253–276

Maier, Eva Maria, Teleologie und politische Vernunft. Entwicklungslinien republikanischer Politik bei Aristoteles und Thomas von Aquin, Baden-Baden 2002
Maurer, Reinhart, Platons ‚Staat' und die Demokratie, Berlin 1970
Michelakis, Emmanuel M., Das Naturrecht bei Aristoteles, in: *Berneker, Erich* (Hg.), Zur griechischen Rechtsgeschichte, Darmstadt 1968, S. 146–171
Minio-Paluello, Lorenzo, Die aristotelische Tradition in der Geistesgeschichte, in: *Moraux, Paul* (Hg.), Aristoteles in der neueren Forschung, Darmstadt 1968, S. 314–338
Otto, Eckart, Gerechtigkeit und Erbarmen im Recht des Alten Testaments und seiner christlichen Rezeption, in: *Assmann, Jan / Janowski, Bernhard / Welcker, Michael* (Hgg.), Gerechtigkeit. Richten und Retten in der abendländischen Tradition und ihren altorientalischen Ursprüngen, München 1998, S. 79–95
Papadis, Dimitris, Das Problem der „Sklaven von Natur" bei Aristoteles, in: Gymnasium 108 (2001), S. 345–365
Patzig, Günter (Hg.), Aristoteles ‚Politik'. Akten des XI. Symposium Aristotelicum Friedrichshafen/Bodensee (1987), Göttingen 1990
Raaflaub, Kurt A., Die Entdeckung der Freiheit. Zur historischen Semantik und Gesellschaftsgeschichte eines politischen Grundbegriffs der Griechen, München 1985
Ricken, Friedo, Gemeinschaft, Tugend, Glück. Platon und Aristoteles über das gute Leben, Stuttgart 2004
Riedel, Manfred, Metaphysik und Politik bei Aristoteles, in: Philosophisches Jahrbuch 77 (1970), S. 1–14
Ritter, Joachim, ‚Naturrecht' bei Aristoteles (1963), in: *ders.*, Metaphysik und Politik, Frankfurt a.M. 1969, S. 133–179
Ritter, Joachim, ‚Politik' und ‚Ethik' in der praktischen Philosophie des Aristoteles (1967), in: *ders.*, Metaphysik und Politik, Frankfurt a.M. 1969, S. 106–132
Salomon, Max, Der Begriff der Gerechtigkeit bei Aristoteles, Leiden 1937
Schmitt, Carl, Nehmen – Teilen – Weiden, in: *ders.*, Verfassungsrechtliche Aufsätze aus den Jahren 1924–1954, Berlin [4]2003, S. 489–498
Siegfried, Walter, Der Rechtsgedanke bei Aristoteles, Zürich 1947
Siegfried, Walter, Untersuchungen zur Staatslehre des Aristoteles, Zürich 1942
Schütrumpf, Eckart, Die Analyse der Polis durch Aristoteles, Amsterdam 1980
Schütrumpf, Eckart, Aristoteles, Politik, Buch I–III, Übersetzung und Erläuterung, 2 Bde., Berlin 1991
Spahn, Peter, Fremde und Metöken in der athenischen Demokratie, in: *Demandt, Alexander* (Hg.), Mit Fremden leben. Eine Kulturgeschichte von der Antike bis zur Gegenwart, Münschen 1995, S. 37–56
Strycker, Émile de, Aristoteles als Kritiker Platons, in: *Moraux, Paul* (Hg.), Aristoteles in der neueren Forschung, Darmstadt 1968, S. 193–211
Thür, Gerhard, Die athenischen Geschworenengerichte – eine Sackgasse?, in: *Eder, Walter*, Die athenische Demokratie im 4. Jahrhundert v. Chr.: Vollendung oder Verfall einer Verfassungsform?, Stuttgart 1995, S. 321–332
Triantaphyllopoulos, Johannes, Das Rechtsdenken der Griechen, München 1985

Verdross, Alfred, Die aristotelische Naturrechtslehre, in: ARSP 56 (1970), S. 527–537

Voegelin, Eric, Ordnung und Geschichte, Bd. VII: Aristoteles, hrsg. v. *Peter Opitz*, München 2001

Welwei, Karl-Wilhelm, Ius naturale und ius gentium in der antiken Beurteilung von Sklaven und Freiheit, in: *Girardet, Klaus M. / Nortmann, Ulrich* (Hgg.), Menschenrechte und europäische Identität – die antiken Grundlagen, Stuttgart 2005, S. 81–93

Wieland, Georg, Secundum naturam vivere. Über den Wandel des Verhältnisses von Natur und Sittlichkeit, in: *Fraling, Bernhard* (Hg.), Natur im ethischen Argument, Freiburg i.Ue./Freiburg i.Br./Wien 1990, S. 13–31

Wolff, Hans Julius, ‚Normenkontrolle' und Gesetzesbegriff in der attischen Demokratie. Untersuchungen zur graphè paranómon, Heidelberg 1970

Zippelius, Reinhold, Geschichte der Staatsideen, München, [9]1994, S. 28–40

§ 6 Die Stoa

Quellen:

Die nur in Fragmenten erhaltenen Texte der älteren und mittleren Stoa sind gesammelt in:

Stoicum veterum fragmenta, 4 Bde., Leipzig 1903–05, hrsg. von Hans von Arnim (Nachdruck Stuttgart 1968), zit.: SVF.

Daneben gibt es die (Auswahl-)Ausgaben:

Stoa und die Stoiker, eingeleitet und übertr. v. Max Pohlenz, Zürich [4]1964

Die *Fragmente* zur Dialektik der Stoiker. Neue Sammlung der Texte mit dt. Übers. v. K. Hülser, 4 Bde., Stuttgart-Bad Cannstatt 1987–1988

Antike Glückslehren. Kynismus und Kyreanismus, Stoa, Epikureismus und Skepsis. Quellen in deutscher Übersetzung mit Einführungen, hrsg. v. Malte Hossenfelder, Stuttgart 1986

Die Philosophie der Stoa. Ausgewählte Texte, übers. u. hrsg. v. Wolfgang Weinkauf, Stuttgart 2001

Von den meist erhaltenen Texten der jüngeren Stoa ist hinzuweisen auf:

Seneca, Lucius Aennaeus, De clementia. De beneficiis (Philosophische Schriften 5), Übers., Einl. u. Anm. v. Manfred Rosenbach, Darmstadt 1994

Seneca, Lucius Aennaeus, De clementia. Über die Güte (lat./dt.), übers. u. hrsg. v. Karl Büchner, Stuttgart 1977

Seneca, Lucius Aennaeus, Epistulae morales ad Lucilium. Briefe an Lucilius über Ethik, 20 Bücher, übers. u. hrsg. v. Franz Loretto, Rainer Rauthe, Heinz Gundermann, Stuttgart 1977–2001

Epiktet, Handbüchlein der Ethik (gr./dt.), übers. u. hrsg. v. K. Steinmann, Stuttgart 1996

Epiktet, Handbüchlein der Moral und Unterredungen, hrsg. v. Heinrich Schmidt, neu bearb. v. Karin Metzler, Stuttgart [11]1984

Marc Aurel, Selbstbetrachtungen. Übers., Einl. u. Anm. v. Albert Wittstock, Stuttgart 1988

Marc Aurel, Selbstbetrachtungen. Übertr. u. Einl. v. Wilhelm Capelle, Stuttgart [12]1973

Marc Aurel, Wege zu sich selbst (gr./dt.), hrsg. u. übers. v. Rainer Nickel (Sammlung Tusculum), Düsseldorf/Zürich [2]1998

Literatur:

Barth, Paul / Goedeckemeyer, Albert, Die Stoa, Stuttgart [6]1946

Behrends, Okko, Gesetz und Sprache. Das römische Gesetz unter dem Einfluß der hellenistischen Philosophie, in: *ders. / Sellert, Wolfgang* (Hgg.), Nomos und Gesetz. Ursprünge und Wirkungen des griechischen Gesetzesdenkens, Göttingen 1995, S. 135–249

Bengtson, Hermann, Griechische Geschichte, München [7]1986

Bichler, Reinhold, Zur Beurteilung der griechischen Staatsutopie, in: Grazer Beiträge 11 (1984), S. 179–206

Bichler, Reinhold, Politisches Denken im Hellenismus, in: *Fetscher, Iring/Münkler, Herfried* (Hgg.), Pipers Handbuch der politischen Ideen, Bd. 1, München / Zürich 1988, S. 439–484

Bleicken, Jochen, Die Verfassung der römischen Republik, Paderborn / München / Wien / Zürich [7]1995

Bleicken, Jochen, Geschichte der römischen Republik, München [5]1999

Chadwick, Henry, Betrachtungen über das Gewissen in der griechischen, jüdischen und christlichen Tradition, Opladen 1974

Dalfen, Joachim, Voraussetzungen und Entwicklungen des griechischen Begriffs „Kosmos", in: Philosophia Naturalis 17 (1979), S. 460–478

Erskine, Andrew, The Hellenistic Stoa. Political Thought and Action, London 1990

Forschner, Maximilian, Die stoische Ethik, Stuttgart 1981

Forschner, Maximilian, Die ältere Stoa, in: *Ricken, Friedo* (Hg.), Philosphen der Antike II, Stuttgart/Berlin/Köln 1996, S. 24–39

Fuhrmann, Manfred, Das systematische Lehrbuch. Ein Beitrag zur Geschichte der Wissenschaften in der Antike, Göttingen 1960

Gehrke, Hans Joachim, Geschichte des Hellenismus, München [3]2003

Geyer, Carl-Friedrich, Einführung in die Philosophie der Antike, Darmstadt [2]1988

Hadot, Pierre, Die innere Burg. Anleitung zu einer Lektüre Marc Aurels, Frankfurt a. M. 1996

Hofmann, Hasso, Das antike Erbe im europäischen Rechtsdenken, in: Gymnasium 108 (2001), S. 1–13

Hossenfelder, Malte, Die Philosphie der Antike 3: Stoa, Epikureismus und Skepsis, München [2]1995

Ilting, Karl-Heinz, Art. Naturrecht II, 4, in: *Brunner, Otto / Conze, Werner / Koselleck, Reinhart* (Hgg.), Geschichtliche Grundbegriffe, Bd. 4, Stuttgart 1993, S. 255–258

Kähler, Martin, Das Gewissen. Ethische Untersuchung. Die Entwicklung seiner Normen und seines Begriffs, Halle 1878 (Neudruck 1967)

Kaser, Max, Ius gentium, Köln/Weimar/Wien 1993

Keresztes, Paul, War Marc Aurel ein Christenverfolger?, in: *Klein, Richard* (Hg.), Marc Aurel (Wege der Forschung 550), Darmstadt 1979, S. 279–303

Kidd, John P., Poseidonios, in: *Ricken, Friedo* (Hg.), Philosophen der Antike II, Stuttgart/Berlin/Köln 1996, S. 61–82

Lesky, Albin, Zum Gesetzesbegriff der Stoa, in: Österreichische Zeitschrift für Öffentliches Recht 2 (1950). S. 587–599

Meyer, Ernst, Römischer Staat und Staatsgedanke, Zürich/München ^{4}1975

Müller, Reimar, Die Staatsauffassung der frühen Stoa, in: *ders.*, Polis und Res publica, Weimar 1987, S. 279–292

Noyen, P., Marc Aurel: Der größte Praktiker der Stoa, in: *Klein, Richard* (Hg.), Marc Aurel (Wege der Forschung 550), Darmstadt 1979, S. 105–118

Pohlenz, Max, Stoa und Stoiker. Die Gründer, Panaitios, Poseidonios, eingel. u. übertragen von Max Pohlenz, Zürich/Stuttgart ^{2}1964

Pohlenz, Max, Die Stoa. Geschichte einer geistigen Bewegung, Göttingen ^{6}1984

Reiner, Hans, Die ethische Weisheit der Stoiker heute, in: Gymnasium 76 (1969), S. 330–357

Ricken, Friedo (Hg.), Philosophen der Antike II, Stuttgart/Berlin/Köln 1996

Rist, John M., Zeno and Stoic Consistency, in: Phronesis 22 (1977), S. 161–174

Rist, John M. (Hg.), The Stoics, Berkeley/Los Angeles/London 1978

Sordi, Marta, Die „Neuen Verordnungen" Marc Aurels gegen die Christen, in: *Klein, Richard* (Hg.), Marc Aurel (Wege der Forschung 550), Darmstadt 1979, S. 176–196

Steinmetz, Peter, Die Stoa, in: *Ueberweg, Friedrich*, Grundriß der Geschichte der Philosphie. Die Philosophie der Antike, Bd. 4: Die hellenistische Philosphie, hrsg. v. Hellmut Flashar, Basel 1994, S. 493–716

Welwei, Karl-Wilhelm, Ius naturale und ius gentium in der antiken Beurteilung von Sklaven und Freiheit, in: *Girardet, Klaus M. / Nortmann, Ulrich* (Hgg.), Menschenrechte und europäische Identität – die antiken Grundlagen, Stuttgart 2005, S. 81–93

Wieacker, Franz, Römische Rechtsgeschichte. Quellenkunde, Rechtsbildung, Jurisprudenz und Rechtsliteratur, München 1988

§ 7 Cicero

Quellen:

Cicero, Marcus Tullius, Staatstheoretische Schriften. Lat. u. dt. v. Konrat Ziegler, Darmstadt ^{3}1984; enthält De re publica (S. 35–210) und De Legibus (S. 211–342)

Cicero, Marcus Tullius, Über den Staat, Übers. u. Nachw. v. Walther Sontheimer, Stuttgart 1990

Cicero, Marcus Tullius, Der Staat (lat./dt), hrsg. u. übers. v. Karl Büchner, Darmstadt [5]1993

Cicero, Marcus Tullius, Der Staat (lat./dt.), übers. Karl Büchner, hrsg. v. Harald Merklin, Düsseldorf/Zürich 1999

Cicero, Marcus Tullius, De legibus (lat./dt), hrsg., übers. u. eingel. v. Rainer Nickel, Darmstadt 1994 (zugl. Zürich 1994, Sammlung. Tusculum)

Cicero, Marcus Tuillius, Über die Rechtlichkeit. Übers., Anm. u. Nachw. v. Karl Büchner, Stutgart 1989

Cicero, Marcus Tullius, De officiis. Vom pflichtgemäßen Handeln (lat./dt), übers., komm. u. hrsg. v. Heinz Gunermann, Stuttgart 1992

Cicero, Marcus Tullius, De officiis. Vom rechten Handeln (lat./dt). Hrsg. u. übers. v. Karl Büchner, München/Zürich [4]1994

Cicero, Marcus Tullius, De finibus bonorum et malorum. Über das höchste Heil und das größte Übel (lat./dt.), übers. u. hrsg. v. Harald Merklin, Stuttgart 1989

Cicero, Marcus Tullius, De oratore. Über den Redner (lat./dt.), übers. u. hrsg. v. H. Merklin, Stuttgart [3]1997

Literatur:

Aalders, Gerhard Jean Daniel, Die Theorie der gemischten Verfassung im Altertum, Amsterdam 1968

Behrends, Okko, Gesetz und Sprache. Das römische Gesetz unter dem Einfluß der hellenistischen Philosophie, in: *ders. / Sellert, Wolfgang* (Hgg.), Nomos und Gesetz. Ursprünge und Wirkungen des griechischen Gesetzesdenkens, Göttingen 1995, S. 135–249

Behrends, Okko, Die fraus legis. Zum Gegensatz von Wortlaut- und Sinngeltung in der römischen Gesetzesinterpretation, Göttingen 1982

Bleicken, Jochen, Lex Publica. Gesetz und Recht in der römischen Republik, Berlin 1975

Bleicken, Jochen, Staat und Recht in der römischen Republik, Wiesbaden 1978

Bleicken, Jochen, Geschichte der römischen Republik, München [3]1988

Bleicken, Jochen, Die Verfassung der römischen Republik, Paderborn / München / Wien / Zürich [7]1995

Bleicken, Jochen, Gedanken zum Untergang der römischen Republik (Sitzungsberichte der Wiss. Gesellschaft an der Johann-Wolfgang Goethe Universität Frankfurt/M., Bd. XXXIII, Nr. 4), Stuttgart 1995

Blösel, Wolfgang, Die Geschichte des Begriffs mos maiorum von den Anfängen bis zu Cicero, in: *Linke, Bernhard / Stemmler, Michael* (Hgg.), Mos maiorum. Untersuchungen zu den Formen der Identitätsstiftung und Stabilisierung der römischen Republik, Stuttgart 2000, S. 25–97

Büchner, Karl, Studien zur römischen Literatur, Bd. 2: Cicero. Wiesbaden 1962

Büchner, Karl, Justitia in Ciceros De re publica, in: *ders.*, Studien zur römischen Literatur, Bd. 6, Wisbaden 1967, S. 65–82

Büchner, Karl (Hg.), Das neue Cicerobild, Darmstadt 1971

Büchner, Karl, Marcus Tullius Cicero. De re publica. Kommentar, Heidelberg 1984

Christes, Johannes, Beobachtungen zur Verfassungsdiskussion in Ciceros Werk De re publica, in: Historia 32 (1983), S. 461–483

Dürig, Walter, Dignitas, in: Reallexikon für Antike und Christentum, Bd. 3, Sp. 1024–1035

Eder, Walter (Hg.), Staat und Staatlichkeit in der frühen römischen Republik, Stuttgart 1990

Fortenbaugh, William W. / Steinmetz, Peter (Hg.), Cicero's Knowledge of the Peripatos, New Brunswick/London 1989

Frede, Dorothea, Constitution and Citizenship: Peripatetic Influence on Cicero's Political Conceptions in De re publica, in: *Fortenbaugh, William / Steinmetz, Peter* (Hg.), Cicero's knowledge of the Peripatos, New Brunswick / London 1989, S. 77–100

Fuchs, Harald, Ciceros Hingabe an die Philosophie, in: *Büchner, Karl* (Hg.), Das neue Cicerobild, Darmstadt 1971, S. 304–347

Fuhrmann, Manfred, Das systematische Lehrbuch. Ein Beitrag zur Geschichte der Wissenschaften in der Antike, Göttingen 1960

Fuhrmann, Manfred, Cicero und die römische Republik, München/Zürich [3]1991

Gawlick, Günter / Görler, Woldemar, Cicero, in: *Ueberweg, Friedrich*, Grundriß der Geschichte der Philosophie, Die Philosophie der Antike, Bd. 4: Die Hellenistische Philosophie, neu hrsg. v. Hellmut Flashar, Basel 1994, S. 991–1168

Gehrke, Hans-Joachim, Römischer Mos und griechische Ethik, in: HZ 258 (1994), S. 593–622

Gehrke, Hans-Joachim, Anhang, in: *Alfred Heuß*, Griechische Geschichte, München [6]1998

Gigon, Olof, Cicero und die griechische Philosophie, in: *Temporini, Hildegard / Haase, Wolfgang* (Hgg.), Aufstieg und Niedergang der römischen Welt I: Von den Anfängen Roms bis zum Ausgang der Republik, Bd. 4, Berlin / New York 1973, S. 226–261

Girardet, Klaus M., Die Ordnung der Welt. Ein Beitrag zur philosophischen und politischen Interpretation von Ciceros Schrift De legibus, Wiesbaden 1983

Girardet, Klaus M., „Naturrecht" bei Aristoteles und bei Cicero (De legibus). Ein Vergleich, in: *Fortenbaugh, William / Steinmetz, Peter* (Hg.), Cicero's knowledge of the Peripatos, New Brunswick/London 1989, S. 114–132

Girardet, Klaus M., Naturrecht und Naturgesetz: Eine gerade Linie von Cicero zu Augustinus?, in: Das Rheinische Museum 1995, S. 266–298

Görler, Woldemar, Untersuchungen zu Ciceros Philosophie, Heidelberg 1974

Görler, Woldemar, Cicero, in: *Ricken, Friedo* (Hg.), Philosophen der Antike II, Stuttgart/Berlin/Köln 1996, S. 83–109

Goldmann, Frank, Nobilitas als Status und Gruppe, in: *Spielvogel, Jörg* (Hg.), Res publica reperta. Festschrift für Jochen Bleicken zum 75. Geburtstag, Stuttgart 2002, S. 45–66

Gotter, Ulrich, Der Platonismus Ciceros und die Krise der römischen Republik, in: *Funck, Bernd* (Hg.), Hellenismus, Tübingen 1996, S. 545–558

Gotter, Ulrich, Der Diktator ist tot! Politik in Rom zwischen den Iden des März und der Begründung des Zweiten Prinzipats, Stuttgart 1996

Heuß, Alfred, Ciceros Theorie vom römischen Staat, Göttingen 1976

Kaser, Max, Die Beziehung von Lex und Jus und die XII Tafeln, in: Studi in Memoria de Guido Donatuti II, Milano 1974, S. 523–546

Kaser, Max, ‚Ius honorarium' und ‚ius civile', in: ZRG, Rom. Abt. 101 (1984), S. 1–114

Kaser, Max, Zur Problematik der römischen Rechtsquellenlehre, in: *ders.*, Römische Rechtsquellen und angewandte Juristenmethode, Wien/Köln/Graz 1986, S. 9–41

Kaser, Max, Ius gentium, Köln/Weimar/Wien 1993

Klein, Richard (Hg.), Das Staatsdenken der Römer, Darmstadt ³1980

Kroymann, Jürgen, Res publica restituenda, in: *Steinmetz, Peter* (Hg.), Politeia und Res publica, Wiesbaden 1969, S. 245–266

Kytzler, Bernhard (Hg.), Ciceros literarische Leistung, Darmstadt 1973

Lehmann, Gustav Adolf, Politische Reformvorschläge in der Krise der späten römischen Republik, Cicero, De legibus III und Sallusts Sendschreiben an Caesar, Meisenheim am Glan 1980

MacKendrick, Paul, The philosophical books of Cicero, London 1989

Martin, Jochen, Aspekte antiker Staatlichkeit, in: *Eder, Walter* (Hg.), Staat und Staatlichkeit in der frühen römischen Republik, Stuttgart 1990, S. 220–232

Meier, Christian, Besprechung von J. Bleicken, Lex Publica, in: ZRG, Rom. Abt. 95 (1978), S. 378–390

Meier, Christian, Res publica amissa. Eine Studie zu Geschichte und Verfassung der römischen Republik, Frankfurt a.M. ²1988

Meier, Christian, Die Entstehung des Politischen bei den Griechen, Frankfurt a.M. ²1989

Müller, Reimar, Das Problem Theorie – Praxis in der Peripatos-Rezeption von Ciceros Staatsrecht, in: *Fortenbaugh, William/Steinmetz, Peter* (Hgg.), Ciceros knowledge of the Peripatos, New Brunswick/London 1989, S. 102–113

Plasberg, Otto, Cicero in seinen Werken und Briefen, Leipzig 1926 (Nachdruck Darmstadt ²1962)

Podes, Stephan, Die Krise der späten römischen Republik und Ciceros Rechtsphilosophie (de legibus), in: ARSP 77 (1991), S. 84–94

Pöschl, Viktor, Würde – dignitas I, in: *Conze, Werner / Koselleck, Reinhart* (Hgg.), Geschichtliche Grundbegriffe, Bd. 7, Stuttgart 1992, S. 637–644

Schofield, Malcolm, Cicero's Definition of Res publica, in: *Powell, Jonathan G. F.* (Hg.), Cicero the Philosopher, Oxford 1995, S. 63–83

Schmidt, Peter Lebrecht, Die Abfassungszeit von Ciceros Schrift Über die Gesetze (Collana di studi Ciceroniani 4), Rom 1969

Sprute, Jürgen, Rechts und Staatsphilosophie bei Cicero, in: Phronesis 28 (1983), S. 150–176

Stark, Rudolf, Ciceros Staatsdefinition, in: *Klein, Richard* (Hg.), Das Staatsdenken der Römer, Darmstadt ³1980, S. 332–347

Stoll, Oliver, Römisches Heer und Gesellschaft. Gesammelte Beiträge 1991–1999, Stuttgart 2001

Triantaphyllopoulos, Johannes, Griechisches Rechtsdenken, München 1985

Touloumakos, J., Die theoretische Begründung der Demokratie in der klassischen Zeit Griechenlands, Athen 1985

Verdroß-Droßberg, Alfred, Grundlinien der antiken Rechts- und Staatsphilosophie, Wien ²1948, S. 161–164

Watson, G., The Natural Law and Stoicism, in: *Long, Anthony A.* (Hg.), Problems in Stoicism, London 1971, S. 216ff.

Weber-Schäfer, Peter, Einführung in die antike politische Theorie, Teil 2, Darmstadt 1976, S. 95–121

Welwei, Karl-Wilhelm, Sub corona vendere. Quellenkritische Studien zu Kriegsgefangenschaft und Sklaverei in Rom bis zum Ende des Hannibalkrieges, Stuttgart 2000

Wieacker, Franz, Römische Rechtsgeschichte. Quellenkunde, Rechtsbildung, Jurisprudenz und Rechtsliteratur, München 1988

Wieacker, Franz, Ius. Entstehung einer archaischen Rechtsordnung im archaischen Rom, in: *Immenga, Ulrich* (Hg.), Rechtswissenschaft und Rechtsentwicklung (Göttinger rechtswissenschaftliche Studien 111), Göttingen 1980, S. 33–52

Wieacker, Franz, Altrömische Priesterjurisprudenz, in: *Benöhr, Hans-Peter/Hackl, Karl/Knütel, Rolf/Wacke, Andreas* (Hgg.), Juris Professio. Festgabe für Max Kaser zum 80. Geburtstag, Wien/Köln/Graz 1986, S: 347–370

Wieacker, Franz, Ius civile und lex publica in der römischen Frühzeit, in: *Baumgärtel, Gottfried / Becker, Hans-Jürgen / Klingmüller, Ernst / Wacke, Andreas* (Hgg.), Festschrift für Heinz Hübner zum 70. Geburtstag, Berlin / New York 1984, S. 357–376

Wood, Neal, Cicero's social and political Thought, Oxford 1988

Ziegler, Konrat, Einführung, in: Cicero. Staatstheoretische Schriften (lat./dt.), Berlin ^{4}1988

2. Teil

Christliche Rechts- und Staatsphilosophie bis zum Ausgang des Mittelalters

§ 8 Voraussetzungen und Fragestellungen der christlichen Rechts- und Staatsphilosophie

Arndt, M., Reich Gottes, in: Historisches Wörterbuch der Philosophie, Bd. 8, Basel 1992, Sp. 510–530

Baus, Karl, Von der Urgemeinde zur frühchristlichen Großkirche, in: *Jedin, Hubert* (Hg.), Handbuch der Kirchengeschichte, Bd. 1, Freiburg i.Br./Basel/Wien 1962 (Nachdruck 1985), S. 327–359

Böckenförde, Ernst-Wolfgang, Politische Theorie und politische Theologie (1978), in: *ders.*, Kirchlicher Auftrag und politisches Handeln (Schriften zu Staat – Gesellschaft – Kirche, Bd. 2), Freiburg i.Br./Basel/Wien 1989, S. 146–158

Daniélou, Jean, Das Judenchristentum und die Anfänge der Kirche, Köln/Opladen 1964

Dassmann, Ernst, Kirchengeschichte I. Ausbreitung, Leben und Lehre der Kirche in den ersten drei Jahrhunderten, Stuttgart / Berlin / Köln 1991, S. 71–122, 227–250.

Dürig, Walter, Dignitas, in: Reallexikon für Antike und Christentum, Bd. 3, Sp. 1024–1035

Enders, Christoph, Die Menschenwürde in der Verfassungsordnung. Zur Dogmatik des Art. 1 Grundgesetz, Tübingen 1997

Flückiger, Felix, Geschichte des Naturrechts, Bd. 1, Zürich 1954, S. 284–359

Frank, Karl Suso, Lehrbuch der Geschichte der alten Kirche, Paderborn/München/Wien/Zürich ^{3}2003

Gässler, Gregor F., Der Ordo-Gedanke unter besonderer Berücksichtigung von Augustinus und Thomas von Aquino, St. Augustin 1994

Guardini, Romano, Das Ende der Neuzeit, Würzburg ^{2}1951, Kap. 1

Klein, Richard, Das politische Denken des Christentums, in: *Fetscher, Iring / Münkler, Herfried* (Hg.), Pipers Handbuch der politischen Ideen, Bd. 1, München/Zürich 1988, S. 595–626

Klein, Richard (Hg.), Das frühe Christentum bis zum Ende der Verfolgungen. Eine Dokumentation, Bd. 1 u. 2, übersetzt von Peter Guyot, Auswahl und Kommentar von Richard Klein, Darmstadt 1993/94.

Kondylis, Panaitas, Würde II–VII, in: *Conze, Werner / Koselleck, Reinhart* (Hgg.), Geschichtliche Grundbegriffe, Bd. 7, Stuttgart 1992, S. 644–677

Krings, Hermann, Ordo. Philosophisch-historische Grundlegung einer abendländischen Idee, Hamburg ^{2}1982

Lohfink, Norbert, Das Jüdische am Christentum, Freiburg i.Br./Basel/Wien 1987

Mirgeler, Albert, Rückblick auf das abendländische Christentum, Mainz 1961

Noethlichs, Karl-Leo, Die gesetzgeberischen Maßnahmen der christlichen Kaiser des vierten Jahrhunderts gegen Häretiker, Heiden und Juden, Köln 1971

Pöschl, Viktor, Würde – dignitas I, in: *Conze, Werner / Koselleck, Reinhart* (Hgg.), Geschichtliche Grundbegriffe, Bd. 7, Stuttgart 1992, S. 637–644

Pohlenz, Max, Die Stoa, Göttingen [6]1984, S. 400–449

Reinhard, Wolfgang, Die lateinische Variante von Religion und ihre Bedeutung für die politische Kultur Europas, in: Saeculum 43 (1992), S. 231–255

Rengstorf, Karl-Heinrich / von Kortzfleisch, Siegfried (Hg.), Kirche und Synagoge. Handbuch zur Geschichte von Christen und Juden, Bd. 1, Stuttgart 1968

Rosenstock-Huessy, Eugen, Die europäischen Revolutionen und der Charakter der Nationen, Stuttgart/Köln 1951

Rüegg, Walter, Geschichte der Universität in Europa, Bd. 1: Mittelalter, München 1993

Salamito, Jean-Marie, Christianisierung und Neuordnung des gesellschaftlichen Lebens, in: *Brox, Norbert* u. a. (Hg.), Die Geschichte des Christentums. Religion, Politik, Kultur (dt. Ausgabe), Bd. 2: Das Entstehen der einen Christenheit, Freiburg i.Br./Basel/Wien 1996, S. 768–815

Schilling, Kurt, Geschichte der sozialen Ideen, Stuttgart [2]1966, S. 183–197

Schlier, Heinrich, Die Beurteilung des Staates im Neuen Testament (1932), in: *ders.*, Die Zeit der Kirche, Freiburg/Basel/Wien [4]1966

Schnackenburg, Rudolf, Gottes Herrschaft und Reich, Freiburg i.Br. / Basel / Wien [4]1965

Stelzenberger, Johannes, Die Beziehungen der frühchristlichen Sittenlehre zur Ethik der Stoa, München 1933

Stürner, Wolfgang, Peccatum und potestas. Der Sündenfall und die Entstehung der herrscherlichen Gewalt im mittelalterlichen Staatsdenken, Sigmaringen 1987

Ullmann, Walter, Individuum und Gesellschaft im Mittelalter, Göttingen 1974

§ 9 **Augustinus**

Quellen:

Die in Latein geschriebenen Werke und Briefe Augustins sind dokumentiert in der Publikationsreihe „Patrologiae Latina“ (PL), dort die Bände PL 32–47. Eine Auswahl in deutscher Sprache ist in verschiedenen, nicht aufeinander folgenden Bänden erschienen in der Reihe „Bibliothek der Kirchenväter“, München und Kempten 1911 bis 1936. Greifbare deutsche Ausgaben der hier vornehmlich relevanten Werke „Confessiones“, „De civitate dei“, „De vera religione“, „De libero arbitrio“:

Augustinus, Aurelius, Vom Gottesstaat (De civitate Dei), Vollständige Ausgabe der Bücher 1–22. A. d. Lat. übertr. v. Wilhelm Thimme. Eingel. u. komm. v. Carl Andresen, Zürich 1978 (dtv 6087, 6088)

Augustinus, Aurelius, Bekenntnisse. Vollständige Ausgabe. Eingel. u. übertr. v. Wilhelm Thimme, Zürich 1958, München [4]1986 (dtv 2159)

Augustinus, Aurelius, Bekenntnisse. Lat. u. dt., eingel., übers. u. erl. v. Joseph Bernhart, Frankfurt 1987

Augustinus, Aurelius, Bekenntnisse, Einl. v. Kurt Flasch. Anm. u. hrsg. v. Burkhard Mojsisch, Stuttgart 1993

Augustinus, Aurelius, De vera religione. Über die wahre Religion (lat./dt.), übers. v. Wilhelm Thimme, Anm. u. Nachw. v. Kurt Flasch, Stuttgart 1991

Augustinus, Aurelius, Der freie Wille, Dt. v. Carl Johann Perl, Paderborn [4]1986

Literatur:

Adam, Armin, Heilsgeschichtliche Soziologie. Augustinus' negative politische Theologie, in: Zeitschrift für Politik 42 (1995), S. 149–167

Andresen, Carl (Hg.), Zum Augustin-Gespräch der Gegenwart, Bd. 1, Darmstadt 1962; Bd. 2, Darmstadt 1981

Barth, Paul/Goedeckemeyer, Albert, Die Stoa, Stuttgart [6]1946

Brown, Peter, St. Augustine's Attitude to Religious Coercion, in: The Journal of Roman Studies 54 (1964), S. 107–116

Brown, Peter, Augustinus von Hippo. Eine Biographie. Übersetzung von J. Bernard u. W. Kampmann, München 2000

Brown, Peter, Sozialpolitische Anschauungen Augustins, in: *Andresen, Carl* (Hg.), Zum Augustin-Gespräch der Gegenwart, Bd. 2, Darmstadt 1981, S. 179–204

Canning, Joseph, A History of Medieval Political Thought 300–1450, London/ New York 1996

Chadwick, Henry, Augustinus, Göttingen 1987

Deane, Herbert A., The Political and Social Ideas of St. Augustine, New York/ London 1963

Demandt, Alexander, Die Spätantike. Römische Geschichte von Diocletian bis Justinian, München 1989

Duchrow, Ulrich, Christenheit und Weltverantwortung. Traditionsgeschichte und systematische Struktur der Zwei-Reiche-Lehre, Stuttgart [2]1983

Duchrow, Ulrich, Ergebnisse und offene Fragen zur „Civitas"-Lehre Augustins, in: *Andresen, Carl* (Hg.), Zum Augustin-Gespräch der Gegenwart, Bd. 2, Darmstadt 1981, S. 205–226

Enders, Markus, Das metaphysische Ordo-Denken in Spätantike und frühem Mittelalter, in: Philosophisches Jahrbuch der Görres-Gesellschaft 104 (1997), S. 335–361

Figgis, John Neville, The Political Aspects of St. Augustines ‚City of God', London 1921

Flasch, Kurt, Augustin. Einführung in sein Denken, Stuttgart [2]1994

Flasch, Kurt (Hg.), Logik des Schreckens. Augustinus von Hippo. Die Gnadenlehre von 397, Mainz [2]1995

Flückiger, Felix, Geschichte des Naturrechts, Bd. 1, Zürich 1954, S. 284–387

Frank, Karl Suso, Lehrbuch der Geschichte der Alten Kirche, Paderborn/München/ Wien/Zürich [3]2003

Fuchs, Harald, Augustin und der antike Friedensgedanke, Berlin/Zürich [2]1965

Gagnér, Sten, Ideengeschichte der Gesetzgebung, Stockholm 1960

Gässler, Gregor Fidelis, Der Ordo-Gedanke unter besonderer Berücksichtigung von Augustinus und Thomas von Aquin, Sankt Augustin 1994

Gilson, Étienne, Der Heilige Augustin. Eine Einführung in seine Lehre, Hellerau o.J. (1930)

Gilson, Etienne, Die Metamorphosen des Gottesreichs (Orig.: Les métamorphoses de la cité de Dieu), München / Paderborn / Wien 1959

Girardet, Klaus M., Naturrecht und Naturgesetz: Eine gerade Linie von Cicero zu Augustinus?, in: Rheinisches Museum für Philologie 138 (1995), S. 266–98

Gombocz, Wolfgang L., Die Philosophie der ausgehenden Antike und des frühen Mittelalters, München 1997, S. 230–234, 275–317

Honnefelder, Ludger, Die Einmaligkeit des Geschichtlichen. Die philosophischen Voraussetzungen der Geschichtsdeutung Augustins, in: Zeitschrift für philosophische Forschung 40 (1986), S. 33–57

Horn, Christoph (Hg.), Augustinus. De civitate dei (Klassiker auslegen 11), Berlin 1997

Joly, R., S. Augustin et l'intolérance religieuse, in: Revue belge de philologie et d'histoire 33 (1955), S. 263–294

Kamlah, Wilhelm, Christentum und Geschichtlichkeit, Stuttgart / Köln ^{2}1951

Kehl, Alois / Marrou, Henri-Irénée, Geschichtsphilosophie, in: Reallexikon für Antike und Christentum (1978), Bd. 10, Sp. 703–779

Kluxen, Wolfgang, Lex naturalis bei Thomas von Aquin, Wiesbaden 2001

Landau, Peter, Der biblische Sündenfall und die Legitimität des Rechts, in: *Willoweit, Dietmar* (Hg.), Die Begründung des Rechts als historisches Problem, München 2000, S. 203–214

Laufs, Joachim, Der Friedensgedanke bei Augustinus. Untersuchungen zum XIX. Buch des Werkes De civitate Dei, Wiesbaden 1973

Lecler, Joseph, Geschichte der Religionsfreiheit im Zeitalter der Reformation, Bd. 1, Stuttgart 1965, S. 92–130

Liebs, Detlef, Römisches Recht, Göttingen ^{5}1999

Lortz, Josef, Geschichte der Kirche in ideengeschichtlicher Betrachtung, Bd. 1: Altertum und Mittelalter, Münster ^{21}1962

Löwith, Karl, Weltgeschichte und Heilsgeschehen. Die theologischen Voraussetzungen der Geschichtsphilosophie, Stuttgart/Berlin/Köln ^{8}1990

Maier, Hans, Augustinus, in: *Maier, Hans / Rausch, Heinz / Denzer, Horst* (Hgg.), Klassiker des politischen Denkens, Bd. 1, München ^{6}1986, S. 94–109

Marrou, Henri-Irénée, Augustinus und das Ende der antiken Bildung. Übers. von Lore Wirth-Poelchau, Hrsg. und für die endgültige Fassung redigiert von Johannes Götte, Paderborn/München/Wien/Zürich ^{2}1995

Martin, Jochen, Spätantike und Völkerwanderung, München ^{4}2001

Pohlenz, Max, Die Stoa, Göttingen ^{6}1984, S. 449–461

Ratzinger, Joseph, Volk und Haus Gottes in Augustins Lehre von der Kirche, München 1954 (Nachdruck 1992)

Reiner, Hans, Antike und christliche Naturrechtslehre. Zu Flückigers ‚Geschichte des Naturrechts I', in: ARSP 41 (1954/55), S. 528–561

Ritter, Joachim, Mundus intelligibilis. Eine Untersuchung zur Aufnahme und Umwandlung der neuplatonischen Ontologie bei Augustinus, Frankfurt a. M. 1937

Schilling, Otto, Die Staats- und Soziallehre des heiligen Augustinus, München [2]1930

Schilling, Otto, Naturrecht und Staat nach der Lehre der alten Kirche, Paderborn 1914

Schreiner, Klaus, „Tolerantia". Begriffs- und wirkungsgeschichtliche Studien zur Toleranzauffassung des Kirchenvaters Augustinus, in: *Patschovsky, Alexander/Zimmermann, Harald* (Hgg.), Toleranz im Mittelalter, Sigmaringen 1998, S. 335–389

Schreiner, Klaus, Art. Toleranz I–III, in: *Brunner, Otto/Conze, Werner/Koselleck, Reinhart* (Hgg.), Geschichtliche Grundbegriffe, Bd. 6, Stuttgart 1990, S. 446–454

Straub, Johannes, Augustins Sorge um die regeneratio imperii, in: Historisches Jahrbuch der Görresgesellschaft 73 (1954), S. 36–60

Stroumsa, Gedaliahu G., Interiorization and Intolerance in Early Christianity, in: *Assmann, Jan* (Hg.), Die Erfindung des inneren Menschen. Studien zur religiösen Anthropologie, Gütersloh 1993, S. 153–182

Stürner, Wolfgang, Peccatum und potestas. Der Sündenfall und die Entstehung der herrscherlichen Gewalt im mittelalterlichen Staatsdenken, Sigmaringen 1987, S. 67–85

Wieacker Franz, Recht und Gesellschaft in der Spätantike, Stuttgart 1964

§ 10 Thomas von Aquin

Quellen:

Die Werke von Thomas von Aquin sind in zahlreichen Ausgaben greifbar. Für die Fragestellungen der Rechts- und Staatsphilosophie kommen besonders in Betracht:

Thomas von Aquin, Summa theologiae, Bd. I–III, Bd. II in zwei Teilen (I-II/II-II), zitiert nach dem Band (z. B. I-II), daran anschließend Quaestio (qu.) und Artikel (art.); die Artikel sind gegliedert in: Einwände (videtur quod non), eine Gegenthese (sed contra), die eigentliche Ausführung (respondeo) und die Antwort auf die Einwände (ad …).

Thomas von Aquin, Die deutsche Thomasausgabe (lat./dt.), hrsg. von der Albertus-Magnus-Akademie in Walberberg; hier vor allem:
Bd. 13 (I–II, 90–105): Das Gesetz, hrsg. u. komm. v. Otto Hermann Pesch, Heidelberg/Graz/Köln/Wien 1977;
Bd. 18 (II–II, 57–79): Recht und Gerechtigkeit, hrsg. u. komm. v. Arthur F. Utz, Heidelberg/München/Graz/Wien/Salzburg 1953; Nachfolgefassung, übers. von J. F. Groner, neu kommentiert von Arthur F. Utz, Bonn 1987

Thomas von Aquin, Naturgesetz und Naturrecht, Theologische Summe Fragen 90–97, übersetzt von J. F. Groner, Anm. u. Komm. von Arthur F. Utz, Bonn 1996

Thomas von Aquin, De regno [früher: De regimine principum], zitiert nach der Ausgabe Opera omnia iussu Leonis XIII P. M. edita (Leonina XLII), bearb. v. Hyacinthe F. Dondaine, Roma 1979

Thomas von Aquin, De regno (De regimine principum, lat./dt.), übers. v. Fr. Schreyvogl, Stuttgart 1995

Thomas von Aquin, Summa contra gentiles libri quattuor, ed. K. Albert et Paulus Engelhardt, (lat./dt.), Darmstadt 1974 (Neudruck 2000)

Ferner wurden herangezogen:

Thomas von Aquin, In decem libros Ethicorum Aristotelis ad Nicomachum expositio, P. Fr. Raymundi M Spiazzi, Rom 1949 (zit.: In Eth.)

Thomas von Aquin, Scriptum super libros Sententiarum magistri Petri Lombardi episcopi Parisiensis, 2 Bde, hrsg. v. Pierre Mandonnet, Paris 1929 (zit.: In Sent.)

Thomas von Aquin, Quaestiones de quolibet, in der Ausgabe Opera omnia iussu Leonis XIII P. M. edita (Leonina XXV) (zit.: Quodl.)

Literatur:

Berges, Wilhelm, Die Fürstenspiegel des hohen und späten Mittelalters, Stuttgart 1938 (Nachdruck Stuttgart 1952)

Berman, Harold J., Recht und Revolution. Die Bildung der westlichen Rechtstradition, Frankfurt a.M. 1991

Bormann, Franz-Josef, Natur als Horizont sittlicher Praxis. Zur handlungstheoretischen Interpretation der Lehre vom natürlichen Gesetz bei Thomas von Aquin, Stuttgart / Berlin / Köln 1999

Böckenförde, Ernst-Wolfgang, Zur Theologie des modernen säkularen Rechts, in: Stimmen der Zeit 217 (1999). S. 579–597

Böckenförde, Ernst-Wolfgang, Die Entstehung des Staates als Vorgang der Säkularisation (1967), in: *ders.*, Recht, Staat, Freiheit, Frankfurt [4]2006, S. 92–114

Boockmann, Hartmut, Stauferzeit und spätes Mittelalter. Deutschland 1125–1517, Berlin 1994

Boshof, Egon, Königtum und Königsherrschaft im 10. und 11. Jahrhundert, München 1993

Brackmann, Albert, Die Ursachen der geistigen und politischen Wandlung Europas im 11. und 12. Jahrhundert, in: HZ 149 (1934), S. 229–239

Canning, Joseph, A History of Medieval Political Thought 300–1450, London / New York 1996

Chenu, Marie-Dominique, Das Werk des Thomas von Aquin, Heidelberg / Köln 1960

Classen, Peter, Die hohen Schulen und die Gesellschaft im 12. Jahrhundert (1966), in: *ders.*, Studium und Gesellschaft im Mittelalter, Stuttgart 1983, S. 1–26

Eichmann, Eduard, Die Kaiserkrönung im Abendland, Bd. 1, Würzburg 1942

Elders, Leo J. / Hedwig, Klaus (Hgg.), The Ethic of St. Thomas Aquinas (Studi Tomistici 25), Citta del Vaticano 1984

Elders, Leo J., St. Thomas Aquinas' Commentary on the Nicomachean Ethics, in: *ders./Hedwig, Klaus* (Hgg.), The Ethics of St. Thomas Aquinas (Studi Tomistici 25), Citta del Vaticano 1984, S. 9–49

Elders, Leo J./Hedwig, Klaus (Hgg.), Lex et Libertas. Freedom and Law according to St. Thomas Aquinas (Studi Tomistici 30), Citta del Vaticano 1987

Elders, Leo J., St. Thomas Aquinas' Doctrine of Conscience, in: *ders./Hedwig, Klaus* (Hgg.), Lex et Libertas. Freedom and Law according to St. Thomas Aquinas (Studi Tomistici 30), Citta del Vaticano 1987, S. 125–134

Enßlin, Wilhelm, Auctoritas et Potestas. Zur Zweigewaltenlehre des Papstes Gelasius I., in: Historisches Jahrbuch 74 (1955), S. 661–668

Faller, Franz, Die rechtsphilosophische Begründung der gesellschaftlichen und staatlichen Autorität bei Thomas von Aquin, Heidelberg 1954

Flüeler, Christoph, Rezeption und Interpretation der Aristotelischen Politica im späten Mittelalter, Bd. 1, Amsterdam/Philadelphia 1992

Forschner, Maximilian, Heimkehr zum Ursprung. Thomas von Aquins Theorie des Glücks, in: *ders.*, Über das Glück des Menschen, Darmstadt ^{2}1996, S. 80–106

Fried, Johannes, Die Entstehung des Juristenstandes im 12. Jahrhundert, Köln 1974

Fürst, Carl Gerold, Zur Rechtslehre Gratians, in: ZRG, Kan. Abt. 57 (1971), S. 276–284

Gagnér, Sten, Studien zur Ideengeschichte der Gesetzgebung, Stockholm 1960

Grabmann, Martin, Studien über den Einfluß der aristotelischen Philosophie auf die mittelalterlichen Theorien über das Verhältnis von Kirche und Staat, München 1934

Grawert, Rolf, Gesetz, in: *Brunner, Otto / Conze, Werner / Koselleck, Reinhart* (Hgg.), Geschichtliche Grundbegriffe, Bd. 2, Stuttgart ^{3}1994, S. 863–922

Heinzmann, Richard, Thomas von Aquin. Eine Einführung in sein Denken, Stuttgart/Berlin/Köln 1994

Heinzmann, Richard, Philosophie des Mittelalters, Stuttgart/Berlin/Köln ^{2}1998

Höffner, Joseph, Christliche Gesellschaftslehre, Kevelaer ^{5}1968

Honnefelder, Ludger, Naturrecht und Normwandel bei Thomas von Aquin und Johannes Duns Scotus, in: *Miethke, Jürgen / Schreiner, Klaus* (Hgg.), Sozialer Wandel im Mittelalter, Sigmaringen 1994, S. 197–213

Hruschka, Joachim, Conscientia erronea und ignorantia bei Thomas v. Aquin, in: Festschrift Hans Welzel, Berlin 1974, S. 115–149

Kalb, Herbert, Laesio enormnis im gelehrten Recht, Wien 1992

Kaser, Max, Ius gentium, Köln/Weimar/Wien 1993

Kern, Fritz, Gottesgnadentum und Widerstandsrecht im frühen Mittelalter, Darmstadt ^{2}1954

Kluxen, Wolfgang, „Lex naturalis" bei Thomas von Aquin, Wiesbaden 2001

Kluxen, Wolfgang, Philosophische Ethik bei Thomas von Aquin, Hamburg ^{3}1998

Korff, Wilhelm, Der Rückgriff auf die Natur. Eine Rekonstruktion der thomanischen Lehre vom natürlichen Gesetz, in: Philosophisches Jahrbuch der Görresgesellschaft 94 (1987), S. 285–296

Koschaker, Paul, Europa und das römische Recht, München ^{4}1966

Krause, Hermann, Königtum und Rechtsordnung in der Zeit der sächsischen und salischen Herrscher, in: ZRG, Germ. Abt. 82 (1965), S. 1–98

Kroeschell, Karl, Recht und Rechtsbegriff im 12. Jahrhundert (1968), in: *ders.*, Studien zum frühen und mittelalterlichen Recht, Berlin 1995, S. 277–309

Kroeschell, Karl, Deutsche Rechtsgeschichte, Bd. 1 (bis 1250), Opladen ^{11}1999

Kurz, Edelbert, Individuum und Gemeinschaft beim kl. Thomas von Aquin, München 1932

Kuttner, Stephan, Kanonistische Schuldlehre von Gratian bis auf die Dekretalen Gregors IX. systematisch auf Grund der handschriftlichen Quellen dargestellt (Studi e Testi 64), Città del Vaticano 1935

Landau, Peter, Die Bedeutung des kanonischen Rechts für die Entwicklung einheitlicher Rechtsprinzipien, in: *Scholler, Heinrich* (Hg.), Die Bedeutung des kanonischen Rechts für die Entwicklung einheitlicher Rechtsprinzipien, Baden-Baden 1996, S. 23–47

Lisska, Anthony J., Aquina's Theory of Natural Law, Oxford 1996

Lippert, Stefan, Recht und Gerechtigkeit bei Thomas von Aquin, Marburg 2000

Lottin, Odon, Morale fondamentale, Tournai 1954

Luscombe, D. E. (Hg.), Peter Abelard's Ethics. An Edition with Introduction, Oxford 1971

Manser, Gallus M., Das Naturrecht in thomistischer Beleuchtung, Freiburg i.Ue. 1944

Matz, Ulrich, Thomas von Aquin, in: *Maier, Hans / Rausch, Heinz / Denzer, Horst* (Hgg.), Klassiker des politischen Denkens, Bd. 1, München ^{6}1986, S. 110–131

McInerny, Ralph, On Knowing Natural Law, in: *Elders, Leo J. / Hedwig, Klaus* (Hgg.), The Ethics of St. Thomas Aquinas (Studi Tomistici 25), Citta del Vaticano 1984, S. 133–142

Merks, Karl-Wilhelm, Theologische Grundlegung sittlicher Autonomie. Strukturmomente eine ‚autonomen' Normbegründungsverständnisses im lex-Traktat der Summa theologiae des Thomas von Aquin, Düsseldorf 1978

Mertens, Dieter, Geschichte der politischen Ideen im Mittelalter, in: *Fenske, Hans / Mertens, Dietrich / Reinhard, Wolfgang / Rosen Klaus*, Geschichte der politischen Ideen, Frankfurt a.M. 1997, S. 143–221.

Meyer, Hans, Thomas von Aquin, Paderborn ^{2}1961

Miethke, Jürgen / Bühler, Arnold, Kaiser und Papst im Konflikt. Zum Verhältnis von Staat und Kirche im späten Mittelalter, Düsseldorf 1988

Miethke, Jürgen, Politische Theorien im Mittelalter, in: *Lieber, Hans-Joachim* (Hg.), Politische Theorien von der Antike bis zur Gegenwart, Bonn ^{2}1993, S. 47–156

Miethke, Jürgen, Der Tyrannenmord im späten Mittelalter, in: *Beestermöller, Gerhard / Justenhoven, Heinz-Gerhard* (Hgg.), Friedensethik im Spätmittelalter (Beiträge zur Friedensethik 30), Stuttgart/Berlin/Köln 1999, S. 24–48

Miethke, Jürgen, De potestate papae. Die päpstliche Amtskompetenz im Widerstreit der politischen Theorie von Thomas von Aquin bis Wilhelm von Ockham, Tübingen 2000

Mirgeler, Albert, Rückblick auf das abendländische Christentum, Mainz 1961

Ohnsorge, Werner, Byzanz und das Abendland im 9. und 10. Jahrhundert, in: *ders.*, Abendland und Byzanz, Weimar 1958, S. 1–49

Paravicini Bagliani, Agostino, Die päpstliche Vormachtstellung (1198–1274), in: *Vauchez, André* (Hg.), Die Geschichte des Christentums. Bd. 5, Freiburg i. Br. / Basel/Wien 1994, S. 615–654

Perkams, Matthias, Gewissensirrtum und Gewissensfreiheit, in: Philosophisches Jahrbuch der Görresgesellschaft 112 (2005), S. 31–50

Pesch, Otto Heinrich (Hg. u. Kommentar), Thomas von Aquin: Das Gesetz, Heidelberg/Graz/Köln/Wien 1977

Reimer, Franz, Lex und ihre Aequivalente im Gesetzestraktat der Summa theologiae Thomas von Aquins, in: *Walter, Manfred / Brieskorn, Norbert / Waechter, Kay / Ekhardt, Felix* (Hgg.), Die Ausdifferenzierung des naturrechtlichen Gesetzesbegriffs, Stuttgart 2006

Rhonheimer, Martin, Natur als Grundlage der Moral. Die personale Struktur des Naturgesetzes bei Thomas von Aquin, Innsbruck/Wien 1987

Rhonheimer, Martin, Praktische Vernunft und das „von Natur aus Vernünftige". Zur Lehre von der „Lex naturalis" als Prinzip der Praxis bei Thomas von Aquin, in: Theologie und Philosophie 75 (2000), S. 493–522

Rommen, Heinrich, Die ewige Wiederkehr des Naturrechts, München ^{2}1947

Rosenstock-Huessy, Eugen, Die europäischen Revolutionen und der Charakter der Nationen, Stuttgart 1951 (^{3}1961)

Schilling, Otto, Die Staats- und Soziallehre des heiligen Thomas von Aquin, München ^{2}1930

Schmidt, Hans-Joachim, König und Tyrann. Das Paradox der Regierung bei Thomas von Aquin, in: *Burghard, Friedhelm / Gluse, Christoph / Haferkamp, Alfred* (Hgg.), Liber amicorum necnon et amicarum für Alfred Heit, Trier 1996, S. 339–357

Schneider, Hans Joachim, Thomas von Aquin und die Grundlegung der politischen Philosophie in ‚De regno', in: *Mock, Erhard / Wieland, Georg* (Hgg.), Rechts- und Sozialphilosophie des Mittelalters, Frankfurt a. M./Berlin/New York/Paris 1990, S. 67–82

Schockenhoff, Eberhard, Bonum hominis. Die anthropologischen und theologischen Grundlagen der Tugendethik des Thomas von Aquin, Mainz 1987

Schockenhoff, Eberhard, Dient die Politik dem Glück des Menschen? Zum Verhältnis von geistlicher und weltlicher Gewalt bei Thomas von Aquin, in: Theologie und Philosophie 76 (2001), S. 338–367

Schreiner, Klaus, „Tolerantia". Begriffs- und wirkungsgeschichtliche Studien zur Toleranzauffassung des Kirchenvater Augustinus, in: *Patschovsky, Alexander / Zimmermann, Harald* (Hgg.), Toleranz im Mittelalter, Sigmaringen 1998, S. 335–389

Schreiner, Klaus, Toleranz V–VI, in: *Brunner, Otto/Conze, Werner/Koselleck, Reinhart* (Hgg.), Geschichtliche Grundbegriffe, Bd. 6, Stuttgart 1990, S. 455–470

Schulthess, Peter / Imbach, Ruedi, Die Philosophie im lateinischen Mittelalter, Zürich/Düsseldorf 1996

Schulthess, Peter, Die Philosophie im lateinischen Mittelalter, in: *ders. / Imbach, Ruedi*, Die Philosophie im lateinischen Mittelalter, Zürich / Düsseldorf 1996, S. 15–349

Seckler, Max, Das Heil in der Geschichte, München 1964

Sertillanges, Antonin D., Der heilige Thomas von Aquin, Köln/Olten 1954

Sohm, Rudolph, Das altkatholische Kirchenrecht und das Dekret Gratians, München/Leipzig 1918 (Neudruck 1967)

Sohm, Rudolph, Kirchenrecht, Bd. 2, München/Leipzig 1923

Struve, Tilman, Die Entwicklung der organologischen Staatsauffassung im Mittelalter, Stuttgart 1978

Struve, Tilman, Die Bedeutung der aristotelischen „Politik" für die natürliche Begründung der staatlichen Gemeinschaft, in: *Miethke, Jürgen* (Hg.), Das Publikum politischer Theorie im 14. Jahrhundert, München 1992, S. 153–171

Stürner, Wolfgang, Natur und Gesellschaft im Denken des Hoch- und Spätmittelalters, Stuttgart 1975

Stürner, Wolfgang, Peccatum und potestas. Der Sündenfall und die Entstehung der herrscherlichen Gewalt im mittelalterlichen Staatsdenken, Sigmaringen 1987

Tellenbach, Gerd, Libertas. Kirche und Weltordnung im Zeitalter des Investiturstreits, Stuttgart/Berlin/Köln 1996 (Nachdruck von 1936)

Torrell, Jean-Pierre, Magister Thomas. Leben und Werk des Thomas von Aquin, Freiburg 1995

Ullmann, Walter, Besprechung von: Gagnér, Sten, Studien zur Ideengeschichte der Gesetzgebung, in: TR 29 (1961), S. 118–129

Utz, Arthur Fridolin (Hg., Anm., Komm.), Thomas von Aquin. Naturgesetz und Naturrecht. Theologische Summe Fragen 90–97, lat. Text m. Übers. v. Josef F. Groner, Bonn 1996

Vauchez, André / Paravicinoi Bagliano, Agostino, Kirche, weltliche Gewalt und Gesellschaft, in: *Vauchez, André* (Hg.), Die Geschichte des Christentums. Bd. 5, Freiburg i.Br./Basel/Wien 1994, S. 655–686

Vauchez, André, Die pastorale Erneuerung der lateinischen Kirche, in: *Vauchez, André* (Hg.), Die Geschichte des Christentums. Bd. 5, Freiburg i.Br./Basel/Wien 1994, S. 799–832

Vauchez, André / Paravicinoi Bagliano, Agostino, Der Aufstieg der Universitäten und die Blüte der scholastischen Theologie, in: *Vauchez, André* (Hg.), Die Geschichte des Christentums. Bd. 5, Freiburg i.Br./Basel/Wien 1994, S. 861–885

Weisheipl, James A., Thomas von Aquin, Graz/Wien/Köln 1980

Weitzel, Jürgen, Versuch über Normstrukturen und Rechtsbewußtsein im mittelalterlichen Okzident (450–1100), in: *Lampe, Ernst-Joachim* (Hg.), Zur Entwicklung von Rechtsbewußtsein, Frankfurt a. M. 1997, S. 371–402

Wieland, Georg, Die Rezeption der aristotelischen Politik und die Entwicklung des Staatsgedankens im Mittelalter am Beispiel des Thomas von Aquin und des Marsilius von Padua, in: *Mock, Erhard / Wieland, Georg* (Hgg.), Rechts- und Sozialphilosophie des Mittelalters, Frankfurt a. M. / Berlin / New York / Paris 1990, S. 67–82

Wieland, Georg, Secundum naturam vivere. Über den Wandel des Verhältnisses von Natur und Sittlichkeit, in: *Fraling, Bernhard* (Hg.), Natur im ethischen Argument, Freiburg i.Ue./Freiburg i.Br./Wien 1990, S. 13–31

Wittreck, Fabian, Geld als Instrument der Gerechtigkeit. Die Geldrechtslehre des Hl. Thomas von Aquin in ihrem interkulturellen Kontext, Paderborn/München/Wien/Zürich 2002

Wolf, Armin, Gesetzgebung in Europa 1100–1500, München ²1996

Wolf, Günther, Kaiser Friedrich II. und das Recht, in: ZRG, Rom. Abt. 102 (1985), S. 327–343

Wolter, Udo, Die „consuetudo“ im kanonischen Recht bis zum Ende des 13. Jahrhunderts, in: *Dilcher, Gerhard* u.a. (Hgg.), Gewohnheitsrecht und Rechtsgewohnheiten im Mittelalter, Berlin 1992, S. 87–116
Wolzendorff, Kurt, Staatsrecht und Naturrecht in der Lehre vom Widerstandsrecht des Volkes gegen rechtswidrige Ausübung der Staatsgewalt, Breslau 1916
Wyduckel, Dieter, Princeps legibus solutus. Eine Untersuchung zur frümodernen Rechts- und Staatslehre, Berlin 1979

§ 11 Johannes Duns Scotus

Quellen:

Die Werke von Johannes Duns Scotus waren bis in die zweite Hälfte des 20. Jh. nur in der von Lucas Wadding im 17. Jh. besorgten Ausgabe zugänglich, die auch unechte Schriften enthält und Ansprüchen einer kritischen Edition nicht genügt. Sie wurde in Paris 1892–1904 neu gedruckt (Edition Vivès) und wird auch bis heute noch vielfach benutzt:

Johannes Duns Scotus, Opera omnia. Editio nova iuxta editionem Waddingi XII tomos continentem a Patribus Franciscanis de Observatia accurate recognita. 24 tom., Parisiis (Vivès) 1891–1904

Die kritische, von einer Kommission des Franziskanerordens geleitete neue Ausgabe (Editio Vaticana) erscheint seit 1950, ist aber noch nicht vollständig. Bisher sind folgende Bände erschienen: Bde. 1–7 (1950–1973) und 16–19 (1960–1993).
Außerdem kann benutzt werden:

Johannes Duns Scotus, Quaestiones in quatuor libris Sententiarum, in: Opera omnia, Bde. 5–10, Lyon 1639 (Nachdruck Hildesheim 1968)

Die meisten für die Philosophie und Rechts- und Staatsphilosophie relevanten Texte sind in den von Allan B. Wolter O.F.M. besorgten lateinisch-englischen Auswahlausgaben enthalten, wobei die Texte gegenüber der Ausgabe von Wadding (Vivès) neu geprüft sind:

Wolter, Allan B., Duns Scotus on the Will and Morality. Selected and translated with an Introduction, Washington 1986
Wolter, Allan B., Duns Scotus' Political and Economic Philosophy. Latin Edition and English Translation, Santa Barbara (Ca.) 1989
Wolter, Allan B., The Philosophical Theology of John Duns Scotus, ed. by Marylin McCord Adams, Ithaca/London 1990
Frank, William A. / Wolter, Allan B., Duns Scotus, metaphysician (lat./engl.), mit Kommentaren, West Lafayette (Ind.) 1995

Daneben ist jetzt verfügbar:

Johannes Duns Scotus, Pariser Vorlesungen über Wissen und Kontingenz (lat.-deutsch). Herders Bibliothek der Philosophie des Mittelalters, Bd. 4, Freiburg i.B. 2005

Literatur:

Beckmann, Jan P., Das Mittelalter, in: *Vorländer, Karl*, Geschichte der Philosophie, Bd. 2, Neuausgabe Hamburg 1990, S. 11–282

Boler, John, Transcending the Natural: Duns Scotus on the Two Affections of the Will, in: American Catholic Philosophical Quarterly 67 (1993), S. 109–126

Dumont, Stephen D., Did Duns Scotus Change His Mind on the Will?, in: *Aertsen, Jan A.* u.a. (Hgg.), Nach der Verurteilung von 1277: Philosophie und Theologie an der Universität von Paris im letzten Viertel des 13. Jahrhunderts, Berlin/New York 2001, S. 719–794

Flasch, Kurt (Hg.), Aufklärung im Mittelalter? Die Verurteilung von 1277, Mainz 1989

Gilson, Étienne, Johannes Duns Scotus, Düsseldorf 1959

Hedwig, Klaus, Das Isaak-Opfer. Über den Status des Naturgesetzes bei Thomas von Aquin, Duns Scotus und Ockham, in: *Zimmermann, Albert / Speer, Andreas* (Hgg.), Mensch und Natur im Mittelalter, 2. Halbbd., Berlin/New York 1992, S. 645–661

Hoeres, Walter, Der Wille als reine Vollkommenheit nach Duns Scotus, München 1962

Honnefelder, Ludger, Der zweite Anfang der Metaphysik, in: *Beckmann, Jan P. / Honnefelder, Ludger / Schrimpf, Gangolf / Wieland, Georg* (Hgg.), Philosophie im Mittelalter. Entwicklungslinien und Paradigmen, Hamburg [2]1996

Honnefelder, Ludger (Hg.), John Duns Scotus. Metaphysics and Ethics, Leiden 1996

Honnefelder, Ludger, Johannes Duns Scotus, München 2005

Honnefelder, Ludger, Die Kritik des Johannes Duns Scotus am kosmologischen Nezessitarismus der Araber, in: *Fried, Johannes* (Hg.), Die abendländische Freiheit vom 10. zum 14. Jahrhundert, Sigmaringen 1991, S. 249–263

Honnefelder, Ludger, Naturrecht und Normwandel bei Thomas von Aquin und Johannes Duns Scotus, in: *Miethke, Jürgen / Schreiner, Klaus* (Hgg.), Sozialer Wandel im Mittelalter, Sigmaringen 1994, S. 197–213

Honnefelder, Ludger, Duns Scotus: Der Schritt der Philosophie zur scientia transcendens, in: *Kluxen, Wolfgang* (Hg.), Thomas von Aquin im philosophischen Gespräch, Freiburg / München 1975, S. 229–244

Honnefelder, Ludger, Das Verhältnis von Theologie und Philosophie als veränderndes Moment in der Entwicklung des Selbstverständnisses der Philosophie, in: *Kluxen, Wolfgang* (Hg.), Thomas von Aquin im philosophischen Gespräch, Freiburg / München 1975, S. 272–275

Ilting, Karl-Heinz, Naturrecht und Sittlichkeit, Begriffsgeschichtliche Studien, Stuttgart 1983

Kaufmann, Matthias, Rechtsphilosophie, Freiburg i.Br./München 1996

Klein, Josef, Intellekt und Wille als die nächsten Quellen des Sittlichen nach Johannes Duns Skotus [sic!], in: Franziskanische Studien 6 (1919), S. 107–122, 213–234, 295–322

Kobusch, Theo, Die Entdeckung der Person. Metaphysik der Freiheit und modernes Menschenbild, Darmstadt [2]1997

Möhle, Hannes, Ethik als scientia practica nach Johannes Duns Scotus, Münster 1995

Möhle, Hannes, Wille und Moral. Zur Voraussetzung der Ethik des Johannes Duns Scotus und ihrer Bedeutung für die Ethik Immanuel Kants in: *Honnefelder, Ludger/Wood, Rega/Dreyer, Mechthild* (Hgg.), John Duns Scotus. Metaphysics and Ethics, Leiden/New York/Köln 1996, S. 573–594

Pieper, Josef, Scholastik. Gestalten und Probleme der mittelalterlichen Philosophie, München [2]1986, S. 189–199

Schwendinger, F., Metaphysik des Sittlichen nach Johannes Duns Scotus, in: Wissenschaft und Weisheit I (1934), S. 180–210, II (1935), S. 18–50 u. 112–135, III (1936), S. 93–119 u. 161–190

Stamm, Heinz-Meinolf, Die Naturrechtslehre bei Alexander von Hales, Bonaventura und Johannes Duns Scotus, in: Antonianum 62 (1997), S. 673–683

Stratenwerth, Günter, Die Naturrechtslehre des Johannes Duns Scotus, Göttingen 1951

Wald, Berthold, Die Bestimmung der ratio legis bei Thomas von Aquin und Duns Scotus, in: *Zimmermann, Albert/Speer, Andreas* (Hgg.), Mensch und Natur im Mittelalter, 2. Hbd., Berlin/New York 1992, S. 662–681

Wald, Berthold, „Rationalis naturae individua substantia". Aristoteles, Boethius und der Begriff der Person im Mittelalter, in: *Aertsen, Jan A./Speer, Andreas* (Hgg.), Individuum und Individualität im Mittelalter, Berlin/New York 1996, S. 371–388

Williams, Thomas, The Libertarian Foundations of Scotus' Moral Philosophy, in: The Thomist 62 (1998), S. 193–215

§ 12 Wilhelm von Ockham

Quellen:

Die Werke Ockhams liegen erst seit kurzem in historisch-kritischen Ausgaben vor, wobei die Ausgabe der politischen Werke noch nicht abgeschlossen ist:

Guillelmi de Ockham, Opera Philosophica et Theologica, Cura Instituti Franciscani Universitatis S. Bonaventura. 17 vols. St. Bonaventura University, St. Bonaventura/NewYork 1974–1988

Guillelmi de Ockham, Opera Politica,
Vol. 1: Ed. J. G. Sikes, Manchester 1940; 2nd. Edition, completely revised and reset by H. S. Offler, Manchester 1974
Vol. 2: Ed. J. G. Sikes/H. S. Offler, Manchester 1963
Vol. 3: Ed. H. S. Offler, Manchester 1956
Vol. 4: Ed. H. S. Offler, Oxford 1997

Die Edition des „Dialogus" ist in diesen Bänden noch nicht enthalten. Für ihn muß daher noch auf die unkritische Ausgabe in:

M. H. Goldast (Hg.), Monarchia Sacri Romani Imperii, Frankfurt a.M. 1614, Bd. 2, zurückgegriffen werden.

Einzelausgaben/Übersetzungen:
Ockham, Philosophical Writings. A Selection edited and translated by Philotheus Boehner, London 1957, revised Edition by St. Brown, Indianapolis/Cambridge 1990
Wilhelm von Ockham, Texte zur Theorie der Erkenntnis und der Wissenschaft, lat. u. dt., hrsg., übers. u. komm. v. R. Imbach, Stuttgart 1984
Wilhlem von Ockham als politischer Denker und sein Breviloquium de principatu tyrannico, hrsg. v. Richard Scholz Stuttgart 1944 (Nachdruck 1952), S. 29–212 (lat.)
Wilhelm von Ockham, Dialogus. Auszüge zur politischen Theorie. Ausgewählt, übers. und mit Nachwort versehen von Jürgen Miethke, Darmstadt 1992 (nur dt.). Zitate aus dem Dialogus folgen, soweit nicht anders vermerkt, der Übersetzung von J. Miethke.
Wilhelm von Ockham, Texte zur politischen Theorie. Exzerpte aus dem „Dialogus“ (lat./dt.), ausgew., übers. u. hrsg. v. Jürgen Miethke, Stuttgart 1995

Literatur:

Beckmann, Jan P., Wilhelm von Ockham, München 1995
Boehner, Philotheus, Collected articles on Ockham. Ed. by Eligius M. Buytaert, St. Bonaventure (N.Y.) 1958
Boehner, Philotheus, The Realistic Conceptualism of William Ockham, in: *ders.*, Collected articles on Ockham. Ed. by Eligius M. Buytaert, St. Bonaventure (N.Y.) 1958
Bornhak, Otto, Staatskirchliche Anschauungen und Handlungen am Hofe Kaiser Ludwigs des Bayern, Weimar 1933
Conrad, Hermann, Deutsche Rechtsgeschichte, Bd. 1, Frühzeit und Mittelalter, Karlsruhe ²1962
Gál, Gedeon, William of Ockham died „inpenitent“ in April 1347, in: Franciscan Studies 42 (1982), S. 90–95
Harkins, Conrad L./Etzkorn, Girard J. (Hgg.), William of Ockham (1285–1347), Commemorative Issue, Part I–III, in: Franciscan Studies, Vol. 44–46, Jhg. XXII–XXIV (1984–86), St. Bonaventure, New York 1988
Hecker, Damian, Eigentum als Sachherrschaft. Zur Genese und Kritik eines besonderen Herrschaftsanspruchs, Paderborn/München/Wien/Zürich 1990
Hochstetter, Erich, Studien zur Metaphysik und Erkenntnislehre Wilhelms von Ockham, Berlin 1927
Hochstetter, Erich, Viator mundi. Einige Bemerkungen zur Situation des Menschen bei Wilhelm v. Ockham, in: Franziskanische Studien 32 (1950), S. 1–20
Höhn, Rudolf, Wilhelm Ockham in München, in: Franiskanische Studien 32 (1950), S. 142–155
Imbach, Ruedi, Wilhelm Ockham, in: *Höffe, Otfried* (Hg.), Klassiker der Philosophie, München 1981, S. 220–244.
Jedin, Hubert (Hg.), Handbuch der Kirchengeschichte, Bd. 3/2: Vom kirchlichen Hochmittelalter zum Vorabend der Reformation, Freiburg i.Br./Basel/Wien 1985
King, Peter, Ockhams Ethical Theory, in: *Spade, Paul Vincent* (Hg.), The Cambridge Companion to Ockham, Cambridge U. P. 1999, S. 227–244

Kölmel, Wilhelm, Das Naturrecht bei Wilhelm Ockham, in: Franziskanische Studien 35 (1953), S. 39–85

Kölmel, Wilhelm, Wilhelm Ockham und seine kirchenpolitischen Schriften, Essen 1962

Kölmel, Wilhelm, Perfekter principat? Ockhams Fragen an die Macht, in: *Vossenkuhl, Wilhelm/Schönberger, Rolf* (Hgg.), Die Gegenwart Ockhams, Weinheim 1990, S. 288–304

Kriechbaum, Maximiliane, Actio, ius und dominium in den Rechtslehren des 13. und 14. Jahrhunderts, Ebelsbach 1996

Leppin, Volker, Geglaubte Wahrheit. Das Theologieverständnis Wilhelms von Ockham, Göttingen 1995

Leppin, Volker, Wilhelm von Ockham. Gelehrter, Streiter, Bettelmönch, Darmstadt 2003

Lüddecke, Dirk, Dantes Monarchia als politische Theologie, in: Der Staat 37 (1998), S. 547–570

Lüddecke, Dirk, Veritas exagitata. Überlegungen zu Ockhams politischer Lehre und ihrer Darbietung im ‚Dialogus', in: *Jacobi, Klaus* (Hg.), Gespräche lesen. Philosophische Dialoge im Mittelalter, Tübingen 1999, S. 323–347

McGrade, Arthur Stephen, The Political Thought of William of Ockham. Personal and Institutional Principles, Cambridge 1974

McGrade, Arthur Stephen (Hg.), A short discourse on the tyrannical government (Breviloquium de principatu tyrannico), Transl. by John Kilcullen, Cambridge 1992

McGrade, Arthur Stephen (Hg.), A letter to the Friars Minor and other writings, Transl. by John Kilcullen, Cambridge 1995

McGrade, Arthur Stephen, Natural Law and Moral Omnipotence, in: *Spade, Paul Vincent* (Hg.), The Cambridge Companion to Ockham, Cambridge U. P. 1999, S. 273–301

Miethke, Jürgen, Ockhams Weg zur Sozialphilosophie, Berlin 1969

Miethke, Jürgen, Zur Bedeutung von Ockhams politischer Philosophie für Zeitgenossen und Nachwelt, in: *Vossenkuhl, Wilhelm/Schönberger, Rolf* (Hgg.), Die Gegenwart Ockhams, Weinheim 1990, S. 305–324

Miethke, Jürgen, Nachwort: Ockhams politische Theorie, in: *Wilhelm von Ockham*, Dialogus. Auszüge zur politischen Theorie, ausgew., übers. u. mit Nachwort versehen von J. Miethke, Darmstadt 1992, S. 209–242

Miethke, Jürgen, Ockhams Weg zur Sozialphilosophie, Berlin 1969

Miethke, Jürgen/Bühler, Arnold, Kaiser und Papst im Konflikt. Zum Verhältnis von Staat und Kirche im späten Mittelalter, Düsseldorf 1988

Miethke, Jürgen, De potestate papae. Die päpstliche Amtskompetenz im Widerstreit der politischen Theorie von Thomas von Aquin bis Wilhelm von Ockham, Tübingen 2000

Müller, Sigrid, Handeln in ein kontingenten Welt. Zu Begriff und Bedeutung der rechten Vernunft (recta ratio) bei Wilhelm von Ockham, Tübingen 2000

Nörr, Knut Wolfgang, Zur Frage des subjektiven Rechts in der mittelalterlichen Rechtswissenschaft, in: Festschrift für Hermann Lange zum 70. Geburtstag, Stuttgart/Berlin/Köln 1992, S. 193–204

Offler, Hilary Seton, The Three Modes of Natural Law in Ockham: A revision of the text, in: Franciscan Studies 37 (1977), S. 207–217

Schmidt, Martin Anton, Kirche und Staat bei Wilhelm von Ockham, in: Theologische Zeitschrift 7 (1951), S. 265–284

Scholz, Richard, Die Publizistik zur Zeit Philipps des Schönen und Bonifaz' VIII., Amsterdam 1969 (Nachdr. d. Ausg. Stuttgart 1903)

Scholz, Richard, Wilhelm v. Ockham als politischer Denker und Schriftsteller, in: *ders.*, Wilhelm von Ockham als politischer Denker und sein Breviloquium de principatu tyrannico, Stuttgart 1944

Schröcker, Hubert, Das Verhältnis der Allmacht Gottes zum Kontradiktionsprinzip nach Wilhelm von Ockham, Berlin 2003

Stürner, Wolfgang, Peccatum und potestas. Der Sündenfall und die Entstehung der herrscherlichen Gewalt im mittelalterlichen Staatsdenken, Sigmaringen 1987, S. 207–241

Stürner, Wolfgang, Die Begründung der „iurisdictio temporalis" bei Wilhelm von Ockham, in: *Harkins, Conrad L./Etzkorn, Girard J.* (Hgg.), William of Ockham (1285–1347), Commemorative Issue, Part III., in: Franciscan Studies, Vol. 46, Jhg. XXIV (1986), St. Bonaventure, New York 1988, S. 243–251

Vossenkuhl, Wilhelm/Schönberger, Rolf (Hgg.), Die Gegenwart Ockhams, Weinheim 1990

Vossenkuhl, Wilhelm, Vernünftige Kontingenz. Ockhams Verständnis der Schöpfung, in: *ders./Schönberger, Rolf* (Hgg.), Die Gegenwart Ockhams, Weinheim 1990, S. 77–93

Willoweit, Dietmar, Rezeption und Staatsbildung im Mittelalter, in: *Simon, Dieter* (Hg.), Akten des 26. Deutschen Rechtshistorikertages, Frankfurt 1987, S. 19–44

Willoweit, Dietmar, Dominium und Proprietas. Zur Entwicklung des Eigentumsbegriffs in der mittelalterlichen und neuzeitlichen Rechtswissenschaft, in: Historisches Jahrbuch 94 (1974), S. 131–156

Wolter, Hans, Die Krise des Papsttums und der Kirche im Ausgang des 13. Jahrhunderts, in: *Jedin, Hubert* (Hg.), Handbuch der Kirchengeschichte, Bd. 3/2, Freiburg i.Br./Basel/Wien 1968/85, S. 297–363

§ 13 Marsilius von Padua

Quellen:

Marsilius von Padua, Der Verteidiger des Friedens (Defensor pacis), Teil I und II. Lat.-dt. Aufgrund der Übersetzung von Walter Kunstmann bearb. und eingeleitet von Horst Kusch, Berlin 1958.

Der lateinische Text dieser Ausgabe ist der quellenkritischen Edition von *Richard Scholz*, Marsilii de Padua, Defensor Pacis (Fontes juris Germanici antiqui in usum scholarum), Hannover 1932, entnommen.

Der Defensor pacis enthält drei Teile (Diccio I–III); jeder Teil ist in Kapitel, diese sind in Paragraphen unterteilt. Zitiert wird nach Teil, Kapitel, Paragraph, z. B. DP I, 4, § 3.

Weitere Ausgaben des Defensor pacis:

Previté-Orton, C. W., The 'Defensor Pacis' of Marsilius of Padua, Cambridge 1928

Gewirth, Alan, Marsilius of Padua. The Defensor of Peace. Vol. II: The Defensor pacis translated with an introduction, New York 1956

Kleinere Schriften:

Marsile de Padoue, Œuvres Mineures, Defensor Minor, De Translatione Imperii. Text établi, traduit et annoté par Collette Jeudy et Jeannine Quillet, Paris 1979

Literatur:

Battaglia, Felice, Marsilio da Padova e la filosofia politica del Medio Evo, Firence 1928

Bielefeldt, Heiner, Von der päpstlichen Universalherrschaft zur autonomen Bürgerrepublik, in: Sav. Zs. Kan. Abt. 73 (1987), S. 70–130

Bornhak, Otto, Staatskirchliche Anschauungen und Handlungen am Hofe Kaiser Ludwigs des Bayern, Weimar 1933

Brampton, C. K., Marsiglio of Padua. Life, in: English Historical Review XXXVII (1922), S. 501 ff.

Coleman, Janet, A History of Political Thought (Vol. 2). From the Middle Ages to the Renaissance, Oxford 2000

Dempf, Alois, Sacrum Imperium. Geschichts- und Staatsphilosophie des Mittelalters und der politischen Renaissance, München/Berlin 1929 (Nachdruck Darmstadt 1954 u. 1962), S. 430–440

Di Vona, Piero, I Principi del Defensor pacis, Napoli, 1974

Gewirth, Alan, Marsilius of Padua. The Defensor of Peace. Vol. I: Marsilius of Padua and Medieval Political Philosophy, New York 1951

Grabmann, Martin, Studien über den Einfluß der aristotelischen Philosophie auf die mittelalterlichen Theorien über das Verhältnis von Kirche und Staat (Sitzungsberichte der bayr. Ak. d. Wiss., Phil.-hist. Abt. 1934, Heft 2), München 1934, S. 41–60

Guggenheim, M., Marsilius von Padua und die Staatslehre des Aristoteles, in: Historische Vierteljahrsschrift VII (1904), S. 343–362

Haller, Johannes, Zur Lebensgeschichte des Marsilius von Padua, in: Zeitschrift für Kirchengeschichte XLVIII (1929), S. 166–199

Hashagen, Justus, Marsilius von Padua (1290–1342) im Lichte der neueren Forschung, in: Historisches Jahrbuch LXI (1941), S. 274–277

Hofmann, Hasso, Repräsentation, Studien zur Wort- und Begriffsgeschichte von der Antike bis ins 19. Jahrhundert, Berlin [4]2003, S. 191–211

Koch, Bettina, Zur Dis-Kontinuität mittelalterlichen politischen Denkens in der neuzeitlichen politischen Theorie: Marsilius von Padua, Johannes Althusius und Thomas Hobbes im Vergleich, Berlin 2005

Kusch, Horst, Friede als Ausgangspunkt der Staatstheorie des Marsilius von Padua, in: Das Altertum 1 (1955), S. 116–125

Kusch, Horst, Einleitung in: Marsilius von Padua, der Verteidiger des Friedens (Defensor pacis), Teil I, Berlin 1958

Lagarde, Georges de, Marsile de Padoue ou le premier théoricien de l'Etat laique, Saint-Paul-Trois-Châteaux, 1934, Neubearbeitung 1970

Lagarde, Georges de, Marsile de Padoue et Guillaume d'Ockham, in : Revue de seiences religieuses XVII (1937), S. 168–185, 428–454

Loeffelberger, Michael, Marsilius von Padua: das Verhältnis von Kirche und Staat im „Defensor pacis", Berlin 1992

Lüddecke, Dirk, Marsilius von Padua, in : *H. Maier/H. Denzer* (Hg.), Klassiker des politischen Denkens, Bd. 1, München 2001, S. 107–118

Lutz, Jürgen, Zur Struktur der Staatslehre des Marsilius von Padua im ersten Teil des Defensor pacis, in: Zeitschrift für Historische Forschung 22 (1995), S. 371–386

Miethke, Jürgen, Politische Theorien im Mittelalter, in: *Lieber, Hans-Joachim* (Hg.), Politische Theorien von der Antike bis zur Gegenwart, München o. J. (2000)

Nederman, Cary, Community and Consent. The Secular Political Theory of Marsiglio of Padua's Defensor Pacis, London 1995

Otto, Heinrich, Marsilius von Padua und der Defensor pacis, in: Historisches Jahrbuch XLX (1925), S. 189–218

Passerin d'Entréves, Alexander, The Medieval Contribution to Political Thought – Thomas Aquinas, Marsilius of Padua, Richard Hooker, Oxford 1939, S. 44–87

Previté-Orton, Charles W., Marsilius of Padua, in: Proceedings of the British Academy XXI (1935), S. 137–183

Quillet, Jeannine, La philosophie politique de Marsile de Padoue, Paris 1970

Sabine, George H., A History of Political Theory, New York 1937, S. 287–304

Scholz, Richard, Die Publizistik zur Zeit Philipp des Schönen und Bonifaz' VIII. Ein Beitrag zu den politischen Anschauungen des Mittelalters, Stuttgart 1903

Scholz, Richard, Marsilius von Padua und die Idee der Demokratie, in: ZPol I (1907), S. 61–94

Scholz, Richard, Marsilius von Padua und die Genesis des modernen Staatsbewußtseins, in: Historische Zeitschrift 156 (1937), S. 88–103

Segall, Hermann, Der „Defensor pacis" des Marsilius von Padua. Grundfragen der Interpretation, Wiesbaden 1959

Sternberger, Dolf, Die Stadt und das Reich in der Verfassungslehre des Marsilius von Padua (Sitzungsberichte der Wiss. Gesellschaft a. d. Johann Wolfgang Goethe-Universität Frankfurt a. M., Bd. 13, Nr. 3), Wiesbaden 1981, S. 89–149

Stieglitz, Leopold, Die Staatstheorie des Marsilius von Padua, Leipzig/Berlin 1914

Struve, Tilman, Die Rolle des Gesetzes im „Defensor pacis" des Marsilius von Padua, in: Medioevo. Rivista di Storia della philosophia mediale VI (1980), S. 355–378

Struve, Tilman, Die Bedeutung der aristotelischen 'Politik' für die natürliche Begründung der staatlichen Gemeinschaft, in: *Jürgen Miethke* (Hg.), Das Publikum politischer Theorie im 14. Jahrhundert (Schriften des Historischen Kollegs 21), München 1992, S. 153–171

§ 14 Die spanische Spätscholastik

Allgemeine Literatur:

Blackburn, Robin, The Making of New World Slavery. From the Baroque to the Modern (1492–1800), London/New York 1997

Brett, Annabel S., Liberty, Right and Nature. Individual Rights in Later Scholastic Thought, Cambridge 1997

Coing, Helmut, Zur Geschichte des Begriffs „subjektives Recht“, in: *ders./Lawson, F. H. / Grönfrös, K.* (Hgg.), Das subjektive Recht und der Rechtsschutz der Persönlichkeit, Berlin 1959, S. 7–23

Delgado, Mariano, Die Zustimmung des Volkes in der politischen Theorie von Francisco de Vitoria, Bartolomé de Las Casas und Francisco Suárez, in: *Grunert, Frank / Seelmann, Kurt* (Hgg.), Die Ordnung der Praxis, Tübingen 2001

Dempf, Alois, Christliche Staatsphilosophie in Spanien, Salzburg 1937

Fisch, Jörg, Die europäische Expansion und das Völkerrecht. Die Auseinandersetzungen um den Status der überseeischen Gebiete vom 15. Jahrhundert bis zur Gegenwart, Stuttgart 1984

García Cárcel, Ricardo, La Leyenda Negra. Historia y Opinión, Madrid 1992

Garzón Valdés, Ernesto (Hg.), Spanische Studien zur Rechtstheorie und Rechtsphilosophie, Berlin 1990

Grewe, Wilhelm, Epochen der Völkerrechtsgeschichte, Baden-Baden 1984

Grunert, Frank / Seelmann, Kurt (Hg.), Die Ordnung der Praxis. Neue Studien zur spanischen Spätscholastik, Tübingen 2001

Hamilton, Bernice, Political Thought in Sixteenth-century Spain. A Study of the Political Ideas of Vitoria, De Soto, Suárez and Molina, London 1963

Höffner, Joseph, Kolonialismus und Evangelium. Spanische Kolonialethik im goldenen Zeitalter, Trier ³1972

Kaser, Max, Römisches Privatrecht, München ¹⁸1992

Kaser, Max, Ius gentium, Köln/Weimar/Wien 1993

Kohler, Josef, Die spanischen Naturrechtslehrer des 16. und 17. Jahrhunderts, in: Archiv für Rechts- und Wirtschaftsphilosophie 10 (1916/17), S. 235–263

Kölmel, Wilhelm, Von Ockham zu Gabriel Biel. Zur Naturrechtslehre des 14. und 15. Jahrhunderts, in: Franziskanische Studien 37 (1955), S. 218–259

Luhmann, Niklas, Subjektive Rechte. Zum Umbau des Rechtsbewußtseins für die moderne Gesellschaft = *ders.*, Gesellschaftsstruktur und Semantik, Bd. 2, Frankfurt 1993, S. 45–104

Mate, Reyes / Niewöhner, Friedrich (Hg.), Spaniens Beitrag zum politischen Denken in Europa um 1600 (Wolfenbütteler Forschungen 57), Wiesbaden 1994

Mesnard, Pierre, L’essor de la Philosophie Politique au XVIe Siècle, Paris ²1951

Metzler, Josef (Hg.), America Pontificia, Bd. 1: Primi saeculi evangelisationis 1493–1592; documenta Pontificia ex registris et minutis praesertim in Archivo Secreto Vaticano existentibus, coll., ed. Josef Metzler mandatu Pontificii Comitatus de Scientiis Histoicis, Citta del Vaticano 1991

Milkon, Alain, Entdeckungen und Christianisierung der Fernen, in: *Brox, Norbert* u. a. (Hg.), Die Geschichte des Christentums. Religion, Politik, Kultur (dt. Ausgabe), Bd. 7: Von der Reform zur Reformation (1450–1530), Freiburg i. Br./ Basel/Wien 1995, S. 521–611

Noreña, Carlos G., Studies in Spanish Renaissance Thought, Den Haag 1975

Pérez Luño, Antonio-Enrique, Die klassische spanische Naturrechtslehre in fünf Jahrhunderten, Berlin 1994

Reinhard, Wolfgang, Geschichte der Staatsgewalt. Eine vergleichende Verfassungsgeschichte Europas von den Anfängen bis zur Gegenwart, München 1999

Russell, F., The Just War in the Middle Ages, Cambridge 1975

Seelmann, Kurt, Theologie und Jurisprudenz an der Schwelle zur Moderne. Die Geburt des neuzeitlichen Naturrechts in der iberischen Spätscholastik, Baden-Baden 1997

Seelmann, Kurt, Die Denkfigur des „subjektiven Rechts" in der spanischen Spätscholastik, in: *Mate, Reyes/Niewöhner, Friedrich* (Hgg.), Spaniens Beitrag zum politischen Denken in Europa um 1600, Wiesbaden 1994

Scattola, Merio, Das Naturrecht vor dem Naturrecht. Zur Geschichte des ‚ius naturae' im 16. Jahrhundert, Tübingen 1999

Specht, Rainer, Materialien zum Naturrechtsbegriff der Scholastik, in: Archiv für Begriffsgeschichte 21 (1977), S. 86–113

Specht, Rainer, Spanisches Naturrecht – Klassik und Gegenwart, in: Zeitschrift für philosophische Forschung 41 (1987), S. 169–182

Specht, Rainer, Spanische Spätscholastik im Kontext ihrer Zeit, in: *Grunert, Frank / Seelmann, Kurt* (Hgg.), Die Ordnung der Praxis, Tübingen 2001, S. 3–17

White, Kevin (Hg.), Hispanic Philosophy in the Age of Discovery, Washington D.C. 1997

Willoweit, Dietmar, Dominium und Proprietas. Zur Entwicklung des Eigentumsbegriffs in der mittelalterlichen und neuzeitlichen Rechtswissenschaft, in: Historisches Jahrbuch 94 (1974), S. 131–156

Francisco de Vitoria

Quellen:

Vitoria, Francisco de, Comentarios a la Secunda secundae de Santo Tomás, 6 Bde., ed. por Vicente Beltrán de Heredia, Salamanca 1932–1952, darin Bd. 3: De Iustitia (qq. 57–66), 1934 (zit.: ComSTh, II–II)

Vitoria, Francisco de, Comentario al Tratado de la Ley (I–II, qq. 90–108). Fragmentos de Relecciones dictamenes sobre Cambios, ed. por Vicente Beltrán de Heredia, Madrid 1952 (zit.: ComSTh, I–II)

Vitoria, Francisco de, Obras. Relecciones teológicas, ed. por Teófilo Urdanoz, Madrid 1960

Vitoria, Francisco de, Relecciones teológicas (lat./span.), Bd. 1–3, ed. por Luis G. Alonso Getino, Madrid 1933–1935

Vitoria, Francisco de, De Indis recenter inventis et de jure belli Hispanorum in Barbaros. Relectiones (lat./dt.), hrsg. v. Walter Schätzel, Tübingen 1952

Vitoria, Francisco de, Vorlesungen (Relectiones) I u. II. Völkerrecht, Politik, Kirche (lat./dt.), hrsg. von Ulrich Horst, Heinz-Gerhard Justenhoven u. Joachim Stüben, Stuttgart/Berlin/Köln 1995–1997 (zit.: Vorlesungen I und II)

Vitoria, Francisco de, Über die staatliche Gewalt. De potestate civili (lat./dt.), Übersetzung von R. Schnepf, Berlin 1992

Die Grundsätze des Staats- und Völkerrechts bei Francisco de Vitoria, Auswahl der Texte, Einführungen und Anmerkungen von A. Truyol Serra, Zürich ²1957

Literatur:

Binder, Karl, Die Theologenschule von Salamanca und das Aufblühen der Scholastik unter Kaiser Karl V., in: Religion, Wissenschaft, Kultur 11 (1960), S. 221–251

Böhm, Antonius Henricus, Francisco de Vitoria and the Nature of Colonial Policy, in: Catholic Historical Review 35 (1949/50), S. 129–162

Castañeda Delgado, Paulino, Die ethische Rechtfertigung der Eroberung Amerikas, in: *Kohut, Karl* (Hg.), Der eroberte Kontinent, Frankfurt a.M. 1991, S. 71–85

Castilla Urbano, Francisco, El pensiamento de Francisco de Vitoria. Filosofia politica e indio americano, Barcelona 1992

Castilla Urbano, Francisco, Die Theorie vom Gemeinwesen als sozialem Organismus bei Francisco de Vitoria, in: *Mate, Reyes / Niewöhner, Friedrich* (Hgg.), Spaniens Beitrag zum politischen Denken in Europa um 1600, Wiesbaden 1994, S. 37–60

Deckers, Daniel, Gerechtigkeit und Recht. Eine historisch-kritische Untersuchung der Gerechtigkeitslehre des Francisco de Vitoria (1483–1546), Freiburg i.Ue./ Freiburg i.B. 1991

Führer, Werner, Spätscholastik und Völkerrecht. Francisco de Vitorias Beitrag zum politischen Denken der Neuzeit, in: *Mate, Reyes/Niewöhner, Friedrich* (Hgg.), Spaniens Beitrag zum politischen Denken in Europa um 1600, Wiesbaden 1994, S. 181–196

Grawert, Rolf, Francisco de Vitoria. Naturrecht – Herrschaftsordnung – Völkerrecht, in: Der Staat 39 (2000), S. 110–125

Hadrossek, Paul, Leben und Werk des Franciscus de Victoria, in: *Vitoria, Francisco de*, De Indis recenter inventis et de jure belli Hispanorum in Barbaros, hrsg. v. Walter Schätzel, Tübingen 1952, S. XI–XXX

Horst, Ulrich, Leben und Werke Francisco de Vitorias, in: *Vitoria, Francisco de*, Vorlesungen I (Relectiones), hrsg. von Ulrich Horst / Heinz-Gerhard Justenhoven/Joachim Stüben, Köln 1995, S. 13–99

Janssen, Dieter, Die Theorie des gerechten Krieges im Denken des Francisco de Vitoria, in: *Grunert, Frank / Seelmann, Kurt* (Hgg.), Die Ordnung der Praxis, Tübingen 2001, S. 205–243

Justenhoven, Heinz-Gerhard, Francisco de Vitoria zu Krieg und Frieden, Köln 1991

Matz, Ulrich, Vitoria, in: *Maier, Hans/Rausch, Heinz/Denzer, Horst* (Hgg.), Klassiker des politischen Denkens, Bd. 1, München ⁶1986, S. 274–292

Pereña, Luciano, Die spanische Eroberung Amerikas und das europäische Denken. Die Schule von Salamanca, in: *Mate, Reyes/Niewöhner, Friedrich* (Hgg.), Spaniens Beitrag zum politischen Denken in Europa um 1600, Wiesbaden 1994, S. 69–79

Sievernich, Michael, Toleranz und Kommunikation. Das Recht der Mission bei Francisco de Vitoria, in: *Grunert, Frank / Seelmann, Kurt* (Hgg.), Die Ordnung der Praxis, Tübingen 2001, S. 183–203

Soder, Josef, Die Idee der Völkergemeinschaft. Francisco de Vitoria und die philosophischen Grundlagen des Völkerrechts, Frankfurt/Berlin 1955

Urdanoz, Teófilo, Las Casas y Francisco de Vitoria, in: Revista de estudios políticos 198 (1974), S. 115–186; 199 (1975), S. 199–222

Bartolomé de Las Casas

Quellen:

Als kritische Ausgabe der Werke liegt nun fast vollständig vor:

Las Casas, Bartolomé de, Obras completas, Edición dirigida por Paulino Castañeda Delgado, 15 Bde., Madrid 1988 ff. (zit.: OC – Bandzahl)

ferner:

Las Casas, Fray Bartolomé de, Obras escogidas, Ed. por Juan Pérez de Tudela. 5 Bde., Madrid 1957–1958

Die Übersetzungen wurden der ebenfalls neu erschienenen deutschen Ausgabe von Las Casas' Texten entnommen. Sie enthält den lateinischen bzw. spanischen Wortlaut nicht, jedoch Studien und Einleitungen zu den einzelnen Schriften mit jeweils ausführlichen Literaturhinweisen:

Las Casas, Bartolomé de, Werkauswahl, hrsg. von Mariano Delgado, Bde. 1–3/2, Paderborn/München/Wien/Zürich 1994–1997 (zit.: WA – Bandzahl)

Literatur:

Biermann, Benno, Las Casas und seine Sendung, Mainz 1968

Brieskorn, Norbert, Las Casas und das römische Recht, in: *Delgado, Mariano* (Hg.), Las Casas, Werkauswahl Bd. 3/1, S. 13–32

Capdevila, Nestor, Las Casas une Politique de l'humanité, Paris 1998

Delgado, Mariano, Bartolomé de Las Casas (1484–1566). Weg, Werk und Wirkung, in: *Las Casas*, Werkauswahl 1, S. 11–26, Anhang S. 27–33

Delgado, Mariano, Universalmonarchie, translatio imperii und Volkssouveränität bei Las Casas oder Das prozeßhafte Entstehen einer politischen Theorie zwischen Mittelalter und Neuzeit, in: *Las Casas*, Werkauswahl 3/1, S. 161–179

Eggensperger, Thomas, Der Einfluß des Thomas von Aquin auf das politische Denken des Bartolomé de Las Casas im Traktat „De imperatoria vel regia potestate", Münster 2001

Eggensperger, Thomas, Die encomienda – Dreh- und Angelpunkt der Kritik des Las Casas an der Kolonisierung Westindiens, in: *Las Casas*, Werkauswahl 3/2, S. 67–81

Eggensperger, Thomas / Engel, Ulrich, Bartolomé de Las Casas. Dominikaner – Bischof – Verteidiger der Indios (Topos-taschenbücher 207), Mainz 1991

Gillner, Matthias, Bartolomé de Las Casas und die Eroberung des indianischen Kontinents, Stuttgart/Berlin/Köln 1997

Hanke, Lewis, Aristotle and the American Indians, Bloomington/London 1959

Hanke, Lewis, All mankind is One. A Study on the Disputation between Bartolomé de Las Casas and Juan Ginés de Sepúlveda in 1550 on the Intellectual and Religious Capacity of the American Indians, De Kalb 1974

Hanke, Lewis, The Spanish Struggle for Justice in the Conquest of America, Boston 1965

Pérez Fernández, Isacio, Fray Bartolomé de Las Casas OP. De Defensor de los indios a defensor de los negros, Salamanca 1995

Pietschmann, Horst, Staat und staatliche Entwicklung am Beginn der spanischen Kolonisation Amerikas, Münster 1980

Pietschmann, Horst, Aristotelischer Humanismus und Inhumanität? Sepúlveda und die amerikanischen Ureinwohner, in: *Reinhard, Wolfgang* (Hg.), Humanismus und Neue Welt, Weinheim 1987, S. 143–166

Sievernich, Michael, Las Casas und die Sklavenfrage, in: *Las Casas*, Werkauswahl 3/1, S. 61–66

Traboulay, David M., Columbus and Las Casas. The Conquest and the Christianisation of America 1492–1566, New York / London 1994

Francisco Suárez

Quellen:

Suárez, Francisco, Opera Omnia, Editio a Carolo Berton, 26 Bde., Paris 1856–1877

Suárez, Francisco, De Legibus, Edición crítica bilingüe por Luciano Pereña (lat./span.), 6 Bde., Madrid 1971–1977 (zitiert: DL, Buch I–III)

Suárez, Francisco, Defensio Fidei = *ders.*, Opera Omnia, Ed. Berton, Bd. 24, Paris 1859

Suárez, Francisco, Defensio Fidei III, Edición crítica bilingüe por E. Elorduy y L. Pereña (lat./span.), Madrid 1965 (zitiert: DF)

Suárez, Francisco, Abhandlung über die Gesetze und Gott den Gesetzgeber. Übersetzt, hrsg. u. mit einem Anhang versehen von Norbert Brieskorn, Freiburg / Berlin 2002

Suárez, Francisco, Ausgewählte Texte zum Völkerrecht, Lat. Text nebst deutscher Übersetzung, hrsg. von Josef de Vries, Tübingen 1965

Suárez, Francisco, Disputatio de bello (lat./dt.), in: *ders.*, Ausgewählte Texte zum Völkerrecht, S. 114–205

Literatur:

Courtine, Jean-François, Nature et empire de la loi. Études suáreziennes, Paris 1999

Gemmeke, Elisabeth, Die Metaphysik des sittlich Guten bei Franz Suarez, Freiburg i. Br./Basel/Wien 1965

Garzón Valdés, Ernesto, Die Worte des Gesetzes und ihre Auslegung – Einige Thesen von Francisco Suárez, in: *Ballweg, Ottmar/Seibert, Thomas Michael* (Hgg.), Rhetorische Rechtstheorie, München 1982, S. 247–268

Haakonssen, Knud, Natural law and moral philosophy. From Grotius to the Scottish Enlightenment, Cambridge 1996, S. 15–25

May, William E., The Natural Law Doctrine of Francis Suárez, in: The New Scholasticism 58 (1984), S. 409–423

Noreña, Carlos G., Francisco Suárez on Democracy and International Law, in: *White, Kevin* (Hg.), Hispanic Philosophy in the Age of Discovery, Washington D.C. 1997, S. 257–271

Rommen, Heinrich, Die Staatslehre des Franz Suarez SJ, Mönchen Gladbach 1927

Rommen, Heinrich, Gesetz und Freiheit in der Rechts- und Staatslehre von Suárez, in: Actas del IV. Centenario del Nacimiento de Francisco Suárez 1549–1948, Vol. II, Burgos 1950, S. 243–258

Quin, Eckehard, Personenrecht und Widerstandsrecht in der katholischen Widerstandslehre Frankreichs und Spaniens um 1600, Berlin 1999, S. 372–632

Soder, Josef, Francisco Suárez und das Völkerrecht, Frankfurt 1973

Specht, Rainer, Zur Kontroverse von Suarez und Vasquez über den Grund der Verbindlichkeit von Gesetzen: ARSP 45 (1959), S. 235–255

Specht, Rainer, Über den Sinn des sogenannten Voluntarismus in der Gesetzestheorie des Suárez, in: Wissenschaft – Ethos – Politik im Dienste gesellschaftlicher Ordnung. Festgabe zum 60. Geburtstag von Josef Höffner, Münster 1967, S. 247–256

§ 15 Martin Luther

Quellen:

Die für Luthers Rechtsbegründung und Staatslehre einschlägigen Schriften und Äußerungen sind sämtlich enthalten in der kritischen Gesamtausgabe

D. Martin Luthers Werke, Kritische Gesamtausgabe, Weimar 1883 ff. (sog. Weimarer Ausgabe, zitiert: WA). Zu ihr gehören drei Zusatzabteilungen: Briefwechsel (WAB), Tischreden (WATR), Deutsche Bibel (WADB)

Daneben sind die heute leicht greifbaren Auswahlausgaben zu nennen:

Luthers Werke in Auswahl, hrsg. von Otto Clemen, Bonn, später Berlin 1912ff. (zitiert: BoA oder Cl)

Martin Luther, Ausgewählte Schriften, hrsg. von Karin Bornkamm und Gerhard Ebeling, 6 Bde., Frankfurt a.M. 1982/^{2}1993.

Die deutschsprachigen Schriften Luthers sind in frühneuhochdeutscher Sprache verfaßt. Bei Wiedergaben wird in Sprachform, Duktus und Wortwahl, soweit daraus im Blick auf das heutige Sprachverständnis nicht Sinnveränderungen hervorgehen, auf Luthers Text zurückgegriffen; die Rechtschreibung ist heutigen Regeln angepaßt.

Literatur:

Andreas, Willy, Deutschland vor der Reformation. Stuttgart [6]1959

Basse, Michael, Ideale Herrschaft und politische Realität. Zu Luthers Auslegung des 101. Psalm 1534, in: Zeitschrift für Kirchengeschichte 114 (2003), S. 45–71

Berman, Harold J., Law and Revolution II. The Impact of the Protestant Reformation on the Western Legal Tradition, Cambridge (Mass.)/London 2003

Bizer, Ernst, Fides ex auditu. Eine Untersuchung über die Entdeckung der Gerechtigkeit Gottes durch Martin Luther, Neukirchen-Vluyn [3]1966

Bornkamm, Heinrich, Das Problem der Toleranz im 16. Jahrhundert, in: Das Jahrhundert der Reformation, Frankfurt a.M. 1983, S. 342–379

Bornkamm, Heinrich, Luthers Lehre von den zwei Reichen im Zusammenhang seiner Theologie, Gütersloh [3]1969

Bornkamm, Heinrich, Zur Frage der Iustitia Dei beim jungen Luther, in: Archiv für Reformationsgeschichte 52 (1961) 16–29 und 53 (1962) 1–60

Brecht, Martin, Luther, 3 Bde., Stuttgart 1981–1987 (Bd. 1 [2]1983)

Brecht, Martin, Art. Luther I (Leben) in: Theologische Realenzyklopädie 21 (1991), 514–530

Cargill Thompson, W. O. J., The Political Thought of Martin Luther, hrsg. v. Philipp Broadhead, Sussex/New Jersey 1984

Diesselhorst, Malte, Zur Zwei-Reiche-Lehre Martin Luthers, in: *Dilcher, Gerhard/Staff, Ilse* (Hgg.), Christentum und modernes Recht. Beiträge zum Problem der Säkularisation, Frankfurt a.M. 1984

Duchrow, Ulrich, Christenheit und Weltverantwortung. Traditionsgeschichte und systematische Struktur der Zweireichelehre, Stuttgart 1970

Duchrow, Ulrich (Hg.), Zwei Reiche und Regimente. Ideologie oder evangelische Orientierung?, Gütersloh 1977

Duchrow, Ulrich, Luther und der Gebrauch und Mißbrauch der „Zweireichelehre“ in Theologie, Praxis und Institution lutherischer Kirchen – einige geschichtliche Beispiele und Perspektiven, in: *ders.* (Hg.), Zwei Reiche und Regimente. Ideologie oder evangelische Orientierung?, Gütersloh 1977, S. 9–32

Ebeling, Gerhard, Luther. Eine Einführung in sein Denken, Tübingen [4]1981

Ebeling, Gerhard, Lutherstudien, Bd. 2, 1–3 (Kommentar zu Luthers Disputatio de homine), Tübingen 1977–1989

Elert, Werner, Morphologie des Luthertums. 2 Bde., München [3]1965

Grane, Leif, Luther and Scholasticism, in: *Harran, Marylin J.* (Hg.), Luther and Learning, Selinsgrove/London/Toronto 1985, S. 52–68

Harran, Marylin J., Luther as Professor, in: *dies.* (Hg.), Luther and Learning, Selinsgrove/London/Toronto 1985, S. 29–51

Heckel, Johannes, Cura religionis, ius in sacra, ius circa sacra, in: Festschrift für Ulrich Stutz, Stuttgart 1938, S. 224–298, (Nachdruck Darmstadt 1962).

Heckel, Johannes, Lex Charitatis. Eine juristische Untersuchung über das Recht in der Theologie Martin Luthers, hrsg. von Martin Heckel, Darmstadt [2]1973

Heckel, Johannes, Naturrecht und christliche Verantwortung im öffentlichen Leben nach der Lehre Martin Luthers (1952), in: *ders.*, Das blinde undeutliche Wort ‚Kirche‘. Gesammelte Aufsätze, Köln/Graz 1964, S. 243–265

Heckel, Johannes, Widerstand gegen die Obrigkeit? Recht und Pflicht zum Widerstand bei Martin Luther (1954), in: *ders.*, Das blinde undeutliche Wort ‚Kirche'. Gesammelte Aufsätze, Köln/Graz 1964, S. 288–306

Heckel, Martin, Rechtstheologie Luthers, in: Evangel. Staatslexikon (1966), in: *ders.*, Gesammelte Schriften, Bd. 1, hrsg. v. Klaus Schlaich, Tübingen 1989, S. 324–365

Heckel, Martin, Weltlichkeit und Säkularisierung (1983), in: *ders.*, Gesammelte Schriften, Bd. 2, hrsg. v. K. Schlaich, Tübingen 1989, S. 912–933

Honecker, Martin, Martin Luther und die Politik, in: Der Staat 22 (1983), 473–498

Honecker, Martin, Art. Zwei-Reiche-Lehre, in: *Herzog, R./Kunst, H./Schlaich, K./Schneemelcher, W.* (Hgg.), Evangelisches Staatslexikon, Stuttgart ^{3}1987, Sp. 4112–4124

Iserloh, Erwin, Martin Luther und der Aufbruch der Reformation, in: *Jedin, Hubert* (Hg.), Handbuch der Kirchengeschichte, Bd. 4, Freiburg 1985 (Nachdruck 1999), S. 3–216

Janz, Denis R., Luther on Thomas Aquinas, Stuttgart 1989

Jedin, Hubert (Hg.), Handbuch der Kirchengeschichte, Bd. 4: Reformation, Katholische Reform und Gegenreformation, Freiburg i. Br./Basel/Wien 1967 (Neudruck Freiburg 1985, Nachdruck 1999)

Junghans, Helmar, Der junge Luther und die Humanisten, Weimar / Göttingen 1985

Kodalle, Klaus-M., Institutionen – Recht – Politik im Denken Martin Luthers, in: *Göhler, Gerhard / Lenk, Kurt / Münkler, Herfried / Walther, Manfred* (Hgg.), Politische Institutionen im gesellschaftlichen Umbruch, Opladen 1990, S. 140–159

Lau, Franz, Luthers Lehre von den beiden Reichen, Berlin 1953

Lecler, Joseph, Geschichte der Religionsfreiheit im Zeitalter der Reformation, 2 Bde., Stuttgart 1965

Lohse, Bernhard, Luthers Theologie in ihrer historischen Entwicklung und ihrem systematischen Zusammenhang, Göttingen 1995

Lohse, Bernhard, Martin Luther. Eine Einführung in sein Leben und sein Werk, München ^{3}1997

Lortz, Joseph, Die Reformation in Deutschland, 2. Bde., Freiburg ^{2}1949

Manthey, Volker, „Zwei Schwerter – Zwei Reiche". Martin Luthers Zwei-Reiche-Lehre vor ihrem spätmittelalterlichen Hintergrund, Tübingen 2005

Michaelis, Karl, Die Deutschen und ihr Rechtsstaat, Berlin/New York 1980

Moeller, Bernd, Frömmigkeit in Deutschland um 1500, in: Archiv für Reformationsgeschichte 56 (1965), S. 5–31

Mühlen, Karl-Heinz zur, Art. Luther II (Theologie), in: Theologische Realenzyklopädie 21 (1991), 530–567

Münkler, Herfried, Politisches Denken in der Zeit der Reformation, in: *Fetscher, Iring/Münkler, Herfried* (Hgg.), Pipers Handbuch der politischen Ideen, Bd. 2, München/Zürich 1993, S. 615–683

Oberman, Heiko A., Luther, Mensch zwischen Gott und Teufel, München 1986

Oberman, Heiko A., Spätscholastik und Reformation, Bd. 1: Der Herbst der mittelalterlichen Theologie, Zürich 1965, Bd. 2: Werden und Wirkung der Reformation. Vom Wegestreit zum Glaubenskampf, Tübingen 1977

Rabe, Horst, Deutsche Geschichte 1500–1600. Das Jahrhundert der Glaubensspaltung. München 1991

Ritter, Gerhard, Die Neugestaltung Europas im 16. Jahrhundert, Berlin 1950

Scherzer, Hans Karl, Luther, in: *Maier, Hans/Rausch, Heinz/Denzer, Horst* (Hgg.), Klassiker des politischen Denkens, Bd. 1, München [6]1986, S. 199–215

Schrey, Heinz-Horst (Hg.), Reich Gottes und Welt. Die Lehre Luthers von den zwei Reichen, Darmstadt 1969

Schulin, Ernst, Kaiser Karl V. Geschichte eines übergroßen Wirkungsbereichs, Stuttgart/Berlin/Köln 1999, S. 79–135.

Schwarz, Reinhard, Luther, Göttingen [2]1998

Spitz, Lewis W., The Religious Renaissance of the German Humanists, Cambridge (Mass.) 1963

Thielicke, Helmut, Theologische Ethik, Bd. 1, Tübingen [5]1981, S. 602–607

Wolf, Gunther (Hg.), Luther und die Obrigkeit, Darmstadt 1972

Personenverzeichnis

(Seitenzahlen in Kursivdruck beziehen sich auf die Fußnoten. Autoren von Sekundärliteratur sind nicht berücksichtigt)

Sachverzeichnis

Systematische Aufschlüsselung

im Hinblick auf Grundthemen der Rechts- und Staatsphilosophie (Es wird auf die jeweils einschlägigen Stichworte und Unterstichworte des Sachverzeichnisses verwiesen)

Rechtsphilosophie

Rechtsbegriff

Recht: Merkmale und Eigenschaften
Recht, geltendes/positives: Gestaltungsfreiheit und potentielle Dynamik

Aufgabe und Funktion des Rechts

Lex humana
Recht, geltendes/positives: Erhaltungsordnung für die Menschen
Nomoi in der politisch-philosoph. Diskussion = prägende Kraft für die einzelnen

Geltung und Geltungskonflikte im Recht

Gesetz, Gesetzesbegriff: Geltungskraft u. Geltungsgründe; Gerechtigkeit des Gesetzes
Gewohnheitsrecht

Verbindlichkeit des Rechts, Rechtsgehorsam und seine Grenzen

Gesetz, Gesetzesbegriff: Gerechtigkeit des Gesetzes; Gehorsamspflicht und ihre Grenzen; Verbindlichkeit ungerechter Gesetze
Handeln, ethisches und rechtliches: Verantwortlichkeit vor dem Gewissen
Widerstand, Widerstandslehren

Vorpositive Grundlagen des Rechts

Lex naturalis: Inhalt und Wesen
Naturrecht – bei Aristoteles, Cicero usf.
Naturrecht: Erscheinungsformen

Naturrecht und positives Recht

Leges-Hierarchie – bei Augustinus, Thomas v. Aquin, Duns Scotus usf.
Lex naturalis: Verhältnis zur lex humana
Recht, Merkmale und Eigenschaften: Gerechtes, Gerichtetes, grundgelegt in der Natur der Sache
Recht, geltendes/positives: Wurzeln und Grenzen im Naturrecht und der lex naturalis
Gesetz, Gesetzesbegriff: Gerechtigkeit des Gesetzes

Recht, Ethik und Moral

Lex humana: Hinordnung auf das bonum commune; kein Verbot aller Laster
Politische Gemeinschaft (politische Ordnung) Aufgabe und Ziel: Erreichung des guten Lebens; der felicitas politica
Weltliches Regiment: äußere Gebots- und Zwangsordnung

Gerechtigkeit, Begriff und Arten

Gerechtigkeit – bei Antiphon, Platon, Aristoteles etc.
Gerechtigkeit: bezogen auf zwischenmenschlichen Bereich; auf harmonische Zuordnung der Seelenkräfte im Menschen; eheliche Tugend und Habitus
Gerechtigkeit: Arten der Gerechtigkeit

Maßstäbe der Gerechtigkeit

Gerechtigkeit, Inhalt der: gerichtet auf aequalitas
Gerechtigkeit: Gleichheit und Gerechtigkeit

Gerechtigkeit, Rechtlichkeit, Billigkeit

Gesetz, Gesetzesbegriff: Gesetzesänderung
Politische Gemeinschaft/polit. Ordnung: Endgültigkeit entschiedener Rechtssachen
Epieikeia (Billigkeit)

Staatsphilosophie

Grundlage und Entstehung staatlich-politischer Ordnung

Polisgemeinschaft/Polisordnung: Grund, Ziel und Aufgaben
Politische Gemeinschaft/polit. Ordnung: Herleitung/Errichtung

Aufgaben und Rechtfertigung staatlich-politischer Ordnung

Polisgemeinschaft/Polisordnung: Grund, Ziel und Aufgaben; auch sittliches Gemeinwesen
Politische Gemeinschaft/polit. Ordnung: Aufgabe und Ziel
Weltliches Regiment: äußere Gebots- und Zwangsordnung

Träger und Inhaber der Staatsgewalt

Selbstherrschaftsrecht jedes Volkes
universitas civium
Volkssouveränität

Umfang und Grenzen der Wirksamkeit politischer Herrschaftsgewalt

Polisgemeinschaft/Polisordnung: umfassende Gemeinschaftsbindung; auch sittliches Gemeinwesen
Politische Herrschaftsgewalt: Bindung an Naturrecht und Gemeinwohl; umfassender Charakter nur im äußeren weltlichen Bereich

Zuordnung von Staat und Kirche

Geistlich-kirchliche und weltlich-politische Gewalt
potestas coactiva/temporalis der Kirche

Bindungen in der Ausübung politischer Herrschaftsgewalt

Amtscharakter politischer Herrschaft
Gesetz/Gesetzesbegriff: Gerechtigkeit des Gesetzes; Herrschaft der Gesetze
Politische Herrschaftsgewalt: Bindung an Naturrecht und Gemeinwohl

Verfassungs- und Regierungsformen; beste Verfassung

Verfassungsformen (allgemeine); *Verfassungsformen* (einzelne)

Widerstand gegen die Staatsgewalt

Widerstand/Widerstandshandeln

Anwendbarkeit des Staatsbegriffs

Staatsbegriff